U0519784

凯恩斯文集
第 11 卷

经济学论文与信件：学术

楚立峰 译

商务印书馆
2018年·北京

John Maynard Keynes
ECONOMIC ARTICLES AND CORRESPONDENCE ACADEMIC
The Royal Economic Society 1983
本书根据英国皇家经济协会 1983 年版译出

目　　录

第 1 章　印度 …………………………………………………… 1
第 2 章　指数 …………………………………………………… 48
第 3 章　统计学 ………………………………………………… 178
第 4 章　第一次世界大战与重建 ……………………………… 250
第 5 章　货币 …………………………………………………… 377
第 6 章　国际经济学 …………………………………………… 458
第 7 章　各种各样的评论 ……………………………………… 522
附录　增补评论 ………………………………………………… 589
引用文献 ………………………………………………………… 606
致谢 ……………………………………………………………… 613
索引 ……………………………………………………………… 614

第 1 章 印度

转载自 1909 年 3 月《经济学杂志》(The Economic Journal)

印度近期的经济事件

　　印度事务大臣支持汇兑的行动对伦敦货币市场产生了影响。因此,当 1908 年印度出现贸易逆差时,就引起了极大的关注。上一年,印度出现了史无前例的高物价时期,在当地激起了一些争论,但对这个国家的事务没有造成太多的直接影响,也没有得到仔细的研究。有必要追溯两个事件之间的联系,在连续的时期里调查事态进展。在这个国家里,对这一局势的大量评论见诸各种各样的金融杂志,其中有些对印度政府的行动做出批评。在笔者看来,这些批评反映了对两个事件之间联系的错误看法;而且,另一方面,倾向于支持官方政策的人把汇兑和贸易差额当作孤立的问题对待,没有看作复杂现象的一部分。这一复杂现象还呈现出了具有深远影响的其他方面。除了问题的实际一面,印度错综复杂而又高度人为化的制度,也为研究通货理论的学者提供了令人特别感兴趣的问题。

I

有必要首先描述卢比价格在最近的攀升,并就此作出解释。大家都承认,印度1907年至1908年饥荒*之前*,卢比对食品的购买力下降,至少可以和铸币厂关闭之前相提并论,只比1897年饥荒和1900年饥荒时略高。始于1903年的价格上涨起初只是摆脱萧条后的正常回升。但是在1905年,就许多重要商品而言,物价全都成了脱缰之马。在这个国家几乎所有的地区,生活成本都受到了显著的影响,这一问题引起了广泛的评论和抗议。在当地政治家看来,这一问题需要全面而彻底的调查以及迅猛的行政措施。1905年至1907年初,粮食价格增幅从20%达到了50%,因此,开始于1907年秋季的荒歉时期里,价格就已经接近了缺货行市水平。

价格上涨最多的是大米,最少的是小麦,大米和小麦是两种主要的出口谷物。就大米而言,外贸出口受到了相当大的抑制,第一次大量从缅甸向孟加拉输送大米;但是,小麦几年来都有盈余,虽然也有涨价的趋势,但对世界市场的小麦价格并没有造成多大的影响,直到1907年北印度雨季干旱,小麦才加入了价格上涨的大潮。在当地粮食之中——大麦和不同品种的玉米以及小米——1904年之后都经历了普遍和大幅的物价上涨。

上涨趋势并不局限于粮食。其他的主要出口商品也同样受到了影响,而进口商品价格稳步上升,只是幅度稍小。由于多方面原因,官方指数不能令人满意,但是,根据官方指数制出的下表还是以简明的形式给出了相当精确的解释;为了便于比较,表中还加上了英国的绍尔贝克(Sauerbeck)指数。

年份	进口*	出口商品和消费的主要商品**	粮食	英国价格
1903***	100	100	100	100
1904	106	101	93	102
1905	109	114	117	105
1906	119	137	142	111
1907	132	144	143	116

* 为了完整起见,我给出了进口价格的官方指数,但是该指数是建立在一个糟糕的原则之上,因而几乎毫无用处。它可能夸大了物价的上涨;因为它使进口价格几乎和进口总值一样迅速增长,不过进口总量确实有了相当大的增长。

** 这一指数把粮食也包括在内。在下一个栏目里,对粮食做了单独的考虑。

*** 应该记住,这一年是个例外,物价在低水平上运行。

或许,出口指数几乎没有足够重视黄麻价格的异常波动。印度几乎垄断了黄麻。自1904年至1907年,黄麻价格翻番。1907年年末,价格暴跌,但1908年早些时候再度上扬。在1908年,物价继续波动,比1906年和1907年的水平要低相当多,但比1905年以前的正常水平要高。在这些年里,黄麻产品占据了出口商品总值的近四分之一。两年之间,黄麻价格翻番,数量也同时增长,如此重要的商品对外贸的影响显而易见。

1907年的指数有点受即将结束的短缺时期的影响。但是,不夸张地说,在1903年到1907年,对于印度在一定程度自然垄断的非出口粮食和主要出口商品来说,价格上涨了30%或40%。这一上涨出现在相对富足的时期,在1907年至1908年的短缺和饥荒*之前*。

对于这些情况有许多可能的解释。由于歉收引起的生产力下降可能导致了这些情况；耕作面积的减少也可能导致这些情况；或者，从另一方面说，世界市场对印度商品的需求增加，使印度人的消费能力增强，因而导致了这些情况。这些情况可能反映了整个世界的金价波动，或者，这些情况可能是印度通货制度和信用制度所导致的。

（1）关于生产力下降的证据不能在这里展开说；或许在整体真的没有明显的提高；对于某些地区或者某些农作物来说，甚至出现了小幅下降。在一个人口日渐增多、需求日渐增多的国家，这就足以导致价格的一定上涨。人们经常说大米产量大幅下跌，但是却找不到太多证据来支持这个说法。不管怎么说，外国出口的减少、大米从缅甸到孟加拉的空前转移，如果确实有影响的话，那就肯定会使印度本地的消费略低于正常水平。对于1907年之前的近期稻谷来说，除了季节的正常波动之外，好像没有什么异常；价格的上涨好像确实没有被消费的减少所平衡。如果把粮食作为一个整体，那就没有足够的理由相信，最近一次饥荒之前的高价全部甚至主要是由于供应短缺；但是，许多关于耕作面积的统计证据是不可靠的。

印度政治家经常认为生活成本增加是因为用非粮作物代替粮食作物。他们说，政府需要大量出口来偿还债务，鼓励了出口原材料的种植，而不是鼓励用于国内消费的粮食种植。印度政治家认为，这一代替拉高了价格并使人民陷入贫困。而且，为了中和这一有害的贸易，出现了一个要求：在短缺或者高价时期，禁止大米和小麦的出口。对于行政行为的论据来说，我们会怀疑这一推论的价值。但是，我们并不否认这一推论的基础具有一定的价值。这一推论的基础是对高价的解释。毋庸置疑,由于影响世界市场的种种原因,印度出口的原材料在近些年创下了极高的价格。这自然会增加非粮作物的耕作,增加非粮作物的耕作是非常有利可图的,可能相应减少不那么有利可图的粮食作物耕作。但是,难以相信高价的这个原因产生了决定性影响。没有什么能阻止耕作的扩张;某些商品的高价好像导致了全部耕作面积的一定增加,没有确凿证据表明粮食作物面积被实质减少。来自孟加拉的近期报告甚至表明,大米的高价现在正使大米侵占黄麻原有的地盘。

(2)有一个论点:价格上涨是因为人们的消费能力增强。这一论点坚称,出口以这样或者那样的原因促成了良好的价格,良好的价格使他们变得异乎寻常地富足;也得益于良好的价格,他们可以消费更多的食物;在供应没有增加的情况下,这使各种谷物的价格上涨。这可能有点道理。据说,1906年至1907年的黄麻高价给孟加拉诸省黄麻地区的种植者带来了1,000万英镑的净利润。因此,孟加拉诸省大米消费的增加会给各处带来较高的价格。但是,没有证据表明印度其他地区也发生了类似的情况,而且似乎也难以相信黄麻种植者的富足能对全印度林林总总的商品价格产生令人惊奇的影响。

(3)世界上其他地区的金价上涨可能会通过外贸机构导致印度卢比价格的部分上涨。但是,通过与英国绍尔贝克指数对比可以发现,要解释印度的变化并不能单纯依靠其他地方的变化。

调查的时期先于1907年雨季干旱,因为1907年至1908年情况特殊,而且目前也没有官方统计资料,因而不适合作比较;但是,可以指出一点:直到1908年结束,1908年那多雨的雨季都没有导致预计中的价格下跌。我们可以假定印度的高价部分是由于收成,这一假定没有考虑1907年至1908年的短缺。这一假定不能说乏善可陈,也不能说证据充分。我们还可以假定印度的高价部分是由于印度出口的商品在国际市场上创下了不同寻常的高价。我们还可以假定印度的高价部分是由于,包括印度之内,黄金的购买力都发生了变化。或许,我们可以自信地说出所有这些力量的量化效果,但是人们也可以理所应当地怀疑:这些力量之间是否存在足够的影响以便产生那些观察到的结果。

(4)因此,我们必须转向对货币的考虑,也必须转向卢比通货,以便发现关于其他可能力量的尽可能早的*数据*。不管怎样,只有在*促进通货扩张的情况下*,上面的原因(2)和(3)才能言之成理。一个未署名的论文"印度当前的货币状况"让我们把当前的注意力投向了卢比的发行,这篇论文出现在1907年3月的《经济学杂志》上;在1908年3月的预算争论中,戈卡莱(Gokhale)先生在总督委员会(Viceroy's Council)发表了温和且合理的演讲,提出了这个问题。

II

事实简述如下:1893年铸币厂一关闭,铸币工作就完全停止了3年;因为货币市场紧缩,1896年和1898年发行了少量货币;但是,如果把1893年到1900年看成一个整体,发行是可以忽略不计的。然后,卢比达到了票面价值。而且从那时起,卢比就得到了稳定的发行。1898年,印度铸造卢比总量达到了12亿。从1900年以来，铸造的卢比总共超过了 10 亿。如此庞大的总量对通货产生了影响。其中还要进行删减，因为有重新铸造的卢比，而且还因为向金本位储备和纸币储备进行了转移。其中还要进行添加，因为纸币通货增加，还因为在某些年份，黄金在纸币储备中代替了卢比。下表给出了约数[①]，以百万英镑为单位：

	百万英镑		
	铸币净发行额	纸币平均流通量净增长	年度流通量净增或净减总值
1902—1903	$1\frac{1}{2}$	$2\frac{1}{2}$	4
1903—1904	9	2	11
1904—1905	5	$1\frac{1}{2}$	$6\frac{1}{2}$
1905—1906	11	2	13
1906—1907	8	$2\frac{1}{2}$	$10\frac{1}{2}$
1907 年 4 月 1 日—1907 年 12 月 31 日*	7	1	8

* 估计值。

---

① 我希望这些认真得出的数字大致是正确的。这些数字没有被官方以简洁的形式给出。因为没有这些数字，所以在总督委员会中，戈卡莱先生和金融委员（Financial Member）之间产生了一些误解。这些数字的得出方法如下：铸币的净发行增加或者减少发行的银币和铜币总量，扣除重铸的数量，扣除卢比平均储备对比纸币的增减；在 1906 年至 1907 年，还需要进一步删减，因为 6,000 万卢比转移到了金本位储备中新形成的白银分支之中。就纸币而言，这些数字给出了年度平均流通量的增加，排除了政府国库（Government Treasuries）的纸币，但是包含主管银行（Presidency Banks）的纸币。这样，我们避免了重复计算纸币的增加和与之对比的相应的卢比增加。而且，我们没有忽视卢比流通量的增加。最近采取了一项政策：增加纸币储备中的黄金，减少白银。没有因卢比的流出进行删减；但是，另一方面，流通中的大量沙弗林也没有考虑。（沙弗林（sovereign），英国旧时面值 1 英镑的金币。——译者注）

1907年至1908年财政年度仅仅增加了400万英镑;但是,1907年的发行量与前些年持平。1907年秋季,危机来到。1908年第一季度,退出流通的卢比价值可能达到了400万英镑,在货币储备中代替了黄金。因此,我们或许可以得出结论:从1903年4月到1907年末,硬币和纸币流通量的净增长在价值上不少于4900万英镑,或者7.35亿卢比;而且,这一增长延续到了1900年,即便是考虑1900年和1903年的硬币和纸币增加,这一增长也超过了10亿卢比。

我们查究货币增长是否与价格增长相关,出现了一种感觉:对于这种感觉,只能作出肯定的回答。如果卢比铸造受到了限制,价格肯定较低;而且不能假定官方辩解者想要否定这一情况,他们只是把上涨归因于与货币无关的因素。任何人也都不能怀疑下面的观点:印度政府1893年的政策影响了价格水平,或者如果青睐其他的政策,价格会不同。记住了这些明显的因素,我们就能继续分析事实了。

现有的统计资料好像表明,无论这些现象是否相关,价格上涨都几乎与货币的增加成正比。下面给出了这些数字(下文第9页),但是不能太依赖它们的高度一致性。价格指数没有良好地建构,货币规模只是个估计值,[①]而且一致性可能是因为与当前讨论无关的原因彼此偶然冲抵,其中一些冲抵肯定一直在起作用。

[①] F. C. 哈里森(Harrison)先生估计1898年卢比的流通量是12亿。这一估计已经被接受。考虑到纸币以及1898年到1902年末的净发行量,这个数字要再增加4.87亿。

	价格总指数		每年4月1日估计的流通总量
1903	100		100
1904	102		110
1905	112		115
1906	131		127
1907	140	4月1日	136
		12月31日	143

有一点至少是真实的，在1908年之前的三年里，印度的价格总水平大幅提高，伴之以相关的货币大量发行。有两个问题：最近汇率变弱；印度事务大臣无法卖出汇票。这两个问题都是这些上述情况的自然结果。

通货增加的原因是什么？通货增加会以怎样的进程影响汇率？在积极贸易和扩张型出口时期，对于英国那些需要印度通货且拥有信用或者资源的人来说，印度通货是无限的。因为他们总是有得到印度通货的办法：购买伦敦的委员会汇票（Council bill）并在加尔各答兑现。所以，在此期间，销售大量委员会汇票，只有让铸币厂新发相应数量的货币才能满足这一需要。这自然助长了价格的上涨，贸易活动已经引起了价格上涨。较高的价格要求增加通货，所以，在一段时间之内，通货膨胀继续。然而，最终，高价刺激进口、阻滞出口；加尔各答方面对汇票的需求因此减少，汇票在伦敦的价格下跌，那么，最终，如果没有干扰因素的话，用卢比兑换黄金以及出口黄金就会有利可图。在达到这一程度之前，印度政府使用其储备，而且如果必要的话，使用其信用；印度事务大臣放弃了在伦敦销售汇票，在加尔各答提供汇票。这些方法都在国库积聚了卢比。这些卢比转移到了储备之中，退出了流通，而且因为卢比发行受限,压低价格的过程再度开始。在这整个时期之中,卢比的汇率价值可能稳定在 1 先令 4 便士左右,但是印度卢比的购买力会遭受最广泛的波动。

理论会预料的事件循环实际上已经实现了。积极贸易时期,可能是由黄麻高价维持的,虽然不是由黄麻高价引起的。积极贸易立刻得到了国外的资助。委员会发行了史无前例的巨量汇票,这些汇票在伦敦购买,超过了平衡贸易的需要,这就只能由铸币厂来满足。卢比充足,消除了进一步扩张的可能障碍,总的来说允许商品价格上涨,而商品价格上涨又增加了对卢比的需求。众所周知,价格上升运动一旦开始,只要通货供应源源不断,价格上升运动就难以阻止。在这种情况下,这一过程持续了大约 3 年,直到实际上,正常的贸易平衡被新的价格水平和歉收所干扰,因此,通货供应难以为继。现在可以更仔细地解释这些情况。

需要给出一个前提:印度出口贸易环境如此,所以,出口不像在其他国家那样迅速被上涨价格所抑制。印度部分垄断着许多主要出口商品,因此印度能一开始就赚取丰厚的利润;无论出口数量是否下降,总价值的减少都与之不成正比,在交换这些出口商品时,印度都可能获得同样的利润,甚至获得更多的利润。比如,大米出口在 1904 年至 1905 年和 1905 年至 1907 年之间大幅下跌,下跌幅度约为 22%,但价值下跌不到 5%;对于其他商品——油籽、兽皮和黄麻,垄断因素影响十足。因此,在增加进口方面,上涨价格行动更迅速;在减少出口方面,上涨价格行动比较缓慢。下面是包括政府交易在内的外贸统计资料。还需要指出,跟前些年相比,1903 年到 1906 年的贸易差额非常有利,部分原因是一个情况:

政府出口的金银跟进口的一样多。

	百万英镑		
	进口	出口	对印度有利的差额
1902—1903	74	$92\frac{1}{2}$	$18\frac{1}{2}$
1903—1904	$87\frac{1}{2}$	$112\frac{1}{2}$	25
1904—1905	96	116	20
1905—1906	96	118	22
1906—1907*	108	$121\frac{1}{2}$	$13\frac{1}{2}$
1907—1908*	119	122	3
1908—1909**	71	67	-4

* 这些年来,出口规模受到了政府金银交易的不正常影响。将来在计算开具委员会汇票兑现后的贸易差额时,会考虑到这个问题。

** 头 8 个月。

1906 年至 1907 年* 出口相比 1902 年至 1903 年出口的百分比增长或者减少		
商品**	数量(%)	价值(%)
谷物和豆类***	-7	+9
油籽	-11	-13
棉花	+22	+49
黄麻	+23	+141
棉捻线和棉纱	-2	+22
生皮或者鞣皮	+65	+82
鸦片	-1	+16
茶叶	+29	+34
黄麻袋	+14	+58
黄麻布料	+41	+91
虫胶	+13	+90

* 细节只到这一年。

** 商品的顺序依据其在 1902 年至 1903 年的重要性。

*** 这个标题下的数字是由大米控制的,小麦的控制力较小。

在1902年至1903年和1906年至1907年之间，出口总价值的增长好像主要是由于价格上涨。主要商业商品①的数字比较重要，已经在上文给出。只有油籽是个例外，其他商品的价值增长远大于数量增加。而且，在一些重要商品门类中，数量几乎不动，甚至还有所下降。就商品进口而言，增长更多的是由于数量增长，不像出口那样主要是由于价格上涨；但是，棉花商品的价值上涨远大于数量增加，而且这一情况对数字影响巨大。

人们会注意到，自从1905年至1906年以来，贸易差额的变动是渐进的。与此同时，价格上涨，通货增加。而且，这一变动的消失开始于1907年雨季干旱之前。因此，可以质疑，在产生那些观察到的结果时，是不是给予了饥荒太专有的重要性。无可否认，饥荒产生了决定性影响，但是，一定不要忘记，1907年至1908年的出口在价值上超过了前面的任何一年，1908年至1909年的出口总额可能不会比1.15亿英镑低多少。对于进口来说，1907年至1908年的价值大大超过了以往的任何一年；对于1908年至1909年的头8个月来说，减少的只是金银购买，而不是商品购买。这格外引人注目。在最近这次饥荒中，印度对国外商品的购买力超过了以往的任何一个时期，不管以往的任何一个时期有多么繁荣。这种情况有非常自然的解释：当地的高价、人为保持在通常汇率的卢比。

---

① 这些商品的价值大约是1902年至1903年总出口贸易的80%，1906年至1907年的84%。

北印度的农作物歉收使原本不利的贸易差额雪上加霜,虽然垄断因素有助于减缓出口价值的下跌;廉价的白银增加了金银的进口。但是,如果考虑到了这些情况,就可以在当地价格的高水平中找到解释的一个重要部分。在歉收许久之前,进口就正在赶超出口。甚至自从歉收以来,不利的差额就已经被规模空前的进口所导致,而不是被出口价值的减少所导致。

现在,我们必须着眼于情况链的下一环。到目前为止,我们已经论证了一点:通货规模的大规模增加使价格总体水平的提高成为了可能,而且价格提高是逆转贸易差额的一个因素。现在,我们可以探究通货规模迅速扩张的手段。为了实现这一目的,我们必须调查印度事务大臣在伦敦销售委员会汇票的情况,因为正是通过这些汇票才能从印度国库里领钱。要让这些人领到钱,就必须新发铸币厂铸币。

委员会汇票销售结算的最终差额主要取决于(A)私人贸易的差额;(B)由于印度的私人汇款,他们把收入的一部分用于支付各种运费和保险,另外还有工业投资利息和银行投资利息;(C)当年国外借贷给印度的资本规模。假设两个条件:一、在有利情况下,贸易差额(A)的值为正数;二、当加尔各答-伦敦政府汇票销售额大于伦敦-加尔各答政府汇票销售额时,委员会汇票销售额(D)就为负数。在这个假设条件下,我们基本上可以得出 $D = A + C - B$。然而,必须要记住一点:开具委员会汇票所依据的贸易差额,A,是私人贸易的差额,排除了政府交易。还要记住,这里的汇款排除了所有通过政府实现的汇款,而且新投资 C 不受任何可能通过印度事务大臣筹集的贷款的影响。统计资料 D 和 A 是已知的,因此,我们可以得出一个差 $C-B$。下面给出了近些年私人贸易和委员会汇票销售额①之间的差额。最后一栏是借贷给印度的资本超出印度应付各种费用的盈余。

	百万英镑		
	私人贸易差额	委员会汇票	印度的正负隐形差额
1902—1903	23	19	-4
1903—1904	$29\frac{1}{2}$	24	$-5\frac{1}{2}$
1904—1905	24	$24\frac{1}{2}$	$+\frac{1}{2}$
1905—1906	$29\frac{1}{2}$	$31\frac{1}{2}$	+2
1906—1907	31	$33\frac{1}{2}$	$+2\frac{1}{2}$
1907—1908	$13\frac{1}{2}$	15	$+1\frac{1}{2}$
1908—1909*	-1	-4**	-3

* 头 8 个月。

** 然而,在 1908 年 12 月和 1909 年 1 月,对委员会汇票的需求强烈。

这些统计资料表明,由于利息和汇费,1902 年至 1904 年的汇款大大超过了国外的新投资。这些统计资料还表明,1904 年至 1905 年,汇款和国外新投资几乎平衡,而在 1905 年至 1908 年,投资超过了汇款。因此,我们看到,两个不同的原因导致了委员会汇票规模的增大——第一,私人贸易的巨大有利差额;第二,国外资本流入增加——而且,在大量铸币的 1903 年至 1907

---

① 这些数字在 1908 年至 1909 年呈现了负值,原因如下:印度事务大臣取消了印度兑现汇票的销售,无法使卢比与票面价值相等,需要在 1908 年 3 月到 8 月出售价值 800 万英镑的加尔各答—伦敦汇票。

年，就导致委员会汇票规模增大来说，第二个原因更有影响力。1906年至1907年出售的委员会汇票价值比1903年至1904年出售的委员会汇票价值多950万英镑。其中150万英镑是由于更加有利的贸易差额；800万英镑显然是由于超过了汇款的资本交易。1908年至1909年不利的差额，主要是由于贸易差额的转变，但是，跟1906年至1907年相比，有550万英镑是由于外国投资流入的减少。

要证实关于国外资本流动的这一推论并不容易。可以肯定两点：对于考虑在内的整个时期而言，来自国外、流入工业或者其他股份公司①的投资一直处于较低速度；主要通过印度事务大臣实现的大量铁路借款并没有影响当前的计算。② 然而，前几页回顾的事实会让我们着眼于其他方向，去寻找解释的主要部分。

进口规模增大表明，新资本的一部分已经以商品的形式进入印度。但是，对委员会汇票的巨大需求表明，实质上，大部分新资本都以本来面目即货币的形式进入印度。这符合论据的其他部分。印度商人在以较高的价格做较大的生意，支持印度商人此种行为的信用必须也相应增长。要使这种情况成为可能，只有一种手段：让职业债权人在伦敦购买委员会汇票以便增加印度的可借

---

① 对印度的这种国外投资小得出奇。1905年，除铁路之外，在印度工作的英镑公司的普通资本和债券资本只有2,850万英镑，其中1,350万英镑投进了茶叶种植园。到1906年，资本在2,850万英镑的基础上上升了225万英镑；所以，这个因素虽然不重要，但还是相当可观的，而且能部分解释出口为什么增长。

② 大多数更重要的铁路有某种担保，并通过政府借款。大约有九家公司靠自己贷款。在近些年里，这些公司的借款总额或许达到了每年100万英镑。

贷资源。因此，如果我们能证明下列情况：由于价格上涨和贸易扩张需要更多的资本，银行等等以比以前高的速度进口可借贷资本。那么，我们就能给出许多解释。

年份	英镑	年份	英镑
1900	19,800,000	1905	22,100,000
1901	18,100,000	1906	24,100,000
1902	18,200,000	1907	27,500,000
1903	20,200,000	1908	27,300,000
1904	20,300,000		

这种证据非常难以获得，可能不是任何一个人所能掌握的。我们知道主要银行的总资金，它们在印度有办公室，而且从印度之外筹集资金。我们还知道，主要银行资本、存款和储备的*增长*从1900年到1902年的平均每年约300万英镑增加到1903年到1906年的平均每年约1,300万英镑。这一趋势完全符合我们其他的事实。但是，这些银行包括一些在整个亚洲开展业务的大型机构，本作者无从知道它们在印度使用的总资源比例。三家主要的汇兑银行是渣打银行（Chartered）、莫肯特尔银行（Mercantile）和印度国家银行（National Banks of India），这三家银行可能主要从事与印度有关的业务，下面给出了关于它们总贷款、贴现利息和成本[①]的数字。然而，如果我们拿出这三家主要汇兑银行，关于它们总垫付款、折扣和汇率的数字会表明以下几点：在1900年到1904年，它们的业务几乎稳定不动；在1904年到1907年，业务迅速发展；在

[①] 库存现金、流动资金都相应增加，同样也影响到了关于印度的论据。

1908年，这一扩张受阻，还出现了轻微的收缩。① 假定这能充分表明其他银行和个体大商人的行为，那么，我们就足以解释事实。除了这些数字以外，还有强大的理由可以假定如下：主要银行肯定已经极大地增加了自身资金；大型出口公司发现需要也值得把更多的国外资金投入自己的业务之中。因此如果有谁怀疑这个解释的有效性，他就必须说明还有什么其他的方法可以资助1905年至1907年的巨大贸易。

或许还要简要提及一小点。1907年9月之前就已经知道歉收。但是，在1908年至1909年财政年度开始之前，数字并没有表现出资本的极大回流。这个问题的解释有可能依赖一个事实：股票在进口商手中积累，进口商提前下了定单，无法取消，虽然他们的商品市场暂时被摧毁。持有这些股票就需要借款，因此也就吸收了歉收以及随之而来的出口贸易收缩所释放的部分可借贷资本。直到这些债务开始被清偿，这一潮流才明确地转向。

现在，我们有条件完成事态进展的推测性叙述，只要对它的理解可以通过分析通货、价格和外贸的统计资料来实现。1901年至1902年出口价值和规模大增，然后，1903年至1904年又进一步大增。在此变动之前的许多年里，出口价值总的来说保持不动。之所以出现这一变动，有以下的原因：繁荣的经济活动、几个重要商品上涨价格。在这个阶段，原棉、加工棉、小麦、大米和油籽是最重要的。自从1903年至1904年，上涨不大，但是，油籽出口的下跌、

---

① 这些数字是关于这一年的早些时候。如果我们有直到1908年10月的收入，我们就应该可能发现非常显著的收缩，这里包含对汇票需求最微弱的时期。然而，单单对这三家银行来说，仅仅增长受阻就可以解释对委员会汇票需求的350万英镑下跌。

棉花贸易的一些反应，都被抵消还有余，因为黄麻价值更大。在进口的较早时期，虽然价值在稳步增加，但是并未突飞猛进，结果是较大的贸易差额还需要销售委员会汇票来弥补。跟前面紧接着的那些年相比，新的繁荣波浪好像顺理成章地需要和吸引了大量国外可借贷资本。而且，这一情况、出口对私人进口的大幅超越，使委员会汇票的销售达到了前所未有的规模。总的来说，新资本的流入是两个因素之中较为重要的一个。

　　随后的发展顺理成章。当印度事务大臣超出需要出售汇票时，铸币厂就成为了常规偿付来源[①]；而且，增加的销售额不可避免地会扩张通货。毋庸置疑，较大的贸易规模需要较多的通货来使价格保持在过去的水平；因此，价格并没有立刻大涨。但是，在接下来的几年里，有利的贸易差额和资本流入一起*维持了*巨量的委员会汇票销售，而总贸易规模又没有以前的速度扩张，仍在寻路进入流通领域的新通货就只能抬高价格水平。铸币厂关闭之后的这些年里，印度的经历足以表明两点。第一，印度的货币习惯和组织中没有特定的情况，趋向于阻碍货币数量理论的自然运算。第二，我们应当预计的通货规模对出口和进口相对价值的影响，实际上是存在的。1905年至1906年之后，由于通货增加和价格高企，在进口赶超出口的趋势之中，这一经历开始重复。但是，这一过程并不深入持久，因为短缺时期汹涌来袭，虽然印度的货币组织

[①] 支付印度事务大臣当前在国外花费的汇票，由税收带来的卢比所偿付；超过这些卢比的汇票只能靠以下偿付手段：增加税收、在印度贷款、铸币厂铸币。实践中只使用了第三种方法。

以及其他机构趋向于减少对委员会汇票的需求,但也无济于事。然而,在1897年至1900年的饥荒中,这些机构使需求下跌到远低于实际需要的水平,印度事务大臣面临着前所未有的尴尬。高价在印度大行其道,进口受吸引而在规模上实际超过了出口;非正常的资本流入立即受到抑制。抑制因素如下:贸易萎靡不振、印度内部环境的其他情况。就压低委员会汇票销售额而言,进口的巨大规模、萎靡的国外资金流,几乎是和出口受阻一样的重要因素。不利的雨季导致了出口受阻。

印度事务大臣每年有接近两千万英镑来进行下列活动:减少甚至在一段时间内暂停汇票的销售,在伦敦兑现汇票,以及偿付在英国的巨额债务。印度事务大臣为什么能采取这一手段呢?这容易解释。印度事务大臣的第一道防线是"通货储备"。这是与纸币相对的储备;部分在印度,部分在伦敦,可能随机地由黄金和白银组成。① 1907年3月31日,10,688,841英镑以黄金的形式持有,主要在伦敦。这笔黄金可以用来偿付当前的花销,同样票面价值的卢比同时转移到印度的储备之中。第二条防线是"金本位储备",用卢比铸币的利润建立。1908年3月31日,这一数字达到了18,350,000英镑,其中大约14,350,000英镑是黄金或者投进了伦敦的英国政府证券之中。② 这些投资可以在伦敦销售,同样数量的卢比转移到印度储备的白银分支之中。第三个也是最后一

---

① 这一储备还包含证券。一些是英镑债券;但是,我没有意识到这一资金来源已经或者将要被用来支持卢比。

② 在1906年至1907年,剩下的400万英镑通过错误的政策兑换成了白银,因此使建立这一储备的原始目的化为了泡影。

条防线依赖印度事务大臣的信用及其在伦敦货币市场借钱的能力。

到目前为止,通货资源和金本位储备已经在1908年12月之前耗尽,低至安全警戒线。议会授权在必要的时候借款。从那时起,对委员会汇票需求的复苏使这种措施成为了多此一举。

人们会注意到,这些在英国获得现金解燃眉之急的手段,导致了一个结果:等值的卢比从印度的流通之中退出。在1908年3月之前,由于黄金的发行,接近1.15亿卢比撤进了通货储备;在1908年12月之前,这一数字上升到1.54亿。1908年3月,不需要侵占金本位储备;但是,在11月末之前,黄金和证券的销售大约撤出了1.3亿卢比。因此,总而言之,这些措施有如下效果:几乎废除了1906年至1907年和1907年至1908年上半年的发行,把总流通量减少到1906年的数字。

还要补充一点:只要不是立刻用来进口铁轨和火车,印度事务大臣在印度筹集的铁路贷款同样可以让他偿付当前的花销。但是,这并未让卢比从印度的流通中撤出;实际上,这撒播了卢比;因此,对目前来说,这是一个不安全的程序,除非非常仔细地观察其结果。去年,铁路贷款在一定程度上填补了汇票进款的不足。而且,在将来好像能在更大程度上填补汇票进款的不足。

III

前面的整个论据可以做一下简要总结。我们发现铸币大增,伴之以迅速上涨的物价,原因有两个:跟出口相比,进口增加;先是史无前例的委员会汇票销售，然后是原本会导致卢比汇率价值下跌的暴跌。如果印度事务大臣不采取激烈的行为，这场暴跌肯定会导致卢比的汇率价值下跌。我们论证过，所有的这些情况只是同样经济事件的不同方面。繁荣的出口贸易和资本向印度的流动刺激了委员会汇票的销售。委员会汇票兑现之后，通货规模增加，原本由多种原因导致的价格上升趋势就能继续下去。最终，歉收足以促成无论如何都会在将来发生的事情。出口赶不上迅速扩张的进口，资本停止向内流动。而且，因为印度没有黄金可以立即偿付债务，所以，如果没有印度事务大臣的资源的话，印度的铸币肯定会贬值。

　　这篇论文完全本着分析这一目的，不会提出应对策略。印度政府还未找到理想的体制，他们不应该因报纸上的诸多批评者未切中要害而心满意足。可以为这些评论家提出一点注意事项。人们公认，进入印度的资金流对印度的经济发展最为重要。资金流进入印度之后基本上总是出现价格上涨；当前的情况完全有可能主要是由于这个原因。印度的政治家喜欢把高价归结为政府偿还在英国债务的"外流"。实际上，反之才是事实；印度事务大臣对汇款的需要趋向于使价格保持在低水平，是国外资本流入——从英国向印度的"外流"拉高了价格。

　　对于不远的将来，并不容易预言。一定不要忘了，最近的情况是个例外，原因在于更永恒的影响之外又加上了季节问题。价格很有可能暂时不会大幅下跌。而且，随着贸易的复苏，现在积累在储备之中的卢比很有可能再度寻路进入流通之中。这两个可能是否会成为现实取决于一个情况：流入印度的资本会复苏到什么程度。如果要求本作者陈说生活成本最近上涨的主要原因，本作者会指出国外资本的迅速流入。毋庸置疑，国外资本的迅速流入一开始受到了贸易活动的刺激。除了季节性波动，目前，印度价格水平主要受欧洲在印度投资程度的影响。

转载自 1909 年 3 月《皇家统计学会杂志》(Journal of the Royal Statistical Society)

ENGELBRECHT, VON TH. H. *Die geographische Verteilung der Getreidepreise in Indien von 1861 bis 1905.*(Berlin, Paul Parey), 1908.

这一卷是一个系列之中的第二卷。这个系列旨在论述世界范围内的谷物价格，其中的第一部与美国有关。作者不辞辛劳进行调查所得出的主要结果，在第二卷末尾的大量图表中得到了最好的体现。作者分别探讨了 1861 年以来的每个十年的每种主要粮食。作者在一张地图上画出了全印度每个英国军官（或官员）居住区的价格，这些居住区有相关数据。这样，作者就能非常清晰地画出等价等高线。观察一下这些图表，就能作出许多有趣的概括。这些图表多半不太惊人，也不太出乎人们的意料，但是，这些图表肯定使我们的知识更加精确。对未来出现的印度经济历史学家来说是无价之宝；对于顺时而动、试图建立印度主要省份合理科学价格指数的人来说，这些图表也是无价之宝。就小麦和大米而言，当我们离开其产区时，其价格的稳步上涨可能比人们预计的更清楚明了；当我们从开始于 1871 年的十年转到开始于 1881 年的十年时，在印度的不同地区，铁路对平抑价格的影响一目了然。这些图表表明,对于绝大多数粮食来说,在所考虑的整个时期里,较高的价格统治着南印度,而不是统治着以前所谓的上孟加拉诸省和下孟加拉诸省(Upper and Lower Provinces of Bengal)。通过研究这些图表,而不是研究任何政府统计资料,对最近一段时间印度粮食价格基本趋势感兴趣的人可以形成更确切的基本印象。作者的数字几乎全部来自官方《价格和薪水》(*Prices and Wages*)这一卷。而且必须要记住,这种数据不是为特定的行政目的而搜集的,因而经常很不可靠,尤其是早些年的数据以及涉及当地土邦的数据。能找到的基本上只有这些数字,但是在从这些数字进行推论的时候,如果感觉有任何出乎意料之处,就要非常小心了。

转载自 1910 年 9 月《经济学杂志》

WEBB, M. DE P. *The Rupee Problem, a Plea for a Definite Currency Policy for India.*(Karachi), 1910.

　　韦布(Webb)先生的小册子主要重印自《印度时代》(*The Times of India*),以连续的多章处理了过去 30 年印度通货的基本问题,批评了当前的制度,提出了改进意见。第一章是对印度通货问题的清晰概览,在许多方面都受人景仰,但是可能有点受复本位制论者失望的渲染。有些理由适用于任何刻意变化。由于这些理由,1893 年的变化被称作"对所有基本原则彻底否定。否定是现代货币制度的基础"。这句话只是正确阐述了历史事实,如果关系从句指的是否定,而不是基本原则——在过去的 30 年里,世界上几乎所有的国家都发生了变化,韦布的批评适用于这些变化。同样,韦布先生针对卡拉奇贸易公司（Karachi Chamber of Commerce）的演说，重印在了末尾，表明了一个意愿：对新制度的所有成果都不满。1903年，韦布宣布"对通货的限制趋向于产生价格下跌，价格下跌又意味着印度的每个农民和工人必须用比过去更多的农产品和物质来交税和支付其他费用。这是一个国家所面临的最糟糕的状况……这个国家需要和需求的充足的卢比购买力供应，所以其产业和人民就能得到健康和英明的刺激。"但是在1908年，经过一阵高价和卢比的足量铸造，他还是不满意："卢比的购买力已经下降……对印度的穷人更为不利，让穷人们损失更大。我们要仔细研究，我们的银通货贬值是否未在一定程度受政府过度铸造卢比的推动。"韦布先生的批评非常自相矛盾。

在第二章，韦布先生抱怨说，在1893年之后紧接着的那段时期，政府政策摇摆不定。这个抱怨好像合情合理。政府肯定是几乎不遗余力地破坏新制度；但是，这些年，新制度的本质已经变得更好理解。只有金本位储备的规模是个例外，这个问题见仁见智。因此，几乎没有什么可抱怨的。在韦布先生的实际提议中，本作者认为，白银进口税是个非常令人景仰的改进意见。而且，自从韦布先生写了这本小册子之后，印度政府实际上已经采纳了这个改进意见。对于白银进口税，几乎还没有良好的论据，好像是一个巨大的成功，早就应该实行了。但是，韦布先生要求印度事务大臣以1先令4便士的统一价格销售委员会汇票，但并没有意识到自己的改进意见的全部效果。当前的制度允许汇票价格在1先令4便士两边的"输金点"之间波动，符合需求强度，使印度汇率像其他所有汇率一样有着一个效果：把汇款更均匀地分配到整年之中。如果整年保持统一价格,那么在旺季,汇票销售规模就会比现在大,在淡季,汇票销售规模就会比现在小。不规则性增加本身会给政府财政带来不便,有时可能导致黄金浪费性地来回输送,还可能导致非紧急情况下更频繁地使用金本位储备。但是,我要这样预计:另一方面,这也能产生有利影响,虽然这种有利影响并不太大。有利影响:可以稳定印度银行的费率,减少年度最大值和最小值之间的差距。韦布先生说,波动源于官员的任意决策。这个说法使我们难以认识到起作用的力量、印度委员会(India Council)通常所遵循的总体规则。

金本位储备多大量值合适?这是个有争议的问题。我认为,对于这个问题来说,韦布先生是正确的。韦布先生认为应该大幅增加金本位储备。韦布先生还认为,印度政府始终在采取太乐观的政策,而且太急于把储备的收入用于其他目的。但是,韦布先生坚称,金本位储备只能是黄金,而且应该主要在印度,这样,韦布先生和印度办公室(India Office)英明地容忍的许多其他批评者一样,误解了印度制度的真正性质,也误读了世界上许多地方通货改革的基本方向。毋庸置疑,1893年,在许多地区,人们相信铸币厂的关闭是在印度建立完全金本位的第一步。1898年,印度政府依然相信这是他们的最终目标。但是,从那时起,印度以及其他地方较为完整的经历导致了对一个新制度的明确认识。这个新制度是金汇兑本位。按照金汇兑本位,纸币或者符号银币确立为永恒的主要汇兑媒介。纸币和符号银币根据政府控制的黄金,保持在外汇的固定票面价值附近。在这个世界上,把这个方法付诸实践的国家比我们预想的多出许多,而且这些国家的数量还在增加。这些国家保有黄金储备只是为了外贸,而且他们在关系密切的国外大贸易中心持有汇票,以便节约使用贵金属。这一方法非常安全,而且就经济而言,远比黄金通货优越。自从1900年以来,这一方法在较大或较小程度上的广泛使用,标志着货币进化向前迈出了坚定的一步,可能会对将来造成深远的影响。就印度金本位储备而言,对当前政策持批评态度的人受其名字的误导,假定其本来目的之一是在印度积累黄金以便最终在印度建立完全金本位。但是,如果意识到了金汇兑本位的本质,就能明白一点:金本位储备保存的地方应该是会需要金本位储备支持汇率的地方——即,在伦敦,而且,只要金本位储备具有相当的流动性,就会有巨大的好处且不会损失利息。把黄金储备留在伦敦就像把铸造卢比储备留在伦敦一样合情合理。

27 转载自1911年9月《经济学杂志》

MORISON, SIR THEODORE. *The Economic Transition in India.* (London, John Murray), 1911.

这非常有趣一卷的主要论点是,印度当前的经济发展状况就像欧洲国家19世纪工业变革之前的状况,"印度现在正沿着其他国家开辟出的经济发展道路前进"。"在孟买城,"作者说道,"工业革命已经完成……他一直以来熟悉的褐色的村庄和无尽的田地是正在成为过去的印度;孟买是未来的预兆。"西奥多·莫里森爵士(Sir Theodore Morison)通过许多精挑细选的引文和例证表明,印度的乡村生活、农业状况、对收成的完全依赖、农民的债务、纺织工人等在经济机体中的地位、许多其他方面,都表明今天的印度和以往的欧洲有着数不清的相似之处。就像上面的引用表明的那样,西奥多·莫里森爵士推断,随着交流的增加、知识的传播、资本的增长,明天的印度会基本上类似于今天的欧洲。

在这个预测中,西奥多·莫里森爵士同意当前在印度的许多观点。在印度,相当大一部分受教育阶层好像在以爱国热忱渴望着祖国的工业化,渴望着制造业的尽可能发展。按照我自己的观点,在没人可以预见的未来,这一变化既不可待也不可能。这是与英国相联系而产生的不幸后果:工业主义应该自己呈现在印度人面前,作为一条康庄大道通向繁荣和尊崇的国际地位。因为中世纪的英格兰和印度有着许多相似之处,因为自从中世纪以来,工业主义造就了一个富裕强大的英格兰,因此,印度的受教育阶层认为印度屈从和贫穷是因为缺乏工业主义。毋庸置疑,人们会发现一些新工业会非常适合印度的情况,就像黄麻工业和棉花工业已经自我证明的那样。但是,当西奥多·莫里森爵士把孟买而不是无尽的田地当成印度未来的预兆时,他肯定是误读了时代。西奥多·莫里森爵士正确地把印度乡村工业暂时衰败归因于交流的改善带来的专门化的增长,以前在其他地方也有这些衰败。但是,交流的改善也导致了一定程度的国家间专门化。印度有两种得到财富的方式,第一个方式是从西方获得财富,用初级产品交换得来,印度现在以此种方式获得了那些商品中的大多数,第二个方式是把资本和农民从农村的田地转向孟买以便自己制造那些商品。如果考虑到印度的气候条件和印度人民的习性习惯，就会觉得难以相信下列情况：印度用第一个方式获得的财富不比用第二个方式获得的财富多。有一个事实：印度出口价格比进口价格上涨速度快得多。我认为，这一事实表明，一个趋势已经开始，这个趋势能使印度以对自己越来越有利的比率进行交换。有一种可能性：制造业国家已经达到了其*相对优势*的最高点，汇兑差额会朝着对一些国家有利的方向发展，这些国家的优势是土地的肥沃和广博。

不能假定西奥多·莫里森爵士对这些问题持任何极端的观点。他自始至终都刻意保持温和态度。但是，西奥多·莫里森爵士好像认为印度不可避免地会出现工业体系的广泛发展。而且西奥多·莫里森爵士的书的大意就是旨在鼓励一个已经非常流行的观点：印度在最近未来的繁荣主要是依靠各项工业的发展以及新资本朝此方向的使用。然而，是否没有好的理由相信，上述观点非但不是事实，印度未来的繁荣还几乎完全依赖把更多技术和知识，尤其是更多资本，应用到农业方法之中？这样使用大量的国外资本显然有困难，但是，本土资本从农业向工业的转移会破坏印度的经济繁荣。在农业方面，印度相对优势大。而在工业方面印度存在各种困难，比如，煤、铁和海的相对位置使印度处于不利地位。公众看来，孟买和加尔各答的纺织厂已经非常多了。对于整个印度的经济健康总水平来说，这些纺织厂一直没什么大影响，以后也不会有什么大影响。大多数人舒适程度的提高肯定有一个原因：新印度智慧和资本在*土地*上的应用。也难以相信印度会在磨坊和工厂里发现非经济商品，非经济商品和财富一起组成了一个国家的尊严。西奥多·莫里森爵士的论证如蜻蜓点水，从过去到未来，从西方到东方，对国家资源的深刻内在因素没有进行深思熟虑，最有利的方向就依赖这些深刻内在因素。

还要补充一点：引用自考莱教授（Professor Kale）的统计资料旨在证明制造品进口在总进口中的比例在稳步下降，这个统计资料经不起推敲。考莱教授的结论好像是基于官方统计资料里给出的"制造品进口"数字，这些数字具有误导性且有数不达意之嫌。因为看一下其他类型会发现，除了其他项目之外，这一标题*排除*了所有的机器和金属制造品，不如叫作"*其他制造品进口*"。西奥多·莫里森爵士还引用了考莱教授的另一段话，原料进口增加"说明我们（印度的）工业活动在增加，因为原料进口增加表明我们正在大量进口原料来在印度进行制造，因而让劳工得到更多的就业机会，也给我们的制造商和商人带来更多的利润"。西奥多·莫里森爵士表示赞同。但是，这句话与事实基本没有关系。

西奥多·莫里森爵士的最后两章用来讨论"外流"问题。西奥多·莫里森爵士非常清楚地阐明了关于印度出口和进口之间关系的正确理论。一旦西奥多·莫里森爵士的阐述被广泛接受，就会非常有助于消除关于这一主题的错误观点。但是，现在，越来越多的初出茅庐的印度经济学家拒绝接受西奥多·莫里森爵士的阐述。西奥多·莫里森爵士攻击了一个非常有趣和困难的问题：印度要偿还国外债权人欠款的数量，假定其中没有被新的资本贷款所清偿。但是，在这里我也认为西奥多·莫里森爵士的统计资料不都可靠。西奥多·莫里森爵士起草了一份1899年到1909年十年间的推测性资产负债表：

	百万英镑		百万英镑
(1)海上出口超出进口的盈余,包括金银和政府交易	150.5	(4)国内费用*减去收入*所得税	157.4
(2)政府在英国借款的净增长	41.9	(5)私人资本利息、英国商人收入等等、英国船只在印度水域挣得的运费	56.0
(3)欧洲资本家私人贷款的净增长	21.0		
	213.4		213.4

上面的条目代表了十年的总数。其中,(1)、(2)和(4)是确定的,(3)和(5)是推测性的[虽然(3)和(5)的*差别*是确定的]。因此,我们可以看到(5)下面的*年度费用*估计约为560万英镑,年度"潜在外流"213万英镑。我认为有必要做下列纠正。(2)下面的部分借款,既没有被政府向印度的进口所代表,也没有被国内费用支付所代表,而是被*英格兰储备*(金本位储备、通货储备、现金差额)的加强所代表。在我们所研究的这十年里,这几项储备有1,600万英镑。另外,虽然政府在英国的借款出现了净增长,但还是出现了轻微的抵消:以前在英国的卢比债务有买回印度的趋势。这在那十年里有470万英镑(作者在第186页提到了这一点,但并没有包括在资产负债表之中)。这两个条目使(5)超出(3)的盈余从西奥多·莫里森爵士计算的3500万英镑减少到1,430万英镑,或说平均每年143万英镑。但是,还有其他两个条目需要考虑。西奥多·莫里森爵士排除了陆地出口和进口,因为*数据*不可靠。但

是，记录的进口超过记录的出口不少于 8,100,000 英镑，因此，进口有可能确实在一定程度上超过了出口。如果我们采取稳妥的态度，认为进口仅仅比出口多 4,300,000 英镑，那么，(5)超出(3)的年度盈余就减少到了 1,000,000 英镑。最后，除了贷款和利息之外，还有两个方向私人汇款的差额。"居住在印度的英国商人、银行家、律师和官员，"西奥多·莫里森爵士指出，"汇回家的款项总额超过了印度商人从国外汇来的款项，以及劳工或者苦力汇回或者带回印度老家的款项总额。"另一方面，"总的来说，在印度肯定有许多支持外交使团的汇款"。旅客在印度的花销可以满足 1000 个印度学生在英国的开支。至于运费，值得指出的情况是，出口是按离岸价计算，进口是按到岸价计算，这一点已经考虑在内，只要海岸交易不是在英国船只中进行的即可。总的来说，好像有个可能性：这多种汇款的差额肯定对印度不利，而且肯定吞没 1,000,000 英镑的差额。这 1,000,000 英镑排除了条目(3)和(5)，前面条目的冲抵给印度留下了 1,000,000 英镑的优势。

因此，我们的计算指向了结论：在 1899 年到 1909 年的十年间，以前投资于印度企业或者公司的私人资本的国外应支付利息基本被同期新投资的私人资本所冲抵。数量难以估计。对于在印度的国外资本，人们经常夸大其词。我认为，在这十年的时期之中，私人投资的新资本数量平均为每年 4,000,000 英镑到 5,000,000 英镑（其中包括商人和银行家的贸易资本），而且以前私人投资的应支付利息数量相同。采用一个折中的数字 4,500,000 英镑，现在，这十年的总资产负债表就表示在了下面：

	百万英镑		百万英镑
海上出口超出进口的盈余，包括金银和政府交易	150.5	陆地进口超过出口的盈余	4.3
政府在英国借款的净增长	41.9	在伦敦的政府储备和差额的盈余	16.0
欧洲资本家向印度私人贷款的净增长	45.0	国外所有的在印度私人资本的利息	45.0
		印度买回的卢比债务	4.7
		国内费用减去收入所得税	157.4
		流出印度的各种汇款超出流入印度的各种汇款的盈余	10.0
	237.4		237.4

根据这一计算，年度"潜在外流"达到 21,240,000 英镑，几乎完全符合西奥多·莫里森爵士在这个标题下的结论。对私人资本利息和各种汇款的考虑也符合西奥多·莫里森爵士的结论。但是，对新投资私人资本的估计翻了一番还多。

对于印度经济生活中的习惯和竞争，西奥多·莫里森爵士放大了非常令人景仰的事情原因，在他的《一个印度省份的工业结构》(*Industrial Organisation of an Indian Province*)较早一卷里给出了这个事件原因。① 他的观点好像非常确定一点：印度经济生活的习惯和竞争相对立，以前安排给习惯的重要性之所以错误地上升有两个原因。一、当经济状况一开始被印度的观察者所注意的时候，经济状况改变缓慢。二、因为在印度货币经济是例外而不是规则，所以这些观察者难以分辨竞争实际上在哪里激烈，又在哪里

---

① 伦敦，1996 年。

不激烈。

西奥多·莫里森爵士给流畅引人的风格增加了有趣重要的确定性。而且,他非常成功地处理了一些极有争议的话题:非常赞同其他观点,只是没有党同伐异。跟以前相比,作者较为真实和清楚地阐述了许多问题,印度的每个国家经济学学者都应该阅读该书。

转载自 1912 年 3 月《经济学杂志》

Report upon the Operations of the Paper Currency Department of the Government of India during the year 1910—1911.(Calcutta), 1911.

印度新的总审计长和纸币委员长 R.W.吉兰(Gillan)先生发出了一个格外有趣的报告,研究印度通货问题的所有学者都应该关注这个报告。吉兰先生先是给出了各种政府差额和储备的有用解释,还解释了各种政府差额和储备的相互关系。根据贸易的需要,从各种政府差额和储备中供应通货。但是,报告中的一部分非常重要,R.W.吉兰先生在这一部分中讨论了黄金当前在印度所处的地位:流通手段。下面是 R.W.吉兰先生主要结论的摘要:

银行将沙弗林引入印度,目的通常是获得其他形式的通货。由此,政府依靠这些黄金储备即刻发行纸币。当对通货的需求增加时,他们便以纸币回应,通货被提取的形式取决于当时的需要。因此,进口黄金的数量、进入流通的数量,是由不同的因素决定的。因此,要考虑黄金进口对通货的影响,就要考察吸收的数字。在 1908 年至 1910 年,交换纸币和卢比的黄金供应受到了限制。但是,过去 5 年吸收的总量达到了 2,050 万英镑,我们研究的这一年

（1910年至1911年）达到了7,187,000英镑。

这些数字好像表明，担心沙弗林不会流行就是杞人忧天，而且这一结论得到了吉兰先生所能搜集到的其他证据的支持。在旁遮普，吸收的数字是最高的，而且种植者可以自由持有黄金，这些数字表明，支付中黄金的比例高于四分之一或者三分之一。银行把现在受黄金资助的小麦作物比例设定在了四分之一或者三分之一。在孟买，购买棉花作物时，黄金的使用正在扩张。但是，在购买黄麻时好像没有使用沙弗林。无论在联合省的东部还是在孟加拉诸省黄麻农产品现在很少用黄金支付。实际上，在旁遮普之外的省里，当拿出黄金的时候，目的主要是汇款，而且在到达目的地之后就兑换回白银。另外，种植者用农作物交换黄金在本质上还是易货贸易，沙弗林的通货用途是临时本质；也就是说，种植者不单是把黄金通货沙弗林看作硬币，还有着其他的用途。在支付税收时归还的沙弗林，可能只是种植者发现根本无法持有的东西。还有证据表明，较小的金银交易者熔化了大量沙弗林，用在艺术方面。

所以，就算以前有的话，现在也已经没有了针对沙弗林的歧视。沙弗林被贮藏、熔化、用来向远方汇款。但是，作为通货手段，作为通货的常规部分，沙弗林真正确立了什么样的地位？或许邮局和铁路的进款数字最能说明这个问题。

	1907—1908	1908—1909	1909—1910	1910—1911
	英镑	英镑	英镑	英镑
邮局	1,358,000	1,001,000	265,000	638,000
铁路	1,045,000	710,000	134,000	597,000

就像吉兰先生所说的那样,从这些数字得出的结论肯定好像是不利的。如果沙弗林已经在通货中确立了下来,效果应当是累积的。年复一年,一定数量的黄金进入通货之中,而且如果黄金保持在通货之中,我们应当预计上面的数字上升。但是没有上升的迹象。

还可以补充一点:近几个月(1911年11月到1912年2月)沙弗林在快速流入印度,较大数量的沙弗林立刻被交付给了政府来交换卢比或者纸币,政府在印度持有的沙弗林在这三个月的时间里足足增加了650万英镑。沙弗林之所以被汇款,是因为作为一种汇兑运算,这是最便宜的一种获得通货的模式。不是出于下列原因:需要沙弗林,而非卢比或者纸币,来资助收成。就像吉兰指出的那样,沙弗林向印度流动是由汇兑因素支配的,与印度民众的习惯或者愿望无关。重要的一点是,沙弗林到达印度之后发生了什么。大体上,可以这么说,现在没有足够的证据假定印度迄今为止已经开始了奢侈且毁灭性的习惯:使用黄金作为较大交易的正常通货手段。

转载自1914年12月《经济学杂志》

1913年至1914年的印度贸易

Review of the Trade of India in 1913—14.(Calcutta, Government Printing Office),1914.

Memorandum and Statistical Tables relating to the Trade of India with Germany and Austria-Hungary.(Calcutta, Government Printing Office),1914.

这一期的年度《印度贸易回顾》(Review of the Trade of India)是 G. F. 沙拉斯(Shirras)先生编辑的第一期。G.F.沙拉斯先生被印度政府派往新成立的统计资料主任办公室。沙拉斯先生在许多方面修改了《印度贸易回顾》的形式,而且抓住机会进行了几次改善。他应该得到祝贺,因为自从被任命为统计资料主任以来,他取得了首批成果,这就是其中之一。

在那些需要特别注意的特点之中,有一个是价格指数,价格指数的基础是外贸商品的入账价值。对于印度而言,按照去年和今年的外贸价值的价格,对过去的一些时期进行了计算。但是,沙拉斯先生现在使用这个材料作为精心汇编的指数的基础。沙拉斯先生发现,1913年至1914年的价格大约比1912年至1913年的价格高2%,而外贸规模增加了大约4%。价格大幅上涨的出口商品是茶叶、小麦和黄麻,而大米则价格下跌。就出口数量而论,原棉大幅增长,小麦、生黄麻和鸦片减少。就生黄麻而言,尽管(或者因为)总量大幅下降,总价值大幅上升。

希望沙拉斯先生分别汇编了出口和进口指数,而不是像他已经做的那样合二为一。当考虑印度的国际地位时,要知道非常重要的一点:用进口的方式,特定数量的出口买进的比以前多还是少。我们要知道另外一点:就货币而言,出口和进口合二为一的平均价格是多少。前一点比后一点更重要。这些数字表明近些年的趋势好像在继续。这个趋势是,至关重要的是,汇率一直在朝着对印度有利的方向发展,印度的商品一直在购买越来越多的别国商品。要让读者相当清楚一点:这一指数的根据是,作为外贸商品的不同商品的重要性。还要让读者相当清楚另一点:这一指数不能可靠地表现印度货币总体购买力的变化。

在关于贸易差额的那一段里,沙拉斯先生超越了确定的数字,作出了"在1913年至1914年,至少汇款4.5亿卢比以便交纳利息和服务,而且印度可能控制着大约2.4亿的新国外资本"的猜测。我不想质疑这些数字,但是,沙拉斯先生并没有说明得出这些数字的证据。任何此种估计肯定是非常可疑的。如果没有给出更多的关于此种估计可疑性的警告,这种估计就难以出现在官方出版物之中。

针对工资变化的调查结果非常有趣。通过检查主导工业所提供的收入已经发现,这些工业的工资在1913年至1914年已经普遍上涨了3%。主导工业是,棉花(孟买)、呢绒(坎普尔)、黄麻(孟加拉)、纸张(孟加拉)、大米(仰光)、矿业(孟加拉)、酿造(旁遮普)。最高上涨了9%,是孟买的棉花工业,上印度的呢绒制造厂也上涨了9%。尽管工资上涨,孟买的棉花工厂里工厂劳工还是不足。实际上,在印度的工厂劳工供应好像甚至对当前工资的大幅上涨一点都不敏感。沙拉斯先生对自己的解释进行了下列总结:"我们可以注意到一个有趣的现象,工业劳工工资的上涨不及农业劳工和乡村工匠工资的上涨。长期以来,货币工资在所有工业中上涨。而且,一般来说,工业中的货币工资上涨大于或者等于零售价格上涨,但是,茶叶工业、糖工业和酿造工业例外。对过去十年印度工资统计资料的调查表明这肯定是劳工的节日。"

在当前的环境下,人们自然会特别关注印度与德国和奥地利的贸易性质,涉及印度与德国和奥地利贸易的数字已经集中到一个特别备忘录之中。对于我们的4种印度产品而言,德国是一个重要的市场。这4种产品是原棉、生皮、生黄麻和大米。1913年至1914年,这4种出口到德国和奥地利的商品价值超过了18,000,000英镑,而且,这些市场的需求中断肯定显得有点严重。就原棉而言,不管怎么样,我们的情况仅仅是恶化而已;每年价值超过1,000,000英镑的德国和奥地利棉花制造品进口中断了,可能会带来较小的补偿性影响,因为这些棉花制造品可能与孟买的产品竞争,而不是与曼彻斯特的产品竞争。大米的情况不重要,因为不管怎么说,出口到这些国家的大米只占总产品的一小部分。有人会预计黄麻价格因德国市场的流失而大受影响。生皮的贸易表现出了有点奇怪的特点。向德国和奥地利的生皮出口不少于总出口的56%。另一方面,鞣皮主要是运往伦敦,几乎不到德国。因为会有对皮革的大量需求,因此,印度的鞣皮工业可能会获益。另一个可能会经历短暂复苏的工业是靛蓝生产。靛蓝以前是印度的主要出口商品,近些年却迅速下跌,只占很少的比例,原因是合成产品的竞争。印度的靛蓝生产在1894年至1895年达到最大值,第一个合成染料的商业制造品在1897年才出现。不幸的是,近些年,靛蓝种植园大幅削减——跟最近的一年1911年至1912年相比,1913年至1914年减少了足足43%——虽然靛蓝工业现在可能面临短暂的春天,但是靛蓝工业却无法作出实质的回应。

糖的贸易表现出了一个有趣的特点。印度是世界上最大的蔗糖生产者,每年生产至少300万吨,另外还进口大约150万吨。近些年,糖的进口十分迅速地增加,虽说甜菜糖进口量巨大,原因主要仍是大量从爪哇和毛里求斯引进蔗糖。在1912年至1913年和1914年至1915年之间,价格大幅下跌大约10%,助长了这一增长。由于英国政府近来大量买糖,由于《皇家委员会糖供应报告》(Report of the Royal Commission on Sugar Supplies)出炉,大量来自爪哇和毛里求斯的糖被以高于近来普遍价格的价格买进,用于印度的消费。我预计,效果会是,印度消费者承受不了高昂的价格,只能接受印度土产糖。因此,由于奥地利和德国甜菜糖中断所导致的糖供应减少的主要负担,会落在印度消费者的头上。有一个事实:印度大量消费糖,这种情况只是近来才发生的,也承受不了糖价大幅上升。鉴于这一事实,所以无法以相对较小的价格上涨来填补印度的糖供应。另外,爪哇糖从印度向英国的转移,并没有为迄今为止在英国消费的德国和奥地利糖的吸收开放任何额外的中立市场。要比较对印度消费者的影响,需要考虑两个优势。至于贸易差额,我们自然会预料,糖进口的减少可能会弥补出口的减少。第二,印度政府最近补助了更经济、更大规模、得到中央工厂资助的产糖企业,这些企业可能得到一些有用的刺激。来自爪哇的现有供应的减少对印度的糖工业来说可能是个幸事,因为爪哇非常成功的糖种植创下了范例,促使印度亦步亦趋,采用别的地方行之有效的方法。

转载自 1920 年 9 月《经济学杂志》

SHIRRAS, G. FINDLAY. *Indian Finance and Banking.* (London, Macmillan), 1920 (Third Impression).

印度通货总是能资助让学者感兴趣并指导学者的新鲜事物。更多且更娴熟的委员会一直在处心积虑地对付印度通货而不是其他通货;然而,一个委员会一出现,印度通货就又提出一个以前没人考虑过的新问题,让印度通货的官方监护人困惑茫然。印度事务大臣委员会深入论述了一个问题:债务的巨大暂时反差额问题。印度事务大臣委员会给出了有效的解决方案;但是,他们没有检查这一问题实际上呈现的任何一个证据:巨大的有利差额,这种情况无法完全用白银进口来解决,也无法满足通货内需。因此,巴宾顿-史密斯委员会被召集了起来补充其前任的建议,提出了一项政策,目的如下:避免印度物价脱离世界价格过多上涨,把卢比稳定在一个超过其可能金价最大值的金平价上。但是,他们没有提前看到,设定卢比价值远超其英镑价值可能带来一个后果:那些习惯于用英镑思考(并因此看到了以前利益)的人可能大规模撤资,当出口贸易萎靡的时候,就难以或者不可能保持如此高的价值。然而,事实上,他们的报告出炉几个星期之内就发生了这种情况。

在写这本书的时候,沙拉斯先生已经拥有了印度事务大臣委员会报告和第一次世界大战的经历。不幸的是,当该书出版的时候,巴宾顿-史密斯委员会还在开会,沙拉斯先生不得不在第三次印刷(他的书有用,因而多次印刷)的时候加了个附录:总结了巴宾顿-史密斯委员会报告,报告总结之后是一份印度政府的声明。然而,这并没有阻止沙拉斯先生给公众展示大量新鲜事物。印度事务大臣委员会报告和第一次世界大战中的一系列事件使之前关于这一主题的所有著作过时;沙拉斯先生做了一项非常有用的贡献,把这部充满新材料的巨著迅速呈现在我们面前。

沙拉斯先生没有概括,也几乎没有批评。但是,对于印度通货过去的历史和当前的特点,沙拉斯先生写出了全面、精确和证据充分的记述。想要知道事实的读者会在这部书里找到答案;如果在下一版,沙拉斯先生可以完全更新到现在,那么,在将来的一段时间里,这部书应该还是关于这一主题的标准描述。

读者有时希望沙拉斯先生更有点冒险精神,打开一些坚果,并达到果实的核心。但是,沙拉斯先生写书的不利身份是官员,显然觉得应该避免触及有争议性的问题。然而,另外一个话题或许可以安全地引入。沙拉斯先生几乎没有触及下列问题:印度价格、国内价格和世界价格之间的关系、进口价格和出口价格之间的关系、通货政策与价格水平的关系。这是巴宾顿-史密斯委员会调查的一个重要部分,而且在这种情况下,肯定会成为印度政府的主要问题。为印度的和平与幸福着想,我相信没有比这更为重要的问题,而且,如果我处于他们的位置,我非常愿意把通货政策置于价格政策之下。然而,我认为,沙拉斯先生是印度价格委员会的委员,印度价格委员会制定了几个杰出的文件,我们应该高兴地在这些文件中看到更清楚明了的内容。

转载自1923年3月《经济学杂志》

杰文斯教授论印度汇率

JEVONS, H. STANLEY. *The Future of Exchange and the Indian Currency*.(Oxford University Press, Indian Branch), 1922.

这本书极为引人深思,在有限的篇幅内包含主要数据。主要数据让我们形成了一个判断:杰文斯教授已经继承了父亲的天赋,绝不写枯燥的句子。有些人对这一始终有趣的问题感兴趣,我把这本书推荐给这些人——但是有个附文:与其篇幅相比,这本书定价极高。①

在该书的某个地方,杰文斯教授承认他在写书的时候逐渐想出了自己的结论,而且在他写第一章的时候并没有在自己的头脑中清楚地形成最后一章的结论,结果就是他的论据并没有像可能做到的那样清楚明了。但是,他的主要论据阶段如下:

(1)他接受了一个观点:卢比与英镑的汇率会由印度卢比价格水平与英国英镑价格水平的比率决定。因此,所有事情都取决于这两个价格水平将分别发生什么。

(2)印度价格水平取决于政府的通货政策。实际上,印度价格水平是以不可兑换纸币为基础,所以内部价格不能自动适应外部价格。在现行政策下,印度通货规模不能较大波动。印度没有在熔化卢比或者出售黄金,或者还清了纸币储备中大量证券的大部分。因此,如果政府不改变关于这些标题中一个或另一个标题的政策,通货规模就不会剧降。另一方面,政府并没有在当前铸造更多卢比,也就没有增加纸币储备中的证券。只要这些情况没变,通货也同样不会大幅增加。政府太过矜持,不愿通货膨胀,也无力通货紧缩,因此,两种阻力巧妙地结合使价格趋向保持稳定。并不是价格要因此保持绝对稳定;价格可能会经历一定数量的波动,原因并不是出于货币政策。比如,一定数量的卢比每年从通货中消失。由于明显的原因,好收成可能使价格下跌,还有其他小的影响。不过,一般结论认为,如果政府继续一如既往,价格可能不会出现轰

---

① 价格非常高,乍看起来,对于出版这本书的名副其实的出版社来说,这是个耻辱。

动性的变化。只有当政府采用一个或另一个可行方法刻意通货紧缩的时候,价格才会下跌;只有当政府通货膨胀的时候,价格才会上涨。

(3)英镑价格呢?在这个标题下,杰文斯教授得出了两个结论。他认为,贸易循环会导致英镑价格在最近的未来出现一定的上涨。但是,这种上涨不会深入持久,而且由贸易循环原因所导致的上涨在几年之内不会到来。在另一方面,杰文斯教授认为,总的来说,与循环运动不同,世界价格的长期趋势可能会在下一代向下。杰文斯教授给出了其中的一些原因,但是另一方面几乎也有同样多的原因。

(4)迄今为止,有没有任何因素趋向于扰乱由汇率水平衡量的内部价格和外部价格之间的关系?杰文斯教授认为,新的即将生效的进口关税可能具有下面的效果:如果没有任何汇率水平运动的话,将内部价格相对于外部价格提高一些,或许15%;或者如其不然,如果内部价格和外部价格都保持在现在的水平,比方说将汇率提高15%。

因此,杰文斯教授把自己的想法总结为下面的观点:如果印度政府不采取措施来稳定汇率,那么,如果在印度本国没有任何通货紧缩的话,英镑价格的下跌趋势趋向于拉低汇率。然而,杰文斯教授并没有直言不讳。首先是因为,杰文斯教授预测在不久的将来英镑价格会暂时上行。还有部分原因是新的关税会在一开始产生反向影响。

假设这一论据是正确的,印度政府应该怎么办?杰文斯教授认为置之不理不好。按照杰文斯教授的判断,置之不理会导致汇率缓慢下降。另一方面,杰文斯教授认为,有一点非常可行,凭借手头现有的可用于通货紧缩目的的资源,政府可以成功进行温和的可能需要的通货紧缩,来把卢比稳定在 1 *先令* 4 *便士*;因为,虽然杰文斯教授预计世界价格下跌,但是,杰文斯教授预计世界价格下跌没有严重到需要印度进行大规模通货紧缩的地步。另一方面,杰文斯教授反对任何把卢比价格提高到 2 *先令*水平的企图。因为在印度达到这个目的所要进行的通货紧缩,会涉及对印度商业生活的灾难性干涉。达到这个目的所要进行的通货紧缩要足以抵消下跌中的外部价格,还要足以提高汇率。

因此,让卢比立即保持在 1 *先令* 4 *便士*,让印度政府从想法中摒弃一个心魔:白银价格上涨过高,因而卢比的金银价值超过了其通货价值。这个心魔主要影响了 1919 年的通货委员会。

这是一个强大的论据,考虑到这个情况的主要因素。而且,依我看来,这一论据是按照稳固的结构进行的。

不过,我要保留两点重要意见,并不完全同意杰文斯教授的结论。

首先,我们不接受杰文斯教授的结论:英镑价格可能下行。论据太长,无法在此赘述。但是,我相信,价格上涨的大趋势可能使朝向另一个方向操作的原因失去平衡。杰文斯教授承认价格存在上涨的大趋势。无论如何,预言几乎是不可能的,因为许多未知因素会起作用;但是,如果必须猜测的话,我作出的猜测会与杰文斯教授相反,我要说价格更有可能上涨而不是下跌。此外,杰文斯教授认为贸易复苏肯定会发生。我也认为贸易复苏肯定会发生。我认为,如果贸易复苏肯定会发生,杰文斯教授就低估了可能在即将发生的贸易复苏中出现的价格上涨。在萧条深处之中,价格水平远低于世界通货状况所真正允许的范围。因此,大反弹一触即发。

如果在这一点上我是正确的,如果在当前情况下让汇率顺其自然,汇率可能会逐渐上行,而不是像杰文斯教授预言的那样下行。汇率会上行到什么程度,是 1 *先令* 5 *便士*,还是 1 *先令* 6 *便士*,或者更高,这个不可能说清,但是我会预计趋势就是朝着这个方向的,而不是朝着 1 *先令* 3 *便士*或者 1 *先令* 2 *便士*。

我的其他观点是另一种类型。我认为,就印度这么一个国家而言,与内部价格水平的稳定性相比,杰文斯教授高估了汇率稳定性的优势。实际上,在他书中任何地方都无法清楚地看出杰文斯教授显然认识到了这两个目标的重要对立,尽管后一个目标更多地影响了 1919 年印度通货委员会的建议。就像他指出的那样,在最近那些耸人听闻的年月里,印度的价格水平比世界上其他地方都稳定得多。在第 212 页,他表明,如果我们考虑从 1920 年最高数字 1 月到 1921 年 6 月的价格下跌,英国下跌了 41%,美国下跌了 47%,印度下跌了 12%。但是杰文斯教授并没有得出结论:实际上追求的备受摧残的汇率政策在很大程度上导致了这一现象。当英镑价格暴涨的时候,印度允许汇率有点突然地上升,因而避开了其他地方发生的上涨极点,从 1920 年 4 月到 1921 年 4 月的萧条严重时期,印度允许汇率下跌,因而避开了价格暴跌的暴风骤雨。如果在过去的整整三年里对英镑的卢比汇率稳定在您选择提到的任何水平,印度可能就会感到英国价格波动的狂风骤雨。对于像印度这样的国家来说,内部价格水平稳定非常可取。因此,虽然汇率波动给从事外贸的商人带来了不便,但是,有一个事实意义巨大。这个事实是,印度以微小的内部价格波动经历了最近的循环。

鉴于后续事件,对于印度政府来说,最公平的批评是,从各个角度来看,印度政府企图把卢比提到高达 2 *先令* 3 *便士*是过火了。通货委员会没有考虑这一汇率。要让印度价格稳定在 1919 年的水平,印度之外的价格从未涨到需要印度采用 2 *先令* 3 *便士*以上汇率的程度。

下表是我汇编的大约价值,这些价值表明:第一,在 1919 年至 1920 年,印度价格非常稳定;第二,如果印度政府不准备通货紧缩内部价格大约 20%,就无法把卢比的价格保持在 1920 年的最大值,即 2 *先令* 8 *便士*;第三,购买力平价理论表现得非常精确,除了一个例外,这表明英国印度的实际汇率比率非常稳定。这个例外是,在 1920 年的短暂时期,英国和印度之间有过对 2 *先令* 8 *便士*卢比暂时且失败的偏离。

	英镑中的卢比价值			
	印度价格	英国价格*	购买力平价	实际汇率
1919 年平均数	100	100	100	100
1920 年最大值	112	129	115	152
1921 年最低值	95	65	69	72
1922 年平均数**	90	64	71	74

* 《统计员》(*Statist*)。
** 头十个月。

鉴于这一经历,在当前情况下,我会倾向于一个目的:印度避免部分价格上涨。如果英国继续顺其自然一小段时间,价格上涨可能会出现在英国。我还会倾向于另一个目的:印度之外的运动继续随心所欲拉升汇率。这两个目的是为了在这种情况下让卢比价格保持当前的相对稳定性。当英国指数上涨超过1913年,比方说200或者稍多,然后,我可能倾向于暂时稳定汇率,就稳定在汇率当时靠自身运动达到的任何水平。原因有两个。第一,我完全接受杰文斯教授关于合情合理固定汇率的可行性,就固定在印度政府认为合适的任何地方。第二,我也接受杰文斯教授关于一个基本假设的观点:大约在汇率稳定的地方固定汇率是有利的,而不是努力强迫汇率固定在一个想象中的数字上。

对于世界价格的未来,我并没有详述反对杰文斯教授观点的论据;但是,鉴于一般信用循环理论最近更精细的发展,他插入的关于收成循环及其对贸易循环影响的段落,已经不再能跟上时代,还有点粗糙。

自从杰文斯教授的书出版以来,卢比运动温和,但是大幅上扬。到我写书的时候已经站上了1先令4便士。同时,印度当局修改了政策,达到了这样的程度:重新用投标销售委员会汇票。这一举措阻滞但并未阻止上涨趋势,而且好像是由于印度办公室的通常愿望:强化英镑差额(尽管杰文斯教授的数字显示,到目前为止,补偿几乎不是必不可少的),而不是由于任何关于未来政策的明确决定。委员会根据现金需要的温和销售会与我上文提到的基本政策非常融洽。跟自己留下的问题相比,总督委员会新的金融委员巴兹尔·布莱克特爵士(Sir Basil Blackett)着手了一个不那么震撼的问题,但这个问题可能有更纯净的*知识*质量。

第 2 章 指数

在 1909 年的复活节假期,凯恩斯回到了一个主题:总汇率价值的指数构建。在 1905 年 10 月,凯恩斯就这一主题为艾尔弗雷德·马歇尔(Alfred Marshall)写了自己的第一批论说文。3 月末在德文郡惠特彻奇过家庭假期的时候,凯恩斯开始了自己的这篇论说文。4 月 7 日至 21 日,在凡尔赛与邓肯·格兰特(Duncan Grant)一起过工作假期的时候,凯恩斯完成了这篇论文。4 月 23 日,凯恩斯把这篇论说文提交给了亚当·斯密奖,从开始到提交才一个月的时间。这是一篇成功的论说文;60 英镑的奖金足以支付工作假期的费用。

特别参照总汇率价值衡量的指数方法

目录

序言

Ⅰ 指数方法

Ⅱ 使用指数的典型例子

Ⅲ 总汇率价值的定义

Ⅳ 加权问题

Ⅴ 加权的实践重要性

Ⅵ 总汇率价值的定义(续)

Ⅶ 用近似值来衡量总汇率价值

Ⅷ 用概率来衡量总汇率价值

Ⅸ 一些现有的指数

附录 A 沃尔什先生的《总汇率价值衡量》

附录 B 平均数理论的一些问题

序言

在写这篇论说文的时候，沃尔什（Walsh）先生的《总汇率价值衡量》(*Measurement of General Exchange-Value*)、指数英国协会委员会（Committee of the British Association on Index Numbers）报告给了我很大的帮助，帮助我理解埃奇沃斯（Edgeworth）教授备忘录。文本当中许多地方具体提到了这些资料来源。在它们之间，它们几乎包括了该主题理论方面学者所需要注意的一切内容。然后是许多批评性的段落。因此，这里就非常有必要认识到，这些参考资料给了我许多指引和激励。

大家会注意到，尽管有着一些理论分歧，但是，就实际问题而言，这篇论说文基本上还是非常赞同英国协会委员会的。主要目的是给出这一主题的*连贯*解释，并把理论的不同方面紧密联系在一起。几乎整篇论说文都是要呈现一个*连续*的论据，以便读者在论说文末尾可以完整连贯地理解这个问题。没有其他方法可以清楚地理解这个问题，而且，我希望第Ⅷ章困难的论据不会让这个方法黯然失色。或许，第Ⅷ章那困难的论据没有采用最清晰的方式表达。

写这篇论说文时候，我远离图书馆，因此我无法证实所有的参考资料和引用。除了上述的两个著作,也无法提到其他作者的著作。

J. M. 凯恩斯

1999 年 4 月 23 日

I 指数方法

统计理论很快就会达到这样一个发展点:可能写出关于这整个主题的系统的阐述。目前,几乎没有协调。研究一个分支,不管另一个分支。学者们的贡献零零散散,分布在各个学术杂志上,从没有放在一卷书里进行研究和比较。甚至难以说清统计理论具体应该包含什么。

依本作者来看,统计理论应该分为三个部分。在第一部分,我们应该讨论的问题涉及对统计数据的搜集、整理和描述。在第二部分,我们应该应对的是,针对各组统计资料量化性质的衡量理论和实践。在第三部分,我们应该借助概率来发现,关于这些现象的原因和相互关系,我们可以从统计资料中得出什么样的推论。

第一部分和第三部分并不总是泾渭分明。比如,误差定律或者相关系数是否用来进行描述和推论? 有时并不明显。然而,第二部分是作为一个独立题目来对待的;而且,由于可能性而不是具体的适应性,"指数"这一标题通常是对第二部分的讨论。

在这篇论说文中,我提出,对指数方法进行一些宏观的评论,然后仔细应对指数在总汇率价值衡量这一具体问题中的应用。

指数本身只是把另一个时间和地点的对象量值作为一个时间

和地点的对象量值的尺度。假设我们在应对一系列数量 $f(t_1)$、$f(t_2)$。对于不同的时间、空间或者对象类型，这两个数量都有着同样的关系。而且，就一个普通单位而言，这两个数量都是可以计数的。那么，比率 $[100f(t_2)/f(t_1)]$ 就被定义为，以时间、空间或者类型 t_2 为基数的 f 对比以 t_1 为基数的 f 值所得到的指数。之所以引入系数 100，是为了算术方便。这样，f 的指数在以时间为基数进行对比时就总是 100。系数 100 对这一思想无关紧要，并没有始终如一地加以应用。①

如果把一个比较对象的高度作为比较单位，那么，比较同一个人在不同时间的高度，或者比较不同人在同一时间的高度，就可以得到关于指数的一个简单例子。只有通常使用指数方法的两个主要比较类型才会出现这两个情况。鲍利（Bowley）先生提出的定义②不适用于这些以及其他简单的情况，这样的定义——比如，小麦价格指数——好像引入了令人困惑的想法，对于当前正在讨论的思想根本没用，其作用只是体现在一些非常具体的应用上。

到目前为止，没有可能的困难或者歧义。对于指数本身来说，几乎乏善可陈、无足轻重。之所以会出现困难，是因为我们想通过指数方法来比较的统计数量或者经济数量通常难以衡量。如果我们想通过这个方法来比较它们，首先就必须按照某个普通单位来

---

① 比如，《经济学家》(The Economist)的价格指数。
② 《统计资料因素》(Elements of Statistics)第 217 页："指数用来衡量一些数量变化。这些数量变化不能直接观察到，但是，人们知道这些数量变化对其他可观察到的变化有着确切的影响，变化方式往往完全相同，但是被这些不同数量的独立波动所隐藏。"（这是我的释义。）

衡量它们。所有的困难都从中而来。因此,许多统计数量的衡量原则主要是在*指数*标题下讨论的。

困难有两种。第一种是,我们讨论的数量定义清晰、可以衡量,但是,我们可支配的信息并不完整。我们的任务在于,使用现有的统计资料,尽可能精确地进行衡量。

第二种是,从最严格意义上来说,数量本身根本无法计数。我们必须采用一些传统,但又切实有用的方法。而且,我们的任务主要在于阐明在研概念的数量方面。

参照对国民总收入的衡量,两种困难是清晰可辨的。给出两个假设。第一个假设,国民总收入我们指的是国家货币收入,也就是说完全归所得税委员管辖的货币总值。第二个假设,不管收入多少,都由所得税委员管辖所有收入。那么,在这两个假设的情况下,问题完全就是第一个。数量本身是非常清楚明了的。之所以会出现困难是因为我们的*数据*不完整、可能也不精确。如果从另一方面,国民收入我们指的是一个国家各个个体享受到的(或者,如果我们想加以限定,购买和享受到的)功用总数。那么,在这种情况下,对*所有*事实的了解并不能使我们用数字比较两个不同国家的收入、同一个国家在不同时期的收入。

这并不能被一个假设所解释。这个假设是,在第二个困难下,国民收入只是表达了一个模糊且不精确的想法。没有什么比特定时期特定一批人群享受的功用总数更确定。完全是因为这个情况,尽管这一概念在有限的意义上是可以量化的,但却并不属于这类数量,这类数量可以与所有其他类似数量进行计数比较。因为这里涉及一个基本问题,这个问题在以后具有重要性,所以,需要详加探讨。

人人都认识到有不同的数量。我们并未假定,因为一吨是个数量而且一英里是个数量,因此我们就能比较一吨和一英里的量值。还有公认的数量的例子。在这些例子中间存在着亲密关系的中间级数。也就是说,它们不像一吨和一英里那样截然不同,不过也不具有一英里和两英里之间存在的计数关系。我们可以给出一个关于相似性级数的例子。一个绿色八开本而不是一个红色八开本,更像一个绿色文件夹。但是,如果说相似性是两倍或者任何其他倍数,就显然错了。我们可以说,如果一批数量里面的一个可以和另一个就多少进行比较,那么,这批数量就属于同一类。我们还可以说,如果这批数量中的每对数量都可以进行*计数比较*,它们就属于同样的*单位*。

现在我们可以回到我们关于国民收入的例子。在某种意义上,两个不同的国家收入显然属于同一种类。但是,我们不能因此假定,就上文的技术意义而言,两个不同国家的收入属于同一种类。真相好像是,一些,但不是全部,国民收入对子可以比较,比较点是多少,但是它们基本不在同一单位之内。这两个命题中的第一个遵循一个假设:在一些情况下,我们可以说一个事态可以比另一个产生更多的功用。比如说,假设一国之内的每个个体都享受以前享受的一切,而且还获得了额外的享受,那么,我们可以公平地说国民收入增加了。这里重述一下这两个命题。第一个命题:我们不能*总是*说,两个国民收入一个大,一个小。第二个命题,两个国民收入不在同一单位之内。这两个命题是真命题,因为我们不能把一个个体享受的功用与另一个个体享受的功用相比较。比方说,我们不能把货币对一个富人的功效与货币对一个穷人的功效进行计数比较。只有在满足两个条件的前提下才可能对两个功用总数进行计数比较。这两个条件如下。第一,每个功用都严格的是同一种类。第二,算术定律可以有效地用于这两个功用的求和。这好像不是事实。①

然而,我们不需要在此时放弃我们的调查。我们很有可能关注两个国民收入的计数比较,因为这一比较会给我们一个其他事物的指数,比如说全民福利的指数。如果我们可以发现另一个数量,这个数量的性质有点类似国民收入,但是是可衡量的,那么,这个数量几乎能同样好地服务于我们的目的。举个不同的例子,一个家庭集团不同成员的关系亲疏并不是严格可衡量的。但是,前面四代共同祖先的比例可以提供一个计数指数,用于当前正在研究的问题。

那么,当我们使用指数方法来衡量经济数量时,这些是吸引我们主要注意力的两种困难。关于指数能说的就只有这些。就特定问题,我们只能讨论的问题如下:我们是否应该使用加权,什么平均方法是更可取,等等。这些问题关系到我们任务的下列部分:在使用指数方法之前的部分——初始衡量。也就是说,我们任务的数量比较部分。

Ⅱ 使用指数的典型例子

经济学中有很多数量涉及一点:衡量会出现哪些困难。之所

---

① 或许,这可以当作一个有争议的说法。这个问题只是通过例证的方法引入的,因此,我不想加以讨论。

以出现困难,可能是因为主题的本质,也可能是因为缺乏数据。在转向这篇论说文的主题之前,我要简短地讨论经济学中的两三个数量,这两三个数量与总汇率价值有点紧密的联系,研究这两三个数量会为下面的主要论据铺平道路。

衡量问题实际上源自与价格和购买力相关的问题。与价格和购买力相关的问题不是一个,而是很多。在重要细节上,在与应当采用的计算方法高度相关的方式上,这些与价格和购买力相关的问题存在着区别。就像英国协会委员会所清楚表明的那样,无法分辨与价格相关的不同数量导致了许多困惑和模糊。而要分辨与价格相关的不同数量,可能就需要指数。

别的情况中存在困难,但是最基本的情况下却几乎没有困难。假定在一系列年份中的每年3月1日,在特定地点,我们需要的批发黄金价格指数。像这种情况下,如果我们的数据是完全可以得到的,那么,给予我们的数据可能采用如下形式:为了确定指数所进行的算术计算可以立即进行。

但是,假定我们需要特定地点某个商品在一年中的平均价格指数,或者需要许多地方在特定一天的平均价格,那么,在这种情况下,困难就出现了。因为求同一地点不同日子的算术平均数,或者求不同地点同一日子的算术平均数,是一个任意的程序法。一个简单的例子就可以说明这一点。通常在欧洲国家,价格现象的衡量方法是命名将要购买一个商品单位的价值本位单位的数量;在印度,衡量方法是命名一个通货单位所能购买的商品单位数量。因此,在英国,小麦价格是由购买一夸特[①]所需先令数量来衡量

[①] 夸特(quarter),英国的粮食容量单位。——译者注

的；在印度，小麦价格是由一卢比所购锡厄①数量来衡量的。② 不可能说这两个传统价格衡量方式哪个对、哪个错；然而，一个系统衡量得到的平均价格不能与另一个系统衡量得到的平均价格相提并论。两个价格 8 锡厄每卢比和 4 锡厄每卢比的算术平均数是 6 锡厄每卢比。如果按照欧洲的方法来衡量这些同样的价格就是 1/8 卢比每锡厄和 1/4 卢比每锡厄，两者的算术平均数是 3/16 卢比每锡厄而不是 1/6 卢比，因为在按照另一个方法来计算。实际上，欧洲价格的算术平均数符合印度价格的调和平均数，反之亦然。

人们并没有时刻认识到，矛盾来自价格关系非常基础的特性：从最完全最严格的意义上来说，价格关系并非可以计数的。当特定数量的通货用来交换特定数量的商品时，价格现象存在。"m 的 x 交换 a 的 y"说明通货 m 和商品 a 之间存在一定的 价格关系。这一关系是个数量；也就是说，我们可能拥有含同一量值的两个价格关系以及一大一小两个价格关系。但是，这一关系不是一个计数数量；也就是说，我们不会拥有这样的两个价格关系：一个的量值是另一个量值的 x 倍，x 是个数字。那么，严格地说，价格关系是不可衡量的。但是，对普通的目的来说，这是无关紧要的。一个传统衡量制度容易获得。通过这个制度，可以建立上升系列物价关系和下跌系列物价关系与系列数字的合适关系。

---

① 锡厄（seer），印度重量单位、液量单位。——译者注
② 商品单位比通货单位更容易拆分，印度的方法方便地允许价格的较小变动。或许，这就是为什么英国较为贫穷的阶级通常按数量购买，而不是按便士购买。令人好奇的是，印度的方法是英国给鸡蛋定价的通常方法。如果面包价格也这样定，面包价格就能更紧地追随面粉价格，但是，也给可疑行为或者欺诈行为留下了更多的空间。

在这一方面，价格就像一些物理关系。比如，一个物质的性质是由其体积及其填充的空间之间的关系组成的；这一关系是可以量化的，但不是严格计数的，就和价格一样，我们可以根据两个非此即彼的衡量标准对这一关系进行传统的衡量。衡量的方法是两个比率，一个叫作比容，另一个叫作比重。这两个比率恰好符合欧洲或者印度的价格关系衡量方式。如果我们有两个物质，谈论它们的容-重平均数就没有意义。虽然我们可以计算它们的平均比容或者它们的平均比重，但是这两个平均数并不相符；而且由于这两对比率衡量了*同样的*物理数量，因此，当我们给两个物理数量取平均数的时候，我们是在任意地选择任何一组的平均数。无独有偶，当我们取两个欧洲价格比率的平均数时，当我们取两个印度价格比率的平均数时，我们*没有衡量*两个经济事实平均数的平均数，而这两个价格比率制度以同样合理的方式对两个经济事实进行了衡量。

这是一个微妙之处，经济学家通常可以安全地置之不理。对于所有的普通目的来说，印度方法或者欧洲方法都能提供一个完全满意的衡量标准，——就像在大多数数学运算中，比容或是比重都能让我们运算自如——不管用哪个方法，结果都一样。但是，当应对平均数时，微妙之处就变得重要了。刚才已经考虑过的简化且有点不真实的平均价格情况，足以显出一个特性。如果有谁试图调查价格指数但又没有认识到这个特性，就会困惑不解。

在前面的论据中，对于购买的数量或者消费的总和，我已经假定了信息的缺失或者忽视；也就是说，在统计资料技术语言中，正在讨论*未加权的*价格平均数。因此，已经表明了下列情况：虽然代表价值比率任何一个制度的数字自然存在一个算术平均数,但是,源自这个算术运算的新数字没有经济解读。那么,未加权的价格平均数之类的东西就不存在。如果我们假装处理这种东西,我们实际上是在引入相等权数;而且根据我们处理的印度或者欧洲价格比率,对于同一个经济事实,这一程序会产生不同的结果。在第一种情况下,相当加权过程假定,同等数量的货币消费在两个中心,或者消费在在研的两种情况下;在第二种情况下,相当权数过程假定,同样数量的商品在两个市场都被应对。

有理权数一被引入,经济解读就再度成为了可能。如果总值 m 的 x_1 在第一个地方消费在数量 a 的 y_1 上,总和 x_2 在第二个地方消费在 y_2 上,结果就是,两个地方综合来看,m 的 x_1+x_2 消费在数量 a 的 y_1+y_2。这里我们有三个价格关系。在某种意义上,我们可以合理地把第三个描述成前两个的平均数。

现在,我们可以转向更复杂价格指数类型,并做一些区分来清楚道路。对这些区分曾经造成许多不必要的争议。但是,自从英国协会发布报告以来,人们更普遍地认识到了这些区分。[①]

如果我们想要衡量货币价值和价格水平,我们会关心三个不同的基本数量。我们或许想要比较:

(1)特定数量货币将在不同时间或者地点购买的功用数量,衡量方式是一直以来所谓的品位价值;

(2)特定数量货币将要购买的劳动,衡量方式是成本价值;

(3)特定数量货币将要购买的商品和服务的总和,衡量方式是

---

① 沃尔什先生也恰到好处地表述了这些区分。

汇率价值。

让我们按照顺序来看看这三点：

（1）针对特定数量货币将要购买的功用数量的衡量方式，根本就是我们可望而不可即的。一个商品的总功用与其数量不成比例，所以，我们没有办法比较两个不同的总功用，它们是不同整体的一部分，而且，特定数量财富的总功用取决于其分配。即使我们知道财富的分配，也没有针对个体功用总数的*衡量方式*。总数存在，而且非常确定，但是，我们一定不要据此推断两个这样的总数可以按照一个共同单位来衡量。有一个问题：被分配功用的两个总数中哪一个符合较大数额的总福祉？这个问题或许真的有个确定的答案。我们否定的不是这个答案的存在，我们否定的是这样的观点：衡量加法公式并把加法公式应用于总数个体之中，就可以得到这个答案。我们可以说，存在一个功用总数，但是不存在总和。

那么，不存在品位价值衡量方式，而且我们只需要提一提，以防与其他概念相混淆。

（2）在应对成本价值衡量方式时，如果我们要避免困扰品位价值概念的困难，我们必须采取一个客观的劳动标准。如果我们试图以真正牺牲的数量来衡量劳动，我们就同样遇到上面讨论的那些问题。我们必须广泛地把我们的劳动分级成更特殊的种类，并发现每一分级每个小时的特定市场货币价格。发现每一分级的价格指数就是个算术和数据获取的问题了。不存在固有的困难。把独立的指数组合成单一指数来代表总成本价值，在另一方面也充满了陷阱;但是,这基本上等同于下面的问题①:就总汇率价值而言,我们接下来应该讨论什么。

(2·1)与成本价值指数密切相关,但并不等同的是工资指数。并不等同是因为,在进步时期,人类对自然的控制力更强,由此产生的新优势部分采用较短工时的形式。我们还必须考虑到失业人员和半失业人员。

工资指数没有呈现具体的固有困难,虽然统计资料的缺乏使任何实践估计确实非常粗糙。平均工资这一思想,非常模糊、计数量化。② 然而,平均工资显然必须加权;也就是说,我们必须考虑到每个工资的雇佣数字,不能仅仅对不同水平的工资或者不同行业的工资取平均数。现在有一个趋势:诋毁加权的重要性。尽管如此,我认为没人否认加权必须用于工资之中。

一个著名的悖论说明了加权的合宜。这个著名的悖论是,单个行业的工资在下跌,而平均工资却在上升。每当经济或教育改善使相对不熟练阶层向相对熟练阶层移动时,就有一个趋势朝向这个事态:单个行业的工资在下跌,而平均工资却在上升。一个未加权工资指数会完全忽略这一重要的情况:工人阶级提升。③

---

① 有个困难对成本价值较为重要,对汇率价值则不那么重要——一个问题:确定两个地点或者两段时间分级的相似或者相等。或许,我们最好避免这个困难,避免的方法是确定我们的理论实际数量值:实际购买的那些小时劳动的平均货币成本,不管劳动的种类或者技能的级数。对商品来说,我们这里有一个比相应单位——体积或重量——更合理的普遍单位。

② 我们可以把个体看作具有恒定重要性的单位,因此汇率价值情况下的主要困难也就不复存杂。

③ 鲍利先生的调查强烈支持这一因果假设。鲍利先生发现,虽然英国主要行业的工资比率在 1881 年和 1906 年间上涨了 16%,但是这些行业的工资规模上涨了 29%。

(3)汇率价值的衡量方式会是下面几章的主题。汇率价值的衡量方式分成不同的几种,其中一个——工人阶级生活成本指数——可能立刻就研究。这一指数经常是特别调查的目标。值得注意的是,贸易部最近比较了英国、法国和德国的地理。在这些比较之中包含工资指数,以便粗略地衡量工人阶级的福利。

这一指数立刻给我们引入了我们主题中的独特困难。我们可以选择一系列代表性的商品,并弄明白在每个时刻这系列商品的价格中有多大比例上涨,有多大比例下跌。这是非常明确的。但是,代表工人阶级在某段时间或者某个地点的消费的这一系列商品,并不代表他们在另一段时间或另一个地点的消费。

在极端情况下,这是显而易见的。我们不应预计这种比较出现的范围只是英国和印度之间,或者甚至印度自身种植小麦的省份和种植大米的省份之间。几乎被饿死的西西里岛地震(1908年12月)难民拒绝英国军舰带来的咸牛肉,他们想要得到通心粉,这提供了另外一个例子。

但是,即使在非极端情况下,这一点也是重要的。贸易部的调查表明,对英国、法国和德国的比较能说明这一点,对伦敦和诸省的比较也能说明这一点。①

不同时间和地点开支的正态分布存在差异。这种差异的部分原因是,气候、种族、宗教等导致的习惯差异。但部分原因是一个事实:有些东西在这个地方便宜,有些东西在另一个地方便宜。有

---

① 尤尔(Yule)先生讨论了这个问题,辩驳了上面的观点。在1908年9月和12月的《经济学杂志》我也讨论了这个问题(本书下文,第182—186页)。

些地方一种商品相对便宜,在这些地方自然就存在一个趋势:大量消费此种商品。正因为此,才扰乱了伦敦和诸省的比较。贸易部的报告表明,对房屋中房间的需求是弹性的,所以,跟伦敦的家庭相比,诸省的家庭住在较大的房屋里;对实际数字的调查表明,英国中部(Midlands)实际工资是否比伦敦的实际工资高这一问题可以有两个解答方法,根据我们确定的标准是符合英国中部还是符合伦敦。①

贸易部与法国的比较提供了更值得注意的例子。按照英国标准,英国的生活成本较低。而按照法国标准,法国的生活成本较低。

那么,这里我们要看到关于我们主题的典型困难的介绍。

我们有一个乍看起来可衡量的"生活成本"概念。我们要说,两个不同地方生活成本的比较仅仅需要搜集必要的统计资料。

然而,深思熟虑表明事实并非如此。比较生存在不同环境下两组人的生活成本是一个困难,这个困难不是一个统计困难。这个困难取决于一个固有困难:一组情况下什么水准的生活符合不

---

① 下面的阐释可能引用自我的《经济学杂志》笔记:当标准数量定为 A 地实际消费的数量时,A 地和 B 地购买标准数量 x 加上标准数量 y(这些 p 是价格,这些 q 是数量)所需的开支比率就是

$$\frac{x^p a x^q a + y^p a y^q a}{x^p b x^q a + y^p b y^q a}。$$

当标准数量定为 A 地实际消费的数量时,则为

$$\frac{x^p a x^q b + y^p a y^q b}{x^p b x^q b + y^p b y^q b}。$$

在两种情况下,我们采取什么标准都无所谓。这两种情况如下:(i)当 $x^q a$、$y^q a$ 约等于 $x^q b$、$y^q b$ 时;或者(ii)假定 $x^q a$、$x^q b$ 大不相同,当这些数量相对较小时。实际上,当这些 p 大不相同时,这些 q 可能大不相同。因此,如果 $x^q a$ 的权数大而且 $x^p a$ 和 $x^p b$ 的差别大,明显的误差就会产生。出租的时候会出现这些情况,这里组合了这些情况。

同环境下特定水准的生活。这两个生活或许是不可计数的。

然而，在一些情况下，比较是可能的。假定，无论我们是把 A 地实际存在的消费表作为标准，还是把 B 地的作为标准，A 地的生活成本都比 B 地的生活成本高；①在这种情况下，我们 可以确定地说，A 的生活成本高。但即便如此，我们也不能 衡量高多少。

在任何一组情况下，都可能出现这种情况。原因可能是消费表的差别不大；或者原因可能是一个地方的价格水平全面超出另一个地方的价格水平。如果没有这些条件，我们只能基于该地的基本情况粗略地衡量高低。

Ⅲ 总汇率价值的定义

在经济讨论中，尤其是在讨论货币时，我们需要不断提到"货币总体购买力"或者"价格总体水平"，而且我们经常谈到货币购买力的增减以及价格水平的涨跌。

因为我们清楚地知道特定的价格水平是什么，所以，我们有点太轻率地假定我们也知道价格总体水平的意义。这一章会试着从哲学的角度讨论这些想法，暂缓讨论我们主题的数学困难，转向那些依赖推论而不是计算的困难。

一些经济学家的怀疑论超出了逻辑学家需要的范围。这些经济学家说，价值是一个比率或者关系（相信比率和关系是一回事），

---

① 根据贸易部的数字，在把德国当作 A，英国当作 B 时，这实际上就是事实。

从情况的本质来说是不可衡量的。① 但是,单靠价值是关系这一事实并不能得出这个结论。许多关系都是可衡量的,——比如说,距离关系。

另一方面,沃尔什走向了相反的极端,并好像持下列观点:因为一些关系是可衡量的,所以,所有的关系都是可衡量的。这和前一个论点一样缺乏说服力;或许,我们通常所关心的大多数关系都是无法衡量的。

特定市场的一个特定价格是由一个事实组成的。事实是,在这个市场中,一定数量的货币交换一定数量的特定商品。上面事实描述的货币和这一商品之间的关系是个价格关系。② 毋庸置疑,这一关系具有级数。有一个事实:x 货币单位交换 y 商品单位。从这一事实,我们可以得出另外两个事实:1 货币单位可以交换 y/x 商品单位;1 商品单位可以交换 x/y 货币单位。如果比率发生变化或数字 y/x 发生变化,关系的级数和量值就发生变化,数字 x/y 发生变化也同样会导致关系的级数和量值发生变化;如果数字按照量值顺序放置,相应的关系也有此顺序。这不是严格意义上的量值顺序,但是,我们可以习惯性地如此确定,定义一个

---

① 沃尔什给出了许多引用说明了下面的观点:"因为价值是一个关系,所以对于价值从不会有一个绝对完美的衡量方式"[劳克林(Laughlin)]。

"价值是一个关系。关系可以表达,但不能衡量。您不能衡量一英里和一弗隆的关系;您把它们表达为 8∶1"[F. A. 沃克(Walker)]。

"价值是一个关系或者比率;就事物的本质而言,根本不可能用单一的数量来衡量一个比率或者一个关系"[麦克劳德(Macleod)]。

② 在通常情况下,可以方便地把这一关系称作汇率价值关系。一个是货币的情况下,可以方便地保留术语"价格"。

高价格关系,意义是相应的数字 x/y 大,而 y/x 小。然后,我们可以证明大量命题,这些命题可以让我们实现大部分目的,但不能实现全部目的。这样,我们就能利用数字 x/y 或 y/x,就好像价格关系在最严格意义上也是可以计数的。没必要列举这些命题。但是,比方说,我可以表明,如果我们商品特定单位的价格关系有数字 x_1/y_1,而且另一个商品的价格关系有 x_2/y_2,那么,第一个商品一个单位和第二个商品一个单位形成的商品组合的价格关系就有数字 $x_1/y_1 + x_2/y_2$。

这是上文产生的一个非常重要的考虑:不同商品的价格关系可以放在同一系列里排序,所有的特定价格关系都属于*同一种类*。第 53 页解释了这个意思。这一段和之前的一些段落可能像是涉及几乎无穷的微妙之处,但是对下面的论据有帮助,以便确切地知道特定价格在什么意义上是可衡量的。

现在,让我们假定我们需要考虑的不同商品的数字是 30。这些货币都有一个特定的价格关系。货币与商品之间的复杂关系是由这些特定的价格关系这一事实组成的。如果我们喜欢,我们可以把货币与商品之间的复杂关系称作总体购买力或者货币汇率。[1] 但是,这可能证明一个使用这些单词的不方便意义。

之所以会证明一个不方便的意义是因为,这个关系可能相当难以衡量,而且不具有简单价格关系的所有特性。对于那些简单

---

[1] 参看沃尔什第 12 页:"一个事物有许多此种特定的汇率价值……几个、许多、或者所有的这些特定的汇率价值,因为汇率价值共同存在,可能组合成单一概念,也就给我们提供了一个想法,即简而言之的事物汇率价值。"(本章的"参看沃尔什"均指沃尔什所著的《总汇率价值衡量》。——编者注)

关系来说,这是个复杂的关系。如果商品本身的汇率比率保持不变,当货币的供需有所改变时,显然商品的价格应该全部同样涨跌。如果商品价格全部上涨,我们可以不含糊地说价格水平已经上涨;如果商品价格全部下跌,我们可以不含糊地说价格水平已经下跌;而且我们有显而易见的方法来衡量这一变化。或者,即使不是所有的价格都同样涨跌,只要价格都朝着同一个方向移动,我们就能比较较早和较晚的价格水平,虽然我们不再能衡量这一变化。

然而,实际上并非如此。一般说来,在一个时间间隔之后,一些价格上涨,其他价格下跌。在这种情况下,我们如何确定价格水平总的看来是上涨还是下跌?

我们有一个与每个*特定汇率*相应的价格,但是,我们没有一个与*总汇率价值*相应的价格。不过,有时候假定有一个与*总汇率价值*相应的价格。总汇率价值是特定汇率价值的一个函数,但不具有其所有特性。

我的印象是,相反的假定质疑沃尔什先生关于这个主题的那原本尖锐的论据。比如,沃尔什论证(第 14 页)如下:"汇率价值是可以量化的……它任何一个其他的汇率价值都是这样,它每一个其他的汇率价值都是这样,因此,它在所有其他事物中的汇率价值都是这样,它的总汇率价值也是如此。"前面关于汇率量化方面及其衡量方式的评论会表明,在上一句末尾的论据中,沃尔什先生迈出了多么危险的一步,尤其是当我们想起沃尔什先生没有在头脑中清楚地区分下面两个情况:可以计数的数量和不可计数的数量。

另一方面,布尔甘(Bourguin)的表达好像更接近正确的观点,虽然语言不太精确。布尔甘说:"可以用一句话来说明钱的能力:

它指的不是质量，而是一些内部之间没有共同点的关系的总体，不是同类别变量中的等式"。①

沃尔什先生在自己的整本著作里非常关注一个调查。我认为这个调查开始于下面的初步假定。② 假定方程式 $M=A=B=C...$ 表示了一个货币单位(M)和不同商品单位(A、B、C)之间的汇率平衡；假定 A 的汇率价值上升，而其他所有的则不动，那么，$M=(1/x)A=B=C...$ x 是一个大于一的数字；假定 B 在这一变化之前下跌，那么，我们的方程式就变成 $M=(1/x)A=yB=C...$ x 和 y 是大于 1 的数字；然后，沃尔什先生假定，肯定总是存在一个符合任何特定数值 x 的数值 y，这样，最后一个方程式所代表的价格水平就与第一个方程式所代表的价格水平 *相同*。更简洁地说，"任何事物的总汇率价值都可能保持不变，尽管它的特定汇率价值之一发生变动。这里有个条件，那就是，它的特定汇率价值中的另一个发生了反向变动。"

因此，沃尔什先生接着考量了什么变动会相互弥补。尤其是，我们必须着眼于算术变体、调和变体或者几何变化的相等吗？沃尔什先生仔细考虑了每一个相应的平均数，并最终采用了几何变化，因为总的看来，几何变化导致的异常好像比另外两个少。

然而，没有理由假定，这些是详尽无遗的选择；尤其是沃尔什先生几乎不假思索地摒弃了中位数。选择是不完全的，我们也可以怀疑有任何答案。有人有一个信念：有一个答案。这个信念仅

---

① 《价值衡量和货币》(*La mesure de la valeur et la monnaie*)，第 135 页。
② 同上书，第 46 页。

仅来自一个错误的前提:特定价格关系的全体计数量化。

我们可以采用某种方式定义价格,这样,如果一个较大的数字上涨而不是下跌,价格也会上涨。我们还可以采用另外的方式:上涨必须在算术和几何上与下跌冲抵。但是,如果我们想要发现一个计数量化的概念,我们必须采用其他的工作方式。计数量化的概念将通常服务这样的目的:当我们对价格水平展开调查时,我们所确定的目的。

即使按照沃尔什先生的原则,价格比率全体自身也无法产生清楚的结果。如果我们没有考虑到不同商品的"重要性",那么,我们所谓的"重要性"指什么,我们的结果都依赖不同分级和种类。我们把销售的全部商品分为不同的分级和种类。因此,沃尔什先生讨论了,而且我们还要讨论"加权"原则。但是,我们会先解释至少在理论上使加权成为必需的基本事实。

我们必须再一次想起,价格比率只是价格现象的一个传统衡量方式,对于大多数目的有用,但是并不完全具有代表性。不是所有针对价格比率的算术运算都有相应的经济解读。因此,我们一定不要企图从价格比率数据中形成我们的指数。我们必须回到经济现象本身。价格比率后面的事实具有以下特性:

x_1 货币单位交换 y_1 商品

A 单位

x_2 货币单位交换 y_2 商品

B 单位

x_3 货币单位交换 y_3 商品

C 单位

等等。

我们只有一个办法可以把这组经济命题组合成单一统一种类命题：

$x_1+x_2+x_3+…$ 货币单位交换 y_1 商品 A 单位 $+y_2$ 商品 B 单位 $+y_3$ 商品 C 单位……。

这里我们有了一个命题。这个命题就像其前者一样给我们产生了一个价格比率——商品组合 A、B、C...的价格按照 $y_1:y_2:y_3$...的比率。

那么,这就是我们自然会用作价格总体水平代表的价格比率——当时实际交换的商品总数在特定时间的货币价格。这一价格比率相当确定明确。特定价格比率是可衡量的,这一价格比率也是可以计数的。考虑到必要的数据,在比较这一组合商品在不同时间和不同地点的货币价格时,不存在内在困难。

然而,有一个致命的异议。如果代表实际汇率的组合商品在比较的所有时间和地点都相同,那么,建造在这个模型上的指数将只会足以回答当我们调查价格水平时可能问的问题。完美指数建造的理论障碍完全来自一个情况:一般说来,它们不相同,可能大相径庭。

由此构想出的在特定的地点或时期的货币总汇率价值由货币购买一组特定事物的能力所代表,这组事物在这个地点或者时期具有特别的经济重要性。在所有的时间和地点,货币购买这组事物的能力都有着非常确定的衡量方式。但是,衡量的事物只是在一个时间和地点具有重要性。我们想要比较面包的价格和水的价格,这两个事物没有共同的比较单位。这两个事物部分是隐喻,部分是例子。

让我们通过类比给出另一个例子。假定我们想比较不同国家的防御力量,平行困难就会出现。一个国家的防御力量可以按照船只来衡量,我可以说是其二倍或者一半。但是,另一个国家的防御力量可能按照人员计算恰当,第三个国家的防御力量可能按照山岳计算恰当。通常说起国家的"防御力量"时,我们可能欺骗自己,让自己认为我们所谓的"防御力量"在不同情况下都真正属于一类,因此就普通单位而言是可衡量的。同样,通常说起不同时间和地点的"货币总体购买力"时,我们可能欺骗自己,让自己认为,这里的事物真正属于一类,可以进行严格的比较。

我们可以把一个时间的组合商品价格与另外任何一个时间的组合商品价格相比较。一个时间的组合商品价格代表了特定时期的经济。如果这样能满足我们的目的,那么,我们就可以立刻放弃逻辑困难去处理统计困难。但是,假设就像可能的那样,这种比较不能满足我们的目的,不能让我们知道代表英国工人正常消费的法国成本,因而也就不能让我们比较英法工人阶级的福利。那么,我们必须四处寻找一个可行性妥协,一个不那么确定但可能更有用的东西。

在我们勾勒出总汇率价值的可行性定义之前,我们必须考虑加权理论一些问题。也就是说,我们必须考虑到一个方法中存在的问题,这个方法是考虑到商品变化中的重要性。这将是下一章的主题。我们可以用最后一个例证对此作出总结。这最后一个例证是采用寓言的形式,是关于前面大部分论据的最后例证。

让我们想象一个住在温布尔登的商人,在伦敦的不同地方有办公室或者工作地点——一个码头、一个仓库、一个城市办公室、一个伦敦西区分部等等。他在盘算着搬到布莱克希思,但是想先确定这样能不能*离工作更近*。他的旧居和新居与每个工作地点之间的关系,即互相之间的距离,是非常确定的。因此,为了回答这个问题,他首先想到的是发现温布尔登与各个办公室的平均距离、布莱克希思与各个办公室的平均距离。但是,仔细想一想会发现,这个方法好像不令人满意;对于他来说,离城市办公室近显然比离伦敦西区分部近更为重要,因为跟伦敦西区分部相比,城市办公室是"工作"的重心,而且在计算平均距离时,他没有考虑到这一点。然而,他看到可以考虑到这一点;在计算平均数时,每个办公室必须根据他习惯去的次数的比例数加权。这样,对于离"总体工作"的距离而言,他就会得到精确的衡量方式。

一个商人可能不会就此深究,但是哲学家会调查,这个商人去办公室次数的比例数独立于他与办公室的距离之外。如果商人离办公室相对较近而不是较远,那么,他不会趋向于较多地去办公室? 如果是这样的话,我们可以给出不同的权数,并就我们的主要问题得出一个不同的答案。答案的根据是,我们调查的基础是他在温布尔登的习惯还是他在布莱克希思的习惯。或许,对于这个商人离"总体工作"的距离而言,确实根本没有计数尺度。由几个计数量化,关系确定的关系不一定本身就是个关系。

Ⅳ 加权问题

在前面的一章里,我们已经看到,虽然就普通单位而言,任何一对总汇率价值都是可以比较的,但是由"特定汇率价值"全体组成的"总汇率价值"的关系是不可计数的。我们*衡量*的数量必须用不那么普遍的方式定义。而且,如果要一个价格与数量相符,就像特定汇率价值让价格与自己相符一样,这个数量必须代表一组明确的可交换物体的价值。如果我们这样定义数量——按照一个组合,我们可以把一个代表性商品称作组合——我们并没有消除所有的困难,但是,我们至少有了一个可以处理的可计数对象。

导致本章问题的困难是由于一个情况:在某个时间的代表性商品不一定是其他时间的代表性商品。如果商品价格变化,它们的相对重要性不可能保持不变。对此没有办法。我们所做的只能是采取策略和妥协,策略和妥协会使这种可能性变得尽可能的无关紧要,并给予我们一个指数用来解决手头的问题。我们所采用的妥协的性质部分取决于我们考虑的特定对象,而且,无论如何,传统的东西会出现。在这一章,我会解释一些可能采用的方法。在考虑商品变动中的重要性时,会采用这些方法。我还会指出一些可能招致失败的陷阱。

下面的标志会被采用:

a_1、b_1、…第一个时期每种商品特定单位的价格;

a_2、b_2、…第二个时期每种商品特定单位的价格;①

x_1、y_1、…第一个时期每种商品单位的数字;

x_2、y_2、…第二个时期每种商品单位的数字。

我们要考虑到*什么商品*?这个问题推迟到了现在。我们假定,在第一个时期,重要的经济数量是货币总和

$$x_1 a_1 + y_1 b_1 + \ldots = p_1 (约数)$$

---

① 原文错。应该是 b_2 而不是 b_1。——译者注

在第二个时期，

$$x_2a_2 + y_2b_2 + \ldots = p_2(约数)$$

针对代表第一个时期的组合商品，两个时期的货币购买力可以通过分式方法比较：

$$\frac{x_1a_1 + y_1b_1 + \ldots}{x_1a_2 + y_1b_2 + \ldots} = \frac{p_1}{p_1'}(约数)$$

这里给出了比例，组合商品的价格就按这个比例变化。

与此类似，针对代表第二个时期的组合商品，两个时期的货币购买力可以通过分式方法比较：

$$\frac{x_2a_1 + y_2b_1 + \ldots}{x_2a_2 + y_2b_2 + \ldots} = \frac{p_2'}{p_2}(约数)$$

如果分式 p_1/p_1' 和 p_2'/p_2 基本相等，那么我们就不用继续前进。如果我们采取其中一个作为我们指数的基础，那么它可能会和其他的任何选择一样满足我们大多数目的，或者比其他的任何选择都要好。

我们可能发现约等式的较为简单的条件列举如下：

(1) 如果数量 $x_2y_2\ldots$ 与数量 $x_1y_1\ldots$ 的差异非常小；

(2) 如果数量 $x_2y_2\ldots$ 都与数量 $x_1y_1\ldots$ 不同，但是按照几乎相同的比率；即，如果基本上 $x_2:y_2:\ldots = x_1:y_1:\ldots$

(3) 如果价格 $a_2b_2\ldots$ 都与价格 $a_1b_1\ldots$ 不同，但是按照几乎相同的比率；即，如果基本上 $a_2:b_2:\ldots = a_1:b_1:\ldots$

前两个条件可能实现，前提是，比较的两个时期或地点的习惯等并不相同，而且相对价格没有大的变化。第三个条件实现的前提是，价格的变化是在货币方面。货币方面的变化定义如下：货币方面的变化没有影响物物交换比例的趋势，物物交换不通过货币进行。

因此,理论困难是无足轻重的,但要满足下列两个条件:(1)价格变化和习惯变化不大;(2)价格变化主要是由于"货币方面"的变化。

如果 p_1/p'_1 和 p'_2/p_2 都比一小或者大,但不大约相等,那么,我们还是可以清楚明了地说货币的购买力上升或者下降了;但是,我们不再能衡量这一变化。一般说来,人们会发现现有的指数能够非常好地指引货币价值的移动方向,但不能很好地指引变化量值。

假设分式大不相同,而我们又想衡量变化,或者假设分式位于一的两边,那么,我们必须在其中做个选择,或者做个妥协。

或许,最明显的策略是德罗比施(Drobisch)采用的策略。[①] 在这个策略中,我们让第一个时期价格的平均数被第二个时期价格的平均数除。第一个时期价格的平均数按照该时期商品的重要性加权。第二个时期价格的平均数按照符合第二个时期的方式加权。即

$$\frac{a_1 x_1 + b_1 y_1 + \ldots}{x_1 + y_1 + \ldots} \cdot \frac{x_2 + y_2 + \ldots}{a_2 x_2 + b_2 y_2 + \ldots}$$

但是,有一个致命的异议。答案取决于我们对商品不同单位的选择。选择同样体积或数量的商品单位是个任意行为;为了让商品单位在其中一个时期价值相同而进行选择也是个任意行为,因为人们肯定喜欢一个时期超过另一个时期。

德罗比施的方法在每个时期都使用适合该时期的权数。德罗

[①] 参看沃尔什第 98 页、英国协会报告(1887 年)第 256 页。就像沃尔什指出的那样(第 548 页),尼科尔森(Nicholson)教授的方法好像是这个的一个变体。

比施的方法涉及沃尔什先生所谓的"双重加权"。这一过程是否曾导致满意的结果还未可知。这就像比较 *不同的* 组合商品,而且就像福克纳(Falkner)[①]指出的那样,在这种情况下,我们必须进行同类比较。

在许多统计问题中,双重加权是合理必要的。但是,在这种情况下不能允许双重加权。考虑一下就会明白,把一个时期的面包价格与另一个时期的水价相比较,不可能给出我们每个时期货币购买力的比较指数。[②]

还有进一步的异议。假设如下:在第一个时期,一个商品用起来太贵,而在第二个时期,这个商品虽然依旧昂贵,但已经便宜到了成为大众消费品的程度。那么,在这个假设之下,双重加权指数就会表明价格 *上涨*。无独有偶,如果社区凭着增加中的财富用优质昂贵商品代替劣质便宜的商品,价格上涨就会被错误地表明。

如果像我们应该做的那样,我们决定自始至终采用统一的加权制度,我们就会面临不同的选择。埃奇沃斯教授和沃尔什先生已经把这些选择进行了分类。在这些选择之中,下面的较为重要:

(1)我们可以做个选择,采用下列分式之一

$$\frac{x_1 a_2 + y_1 b_2 + \ldots}{x_1 a_1 + y_1 b_1 + \ldots}$$

或者分式

$$\frac{x_2 a_2 + y_2 b_2 + \ldots}{x_2 a_1 + y_2 b_1 + \ldots}$$

---

① 由沃尔什引用,第 98 页。
② 参看沃尔什第 199 页。

这个解只涉及一组权数的计算,因此是最简单的;但好像没有任何理论优势。这个解由西奇威克(Sidgwick)提出,由吉芬(Giffen)和绍尔贝克在一些情况下应用。

(2)我们把这两个选择的结果进行平均,即:

$$\frac{1}{2} \cdot \frac{x_1 a_2 + y_1 b_2 + \ldots}{x_1 a_1 + y_1 b_1 + \ldots} + \frac{1}{2} \cdot \frac{x_2 a_2 + y_2 b_2 + \ldots}{x_2 a_1 + y_2 b_1 + \ldots}$$

(3)我们可以采取统一加权。这一加权介于两个时期两个加权之间,比如:

$$\frac{(x_1 + x_2) a_2 + (y_1 + y_2) b_2 + \ldots}{(x_1 + x_2) a_1 + (y_1 + y_2) b_1 + \ldots}$$

马歇尔教授和埃奇沃斯教授建议采用统一加权,英国协会委员会采用了统一加权。

有时候同样的款项总额消费在了两个时期的一个特定商品之上。就此,沃尔什先生提出了一个与此类似的形式。在这种形式中,总量的几何平均数代替了算术平均数,即:

$$\frac{\sqrt{(x_1 x_2)} a_2 + \sqrt{(y_1 y_2)} b_2 + \ldots}{\sqrt{(x_1 x_2)} a_1 + \sqrt{(y_1 y_2)} b_1 + \ldots}$$

我会在附录 A 里讨论沃尔什先生就此给出的论据。

这个粗制滥造的指数支持使用相等加权,给我们引入了针对加权理论的一些因素。这些因素通常被忽略,但是沃尔什先生让我们注意到了这些因素。[1]

---

[1] 沃尔什第 100 页以及下列等等。我认为沃尔什先生首先解释了这些考虑。我的说法跟《总汇率价值衡量》的解说形式略有不同,而且我希望我的说法更清楚明了;但是理论观点如出一辙。

根据看待这个问题的通常方式,我们平均数的基本成分是价格比率、每种商品的每个单位。决定权数的根据是我们要考虑到的每种商品单位的数字。除此之外,不同商品数量的单位经常是这样选择的:在一个比较时期,所有的价格比率都相等。比如,在最实际指数情况下,某年的商品价格、几个连续年份的平均商品价格,都被计算为 100。

　　现在,商品的重要性显然可以合理地计算,计算的依据是每种商品单位的数字,前提是这些单位都有着几乎相等的汇率价值。一个商品的重要性确实取决于在研此种商品数量的总汇率价值,而且我们不能放弃加权而去完全依赖数量单位的数字,如果我们没有首先确保这些单位具有同样的价值。但是,如果自始至终采用同样的单位,价格变化这一事实就使这些单位无法 *保持同样的* 价值;如果选择让这些单位在一个时期内保持相等,我们就只能任意行事。

　　这一点并没有得到英国协会委员会的公开认可,而且在一些流行指数中还被明目张胆地弃置一旁。这些指数意欲使用相等加权,但实际上,这些指数使用的是大相径庭的随机加权,这就严重影响了其结果。当基础年份遥不可及时,这种情况就不可避免地会发生。而且,单位价格一旦采取同样的价值,就有了愈行愈远的时间。

　　这个问题具有重大的实际意义。而且,大家都需要明确一点:跟基础时期相比,目前,绍尔贝克指数的锡权数比小麦权数大三倍。① 这一错误以及其他错误也没有大体上被反方向的错误所抵

---

① 因为英国在公报上宣布小麦价格已经下跌了 44%,而锡价格上涨了 64%。

消。如果我们以 1907 年做基数,而不是以 1867 年至 1877 年的平均数做基数,数量的变化就足足有 40%,价格在过去的 40 年里显然下跌了 40%。另一个例子可以更清楚地说明这一方法的任意性质。假设如下:靛蓝价格没有因为合成染料的发现而减半,而是翻倍。在商业机会中完全会出现假设的这种情况。这种情况对绍尔贝克指数的影响会大于英国小麦、美国小麦(为了对小麦施加影响,绍尔贝克分开进行了计算),和面粉的综合影响。

沃尔什先生自己的提议旨在应付他帮助发现的不同变体。如果我在这里企图分析沃尔什先生深入调查的总体意义,就会超出当前论据的范围。因此,描述和批评都推后到了附录 A。① 沃尔什先生最终且最普遍的公式是

$$\frac{x_2 a_2 + y_2 b_2 + \ldots}{x_1 a_1 + y_1 b_1 + \ldots} \cdot \frac{x_1 \sqrt{(a_1 a_2)} + y_1 \sqrt{(b_1 b_2)} + \ldots}{x_2 \sqrt{(a_1 a_2)} + y_2 \sqrt{(b_1 b_2)} + \ldots}$$

这一公式有一定的理论优势和劣势。② 在实际情况下,优势平衡是否足以清楚地超过其较大的复杂性? 不好说。③

根据这篇论说文开头提出的理论,我们不可避免地会得出一个结论:没有适合所有情况的完美的加权制度。然而,有些比另一些好。在有些制度之中,我们把只适用于一个时期的一组权数用在了两个时期上。毋庸置疑,对于这些制度来说,一个中间制度更可取。沃尔什先生通过具体的例子表明,虽然中间制度通常产生

---

① 或许,本章附录 A 可以与这一章一起看。
② 请看本章附录 A。
③ 参看埃奇沃斯教授的《经济学杂志》,第 XI 卷,第 410 页。

几乎类似的结果，但是，那些只着眼于一个时期的加权制度容易彼此大相径庭，或者与其他加权制度大相径庭。

我们也可以清楚地看到，所谓的未加权指数通常被实践型统计学家所采用，但未加权指数是最差的一个并容易铸成本来可以轻易避免的大错。

如果我们要采用这些公式中的任何一个，那么，我认为，对于英国协会委员会那相对简单的提议来说，有很多内容需要说。

但是，我强烈支持一个观点：在比较不同时期的时候，①我们应当采用一个策略来避免困难，我还没有提到这个策略。我们已经看到，只是在一个条件下，这些困难才会出现。这个条件是，存在于两个时期的条件差别相当可观。如果我们可以安排我们所有的比较都不具有这种性质，我们就可以忽视总体情况的理论瑕疵。

一个明显的策略就可以实现这一点，马歇尔博士首先提出了这个明显的策略。② 如果两个时期之间的间隔短，错误可能就微不足道；只有当我们离开基础年份的时候，这个错误才会变大。因此，让我们把所有的直接比较都放入几乎同时的时期。我们不是把 1860 年之后的每个年份与 1860 年相比，而是这样：1861 年与 1860 年相比，1862 年不是与 1860 年相比而是与 1861 年相比，1863 年与 1862 年相比等等。如果在每种情况下我们的加权都符合两个年份中前面那个，那么，由于这个任意选择，在所有这些比较中

---

① 下面描述的方法能在多大程度上用于国际比较还值得怀疑。

② 1887 年 3 月的《当代评论》(*Contemporary Review*)。

就十之八九没有错误值得考虑。当我们进行了分别比较,把这些分别比较组合成连续系列也就不存在问题。比如,假定这些分别比较产生了下列结果:

| 1860 | 100 | 1861 | 100 | 1862 | 100 | 1863 | 100 |
| 1861 | 98 | 1862 | 99 | 1863 | 97 | 1864 | 101 |

我们可以把这些结果作为我们的指数系列:

1860	$100 = 100$
1861	$98 = 98$
1862	$\dfrac{98}{100} \cdot 99 = 97$
1863	$\dfrac{98}{100} \cdot \dfrac{99}{100} \cdot 97 = 94$
1864	$\dfrac{98}{100} \cdot \dfrac{99}{100} \cdot \dfrac{97}{100} \cdot 101 = 95$

这一方法有另外一个优势。这一方法使我们引入新商品,并抛弃其他过时的商品。实际上,这是这一方法独特的极端情况。就这样,对于任何一对比较来说,我们都能逐步改变加权,而不使用双重加权。

因此,对于大多数实际目的,这是一个值得推荐的方法。在使用这一方法时,也有充足的理由立即采用相等加权或者不等加权。需要的只是职员的工作,不需要在此基础上使用新的*数据*来算出《经济学家》指数或者绍尔贝克先生的指数。

然而,我们一定不要夸大其优点。沃尔什就此说,"如果从现在起,每年都能进行正确的衡量,那么,生活在 2400 年的人几乎就可以完全精准无误地知道他们货币的汇率价值与我们货币的汇率价值存在什么关系",①沃尔什所言不可能实现。这一方法的论据之所以被我们所接收,不是因为这一方法给予我们总汇率价值的确切尺度,而是因为其相当明确清楚,因为一个可能性:在我们进行调查的时候我们可能会依靠需要这一方法,而这一方法会给予我们帮助。因为这一方法会清楚地表明那种逐渐的或者长期的,相当迅猛的波动夹杂其中的变化,对此我们经常需要一个尺度。甚至当我们的比较延续四十年之久时,我们需要的极端年份之间也通常不存在确切的比率;我们想知道货币价值的逐年变化在多大程度上改变了其他也在逐年变化的因素——比如说,货币工资水平、或者流通中的通货规模。对于这些目的来说,这一方法是令人景仰的。但是如果我们调查 1900 年和 2400 年货币价值之间的关系,这一方法就较难得出结果。最终结果的任意性并不低于其他方法得出的结果。

V 加权的实践重要性

在现在的环境中,上一章的讨论几乎不能应用到实践型统计学家的工作之中。几乎没有任何理性的加权制度被大量使用在实际计算之中。之所以出现这种情况,部分原因是加在选择困难之上的应用劳动。部分原因是一个事实:该主题的理论并不广为所知。②

---

① 参看沃尔什第 208 页。如果他认为这是个完美的方法,他为什么不把这个方法作为普适公式,而是采取进一步的详尽调查?这个问题并不清楚。

② 在最近一期的《经济学杂志》中,我提到了对两组情况的应用,权数只适用于一组情况,其中涉及"理论型统计学家熟知的一个错误"(下文第 183 页)。杰出的统计学家尤德尼·尤尔先生对我大加挞伐。

主要原因是支持一个观点的巨大的权威权数。这个观点是,无论涉及什么理论困难,权数的选择都极不可能产生任何值得考虑的实践差别。对于那些要在构建指数时忽视权数的人来说,这一章要考虑他们的这最后一条理由。

英国协会委员会的最终结论主要是基于源自埃奇沃斯教授起草的备忘录,值得全文引用如下:

"指数赋予精挑细选的商品相对权数,这是得到有用结果的重要方法。但是,我们不能因此说,在现有的关于这一主题的数据状态下,这一方法是完全无可替代的。根据有些商品可以获得价格记录,这些商品本身只是整体的一部分。显然,根据和记录可得性一样差的原理,如果不偏不倚地选择一批商品,也能得到同样的效果,效果不比仔细关注加权所取得的效果差。关于这个标题,英国协会委员会可能参考埃奇沃斯先生的论文,埃奇沃斯先生的论文好像对这个主题做了总结。实际上,英国协会委员会要推荐使用某种加权指数,因为总的看来,使用某种加权指数可以获得更多的信心。但是,英国协会委员会认为一定要指出,科学证据青睐杰文斯教授使用的那类指数——如果有大量商品的话——因为足以实现眼前的目的。在比较最近的指数时,最出色的就是价格总过程曲线所表明的相似之处。一方面,在确保精确性方面,加权指数几乎徒劳无功,虽然总的看来,英国协会委员会还是推荐*加权指数*。"①

这是个谨慎的说法,但对于那些想着是否要把加权劳动加在其他劳动之上的统计学家来说,这个说法让人心灰意冷。如果我

---

① 报告(1888年),第 184、185 页。

们确实加权,那么,我们的目的就是要安抚公众,而不是确保科学精确性。提到概率计算就可能吓到公众。就在最近,鲍利先生①把他的权威加给了埃奇沃斯教授。鲍利先生说,"不需要赋予加权选择巨大的重要性,"而且鲍利先生举例表明不同制度导致的最终差别不大。

  这个观点的论据部分是数学的,部分是实证的。我觉得,这个观点得到的支持在一定程度上也是由于一个混乱:迄今为止讨论的形成指数的方法、截然不同的基于概率的方法,这两个方法之间的混乱,我将在第Ⅷ章讨论这个混乱。② 论据的这一部分必须暂缓讨论。

  埃奇沃斯教授已经在一份为英国协会委员会准备的备忘录里详细阐明了数学论据。数学论据无疑遵循其前提。待解决的唯一问题是关于,这些前提在多大程度上正确代表了指数应用的通常情况。埃奇沃斯教授证明,在下列条件下,由于错误使用权数所导致的错误并不大:

(1) 商品众多,而且权数错误是"独立的";

(2) 错误不大,我们可以安全地忽视其二次幂和较高次幂;

(3) 价格波动不大。

  我认为,我们可以坚称,在特定实际情况下,这些条件可能会让我们失望。

---

① 《统计资料因素》,第 113 页以及下列等等、第 219 页以及下列等等。

② 杰文斯采用未加权几何平均数。或许,杰文斯的方法是基于对后一个方法的考虑。

在第一个条件下,经验表明,当商品众多时,不同权数的错误是因为对两个时期都使用同一组权数,而错误*并不完全独立*。① 商品属于相对较少的几类。在这几类之中,价格往往会一起涨跌。无论我们使用通常类型的相等加权还是不等加权,这都对我们有影响。如果整个一类的商品价格一起前进,而其他类商品相比较不怎么同步,那么,这类商品就不可避免地对结果有过多影响;如果这一趋势延续几年,那么,我们的指数就会大为改变。无论是就长期而言,还是就短期而言,都不难找到这种例子。如果想举出一个长期的例子,我们可以把金属整体价格上涨作为一个,与过去四十年的粮食相联系。对于中间时期,我们可以引用 1895 年的食品绍尔贝克指数以及 1900 年初的原料绍尔贝克指数。② 对于短期,英国在最近的贸易萧条中的经历就是一个极好的例子。③

脚注里的数字表明,我们的指数表明下跌价格的程度会非常依赖分别在食品和原料标题下的条目相对数字。对于《经济学家》指数那样的指数,这就很大程度上是个机会问题了,而且有每个理由至少采纳英国协会公式中体现的关切数量。如果有人能被允许

---

① 我认为,埃奇沃斯教授没有否认这一点也没想让自己的论据用在这些情况之中。然而,有一个普遍问题:在我们的权数上费工夫是否值得。在我们讨论这个普遍问题时,埃奇沃斯教授的论据就非常相关。

②
	1895 年 2 月	1900 年 2 月
食品	63.8	65.8
原料	57	81.9

③
	1907 年 5 月	1907 年 12 月	1908 年 12 月
食品	73.5	73.6	70.1
原料	88.9	78.1	74.0

在这一点上与诸位作者分庭抗礼,那么,其相对复杂性可能给予其巨大的优越性,远远优于那些来自科学观点的指数,而不是远远优于那些来自流行观点的指数。

对于那些倚重加权的人来说,最常提到的例子是帕尔格雷夫(Palgrave)先生对 1879 年到 1884 年 19 种商品的加权平均数:

	1879	1880	1881	1882	1883	1884
加权平均数	82	89	93	87	88	80
未加权平均数	82	93.5	86	89	85.5	81

指数始于等式并回到等式;但是,但是,它们的中间道路之间没有任何相似之处,它们的中间道路通常方向相反。"原因是,毋庸置疑,"埃奇沃斯教授解释说,"价格在权数中的公平分布,是由理论预先假定的,但并没有为事实所实现……每当这种定律清晰可辨时,"埃奇沃斯教授补充说,"机会学说隐藏了自己那微弱的光亮,只有在一无所知的黑夜里那微弱的光亮才能发挥作用。当我们处理具体问题时,纯粹的概率理论必须打个折扣。"我们可以认为下列情况:在一无所知的黑夜里,机会学说更多的是个幻想,而不是像埃奇沃斯教授怀疑的那样。但是即便如此,我们还是可以承认上面的内容说得不错。"实际上,"再一次引用埃奇沃斯教授的话,"我们可以预计这一理论*长期*有效,但*长期*只是一系列非连续年份的不同指数。"但是,这一论据把我们引向了何方?当然不是把我们引向一个结论:加权在实践中几乎是随机的。这一论据好像让英国协会委员会得出了这个结论。我们不关心一系列不同指数,我们不确定在实践中有权数的公平分布,而且我们*可能有*

证据。在证据面前,机会学说必须隐藏自己那微弱的光亮。

第二个假定是权数中的错误不大。这个假定在本质上依赖我们所考虑的制度,依赖我们认为的"不大"。假如首先考虑第二点,埃奇沃斯教授发现的现有指数之间的错误或者差异、埃奇沃斯教授发现的"相当忠于埃奇沃斯的理论"的错误或者差异,对本作者来说好像挺大,而且非常需要予以避免。让我们看看埃奇沃斯教授本人的例子,①帕尔格雷夫用在其 1885 年指数上的数据以随机的方式进行了篡改。② 正确的结果是 76,而人为篡改的结果是 81。"因此,篡改的结果",埃奇沃斯教授说,"太大了,超出了 $\frac{5}{76}$,或者大约 6% 或 7%。这个结果相当忠于埃奇沃斯的理论。埃奇沃斯的理论让这样的错误尺度成为了可能,结果可能不会超过 4%,与高达 8% 或者 9% 的错误相比可能性只有五比一。如果结果超出了 16%,不足为奇……"

这里的论据不凡,没有试图缩小错误,而我们要冒犯错误的危险。但是,这里的论据如何才能支持如下观点:正确的加权是一个无关紧要的问题?

我们也必须记住,我们通常对纯粹指数不太感兴趣,但对纯粹指数变体较为感兴趣。如果纯粹错误是 6% 或 7%,变体中的百分比错误可能比 6% 或 7% 大得多。如果我们试图衡量价格上涨或下跌的 数量,我们会陷入 100% 的错误,而且,真正的 3% 的上涨可

———————

① 英国协会报告(1888 年),第 188 页。
② 权数和 价格都被篡改。因此,这不是一个与当前论据 完全相关的例子。

能在表面上转化成相应的下跌。因为我们努力去衡量的差别本身经常不大。价格总体水平6%或7%的波动是可观的——与此相比，信用的明显收缩对价格的影响可能也就能达到这个效果——而且，我们绝对承受不起如此量值的可能错误。如果绍尔贝克和《经济学家》发布的月指数不比这个更精确，我们就不应非常严肃地对待绍尔贝克和《经济学家》月指数导致的领先型论文。

如果我们转向统计学家刻意或者无意使用的加权制度，我们发现对于第二个假定来说，几乎没有保证。第二个假定是权数的初始误差不大。错误巨大。杰文斯无疑受到了将在第Ⅷ章讨论的那类概率因素的激励。他们受到了杰文斯第一个例子的影响，鲍利先生的断言和埃奇沃斯教授的错误解读又带来了错误的安全感，因此，他们只对安全精确性采取了最低的预防措施。杰文斯本人抱着蛮干的心理，把胡椒和小麦同样加权。《经济学家》把靛蓝和铁同样加权，棉花和棉花商品的分量达到小麦的四倍并与所有金属加在一起相等，油脂与所有的食用肉相等。在绍尔贝克指数中，如果我们采取基础年，就没有这种强烈的变体；但是，随着时间的流逝，绍尔贝克开始按照第77页至78页描述的方式使用了一种极端加权。

实际上，埃奇沃斯教授的推论只是想要处理这样的情况：人们费了很大劲去确保合适的加权，但还是怀疑一些小的残差，——英国协会之类指数的情况。埃奇沃斯教授之所以起草自己的备忘录，就是为了处理这样的情况。实践型统计学家依旧在为我们提供指数。有些人采纳了埃奇沃斯教授的数学来宽宥实践型统计学家指数的理论漏洞，这些人搞错了埃奇沃斯论据的含义。如果商品数量不大,如果商品趋向于属于为数不多的几类,如果加权很不对,那么,就没有假定的原因可以预计作为结果产生的错误通常是可以忽略不计。

第三个假定是价格波动不大。无论是长期还是短期,这一假定都不符合事实。在一串涉及漫长年月的价格里,最引人注目的就是不同商品单位一旦具有相等的价值就开始变得不同。最荒谬的就是一个理论:特定价格变化主要是由于影响黄金供求的变化。对短期来说,也是这样:主要工业原料表现出最为强烈的波动,缓慢移动的指数经常掩蔽不同商品的大幅且反向振荡。

因此,我们一定不要随随便便地把数学论据应用于实际实践,尊重权数的重要性。埃奇沃斯教授的论据有效且重要。但是,根据我们的理解,埃奇沃斯教授的论据没有证据或者假装证明,[1]对权数的忽视。我们在当前的指数中看到了这些权数。埃奇沃斯教授的论据是为了另一个目的,——在对相邻时期进行比较的情况下,确定像英国协会指数那样的合理加权指数可能犯的错误种类和级数。权数好像会陷入的名誉扫地境地使前面的批评成为了必需,而且,埃奇沃斯教授备忘录可能要负部分责任。另外,还有更多粗心大意的断言,比如鲍利先生的断言,也使前面的批评成为了必需。[2]

---

[1] 在评论《经济学杂志》(第XI卷,第410页)中的沃尔什先生时,埃奇沃斯教授更加开诚布公地表达了对仔细加权的灰心丧气。

[2] 在《统计资料因素》中,鲍利先生对指数的讨论开诚布公地表示了其基础性。而且,不能因为鲍利先生在《统计资料因素》中没有考虑这一主题而指责他;但是,危险的是,鲍利先生的言论是绝对的言论。而且,我认为,如果一个统计学家寻求鲍利先生的指导,事实可能证明鲍利先生的绝对言论极具误导性。

误解可以避免,如果我在此重复一点:埃奇沃斯教授和鲍利先生的理论肯定部分依赖于概率、无偏误差消除等因素。概率因素、对无偏误差消除的考虑来自一个假定:在价格无序之中,总有共同的原因在起作用。一个平均制度可以发现共同的原因,一个制度和另外一个制度几乎效果相同。只要这是事实,我这里就不是在对论据吹毛求疵。我想相当清楚地区分一下处理这一问题的两个方法——表明这两个方法有多么地截然不同是这篇论说文的主要目的——我把所有的这些考虑推迟到第Ⅷ章。

现在可以调查由经验得出的论据。据说,实际试验已经创造了一个强烈的假设,否定了加权的实际重要性。[①] 理性加权制度的应用有点稀少。因此,作为概括基础的例子数量不多。帕尔格雷夫先生的加权平均数与未加权平均数之间的比较支持相反的观点。帕尔格雷夫先生的加权平均数已经得到了检查。埃奇沃斯教授给出的一些结果引用如下:

绍尔贝克与英国协会目录中常见的21种商品	1885年	1873年
简单算术平均数	70	110.5
英国协会委员会的加权算术平均数(A.M.)	70.6	115
绍尔贝克加权算术平均数	73	115
杰文斯的调整几何平均数	69	—
未加权中位数	72	108
加权[*]中位数	72	108

* 这些权数都位于1和3之间,都是根据*体积*。

[①] 不管怎么说,这一论据肯定具有部分实证性。如果上述观点是正确的,那么,上述观点就能强化一个概率:数学论据假说实际上已经实现了。

这个表得到了补充:奥尔德里奇报告(Aldrich Report)中的数字和绍尔贝克先生的一些实验。这个表组成了实验论据的大部分,反对仔细的加权。不同数字的一致肯定值得注意。然而,如果我们分析一下的话,即使在这里,分歧也相当巨大。表示出来的最大变体是 45,最小的是 36;在估计价格上涨数量时,英国委员会的加权平均数与中位数有 25% 的差别。因此,假设有任何实质原因可以相信在给出结果方面,一个优于另一个,那么,我们肯定应该不辞辛劳地去采用它。

没人会想否认,不同的方法,尤其是区别不太大的方法,非常经常产生合理的类似结果。在处理指数来支持这一点时,有大量普遍,但却有点模糊的经历。但是,我想说,即使在这些情况下,误差也比乍看起来大,而且,有许多大相径庭的情况,因而需要采取所有可能的预防措施。埃奇沃斯教授承认,[1]分歧在任何情况下都存在,如果您去寻找的话。我认可如下事实:如果您随机实验的话,您就有公平的机会避免分歧。但是,论据并非均等的两面光。如果我们盲目地沿着这条道路前进,那么,一般说来,我们花在排水沟的时间会相对较短;但是,这并不能阻止我们使用我们的眼睛。就分析而言,埃奇沃斯教授关于这一概率分支的预防措施等同于典型的机会型游戏。我相信,埃奇沃斯教授的预防措施使他以错误的方式看待这个问题。分歧会被发现的,埃奇沃斯教授说,"如果您看的时间足够长,您就会发现机会型游戏中总有非同寻常的同花顺。"但是,这就解决问题了吗? 每个打牌的人都知道,最大

---

[1] 《经济学杂志》第XI卷,第411页。

的可能性中几乎总有分歧，习以为常之下是每个分歧极值。如果我们只是关心习以为常，那么，"长期"来看，我们就会完全忽略分歧。这就是埃奇沃斯教授考虑的案例类别。但是，这个类比肯定是错误的。不同商品价格的零星误差 就具有这一特性；我们只是关心总体，可能会忽视零星误差。最终指数中的误差 不具有这一特性，因为我们关心的是单个指数，因为我们想避免的是具体情况中的误差。如果埃奇沃斯教授承认不同加权指数彼此之间的分歧就像打牌游戏中不同的同花顺一样大，那么，他就完全承认了每个可能预防措施的必要性。在机会型游戏中，我们是无助的。如果理论可以就指数问题给予我们任何帮助，我们一定不要忘了加以利用。

年份	简单算术平均数		部分加权平均数，特定开支作为标准		完全加权平均数，以总开支的 68.6% 为基础	
1860	100		100		100	
1861	101	＋1	96	－4	94	－6
1862*	115	＋14	100	＋4	102	＋8
1863	102	－13	84	－16	91	－9
1864	122	＋20	96	＋12	111	＋20
1865	100	－22	88	－8	107	－4
1866	136	＋36	114	＋26	134	＋27
1867	128	－8	108	－6	123	－11
1868	116	－12	109	＋1	126	＋3
1869	113	－3	110	－9	112	－14
1870	117	＋4	107	＋7	119	＋7
1871	123	＋6	113	＋6	123	＋4
1872	127	＋4	112	－1	121	－2
1873	122	－5	106	－6	114	－7

续表

年份	简单算术平均数		部分加权平均数，特定开支作为标准		完全加权平均数，以总开支的68.6%为基础	
1874	119	−3	108	+2	117	+3
1875	113	−6	106	−2	115	−2
1876	105	−8	102	−4	109	−6
1877	104	−1	103	+1	107	−2
1878	100	−4	102	−1	103	−4
1879	97	−3	97	−5	95	−8
1880	107	+10	103	+6	105	+10
1881	106	−1	106	+3	108	+3
1882	108	+2	106		109	+1
1883	106	−2	104	−2	107	−2
1884	99	−7	102	−2	103	−4
1885	93	−6	95	−7	93	−10
1886	92	−1	95		93	
1887	93	+1	96	+1	94	+1
1888	94	+1	97	+1	96	+2
1889	94		99	+2	98	+2
1890	92	−2	96	−3	94	−4
1891	92		96		94	

* 从1862年到1878年，我引用的是校正黄金指数，而不是纸币指数。

现在，我们必须通过经历回到论据。我们有一个目的，想要进行比较。对于这个目的来说，目前为止最好的指数是R. P. 福克纳教授在1893年为美国参议院奥尔德里奇委员会（Aldrich Committee of Senate）准备的指数。这个结果既以相等权数呈现，也以不等权数呈现。对于从1860年到1891年这个时期，足足使用了223种商品。为了满足数学论据假说，需要一个条件——大量商品。因此，跟其他任何一个英国指数相比，这个条件都得到了很好的满足。加权是基于2,561个家庭预算消费商品的相对重要性，由美国劳工委员会确定。这些表提供的实证证据非常重要,因此,我会全文引用1860年到1899年的数字(本书上文,第92页)。①

福克纳教授必须计算1891年之后的指数,但是所依据的制度会略有不同。下面是这些指数:

年份	简单算术平均数		部分加权平均数,特定开支作为标准		完全加权平均数,以总开支的68.6%为基础	
1890	102		100		100	
1891	101	−1	102	+2	103	+3
1892	96	−5	100	−2	100	−3
1893	97	+1	103	+3	105	+5
1894	90	−7	97	−6	96	−9
1895	85	−5	93	−4	90	−6
1896	85		93		89	−1
1897	82	−3	90	−3	86	−3
1898	83	+1	91	+1	87	+1
1899	86	+3	91		87	

这些数字表明了一些有趣的概括,看起来好像可以大有用途。(1)首先,趋向于间隔性回归约等式不同指数显然具有普遍一致性,无论中间道路可能是什么。(2)第二,指数对变化性质产生分歧的场合相对较少,(40年里有7次,或者17.5%)无论变化是向上的还是向下的。(3)第三,跟未加权指数相比,加权指数表现的剧烈波动少得多。在第一栏和第二栏,指数总②变体如下:

---

① 在写这篇论说文时,我手头没有奥尔德里奇报告,这些数字引用自劳克林教授的货币原则(Principles of money)。

② 我认为,像这种情况下,根本没有必要去计算变体的均方。我已经计算了总变体(把所有的变体都计算为正数)。总变体与中位数误差定律之间的关系,就像均方与正态定律之间的关系(请看本章附录B)。

	1860—1874	1875—1891	1891—1899	1860—1899
加权平均数	151	55	26	226
未加权平均数	108	40	21	169

(4)第四,当价格水平变化小时,一致性强得多,而价格水平变化大时,一致性较低(比如,1886年到1891年与1891年到1895年相比)。(5)第五,两个加权平均数,虽然在结构有所不同,但却表现出了高度一致性。(6)第六,加权平均数和未加权平均数在细节上通常存在巨大的不同。(7)第七,我们会注意到,作为一个特例,根据未加权平均数,价格在1890年到1897年下跌了20%,而根据加权平均数则下跌了10%。也就是说,按照前面的指数所得出的变化是按照后面的指数所得出变化的两倍。

让我们用这些事实联系我们早期的论据。我认为,这些事实不仅非常符合埃奇沃斯教授的数学论据,也非常符合我的论点:埃奇沃斯教授的条件只是偶尔得到满足。当价格变化小时,或者当权数的差别小时[上面的事实(4)和(5)],差异也小。但是,当价格变化大时(就像美国内战时期的价格一样),或者当加权大不相同时(就像第一栏和第二栏给出的指数那样),那么,细节的不一致实际上非常明显。

有一个事实:未加权平均数的波动比加权平均数多20%到40%。这是一个有趣的事实。第84页指出的一个情况或许可以解释这个事实。第84页指出的情况是,食品价格比原料价格稳定得多。未加权指数,或者更确切地说,平均加权指数,通常趋向于忽视食品并过多地反映原料价格的迅猛波动。

我们得出了一个结论：这一章批评的对象，也就是这一观点具有如下真理，——第一，未加权平均数是一个相当可靠的向导，指引长系列年份价格运动的总体性质①；第二，如果我们已经采用了理性加权制度，即使该制度有点粗糙，由此引发的错误也不可能太大。但是，在另一方面，如果价格不是反常地静止不动，一个平均加权指数或者随机加权指数会让我们犯严重的错误；而且对于*量值*来说，这些指数几乎无法提供有价值的指引；②而且有时无法指引方向，也无法指引逐年变化。指数的量化结论，比如每月发表的《经济学家》指数量化结论主要是个机会型运动。有些人认为以奥尔德里奇报告为原因证明无须关注权数。我认为，奥尔德里奇指数好像是个结论性答案：有无权数没有实质性区别。

我熟悉的其他系列指数中，就进行这些比较而言，没有什么指数可以和奥尔德里奇委员会指数相媲美。但是可以从其他地方找一些各种各样的例子。就《经济学家》指数而言，我们已经看到（第84页），当棉花和棉花商品价格大幅波动时，《经济学家》指数变化无常。已经指出，因为自从基础年份以来已经过了一段时间，所以绍尔贝克公式涉及一些非常反常的加权。如果把1907年作为基数，而不是把1867年到1877年的平均数作为基数，那么计算其中的差别就是件劳神费力的事情。结果如下：

---

① 然而，我们已经看到，如果逐年计算，就*方向而言*，即使是年份的17.5%的变化也是错误的。

② 不仅是对于连续年份如此，对于一定年份也是如此。请看上面的(7)。

	1867—1877 年基数		1907 年基数	
1867—1877 年	100	125	138	100
1907 年	80	100	100	72

因此，如果以 1907 年作为基数，价格下跌就是 28%，而不是 20%，两个变体尺度的差异就是 40%。当然，没有理由对这些估计厚此薄彼，例子表明，采用不同的随机加权，我们不能得到基本相同的结果。

总之，为了表明一个错误的加权会产生多大的差别，可以从印度政府商业情报部（Commercial Intelligence Department）发表的指数中找到例子。现在，这一指数回溯了许多年。而且，出于某种不再清楚的原因，在那为数不多的在研商品中一开始纳入了粗锌。粗锌在印度都无关紧要。印度不产粗锌，粗锌的年度进口几乎可以忽略不计。但是，当计算指数的时候，粗锌价格大幅上涨，因而对最终结果产生了巨大的影响。我已经计算出来，如果把粗锌排除在外，就会使最后出版的指数下跌整整 4%。

这些误差是可以避免的。或许，加权精准明确可能意味着浪费劳动。但是，统计学家一定不要相信自己可以安全地把权数一笔勾销。

VI 总汇率价值的定义

（续）

现在，我们要继续第 III 章末尾中断的讨论。总汇率价值被定义为特定汇率价值的全体。我首先提出的观点是,总汇率价值基本上是无法衡量的。之后,以指数为目的,我决定定义总汇率价值:某个具体组合商品的汇率价值。通过这样的定义,某个具体组合商品的价格就是和特定商品价格一样令人满意的尺度,而且有着同样的特性。然而,在比较不同时期或者地点时,会出现一个问题。我们可以比较所有时期的特定组合商品价格,但是,这可能无法给予我们所想要的东西。不同组合商品可能在每个时期都具有相应的经济重要性。只有那些能让我们比较经济事实的指数才有价值,因此,这个差异我们不能忽视。正是出于这个原因,才出现了针对完美指数构建的理论障碍。因此,在第Ⅳ章,我们检查了克服这一障碍的不同妥协和策略。一个解决方案好像能让我们避免这一障碍,还给予了我们与我们的目的可能相关的比较。在第Ⅴ章,我们批评了一个观点:理论困难的实践重要性不大,因为在实际情况中,差异不明显,而且,无论我们采取什么妥协或者策略,最终结果的差别都可以合情合理地忽视。但是,直到此时我们还没有解释我们要选择什么组合商品,也没有解释我们想比较什么经济事实,也没有解释当我们为不同商品选择加权制度时,我们的重要性标准是什么。这就是本章的主题。

我们的什么样的代表性商品具有代表性?这个问题的答案不止一个。这个问题要取决于我们研究的对象。英国协会委员会以一个令人满意的方式讨论了本章的主题,我就简单说一说。我们调查的一些可能结果已经在第Ⅱ章做了解释。现在,我要补充如下:

(1)首先,存在贸易指数。贸易指数应该代表主要工业原料。企业家关心的主要是这个指数——比如说《经济学家》指数、绍尔贝克先生的指数。毋庸置疑,《经济学家》指数是为商人准备的信息。但是,获得形式精确的分级代表性原料的批发价格比获得其他任何数据都容易得多,因此,无论一个作者的目的是什么,他的指数通常都过于倾向于一个趋势:采取贸易指数的性质。显然,一篇关于这一公式的贸易论文的效果应该与其总价值成正比。我们必须采取预防措施,来避免把实质上的同一个商品以不同形式登录两次。如果我们考虑到了采煤总量,那么,我们一定不要在计算采煤的全部价值时,也包括后来转化成焦炭的那部分。

如果我们包括中间商品的每个级数,我们就完全有理由吸纳成品,并使用下文解释的消费指数。因此,把我们限制在"原"料之内是个较好的选择。另外,如果我们把一个原料商品包括在内的话,我们难以画出一个清晰的界线或者明确地说一个商品要多"原"才能称作原料,但是,选择的实践困难不会大。

有一个问题:我们是否应该在贸易指数中包括工资。至少在理论上,这个问题必须得到肯定的回答。如果原料价格,而不是成品价格,与我们的调查相关,那么,就有一个可能性:工资比率同样相关。在实践中,引入这个额外困难的可能性有多大?这是个更加令人困惑的问题。或许,最好的方式是分开计算原料指数和工资指数,然后,如果我们愿意的话,可以把原料指数和工资指数合并。但是,在合并的时候,应该采用什么样的成比例权数?这个问题不容易回答。

(2)第二,我认为,福克斯韦尔(Foxwell)教授提出了*通货指数*。通货指数要衡量和比较货币及其公认替代品实现的汇率总规模。因此,商品的重要性会随着其总货币价值及其易手次数的平均数而变化。对于与通货相关的一些问题,通货指数可能有价值。但即便如此,我们在使用通货指数时,也应该结合许多其他证据。通货指数的功用不足以抵消一个巨大的困难:用即便是近似的精确性来确定通货指数。

(3)第三,我们拥有 *消费指数*,——我们极有可能在总体比较中用到消费指数。在这种情况下,我们的组合商品必须代表实际消费的成品。我们关心的主要是功用及其价格,只关心影响前者的中间功用。让我们考虑一下,在这种指数中应该包括什么。

我们只是要应用一个基本原理:只有产生最终效用的商品才计算在内。比方说,我们不应该包括农田价格,又包括农田上种植的小麦价格,还有小麦到市场的运费,还有面粉价格,还有面包零售价格。无论如何,我们只能选择其中的一个,而且,在忽视实践困难的情况下,我们确切需要的是面包零售价格。根据同样的原则,我们应该省略商品运输成本,——但是包括人的运输成本。我们应该干净利落地排除债券、股票和股份,原因是,虽然它们具有导致一定最终效用的权利,但是,我们不能计算这一权利,还计算功用。①

一般说来,我们可以省略大量复杂的产品,这些产品几乎只产生中间功用:

比方说,机器,但是不包括私用汽车;

---

① 沃尔什先生排除了这些。但我认为,他这么做的原因好像错了(第77页)。对于这个主题的这个部分,沃尔什先生的整个讨论相当令人费解。沃尔什先生先是(第76页)提议一切都要包括在内;然后并没有非常清楚地阐明他所推荐的被排除事物何时基于理论,何时基于权宜之计。

船只,除客船之外;

建筑物,除了私人住宅;

铁路机器收费,客运除外。

给出许多其他例子应该是一件容易的事情。但是,这些因素属于明显的那一类,在别的地方进行讨论。

就一点,有点轻微的不一致——包括或者排除工资。亚当·斯密考虑购买"同样数量劳动*和*商品"所需要的总和,发现了不同时期的银"价"。沃尔什先生对这种程序非常非常严格。"假设",沃尔什先生说,①"我们试图进行单一运算,方法是在与商品价格相同的衡量方式中包括收入,那么,我们就会形成一个没有意义的大杂烩。"毋庸置疑,这一结合经常会有拥护者,这些拥护者的头脑无法分清成本价值和汇率价值,而且并不清楚地知道自己是想衡量成本价值,还是想衡量汇率价值。在有复本位制争议的时候,困惑屡见不鲜。但是,并不能清楚地表明一点;在没有工资的情况下,当前的指数并未在整体上走得太远。首先,大量最终效用来自服务。不能否认下列情况:只要服务属于实践就要计算在内;而且服务费用和工资率之间的差别不大。第二,下一章要讨论一个实践观点:必须经常使用原料来*代替*成品。因此,对劳动成本的一些考虑可能使近似值较接近。

我们的统计资料不完整导致了困难类别。在处理困难类别之前,让我们重述总体问题。

无论价格采取什么方式变动,只要每种最终效用的总开支比

---

① 参看沃尔什第 128 页。

例恒定，我们就可以给出总汇率价值的精确意义。事实并非如此，所以，使得关于价格总体水平涨跌的所有说法都变得不准确。我们消除了对这个精确性的部分需要，把总汇率价值定义为特定组合商品的价值。我们保留了总汇率价值的部分不精确性，因为我们假定适用于一年的同样的组合商品也适用于另一年。但是，我们采用马歇尔博士首先提出的方法减少了这种不精确性。最后，我们决定，这一组合商品应该尽可能的代表消费——不是任何特定阶级的消费，而是社区总消费。而且，现在无论如何，我们要用一个商品组合代表其他的事物。

我们面临一个实践问题：因为我们的统计资料并不完美，所以我们要发现一个代表总消费的组合商品价格。

Ⅶ 用近似值来衡量总汇率价值

在这个论说文的开始，注意力放在了对两种困难的区别上。一种困难来自要衡量的事物的本质。另一种困难是因为我们的数据并不完美。直到此时，我们完全关注的都是前一种困难。现在，我们必须转而考虑处理后一种困难所能采用的主要方法。

有两种不同的方法。我称其为近似值法和概率法。近似值法只是省略了次要和难操控项目，并试图用假定的替代性的其他项目来替换次要和难操控项目，或者试图用那些大量进入组合的项目来替换次要和难操控项目。要用好这个方法，需要大量的判断。但是，这个方法在理论上是简单的，而且在解释方法上也不需要说太多。几个重要的基本原理可以轻易想到。然而，另外一个方法涉及模糊和困难的论据，但是宣称证明了一个极简实践规则。我们首先要看的是近似值法。对近似值的需要来自一个事实：当我们构建实际指数时，我们发现无法通过最终效用价格建设起任何巨大的实际指数。这有两个主要原因。不同商品的数量太大，每种商品的零售价格千差万别。然而，我们主要关注的是价格变化，价格是由相对少量极重要商品批发价格所决定，并随之变化。因此，通过考虑这些主要商业商品，而且在增加了下文提到的一些额外条目之后，我们可以得到主要消费商品价格变化的一个公平近似值。

因此，我们省略了相对不重要的商品，省略了具有大量不同种类的商品，省略了只以个体出现的商品，省略了零售价正在波动的商品，省略了零售价未被记录的商品。在不需要近似值的情况下，我们包括了大众消费标准商品。大众消费标准商品在特定地区有标准价格。

在用数量相对较少的重要中间功用价格来替代最终效用价格时，需要遵守一定的预防措施。只要我们只考虑那些实际消费的商品，把任何事物重复计算两遍的风险明显不大。但是，当我们处于替代过程中时，一直以来所谓的"双重条目"就是一个误差，我们必须小心提防。如果我们决定用面粉替代面包，我们一定不要也把小麦包括进来，——除非小麦作为成分进入其他一些重要消费品，但是不按照面粉的形式。在这种情况下，我们就应该以削减加权计算小麦。对于随季节变化的商品，我们必须小心采用通常代表实际支付价格的牌价。

我们应该可以采用这种方式处理相当大一部分社区开支——

在可能的情况下采用零售价格①，在其他情况下采用中间功用批发价格。然而，也有相当大一部分没有加以解释。我们省略了租金和服务这些重要项目。

零售价格从一地到另一地大幅波动，不能超出一个狭窄的地区求出恰如其分平均数或者正常比率。在第IX章会指出，我们应该把所有指数看作地理要素。但是，虽然租金只是在这一方面与其他商品有级数的差别，但是，级数相当大，我们必须同意用有点特别的方式处理租金。一个不同的租金指数应该分地区计算，以便与更普遍的商品指数相结合。或许，我们可以从这些辅助指数中算出整个国家的，在人口的基础上加权。如果变化只是调查的目的，尤其是如果变化在许多地区都碰巧比例数相似，那么，这样的结果可能就非常精确和清楚，因而具有价值。

把服务包括在内非常困难。我们好像明显地看出下列情况：服务必须作为总体代表社区开销的很大一部分，而且，随着财富的每次增加，服务这一部分都超出比例增长。然而，服务的种类和成本千差万别，如果要为指数所用，几乎难以操控。或许，这里我们也可以通过近似值得到一些有用的结果。如果我们可以包括一些种类更为重要的服务，我们就可以问心无愧地省略其他服务，并希望我们的指数会至少恰如其分地记录变化。比如说，我们可以努力考虑一下国内服务成本、铁路旅行成本、邮局成本。莱顿（Layton）先生在《统计杂志》（*Statistical Journal*）中表明，对国内工资率

---

① 跟那些通过检查现有指数所得到的例子相比，可能有更多的可能的例子。比方说，采用面包的标准零售价格、采用面粉或小麦的批发价格，两者不是几乎一样容易？

进行概括是可能的。① 对于铁路旅行成本和邮局成本,估计被一个事实所困扰。这个事实是,服务的更大方便表明了改善,而不是相对成本的降低表明了改善。对于两个不同的时期,我们不能进行同类比较。然而,某种比较或许是可行的。

非直接功用服务的工资被恰当地排除在了理想化消费指数之外,但是,还不能确定下列情况:在我们的实践计算中,不应该为其加上某个权数。② 由于上面已经解释过的原因,我们必须主要采用原料批发价格,原料批发价格也会排除在理想化消费指数之外。所以,原料和工资合在一起可能更能代表最终效用,而只靠原料代表性就不那么强。然而,甚至在原料价格之中,也可以给劳动成本加上某个权数,这样,原料价格必须在一定程度上和劳动价格一起变化。而且,有个问题:这一考虑是否不足以证明进行一个危险并令人困惑的任务是不明智的。这个任务就是明确引入工资。

据我所知,没有现有指数合情合理地试图代表大众消费的货币成本。贸易部的调查只涉及工人阶级的预算,并且对工人阶级预算的调查有点偏颇。奥尔德里奇-福克纳指数基于同样的基础。无论是贸易部的调查,还是奥尔德里奇-福克纳指数都没有以任何形式解释服务,只是贸易部调查包括了租金。无论说得有多么天花乱坠,《经济学家》指数或者绍尔贝克先生的指数之类的指数只是贸易指数。甚至对于工业的标准商品,也有下列可能:如果我们要建立消费指数,而不是寻求贸易指数,那么,我们对工业标准商品

---

① W. T. 莱顿(W. T. Layton),"五十年间家庭佣人薪水变迁"(Changes in the Wages of Domestic Servants during Fifty Years),《皇家统计学会杂志》,1908 年 9 月。

② 参看沃尔什第 100 页。

的加权应该略有不同。比如说,黄麻应该由贸易指数来代表,而不是由消费指数来代表。黄麻所在的主要目的的成本已经包括在了小麦价格、面粉价格或者面包价格之中,不管我们选择的是小麦价格、面粉价格或者面包价格。有一个事实:贸易指数变化可能先于消费指数变化。当我们采用近似方法时,我们同意忽视这一事实。

构建合理精确的消费指数具有实践困难。这一实践困难好像并没有大得难以忍受。这正是统计学家的省略:根本不需要建构消费指数的合理企图。或许,这是因为一个普通方法:只是把现有指数看作指数。没有对服务于不同目的的指数进行清晰的划分。贸易指数被绝妙地想做"价格指数"。

Ⅷ 用概率来衡量总汇率价值

熟悉指数文献的读者通常会注意到,到目前为止,还有讨论这个问题:我们是否应该把代表不同商品价格的数字结合起来,方法是几何平均数、算术平均数、调和平均数、中位数,或者任何其他种类的平均数。这一问题以一个相当不同的方式处理了这一主题。这个方式是我们一直以来追求的方式。只要我们采取代表某类商品的组合商品方法处理问题方式,那么,单是加权算术平均数显然是合理的。

另一种方法,也就是概率法,被沃尔什先生完全忽视。因为这个省略,沃尔什先生遭到了埃奇沃斯教授[①]的严厉责备。这一省

---

① 《经济学杂志》,第Ⅺ卷,第 409 页。

略肯定是严重的,并表明沃尔什先生并没有完全意识到他所斗争的许多论据的本质。省略植根于杰文斯方法(Jevonian method)以及后续方法之中,还帮助解释了一种现象:关于这一主张的许多错误论据对作者来说好像都有理有据。比方说,如果沃尔什先生看到了鲍利先生对指数的解释,那么,沃尔什先生肯定会觉得鲍利先生的解释令人费解,而且几乎不可理解。只有当我们从概率检查鲍利先生的论据,我们才能理解当构建指数的时候,什么使鲍利先生阐明了自己的规则①。

埃奇沃斯教授本人就是一个作者,写出了唯一一个关于概率法的经过深思熟虑的讨论——虽然其他许多人使用了这一讨论——出现在 1887 年英国协会委员会报告所附的备忘录第Ⅷ节和第Ⅸ节。② 用这种方法给出的问题答案臭名昭著:模糊且困难。而且经常无法得出正确结论。跟其他情况相比,在这种情况下,这一论据竟然敏锐精密。我会投入精力仔细详细地加以检查。

---

① 鲍利先生的定义引用在沃尔什第 52 页。他的规则如下:"要形成指数,衡量价格下跌:用表格列出一系列年份精选商品的价格:选择一年的价格或者一连串年份平均数作为基数:把每系列价格表示为基价的百分比;要发现特定年份的指数,要取该年百分比的平均数。这样,指数要探测的有偏变化就是累积的,无偏变化就是削减的。"是否应该让这位年轻的统计学家严厉斥责:因为这种规则未经解释、不合格。

② 我认为,对于这个方法来说,埃奇沃斯教授倾向于略微夸大其词。在《经济学杂志》(请看第 408—410 页)中,埃奇沃斯教授对沃尔什先生提出了批评,更清楚地表明了自己夸大其词的倾向。而在备忘录中,讨论小心谨慎。埃奇沃斯教授好像认为,当商品数量庞大时,概率法帮助我们解决汇率价值思想中的内在不确定性。但我认为,这好像不是事实。我们要解决不确定性首先必须同意把汇率价术语用在一些数量上。至少在理论上,这些数量是可以计数的。然后,或许使用概率法来帮助我们,因为实际数据不足。

可以在货币数量理论学说中找到概率法的起源。假定如下：黄金供求发生变化，黄金的购买力发生变化，而其他所有的商品在汇率比率方面都保持相对不动。那么，其他所有商品的金价都会成比例涨跌。因此，在这种情况下，每种商品的变化都会为我们精确衡量黄金购买力的变化。我们可以因为一个原因而把一个变化描述成"黄金方面的变化"，这个原因没有扰乱商品相对汇率价值的趋势。[①] 然而，在实际情况下，也会有商品方面的变化在起作用。在这些情况下，价格会发生变化，即使黄金方面没有变化；但是，按照同样的几何比率，每个价格都会比实际情况低或高。[②] 如果我们可以发现这个比率是多少，这个比率就会告诉我们货币的购买力发生了什么变化。因此，我们可以认为价格变化的部分原因是商品本身提升一些价格，压低一些价格，而且级数各不相同。另外，除了这些多种多样的原因所导致的变化，还有进一步的变化：源自货币方面的变化，*按照同样的比率影响一切*。这个统一比率是我们研究的目标。

在许许多多不同目的中，除了特定独立变化之外，还有统一变化。在这种情况下，乍一看，我们有了概率计算的合适问题。我们

[①] 这不是杰文斯使用这一术语所带来的云山雾绕。根据杰文斯的说法，贬值可能是出于四个原因：(i)黄金供应增加，(ii)对黄金的需求减少，(iii)其他商品需求增加，但是，对黄金的需求没有相应的变化，(iv)其他商品的供应减少，但是，黄金的供应没有相应的变化。杰文斯把(i)和(ii)称作"黄金方面的变化"，把(iii)和(iv)称作"非黄金方面的变化"。但是，(i)和(iv)、或者(ii)和(iii)能分开吗？我们不能说"需求减少"，只能说"在高价位需求减少"，即，"相对于对其他事物的需求来说，需求减少"。

[②] 可以指出，不会因为商品方面的变化而导致价格*总体水平*的变化。所有的这种变化必须反映黄金方面的变化。

的目的是消除独立变化,方法是让独立变化彼此冲抵。我们的目的还有就是让统一变化作为我们的残留量。

让一组商品的价格在第一个时期是 p_1、p_2、…第二个时期是 π_1、π_2、…;让 $\pi_1=p_1k_1$、$\pi_2=p_2k_2$…。让 k 衡量货币购买力的变化,那么,第一个时期 1 沙弗林的汇率价值就等于第二个时期 k 沙弗林的价值。

如果 $k_1=k_2=k_3…$,那么,这些数字都等于 k,而且我们可以立刻得出答案。然而,一般说来,给出的 k_1、k_2 等等在量值上存在巨大不同。关于这些数据,我们的目的就是确定 k 的最可能数值。

不是所有的价格都能涨过价格总体水平,也不是所有的价格都能跌过价格总体水平,所以,k_1、k_2 等等中的一些肯定大于 k,一些肯定小于 k。因此,k 是 k_1、k_2 等等的一个平均数或者中间价值。如果我们把 k_r-k 称作比率 k_r 的"误差"(在假定 k_r 和 k 等式时,用来衡量所涉误差),我们可以把 k_1、k_2 等等看作 k 的许多独立"观察资料",每个"观察资料"都可能有误差。我希望,如果取大量观察资料的平均数,就能消除误差。

现在,为了在总体情况下解决这一问题,需要知道 k_1 等等围绕 k 安排的可能方式。也就是说,对于任何 k_r 来说,我们必须知道所有可能从 k 偏差的概率。如果我们知道了这个假定的分布定律,那么,在特定条件下,考虑到一组 k_1、k_2 等等,我们可以按照逆概率原则推断 k 的最可能数值。

另外,如果偏差不大,如果偏差是*独立的*,而且如果满足了特定的其他条件,[1]那么,基于经验,k 的最可能数值大约会独立于这

---

[1] 请看本章附录 B。

个特定的分布定律之外。关于这些定律的大多数调查者都影响了这个假定。因此，我们必须检查这个假定实现到了什么程度。如果没有实现，我们必须寻找一些方法，来选择假定的可能分布定律。

让我们把这些技术细节用到一个特定情况之中。如果我们要忽略特定分布定律这一选择，我们需要的主要假定如下：(i)相对于 k 的量值来说，k_r 和 k 之间的差别一定不大，(ii)k_1-k、k_2-k 等等的差别一定是"独立的"，使用术语"独立的"的意义仅限于概率理论。

(i)这只是个事实问题。我们假定，相对于由于货币方面的变化，由于商品方面的变化，特定价格改变的数量不大，——换句话说，不同于货币，商品的总体购买力比货币的总体购买力稳定得多。除了在特定的特别时期，这是个完全错误的假定。当我们证明贵重金属的货币用途时，当我们证明贵重金属价值大体上比其他商品价值更稳定时，这个假定都是基础之一。如果现有指数有任何价值的话，那么现有指数证明此间有许多真理。无论如何，这个假定都与一个臭名昭著的事实相反。这个臭名昭著的事实假定，特定商品总汇率价值的波动比货币总汇率价值波动*小得多*。

(ii)如果对一个偏差量值的了解根本不能指引其他任何一个量值，那么，偏差是"独立的"。这一条件并非严格得到满足。有一个方程式——在形式上依赖我们定义"总汇率价值"的确切方法——把这些偏差联系在了一起。然而，如果商品数量大，那么，只要偏差不是极端重要而且在我们的定义公式中也未重大加权，在其中一种情况下对偏差的了解就是其他偏差的非常轻微指引。因此，对于概率论据所需要的意义来说，假定偏差是相互"独立的"

并不是没有道理,只要我们没有忘记下列情况:我们商品汇率价值的上涨在一定程度上使所有其他商品汇率价值下跌,并实现了这一事实所表明的警告。

然后,我们看到第二个条件只是部分得到了满足,第一个条件完全缺席。因此,我们不能得出任何结论,如果我们不能表示 k_1、k_2 等等关于 k 的可能离差定律。

当我们选择几何平均数或者中位数时,可能离差定律是我们可以给出的唯——一种有效基础。[①] 像杰文斯给出的这种理由几乎证明不了什么,而且沃尔什先生完全忽视了指数问题的这一方面。据我所知,只有埃奇沃斯教授从这个角度检查了这一问题。埃奇沃斯教授给出理由[②]认为价格的组成"不是根据的对称曲线,比如符合算术平均数的对称曲线,而是根据非对称曲线,比如符合几何平均数的曲线"。首先,埃奇沃斯教授认为,"一个人对对象功用所可能时时作出的波动估计"有可能遵循费克纳定律(Fechner's Law)。在这种情况下,几何平均数就是合适的。然而,与物理估计的对比好像没有太大价值,而且这个基础本身证明作用不大。第二,习惯性地提出一个支持这一平均数的理由:"价格可能会上升任何数量,但是不可能低于零"。就其本身而言,这是个好理由,但是这个理由同样也适用于其他的平均数。第三,有实证证据。

根据埃奇沃斯教授的说法,实证证据表明,在一段时间之后,新价格围绕着旧价格以不对称的方式组成。总的看来,也就是说,

[①] 请看本章附录 B。
[②] 英国协会委员会报告(1887 年),第 283—284 页。

当价格上涨时,价格以较大的算术数量上涨,而在价格下跌时,下跌的算术数量相对较小。然而,埃奇沃斯教授以令人满意的方式检查了这一证据?并不清楚。我们会考虑埃奇沃斯教授对杰文斯价格表之一的讨论。① 下面一行是 1801 年大量商品中每个商品的价格:

80、73、139、139、167、134、108、142、114、232、222、244。其中最小的是 73,第二小的是 80。最大的是 244,第二大的是 232。中位数是 139。因此,最高价格和中位数的差远大于最低价格和中位数的差。找了许多例子,产生的结果通常类似。

现在,好像对我来说,这只是表明我们基于假定知道的一点:极端上涨超过了极端下跌。上涨百分之百没什么大不了。几乎在任何一个全面价格表中,我们都发现了上涨百分之百的例子。但是,下跌百分之百是不可能的。不需要埃奇沃斯教授的调查就可以证明这一点。因此,如果清单上的*任何*商品极度上涨——有可能存在此种商品——埃奇沃斯教授就能得到结果。在埃奇沃斯教授实际采用的表中,事实本身足以产生上述结论。事实是,玉米价格在基础年低,而在考虑的年份都统一居高不下。但是,不足以知道*极端*变化是不对称的且属于几何类型——开头肯定是这样,而且我们会赞同这一点。我们需要检查较小的、更正常的变体,并发现对于这些变体可以作出什么合理的概括。只有这样,我们才能证明几何平均数或者任何其他平均数是获得近似指数的可能方法。

---

① 英国协会委员会报告(1887 年),第 286 页。

如果我们要这么做,还有一个困难在等着我们。就价格而言,对价格的了解 不能为我们解决这一问题。假定如下:我们有一组商品,每种商品在基础年的价格都是 100。那么,如果我们知道那些价格在后续年份围绕 100 的可能离差,对我们不会有帮助。假定我们采用商品在一年中的价格。那么,如果我们知道同一种商品在几个后续年份的价格围绕该年价格的离差,对我们也不会有帮助。这一信息无法帮助我们把那部分由货币方面变化导致的波动从那部分商品方面变化导致的波动分离出来。

实际上,我们不想知道特定 价格的可能变体。我们在寻求商品总汇率价值的可能变体,以便在知道其价格的情况下,我们可以推断货币总汇率价值的可能变体。使用一些符号可能使这个问题变得清楚。

如果我们采用在第一个时期采用商品单位 A、B、C、...和具有同样价格的货币,让 a、b、c、...和 m 按照这些商品单位在第一个时期的总汇率价值代表这同样单位在第二个时期的总汇率价值。那么,第二个时期的商品价格就是 a/m、b/m、c/m...。我们想要发现 m 的可能数值。知道数量 a/m、b/m、c/m 的可能数值对此没有帮助。然而,如果我们有了 a/m、b/m 和 c/m...并知道 a、b、c 的可能数值,那么我们就可以推断 m 的可能数值。对我来说,埃奇沃斯教授的调查好像指向一个无用的目标:发现 a/m、b/m、c/m 的可能数值。

只有当 a、b、c、...趋向于存在几何差别时,让 a/m、b/m、c/m...的几何平均数等于一可能确定 m。如果我们发现 a/m、b/m、c/m...趋向于存在几何差别,我们就可以推断 a、b、c、...也趋向于存在几何差别。①

那么,我们如何发现商品汇率价值的可能变化定律?我认为,我们发现商品汇率价值的唯一方法是,假定我们已经知道许多初步情况下的货币汇率价值变化。如果我们知道,我们可以从价格记录中推断商品汇率价值变化,在此基础上制定普遍定律,然后,在其他情况下,按照货币汇率价值在价格变化中的反映,用这些定律来确定货币汇率价值。

因此,我们不能采用概率法对货币价值变体进行调查。我们必须首先用其他方法确定一定数量典型情况下的变体,并或许从这些典型情况下进行概括。这些典型情况会允许在其他情况下使用概率法。

有意思的是,可以对这些体系做个小实验。这个小实验是基于埃奇沃斯教授的 1890 年到 1895 年美国批发价格表。据假定,

---

① 然而,我认为,我可以证明相反的情况。如果 a、b、c、...和 m 都趋向于存在几何差别,那么,a/m、b/m、c/m...也趋向于存在几何差别。最简单的情况给出如下:

让 $A(x)$ 作为 a 有价值 x 的概率,$M(y)$ 作为 m 有价值 y 的概率,$P(z)$ 作为 a/m 有价值 z 的概率。然后,如果 a 和 m 独立变化,则

$$P(z) = \sum \left[A(a).M(\frac{a}{z}) + A(\frac{z}{a}).M(\frac{i}{a}) \right]$$

其和适用于所有可取的价值 a。现在,由于下列原因:第一,同等几何变化同等可能;第二,$A(a) = A(i/a)$;第三,对于 a 的一的几何偏差越大,$A(a)$ 就减少得越多。所以,$A(x)$ 的最简单数值就是 $H\exp[-h^2(\log x)^2]$。与之类似,$M(y)$ 的最简单数值就是 $H'\exp[-h'^2(\log y)^2]$。

因此,在这种情况下,
$$P(z) = \sum \{HH'\exp[-h'^2(\log z)^2].\exp[(h'^2 - h^2)(\log a)^2] + HH'\exp[-h'^2(\log z)^2].\exp[-(h'^2 - h^2)(\log a)^2]\}$$

如果 $h = h'$,即如果货币变体定律与商品变体定律相同,那么,这个定律就可以简单归纳为结合定律,形式是 $P(z) = G\exp[-h^2(\log z)^2]$。

埃奇沃斯教授的指数近似代表了货币汇率价值的波动。这一指数是用来把明显的商品价格校正成货币恒定时所得的商品价格。这些校正后的价格显然衡量了商品本身汇率价值的波动。

年份	商品价格，货币汇率价值恒定							
	食品	衣服	燃料和照明	金属和工具	木材和建筑材料	药品和化学制品	家庭装修商品	其他
1890	97	100	97	105	102	102	98	93
1891	102	100	100	98	100	97	102	100
1892	102	101	103	98	101	95	102	100
1893	107	102	107	92	101	91	96	93
1894	104	100	116	91	101	93	94	97
1895	106	104	119	90	104	99	93	100

113　　我们可以用三种方式检查这个表。让我们首先用表格列出逐年的每种商品变体数量，不管是上涨还是下跌：

变体数量	上涨变体发生的数量	下跌变体发生的数量
0	8	8
1	3	3
2	5	4
3	5	3
4	1	1
5	3	1
6	1	3
7	1	3
8	0	0
9	1	0

这些数字无法表明上涨变化可能比下跌变化量值大——当变化不超过10%时。

现在，我们要采用埃奇沃斯教授式的方法用表格列出这些年里每种商品价格的最小值、中位数[①]和最大值（商品按照第114页表的顺序给出）：

最小值	97	94	97	90	100	91	93	93
到中位数的间隔	6	6	8	5	1	5	4	5.5
中位数	103	100	105	95	101	96	97	98.5
到最大值的间隔	4	2	14	10	3	6	5	1.5
最大值	107	102	119	105	104	102	102	100

这里也没有大力支持变体几何等式的证据。总的看来，从中位数到最大值的间隔确实大于从中位数到最大值（最小值？）的间隔。但是，在三种情况下，后一种间隔大；两种情况下出现约等式；在三种情况下，前者大于后者。还要指出一点，对于正在研究的问题，这个表研究的变体不像前一个表中的变体那么相关。在研的问题是逐年的汇率价值波动。

第三，我们要根据同样的原则用表格列出每年不同商品价格的变体。

年份	1890	1891	1892	1893	1894	1895
最小值	93	97	95	91	91	90
到中位数的间隔[②]	6	3	6	7.5	7.5	9.5
中位数	99	100	101	98.5	98.5	99.5
到最大值的间隔	6	2	2	8.5	17.5	19.5
最大值	105	102	103	107	116	119

[①] 因为有一个条目*偶数*（6），中位数就取在第三个和第四个中间。

[②] 原文错。不应该是 Interval of median，而是"Interval to median"（到中位数的间隔）。——译者注

这里，总的看来，到最大值的价格也趋向于较大，但是，之所以得出这个结果，是因为后面的年份恰好出现了燃料的极端变化。

这是一个小例子，要让实证变得强大，就需要许多同类实验。但是，就其本身而言，这个例子强化了我们开始时的假设——相当大的变体（即超过10%的变体）非常容易超出而不是瑕疵（萎缩？），但是，没有充足的理由假定小于10%的较小变体，在近似几何比例中较可能以同样概率出现，而在近似算术比例中则不太以同样的概率出现。另外，当我们的比较是在连续年份之间时——就像我们讨论的应该是在连续年份之间——单个变体通常不会大于10%。

然后，最后用表格列出的数字表明了另外一种调查方式。埃奇沃斯教授也奉行这种调查方式。在任何情况下，中位数与100的差别都不会大于1.5。我们能否为一个假设发现合理基础？这个假设是，中位数平均数最有可能为我们产生正确的指数。

埃奇沃斯教授之所以提出中位数平均数，是因为中位数平均数非常适应我们那计算的粗略性质。对于这个观点，还有许多合理的言论。我们知道，想要的数值就会存在于我们手头的数字之间。我们知道的基本上也就仅此而已，除了一点：想要的数值与最低数字之间的差别可能会小于想要的数值与最高数字之间的差别。中位数方面具有计算简化品质，而且不受刚提到的假设的影响。

作为对这部分论据的总结，我要提到一个*模式*。我认为，如果我们要完全按照这些阐述来做，当有*许多*价格被考虑时，有许多支持任何其他选择的言论，对于这个模式也有许多合理的言论。这一模式是价格环绕最为密集的价值。现在，如果比较的两个时期时间间隔短暂，那么，可能会这样：商品汇率价值会保持不变，或者略微改变。而不太会出现其他任何具体的数量变化。或许，即使在短时间内，特定商品的总汇率价值也不大可能保持稳定。但是，有可能会出现这种情况：在 300 种商品中，更多的会保持稳定或者基本稳定，而不是变成其他的任何具体价值。如果一开始两种商品的价格相等，而且两种商品的总汇率价值保持稳定，那么，最后，两种商品的价格也会相等。如果这一论据有效，那么，后面的价格*模式*就会是我们最好的货币价值变化指数。

总的看来，作者是喜欢这个选择，但是需要指出这一论据的一个弱点。如果就像我们认定的那样，时间间隔短，那么，价格，也就是正被假定的货币价值变化，不大可能有时间克服摩擦。这一摩擦趋向于使*价格*而不是总汇率价值保持恒定。因为我们是根据价格计算价值，所以这些价格趋向于移动得太缓慢。因此，即使没有趋向于在完美市场里变动总汇率价值的原因在起作用，商品还是会变动其总汇率价值。因此，如果我们假定汇率稳定性是最可能的简单可能性。这样假定正确与否并不可知。而汇率价值稳定性是不可能的。我们可以假定一些商品的价格大幅波动，所以，货币价值被改变。如果其他商品保持汇率价值稳定，那么，这些商品必须因此改变价格。但是，可能存在一个趋向于价格稳定性的自然趋势，摧毁了任何在其他情况下朝向总汇率价值稳定性的趋势。

现在已经到了论据的最后一个阶段。别管近似值法存在什么事实，当我们采用概率法时，能否允许省略所有加权因素？直到目前，我们一直假定可以这么做。如果加权是可取的，我们应该在两种方法中都采用同样的制度吗？

如果我们给予第一个问题肯定回答，那么，虽然可能是无意识的，但我们还是在按照一个假说行事。这个假说空想式地认为存在总汇率价值这样的东西。忽视加权取得的结果好像独立于几个不同数量之外，涉及不同的目的，我们在前面的几章已经对这些目的做了定义。忽视加权取得的结果对这些目的好像都平均用力。

统计学家给予这个问题否定回答。我认为，当他们解释自己的加权方法时，他们并没有完全领会问题的本质。埃奇沃斯教授非常具体地给出了问题的正常观点。埃奇沃斯教授说，误差理论为我们提供了下列三个规则：①

(α) 对于那些已知的受常在误差或者单向统一偏差影响的一类观察资料来说，不应该加上权数。

(β) 观察资料应该是独立的。这里就有了一个问题：如果肉和棉花这类广泛消费商品的价格是较大数量交易的平均数，肉和棉花这类广泛消费的商品是否不应该比丁香和胡椒更有价值。答案是，这些交易不是*独立的*。有一个定律；不言而喻，在一个市场中只能有一个价格。这个定律消除了支持较大规模消费商品的假设。

(γ) 对于那些与平均数偏差较大的观察资料，加上的权数应该较少。在我们这种情况下，就排除了所有精选商品的普通价格运动，可能出现极大的合适波动。比如说，在这个意义上，棉花和铁的波动就远大于胡椒和丁香。

然而，根据这些规则，加权不会避免批评。这一批评使我们无法对原来的问题作出肯定回答。英国协会报告的较早部分对许多

---

① 英国协会委员会报告（1887年）（我已经做了缩减）。

数量进行了区分。构建于这些原则之上的指数要衡量这些数量当中的哪一个？与观察资料误差历史的类比来自我们对价格变化的讨论。因为，就像我们在这一章开头附近指出的那样，价格变化不是严格独立的。

仔细想一想可以想起一个事实：商品和货币的总汇率价值是由一个方程式联系在一起的。这个方程式的形式取决于我们定义总汇率价值的方式。不同的方程式对于不同的定义。如果一个价格变化不是出现在非常重要的商品里，那么，这个价格变化不大可能对任何其他单个价格变化产生重大影响。所以，因为许多原因，我们可以假定一个近似独立。但是，作为总体，误差会变得相当大。

让我们从另一个视角观察这一因素。如果像铁之类的某种重要商品总汇率价值下跌，那么，至此，每种其他商品的总汇率价值必须有一定数量上涨。上涨的数量取决于在研的总汇率价值特定定义。如果这是唯一的变化，其他 价格会保持恒定，而且，如果我们因铁价格的巨大"合适"波动而未考虑铁价格，我们最终就会得出错误的结果。这是个极端情况。无论如何，我们不应该指望概率法用于这个极端情况。但是，这举例说明了较低级数上的普遍事实。如果一个商品价格的上涨超过了货币价格的下跌，那么，这就意味着其他商品的上涨数量肯定 较小。按照埃奇沃斯教授的加权准则，我们以误差理论为目的而称呼的"观察资料"并不是独立的。胡椒 价格是独立于肉价之外的，但是，胡椒总汇率价值并不独立于肉总汇率价值之外。我们关心数量的消去。由于已经解释的原因，数量就是由商品方面变化导致的波动，也就是说由商品总汇率价值导致的波动。

如果我们因为埃奇沃斯教授的加权准则是基于与误差理论的部分错误类比,而拒绝埃奇沃斯教授的加权准则,那么,对于一开始提出的那些问题,我们应该给出什么答案?我认为,我们的答案应该依赖那些假定,从那些假定里产生了总汇率价值的可能变化定律。有人认为,如果我们假定我们在一定数量情况下知道货币价值指数,才能发现这一定律。现在,根据我们使用"总汇率价值"的不同意义,这些指数就会不同。而且,我们要因此拥有不同系列的校正价格,并以这些价格作为基础进行概括。因此,对于可以使用"总汇率价值"术语的不同意义来说,我们应该获得 不同的变体定律。这是对自相矛盾的解释:概率法显然使实际数量值的所有解读都得出了同样的结果。最后,有一些问题:我们是否应该加权,我们是否应该拒绝互相抵触的观察资料[①]等等。这些问题取决于我们得出可能变化定律时所遵循的规则。如果我们认为小麦之类重要商品比胡椒之类非重要商品更有价值,我们或许能够得出更令人满意的概括。如果是这样,我们必须协调一致。而且,并在来自概括的后续推断中采取同样的计划。

论据的结论表明,概率法不是真正实用的,只是在最粗略的可能方法里才有用。概率法在本质上取决于一点:我们获得合理可靠的总汇率价值可能变化定律。而且,在目前的知识状态下,好像没有办法进行此类概括。无论如何,如果我们没有 其他办法至少在某些情况下计算精确的指数,我们就不可能进行此类概括。概率法 明显 简单明了,因而具有欺骗性,并模糊了大量的实证信息。

[①] 仍参看本章附录 B。

在我们能够成功应用概率法之前,必须占有实证信息。可以应用于指数情况的基于假定的概率法,都不具有重大价值。

我认为,指数法必须限定于如下情况:我们想粗略并不太费劲地知道一个指数的可能邻域。然后,我们可以从容地指出某些商品价格的模式或者中位数。这些商品合适地进入在研指数。如果想要尽可能地精确,我就要推荐第Ⅶ章描述的近似值法。近似值法显然不会受细枝末节的干扰。

Ⅸ 一些现有的指数

英国协会委员会报告的结局用基于理论知识的建议强烈打击了实践性统计学家的任何希望。二十年前,完全代表英国经济学家和统计学家的一个委员会发表了一致建议。他们的实践型智慧并没有被随后的经历所打击。然后,他们并没有得出结果,而且我们依旧满足于一点:把我们对过去的概览和对未来的预言放在绍尔贝克和《经济学家》每月发布的指数之上。

或许,英国协会委员会报告本身可能有着自己疏漏的萌芽。英国协会委员会报告的整个大意就是坚持所有指数的不完美性、模糊性、不精确性、任意性。一个读者可以得到宽宥,如果这位读者因下面的观点而疏远英国协会委员会报告。观点是,一个指数和另外一个指数一样好;如果我们与那些流行评价之中长期习惯建立的指数相争吵,我们就会给自己带来不必要的麻烦。

然而,事实上,这并不是理论留给我们的结论。如果理论让我们认识到所有指数所受的限制,理论也指出了无尽的误差和不必要的不精确性。前述论据的整个过程表明,跟实践型统计学家那无助的常识一开始建立的指数相比,科学指数具有真正的优越性。

在前面的各章里对现有的指数做了大量的批评。如果把现有指数中最为著名的一两种结合起来并填上一些实践型建议,那么,就会大有用处。

《经济学家》指数

这是最古老的指数,一直定期计算和更新。因为《经济学家》指数在过去发挥了作用,所以,我们应该向《经济学家》指数致以深厚的感激之情。然而,在现在,《经济学家》指数几乎具有指数所有可能的劣势。

(1)基础期(从 1845 年到 1850 年每种商品的平均价格作为 100)现在已经非常遥远,所以,按照第Ⅳ章描述的方式引入了大相径庭的随机加权。

(2)逐年假定的报价是单日报价,因而具有如下危险:无法真正代表整年的价格过程。然而,在这个标题下,误差的危险受到了一点削减,因为有了每月指数和每年指数的发表。

(3)选择的商品数量很小,总共 22 个。无论我们认为指数是基于近似值法,还是认为基于概率法,如此小的数量产生的结果都非常容易带有误差。或许,六十年之前难以获得其他商品的精确报价;但是,一个事实让对这一传统的尊崇变得多此一举。这一事实是,《经济学家》本身记录了数量大得多的标准商品价格。

(4)在这个简短的清单中,加权非常不精确,足足有四个提到了棉花。商品清单如下:

咖啡、糖、茶叶、烟草、小麦、鲜肉、苏拉特棉、生丝、亚麻和大麻、羊毛、靛蓝、油、木材、油脂、皮革、铜、铁、铅、锡、伯尔南布科棉、棉纱、棉布。

通过改变基数和加权而得到的单个年份校正,由伯恩(Bourne)先生和帕尔格雷夫先生得出。这些校正从实证角度表明,上面一些特性引入的误差有多大。毋庸置疑,《经济学家》的历任编辑拒绝引入明显的改善,以便可以保持系列的连续性。但是,在使用马歇尔博士策略的情况下,如果一个职员研究旧数据几天,就能创造新的系列。在新的系列中,当有新信息的时候可以随时引入新的商品,或者抛弃旧商品。而且,无论有无合理加权都可以实现这一点。这只是一个算术问题,在性质上并不特别费力,会带来极大的改善,人人都必须承认这种并不特别费力的极大改善,而且也不会涉及争议性问题。

还可以补充一点:只有原料和食品被包括在内。因此,我们必须认为指数主要代表了企业家的利益。指数的贸易性质得到了进一步强调:食品只有小加权。

绍尔贝克先生的指数

这一指数,最先发布于1886年,但是追溯到了1846年。绍尔贝克先生的指数是英国使用最为普遍的指数。《经济学家》指数情况下,我们提到了异议。而绍尔贝克先生的指数并没有被其中一些异议所困扰。但是,绍尔贝克先生的指数在性质和组成上有点不科学,因此,面临着其他异议。

(1)基础期——1867年至1877年的平均数——非常遥远,足以抵消绍尔贝克先生针对理性加权的微弱企图。实际结果、我们把 1907 年作为基数可以得到的结果,两个结果之间存在任意误差的差别。任意误差的差别非常大,已经在第 V 章进行了阐述。

(2)只有一点加权,这妙不可言。有一个原则:计算几种不同分级的重要分级(谷物?)。这个原则可以大行其道。

(3)不同商品的数字——37——太小了。理论需求和现有统计资料使吸纳多得多的商品变得切实可行。

(4)跟《经济学家》指数相比,大得多的权数给予了食品。这有点模糊了绍尔贝克指数的性质。对租金和服务的省略使绍尔贝克指数实质上成为了商人的指数。但令人困惑的是,这样的指数是否应该较多地考虑食品。不同指数的区别没有反映在绍尔贝克指数构建原则之中。我们有一系列适合贸易指数的商品,参考这些商品在消费指数中的重要性而粗略加权。然而,加权如此粗略,以至于这一误差可能融汇成较大的误差。

绍尔贝克先生在《统计杂志》发表了各种"试验",旨在表明为保证精确性而采取进一步的预防措施是多此一举。① 涉及这一基数的普遍问题已经在第 V 章进行了讨论。

这两个指数得到了贸易部不同调查的补充。② 在今天的英格兰,这两个指数得到了普遍引用。间或有许多其他指数计算出来,

---

① 绍尔贝克,"指数价格"(Index Number Prices),《皇家统计学杂志》,1903 年 9 月。
② 这些调查之中最重要的调查是由罗伯特·吉芬爵士(Sir Robert Giffen)发起,基于外贸统计资料。我正在写这篇论文的时候,我手头没有足够的材料对这些调查进行合适的讨论。

但是昙花一现。对于这两个指数来说,所需的最本质的改善如下:第一,吸纳更多的商品,由今天的商业统计资料进行忠实的记录;第二,采用马歇尔博士的策略,这样遥远基础时期选择所引入的任意加权就能避免,在研商品的间或变化也成为了可能。假设如下:通过吸纳许多分级的重要商品,引入某种粗略的加权,就像上文提到的两个改善一样。按照英国协会建议的思路,但根据考虑的对象而变化,加权是最可取的,但也引来了更多争议,而且,或许不是至关重要。

苏特比尔(Soetbeer)的指数

这是德国计算中最重要的一个,大多数价格来自现在的汉堡价格。据我所知,苏特比尔 1892 年死后该指数就没有更新。

构建的原则并不科学,基础期——1847 年至 1850 年——就像英国指数的基础期一样,都非常遥远,因而会引入许多任意性。但是,苏特比尔的指数具有巨大的优越性——考虑了大量(114 种)商品。

康拉德(Conrad)的指数

康拉德教授并没有把每一年都分开来计算指数,而且他的结果也像上面讨论的那些结果一样遭到了大量同样的批评。但是,康拉德教授得出的数字是根据四个原则,而且考虑了足足 163 种商品。当未采用马歇尔博士的方法时,康拉德教授的四个指数提供了一个重要的实证证据、吸纳大量商品的重要性、由不同基础时

期选择导致的任意差别的重要性。引用如下：①

年份	以 1847 年至 1880 年的平均数作为 100		以 1871 年至 1880 年的平均数作为 100	
	22 种商品的加权平均数	163 种商品的算术平均数	22 种商品的加权平均数	163 种商品的算术平均数
1881—1885	85	84	82	87
1886	71	75	69	73
1887	66	76	64	74
1888	64	70	62	69
1889	70	75	68	73
1890	77	75	75	73
1886—1890	70	74	68	83
1891	86	74	84	71
1891—1895	71	88	69	82
1893	68	89	66	83
1894	61	84	59	78
1895	60	84	58	78
1896	59	81	57	75
1897	62	83	60	77
1898	66	82	64	76

福克纳-奥尔德里奇指数

这一计算是 R. P. 福克纳教授 1893 年为美国参议院奥尔德里奇

---

① 我全文引用了这些数字。因为马歇尔好像需要尽可能多的实证来对抗一个盛行的迷信：计算指数的不同方法导致基本相同的结果。比如说，把 1895 年的价格与 1881 年至 1885 年的平均水平相比较。根据 22 种商品的加权平均数，对任何一个基础时期，价格都下跌大约 30%；根据 163 种商品的平均数，在一个基础时期这些商品上涨了 $\frac{1}{2}$%，而在另外一个基础时期则下跌了 10%。

委员会准备的，并在后续年份由 R. P. 福克纳教授更新，是目前为止汇编的最科学和最综合的指数。对马歇尔博士方法的使用是个改善。但是，如果没有马歇尔博士的方法，从理论上说，福克纳教授方法跟绍尔贝克先生的方法（比方说）相比，具有巨大的优越性。

（1）基础年，1860 年，遥远；但是，近年来，采用了 1890 年到 1892 年这段时期的平均数，这比英国指数或者德国指数的基础年近得多。

（2）价格 不是整年的平均价格，除了下列情况：有理由怀疑采用单个日期价格时的特别误差。

（3）考虑了足足 223 种商品。这是个巨大的优点。

（4）八类商品的指数分开计算。其他指数也是这样，比如绍尔贝克先生的指数；但是，如果商品总数小，分类的价值就小得多。

（5）计算出了相当加权指数和合理加权指数。采用的原则和结果已经在第 V 章进行了描述和分析。

对于当前德国和美国的两个指数来说，英国指数的劣势非常明显，而且我认为是英国统计学家的耻辱。然而，对于个人来说，劳动非常艰难，持续性的缺乏不是不可能。在过去几年，贸易部表明自己有能力根据科学进行统计调查。而且，极为可取的是，贸易部会尽快在其他调查中加上精心制作的官方指数汇编。

对于这一汇编，应该记住英国协会委员会的一些建议。我们需要结合大量 辅助指数，这些辅助指数由不同的调查者得出，调查方式符合调查者特定的调查。如果贸易部要颁布单一官方指数，那么，人们在引用这一官方指数时可能会表现得这一指数与许多不同问题相关。贸易部必须计算几个指数,并注意这些指数适合的不同目的。

对于大多数工作来说,贸易部已经有了必要的材料。我们应该主要需要不同种类原料的指数,结合一个加权平均数,变成一个原料指数。我们应该需要其他指数:关于商品总消费、关于商品工人阶级消费、关于可以获得统计资料的那些服务、关于工资、关于租金。前面几章里已经给出了建议,表明了可以构建其中一些指数的思路。在这样性质的论说文里不值得给出进一步的细节。

还有一点可以在结论之中提一提。特定指数都有特定的 *地理含义*。在某些情况下,黄金方面的变化具有一个趋势:以几乎同样的方式影响各种各样的国家。杰文斯方法仔细考虑的主要是这种情况。杰文斯方法有时趋向于模糊一个事实:对于总汇率价值的大多数定义来说,总汇率价值可能在不同的地点经历不同的波动。

我还没有机会调查清楚这一基于假定的预期在实际上实现了多少。比如说,我们应该预计如下:英国和德国的价格变化大体相似,而印度和日本的比较起来则大相径庭。或许,就印度本身而言,我们应该为不同的省计算不同的指数。比如说,并不清楚一种粮食的未加权平均价格具有多少意义。采取平均数的中心不同,这种粮食的价格和重要性也大不相同。

附录 A 沃尔什先生的《总汇率价值衡量》

对C. M. 沃尔什先生的《总汇率价值衡量》[①]*的注解*

---

① 纽约,麦克米伦出版公司,1901年。第 XVI 章和第 580 页。

这本书非常重要。在最近的统计学理论稿件中,这本书最为重要。① 就像沃尔什先生出版的其他著作一样,②学识或许太完整了;但是,对将来调查这个主题的人来说,这本书肯定会让他们节约大量时间。他用重要的数学和分析力量集合了这一详尽的学问。但是,在这一方面,他释放了自己对完整和详尽分类的激情,因而损害了整体的价值。对于指数主题来说,还有些基本问题没有清楚地理解。对于讨论的当前阶段来说,更需要的是推论,而不是数学分析。目前,在阐述一个理论时,不可能用详细复杂的数学包裹论据的主线。我认为,由于沃尔什先生耽溺于对器械的详尽阐述,沃尔什先生的结论和清晰被破坏了。

单独给出这一附录是因为一个事实:沃尔什先生的著作值得所有学者关注,但是,要掌握沃尔什先生的论据几乎要付出难以容忍的劳动,简单地说,一旦完成了这种劳动,这种劳动的结果就会给后来的读者一点指引。困难部分在于论据的本质,但更多的是因为阐述非常啰唆并且太重细节。更糟糕的是一个情况:沃尔什先生在阐述中的艺术感觉是侦探小说家的艺术感觉。沃尔什先生喜欢神神秘秘,把自己的最终结论尽可能留到最后一刻,用环环相扣的逻辑把读者引向未知的远方,并最后在读者惊奇的目光下给出普适公式。如果一个学者仔细阅读了几乎整本书,那么,这个学者就有抗议的权利。

---

① 有许多关于平均数的衡量和特性的讨论。平均数的衡量和特性具有普遍统计兴趣。

② 《货币科学的基本问题》(*The Fundamental Problem of Monetary Science*)。

现在,我们要给出简短的摘要和批评,要和埃奇沃斯教授在《经济学杂志》中的论文一起阅读。①

我认为,沃尔什先生首先错误地让自己确信总汇率价值和特定汇率价值一样都是计数量化的。② 然后,沃尔什先生问了一个问题——一个汇率价值的什么变化会补偿另一个汇率价值的特定变化?——沃尔什先生关于量化性的结论使量化性确定答案的存在成为了必需。然而,沃尔什先生表明我们不能只关注价格;我们必须考虑数量。这源于一个情况:我们要比较的经济世界不一样或者不完全一样。对加权问题的详尽且优秀讨论表明,无论如何,加权困难是无法避免的;还指出了任意元素可以进入加权制度的主要形式,而我们认为加权制度是绝对的。

然后开始考虑这本书的主要论据。但是,我们有理由假定,汇率价值的尺度会是不同特定汇率价值的某个平均数,而且,我们的绝对加权制度会是被比较两个时期特有权数的平均数。因此,先讨论的是主要平均数。只有算术平均数、几何平均数和调和平均数得到了详细讨论。而且,这一讨论和书中的大多数讨论一样,都太冗长了。然而,解释了平均数的两个重要特性。

1.(a)按照平均数计算,算术平均数和极值之间的百分比上涨或下跌相等。

(b)按照极值计算,极值和*调和*平均数之间的百分比上涨或下跌相等。

---

① 1901年,《经济学杂志》,第XI卷,第409页。
② 在本书上文第66页,我已经讨论了这一点,并在这个附录的末尾回到这一点。

(c)按照最低情况计算,极值和*几何平均数*之间的百分比上涨或下跌相等。

也就是说,如果 m 是 a 和 b 的平均数,而且 a、m、b 是按升序排列,那么:

$$\frac{m_a - a}{m_a} = \frac{b - m_a}{m_a}$$ 其中 m_a 是算术平均数(A.M.)

$$\frac{m_n - a}{a} = \frac{b - m_n}{b}$$ 其中 m_n 是调和平均数(H.M.)

$$\frac{m_g - a}{a} = \frac{b - m_g}{m_g}$$ 其中 m_g 是几何平均数(G.M.)

这些命题明显而有趣。根据我们想要计算这些百分比的方法,这些命题表明三个平均数都给予了我们相当大比例的变体。

2.(a)价格的算术平均数对我们的*购置物*进行了一定的分配,然后断言如下:假设在第二个时期就像在第一个时期一样,同样的货币总值会购买同样数量的每种商品,就算货币总值分配得 不同,我们也有了衡量。

(b)价格的调和平均数对我们的*开销*进行了一定的分配,然后断言如下:假设在不同商品中按照*同样方式*分配的相同货币总值,会在第二个时期购买一个商品总量,而且我们可以算出这个商品总量等于第一个时期购买的商品总量,还假设我们在第一个时期可以以同样价格购买的不同商品是相当单位,那么,我们就有了衡量。

(c)对于所有的三个平均数来说,有一个事实:如果两个特定价格变化,而它们的价格(无论是算术平均数,或者调和平均数,或者几何平均数)保持恒定,那么,我们就能发现开支的一个分配,在这种分布之下,上文(a)解释的衡量标准就能满足;我们还能发现另外一个分布,在这种分布之下,上文(b)解释的衡量标准就能满足。

比较两个经济世界的差别这一问题放在一边,我们难以赞同沃尔什先生的观点;这一讨论使三个平均数处于相等地位。算术平均数好像被清楚地表示为普通目的的最佳选择。

"一般说来",沃尔什先生补充说,"关于这一主题的作者为不同的平均数给出了论据,但未考虑加权。而且这些作者已经为几种加权给出了论据——如果可以称得上论据的话——但未考虑平均数。这些作者从未把这两类论据结合起来。直到现在,这项工作里还在使用独立的论证。现在我们需要这两类论据结合起来"。①

结合首先是在一些简化情况下进行的。首先着手的是这样的情况:第二个时期和第一个时期一样,同样数量的货币消费在了每种商品之上。

如果为不同商品选择的单位始终具有同样的价值,我们计算货币价值就可以按照如下方法:特定数量货币可以购买的单位总数。如果我们选择的这些单位在第一个时期都具有相当的价值,那么,在第一个时期条件就得到了满足,但是在第二个时期则未得到满足;与之类似,如果我们选择的这些单位在第二个时期都具有相当的价值,条件就只满足了一半。但是,如果我们选择单位之后,两个时期价值的平均数对每种商品都相当,那么,在某种意义上,我们就会有一些在两个时期都相当的单位。出于这个目的,沃尔什先生喜欢几何平均数。如果 x''_1、y''_1 等和 x''_2、y''_2 等是每个时

---

① 参看沃尔什第 275 页。

期购买的此类单位①数字,那么,假定总是在同样的商品上同样数量的货币,我们衡量货币价值就可以根据每个时期购买的通常相当单位的总数:即,我们的指数是

$$\frac{x''_1 + y''_1 + \ldots}{x''_2 + y''_2 + \ldots}.$$

沃尔什先生用简单的代数学表明这一公式等同于一个更熟悉的公式

$$\frac{a_2\sqrt{(x_1 x_2)} + b_2\sqrt{(y_1 y_2)} + \ldots}{a_1\sqrt{(x_1 x_2)} + b_1\sqrt{(y_1 y_2)} + \ldots}.$$

与英国协会公式的唯一区别只有一个:两个时期总量的几何平均数代替了算术平均数。

在下一个情况中,第二个时期购买的商品数量等于第一个时期购买的商品数量。这里显然没有困难。如果 $x_1 = x_2$ 而且 $y_1 = y_2$,那么,我们就能有把握地使用公式

$$\frac{x a_2 + y b_2 + \ldots}{x a_1 + y b_1 + \ldots},$$

并衡量货币购买力的变化,衡量的方式是这一恒定组合商品的变化中价格。沃尔什对此的讨论充分表明他的方法太过精细。从一开始就可以得出显而易见的结论,但沃尔什先生却事无巨细、不厌其烦,语言之详尽无人能及。② 有一点值得一提。当 $x_1 = x_2$ 而且 $y_1 = y_2$ 等等时,在恒定总数情况下给出的公式就可以简化为这种情况下的公式。因此,沃尔什先生可以把公式

---

① 即,$a'_1 a'_2 = b'_1 b'_2 = \ldots$,其中 a'_1、a'_2、b'_1 和 b'_2 是单位 x'_1、x'_2、y'_1 和 y'_2 的价格。

② 沃尔什先生的主要目的是表明(1)这种情况并未提供总体算术平均数的论据,(2)这种情况与首先讨论的那种情况基本相似。

$$\frac{a_2\sqrt{(x_1x_2)}+b_2\sqrt{(y_1y_2)}+\ldots}{a_1\sqrt{(x_1x_2)}+b_1\sqrt{(y_1y_2)}+\ldots},$$

用在下面两个情况中。第一,在两个时期里,恒定总数的货币消费在了每种商品之上。第二,在两个时期里,购买了恒定数量的每种商品。

我们现在要讨论的是总体情况。特殊情况取决于一个定性:*总单位*在两个时期都有着同样的汇率价值。对于所有商品来说,两个时期每种商品总单位价格的几何平均数都是恒定的。根据沃尔什先生的说法,每个商品的总单位都满足这一定性。在第一种情况下,如果货币在两个时期都按照同样的比例在不同商品中分配,那么,我们衡量货币购买力变体的方式如下:在商品中按照规定比例分配的特定总数货币可购买的总单位数字的变体。在第二种情况下,如果每个时期都购买了同样数量的每种商品,那么,我们衡量货币购买力变体就可以采用相反的方式:在商品中按照规定比例分配的需要去购买特定数量总单位的货币总数变体。

我们把同样的方法用到总体情况之中,并在衡量货币购买力时采用如下尺度;在两个时期都等同的一个商品单位在每个时期的*平均价格*——至少我是这么理解沃尔什先生的论据。

因此,如果就像上面一样,x_1、y_1、x_2、y_2 是数量,a_1、b_1、a_2、b_2 是普通商业单位的价格,而且同样的字母在新的单位里连接着数量和价格,那么,我们肯定有

$$x_1a_1=x'_1a'_1 \quad (1) \qquad x_2a_2=x'_2a'_2 \quad (2)$$
$$y_1b_1=y'_1b'_1 \quad (3) \qquad y_2b_2=y'_2b'_2 \quad (4)$$
$$y_1:y_2=y'_1:y'_2 \quad (5) \qquad x_1:x_2=x'_1:x'_2 \quad (6)$$
$$a'_1a'_2=b'_1b'_2 \quad (7)$$

这些方程式足以确定新单位,新单位的基本特性是由方程式

(7)确保的。

这些单位确定了,让 N_1 和 N_2 作为两个时期购买的每种商品单位的总数,M_1 和 M_2 作为消费的总值。我们的指数把第二个时期的货币购买力与第一个时期的货币购买力进行了比较,表示如下

$$\frac{M_2}{N_2} \cdot \frac{N_1}{M_1}.$$

根据我们以前的标志

$$M_1 = x_1 a_1 + y_1 b_1 + \dots$$

和

$$M_2 = x_2 a_2 + y_2 b_2 + \dots$$
$$N_1 = x'_1 + y'_1 + \dots$$

和

$$N_2 = x'_2 + y'_2 + \dots$$

我们通过简单的代数学就可以发现:

$$x'_1 : y'_1 = x_1 \sqrt{(a_1 a_2)} : y_1 \sqrt{(b_1 b_2)}$$

所以,我们可以这样写出我们的指数:

$$\frac{x_2 a_2 + y_2 b_2 + \dots}{x_1 a_1 + y_1 b_1 + \dots} \cdot \frac{x_1 \sqrt{(a_1 a_2)} + y_1 \sqrt{(b_1 b_2)} + \dots}{x_2 \sqrt{(a_1 a_2)} + y_2 \sqrt{(b_1 b_2)} + \dots}$$

这是沃尔什先生的"普遍方法"。[①]

[①] 前面的阐述跟沃尔什先生的阐述有点不同;但是我希望我没有搞错沃尔什先生论据的要旨。

如果我们认为,在第一个时期【B】的总单位是【A】的总单位的两倍高,在第二个时期【A】的总单位是【B】的总单位的两倍高,那么,显然,把这两个时期结合起来看,我们对两个总单位的评价相同。因此,几何平均数,而不是算术平均数,要用来表明这种重要性比率。另外,在对两个时期的价格取算术平均数时,货币汇率价值的一个变体会扰乱计算的结果。但是,这一变体对几何平均数没有影响。

沃尔什先生的公式在外观上非常像德罗比施的公式,或许应该被列为双重加权制度。但是,我认为,沃尔什先生的公式没有针对这些制度的特殊异议,而且具有合理的经济解读。沃尔什先生的公式也没有一种错误:在无价格变化情况下,受数量变化所影响。另一方面,沃尔什先生的公式不允许引入新的商品,也不允许删除旧的商品。按照沃尔什先生的说法,还有其他标准沃尔什先生的公式无法满足。比如说,在比较一系列年份时,沃尔什先生的公式未受比较顺序的影响。

沃尔什先生为什么会认为价格的恒定几何平均数给予我们"在两个时期等同"的单位。我首先要给出其主要原因。然后,我要再用几句话来给这个讨论作出结论。在该书的不同部分,使用了大量篇幅来阐述沃尔什先生之所以这么认为的主要原因。但是,我们可以方便地引用第 387 页的总结:

当我们得到了这一指数,什么才是这一指数真正数值?这一指数免于一些异议,但是遭到其他一些异议。但是,无论如何,不能说这一指数免于我们在其他指数中发现的传统因素。如果我们也认为沃尔什先生的单位"在把两个时期结合起来看的情况下等同",那么,就涉及了主要传统。那个说服我们采取这一策略的推论没有说服力。这项多算是个策略,可以让我们得出任何结论,乍一看并非完全不可理喻。

沃尔什先生并没有意识到这一点,因为沃尔什先生有一个错误的前提。沃尔什先生的错误前提是,总汇率价值*肯定*是计数量化的。沃尔什先生认为,要是我们足智多谋,我们就会发现一个公式,这个公式会为我们提供总汇率价值的绝对尺度。另外,由于某个不太明显的理由，沃尔什先生相信，相关的数学函数必须选自算术平均数、调和平均数或者几何平均数；而且，沃尔什先生始终认为这个不太明显的理由令人信服，可以从算术平均数、调和平均数或者几何平均数选择一个平均数，因为这个平均数比另外两个平均数具有一定的优越性。如果总汇率价值有一个完美的尺度，沃尔什先生肯定就已经找到了，但是，如果寻找的物体并不真的存在，穷举法就徒劳无功。[1] 然而，对于这个方法，我不应该抱怨太多，因为这个方法让沃尔什先生为统计理论提出了许多具有永久价值的推测。

附录 B 平均数理论的一些问题

[平均数理论的一些问题]

这一附录总的来说研究的是统计，但是，并不是所有的内容都与这篇论说文的主干严格相关。我把这一附录包括在内，为的是帮助理解第Ⅷ章提出的问题。对于那些较为著名的平均数，沃尔什先生已经详细讨论了其一些主要特性，但是，他没有讨论那些把特定平均数和特定可能离差定律联系在一起的主要特性。要理解第Ⅷ章的问题，首先必须清楚地理解一个等同：对平均数的使用等同于相应离差定律的假说。除了埃奇沃斯教授之外，我知道没有其他关于指数的作者提及这些因素。或许还要提及两点：这个问题是用统

---

[1] 沃尔什先生坦率承认并解释了自己公式的不足之处，甚至还承认一个可能性：可能没有十全十美的平均数。但是，沃尔什先生说，自己的失败意味着"对于取平均数这一主题来说，到目前为止，我们的数学让我们失望……但是，有一个事实，那就是完美的平均数和完美的加权——或者把这两者结合起来的完美方法——还没有找到，这个事实并不意味着永远都找不到"。沃尔什先生充满希望地提出了数学调查的新思路。

一处理的,与通常采取的方法有点不同;对于那些本着同样目的的其他作者的调查来说,只有很少的精力被用来对其进行描述或者比较。

算术平均数的作用。根据定义,许多数量的算术平均数只是用它们的算术总和除以它们的数量。许多数量的平均数只是它们计数尺度的代数函数。但是,平均数的功用通常包括我们假定的权利:在某些情况下,用这个单一尺度代替部分或者所有变化尺度,这个单一尺度是部分或者所有不同尺度的函数。

有时,这不需要证明;在这些情况下,"平均数"这个单词就是为了简短。没有引入新的概念:比如说,有时,我们说英国的出生率大于法国的出生率,或者还有的时候,我们说,同样质量任何数量粒子重心的纵坐标长度都是这些粒子纵坐标长度的平均数。

137　　但是,在其他情况下,平均数还有更大的作用。许多具有同样能力的批改人对一个考生的同一份试卷打出不同的分数,然后,人们会认为取这些打出的分数的平均数对考生来说是公平的。而且,一般来说,如果对一个量值作出了几个估计,而且我们认为这些估计的精确性没有差别,那么,我们就认为行动时可以合情合理地采取这样的标准:真正的衡量方式好像是几个实际衡量方式的平均数。

然而,这就是一个需要证明的行动。我们有什么权利使用不同衡量方式的这一特定函数,而舍弃其他所有的函数?比如说,我们有什么理由喜欢算术平均数而舍弃几何平均数,或者舍弃调和平均数,或者舍弃三种平均数按量值顺序形成的中间衡量方式?

无论这些问题可能得到什么样的解答,对算术平均数的信任都是由来已久的。或许,是德威特(De Witt)在其1671年的《荷兰议会年金》(Annuities to the States General)报告①中首先使用了算术平均数。但是,就像莱布尼茨(Leibniz)指出的那样,

> 根据他们的自然数学,我们的农民已经长时间使用算术平均数。比如,当有遗产或者土地要出售时,农民形成三个评价体系;在低地德语(Low Saxon)中,我们称其为 Schurzen,每个体系都对在研的财产进行了估计。然后,假定第一个体系估计其价值为 1,000 克朗,第二个 1,400 克朗,第三个 1,500 克朗。这三个估计的总数就得出来了,即 3,900 克朗。而且,因为有三个体系,所以,第三个,即 1,300 克朗②,就作为所需的平均价值。这是公理:等于,相当的假定必须有相当的因素。③

但是,这个公理非常不足。相当的假定会有相当的因素,如果三个估计是乘在一起,而不是加在一起。事实是,在所有的时候,算术平均数都以*简约*著称。加总是比乘容易。但是,简约是个危险的标准。"自然",菲涅耳(Fresnel)说,"并不会成为分析的难度,她只会避免一些复杂的分析手段"。

拉普拉斯(Laplace)和高斯(Gauss)首先进行了一系列的努力,要去*证明*算术平均数的价值。研究之后发现,算术平均数的使用

---

① *De vardye de lif-renten na proportie van de losrenten.* 海牙,1671 年。

② 原文错。"第三个 1500 克朗。""第三个,即 1300,就作为所需的平均价值。"这两句话明显相互矛盾。因为不知道到底应该是哪个数字,所以原文照搬过来。——译者注

③ 《新论说文》(*Nouveaux essais*)英译本,第 540 页。

涉及对误差定律特定类型的假定,误差定律的特定类型决定了特定误差基于假定的可能性。大家还发现,这一定律的假定导致了一个更复杂的规则,以便结合包含不止一个可疑数量的观察资料。这个更复杂的规则就是最小二乘法原则。有一个流行的信念;虽然算术平均数产生了近似直觉确定性的方法,但是,最小二乘法原则依赖可疑和任意假定。然而,可疑清楚地表明,算术平均数和最小二乘法一起成败。[1]

拉普拉斯和高斯的分析证据非常复杂,但是,他们的基础是特殊假定,可以不太费力地解释。[2]

高斯假定:(a)特定误差的概率只是该误差的函数,不同时是这一观察资料量值的函数,(b)误差很小,因而误差的三次幂和较高次幂可以被忽略。假定(a)是任意的,[3]并没有得到高斯的详尽阐述。这两个假定一起,还有特定的其他假定,很快就得出了结果。让 $\phi(z)$ 作为误差定律,其中 z 是误差。就像这些证据中总是

---

[1] 维恩(Venn)[《机会逻辑》(Logic of Chance),第40页]认为,误差定律和最小二乘法"是完全不同的事物,另外,甚至无需把它们联系起来。误差定律是对物理事实的叙述……另一方面,就术语的科学性而言,最小二乘法根本不是一个定律。最小二乘法只是一个规则或者指引……"这代表了广泛存在但又难自圆其说的立场。

[2] 有三个主要方法得出最小二乘法原则和算术平均数,关于这三个主要方法的阐述,请看埃利斯(Ellis)《最小二乘法》(Least Squares)。高斯的第一方法在《运动论》(Theoria Motus)里,第二个方法在《观测值组合理论》(Theoria Combinationis Observationum)。拉普拉斯的调查在《分析理论》(Théorie Analytique)第二本书的第Ⅳ章里。拉普拉斯的方法 在1827年至1832年的《法国历书》(Connaissance des Temps)中由泊松(Poisson)进行了提高。

[3] 就像 G. 哈根(Hagen)在《概率论的基本概念》(Grundzüge der Wahrscheinlichkeitsrechnung)第29页论证的那样,不能认定下列情况:因为较大误差比较小误差的可能性小,所以特定误差的概率只是其量值的函数。

假定的那样,让我们假定 $\phi(z)$ 可以由马克劳林(Maclaurin)扩张。
那么

$$\phi(z)=\phi(0)+z\phi'(0)+\frac{z^2}{2!}\phi''(0)\frac{z^3}{3!}\phi'''(0)+\ldots$$

还假定如下:正误差和负误差同样是可能的,即,$\phi(z)=\phi(-z)$
∴ $\phi'(0)$ 和 $\phi'''(0)$ 等于零。在与 z^2 作比较时,我们可以忽略 z^4

$$\therefore \phi(z)=\phi(0)+\frac{1}{2}z^2\phi''(0)$$

但是(在 z^2 之前忽略 z^4),$a+bz^2=ae^{bz^2/a}$,

$$\therefore \phi(z)=ae^{bz^2/a},$$

忽略了 z 的三次幂和较高次幂。

高斯的证据比这更复杂,但是高斯得到形式 $ae^{bz^2/a}$ 是通过忽略 z 的较高次幂,所以,$ae^{bz^2/a}$ 等于 $a+bz^2$。通过这个近似值,高斯把所有可能的定律都归结为相等形式。[①] 因此,对于第二个误差定律来说,误差正态定律等于任何误差定律,只有当正误差和负误差同样可能的时候,误差正态定律才是误差的函数。拉普拉斯还引入了等同于上文的假定。

数学家致力于把误差正态定律和算术平均数确立为一个逻辑定律。其他人认为误差正态定律和算术平均数是经验之谈,认为误差正态定律和算术平均数是一个自然定律。[②]

[①] 伯特兰(Bertrand)的《概率计算》(*Calcul des Probabilités*)第 267 页指出了这一点。

[②] 当然,这实际上是个非常普通的观点。参看伯特兰《概率计算》第 183 页:"尽管之前有人提出反对意见,高斯的方法仍应被采纳。通过进一步观察,我们更加确信:这足以解决实施中遇到的问题。"

可以从理论上证明并非如此。因为,假定 x_1、x_2、…x_n 是未知数量 x 的一系列观察资料。那么,按照上面的规则,$x=1/n\sum x_r$ 就给出了 x 的最可能数值。但是,假定我们想要确定 x^2,假定我们可以正确地作出乘法,那么,我们的观察资料就会是 x_1^2、x_2^2、…x_n^2,而且,最可能数值就是 $x^2=1/n\sum x_r^2$。但是,$(1/n\sum x_r)^2\neq 1/n\sum x_r^2$。一般说来,$1/n\sum f(x_r)\neq f(1/n\sum x_r)$。在实践中,这个因素也不能安全地予以忽视。因为我们的"观察资料"经常是一些操控的结果,而且,我们得到观察资料的特定形式不一定是固定的。直接观察资料是什么并不好说。

尤其是,如果此种感觉定律,就像费克纳定律那样,是真的(即感觉作为刺激的对数而变化),那么,在下列所有情况下,作为一个实践规则,算术平均数必须分解。这些情况是,人类感觉是部分工具,用以记录观察资料。①

但是,除了理论批驳之外,统计学家现在认识到算术平均数和误差正态定律只能应用于特定的特别种类现象之中。我认为,凯特尔(Quetelet)②第一个指出了这一点。在英国,高尔顿(Galton)在许多年前就把人们的注意力引向了这一事实,皮尔逊(Pearson)教授③表明"对于观察资料的误差来说,对于有机体中出现的那类偏差分布等等,高斯-拉普拉斯正态分布远未成为频率分布的普遍

---

① 高尔顿注意到了这一点。
② 比如,《概率理论书信》(*Letters on the Theory of Probabilities*)第 114 页。
③ "论判断误差"("On Errors of Judgment etc."),第 198 卷,第 235—299 页。下面的引用来自他的专题学术论文《论偏斜相互关系和非线性回归的总体理论》(*On the general theory of skew correlation and nonlinear regression*);给出了进一步的参考资料。

定律……比如,气压变体的分布、肥沃分级的分布和疾病发作的分布,甚至达不到近似正确"。

因此,算术平均数并不占据唯一的位置;而且从概率的观点来看,值得考虑其他可能方法和误差定律的特性。

普遍平均数和误差定律。现在,我们可以在特定假定的基础上讨论最普遍的误差定律形式,并发现什么误差定律符合每个最著名的方法。

让我们假定在一段时刻之内我们知道一个在研数量的真正量值。并进一步假定,对于任何特定的衡量方式,我们都有数据来提供确定的概率计数尺度。确定的概率计数尺度是关于进行衡量的调查者所犯的任何特定误差。让我们也假定,如果在研的数量量值在一定极限之内,那么,我们就知道每个误差的概率是什么。而事实是在研的数量量值并未在一定极限之内。

也就是说,类型

$$e_r / a_r h = p_r \text{①}$$

的一组可能命题,其中 e_r 意味着"误差是由量值 E_r 造成的", a_r 意

---

① 这一论据开始的几步使用符号体系,基于我在别处提出的一个概率理论,但是在这里不能详细解释这个概率理论。或许,下面的解释会表明这里需要的这个概率理论的一点用途。

符号 a/h 代表了一个概率;对于命题 h 为真命题这一知识、假说、或者假定来说,命题 a 为真命题。对于我们需要加以应用的这一函数来说,其主要特征是 $xy/h = x/yh \cdot yh$,可以读作"假说 h 是命题 x 和 y 都为真命题。假说 h 的概率等于假说 h 的概率 y 被概率 x 所乘。概率 x 除了假定 x 的真实性,还假定了 y 真实性"。

$e_r / a_r h = p_r$ 可以读作"假定除了关于问题的普遍假说之外,还有在研数量 A 的正确衡量方式 A_r,那么,概率就是 p_r,也就是说,在衡量数量 A 时,误差会由量值 E_r 构成"。

味着"A 的实际尺度是 A_r"。

接下来考虑相反的问题：有了衡量方式 x 之后，真正的尺度 A_s 概率是多少？

我们要假定真正的数值肯定是 A_1 或者…A_r…或者 A_n。那么，按照一个命题，不难证明，[①]

$$a_s/xh = \frac{a/a_s h \cdot a_s h}{\sum\limits_{1}^{n} x/a_r h \cdot a_r h}。$$

进一步假定给出了许多衡量方式 x_1、…x_m；现在，真正的数值是 A_s 的概率有多少？

我们需要 $a_s/x_1 x_2 … x_m h$ 的数值。

就像以前一样

$$a_s/x_1 x_2 … x_m h = \frac{x_1…x_m/a_s h \cdot a_s h}{\sum\limits_{r=1}^{r=n} x_1…x_m/a_r h \cdot a_r h}。$$

（可能衡量方式的数字是 n）。

此时，我们引入简化（确切地说是假定）——不同的衡量方式是独立的：也就是说，知道一个特定的衡量方式已经给出，并没有影响下一个衡量方式的可能量值。[②] 第一个衡量方式作出之后，第二个衡量方式的可能量值和*以往一模一样*。

即， $\quad x_r/x_p…x_q a_r h = x_r/a_r h$

---

① 如果要在这里缜密地证明这一点，我们就会偏离当前的调查太远。但是，不熟悉符号体系的读者可以轻易地把这些符号转化成原理一目了然的形式。

② 这是最重要的。它就等于一个假定：对于在研的整个一系列观察资料，我们的误差定律都是相同的。也就是说，它的基础总体数据 h 是这样的：许多特定实际衡量方式，不比在研衡量方式更多，是完全或者基本与定律形式无关的。

在这个假定之下,可以得出

$$x_1...x_m / a_r h = \prod_{q=1}^{q=m} x_q / a_r h$$

$$\therefore \quad a_s / x_1...x_m h = \frac{a_s / h \cdot \prod_{q=1}^{q=m} x_q / a_s h}{\sum_{r=1}^{r=n} \left[\prod_{q=1}^{q=m} x_q / a_r h..a_r / h \right]}.$$

m 衡量方式给出之后,A_1 的最可能数值因而是使上述表达式最大化的数值。

让我们假定 $x_q / a_s h$ 是 x_q 和 a_s 的代数函数,①这个问题范围内所有 x_q 和 a_s 的数值都具有同样的函数。

写出 $x_q / a_s h = \phi(x_q, A_s) = f(x_q, e_q)$,其中,$e_q = A_s - x_q$ 而且可能是正数也可能是负数。

让我们假定 $a_1/h = a_2/h = ... = a_n/h$。也就是说,我们没有基于假定的理由(即,在得出任何衡量方式之前)去喜欢一个数值而摒弃另一个数值。

我们要发现 A_s 的数值,A_s 使

$$\prod_{q=1}^{q=m} f(x_q, e_q)$$

最大化。

让这一关于 A_s 的表达式导数等于零。我们就有了

$$\prod_{q=1}^{q=m} \frac{f'(x_q, e_q)}{f(x_q, e_q)} = 0 \text{ 其中 } f' = \frac{df}{dA_s}$$

因为实际得出的衡量方式没有一个是不可能的,所以,$f(x_q, e_q)$ 的

---

① 高斯实际上给出了更特殊的假定:$x_q / a_s h$ 是 $x_q \sim A_s$ 的函数。

表达式中没有一个可以等于零。

微分法行为假定，A 的可能数值众多而且在我们研究的领域里统一分布，因此，在没有明显误差的情况下，我们可以认为这些数值是连续的。

已经引入了大量假定；但是，此时，我们的论据就会完全静止不动，如果我们不对 $f(x_q, e_q)$ 的本质作出更加深远的假定。

为 A_s 写出 x，按照这种情况，方程式

$$\sum \frac{f'(x_q, x-x_q)}{f(x_q, x-x_q)} = 0$$

中的 x 完全没有通解，不涉及 f。一般来说，我们只知道，概率的尺度 f 必须始终在 0 和 1 之间。

让我们尝试必需的假定，以便让关于这一问题的不同待定解答站得住脚。

(i) 算术平均数意味着什么误差定律？

$\sum \dfrac{f_q'}{f_q} = 0$ 肯定等同于 $\sum(x-x_q) = 0$，

$\therefore \dfrac{f_q'}{f_q} = \phi'(x).(x-x_q)$，(约数)，其中 $\phi'(x)$ 不是零，而且不涉及 x_q。

$$\log f_q = \int \phi'(x) \cdot (x-x_q) dx + \psi(x_q)$$
$$= \phi(x) \cdot (x-x_q) - \int \phi(x) dx + \psi(x_q)$$
$$f_q = \exp\left[\phi(x) \cdot (x-x_q) - \int \phi(x) dx + \psi(x_q)\right]。$$

因此，此种类型的任何误差定律都使算术平均数成为最可能的数值。

如果我们使 $\phi(x) = -2kx$，而且 $\psi(x_q) = -kx_q^2 + \log A$，我们就得到通常假定的形式 $f = A\exp[-(x-x_q)^2]$。

这显然只是众多解答中的一个。但是,有了另外一个假定,我们可以证明这是导致算术平均数的唯一可能形式。让我们假定具有同样绝对数的负误差和正误差具有相等的可能性。

那么 $$f_q = A \exp[\chi(x-x_q)^2]$$

∴ $$\phi(x) \cdot (x-x_q) - \int \phi(x)dx + \psi(x_q) = \chi(x-x_q)^2$$

微分 $$\phi'(x) = 2\frac{d}{d(x-x_q)^2}\chi(x-x_q)^2$$

但是,$\phi'(x)$ 独立于 x_q 之外。

∴ $\chi'(x-x_q)^2$ 独立于 x_q 之外,其中

$$\chi'(x-x_q)^2 = \frac{d}{d(x-x_q)^2}\chi(x-x_q)^2$$

∴ $\chi'(x-x_q)^2 = -k$,其中 k 是常数。

$$\chi(x-x_q)^2 = -k(x-x_q)^2$$

而且,我们有 $$f_q = A\exp[-k(x-x_q)^2]。$$

因此,这是导致算术平均数的唯一误差定律,如果我们假定负误差和正误差具有相等的可能性。

(ii) 几何平均数意味着什么误差定律?

$\sum \dfrac{f_q'}{f_q} = 0$ 肯定等同于 $\prod \dfrac{x_q}{x} = 1$,或者 $\sum \log \dfrac{x_q}{x} = 0$,这里 $\phi'(x)$ 不是零,而且不涉及 x_q。

∴ $$\frac{f_q'}{f_q} = \phi'(x)[\log x_q - \log x]$$

$$\log f_q = \phi(x)\log\frac{x_q}{x} + \int \frac{\phi(x)}{x}dx + \psi(x_q) + \log A。$$

因此,任何误差形式

148 经济学论文与信件:学术

$$f_q = A \exp\left[\phi(x)\log\frac{x_q}{x} + \int\frac{\phi(x)}{x}dx + \psi(x_q)\right]$$

都导致算术平均数。

这里没有解答可以满足条件:具有同样绝对量值的负误差和正误差都是同样可能的。

因为,我们必须有

$$\phi(x)\log\frac{x_q}{x} + \int\frac{\phi(x)}{x}dx + \psi(x_q) = f(x-x_q)^2$$

或者
$$\phi'(x)\log\frac{x_q}{x} = \frac{d}{dx}f(x-x_q)^2$$

而这两个公式是不可能的。

但是,假设我们假定只有小的误差是可能的。那么,

$$\log\frac{x_q}{x} = \log\left(1 - \frac{x-x_q}{x}\right) = -\left[\frac{x-x_q}{x} + \frac{1}{2}\left(\frac{x-x_q}{x}\right)^2 + \frac{1}{3}\left(\frac{x-x_q}{x}\right)^3 + \ldots\right]$$

其中,只有较早的项可以忽视。

如果我们忽略其他项,只留第一项

$$\phi'(x) = 4kx, \quad \psi(x_q) = -4kx_q^2$$

就给出需要的那种类型的解答,即,

$$f_q = A\exp[-k(x-x_q)^2]。$$

我们发现同样的定律也导致了算术平均数,而且,这个结果原本可以预见。因为,如果 $(x-x_r)/x$ 的二次幂和较高次幂可以忽视,那么 $x = \sqrt[n]{(x_1\ldots x_q)}$ 就等同于 $x = (1/n)\sum x_r$;因为,$x = \sqrt[n]{(x_1\ldots x_q)}$ 等同于 $\prod(x_r/x) = 1$,或者

$$\prod\left[1 - \frac{x-x_r}{x}\right] = 1,$$

或者，在上述条件下，

$$1-\sum\frac{x-x_r}{x}=1, \quad 或者 \quad x=\frac{1}{n}\sum x_r。$$

因此，如果大误差不予考虑，而且，具有同样绝对量值正误差和负误差都是同样可能的，那么，在算术平均数和几何平均数之间就没有什么选择。

几何平均数的最简单特殊情况，得到了普遍应用，好像使 $\phi(x)=-kx, \psi(x_q)=0$ 就可以得到。这给出 $f=A(x/x_q)^{kx}\exp[-kx]$，是导致几何平均数的最简单误差定律，几何平均数是一系列观察资料的最可能数值。

(iii) 调和平均数意味着什么误差定律？

$\sum(f_q{'}/f_q)=0$ 肯定等同于 $\sum(1/x_q-1/x)=0$，

即，
$$\frac{f_q{'}}{f_q}=\phi'(x)\left[\frac{1}{x_q}-\frac{1}{x}\right],$$

其中 $\phi'(x)$ 不是零，而且不涉及 x_q。

$$\log f_q=\phi(x)\left[\frac{1}{x_q}-\frac{1}{x}\right]-\int\frac{\phi(x)}{x^2}dx+\psi(x_q)。$$

因此，任何具有

$$f_q=\exp\left\{\phi(x)\left[\frac{1}{x_q}-\frac{1}{x}\right]-\int\frac{\phi(x)}{x^2}dx+\psi(x_q)\right\}$$

形式的误差定律都导致调和平均数。

例如，使 $\phi(x)=-kx^2, \psi(x_q)=\log A-kx_q$，

$$f_q=A\exp\left[-k\frac{(x-x_q)^2}{x_q}\right]。$$

这给出了导致调和平均数的简单误差定律，但是，一个假定会把它

排除在外,这个假定是具有同样绝对量值的正误差和负误差肯定是同样可能的;因为正误差比相当的负误差更可能。

或者,如果我们写作

$$f_q = A\exp\left[\frac{k(x-x_q)^2}{x_q}\right],$$

其中,常数如下

$$\frac{1}{k}\log\frac{1}{A} > \frac{(x-x_q)^2}{x_q},$$

即,x_q 的可能量值肯定有一个极限,那么,负误差比相当的正误差更可能。

(iv)使用中位数衡量方式意味着什么误差定律?

中位数是一个衡量方式。当衡量方式按照量值排列时,中位数占据了中间位置——即,按照这个制度,如果衡量方式 m 的数字是偶数,所有在第 $m/2$ 和第 $(m/2+1)$ 之间的数值相互之间都是同样可能的,而且比这些极限之外的任何数值都更有可能,而且,如果衡量方式是奇数,最可能的数值就是第 $(m+1)/2$。

用形式来表达这一点,并在形式中应用分析,有点困难。我们必须首先证明中位数的下列特性。① 大量量值的中位数是 x,其中 x 和每个量值之间的绝对差(即绝对差总是计算为正数)总数最小。也就是说,让 $\sum_{1}^{n}|x_r-x|$ 作为最小值,其中 $|x_r-x|$ 是 x_r-x 的绝对值,就发现了 $x_1,x_2\ldots x_n$ 的中位数 x。可以用下面的方法加以

---

① 当我一开始发现这个特性的时候,我没有意识到它在之前已经被人发现了;但是,统计学家们并不知道。然而,我从未看到一个证据。

证明：

让 x_1、... x_m 作为按升序排列的量值。假定，首先，x 位于 x_q 和 x_{q+1} 之间：

那么
$$\sum_1^m |x_r - x| = \sum_1^q (x - x_r) + \sum_{q+1}^m (x_r - x)。$$

接下来，假定 x' 位于 x_{q+1} 和 x_{q+2} 之间：

那么
$$\sum_1^m |x_r - x'| = \sum_1^{q+1} (x' - x_r) + \sum_{q+2}^m (x_r - x')。$$

由此，
$$\sum_1^m |x_r - x'| - \sum_1^m |x_r - x| = (2q - m)(x' - x) + 2(x' - x_{q+1}) = (m - 2 - 2q)(x - x') + 2(x - x_{q+1})。$$

因为，$x' > x$ 而且 $x' > x_{q+1}$，所以，只要 $2q - m$ 不是负数，这个公式就总是正数。而且，因为 $x < x_{q+1}$，只要 $m - 2 - 2q$ 不是负数，这个公式就总是正数：即，如果 x 位于 x_{q+1} 和 x_{q+2} 之间，那么，只要 $2q \not> m - 2$，随着 x_q 的增加，$\sum_1^m |x_r - x|$ 持续增加，而且，只要 $2q \not< m$，随着 x_q 的增加，$\sum_1^m |x_r - x|$ 持续增加。因此，对于 $x_{m/2}$ 和 $x_{m/2+1}$ 之间的某个数值 x 来说，如果 m 是偶数，那么 $\sum_1^m |x_r - x|$ 是最小值。对于 $x = x_{(m+1)/2}$ 来说，如果 m 是奇数，那么 $\sum_1^m |x_r - x|$ 是最小值。而且，如果 m 是偶数，那么，对于 $x_{m/2}$ 和 $x_{m+1/2}$ 之间的 x 的所有数值来说，$\sum_1^m |x_r - x'|$ 是常数，因为，在这种情况下

$$\sum_1^m |x_r - x| = \sum_{(m+1)/2}^m x_r - \sum_1^{m/2} x_r。$$

这证明了所需要的东西。

写出 $|x-x_q|=y_q$。那么，如果 $\sum\limits_1^m y_q$ 是最小值，我们肯定有

$$\sum_1^m \frac{x-x_q}{y_q}=0。①$$

由此，就像以前一样，

$$\frac{f_q'}{f_q}=\phi'(x)\frac{x-x_q}{y_q},$$

此处

$$f_q=\exp\left[\int\phi'(x)\frac{x-x_q}{y_q}dx+\psi(x_q)\right]。$$

让

$$\phi'(x)=-k$$

$$\psi(x_q)=\frac{x-x_q}{y_q}kx_q+\log C$$

此处

$$f_q=C\exp[-ky_q],$$

就可以得到一个特殊情况。这符合附加条件：具有相当绝对量值

---

① x 的这一方程式导致了中位数。当 m 是偶数时，这一点立刻变得清楚明了。但是，当 m 是奇数时，困难出现了，因为有一个极限

$$\underset{x=x_q}{Lt}\frac{x-x_q}{y_q}。$$

由于上文给出了证据，所以这一困难得到了避免。

约翰逊先生首先把大量数量的平均数定义为"如果这些数量是相当的，那么，这些数量的任何对称函数都彼此相当"。然后，约翰逊先生补充说，从数量的数学函数这个意义上来说，中位数和这个形式不是平均数[《头脑》(Mind) 第 13 期，"简评维恩《机会逻辑》"(Critical Notice on Venn's *Logic of Chance*)]。但是，上文给出的这一论据表明，不管怎么说，中位数符合约翰逊对"平均数"的定义。

的正误差和负误差同样可能。

(v)一般说来,最可能数值和衡量方式之间的关系定律 $\sum \chi(x_q, x)$ 来自误差定律 $f_q(x_q, x)$,误差定律 $f_q(x_q, x)$ 是由

$$\frac{f_q'}{f_q} = \phi'(x) \chi(x_q, x)$$

给出,其中 $\phi'(x) \neq 0$,而且 $\phi(x)$ 不涉及 x_1。

$$\log f_q = \int \phi'(x) \chi(x_q, x) dx + \psi(x_q) + \log A,$$
$$f_q = A \exp[\int \phi'(x) \chi(x_q, x) dx + \psi(x_q)]。$$

那么,这就是误差定律最普遍的形式,导致了平均数 $\sum \chi(x_q, x) = 0$ [150]

因为 f_q 位于 0 和 1 之间,所以对于物理上可能的 x_q 和 x 的所有数值来说,

$$\int \phi'(x) \cdot \chi(x_q, x) dx + \psi(x_q) + \log A$$

肯定为负数。

(vi)如果假定具有同样绝对量值的正误差和负误差肯定同样可能,要发现误差定律最普遍的形式:我们必须有

$$\int \phi'(x) \cdot \chi(x_q, x) dx + \psi(x_q) = -kf(x - x_q)^2$$

或者

$$\phi'(x) \cdot \chi(x_q, x) = -2k(x - x_q) f'(x - x_q)^2$$

其中

$$f'(x - x_q)^2 = \frac{d}{d[(x - x_q)^2]} f(x - x_q)^2。$$

这个的解答是

$$\phi'(x) = -2k, \chi(x_q, x) = (x - x_q) \cdot f'(x - x_q)^2。$$

即,误差定律是 $A \exp[-kf(x - x_q)^2]$,因为如果 $-2k \int (x - x_q) \cdot f(x - x_q)^2 dx + \psi(x_q)$ 是 $(x - x_q)^2$ 的函数,$\psi(x_q)$ 肯定是常数,而且方程式

$$\sum (x - x_q) \cdot f'(x - x_q)^2 = 0$$

给出了最可能的数值。通常形式是一个特殊情况，获得的方式是使
$$f'(x-x_q)^2=(x-x_q)^2$$
第二个特殊情况，获得的方式是使
$$f'(x-x_q)^2=(x-x_q)^4。$$
那么，误差定律是
$$A\exp[-k(x-x_q)^4]$$
而且最可能的数值是
$$nx^3-3x^2\sum x_q+3x\sum x_q^2-\sum x_q^3=0$$
的根。第三个特殊情况由 $f'(x-x_q)^2=\log(x-x_q)^2$ 给出。那么，误差定律就是
$$\frac{A}{(x-x_q)^{2k}}$$
而且最可能的数值是 $\sum\frac{1}{x-x_q}=0$。

第四个特殊情况，获得的方式是使
$$f(x-x_q)=\sqrt{(x-x_q)^2}。$$
这已经讨论过了，而且这使中位数成为了最可能的数值。

有时还会提出另外一个因素，就好像这个因素可以帮助确定我们的误差定律的形式：即，如下
$$\sum A\exp[\int\phi'(x)\cdot\chi(x_q,x)dx+\psi(x_q)]=1,$$
其中，和包含的所有的项的形成方式是，给出 x_q 每个可能的基于假定的数值。

然而，实际上，这一条件只是决定了 A 的数值：因为我们有
$$\sum\exp[\int\phi'(x)\cdot\chi(x_q,x)dx+\psi(x_q)]=\frac{1}{A}。$$

有时,有一个事实:如果 x 的 *所有数值* 在假定的基础上都是可能的,那么,这一表达式就是无穷的。因此,假定 x_q 的所有数值是可能的,在区别对立的误差函数时,这一条件可以提供帮助。但是,在实践中,我们可以合情合理地假定,可能的误差限制在有限限度之内。

此时,需要把已经得到的结果搜集起来。

我们已经假定:(a)在一定范围内,实践衡量方式 可以落在大量但有限的点上。这些点彼此分离,间隔相等。也就是说,我们可以在没有明显误差的情况下,把那一系列的可能数值看成连续的。

(b)不同的衡量方式是独立的,意义如下:知道一个特定衡量方式并不影响下一个衡量方式的可能量值。

(c)当除了普遍假说之外,还知道实际衡量方式时,任何实际衡量方式的概率尺度都是真实数值和实际误差的代数函数。

(d)我们没有基于假定的理由(即在任何衡量方式实际给出之前)去喜欢任何一个假说数值而摒弃任何其他未知量值的假说数值,我们要确定的就是假说数值。换句话说,普遍假说独立于任何实际衡量方式之外,并没有对不同 *可能数值* 之中任何特定的一个给予偏差。

但是,上面的假定没有产生有形的结果,除非,除此之外,我们选择某个特定的代数函数来代表特定误差概率的尺度。

这一假定本身肯定包含许多任意性。需要发现那些可能有能力产生某个实践价值结果的内容,并通过进一步的因素加以区分,这些进一步的因素会自己显露出来。

重要的是,要意识到我们现在已经离开了纯粹逻辑的领域,正在论述只具有近似性且令人生疑的内容。在处理实践问题时，我们在寻求指引。

对于误差函数的形式，接下来是几个可能的假说，简要得出了其数学结论。

(i) 我们发现误差定律的最普遍形式

$$f_q = A\exp[\int \phi'(x)\chi(x_q,x)dx + \psi(x_q)]^{①}$$

导致了方程式 $\sum \chi(x_q, x) = 0$，连接了最可能数值和实际衡量方式；其中 x 是真实数值，x_q 等等是实际衡量方式。

(ii) 我们进一步发现，如果假定具有同样绝对量值正误差和负误差肯定是同样可能的，那么，最可能数值就是

$$f_q = A\exp[-kf(x-x_q)^2]$$

导致最可能数值的方程式 $\sum(x-x_q)f'(x-x_q)^2 = 0$

其中 $$f'(y) = \frac{d}{dy}f(y)。$$

对于这一形式所导致的特殊情况，最有趣的一点是

(iii) $f_q = A\exp[-k(x-x_q)^2] = A\exp[-ky_q^2]$

其中， $$y_q = |x-x_q|，$$

导致算术平均数作为最可能的数值，而且

(iv) $f_q = A\exp[-ky_q]$

导致中位数作为最可能的数值。

我们还发现

(v) $$f_q = \exp\left\{\phi(x)\left[\frac{1}{x_q} - \frac{1}{x}\right] - \int \frac{\phi(x)}{x^2} + \psi(x_q)\right\}$$

---

① 原文的这个公式漏掉了半个括号。——译者注

导致了调和平均数,最简单的此类特殊情况是

$$(\text{vi}) \quad f_q = A \exp\left[-k\frac{(x-x_q)^2}{x_q}\right] = A \exp\left[\frac{-ky_q^2}{x_q}\right]$$

(vii) 导致几何平均数的最普遍形式是

$$f_q = A \exp\left[\phi(x)\log\frac{x_q}{x} + \int\frac{\phi(x)}{x}dx + \psi(x_q)\right]$$

以及特殊情况

$$(\text{viii}) \quad f_q = A\left(\frac{x}{x_q}\right)^{kx}\exp[-kx]$$

我们还发现,哪里大误差被排除在外,这样$[(x-x_q)/x]^2$可以忽视,公式(vii)变成

$$(\text{ix}) \quad f_q = A\exp\left[-\phi(x)\frac{x-x_q}{x} + \int\frac{\phi(x)}{x}dx + \psi(x_q)\right]$$

这恰好等同算术平均数的普遍形式(x)。$(-\phi(x)/x$写作$\phi(x))$。

(x) 导致算术平均数的最普遍形式是

$$f_q = \exp[\phi(x)(x-x_q) - \int\phi(x)dx + \psi(x_q)]$$

其中,(iii)是特殊情况。

(xi) 导致中位数的最普遍形式是

$$f_q = \exp\left[\phi(x)\frac{x-x_q}{y_q} + \psi(x_q)\right]$$

其中,(iv)是特殊情况。

如果误差必须位于特定有限限度之内,那么,通过合适地选择常数,所有的这些都可以位于0和1之内。

平均数的加权和对互相抵触观察资料的排斥。在不同的时

期,这些关联的问题都引起过一些相当大的争议。两个不同的问题牵涉其中。

人们或许知道,得出不同观察资料的情况在相关方面存在不同。因此,除了实际结果表现出的那样以外,或许有理由更相信一些观察资料,而不太相信另一些观察资料。实际上,我们根据可能得到的不同数据应用不同的误差定律。这就是"加权"问题。

但是,有人还论证,如果我们的一个或者更多观察资料与较大数字的结果表现出巨大的差异,那么,在计算平均数时,应该部分或者全部忽视较大数字的结果,即使除了与其他结果的不同之外没有理由怀疑产生这些较大数字的结果的观察资料。这是"对互相抵触观察资料的排斥"原则。

对于加权实践来说,没有理论排斥。尽管在实际进行加权实践的时候可能有一些困难。我们已经讨论了加权实践对指数的重要性。

有一个假定:对于不同统计资料相对可靠性来说,对信息的拥有几乎没有用处。这个假定不仅违反理论,还违反常识。鲍利先生[①]的论据只适用于特定种类的情况。这些情况在统计采样中发生的不是不频繁,但是在科学观察资料实践中可能属于特殊情况。

对互相抵触观察资料的排斥这一问题有点更复杂,但可以得到相当精确的理论答案。有些人认为,这一实践符合常识的清楚要求;其他一些人指责这一实践是犯罪,跟伪造罪差不多。[②]

---

① 《统计资料因素》,第 205 页。
② 如 G. 哈根:《概率论的基本概念》,第 63 页:"虽然有人想要伪造或虚构数据,但人们基于对测量的沉默而造成的欺骗,很少能得到原谅。"

这一争议就像概率中的许多其他争议一样，是因为无法理解"独立"的意思。平均数和最小二乘法正统理论的数学依赖一个假定：观察资料是"独立的"；但是，并未作出这样的假定：物理独立是足够的。就事实而言，这一理论需要观察资料独立，也就是说，对一些观察资料结果的了解不会影响一个概率；当其他观察资料结果已知时，涉及特定的误差。

显然可能存在初始数据。对初始数据而言，这一假设完全或者近似精确。但是，在许多情况下，这一假定是不可接受的。就相关的其他观察资料结果的概率而言，对许多观察资料结果的了解可能会让我们修改观点。

因此，有一个问题：互相抵触观察资料是否应被专门加权？这个问题取决于初步数据的本质。在我们一开始为观察资料采取一个或者多个特定误差定律时，就受到了初步数据的指引。如果按照概率所遇的意义，观察资料严格"独立"于这些数据之外，那么，排斥就不会被允许。如果这个条件没有满足，那么，对互相抵触观察资料的特别偏差就完全站得住脚。

我倾向于认为，对耸人听闻结果的排斥经常利大于弊。我相信理论会证实这个观点，常识也会证实这个观点。通常采用的误差定律会经常无法防止一个结论被单一的大相径庭的例子所控制。

用符号表示论据如下：

如果 a_1 是个观察资料，p_1 是其精确性，那么，我们会有 $(p_1=x)/h=(p_2=x)/h=(p_3=x)/h=\ldots$ 但是，不一定遵循下面的公式

$$(p_1=x)/ha_1a_2\ldots a_n=(p_2=x)/ha_1a_2\ldots a_n\ldots$$

在获得亚当·斯密奖之后，凯恩斯与不同的人讨论了其论说文的一些部分。在这些讨论中留存了凯恩斯的一封信。

1909年6月23日致C. P.桑格（Sanger）①的信，

亲爱的桑格

我已经用邮包给您寄出了"指数"。下面的话应该结合"概率法"（Method of Probabilities）这一章一起阅读。当我结束这一章的时候，我的结论才完全在我脑海中清楚了起来。因此，我的结论相当模糊，而且我认为并不总是协调一致。

主要目的是要表明，概率法没有得出独立的、不同的指数。这通常被模糊了，因为一个习惯：认为价格变化的部分原因是普适原因，也就是货币方面的原因；部分是孤立原因。概率的目的是消除后者，并展示前者。我们还忘记了一点：普适原因*很多*，我们对哪个普适原因感兴趣取决于我们选定汇率价值的*哪个*可能定义。因此，任何假装得出*单一*答案的概率法，如果没有研究采用了汇率价值的哪个意义这个问题，就肯定是谬误。

下一点是我们不能仅仅通过观察价格变化来确定总汇率价值的变体。这是埃奇沃斯的基本错误。我们必须知道价格变化如何可能在某个商品的价格周围排列，而这个商品的基本汇率价值并没有变化。这一排列定律必须基于对情况的归纳。在这些情况之中，我们有理由知道总汇率价值的波动。我们的理由不是来自概率法。

因此，如果我们一开始通过其他方法获得了大量信息，我

---

① 1930年，在讣告之中，凯恩斯对桑格做了评价，收录在《凯恩斯全集》第10卷，第324—325页。

们就可以应用概率法。

另外,对于我们可能采用的总汇率价值的每个不同意义,我们就会有着不同的排列定律(或者频率)。有一个假定:我们可以采取基于假定的排列定律。对于这个假定,我的反面论据不需要在这里给出。有一个通常的假定:我们可以基于假定采取一个排列定律,无需解释其参考的是哪个总汇率价值意义。对于这个假定,我要这样反驳:我们实质上采用了(比如)贸易指数和消费指数之间的身份。

第三,就概率所需要的意义而言,不同商品的总汇率价值不是严格独立的。每一个总汇率价值都近似独立于任何单一的其他总汇率价值之外;但是,如果我们拿出几个商品,其中一个商品的总汇率价值就非常依赖其他几个商品的总汇率价值。在极端情况下,考虑到所有商品的总汇率价值,但未考虑到一个商品的总汇率价值,我们可以实际上推断这个商品的总汇率价值——远远未达到独立的程度。

因此,随着时间的推移,概率法比近似值法更危险。而且,不管怎样,只有在我们拥有信息的时候才能使用概率法。对信息的拥有的假定有某个非常高效的方法,但不是概率法。

我认为,这封信比原来的那章简短,也不如原来那章(我有两个月时间没有读那一章,也没有随身携带)明晰,但是可能会提供帮助。

您能否最终把这封信归还给我?我马上就要去比利牛斯山脉了。

您的,

约翰·梅纳德·凯恩斯

噢,如果您阅读关于平均数的附录,我会非常感激。我把这个附录提供给了几个人,还从未劝说任何人阅读这个附录。(埃奇沃斯断然拒绝。)我想,如果这些平均数所言属实,那是一件有趣的事情。但是,这些平均数都没有得到权威巨擘的检查。

我刚读了一遍,恐怕这封信和原来那章一样模糊——但不管怎么说,我还是把信寄回给您。

凯恩斯指数著作的踪迹出现在后来的出版物中,简单地说,在《概率论文》(*A Treatise on Probability*,1921)第 XVII 章第二节(《凯恩斯全集》,第 8 卷,第 206—214 页)以及《货币论》(*A Treatise on Money*,1930)第 II 册(《凯恩斯全集》,第 6 卷)。凯恩斯还修订自己论说文的附录 II,并刊登在《统计杂志》上。①

转载自 1911 年 2 月《皇家统计学会杂志》

主要平均数和导致主要平均数的误差定律

§1. 下面是统计问题的普通类型。我们得到了特定数量真实数值的一系列衡量方式、或者观察资料、或者估计;我们想要确定,在这一证据的基础上,这些衡量方式的什么函数会为我们产生数量的*最可能*数值。统计问题不是确定的,如果我们没有良好的基础假定在每种情况下,我们有多大可能出现特定量值的误差。但是,别管是否得到证明,这种假定都经常作出。

为了给我们产生被衡量数量最可能数值的近似值,我们原先

---

① 通常使用简称,全称是《皇家统计学会杂志》(*The Journal of the Royal Statistical Society*)。

采用的衡量方式的函数是不同种类的平均数——比如算术平均数或者中位数。误差定律是我们所假定的关系，涉及相关的两个方面：不同量值的误差、我们得出这些量值误差的概率。与我们可能假定的每个误差定律相对应的是某个衡量方式函数，这个衡量方式函数代表了数量的最可能数值。下面调查的目的是，在我们假定误差定律的情况下，发现什么误差定律符合某种简单的平均数，并通过制度方法发现误差定律。还有一个目的：让初步证据变得非常精确，以便清楚明了地发现具体什么假定牵涉其中。

§2. 对于这个目的，需要引入基本的概率符号。① 我们为命题选择基础，任何命题的概率都会根据证据而变化。② 在这种情况下，数量有一定数值的概率取决于我们作出的衡量方式的量值，因为这些衡量方式组成了我们的证据。让 H 代表证据，A 代表结论，我们根据证据调查结论的概率。那么，当 H 是证据时，A 的概率可以用符号 A/H 来代表。

§3. 让我们假定数量的真正数值是 a_1、…a_r…或者 a_n，让 A_r 代表结论：数值实际上是 a_r。另外，让 X_r 代表证据：一个衡量方式已经由量值 x_r 组成。

---

① 我希望立刻发表一个关于概率的论文，详尽阐述这一符号的特性和使用，下面就是一个例子。但是，虽然可以通过符号方法非常精确地阐述下面的例子，但是，下面的例子在有效性上并不依赖争议性的假定。所采用的仅有的公式，即逆概率原则和依赖性概率乘法原则，通常被接受，尽管存在这样的情况：对于给予我们操作权的概率的这些意义，存在着不同的解读。在这种情况下，读者不会假定一个陌生的符号体系掩盖了任何不同寻常的假定。

② 有人可能会喜欢这样说："任何事件的概率都因我们所参照的系列不同而变化，而且我们选择这一系列是参照我们碰巧得到的相关证据。"

如果一个衡量方式 x_p 已经给出,那么真正数值为 a_s 的概率是多少?逆概率普通规则的应用产生下列结果:

$$A_s/X_pH = \frac{X_p/A_sH.A_s/H}{\sum_{r=1}^{r=n} X_p/A_rH.A_r/H},$$

(数量可能数值的数字是 n),其中,H 代表了一个事实之外我们可能拥有的任何其他相关证据。这个事实是一个衡量方式 x_p 已经给出。在上面,A_s/X_pH 代表一个真正数值是 a_s 概率,考虑到衡量方式是 x_p;X_p/A_sH 代表当真正数值是 a_s 时,让衡量方式作为 x_p 的概率;A_s/H 代表,在给出任何衡量方式之前,真正数值是 a_s 的基于假定的概率。分母中的术语对应数量的其他可能数值。

下面,让我们假定大量衡量方式 $x_1...x_m$ 已经给出;现在,真正数值为 a_s 的概率是多少?我们需要 $A_s/X_1X_2...X_mH$ 的数值。就像以前一样,

$$A_s/X_1X_2...X_mH = \frac{X_1...X_m/A_sH.A_s/H}{\sum_{r=1}^{r=x} X_1...X_m/A_rH.A_r/H}。$$

§4. 此时,我们必须引入简化假定:如果我们知道数量的真正数值,那么,数量的不同衡量方式就是*独立的*。在这个意义上,知道一些衡量方式中实际出现的误差根本不会影响我们估计其他衡量方式中可能出现什么误差。实际上,我们假定 $X_r/X_p...X_sA_rH = X_r/A_rH$。这一假定非常重要。这一假定等于另一个假定:对于在研的系列观察资料的始终而言,我们的误差定律都没有改变。也就是说,总体证据 H 证明我们关于特定误差定律的假定,我们也确实采用了这一假定。总体证据 H 具有这样的特性;知道了大量衡量方式中的实际误差,但是这大量的衡量方式并不比在研的衡

量方式多,这样一个情况完全或者近似与一个问题无关。这个问题是我们应该采用什么形式的误差定律。据推测,我们采用的误差定律基于相对频率的经历,不同量值的误差按照相对频率出现在过去的类似情况下。对新衡量方式误差的了解会为我们提供额外的经历。跟我们以前的经历相比,如果额外的经历足够广泛,能够修改我们对于误差形式的假定,或者,如果额外的经历表明进行衡量方式的情况跟原先假定的不太一样,上面的假定就不会得到证明。

§5. 假定,相对于证据 $A_r H$ 等等,X_1 等等彼此独立。在这个假定下,按照独立概率乘法可以得出

$$X_1...X_m/A_s H = \prod_{q=1}^{q=m} X_q/A_s H。$$

因此,

$$A_s/X_1 X_2...X_m H = \frac{A_s/H . \prod_{q=1}^{q=m} X_q/A_s H}{\sum_{r=1}^{r=n}\left[\prod_{q=1}^{q=m} X_q/A_r H . A_r/H\right]}。$$

考虑到 m 个衡量方式 x_1,被衡量数量的*最可能数值*——也就是我们的实际数量值——因此即是使上述表达式最大化的数值。对于 a_s 的所有数值来说,分母都是一样的,所以,我们必须找到使分子最大化的数值。让我们假定 $A_1/H = A_2/H = ... = A_n/H$。也就是说,我们假定我们没有基于假定的理由(即在给出任何衡量方式之前),来认为数量的任何一个可能数值比其他任何一个可能数值更有可能。因此,我们需要 a_s 的数值,使上述表达式 $\prod_{q=1}^{q=m} X_q/A_s H$ 最大化。让我们用 x 来代表这个数值。

§6. 如果没有进一步的假定,我们就无法取得进一步的进展。让我们假定 X_q/A_sH——即假定实际数量值是 a_s 时,衡量方式 x_q 的概率——是 x_q 和 a_s 的代数函数,也就是问题极限内, x_q 和 a_s 所有数值的函数。① 也就是说,我们假定 $X_q/A_sH = f(x_q, a_s)$,而且,我们要发现 a_s 的数值,也就是 x 来使

$$\prod_{q=1}^{q=m} f(x_q, x)$$

最大化。让这一关于 x 的表达式导数等于零,我们就有

$$\sum_{q=1}^{q=m} \frac{f'(x_q, x)}{f(x_q, x)} = 0, ②$$

其中, $f' = (df/dx)$。这一方程式可以简单写作 $\sum (f_q'/f_q) = 0$。

如果我们为 x 的这一方程式求解,结果就为我们给出在研数量的数值。相对于我们给出的衡量方式,这一数值是最可能的。

微分法行为假定, x 的可能数值众多而且在我们研究的领域里统一分布,因此,在没有明显误差的情况下,我们可以认为这些数值是连续的。

§7. 这完成了调查的开场白。现在,我们要发现什么误差定律符合关于代数关系的特定假设,反之亦然。代数关系是衡量方式和数量最可能数值之间的代数关系。因为,误差定律决定 $f(x_q,$

---

① 实质上,高斯做了更特殊的假定: X_q/A_sH 只是 e_q 的函数,其中 e_q 是误差,而且 $e_q = a_s - x_q$。我们会在结局中发现,所有的对称误差定律,比如同样绝对量值的正误差和负误差是同样可能的,都符合这一条件——比如说正态定律、和最简中位数定律。但是,其他定律,比如导致几何平均数的定律,并不满足这一条件。

② 实际上,给出的衡量方式没有一个是不可能的,所以表达式 $f(x_q, x)$ 没有一个可以等于零。

x)的形式。而且,$f(x_q,x)$的形式决定衡量方式和最可能数值之间的代数关系$\sum(f_q'/f_q)=0$。或许该重复一下,$f(x_q,x)$为我们代表了概率:有一个数量,我们知道这个数量的真实数值会是 x,观察者会在观察这个数量时得出衡量方式 x_q。一个误差定律告诉我们,对于问题极限之内 x_q 和 x 的所有可能数值来说,这一概率是多少。

(i)如果数量的最可能数值等于衡量方式的算术平均数,那么,这意味着什么误差定律?

$\sum(f_q'/f_q)=0$ 肯定等同于 $\sum(x-x_q)=0$,因为最可能数值 x 肯定等同于

$$\frac{1}{m}\sum_{q=1}^{q=m}x_q。$$

∴ $f_q'/f_q=\phi''(x)(x-x_q)$,其中,$\phi''(x)$是某个函数,这个函数不是零,且独立于 x_q 之外。

求积分,

$$\log f_q=\int\phi''(x)(x-x_q)d_x+\psi(x_q)$$ 其中 $\psi(x_q)$ 是某个独立于 x 之外的函数,

$$=\phi'(x)(x-x_q)-\phi(x)+\psi(x_q)。$$

因此,$f_q=\exp[\phi'(x)(x-x_q)-\phi(x)+\psi(x_q)]$。

所以,此种类型的任何误差定律都导致衡量方式算术平均数,作为被衡量数量的最可能数值。

如果我们使 $\phi(x)=-k^2x^2$ 而且 $\psi(x_q)=-k^2x_q^2+\log A$,我们得到通常假定的形式 $f_q=A\exp[-k^2(x-x_q)^2]$,$=A\exp[-k^2y_q^2]$,其中 y_q 是衡量方式 x_q 中的误差绝对量值。

这显然只是众多解中的一个。但是,再有一个假定,我们就可以证明这是导致算术平均数的唯一的误差定律。让我们假定具有同样绝对数的负误差和正误差具有相等的可能性。

在这种情况下,f_q 肯定具有形式 $B\exp[\theta(x-x_q)^2]$

$$\therefore \quad \phi'(x)(x-x_q) - \phi(x) + \psi(x_q) = \theta(x-x_q)^2$$

对 x 求微分

$$\phi''(x) = 2\frac{d}{d(x-x_q)^2}\theta(x-x_q)^2$$

但是,按照假说,$\phi''(x)$ 独立于 x_q 之外。

$$\therefore \quad \frac{d}{d(x-x_q)^2}\theta(x-x_q)^2 = -k^2 \text{ 其中 } k \text{ 是常数;求积分,}$$

$\theta(x-x_q)^2 = -k^2(x-x_q)^2 + \log C$ 而且,我们有 $f_q = A\exp[-k^2(x-x_q)^2]$(其中 $A=BC$)。

(ii) 如果衡量方式的几何平均数导致数量的最可能数值,那么,什么是误差定律?在这种情况下,$\sum(f'_q/f_q) = 0$ 肯定等同于

$$\prod_{q=1}^{q=m} x_q = x^m,$$

即等同于
$$\sum \log \frac{x_q}{x} = 0。$$

就像以前进行的那样,我们发现误差定律是

$$f_q = A\exp\left[\phi'(x)\log\frac{x_q}{x} + \int\frac{\phi'(x)}{x}dx + \psi(x_q)\right]。$$

这里没有解答可以满足条件:具有同样绝对量值的负误差和正误差都具有相等的可能性。因为,我们必须有

$$\phi'(x)\log\frac{x_q}{x} + \int\frac{\phi'(x)}{x}dx + \psi(x_q) = \phi(x-x_q)^2$$

或者
$$\phi''(x)\log\frac{x_q}{x} = \frac{d}{dx}\phi(x-x_q)^2$$
而这两个公式是不可能的。

导致几何平均数的最简单的误差定律好像这样得到：使 $\phi'(x) = -kx, \psi(x_q) = 0$。这给出 $f_q = A(x/x_q)^{kx}\exp[-kx]$。

有一个误差定律，导致了观察资料的几何平均数，使观察资料的几何平均数作为数量的最可能数值，先前已经得到了唐纳德·麦卡利斯特爵士(Sir Donald McAlister)的讨论(*Proceedings of the Royal Society*, vol. XXIX(1879), p. 365)。唐纳德·麦卡利斯特爵士的调查取决于一个明显的事实：如果观察资料的几何平均数产生的数量的最可能数值，那么，观察资料对数的算术平均数肯定产生数量对数的最可能数值。因此，如果我们假定观察资料的对数遵循误差正态定律(误差正态定律导致了观察资料对数的算术平均数，使观察资料对数的算术平均数作为数量对数的最可能数值)，我们就可以通过替换找到观察资料本身的误差定律，这个误差定律肯定导致观察资料本身的算术平均数，使观察资料本身的算术平均数作为数量本身的最可能数值。

如果就像以前一样，观察资料由 x 等等代表，数量由 x_1 等等代表，那么就让它们的对数由 z_q 等等代表，和由 z 代表。那么，如果 z_q 等等遵循误差正态定律，则 $f(z_q, z) = A\exp[-k^2(z_q-z)^2]$。因此，对于 x_q 等等来说，误差定律是由
$$f(x_q, x) = A\exp[-k^2(\log x_q - \log x)^2]$$
$$= A\exp[-k^2(\log x_q/x)^2]$$
决定的，而且，x 的最可能数值显然肯定是 x_q 等等的几何平均数。

这就是唐纳德·麦卡利斯特爵士得出的误差定律。可以清楚地表明这是导致几何平均数的所有误差定律的普遍形式的一个特殊情况。我在上文已经给出了这个普遍形式。因为如果我们使 $\psi(x_q) = -k^2(\log x_q)^2$,而且 $\phi'(x) = 2k^2 \log x$,我们就有

$$f_q = A\exp[2k^2\log x \, \log(x_q/x) + \int 2k^2\log x \, /x \, dx - k^2(\log x_q)^2]$$
$$= A\exp[2k^2\log x_q - 2k^2(\log x)^2 + k^2(\log x)^2 - k^2(\log x_q)^2]$$
$$= A\exp[-k^2(\log x_q/x)^2]。$$

J. C. 卡普坦(Kapteyn)教授得出了类似的结果[①]。但是,J. C. 卡普坦教授调查的是频率曲线,不是误差定律,而且这一结果只是适合其主要讨论。然而,J. C. 卡普坦教授的方法类似唐纳德·麦卡利斯特爵士的更普遍形式。为了发现一定数量 x 的频率曲线,J. C. 卡普坦教授假定如下:还有其他的一定数量 z,这个数量 z 是数量 x 的函数,由 z=F(x) 得出;这些数量 z 的频率曲线是*正态的*。用这种手段,J. C. 卡普坦教授就能够调查一种常见的偏态频率曲线,以便特定的统计常数。这些常数符合那些已经为正态曲线计算出的常数。

实际上,唐纳德·麦卡利斯特爵士误差定律和卡普坦教授频率曲线的主要优势在于一个可能性:在没有大麻烦的情况下让众多的表达式适应非对称现象,这众多的表达式已经为误差正态定律和正态频率曲线计算了出来。[②]

[①] 《误差频率曲线》(*Skew Frequency Curves*),格罗宁根天文实验室(the Astronomical Laboratory at Groningen)出版,1903 年。

[②] 可以补充一点:卡普坦教授的专著提出了一些因素。在确定几何误差定律可能专门适用的现象类型时,这些因素会非常有价值。

这一方法从算术误差定律进行到几何误差定律,显然能够进行概括。我们已经讨论了几何定律,几何定律可以源自正态算术定律。无独有偶,如果我们从最简单的几何误差定律着手,也就是说从 $f_q=A(x/x_q)^{k2x}\exp[-k^2x]$ 着手,那么,通过写出 $\log x=y$ 以及 $\log x_q=y_q$,我们就能轻易地发现相对应的算术定律,即 $f_q=A\exp[k^2ey(y-y_q)-k^2e^y]$。让 $\phi(y)=k^2e^y$ 以及 $\psi(y_q)=0$,就能从普遍算术定律中得出 $f_q=A\exp[k^2ey(y-y_q)-k^2e^y]$。而且,一般来说,对应算术定律

$$f_q=A\exp[\phi'(x)(x-x_q)-\phi(x)+\psi(x_q)],$$

我们有几何定律

$$f_q=A\exp[\phi'_1(z)\log(z_q/z)+\int\phi_1(z)/zdz+\psi_1(z_q)]$$

其中

$$x=\log z、x_q=\log z_q、\int\frac{\phi'_1(z)}{z}dz=\phi(\log z) \text{ 而且 } \psi_1(z_q)=\psi(\log z_q)。$$

(iii)调和平均数意味着什么误差定律?

在这种情况下,$\sum(f'_q/f_q)=0$ 肯定等同于 $\sum(1/x_q-1/x)=0$。就像以前进行的一样,我们发现

$$f_q=A\exp\left\{\phi'(x)\left[\frac{1}{x_q}-\frac{1}{x}\right]-\int\frac{\phi'(x)}{x^2}dx+\psi(x_q)\right\}。$$

使 $\phi'(x)=-k^2x^2$、$\phi(x_q)=-k^2x_q$,可以得到这个公式的简单形式。那么

$$f_q=A\exp\left[\frac{k^2}{x^q}(x-x_q)^2\right]=A\exp\left[-k^2\frac{y_q^2}{x^q}\right]。$$

按照这个定律,具有同样绝对量值的正误差和负误差不具有相等

的可能性。

（iv）如果数量的最可能数值等同于衡量方式的中位数，那么，误差定律是什么？

中位数通常被定义为一个衡量方式：当衡量方式按照量值排列时，中位数占据了中间位置。如果衡量方式是奇数，最可能的数值就是第$(\frac{1}{2}m+1)$。而且，如果衡量方式 m 的数字是偶数，所有在第$\frac{1}{2}m$和第$(\frac{1}{2}m+1)$之间的数值相互之间都是同样可能的，而且比之外的任何数值都更有可能。然而，对于当前的目的来说，需要使用中位数的另一个特性。费克纳（费克纳首先把中位数投入使用）知道这个特性，但是这个特性并没有得到应得的注意。如果 x 是大量量值的中位数，那么 x 和每个量值之间的绝对差（即绝对差总是计算为正数）总数最小。也就是说，让$\sum_{1}^{m}|x_q-x|$作为最小值，其中$|x_q-x|$是差且总是计算为 x_q 和 x 之间的正数，就发现了 $x_1、x_2…x_n$ 的中位数 x。

现在，我们可以回来调查对应中位数的误差定律。

写出$|x-x_q|=y_q$。那么，因为$\sum_{1}^{m}y_q$是最小值，我们肯定有$\sum_{1}^{m}[(x-x_q)/y_q]=0$。其中，就像以前进行的一样，我们有

$$f_q = A\exp\left[\int \frac{x-x_q}{y_q}\phi''(x)dx + \psi(x_q)\right].$$

让

$$\phi''(x) = -k^2$$

$$\psi(x_q) = \frac{x-x_q}{y_q}k^2 x_q$$

此处

$$f_q = A\exp[-k^2|x-x_q|] = A\exp[-k^2 y_q]。$$

就可以得到公式 $f_q = A\exp\left[\int \dfrac{x-x_q}{y_q}\phi''(x)dx + \psi(x_q)\right]$ 的一个最简单情况。

这符合附加条件:具有相当绝对量值的正误差和负误差同样可能。因此,在这个重要方面,中位数和算术平均数一样令人满意,而且导致中位数的误差定律也一样简单。中位数也类似正态定律,因为中位数 只是误差函数,而且还不是衡量方式的量值。

中位数误差定律如下: $f_q = A\exp[-k^2 y_q]$,其中 y_q 是误差的绝对数且总是计算为正数。中位数误差定律具有一些历史价值,因为中位数误差定律是最早提出的误差定律。1774 年,在一份专题学术论文"事件原因之概率"(Sur la probabilité des causes par les événements)中,拉普拉斯首先进行了这样的尝试:确立平均数学说与概率理论、平均数学说与误差定律的明晰关系。① 这一专题学术论文并没有在后来纳入拉普拉斯的《分析理论》,并不代表拉普拉斯更成熟的观点。在《分析理论》(Théorie),拉普拉斯完全放弃了专题学术论文中临时采用的定律,并通过引入误差 正态定律规定了此后一百年调查的主线。正态定律以算术平均数和最小二乘法作为推论。正态定律的盛行在很大程度上是因为,对于数学计算和推演来说,跟所有其他误差定律相比,正态定律具有压倒性的优势。而且,除了这些技术优势之外,对于较大的而且更可操控的

---

① 《呈交法兰西科学院的论文》(Mémoires présentés à l'Académie des Sciences),第 VI 卷。

现象集团来说，正态定律可能比任何其他的单一定律都更适合做第一近似值。正态定律牢牢控制了统计学家的思维，因此，直到近来才有一些先驱认真考虑一个可能性：在一些情况情况下舍算术方法而采取其他方法，舍正态定律而采取其他定律。所以，拉普拉斯较早的专题学术论文被人淡忘了。但是，拉普拉斯较早的专题学术论文依然有趣，即使仅仅因为一个事实：一个误差定律第一次出现。

拉普拉斯以略微简化的形式为自己确定了这一问题："在对同一个现象做出的三种观测结果中，确定一种折中的情况"拉普拉斯先是假定了一个误差定律 $y=\phi(x)$，其中 y 是误差 x 的概率；最后通过大量稍微任意的假定，得出结果 $\phi(x)=\frac{1}{2}m\exp[-mx]$。如果这个公式符合拉普拉斯的论据，$x$ 肯定代表*绝对误差*，总是取正数。有可能发生这样的情况：使拉普拉斯得出这一结果的因素，并不是他用来证明结果的因素。

然而，拉普拉斯并没有注意到自己的误差定律导致了中位数。原因如下：拉普拉斯并没有发现最可能数值，最可能数值本可以让拉普拉斯直达中位数，拉普拉斯寻求"误差平均数"——也就是说，真实数值既可能小于这个数值，也可能大于这个数值。对于中位数定律来说，这一数值难以寻找，且数值结果也不伦不类。当观察资料仅仅为三个的时候，拉普拉斯的结果是正确的。

§8. 我认为，用这种方法发现一个导致中位数模式的误差定律是不可能的。但是，下面的普遍公式可以轻松得到：

(v) 如果 $\sum\theta(x_q,x)=0$ 是衡量方式和数量最可能数值之间的关系定律，那么，误差定律 $f_q(x_q,x)$ 就可以由

$$f_q = A\exp[\int\theta(x_q,x)\phi''(x)dx+\psi(x_q)]$$

给出。因为 f_q 位于 0 和 1 之间，所以对于物理上可能的 x_q 和 x 的所有数值来说，$\int\theta(x_q,x)\phi''(x).dx+\psi(x_q)+\log A$ 肯定为负数。而且，因为 x_q 的数值在区间内是无穷的，

$$\sum A\exp[\int\theta(x_q,x)\phi''(x)dx+\psi(x_q)]=1$$

其中和是针对可能形成的所有的项，这些项的得出是给出 x_q 基于假定可能的所有数值。

（vi）如果假定具有同样绝对量值的正误差和负误差肯定同样可能，那么，误差定律最普遍的形式就是 $A\exp[-k^2f(x-x_q)^2]$，其中，数量的最可能数值是由方程式

$$\sum(x-x_q)f'(x-x_q)^2=0$$

给出，其中 $f'(x-x_q)^2=\dfrac{d}{d(x-x_q)^2}f(x-x_q)^2$。

算术平均数是这里的特殊情况，使 $f(x-x_q)^2=(x-x_q)^2$ 就可以得到；中位数是一个特殊情况，使 $f(x-x_q)^2=+\sqrt{(x-x_q)^2}$ 就可以得到。当误差定律是 $A\exp[-k^2(x-x_q)^4]$ 且最可能数值是

$$mx^3-3x^2\sum x_q+3x\sum x_q^2-\sum x_q^3=0$$

的根时，使 $f(x-x_q)^2=(x-x_q)^4$，就能得到其他特殊情况；当误差定律是 $A/(x-x_q)^{2k^2}$ 且最可能数值是

$$\sum\frac{1}{x-x_q}=0$$

的根时，使 $f(x-x_q)^2=\log(x-x_q)^2$，也能得到其他特殊情况。在所有这些情况中，误差定律只是误差的函数。[1]

---

[1] 参看§6（脚注）。

§9. 最后，上面的结果可以进行总结。

我们已经假定：

(a)在给出任何衡量方式之前，我们没有理由假定，我们衡量的数量更可能有其可能数值中的任何一个而没有其他任何一个。

(b)误差是独立的。意义如下：*知道*一个情况下误差有多大，并不影响我们预计下一个情况中误差的可能量值。

(c)有一个基于假定的证据：假定数量的真正数值是已知的。除了这个基于假定的证据之外，特定量值衡量方式的概率是衡量方式该特定量值的代数函数，也是数量真正数值的代数函数。

(d)我们可以在没有明显误差的情况下，把那一系列的可能数值看成连续的。

(e)基于假定的证据允许我们假定(c)明确说明的误差定律，即，我们基于假定知道(c)中提到的代数函数。

在这些假定之下，我们得到了下列结论：

(1)误差定律的最普遍形式是

$$f_q = A\exp\left[\int \phi'(x)\theta(x_q,x)x + \psi(x_q)\right]$$

导致了方程式 $\sum \theta(x_q,x) = 0$，连接了最可能数值和实际衡量方式；其中 x 是最可能数值，x_q 等等是衡量方式。

(2)假定具有同样绝对量值正误差和负误差具有相等的可能性，那么，最普遍的形式就是 $f_q = A\exp[-k^2 f(x-x_q)^2]$，导致方程式

$$\sum (x-x_q) f'(x-x_q)^2 = 0,$$

其中 $f'y = (d/dy)fy$。对于这一形式所导致的特殊情况，最有趣的一点是

(3) $f_q = A\exp[-k^2(x-x_q)^2] = A\exp[-k^2 y_q^2]$，其中 $y_q = |x-x_q|$，

导致衡量方式的算术平均数作为数量的最可能数值;而且

(4) $f_q = A\exp[-k^2 y_q]$,导致中位数。

(5) 导致算术平均数的最普遍形式是 $f_q = A\exp[\phi'(x)(x-x_q) - \phi(x) + \psi(x_q)]$,特殊情况是(3)和

(6) $f_q = A\exp[k^2 e^x(x-x_q) - k^2 e^x]$。

(7) 导致几何平均数的最普遍形式是

$$f_q = A\exp\left[\phi'(x)\log\frac{x_q}{x} + \int\frac{\phi'(x)}{x}dx + \psi(x_q)\right],$$

以及特殊情况:

(8) $f_q = A(x/x_q)^{k^2 x}\exp[-k^2 x]$,而且

(9) $f_q = A\exp[-k^2(\log x_q/x)^2]$。

(10) 导致调和平均数的最普遍形式是

$$f_q = A\exp\left[\phi'(x)\left(\frac{1}{x_q} - \frac{1}{x}\right) - \int\frac{\phi'(x)}{x^2} + \psi(x_q)\right],$$

以及特殊情况

(11) $f_q = A\exp\left[-k^2\frac{(x-x_q)^2}{x_q}\right] = A\exp\left[-k^2\frac{y_q^2}{x_q}\right]$。

(12) 导致中位数的最普遍形式是

$$f_q = A\exp\left[\phi'(x)\frac{x-x_q}{y_q} + \psi(x_q)\right],$$

其中,(4)是特殊情况。

在所有的这些实验中,f_q 是衡量方式 x_q 的概率,假设真实数值是 x。

第3章 统计学

转载自1908年3月《皇家统计学会杂志》
HOWARTH EDWARD G. and MONA WILSON.*West Ham: A Study in Social and Industrial Problems.*(London, J.M. Dent), 1907.

  这一卷包含这个内容：对外伦敦调查委员会（Outer London Inquiry Committee）工作的第一份报告。报告的目的是"追溯大城市以外区域的发展并展示其当前工业状况"。讨论的事实自然归为三类——住房、就业和工资和当地政府。在这所有的三类之中，西海姆都有些臭名昭著。在西海姆，增长迅猛异常但又缺乏组织，人口从1871年的63,000人增加到1881年的205,000人又增加到1891年的267,000人，导致了某种投机建筑。即使在这样的大冒险时代，此种投机建筑也是不同寻常的。这些问题中放纵的个人主义和放任主义会对社区的发展产生影响。如果有任何人对此种影响感兴趣，可以看看这一卷里的描述：大量小建筑者蜂拥而上，几乎没有或者就没有资本来产生目前利润，但却未受到地方法规或者有序发展规划的制约。对于就业问题来说，西海姆也当仁不让地把在其地盘内给出了工业制度两个最坏特点的众多例子——男人干临时工，比如码头工人，另外，女人在家做繁重的家务。最终，济贫会委员（Guardians）和官员受命统治着这个混乱的社区，忍受着灾祸的煎熬。灾祸的原因主要是随意安排和缺乏组织。腐败、无效率充斥着社区，人人对此都已习以为常。然后，作为这个故事的合适结尾：随之而来的是大量的救济，还有不加区分的旨在解决失业问题的努力，立足点是欠考虑的善意或者新闻报道。社会改革者会在这里发现现成的林林总总的例子以乏味、精确、平静的方式呈现在自己面前，这种方式好像提升了这些例子的效果。

然而，这一卷的重要性与其说在于这一卷引起的对问题的关注，大多数人已经基本熟悉了这些问题，倒不如说在于它提供的统计方法和表格。正是借助于这些统计方法和表格科学地搜集和展示了与这些问题相关的精确事实。设计了最详尽的一系列表格来说明，在接近二十年的时期里每周租金和应付工资的涨跌。这可能是此类调查中的第一个，也是这一卷最重要的统计事业。现有材料出人意料的完整，来自13个代理人的每周租金簿。这13个代理人在该地区收租金并管理房地产。租金簿提到的住宅数量从早些年（1888年以及1888年之前）的大约1,000个变为1905年的5,000多个，年租金收入达95,000英镑。1905年是材料所记载的最后一年。房地产不断在转手，因此严格地说，连续年份的记载并不是关于同一材料；但是，连续因而非常可靠的（提到了大约300栋房屋）记载被用表格列出，不同地区的数字也分别展开。对这许多表格展开研究之后，结果表明，抽样是令人满意的，而且数据得到良好的解释和区分，因此和许多发表的表格不同，这些表格可能允许一个没有原材料的独立调查者为了推论而使用这些表格。有一点具有特别的统计意义。每种情况下的平均周租金都计算了出来。在平均周租金旁边是中位数租金及其伴随四分位点。在诸如此类的调查之中,中位数的巨大价值、中位数相对算术平均数的优越性得到了强大的实证支持。首先,中位数表现得基本符合算术平均数;而且,当出现分歧的时候,不能以中位数不够精确为由舍弃中位数。可以注意到一点:因为个体租金计算而来的数字最接近六便士,中位数就以六便士为间隔移动,而算术平均数可以按 $6/x$ 便士为一个阶段移动,其中 x 是在研的房屋数量;但是,虽然后者因此表现得比前者精确,也纯粹是假象而已,因为在计算平均数之前使用了抽样和近似值[中位数的变化必定更加突出显著,但是汇编者好像并没有注意到这一点,汇编者显然(第 68 页)把这一点作为一个有趣的实证事实来记录]。第二,中位数在其两个四分位点相伴的情况下,跟算术平均数相比,可以提供关于总结的统计资料的多出许多的总体性质和趋势。第三,即使四分位点也计算了出来,中位数比任何其他方法涉及的计算劳动都要少得多。对于那些金融资源可能低于所需的调查者来说,这是个重要因素。在许多情况下,算术平均数确实乏善可陈,除了公众对算术平均数的信任之外;就像在这个表中包含的那样,任何推广中位数并在实践中展示中位数价值的努力都非常受欢迎。或许,要对与表格相对应的图解提出批评;空间因素(据推测)使得图解印刷得非常小,因而许多图解几乎毫无用处。毋庸置疑,展示零基是个优势。但是,如果一个图解尺寸可以让肉眼看清相对波动。那么,如果要在图解收录和这个图解尺寸之间做个选择的话,选择前者就是个迂腐的决定。

从这些表格中得出的最引人注目的结论关系到不动产税对租金的影响。平均周租金(包含不动产税)从 1888 年的 7 先令 2 便士变为 1903 年的最高租金 8 *先令* 4 *便士*，1891 年是最低值 6 *先令* 9 *便士*，后来又跌到 1905 年的 7 *先令* 2 *便士*。因此，对于在研的这段时期来说，开始时的租金加不动产税与结束时基本在同一个水平。在同一时期，不动产税几乎翻倍，按英镑计算从 5 *先令* 8 *便士*增加到 10 *先令* 8 *便士*①。因此，有强烈的不言而喻的证据表明，在西海姆的情况下，不动产税趋向于落在房东的头上，程度好像是惊人的，尽管这一状况无疑符合基于假定的经济理论预期。当然，这是个高度复杂的问题，而且西海姆的情况可能是由于特殊情况；但是，它肯定使我们非常怀疑一个人云亦云之言：高不动产税是拉升伦敦地区住房成本的主要因素。遗憾的是没有表格给出房东租金的波动（即，没有包括不动产税）。

这一卷包含许多其他细致且重要的表格，需要提到的是其中就有一些表格表明了不同年份和每年不同季节码头工人的需求；如果想要制订一个规划来把码头劳动组织起来，以便尽可能减少其确定的临时性和季节性性质带来的灾祸，那么，这些信息就是必不可少的先决条件。序言表明 C. P. 桑格先生负责所采用的统计方法。

1908 年 6 月，A. D. 韦布在《经济学杂志》中评论了《一份报告：贸易部调查了工人阶级租金、住房和零售价格以及英国主要城镇特定职业中普遍的工资标准税率》（*The Economic*

---

① "从 5 *先令* 8 *便士*增加到 10 *先令* 8 *便士*"这两个钱数应该是指的每月缴纳的不动产税。——译者注

Journal a Report of an Enquiry by the Board of Trade into Working-Class Rents, Housing and Retail Prices, together with the Standard Rates of Wages prevailing in Certain Occupations in the Principal Towns of the United Kingdom）中对此进行了回顾 (Cd. 3864)。在评论过程中，韦布再现了实际工资指数表格。凯恩斯在下一期进行了评论。

转载自 1908 年 9 月《经济学杂志》

1908 年 6 月《经济学杂志》中的评论论文评论了贸易部对工人阶级租金、价格、和工资的调查。评论论文中再现了一个指数表格，这个表格旨在代表不同地理区域中的实际工资。把伦敦的租金、价格和工资都看作 100，其他地方的租金、价格和工资取它们的百分比；价格和租金指数结合在一起来形成一组新的数字用以代表生活成本，给予价格权数四，给予租金权数一。下面是针对三个地区按照此种方式安排的数字：

	租金	价格	租金和价格结合起来	标准工资	实际工资
伦敦	100	100	100	100	100
米德兰	51	93	85	85	100
爱尔兰	50	97	87	84	97

可能需要指出一点：跟乍一看相比，采用的加权方法导致了更任意的结果。比如说，假定，爱尔兰而不是伦敦的租金等看作 100；上面的表格在这种情况下就读作：

	租金	价格	租金和价格结合起来	标准工资	实际工资
伦敦	200	103	122	119	98
英国中部	102	96	97	101	104
爱尔兰	100	100	100	100	100

因此,爱尔兰的实际工资现在显得比伦敦好 2%,而不是坏 3%;英国中部的实际工资比伦敦好 6%,而不是相等。因为伦敦的租金是英国中部或者爱尔兰的两倍,所以,贸易部实质上给予英国中部和爱尔兰的加权只有伦敦的一半。毋庸置疑,跟其他地方的工人相比,伦敦工人把更大比例的收入花在了租金上;但是并不像这么不成比例,而且采用的方法大大淡化了伦敦工人的不利条件:支付高额租金。因此,伦敦工人的实际工资显得过高。不应该把同样的统一权数不加区别地给予所有地区的租金。

当然,理论型统计学家谙熟在研的误差;但是,这一观点几乎不具有实践价值。在为数不多的情况下,这一观点不仅仅是具备理论价值,但也容易遭到忽视。只有两种情况的结合可能导致结果出现巨大误差——某个重大加权项目出现非常大的波动。就商品而言,采取的特定加权制度不可能产生重要效果;但是,如果把租金包括在内,上面的条件就得到了满足,而且随之而来的误差也因而变大,足以对结论产生实质性影响。威尔逊·福克斯(Wilson Fox)先生在他的贸易部报告开场白里列举了一些不可避免的情况。这些情况使贸易部指数只能产生近似结果;但这个误差好像没有引起威尔逊·福克斯先生的注意。这是所有误差中最严重的一个,而且可以得到部分纠正。同样的批评也适用于关于德国的报告。如果以北海诸港口而不是柏林作为基数,那么,柏林就在清单中排第四,而不是第二,其他地区的顺序也发生了改变;如果以中部德国作为基数,顺序的变化会更大。

在 1908 年 12 月的那期《经济学杂志》中,凯恩斯的评论本身受到了 G. 尤德尼·尤尔的批评。G. 尤德尼·尤尔表示,凯恩斯的结论是空穴来风,而且凯恩斯注解最后一段那"稍显严厉的抨击"并没有得到证明。原因如下:当把基数从伦敦转到爱尔兰时,凯恩斯忘记了去改变食品等等的权数。凯恩斯做出了回答。

转载自 1908 年 12 月《经济学杂志》

贸易部的实际工资指数

我认为,尤尔先生并没有完全理解我为什么说贸易部的实际工资指数导致了任意结果。在尤尔先生的第二段,尤尔先生提到了一些食品和燃料的标准数量,还提到了*相应的标准房间组*。然后,尤尔先生从代数的角度表明,如果按照这些标准的比例把食物和房屋中的房间结合起来,那么,对食物和房屋中房间的掌握就可以协调一致地用指数方法代表出来;权数根据我们采取的基数而变化,但是一旦我们确定了基数,所有地方的权数就都是确定的。这一推论与我提出的观点并不相关。当我们决定食物的*什么标准数量*对应房屋中房间的特定标准数量时,任意因素就来了。任意性*先于*尤尔先生的代数,在尤尔先生的前提中被隐藏了起来。

如果就伦敦的实际标准而论，所有的地区标准都是固定的，那么，我们就得到一个结果；如果就英国中部或者爱尔兰的实际标准而论，然后我们再去确定所有地区的标准，那么，我们就会得到一个不同的结果。从所有的观点来看，我们选择哪个标准是完全任意的。

在研的精确观点能够通过代数得到最好的表示。当标准数量作为 A 实际消费的数量时，地点 A 和 B 购买标准数量的 x 加上标准数量的 y（p 是价格，q 是数量）所需的开支比率由 $({_x}p_{ax}q_a + {_y}p_{ay}q_a)/({_x}p_{bx}q_a + {_y}p_{by}q_a)$ 给出；当标准数量作为 B 实际消费的数量时，就是 $({_x}p_{ax}q_b + {_y}p_{ay}q_b)/({_x}p_{bx}q_b + {_y}p_{by}q_b)$。（i）当 ${_x}q_a$、${_y}q_a$ 近似等于 ${_x}q_b$、${_y}q_b$；或者（ii）当这些数量相对不大时，假定 ${_x}q_a$ 和 ${_x}q_b$ 大不相同。在这两种情况下，选择哪种标准都无所谓。实际上，当各个 p 大不相同时，各个 q 也可能大不相同。因此，如果权数 ${_x}q_a$ 大且 ${_x}p_a$ 和 ${_x}p_b$ 的差别也大，那么，明显的误差就会产生。这是一些情况的组合。这些情况是对租金而言且导致了我上文说的理论型统计学家所谙熟的误差。在这种情况下，可以通过使用分式 $({_x}p_{ax}q_a + {_y}p_{ay}q_a)/({_x}p_{bx}q_b + {_y}p_{by}q_b)$ 达成实践妥协。帕尔格雷夫为自己的系列指数采用了与此相应的分式；在当前情况下，我们可以认为产生了相对福祉的有用近似指数。可以清楚地看出，即使基数是固定的，不同的市镇也需要采取不同的权数。还有一个计划。按照分析，这一计划就是罗伯特·吉芬爵士为多年进出口比较所采取的计划。这一计划要在所有比较对象的权数中间取一个标准中间值。

在当前情况下，如果没有非常大的租金变体，不同地方入住的房屋中房间的数量会基本一致；因此，无论我们的任意决定走向了哪条道路，结果都会基本一样。但是，贸易部报告末尾的表格（尤其是请看附录Ⅱ)表明需求是高度灵活的,而跟伦敦相比,居住在各省的家庭,房屋较大。由此引发的结果是,尤尔先生的说法——如果我们以其他地区作为基数并由此加权,"就和以伦敦为基数一样,指数明显处于同一比率"——在统计上是错误的。如果我们假定给予租金和价格的权数(代表成比例的开支,*而不是数量*)在伦敦应该是大约1∶4,在英国中部是1∶5,然后,我们按照尤尔先生的规则。我们发现,以伦敦为基数,伦敦的实际工资是100,英国中部的实际工资也是100;以英国中部为基数,英国中部的实际工资是100,伦敦的实际工资是97。因此,由于任意选择造成的百分比差是3;当比较对象非常相近时,这足以使我们徒劳无功。有一个假定:伦敦大约五分之一的收入和米德兰大约六分之一的收入是花在租金上。这个假定是由贸易部的调查提出;但是,我们怀疑伦敦的比例是北欧不应该如此之高。

这些说法只是足以证实一个著名的结论:如果地区之间的开支正态分布存在巨大差异,那么,就无法找到一个完全令人满意的方法来比较它们的实际工资。贸易部在比较英国和德国时并没有忽视这一点(Cd. 4032, pp. xliv—xlv)。可以从贸易部的调查中得到合情合理的演绎:在整个英国之内,工业中心特定行业的实际工资,如果按照这些行业的平均数来说,是非常小的;但是,贸易部调查的表格和等第给出了一些结论。这些结论至少有许多合理的言论,令人信服。

转载自 1910 年 2 月《皇家统计学会杂志》

BOREL, EMILE. *Eléments de la théorie des probabilités.*(Paris, Hermann), 1909.

博雷尔(Borel)先生的关于概率数学理论的新论文精确简练、清楚明晰。像他如此知名的法国数学家不负众望。然而,虽然博雷尔先生对主题的公认分析令人景仰、发人深省,但是,博雷尔先生并没有推陈出新。有趣的是了解下列现象:当一个一流的数学家不带偏见地接触一个主题时,这个科学家会对当前的理论作出什么逻辑预设。但是,博雷尔先生只是通过自己对初步困难的躲避展示了自己对初步困难的了解。这些初步困难只是浅浅地隐藏在不容置疑的数学超结构之下。国外有人批评了卡尔·皮尔逊教授对概率的数学调查,在当前非常有价值,而且也恰好在博雷尔先生本人的研究领域之内;但是,博雷尔先生只是顺便提了一下。实际上,博雷尔先生追求的是正统法国思想。正统法国思路已经被多次实践。人们不可能指望关于正统法国思路的最新论文和著作比以前有点精确简练、清楚明晰。完全可以说,博雷尔先生比普安卡雷(Poincaré)先生更正确,但是不如伯特兰先生稳固。

这一卷最有趣的部分就是第Ⅱ册。第Ⅱ册对通常所知的几何概率理论进行了相当详细的讨论。然而,在这里,就像在其他地方一样,作者倾向于避免而不是解决困难,并且摆出令人遗憾的姿态:数学家有权不讨论自己的假定正确与否。除此之外,数学讨论的完整性有点受损,因为甚至没有提及丘巴尔(Czuber)《平均值》(Mittelwerte)的方法。我乐于看到关于丘巴尔《平均值》的方法的讨论。

博雷尔先生的论文具有温和发展的性质,讨论了数学概率的可接受性分析。对于那些想得到概述的人,可以大力推荐博雷尔先生的论文。但是对于那些已经非常熟悉该主题文献的人来说,他们不会在博雷尔先生的论文发现许多新内容。

转载自 1910 年 3 月《数学报》(*The Mathematical Gazette*)

BOREL, EMILE. *Eléments de la théorie des probabilitiés.* (Paris, Hermann), 1909.

这篇关于概率数学原则的论文属于这样一种类型:在过去一百年的任何时间里都在法国随处可见,但在英国却无处寻觅。拉普拉斯的巨大声望无疑解释了一个情况:概率研究是法国科学家训练的正常部分,讲授概率是法国理论数学教授的经常性职责之一。这些讲授有时具有先进性,有时具有基础性。每隔一段时间,这些讲授内容就会发表出来。因此,我们就在一流理论数学家的手里找到了非常流畅且布局完美的数学分析描述。然而,无论从统计立场来看,还是从哲学立场来看,这些数学家对概率主题都没有真正的兴趣。

在此类著作中,博雷尔先生的新卷会占据高位。博雷尔先生的著作在很大程度上具有法国科学家作品中所独有的风格和心理品质。博雷尔先生高雅开明,不愿让读者有一丝的疲惫或者厌倦,充分认识到了让读者兴味盎然的逻辑和统计难度。恰当地说,博雷尔先生结合了艺术家和节目主持人的本能,给出了精美绝伦的数学概率结构框架。这些品质使他超越了早期的论文,出类拔萃。虽然博雷尔先生写作不像普安卡雷先生那样即兴创作、缺少章法,但博雷尔先生缺乏丘巴尔或者伯特兰那样的连续性和完整性。我认为,对于概率这一主题来说,博雷尔先生的书没有重要的原创贡献，只有关于几何概率的那些章是个例外。这里，博雷尔先生论证，数学家可以*定义*几何概率：M 位于 AB 的特定片段 PQ 之上，与片段长度成比例。博雷尔先生还论证，只要这一定义的结果还未被确认符合实证观察资料的结果，这一定义就是*传统的*。博雷尔先生指出，在实际情况下，通常会存在一些因素，让我们喜好一个可能的假定，而厌恶其他的可能假定。博雷尔先生断言，在这种情况下，该主题这一部分经常会得出的矛盾结论就可以避免。

与此相关的有一点：第 II 册第 VIII 章的主题。这一点可能值得更加详细地提出。在这一章里，博雷尔先生讨论了普安卡雷先生的方法：引入一个任意函数 $\phi(x)$ 来规避通常的几何概率矛盾，这样，就不是假定一个点位于 x 和 $x+dx$ 间隔之内的概率等同于这个点位于任何其他微小间隔之内的概率。这样，概率就由表达式 $\phi(x)dx$ 来表示。这一方法的重要性来自普安卡雷先生的说法：在特定情况下，最终的解独立于任意函数的选择之外。我认为应该注意一点：在普安卡雷的例子以及博雷尔的例子里，$\phi(x)$ 不是*任何任意函数*。我认为，普安卡雷和博雷尔假定 $\phi(x)$ 是个正规函数，是连续的，而且有着连续导数。就这种情况而言，$\phi(x)$ 在所有情况下是否有任何确定的计数尺度甚至还没有定论，因此，普安卡雷和博雷尔的假定非常值得考虑。不管怎么说，普安卡雷和博雷尔的假定涉及这些模糊和不确定情况下概率数值的一个逻辑理论。我认为，这是无效的。还要补充一点：即使是有效的，也无法帮助我们避免哪怕是一点不言而喻的矛盾。我只是希望指出，这些通过所谓的任意函数得出的解，并不像这些作者想当然地那样独立于先前的因素之外。

在结论中必须注意一点:对几何概率进行了如此完整的讨论,却丝毫未提及丘巴尔《平均值》的巧妙方法,这是一个严重的疏漏。

1910 年 5 月,弗朗西斯·高尔顿国家优生学实验室(Francis Galton Laboratory for National Eugenics)发表了埃塞尔·M. 埃尔德顿(Ethel M. Elderton)(在卡尔·皮尔逊的帮助之下)的报告,报告的题目是《初步研究父母酗酒对子女体格和能力的影响》(*A First Study of the Influence of Parental Alcoholism on the Physique and Ability of the Offspring*)。使用了曼彻斯特和爱丁堡的两组儿童样本,试图通过比较节制型家庭无节制型家庭样本的许多特性来就该问题得出一些结论。报告的许多内容风格平缓,请求对社会问题进行冷静的研究。然而,报告的结论有点令人吃惊。因为报告的结论是,父母酗酒与子女智力、体格或者疾病没有明显的关系。

《泰晤士报》在 1910 年 5 月 21 日的社论里挑出了这个结论,并在当前讨论禁酒改革的情况下把这一结论拉入了公众的视线之下。几乎是不可避免的,皮尔逊教授随之写了一封长信,积极保卫这一研究报告。6 月 6 日,凯恩斯就这一主题给《泰晤士报》发了一封信。凯恩斯的这封信没有发表。

1910 年 6 月 6 日致《泰晤士报》编辑的信

先生,

您的专栏里发表了对卡尔·皮尔逊教授上述主题(酗酒

和子女)近期调查的总结。卡尔·皮尔逊教授的总结和您的社论,在卡尔·皮尔逊教授结论的基础上批驳了一些禁酒改革者的说法,重新把公众的注意力转到了一个具有第一实践重要性的问题上来。随之而来的信件几乎只讨论了皮尔逊教授的普遍方法。因此,我会感到高兴,如果您允许我在您的总结之后提请大家注意一些点,这些点的出现关系到支持这一特定调查的证据。下面的话只适用于爱丁堡实验,爱丁堡实验里比较了嗜酒父母和非嗜酒父母的子女。曼彻斯特实验中比较了*恶劣的非酗酒家族*和*恶劣的嗜酒家族*,涉及的是完全不同的问题。

如果我们就像皮尔逊教授那样,想要从诸如此类情况下的片面证据得出普遍结论,我们就不能太相信自己的结论,直到我们满足了以下几点(1)实验规模巨大,(2)实验领域能真正代表整个人口,(3)分类——在这种情况下分成嗜酒和非嗜酒——得到了娴熟和统一实现。

(1)讨论的家庭总数是 685 个,都来自一个学校的入学表。任何从如此贫乏证据中得来的结论注定推测性极强。在此情况下,各种情形可能显然都具备。皮尔逊教授的结论顶多可以这么说:这个实验中未发现相互关系。这是始料不及的结果。如果进一步的实验证明这个结果的话,就非常值得发表。

(2)我们所讨论的所有父亲的平均工资都是介于 25/- 和 26/- 之间。根据贸易部报告,爱丁堡的非熟练劳工很少挣到如此高的工资,所以,该地区显然有高比例的高级工匠。然而,大多数记录的事实是这样的——饮酒之人和不饮酒之人的平均工资差别仅为 1/-。有一个事实:如果饮酒过量就会大大损害挣钱能力。这一事实众所周知,此种规模的实验不会推翻这一事实。因此,我们就得到了这样的结论:或者,人们被描述成了酒鬼,但是这一描述并不合适;或者,除了酗酒习惯之外,如果酒鬼不具有高出当地平均水平的体力和体格,酒鬼通常就入不敷出。最后,有一个事实:家庭的平均规模只是 4.3。这一事实向外人表明,这一地区可能相当富裕。

(3)然而,在这个收入差别不大且家庭相对较小的地区,我们发现,足足有 56.7% 的男人和 38.1% 的女人可以被归为酒鬼! 这一惊人的数字表明,该地区过半数挣工资的人是酒鬼。但是皮尔逊教授根本没有给出这个数字。不过,从皮尔逊教授附录的数据里可以轻易得出这一惊人的数字。或者,皮尔逊教授嗜酒和非嗜酒的分类肯定是完全误导性的;或者,这个地区居民的身体特点与英国其他地区居民的身体特点大不相同。然而,我的意思是,在这个实验中,真正嗜酒父母对子女的影响,无论是通过遗传还是通过环境,都被不可信的分类所淹没。

皮尔逊教授得出了自己的结论:嗜酒环境和孩子性格之间的关系非常小。皮尔逊教授在总结中表明,自己的这一结论可以和埃龙(Heron)先生得出的另一个结论相提并论。皮尔逊教授的实验室在过去的几个月里发表了埃龙先生的另一个结论。埃龙先生在学生营养不良及其心理能力之间没有发现可以察觉的关系。在 1910 年 5 月的《皇家统计学会杂志》中，G. U. 尤尔①先生表示根本不相信这一结论，由于研究的儿童数量相对较小，也因为分类明显是以错误的方式进行的。G. U. 尤尔先生进一步指出，埃龙显然对弗朗西斯·沃纳（Warner）博士的调查一无所知。弗朗西斯·沃纳博士非常仔细且统一地研究了 100,000 个孩子，是埃龙实验所研究孩子数量的十倍，结果是"愚钝"和"营养低下"存在极为重要的相互关系。我认为，皮尔逊教授关于酗酒影响的结论和埃龙先生关于营养不良影响的结论一样无须再加权衡。

当然，优生学实验室（Eugenics Laboratory）的工作具有高度的科学价值。但是，如果优生学实验室继续在证据不足的情况下发表关于大众热门问题的早熟结论，那么，公众就会怀疑科学家对这些事情的看法，不再尊重科学家的意见。

先生，我是您顺从的仆人，

J. M. 凯恩斯

6 月 16 日，G. 尤德尼·尤尔要求凯恩斯为 7 月份的《统计杂志》评论埃尔德顿的论文。这样 G. 尤德尼·尤尔就不用立刻再写一篇批评性评论。G. 尤德尼·尤尔对国家优生学实验室的另一篇论文——戴维（David）·埃龙的《不利家庭环境和有缺陷体格对学生智力的影响》(*The Influence of*

---

① G. U. 尤尔即尤德尼·尤尔。——译者注

Unfavourable Home Environment and Defective Physique on the Intelligence of School Children)——进行了攻击。[①] 写完之后,凯恩斯让 A. C. 庇古过目自己的评论,然后寄出发表。

转载自 1910 年 7 月《皇家统计学会杂志》
ELDERTON, ETHEL M. (with the Assistance of Karl Pearson). *A First Study of the Influence of Parental Alcoholism on the Physique and Ability of the Offspring.* (London, Dulau & Co.), 1910.

在这份专题学术论文中,埃尔德顿女士在皮尔逊教授的帮助下,把皮尔逊教授的方法应用到了自己发现触手可及的两组数据之中。在专题学术论文中,对这两组数据的讨论并不是截然分开的,而且一组数据是用来证实另一组数据。但是,这两组数据涉及两个截然不同的问题,最好分开讨论。

这些问题中的第一个涉及一个疑问:跟包含至少一个弱智成员的醉酒父母家庭相比,包含至少一个弱智成员的非酗酒父母家庭在其他方面是较好还是较差。根据从曼彻斯特搜集并由埃尔德顿女士检查的实际证据,只有两个事实显而易见——(1)对于两性来说,如果一个家庭里有一个弱智成员,那么,节制型父母家庭里其他成员痨病情况或者癫痫情况的比例是无节制型父母家庭里的两倍;还有(2)对于非酗酒父母家庭来说,弱智孩子与正常孩子的

[①] 1910 年 5 月的《皇家统计学会杂志》第 547—551 页。

百分比稍微大一些。无节制之人的孩子死亡率明显较高。但在其他方面,两者相差不大。

证据搜集方式的细节并未给出,而且,因为情况的数量稍少,所以别管数据可能表明什么,都几乎不能证实太多。对于专题学术论文的作者来说,数据好像表明酗酒对子女的影响无足轻重。但是,这个与*恶劣的*非酗酒家族的比较显然很难揭示酗酒对其他方面正常的家庭的影响。有一个问题:酗酒是否会加强弱智的趋势。对于这个问题——因为我们发现非酗酒家庭在其他方面劣于醉酒家庭,所以,专题学术论文的结论至少不比相反结论更貌似有道理。相反的结论是,在非酗酒家庭,孩子的弱智是因为家族恶劣;而在醉酒家庭,普遍恶化的证据较少,孩子弱智可能是因为在孩子出生之前的时期,父母有一方或者双方嗜酒。

在离开这部分专题学术论文之前,可能需要注意这部分专题学术论文中未明确阐述的一个事实:弱智孩子 24% 的父亲和 14% 的母亲被归为酒鬼。在诺丁汉,[①]调查了 300 个弱智孩子的家庭,其中 25% 的家庭嗜酒。这些结果非常接近。但是,在整个人口中,嗜酒家庭的比例不可能高达 25%,因此,这一证据表明了弱智和酗酒之间的一个联系,而不是反之。

第二个调查是关于一个更明确且重要的问题。这项调查检查了一个特定学校里的所有孩子,这些孩子共有 1,400 个,来自接近 700 个家庭;这项调查声称这些孩子公平地代表了人口的随机样本。作者们发现,无论是孩子们的身高、体重、总体健康、智力,还

---

① 请看 E. 鲍威尔(Powell)1906 年发表在《经济评论》(*Economic Review*)上的论文。

是视力,醉酒父母的子女和节制型父母的子女都几乎没有区别;而且,在有区别的地方,比如总体健康和视力,酒鬼的孩子有优势。只有在婴幼儿死亡率上,非酗酒家庭的孩子就有明显的优势。就像作者们承认的那样,这些结果令人们目瞪口呆;但是,作者们声称这些结果符合一个结论:总的来说,环境对人类性格的影响无足轻重。优生学实验室的所有工作都指向这个结论。"我们好像被迫承认,"作者们总结,"或者,对于所讨论的环境类型来说,这一影响非常之小,或者,数据完全不可信。"在这两个选项之中,作者们青睐前者。

在考虑这一特定情况下数据的可信度之前,这份专题学术论文里有统计方法的两点好像可以批评。首先,没有进行足够的尝试来向读者展示支持统计方法的证据的性质。就像在一个此类调查中一样,结论的价值主要是揭示原始材料的可信度。数学方法应用在了原始材料之上,知无不言,言无不尽,来让读者就此形成某种独立判断。比如说,我想知道原来的调查者是用什么方式以及出于什么目的来搜集并用表格列出证据。我们需要稍微完整的证据:所讨论的情况确实为我们提供了整个人口的公平样本。但是,这份专题学术论文对此几乎保持沉默。

第二,可能怀疑一点:在几个例子中,相关系数的计算得到了什么。皮尔逊教授已经清楚地表明,当例子数量相对较小时,不能认为低明显相关具有重大计数意义。这份专题学术论文的表格一点都不复杂。而且,在大多数表格中,可以用肉眼轻易地看到重大相关级数并不存在。精密的计算会带来大量的麻烦。但是,在这种情况下,精密计算以及对年龄的仔细校正等等都是浪费劳动。

埃尔德顿女士把时间和明显的技能用在了一开始就应该显而易见的材料之上,因而劳而无功。提升原材料所带来的麻烦体现在计算之上,其实没有必要。我们的知识几乎没有增加。在非常有限的领域之外,所有的读者都感到困惑迷茫,虽然也给这些读者留下了印象。

最后,支持这些惊人结论的证据具有什么性质？这些证据与普遍经历相抵触。跟这个单一实验相比,普遍经历毕竟是基于更加繁多和多样的一组例子,虽然这种基础是模糊的。这些证据也与科学观点的普遍思路相抵触,就像在最近的身体恶化专门委员会(Departmental Committee on Physical Deterioration)所表达的那样。另外,心理学家可以告诉我们,父母在孩子出生之前酗酒至少可能从头开始影响孩子。有经验的社会工作者向我们描述,由于多种原因,父母酗酒在孩子出生之后*可能*伤害孩子的发展。我们不应该太相信相反的结论,直到我们满足了以下几点(1)实验规模巨大;(2)分类——在这种情况下分成嗜酒和非嗜酒——得到了娴熟和统一实现;(3)实验领域能真正代表整个人口。

对于第二个和第三个标题,不可能从专题学术论文本身得到令人满意的信息。但是,幸运的是,原始材料已经由爱丁堡慈善组织学会(Edinburgh Charity Organisation Society)发表了出来。原始材料就是在爱丁堡慈善组织学会的赞助下搜集的。至于分类,最显著的事实是,在所有的家庭之中,足足有 62.5% 的家庭被归为或者疑似嗜酒家庭。这一惊人的数字表明,该地区过半数挣工资的人是酒鬼。但是专题学术论文里找不到这个数字。但是,从附录的数字里可以得出两性酗酒的比例。这立刻使整个调查遭到了质疑,并表明,或者,嗜酒和非嗜酒的分类具有误导性的;或者,所选地区完全不具有代表性。如果我们查看原始文件,我们发现,有海量的证据支持第二种选择。

然而,在我们离开分类问题之前,要发表一两个言论。根据其题目,爱丁堡报告(Edinburgh Report)论述了爱丁堡1,400个学生的身体状况,还阐述了这1,400个学生的家和周边环境。嗜酒的影响并没有专门进行讨论。对于醉酒习惯明显的地方进行了记录。但是,阅读了详细阐述之后就会发现,最微小的道听途说证据经常被接受,而且,在许多情况下,根本没有获得实在的证据。这么说并不是要指责调查者。调查者的报告非常成功地给出了一幅生动精确的画面,描绘了该地区孩子的生活。这幅画面得到了统计资料的检查和例证。调查者并不想搜集数字精确地用于埃尔德顿女士那样的计算。爱丁堡调查者本人好像并不同意其报告得出的结论。"人们的许多堕落、孩子的许多苦难,"序言里说,"完全且肯定是因为耽溺于烈酒,无法自拔。"当然可以想象,孩子的苦难可能不会反映在其身高、体重、健康、智力之中;但孩子的苦难好像可能反映在其身高、体重、健康、智力之中。还可以补充一点:埃尔德顿女士把那些待定的疑似酗酒案例按嗜酒处理。另外还有一点:对于父母在孩子出生时候的习惯,通常没有证据,许多孩子是11岁或者12岁,——这一点具有一些重要性。[①]

[①] 参看T. 克莱·肖(T. Claye Shaw)博士提交给身体恶化委员会的证据:"我们必须排除父亲暴饮无度的时间。人们经常会看到一个家庭后出生的孩子发育比早出生的孩子差,因为父亲是在早出生的孩子诞生之后才嗜酒无度的。"

爱丁堡报告是否证实了皮尔逊教授和埃尔德顿女士的论点：爱丁堡报告讨论了大众的公平样本？显然，皮尔逊教授和埃尔德顿女士的信心是基于引言里的一个声明：所选择的学校具有广泛的代表性。但是，有一个明确的事实：许多家庭生活在条件最为恶劣的贫民窟里，而且在 75% 到 80% 的案例中，父母至少有一方醉酒，或者因为某个心理或者身体原因而衰弱无力。在明确这个事实之前，不可能继续读下去。专题学术论文的作者认为下面的事实不值得记录，但是，下面的事实值得注意：

（1）在 62.5% 的家庭中，父母中的一方至少饮酒或者疑似饮酒。

（2）57.5% 的家庭在接受慈善救济。

（3）48.5% 的非酗酒家庭在接受慈善救济。因此，既不醉酒又不接受慈善救济的家庭只有 19%。

（4）74% 的家庭居住在一个房间或者两个房间住宅之中。

（5）选定学校的孩子平均身高低于爱丁堡公学（Edinburgh Public School）同岁孩子 2 英寸。14 岁的男孩低 3 英寸，14 岁的女孩低 $4\frac{1}{3}$ 英寸。如果我们对比爱丁堡高级学校（Edinburgh Higher Grade School），差别（除了 14 岁女孩的情况之外）甚至更加显著，选定学校的 14 岁男孩平均矮 6 英寸还多。所有这些数字都是关于爱丁堡，所以种族差异应该无关紧要。作者们详尽讨论了孩子们的身高问题，但是完全没有提到这些至关重要的事实，而作者们肯定在爱丁堡报告里读到了这些事实。这些事实最可能说明的一个情况就是，这些发育不良的孩子是环境的产物。

（6）孩子们的平均体重也以类似的程度低于正常值。随着孩子年龄的增长，差别也就越明显。14岁男孩平均比爱丁堡公学的孩子轻21磅，比爱丁堡高级学校的孩子轻18磅；14岁女孩比爱丁堡公学的孩子轻23磅，比爱丁堡高级学校的孩子轻25磅。这份专题学术论文也把这些数字抛到一边，置之不理。无论是体重还是身高，与人体测量学委员会（Anthropometric Committee）平均数的比较都得出了类似的结果。还可以补充一点。身体训练委员会（Commission on Physical Training）检查了爱丁堡和阿伯丁的学校。通过与这些学校的比较发现，在选定学校里，视力缺陷较少而其他缺陷较多。还可以发现，咽喉状况优于格拉斯哥的类似学校。

这一评论已经扯得太远了，没法进一步做详细的批评。尽管许多醉酒家庭收入丰厚是个事实，尽管其中也有富裕的非醉酒家庭，但是数量都太少，无法明显地影响结果，我们的这种印象更加强烈，当我们读到详细的证据：孩子们大多来自贫困地区。就像曼彻斯特的情况一样，总的来说，作者们是在比较爱丁堡醉酒家族和*恶劣的*次正常非酗酒家族，并自然而然地发现两者相差无几。作为对总体问题解答所作出的贡献，这份专题学术论文几乎毫无价值。而且，这份专题学术论文没有把作者的注意力引向至关重要的事实，因而实际上具有误导性。这篇论文是关于统计方法，充分表明把复杂的数学手段用于初始数据是没有必要的。在应用中，真正的性质解释并不充分，而且应用实际上不适合在研的问题。

1910年夏天的其余时间里，争议在《泰晤士报》的通信栏目里继续:7月7日、8月4日和19日,艾尔弗雷德·马歇尔对皮尔逊进行了攻击;7月12日和8月10日,皮尔逊进行了回复。在8月4日的信件中,马歇尔对凯恩斯发表在《统计杂志》的评论表示赞同。

9月,争议卷土重来。在"当今的问题和冲突问题"(Question of the Day and of the Fray)系列中,皮尔逊把伦敦大学学院应用数学系(Department of Applied Mathematics, University College, London)的一个小册子作为第一个出版。这个小册子的题目是《对专题学术论文〈父母酗酒对子女体格和能力的影响〉的补充:对剑桥经济学家的回答》(Supplement to the Memoir Entitled: Influence of Parental Alcoholism on the Physique and Ability of the Offspring: A Reply to the Cambridge Economists)。在与尤尔和马歇尔商讨之后,凯恩斯决定继续讨论,讨论的形式是给《统计杂志》的编辑写信。

转载自 1910 年 12 月《皇家统计学会杂志》

先生们,

在《对专题学术论文〈父母酗酒对子女体格和能力的影响〉的补充》[①]中,卡尔·皮尔逊教授回答了对那份专题学术论文的批评:艾尔弗雷德·马歇尔博士在《泰晤士报》里提出了批评;我本人在《皇家统计学会杂志》7月那一期发表评

---

① 由梅西尔斯迪洛公司(Messrs. Dulau and Co.)出版。价格1先令。

论,提出了批评,署名是我的姓名首字母。皮尔逊教授详细讨论了我的评论。而且,在我看来,无论是就事实而言还是就论据而言,他都犯了严重的错误。因此,我乐于得到这个机会发表一些言论。这是对我的评论的补充,并参照了这本小册子。

下面简单总结了主要理由。在7月那一期的《皇家统计学会杂志》中,我批评了皮尔逊教授的结果。为了查考父母酗酒对子女的影响,皮尔逊教授拿出了两组例子。在第一组例子中,所有的家庭都同样有一个弱智孩子。在第二组例子中,所有的家庭都同样生活在爱丁堡的单一地区。而且,在我的评论里,我给出理由认为,与此地区相关的证据表明该地区属于贫民窟而且指出该地区的条件属于全市镇最差的那一种。我得出结论:有一个弱智孩子的家庭、居住在大市镇里最差地区的家庭,可能在某个方面次正常。那些不醉酒的人之中许多有其他的同样严重的缺陷。因此,我认为,调查也未清楚地阐明一个问题:就对子女的影响来说,酗酒是一个多么严重的疾病。就像曼彻斯特的情况一样,总的来说,作者们是在比较爱丁堡醉酒家族和恶劣的次正常非酗酒家族,并自然而然地发现两者相差无几。

我并没有预料皮尔逊教授在回复中的论据思路。而且,我也没有意识到,他坚信自己关于曼彻斯特弱智家庭的论文在很大程度上揭示了总体问题。皮尔逊教授确实努力去反驳我对爱丁堡地区的描述,并坚称我对爱丁堡地区的恶劣方面夸大其词，①还论证爱丁堡地区的请看不会比任何其他市镇的贫民窟差。②但这不是皮尔逊教授的主要论点。皮尔逊教授认为，如果我说的关于这一情况的所有一切都是真实的，那也无关紧要，因为我并没有表明他在自己调查领域的采样是非随机的。他的调查领域就是曼彻斯特的那类弱智家庭，爱丁堡的差地区。皮尔逊教授说，醉酒父母和非酗酒父母之间几乎没有差别；他所有的论据需要的就是这个声明。下面的引用清楚地表明这就是他的主要论点：

---

① 我的论据的重要一部分是强调，总体来说，该地区的孩子们本质上发育不良。因此，我总结了所有年龄和所有孩子的数字。在这些数字之中，我提到了年龄在 14 岁孩子的数字。皮尔逊教授努力逃避真正的问题，因而使得整个比较不可置信，因为 14 岁的男孩只有 5 个，女孩只有 2 个。我指责皮尔逊教授忽视了所有孩子发育方面的重要事实，皮尔逊教授回答如下："然而，受训练的人体测量统计学家在任何情况下都会忽视基于 5 个男孩和 2 个女孩平均数的结果（!）在 14 岁的时候，这些孩子被留在了公立小学。"无论如何，数据的贫乏比批评对皮尔逊教授更有害。皮尔逊教授想要从这些数据里得出确实的结果，但却做不到。我添上来自爱丁堡报告的下列引用，以便证实我的原创论点，我的原创论点的实质还没有得到回答："查默斯（Chalmers）博士等人已经反复指出，苏格兰男孩和女孩通常高于边界南方邻居的平均身高，所以，不用感到奇怪，乡村孩子和营养丰富的市镇孩子大幅超过了标准身高。这更加可悲地强调了选定学校孩子的弱势身高。在这些孩子上学之前，他们健康成长的机会就显然遭到了破坏，因为孩子的母亲在孩子出生前后生活悲惨。"

② 皮尔逊教授对我非常傲慢无礼（请看第 17 页），因为我没有像他那样假定，爱丁堡的住房方法类似格拉斯哥的住房方法。我论证，爱丁堡的一个有 74% 的家庭居住在一个房间或者两个房间住宅之中的地区肯定是市镇中的差地区。皮尔逊教授确实指出，如果这一考察参照于格拉斯哥的住房制度，这就是不充分的。但是，当调查涉及爱丁堡时，皮尔逊教授为什么特地采用格拉斯哥的数字？两个地方的数字在人口普查报告里都有。在格拉斯哥，所有家庭中，有 70% 的家庭居住在一个房间或者两个房间住宅之中，但是在爱丁堡相应的数字是 48%。我的论据——爱丁堡的一个有 74% 的家庭居住在一个房间或者两个房间住宅之中的地区肯定是该市镇中最差的地区之一——因此绝对站得住脚。报告本身证实了这一点（请看第 3 页，这一页关注的是选定地区严重的拥挤状况）。

"是否可以相信这两个著名经济学家(即批评他的人)本人并没有作出丝毫努力来从这些数据中表明爱丁堡节制型阶层和非节制型阶层存在任何区别？他们试图做的只是表明两个地区都处于较差的层面①(——跟非制造业市镇的平均工人阶级相比？——不是,只是跟*他们假定的*此种市镇工人阶级群体相比。我认为,他们好像没有意识到这一阶级的真实情况,尽管有一个关于朗特里的*约克*(York)和*布思*(Booth)的*伦敦*的论文可能帮助他们得出更公平的看法)。但是,如果我们承认爱丁堡样本可以在马歇尔教授和凯恩斯先生采用的语言里进行描述,那么接下来会怎么样？我们的结果会丝毫不受影响,直到这些经济学家证明在研两类群体存在区别"(第7页和第8页)。

　　"他们告诉我们,说我们没有采取'人口的随机样本。'当然,我们在技术意义上使用的这一术语——即在人口之中,对于我们讨论的性质来说,选择两个阶层中的哪一个都*没有区别*。我们讨论的性质是酒的使用"(第13页)。

　　"他们满足于断言人口是个'低级'问题,与在研问题没有逻辑关系"(第22页)。

　　这些段落,尤其是最后一个,解释了观念分歧的本质。这种观念分歧使皮尔逊教授认为证据有价值,而批评皮尔逊教授的人则认为证据没有价值。这个问题不是关于事实,而是

---

① 前面的一句话正确解释了我的论据。我放在括号里的那段话偏离了当前讨论的问题。但是,最好全文引用。

关于存在争议的有效论据的本质。皮尔逊教授认为，在一个测试实验中，在酗酒群体变成酒鬼之后，酗酒群体应该可以和非酗酒群体比较工资、职业、社会地位等等。因为就皮尔逊教授所能看到的那样，曼彻斯特和爱丁堡调查并没有切实地违反这些条件，所以，皮尔逊教授对这些条件感到满意。但是，让我们把皮尔逊教授的方法详细地应用到马歇尔教授所提出的例子之中。马歇尔教授的例子是到医院里寻求治疗的父母。这些父母被分成两类——患震颤性谵妄的人、其他人。我们发现，自从他们得病以来，他们就住在同一个居民点，支付着基本相同的租金，接受同样数量的慈善救济，拿到手基本相同的工资。因此，按照皮尔逊教授的"技术意义"，在调查领域之内，样本是随机的。我们还发现，患震颤性谵妄的人死亡率低于其他人。因此，我们按照皮尔逊教授的原则，得出了有趣且重要的结论：震颤性谵妄延长生命，或者——如果我们谨慎从事，而且其中的死亡率并未大幅低于医院的平均数——震颤性谵妄未明显缩短寿命。有些批评者指出这一群体是"医院群体"。我们的回答是，这种说法"与在研问题没有逻辑关系"，因为在医院的病人之中不存在差别选择。

　　因此，下面肯定是困惑，使皮尔逊教授觉得爱丁堡贫民窟情况下的此类论据[①]貌似有理。假设爱丁堡酒鬼饮酒之前或

[①] 应该补充一点，在整个小册子当中，皮尔逊教授并没有完全一致地关注这个论据，而且，皮尔逊教授能够指出其他的段落不符合我所引用的那些段落。但是，这并不能证明我引用得不对。

者爱丁堡酒鬼没有饮酒,如果爱丁堡酒鬼与该地区的其他居民相同,那么,虽然该调查没有决定性的解决总体问题,但肯定具备价值。皮尔逊教授好像认为,他必须表明的不是这个,而是,在染上酗酒习惯之后,酒鬼与该地区的其他居民相同。为了表明这一错误条件得到了满足,皮尔逊教授不辞辛苦去证明真实条件未得到满足。① 让我们回到医院的例子。如果震颤性谵妄病人在进入病房的时候没有犯病,但是在其他方面和其他病人的健康状况一样,而且是引用在病房里消费过期波尔图葡萄酒才患上了震颤性谵妄,那么,震颤性谵妄病人较低的死亡率就可以在一定程度上证明过期波尔图葡萄酒的作用,也就确实应该得到"主流世界"最近给予皮尔逊教授专题学术论文的关注。只有当酒鬼不管如何都在贫民窟的情况下,爱丁堡案例的论据才站得住脚;而且,当然不可能确切知道这是不是事实,但可能性肯定很小。

我不知道就此详细展开是否值得。有一个假设,我想皮尔逊教授并不质疑这个假设。这个假设是醉酒习惯降低家庭的社会地位,并使他们居住在较差的地区,而如果这个家庭不酗酒的话是可以住在较好的地区的。还有一个假设:如果一个家庭不酗酒并居住较差的地区,那么原因是身体或者性格的其他缺点驱使他们住在较差的地区。当然,例外也是可以

---

① 1910 年 11 月 1 日,皮尔逊教授致信《每日纪事报》(*The Daily Chronicle*),明确宣称自己在这本小册子里证明了我所谓的*错误*条件得到了满足。皮尔逊教授说自己已经表明"非酗酒家庭和酗酒家庭做着同样的工作,拿着同样的工资,居住在同样的房子里"。

找到的。这一报告的一个检查完全证实了这个预期。因此,有个假设:如果差地区的醉酒居民不饮酒的话,那么,差地区的非酗酒居民就比不上醉酒居民。因此,一个地区的差与论据紧密关联。医院的例子恰好类似。有一个假设:如果震颤性谵妄病人不酗酒的话,其他病人的健康状况就比不上他。

到目前为止,我们关注的主要是*论据*问题,但是,有一点事实好像值得谈一谈。这点事实与前面的讨论并不紧密相关,但是,皮尔逊教授在自己的小册子里着重强调了这一点事实。在皮尔逊教授与马歇尔博士的争议之中,出现了一个问题:差地区的醉酒之人是否平均甚至与非酗酒居民挣着一样高的工资。皮尔逊教授断言差别不超过每周一先令,马歇尔博士这没有考虑到许多酒鬼工作的临时和非正式本质。然后,皮尔逊教授起草了一个表格。这个表格在第 10 页和第 11 页重印,表格旨在支持皮尔逊教授在原来的专题学术论文中的声明:"饮酒之人的平均工资是 25 *先令* 6 *便士*,节制型的是 25 *先令* 5 *便士*"。因为原来的报告中没有足够的可以得出这种结论的数据,所以,首先就难以搞清楚皮尔逊教授是如何得出了这些数字。我还不清楚他是如何得出了 25 *先令* 6 *便士* 和 25 *先令* 5 *便士* 这两个平均数。或者,皮尔逊教授采用的方法就是第 10 页和第 11 页表格之中的方法(马上就要讨论这个方法),并且认为非正式或者不能被雇用工人能拿到正式工人的工资;否则(他的实际表明这个更有可能[①])皮尔逊教授

---

① 他实际上是这么说的:"考虑到报告作者们陈述的个人'平均'工资的所有情况之后。"我认为必须这样解读他的话:报告中没有陈述个人"平均"工资的情况被忽视了。

只是忽视了报告中没有记录平均工资的情况,因为非正式性或者其他原因所以没有记录平均工资。无论是哪种情况,皮尔逊教授都*没有*考虑到临时工①。而且,就像他表明的那样,他的比较不适用于所有的饮酒之人和节制型工人,只是适用于平均工资精确可知的那些人;马歇尔教授的批评还是没有得到回答。

皮尔逊教授汇编第 10 页和第 11 页表格的方法值得去详细描述。表格包括大量项目,比如:扫烟囱的人(17 先令 4 便士;S 0,D 7)、铁路搬运工(28 先令;S 7,D 2),②等等,带有这样的解释:"在每种情况下都给出了所记录的该行业个人工资的平均数。S=非酗酒,D=饮酒,这两个字母后面的数字给出了每种类型的数量。"读者自然会假定,这些工资指的那些个人是 S 和 D 标题下列举的那些。但是,事实并非如此。工资是从原始报告表格中几乎每种情况里复制出来的。在这些情况中,工资是*根据存在数据的情况*取得平均数。皮尔逊教授把它们应用到*所有的*情况之中,不管数据*是否存在*。比如说,对于七个扫烟囱之人的情况,平均数是 17 先令 4 便士。这个平均数是来自三个扫烟囱之人的平均工资(在 6 先令到

---

① 但是,这并未阻止皮尔逊教授在《泰晤士报》(1910 年 7 月 12 日)上说出完全相反的话:"当父亲的行业工资和实际拿到的工资存在区别时,按照后者而不是前者。"当然,显然就像马歇尔博士指出的那样,这个说法显然是错误的。因为,在许多情况下,这一报告没有给出可以计算实际拿到的平均工资的*数据*。

② 我已经说过了这两个情况,因为一个不言而喻的差异让我去调查这两个情况。除了我下文提到的情况之外,我并没有仔细检查任何其他的情况。

30先令之间变化),因为知道这三个扫烟囱之人的平均工资。皮尔逊教授总共得到了七个扫烟囱之人,另外(没有修改平均工资)有一个扫烟囱之人,这个人的平均工资并不知道;还有三个清洁工(工作可能不同于扫烟囱之人),其中第一个在监狱,第二个挣10先令到12先令。不同寻常的是,第三个人的收入没有记录。九个铁路搬运工的情况甚至更加极端。只知道一个铁路搬运工的平均工资;他的工资是18先令。在原始报告的工资总结中,可能是因为印刷错误,这个数字给出的是28先令,但是,原始报告里清楚地说明只是基于一个情况。皮尔逊教授复制了印刷错误,然后把这一基于单一例子的工资应用到其他八个人身上。对于这八个人,除了其中一个,剩下的都根本不是铁路搬运工,可能干着跟铁路相关的其他工作。皮尔逊教授把错误印刷的单一搬运工工资作为一个令人满意的工资指数,用在所有可能干着铁路相关工作的人身上。

但是,即使这些假定的平均数是真实的平均数,跟在研的问题也没太大关系。因为它们并没有试图区分饮酒之人和不饮酒之人,因此,不能帮助我们确定这两类人的相对收入。皮尔逊教授把这些人按行业划分,不管他们是无助的病人、疯子、正式工还是临时工。然后,皮尔逊教授给出他们可能挣的工资,而不是他们实际上确实挣到的工资。由此,皮尔逊教授从一开始就针对在研目的假定了自己的解答。在研观点是,一个行业的酒鬼是否和该行业的非酗酒之人挣得一样多,也一样稳定。皮尔逊教授得出上述结论也就不足为奇。下面对两个行业的分析表明了这一点。

让我们看一下铁匠。报告中的实际细节如下：

清单中的数字	工资	评论
35	20 先令	父亲把自己的收入用于饮酒。
147	全勤工作时 30 先令做俱乐部看门人时加 10 先令	在冬天通常工作松弛。现在是个绝对戒酒主义者。但是，直到妻子去世的时候，他都是个暴饮之人，并让妻子心碎。
212	35 先令，正式工，51 周	富裕、勤奋、非酗酒。
247	全勤工作时 34 先令 一年中有三个月 20 先令	紧张、易激动、耳聋、习惯不太稳定
432	26 先令 9 便士，正式工	父母都饮酒。
770	自己工作，工资未知，为家庭收入贡献 15 先令	父亲把自己挣得钱都用于饮酒。

这出现在皮尔逊教授的表格里就成了——

38 先令 10 便士，[①] 1 个非酗酒，5 个醉酒。

第 147 号，现在是个绝对戒酒主义者，显然被算成了醉酒之人；第 247 号，不太稳定。如果我们把第 147 号和第 212 号都按非酗酒计算，第 247 号疑似，忽略工资不明的第 770 号，平均收入如下：

1 个非酗酒之人 37 先令 6 便士 | 1 个疑似之人 30 先令 6 便士 | 2 个醉酒之人 23 先令 6 便士[②]

---

① 这显然是 28 先令 10 便士的误写，是爱丁堡报告里引用的平均工资。

② 我并没有说这是个令人满意的总结；但是，如果要作出任何总结，这好像是最可能的一个。

或者，以装订工人为例，细节如下：

清单中的数字	工资	评论
135	全勤工作时33先令，平均数31先令3便士	父亲纤弱。
142	全勤工作时32先令，平均数26先令6便士	父亲饮酒而且脾气古怪。
227	无	目前，家庭绝对禁酒。但是，父亲的健康已经被饮酒无度所毁坏，所以，他现在患有无法治愈的脊髓痨。
419	全勤工作时33先令，平均数31先令	相当令人满意。
425	24先令，正式工	总体来说是体面的家庭。
546	32先令，临时工	一个不稳定的装订工人；狂饮作乐。
688	27先令，临时工	父亲患有痨病因而无法做固定工作；饮酒。
689	32先令，正式工	对工作非常不满意；估计是饮酒。
732	32先令，正式工	父母都饮酒；父亲过去非常坏，但是遭到解雇威胁之后好像醒酒了，不再像以前那么坏了。

这出现在皮尔逊教授的表格里就成了——

30先令6便士，3个非酗酒，5个醉酒。

好像几乎不可能对实际事实进行总结，即使近似总结也不行。如果我们把第546号和第689号都算作疑似饮酒之人，并且从第546号和第688号临时工的全额工资中减去一个季度，我们就有——

3个非酗酒之人 28 先令 9 便士 | 1 个疑似之人 28 先令 | 4 个醉酒之人 20 先令

可以注意到,皮尔逊教授在计算第 227 号时并没有犹豫,就好像第 227 号也拿着正常工资。而第 227 号已经有七年没有工作了。

这些表格根本不是精挑细选的。我没有做其他的表格。我致力于分析面包师的工资,但是只发现 17 个家庭的父亲从事这项工作,而皮尔逊教授手头有 21 个,可能因为皮尔逊教授吸纳了甜食师傅或者其他的相关行业。然而,好像有一种可能:皮尔逊教授认为居住在收容所患震颤性谵妄之人拿着全额工资。我还注意到,皮尔逊教授认为醉酒有轨电车司机挣着 27 先令,而这个司机是在监狱里;皮尔逊教授认为醉酒职员挣着 27 先令,而这个职员已经失业并靠妻子的妓院支持。显然不需要进一步调查这一表格的汇编方式。如果一个统计学家使用争议性的此类表格,傲慢地坚持自己的主张,没有向读者阐明建构这一表格的原则,那么,就难以知道如何恰当地描绘统计学家的工作。马歇尔博士就此作出了评论:这个表格跟他感兴趣的任何问题都没有关系。马歇尔博士的这个评论好像非常有道理。

跟这儿所展示的例子相比,在匹配经济学家需要讨论的复杂现象之前,"受训练的人体测量统计学家"方法的应用要小心谨慎得多。不可避免的模糊和对数据精确性的渴望——在这种情况下,是关于不同类别工人的工资统计资料——经常使计数表格的精确分类难以实现。皮尔逊教授可以通过对方法的详尽阐述来掩饰这一点。但是，皮尔逊教授不可能希望在自己的原始材料里一字不改，不加修饰。

我是您顺从的仆人，
J. M. 凯恩斯

皮尔逊教授直接在1911年1月那一期的《统计杂志》回复了凯恩斯，并在与埃尔德顿女士的第二篇论文以及《泰晤士报》的专栏里对付了凯恩斯以及其他批评者①。凯恩斯试图在《泰晤士报》进行争议。这次，凯恩斯的信件已经排好了版，但是没有发表。

1911年1月16日致《泰晤士报》编辑的信

先生，

在今天这一期的《泰晤士报》上，卡尔·皮尔逊教授提出抗议：我荒唐地解读了他印刷在1910年8月10日《泰晤士报》上然后又重印在一个小册子里的工资表。在我对表格的解读之中，我理解的是皮尔逊教授的明显意义，与他现在提供的解释非常不同。

---

① 最明显的是玛丽·斯特奇（Mary Sturge）和维克托·霍斯利爵士（Sir Victor Horsley），他们在《英国医学杂志》(*British Medical Journal*) 上与皮尔逊进行了争论。

皮尔逊教授发表了一长串项目,比如下面的:"铁路搬运工(28先令;S 7, D 2)、煤气厂工人(27先令;S 5, D 0)、等等,"带有这样的解释:"在每种情况下都给出了所记录的该行业个人工资的平均数。S=非酗酒,D=饮酒,这两个字母后面的数字给出了每种类型的数量。"我认为这意味着这些工资取平均数的个人就是S和D标题下列举的那些人。现在,皮尔逊教授现在解释他们属于一个不同的组。皮尔逊教授以前应该这么说过。这个说法来自该表的"指导性"。

现在,皮尔逊教授解释说,该表仅仅是对行业的分类,与饮酒之人和非酗酒之人的相对挣钱能力没有关系。那么,这就是对行业的精确分类吗?我在其他地方已经表明,比如说,只有两个铁路搬运工。其他的七个是火车司机、检票员、养路工、油漆匠,或者其他跟铁路有关的人。他们的工资都在45先令以下。分类成行业是为了表明*地位*,把所有的铁路服务人员不分等级都归为搬运工。这好像不太有用。

最后,我要皮尔逊教授再给一个解释。皮尔逊教授起初断言饮酒之人和不饮酒之人的收入差别不到一先令。马歇尔教授提出,皮尔逊教授的断言没有完全考虑到工作的非正式性。对此,皮尔逊教授的在1910年7月11日写信给《泰晤士报》,如下:"当父亲的行业工资和实际拿到的工资存在区别时,按照后者而不是前者。"实际上,在很多情况下,作出这一估计的数据都不存在,而且在今天的《泰晤士报》,皮尔逊教授写道:"当从事非正式工作时,他(即饮酒之人)平均每周的工资比(不饮酒之人)低一先令。"我想让大家注意我设置成斜体的那些单词,并问一下皮尔逊博士,《泰晤士报》的读者是否理解他现在收回了以前的声明:他已经考虑到了工作的非正式性,他对饮酒之人和不饮酒之人平均工资的估计(差别不到一先令一星期)是基于"实际拿到的工资"。

先生,我是您的朋友,
J. M. 凯恩斯

在接受尤尔的建议并得到马歇尔的鼓励之后,凯恩斯在 1911 年 2 月的《统计杂志》上对争议做了总结。

转载自 1911 年 2 月《皇家统计学会杂志》

先生们,

1. 我很不愿意让争议继续下去,因为足够的证据已经摆在了公众的面前,如果仔细加以研究的话,就能够对辩论双方的论据得出公平的决定。但是,皮尔逊教授发表在《皇家统计学会杂志》1 月那一期的信件中有一些段落,在很大程度上揭示了以前模糊的内容。因此,好像值得指出这些内容与他一些早期说法的关系。我认为,或许也可以尽可能简单地总结一些要点。对于这些要点,意见分歧好像依然存在。这一讨论承载了太多的细节问题,这些细节对双方的主要论点无关紧要。因此,强调真正重要的观点分歧,并把这些观点分歧从

其他的内容中区分出来,就变得至关重要。①

2. 皮尔逊教授和我本人有争议的主要问题是以下三点:

(i)爱丁堡选定地区的被描述为差地区或者贫民窟是否合理。

(ii)即使(i)的答案是肯定的,该地区既差因而又不具有代表性,那么,对皮尔逊教授概括的有效性是否会造成任何影响呢?

(iii)按照皮尔逊教授和埃尔德顿女士的计算,饮酒之人和非酗酒之人的平均周工资差别不超过 1 先令。皮尔逊教授和埃尔德顿女士的计算是否充分考虑了工作的非正式性。

3. 关于(i),我没有什么要加到先前的论据之中。就像刚开始一样,皮尔逊教授还是主要依靠爱丁堡报告的一个说法:选定学校具有"广泛代表性"。从皮尔逊教授引用的段落里难以看出,调查者的意思是不是作为这个说法的依据的群体是

---

① 因此,我要皮尔逊教授信件中的几个次要之点。如果这些次要之点对我们正在讨论的科学问题更加重要,我就要作出一些回答。然而,我需要对皮尔逊教授简单解释两点。关于这两点,我无意之中给了皮尔逊教授抗议的基础。在皮尔逊教授信件开始那一段里,皮尔逊教授指责我悄悄地把他的说法"饮酒"变成了"醉酒",并由此引入了偏见以及假定了问题的正确性。我并不是这样想的,引用了爱丁堡报告的说法(第 17 页):"在细节不详的表格之中,不在'非酗酒'或者'绝对戒酒'标题之下的家庭都列人'醉酒'家庭之下;因为他们都因饮酒习惯的存在而或多或少地存在健康、饮食和道德问题。"第二(第 228 页),皮尔逊教授指出,我错误引用了他原始"专题学术论文"里的工资估计。对不起,我犯了错误。我引用了他后面的小册子的工资估计,然后把这个工资估计归为"专题学术论文",暂时忘了这些工资估计并不协调一致。皮尔逊教授在其著作的不同部分给出了这些工资估计。

大众的公平平均样本。结合爱丁堡报告的其他说法①,我认为这个说法不应该这么解读。

我认为,尽管有一些例外,但总体来说这是个低级地区,原因如下:(a)酗酒数字高;(b)接受慈善救济的百分比高;(c)跟爱丁堡其他地区相比太过拥挤;(d)跟爱丁堡其他地区的孩子相比,该地区孩子体格发育不良。皮尔逊教授给出了自己的理由,说明这些事实无关紧要。

最后,我依靠爱丁堡报告里所描述的对单个家庭非常仔细的研究。我并未发现那里的条件是正常的,尽管皮尔逊教授以优生学实验室的轻松笔调写道:怀疑我的情况排除了真正的知识。②

4.(ii)支持了皮尔逊教授对我的评论的原始回答。对于(ii),我把文稿的许多内容都给了12月的《皇家统计学会杂志》。皮尔逊教授没有在其最近的信件中提到(ii)。因此,我

---

① 比如说,在爱丁堡报告的前言里提到,就道德标准之差来说,该地区是个例外:"下面几页表明,虽然经济因素存在于爱丁堡的贫困问题之中,虽然住房低劣(像苏格兰的其他地方一样)令人痛苦且随处可见,但是,道德情操非比寻常。而且,人们的堕落和孩子的悲惨遭遇大多数是因为对烈酒的痴迷。"在第3页,调查者们指出,虽然爱丁堡在女性就业方面的优势不太出名,但是,在选定地区内,许多母亲都挣着工资,并增加了下列情况"孩子们更多地在街道上奔跑,比以前更多地吃'零食',缺乏有规律的饮食。"对于住房来说,调查者们说道(第3页):"爱丁堡所有面积在2,000英尺或者以下的房屋都是'保障房'。在所有受访家庭里,保障房的比例就超过了总数的五分之一。"在《皇家统计学会杂志》里,我已经引用了调查者们对这些孩子以及其他苏格兰孩子的对比。调查者们就此评论道:"我悲伤地强调,选定学校的孩子身高较矮。"

② 皮尔逊教授的小册子,第22页:"表现出无知的不是优生学实验室的成员,而是与世隔绝的剑桥经济学家,因为这些经济学家努力去证明爱丁堡样本属于一个非常'低级'的群体,在这个群体里'体质低下、道德败坏'。"

或许可能假定,我们在这一点上已经没有了分歧。

5. 对于(iii)来说,新知识大多是现成的。在原始专题学术论文(第4页)中,作者们写出了下面的话:"我们发现,饮酒之人的平均工资是 25 先令,不饮酒之人是 26 先令。可以合情合理地假定,上述结果表现出的 6 便士或者 1 先令的差别是雇主愿意为非酗酒付出的酬劳。"这一段里使用的"工资"这个术语(无论是行业工资还是平均工资)都是模糊的。而且,为了澄清这一点,马歇尔博士在写给《泰晤士报》的信里提出了质疑:这些数字是否充分考虑到了工作的非正式性。皮尔逊教授给出了肯定回答。皮尔逊教授写道(1910年7月12日的《泰晤士报》),"当父亲的行业工资和实际拿到的工资存在区别时,按照后者而不是前者。"在《每日纪事报》(1910年11月1日),皮尔逊教授宣称自己已经表明"非酗酒家庭和酗酒家庭做着同样的工作,拿着同样的工资,①居住在同样的房子里"。皮尔逊教授现在知道,当他写出上述句子的时候,他错误理解了合作者埃尔德顿女士所采用的汇编工资统计资料的方法。我在上一封信里敦促皮尔逊教授进行调查。作为调查的结果,皮尔逊教授现在解释,原始专题学术论文给出的估计没有考虑到工作的非正式性,并未在每种情况下都按照"实际拿到的工资"。"没有考虑到工作的非正式性,"皮尔逊教授现在写道,"但是*在知道的情况下包括了'平均'工资*,结果是,非酗酒之人的平均工资是 26 先令 1 便士,饮酒阶层是 25

---

① 我的斜体字。

先令。"①这是原始专题学术论文的基础。实际上,皮尔逊教授现在感到惊讶,当初为什么为实际拿到的工资费神费力。"显然,"他在上一封信里指出,"如果工资取平均数时把过度饮酒导致的无工资时期包括在内,就会使我们低估酗酒阶层的能力。我们越能接近一个人在正常状态下所挣的工资,也就越接近他作为非酗酒能力真实指数的工资。"在我1910年12月写给《皇家统计学会杂志》的信件中,我努力证明,皮尔逊教授在把人们按照行业划分之后,"然后,皮尔逊教授给出他们可能挣的工资,而不是他们实际上确实挣到的工资"。我并未仅仅让皮尔逊教授转而采用这种思维方式。皮尔逊教授为了新的信仰而欣喜若狂。因此,没有人再相信一个观点:饮酒之人和非酗酒之人实际挣到的平均工资相差不到一先令。

6. 我在我的上一封信里指出,如果皮尔逊教授证明非酗酒之人和嗜酒之人挣着同样的工资,那么,这一点根本没有帮助皮尔逊教授证明自己的主要论点,而是无可挽救地破坏皮尔逊教授的主要论点。②皮尔逊教授现在也充满激情且非常迅速地接纳了这一看法。这一看法把皮尔逊教授先前的观点归因于我。③ 实际上,皮尔逊教授已经全部接受了我的论

---

① 我的斜体字。
② 1910年12月的《皇家统计学会杂志》(首段和脚注,第200页以上)。
③ "凯恩斯先生和马歇尔教授好像假定,我们的立场需要非酗酒群体和酗酒群体在工资上的相等,父母酗酒对子女没有明显的影响。"我从没有这么假定,并且明确指出,这不符合皮尔逊教授的主要论点。我否认工资的近似相等,因为我觉得工资的近似相等好像是不可能的,而且不能支持我的论据的其他某个部分。

据:他应该证明"爱丁堡酒鬼饮酒之前或者爱丁堡酒鬼没有饮酒,爱丁堡酒鬼与该地区的其他居民相同"①。皮尔逊教授还匆忙地让他自己的统计资料适应现在需要做的新工作。

7. 对于行业和工资表,我不会再浪费时间。就像我依旧坚持的那样,我遵循皮尔逊教授文字的自然解读和上下文。我假定,这一表格给出的工资就是用表格列出行业的同一批个体的工资。在这个假定的基础上,我详细调查了这个表格。我的详细调查引出了皮尔逊教授的解释:从没有想让这个表格与工资建立任何联系,这个表格只是对行业的分类。皮尔逊教授承认他的九个搬运工实际上是一个守卫、两个检票员、一个司炉、一个铁路职工、一个油漆匠、一个养路工、两个搬运工,工资是45先令往下。然而,皮尔逊教授这么承认好像表明,即使就行业分类这个目的来说,这个的表格的作用也有其局限性。

8. 把所有的细节抛在一边,让我现在扼要重述一下皮尔逊教授和埃尔德顿女士的结论以及真正有杀伤力的对他们的批评。在一开始,酗酒和工资这个问题只是两位作者的一个附带意见,并不是他们主要论点的一部分,我不会再提。由此导致的误解现在已经澄清。

三个不同的问题始终纠缠在一起:

(1)父母酗酒习惯对子女的产前影响。

(2)酗酒家庭的产后影响和环境影响。

---

① 我写给《皇家统计学会杂志》的信,1910年12月,第116页(第199页以上)。

(3)通常与酗酒习惯相联系的,但不是由酗酒习惯导致的,遗传特性的影响。

在研究爱丁堡报告数据的时候,只能看到前两个问题。或许①可以假定第三个问题本身不足以清楚地把酗酒孩子从其他孩子中区分出来。前两个问题的影响产生了各自的效果。从情况的本质来说,各自的效果难以区分。但是,因为皮尔逊教授和埃尔德顿女士在酗酒孩子和非酗酒孩子中间没有发现决定性的区别,所以,他们得出结论:父母酗酒和孩子出生之后的酗酒环境,都不会对子女产生明显的灾难性影响。他们的总结(第31、32页)有点模糊,我认为是这个意思。但是,如果我正确理解了他们的意思,他们主要是在考虑环境的影响。在他们开始调查之前,"还有",他们说(第31页)"一个合理的预期。那就是人们会发现父母酗酒会通过遗传的直接和交叉因素对孩子产生明显的影响,还会产生一种可能更加严重有害的环境影响……这里,至少我们预期,明显的环境影响可以被发现,也可以量化定义。"他们的结果的新奇和重要性在于一个事实:按照作者们的观点,他们的结果与这一合理的预期相抵触。在另一方面,结果对于他们来说并不是完全令人吃惊,因为结果与一个结论协调一致。结论是,普遍经历通常趋向于夸大环境影响的重要性。其他领域的调查已经得出了这一结论。因此,爱丁堡数据支持普遍论点。优生学

---

① 但是,参看下面引用的"专题学术论文"第31页的一段。对于皮尔逊教授的假定,如果把一个太精确的观点归功于皮尔逊教授就显得轻率了。

实验室进行的其他调查已经指出了这一点。普遍观点是，跟完全原始的遗传影响相比，父母获得性性格对孩子的影响、产前环境和产后环境对孩子的影响无足轻重。实践结论好像遵循这个普遍观点。实践结论如下，——禁酒改革者的政策在*其他情况下是可取的*，但是，虽然禁酒改革者不遗余力去禁止醉酒，但却几乎对孩子们无济于事。下一代的提升必须通过其他方式实现。

9. 上面的论据所导致的批评多种多样。在为自己辩护的时候，皮尔逊教授就像辩论者们经常做的那样，提出比原始的专题学术论文无遮无拦得多的见解。讨论也转向了关于字词和细节的争论。在这场争论中，成功的攻击和成功的辩护都不可能影响主要问题。我认为，下面是皮尔逊教授所没能反驳的关键批评。

首先是医学批评，由玛丽·斯特奇博士和维克托·霍斯利爵士所做，他们在《英国医学杂志》等处对此大力倡导：

(i) 爱丁堡*数据*没有给出问题(1)的解。问题(1)就是父母酗酒习惯对子女的产前影响。因为没有办法知道哪些爱丁堡父母在孩子出生之前染上了酗酒习惯，而哪些没有。皮尔逊教授回答说他们可以合理地假定*一些*酗酒父母在孩子出生之前就酗酒。但是，这个回答并不充分。如果*大多数*父母在孩子出生之前不酗酒，任何可能存在的有害影响都可能轻易地隐藏在诸如此类的有限调查之中。

(ii) 按酗酒和非酗酒分类不能令人满意。皮尔逊教授的非酗酒之人只有极少数是绝对戒酒者。他们中许多人对酒的消费未达到明显过量的地步,然而,饮酒之量还是可能足以对子女造成有害影响。

接下来是统计批评。实际上,这些批评都等于一个论点:皮尔逊教授关于酗酒父母和非酗酒父母初始相同的假定是站不住脚的。由此,子女的最终相同不能反证饮酒的有害影响。这是最基本的批评,因为一方面,这个批评和医学批评一样适用于这一特定情况合适预警的实际缺失,另一方面,也几乎适用于关于这些思路的所有可能调查。这一批评可以有不同的形式:

(iii)皮尔逊教授的样本来自一个差地区,因此不具有代表性。一个饮酒之人可能仅仅因为这个原因而去住在这个地区;一个不饮酒之人可能因为疾病或者其他某种无能而被迫住在这个地区。在回答这一点时,皮尔逊教授不会承认他的地区不具有代表性。

(iv)同样的批评,虽然不那么激烈,但适用于*任何*地区的选择。饮酒习惯可能驱使一个人到较差的地区居住,即使仅仅因为租金花费比住在其他地方较低。①

(v)我们没有权利在没有证据的情况下假定,与酗酒习惯普遍联系但不是由酗酒习惯导致的遗传特性影响总的来说没有差别效果。如果我们不能证明这一点,那么,*所有*酗酒之人孩子与*所有*绝对戒酒者孩子的近似相同,即使在全国广为发现,也无法反证父母酗酒的有害影响。皮尔逊教授本人已

---

① 参见庇古教授,《威斯敏斯特报》,1911年2月2日,针对批评(iv)和(v)。

经表明,他在爱丁堡发现的相同可能是由于"好像与饮酒趋势相联系的特定身体和心理性质"。如果这是真实的,如果我们发现酗酒之人的孩子和非酗酒之人的孩子一样差,那么,父母酗酒肯定对孩子产生有害的毒性影响或者环境影响。

对于诸如此类主题,皮尔逊教授根本没有鼓励定论在日报上的广泛传播。这样的主题是基于片面的数据。而且,即便片面的数据讲得通,这样的主题也是基于假说性的和未加调查的假定。

10. 我认为,下面是我们应该得出的结论。对于问题(1)和(3),在第8段中,没有证据让我们持任何定论。对于问题(2),就像皮尔逊教授承认的那样,除了爱丁堡调查之外,大量普遍经历表明了一个极大的可能:酗酒家庭通常对孩子施加灾难性的环境影响。爱丁堡数据的本质对这些问题的解答无法做出任何贡献,而且,优生学实验室把问题原封不动地放在了那儿。另外,问题非常复杂,而且当我们从总体上讨论各个例子的时候,三个不同影响的效果难以区分,因此,这些问题好像需要应用实证方法,而不是统计方法。好像非常难以找到应用统计方法的合适条件。我只能想象到一组情况下,统计方法具有真正成功的希望;——即有一大批父母在开始结婚的时候是绝对戒酒者,有了一些孩子,接着开始饮酒,然后又喝得更多。① 然后,我们可以把父母在禁酒中孕育并抚

---

① 同时还进行了调查,调查对象是未改变习惯的群体,目的是发现孩子的健康和父母生孩子的年龄之间是否存在任何相互关系。

养长大的孩子与同一对父母在醉酒中孕育并抚养长大的孩子进行比较。假设有如下情况：有一批禁酒父母已经满足了第一个条件，这些父母对科学非常感兴趣，因而愿意使自己满足第二个条件。只有在这个情况下，统计方法才可能找到合适的用武之地。

诸位先生，
我是 J. M. 凯恩斯

要了解 1911 年至 1912 年的进一步资料，请看附录。

1911 年 11 月 21 日，R. H. 胡克（Hooker）向皇家统计学会宣读了一篇论文"国内外价格过程（The Course of Prices at Home and Abroad）"。凯恩斯参加了后面的讨论。

转载自 1911 年 12 月《皇家统计学会杂志》

J. M. 凯恩斯先生说他非常同意上一位发言人[阿瑟尔斯坦·贝恩斯爵士（Sir Athelstane Baines）]的几个说法。有一个初步的问题：指数的形成。对于这个问题主要有两点：第一，关于加权，第二，关于作为基数的时期。为了先考虑第二点，也就是说，先考虑尽可能采用最近基础期的重要性，胡克先生指出，如果是在他考虑的特定情况下，每种商品的价格分别都是根据后面而不是前面的时期调整的，总指数是 115.3；但是，如果他采取粗略的方式，直接对总指数进行调整，那么，总指数就是 113.1。胡克先生说这是两个百分比的区别，是 13 和 15

的区别,区别肯定是相当大的。从一个角度来看,这只是一个有趣的区别(即价格变化的数量)。绍尔贝克先生的指数有一个非常遥远的基础期(1867—1877)。就绍尔贝克先生的指数来说,在计算更近基础期时,采用一种方法或者另一种方法所出现的差别非常大。绍尔贝克本人努力去弄明白,如果采用1907年而不是四十年前的1867年至1877年时期为基数,会出现什么差别。效果是,如果他们考虑价格变化的数量,两个方法的结果相差40%;以1907年为基数,四十年间的价格下跌是从100到72,而以1867年至1877年为基数,四十年间的价格下跌是从100到80。差别是巨大的。胡克先生无须处理如此巨大的差异,因为他比较的两个时期比较接近,只相差十年。但是,需要记住一点:如果基础期遥远且价格变化巨大,引入的就是一种非常任意的加权变化。如果采取四十年的间隔,一个商品可能只有以前一半的价值,另一个商品的价格可能增加到了原来的四倍。效果就是,在一种情况下为特定价格变化加权的达到了另一个的八倍,但却没有任何实际原因来这么做。至于加权,凯恩斯推测,胡克先生并不太重视加权;但是,阿瑟尔斯坦·贝恩斯爵士相当重视加权,凯恩斯热诚地支持阿瑟尔斯坦·贝恩斯爵士。凯恩斯认为统计学家之中存在着一个迷信:他们如何为指数加权不太重要。之所以会这么认为,部分原因是埃奇沃斯进行了精密的调查。然而,埃奇沃斯教授的调查是基于相当人为的假定。发言人并没有发现忽视加权在实践中得到了证明。他搜集了许多指数,并从那一立场进行观察。结果好像是,加权的不同经常是第一要务。

有一个例子:在这种情况下,食物指数往往与原料指数大不相同。对于零售价格和批发价格来说,也可以发现同样的情况。如果一个指数非常关注食物,包含的食物例子比原料例子多,那么,跟更加关注原料的指数相比,这个指数就显然很受食物价格变化的影响。这些因素都指出了一个结论:现有的指数是非常粗略和不可靠的,根本没必要沾沾自喜。上面的理论认为合适的加权无关紧要。这一理论有时导致了对现有指数卓越性的无缘由的顺从情绪。胡克先生尽可能挑选了最好的指数,其实践简直毋庸置疑。但是,从理论上说,这些指数无可厚非。而且,凯恩斯认为,这些指数已经具备实践性提升能力。在论文的末尾,有关于皇家和价格的一两个说法,凯恩斯认为作者过于重视黄金。凯恩斯也认为黄金是决定价格的最终重要要素之一,但只是至少四五个要素中的一个;如果其他的要素被忽视,并在黄金阐述和价格水平之间发现了巧合,那就只是巧合而已。卡塞尔(Cassell)教授的调查已经得到了引用。对凯恩斯来说,卡塞尔教授的调查实际上价值很小。凯恩斯忽略了所有的信用变化。

胡克先生说事实并非如此。他的方法解决了这个问题。关键是价格几乎相同,因此,黄金的大幅上涨就足以解释贸易的所有变化:人口增加、信用变化等等——黄金的数量就足够了。

凯恩斯先生说他反对卡塞尔教授对中间年份的篡改。凯恩斯也认为,如果拿出价格持平的两个年份,比如1850年和1870年,这一理论就适用于这些年份;但是,当他们想在中间年份黄金供应估计的变化基础上进行篡改时,就假定黄金供应和其他因素始终在以同样的速度变化,凯恩斯好像认为这一假定根本未经证实。在19世纪的后五十年出现了贸易的大扩张,有点类似的信用扩张大大抵消了贸易大扩张。这两个重要影响或多或少地平衡了彼此,因而为黄金供应留下了力量平衡。但是,人们不能根据这个来推断未来,也不能假定在这一时期存在力量均衡的黄金总是处于力量均衡之中。卡塞尔教授好像也忽视了一个事实:在这一时期的早期,英国几乎是唯一使用黄金通货的国家,而在这一时期的末期,几乎所有的国家都以黄金为基础。在这一时期的开始和结尾,黄金供应以及其他因素对价格变化的相对影响绝不是恒定的。凯恩斯认为第22页有个小错误:作者把1850年和1873年的价格上涨归因于五十年代早期的黄金产量增加、六十年代的贸易和工业大扩张。这两个影响作用力相反:贸易扩张使对黄金的需求增加,趋向于降低价格而不是抬升价格。贸易大扩张确实经常与信用扩张相联系,而信用扩张会导致价格上涨;但是贸易扩张本身产生的作用力相反,导致了对汇兑媒介的更大需求。

转载自 1912 年 12 月《经济学杂志》

Tables showing for each of the Years 1900—1911 the Estimated Value of the Imports and Exports of the United Kingdom at the Prices prevailing in 1900.(Cd. 6314)1912.

这个报告是一个系列中的第六个,这一报告作出了重大革新。

贸易部已经第一次采用了汇编指数方法。汇编指数方法先是由马歇尔博士在《当代评论》(1887年)中提出，由汇编指数方法得出的结果只能*直接跟前一年*的结果比较，那么，如果愿意的话，分类的基础就能逐渐地逐年改变。这样，就有可能利用随着时间流逝自然分类所出现的提升。1909年英国外贸价值按照1908年平均价值逐个商品进行计算，1910年按照1909年的平均价值，1911年按照1910年的平均价值，这一策略被顺理成章地表示为*步进法*。可以直接从1910年得到平均价值的1911年进出口商品价值，达到了所有进口商品价值的89%、出口商品的83%、再出口商品的81%。对于其他的一些商品，根据假定，其平均价值变化与其所属类别或者极近类别的其他商品平均价值变化呈同样的百分比。1911年的数字如下：

	宣布的价值（英镑）	价值占1900年公布的价值（%）	按1900年价格的估计价值（英镑）	估计价值占1900年公布的价值（%）
进口	680,559,000	130.1	624,995,000	119.5
再出口	102,721,000	162.6	84,057,000	133.0
净进口	577,838,000	125.6	540,936,000	117.6
出口	454,282,000	156.0	454,795,000	156.2

这个表格揭示了一个事实：我们的出口价格几乎与1900年相等，但是进口价格大幅高于1900年。① 跟所有价格都同等移动的情况相比，我们实际上一年损失37,000,000英镑。对价格*总体水*

----

① 然而，需要指出一点：如果把在1900年处于异常价位的煤排除在外，我们出口商品价格总体水平略微上涨。

平近期巨变的兴趣模糊了一个事实:不同类别的商品移动非常不均。英国是个债权国,每年都收到大量黄金,但是,我们还是非常关注一个问题:出口商品价格或者进口商品价格是否在较快上涨。

当然,上面表明的恶化——从这个国家的角度来看——是因为初级产品的收益递减定律。经过暂时的平静之后,①收益递减定律近些年大行其道。现在再度出现了一个稳定的趋势:制成品的特定单位购买的初级产品数量逐渐递减。贸易的相对优势正变得对工业国家极为不利。下面的表格是 1911 年的数字,更加清楚地表明了这一点:

	1911 年宣布的价值(英镑)	按 1900 年价格的估计价值(英镑)	以 1900 年为基数的价格水平
食品、饮料和烟草的进口	264,334,000	239,647,000	110
原料等的进口	248,163,000	217,002,000	114
制成品进口	165,579,000	167,437,000	99
制成品出口	362,387,000	345,040,000	105

总之,还可以补充一点:聊可慰藉的是,跟 1910 年或者 1909 年相比,进口和出口的相对价格对这个国家有利,虽然比前些年差一些。

转载自 1912 年 12 月《经济学杂志》

MCILRAITH, James W. *The Course of Prices in New Zealand.* (Wellington: Government Printing Office, 1911.)

---

① A. L. 鲍利教授的备忘录,《经济学杂志》,1903 年,第 628 页。这篇备忘录表明,1873 年和 1889 年相对于净进口价格,出口商品价格趋向于相对下跌,而从 1890 年到 1900 年则上涨。在已经结束的 90 年代,这个不正常的趋势是个常见现象。

Report of Commission on the Cost of Living in New Zealand, together with Minutes of Proceedings and Evidence.（Government Printing Office, Wellington）1912.

海特（Hight）教授为麦克瑞斯（McIlraith）博士的论说文写了引言。麦克瑞斯博士的论说文体现了坎特伯雷学院（Cantebury College）研究生研究工作的成果。麦克瑞斯博士的论说文表明了在处理统计资料时，健康理论思想和实践技巧非比寻常的结合。从杰文斯那时起，私人在没有官方帮助情况下对价格水平进行的调查很少有比这个更令人钦佩的。

这篇论说文的主要目的是形成自1860年以来新西兰价格的指数。但是，其中也包含了大量与该国经济历史相关的总体材料、关于当地价格变化驱动因素的一些讨论。对指数构建进行完整讨论之后，麦克瑞斯博士采用了一个方法，麦克瑞斯博士对这个方法总结如下："我已经使用了四十五种商品，其中既有初级产品，也有制造商品；对于这些商品，我采取未加权算术价格。我的标准时期是1890年至1899年这十年。为了比较，我还使用了通过中位数得到的平均数；而且在一些情况下，我给主要商品加权。使用的价格是批发价格。"当然，在选择商品时，麦克瑞斯博士受到了许多限制，因为难以获得尚且精确的统计资料，尤其是难以获得早些年的尚且精确的统计资料。羊肉的情况就是这些里面的一个例子，可以再引用一下。农民和肉出口商难以说清在任何特定年份里羊肉实际上价值几何。"当羊长肥时，农民把羊放进销售场，按每头多少钱出售。价格部分是由伦敦市场羊肉当前价格决定的，部分是由油脂、兽皮、皮革和羊毛的当前价格决定的。一个事实使问题更加复杂,羊身上的羊毛取决于卖羊的季节。在其他因素不变的情况下,羊的价格会从1月份上涨到11月份。1月份刚剪完羊毛,11月份即将剪羊毛。"因为随着时间的推移逐步会有较好的统计资料出现,所以,麦克瑞斯博士会非常简单,只需要系统地采用麦克瑞斯博士的步进法。麦克瑞斯博士并没有讨论这一策略,他可能忽略了。

如果取了十年平均数,就会发现从1861年至1870年和1892年至1901年,新西兰价格持续暴跌,1861年至1870年的指数是184,1892年至1901年的指数是98。从那时起,价格几乎静止不动,有轻微上涨的趋势,指数在1901年至1910年这十年达到了101。如果把农产品从非农产品中区分开,一些有趣的结果就会显而易见。直到1890年至1899年这十年,农产品和非农产品的价格运动没有重要的不同。从那时起,在1902年至1911年这十年之中,农产品指数从100上升到123,而同期非农产品指数从100降到94。

新西兰生活成本委员会(Commission on the Cost of Living in New Zealand)在1912年5月31日召集,在8月30日报告。然而,在这短暂的时间里,新西兰生活成本委员会设法检查了来自各阶层的大量目击者,搜集了足够填充650个对开页的材料。对于研究新兴国家经济发展的学者来说,对于研究价格变化的学者来说,这份报告包含了大量有趣的内容。新西兰生活成本委员会自由使用了麦克瑞斯博士的调查,对于单纯的价格问题并没有增加太多内容。他们的普遍结论是,从九十年代中后期到今天,"生活成本"

上涨了至少16%；但是，自从1890年，新西兰的价格总体水平上涨低于其他任何国家，对此可以进行比较。另一方面，总体货币工资自从1896年以来上涨了24%，所以实际工资有一个稳定的上涨趋势。

新西兰生活成本委员会报告强烈反对对工业进行关税保护。新西兰生活成本委员会起草了一份非常有教育意义的表格，表明，尽管众多商品的关税从20%到25%不等，国家保护行业雇用的工人总共不超过24,277人，或者考虑到他们的家属，大约占人口的5%；在许多高度保护性的行业里，只有些许工人受到了影响。比如说，在整个新西兰，对餐具征收20%的税只涉及三个餐具从业者的工作；对玻璃的类似税收只涉及14个人的工作。在畜牧业方面，新西兰具有压倒性的比较优势，因此，关税带来的额外行业职业就业机会无关紧要。当然，新西兰的人口不足以支持极大规模生产经济占重要地位的行业。然而，新西兰生活成本委员会认为，产生的既得利益使完全废除关税难以实行。新西兰生活成本委员会推荐此后进行温和的修订，并且在未来不增加新税，还表达了他们的喜好：对其中一项关税实行奖金制度。找到替代性税收来源的难度对他们也造成了多大的影响？不得而知。

新西兰生活成本委员会的另一项建议也具有价值。新西兰生活成本委员会觉察出"教育和生活成本之间存在密切联系"。新西兰生活成本委员会建议一方面更多地关注技术指导，另一方面更广泛地了解经济事实和理论。"其中最重要的是小学里提供的普通教育的性质：第一，因为接受小学教育的年龄段正是印象最深刻的年龄段，第二，因为大多数人从未接受过其他的正式教育。因此，这是件遗憾的事情，因为在这个阶段，更多的注意力不是用在对社会和经济生活主要事实的描述上。在我们的政治制度中,我们根据一个假定行事。这个假定就是,每个成年男人和女人都是政治专家,而且政治问题是且必须变得越来越经济化。但是我们没有预先采取措施来保证这一假定应该基于事实之上。在小学和中学之中,更重要的位置应该给予无争论经济学。比如说,要教给孩子们理解和描述所在地区的行业、工作划分和进行的方式、从事这些行业的原因、支付一定价格的原因、当地政府的主要特点。"在大学里会继续这方面的学习,因此,关于这一主题的智能兴趣就在全国开展了起来。

新西兰生活成本委员会能够揭示一个奇特有趣的"小集团"的运行。这个小集团就是新西兰商会(Merchants' Association of New Zealand),新西兰商会显然主要是由零售商组成的。新西兰商会拒绝为新西兰生活成本委员会提供证据;但是,新西兰生活成本委员宣称自己有"确凿的证据表明新西兰商会的成员之所以聚在一起是为了确保自己的利益而限制贸易并联合抵制独立商人。如果他们在一个地方成功控制了进口商品和本地产商品,那么,他们的操作之后就是价格上涨……新西兰商会把持久的压力加在了当地、英国和外国供应商身上,让他们拒绝为拒绝加入'小团体'的独立商人供货。"虽然新西兰商会的活动好像损害了批发制造商的利益,但下面是新西兰商会控制的商品:糖、火柴、可可粉、谢勒橘子酱、科尔曼芥末和淀粉、基恩香料和蓝颜料、鲁滨逊去壳谷粒和大麦、尼夫食品、梅林食品、埃德蒙发酵粉、利弗肥皂、雷克特抛光机、蜡烛、专卖茶叶、烟草和香烟。作为新西兰商会方法的例子,新西兰生活成本委员会印刷了一封非常有趣的信件,杰伊斯流体的所有人把这封信教给了新西兰生活成本委员会。在压力之下,杰伊斯流体的所有人拒绝联合抵制独立商人。

转载自1928年12月《经济学杂志》

MILLS, FREDERICK C. *The Behaviour of Prices*.(New York, National Bureau of Economic Research, Publication No.11), 1927.

这本书标新立异,是同类著作中稍微突出和有价值的一个,迄今为止还未在美国之外出现过。米尔斯(Mills)先生用了约600页的篇幅来计算1890年到1925年这段时间关于商品价格的一组一组不同事实,并用表格列出来。任何想要概括价格行为的人都需要这些事实作为基础来得出结论。米尔斯先生具有特别之处:他开始的时候没有理论,结束的时候也没有理论,满足于摆出资料,为某些人提供方便,这些人不像他那样喜欢艰苦调查但却更喜欢谈理论。但是,虽然非常不愿意尝试较高级别思想,可能表明进行的是相当低级的研究,但是,对米尔斯先生这个例子来说,决不是如此。这个著作非常高级。这本书看起来令人生畏且一点也不好懂,但是,几乎所有考虑价格指数以及其他货币问题的人都会发现这本书的用处,因为这里罗列的事实足以纠正他的一些先入之见,并或许向他表明值得探究的一些新想法。在那种量化观察资料之中,这本书是创新之作。那种量化观察提供了一个基础,让其他学科在此基础之上变成了精确的科学。经济环境的一致性是否足以使经济学家充分利用此种工作,时间会表明。但是,毋庸置疑,这是值得一试的。如果经济理论得到了这种书的武装：提供该学科整个领域的量化观察资料。那么，进步的希望无疑会增加。

这本书分成五节。第一节讨论了商品价格的不同可衡量特性。米尔斯先生自由使用了"价格亲戚"。米尔斯先生的"价格亲戚"是指的，任何一年的价格都可以按照上一年价格的百分比来衡量。然后，米尔斯先生逐月逐年衡量了不同商品价格的变化级数，指出了变化和其他特性的频率和数量。然后，米尔斯先生讨论了价格趋势、总体价格运动中单个价格变化的持续时间和振幅。他最接近概括的地方如下："许多讨论假定，单个商品价格和商品组价格之间存在一定的'正态'关系，而且当价格因战争等而扰动的时候，这个关系就受到了扰动。当前证据表明，按照绝对形式来说，价格之间不存在正态战前关系。在战前价格环境中，恒定的并不是一组固定的价格差异，而是逐年以相当有规律的速度变化的关系。如果假定特定年份的实际价格彼此存在正态关系，就是试图形成一个有规律变化环境的典型。"

接下来的一节讨论的是商品价格的地区差异，也就是说，同一时期，价格变化因不同地理位置而有多大程度的不同。米尔斯先生的数据主要是关于美国的不同部分，引人注目的是米尔斯先生发现了多么巨大的变化。米尔斯先生还记录下了关于不同国家运动的一些特殊性。下图表明，从1896年到1913年，在四个国家之中，就商品而言，甚至是平均年度价格变化率也存在巨大的区别。而我们通常认为，这些变化率是标准化的且受国际价格的制约。——

商品	平均年度价格变化率，1896—1913 年(%)			
	美国	英国	德国	法国
小麦	2.6	1.7	2.0	1.5
黑麦	4.1	—	2.0	—
土豆	4.3	-0.4	2.7	4.4
原糖	0.2	1.2	0.4	—
精糖	0.1	—	-1.2	2.9
原棉	3.9	3.8	3.8	3.9
棉纱	2.6	3.1	3.1	—
生铁	1.0	1.7	-0.2	—
铜	1.0	1.5	1.0	—
烟煤	0.9	1.1	1.7	1.9
石油	3.5	-0.2	—	2.2
羊毛	1.6	1.5	—	—
丝	-0.1	-0.1	—	—
橡胶	2.3	3.7	—	—
兽皮	3.4	3.2	—	—
咖啡	2.7	-2.4	—	-0.1

在另一个表格之中，米尔斯先生拿出了更加惊人的证据，表明这些商品价格的逐年变化级数在不同的国家存在巨大的差异。

在第三节，米尔斯先生试图衡量价格不稳定性。也就是说，衡量价格离差的级数。这里，米尔斯先生又一次表明，离差的程度比人们可能假定的要大得多，而且，一般说来，相对价格的变化相当大。米尔斯先生还发现人们会做的预计，即，当价格水平本身处于变化之中时，相对价格的变化较大。当然，对我来说，米尔斯先生所揭示的相对价格极端不稳定性好像最终消灭了对未加权价格指数所持的任何信心。显然，相对价格运动如此之大，以至于单个商品的价格变化不能被看作总体价格水平变化的良好样本。

最后,在第四节,米尔斯先生讨论了商业循环中价格变化的性质。在我看来,这一节最不引人关注。

转载自 1929 年 3 月《经济学杂志》
WARREN, G. F. and PEARSON, F. A. *Inter-Relationships of Supply and Prices*. (Cornell University Agricultural Experiment Station, Ithaca, New York), 1928.

在 1928 年 12 月的《经济学杂志》(上文第 235—238 页)中,我评论了 F. C. 米尔斯先生对《价格行为》(*Behaviour of Prices*)的调查。米尔斯先生针对价格波动的统计检查浩繁丰富、具有价值。梅西尔斯·沃伦(Messrs Warren)和皮尔逊的调查几乎同样深入细致,是对米尔斯先生统计检查的补充。跟米尔斯的研究领域相比,梅西尔斯·沃伦和皮尔逊把研究领域限制在一个更小的范围之内。在有许多农产品的情况下,梅西尔斯·沃伦和皮尔逊致力于去发现农作物规模波动和所收价格波动之间的关系。就外人看来,这项工作的进行具有高度的技巧,且善始善终,而且结果也具有高度的价值。唯一的疑问是初始数据是否足够优秀,可以承受加在其上的负担。如果使用的价格数字和农作物数字真的可靠,那么,梅西尔斯·沃伦和皮尔逊的量化结论就具有极大的理论价值。但是,即使可以假定价格统计资料相当可靠,人们还是不由地觉得关于农作物规模的统计资料几乎不可避免地会犯下严重的错误。或许,梅西尔斯·沃伦和皮尔逊注意到了他们的精确方法施加在不精确初始数据之上的沉重负担。但是,梅西尔斯·沃伦和皮尔逊并没有像或许应该做到的那样相当明确地警告读者。梅西尔斯·沃伦和皮尔逊也没有试图评估其结果可能涉及的可能错误的程度。另外，梅西尔斯·沃伦和皮尔逊对移动"正态"的估计涉及趋势消除方法。即使趋势消除方法非常容易用，也总是危险的。

然而，对于这些作者，人们不应该吹毛求疵，因为他们辛苦工作提供了一个让别人发明理论的基础，而他们就像米尔斯先生一样，除了按照最基础的方式之外，依然奇怪地避免将如此辛苦计算得出的成果哲学化。然而，对于一个理论观点来说，梅西尔斯·沃伦和皮尔逊确实引起了大家的注意，而且是着重注意。梅西尔斯·沃伦和皮尔逊指出，生产者接受的价格，只是影响生产的价格，这里生产者就是农民；而消费者支付的价格只是影响自己消费的价格。现在，当包括运输成本和销售成本在内的总成本形成了最终消费者支付价格的大部分，农民接受价格的极大波动就成了价格到达消费者时相对较小的百分比削减。包括运输成本和销售成本在内的总成本不会受到单个农作物相关特定环境的这样或那样的影响。农场价格的剧烈波动可能意味着零售价格的较小波动；所以，非正常的供应不是立刻被需求的改变所平衡。需求的改变是由价格变化导致的。价格变化足以实质性地改变零售需求可能意味着农民接受的价格发生巨变。这部分解释了作者们展示的需求为什么具有巨大的稳定性。与此相关，但是并不与此等同的是一点：当农民生产过剩时，承担所发生的几乎所有冲击的是农民，而不是销售者。比如，1927年5月，美国农民零售给美国城市的食品比战前价格高72%，但是农民因此接受的只比战前价格高 46%。梅西尔斯·沃伦和皮尔逊进一步指出,比如说,金融紧缩增加了农场价格波动的烈度,因为在此情况下运费和搬运费变化缓慢,然而,代表了零售价格的如此大一部分,所以,消耗大量供给所需的零售价格的任何特定变化代表了农场价格的极高百分比。

  令人好奇的是,虽然这本书几乎全是关于需求弹性的计算,但是,我认为这一计数术语并未在其中的任何地方提及。对于经济学家来说,得到某种想法是很有价值的,这个想法是粗略的,关于实际实践中弹性量值的顺序。因此,我从梅西尔斯·沃伦和皮尔逊的结果中提炼出了下面的表格。可以看到,取不同商品的中位数之后,当按照农场价格计算(一般来说)时,需求的短期弹性非常接近一致。

		产地	当产量是-时,价格与正态(100)的比较			
			低于正常值 20%	低于正常值 10%	高于正常值 10%	高于正常值 20%
土豆	美国农场价格 1871—1894	美国	129	113	90	81
	美国农场价格 1895—1915	美国	135	115	88	78
	纽约零售价格 1897—1915	美国	106	103	97	95
	法国农场价格 1897—1914	法国	118	108	93	87
	柏林批发价格 1902—1913	德国	145	119	85	74
	柏林零售价格 1902—1913	德国	131	113	89	80

续表

		产地	当产量是-时,价格与正态(100)的比较			
			低于正常值20%	低于正常值10%	高于正常值10%	高于正常值20%
干草	美国农场价格 1875—1913	美国	117	108	93	88
苹果	纽约批发价格 1894—1914	美国	117	108	94	88
玉米	美国农场价格 1875—1913	美国	128	113	90	82
	美国农场价格 1921—1925	美国	130	113	89	81
	利物浦混合美国 1898—1913	美国	115	107	94	89
	美国农场价格 1900—1915	世界	140	117	87	76
燕麦	美国农场价格 1875—1913	美国	123	110	91	84
	美国农场价格 1899—1914	世界	148	120	85	73
大麦	美国农场价格 1875—1913	美国	116	107	94	89
	美国农场价格 1899—1913	世界	116	107	94	89
大米	新奥尔良批发 1905—1915	世界	133	114	89	79
小麦	利物浦现货价格 1899—1913	世界	125	111	91	83
	堪萨斯批发 1899—1913	世界	131	114	89	80
	柏林合同 1899—1913	世界	120	109	93	86
	柏林合同 1899—1913	德国	108	104	97	94

续表

		产地	当产量是-时,价格与正态(100)的比较			
			低于正常值 20%	低于正常值 10%	高于正常值 10%	高于正常值 20%
	巴黎合同 1899—1913	法国	112	105	95	91
棉花	美国农场价格 1882—1913	美国	112	105	95	91
猪	美国农场价格 1878—1914	美国	114	116	95	90
	所有以上的中位数		120	110	92	85

梅西尔斯·沃伦和皮尔逊进一步引用了一个例子,这个例子有必要给出:"在战争之前,世界小麦作物低于正常值10%,柏林批发价格高于正常值9%,利物浦高于正常值11%,堪萨斯城高于正常值14%,明尼阿波利斯高于正常值16%。在俄国的萨拉托夫批发价格高于正常值22%。"

梅西尔斯·沃伦和皮尔逊调查几乎完全是关于农产品。但是,一些涉及工业产品的商品表明,跟农业的情况相比,供应对非正常情况的回应非常容易受到影响。因此,梅西尔斯·沃伦和皮尔逊进行了下面的概括:"如果工人失业,钢厂可以闲置。但是,农场不能陷于停顿。农民在为自己工作。农民不能解雇自己并停止生产直到价格上涨。如果农场关闭,农民必须放弃自己的业务和家。农业区一旦确定了下来,家建起来,终生的劳动都用来建设农场,那么,该地区和市场之间的销售成本上涨就会无限期地被农民承担,除非价格上涨破坏了所有价值并使人们抛弃所有的财产、背井离乡。"

沃伦先生和皮尔逊先生理应得到经济学家的感激,因为他们的创新之作非常有趣、也非常来之不易。

转载自 1938 年 6 月《经济学杂志》

FUNKHOUSER, H. GRAY. *Historical Development of the Graphical Representation of Statistical Data.*(Osiris Studies on the History and Philosophy of Science, Vol. Ⅲ, Part Ⅰ),(The Saint Catherine Press, Bruges), 1937.

    这是一部非常有学问的著作，包含的书目显示出了综合性。或许芬克豪泽（Funkhouser）先生研究最显著的成果是一个事实：直到最近，图表法都进步缓慢。1935 年，芬克豪泽把一篇论文投给了《经济历史》（*Economic History*）。在这篇论文里，芬克豪泽已经指出，威廉·普莱费尔（William Playfair）的著作在 18 世纪末统计数据的图表符号历史中非常重要。这本书进一步证明了这个结论。芬克豪泽说，多年之后，杰文斯第一个指出了普莱费尔著作的重要性。然而，杰文斯对此的兴趣可以追溯到比 1879 年早得多的时候。当时，杰文斯在《统计学杂志》上写了一段话，普莱费尔参考了这段话。杰文斯无疑在职业生涯的一开始就看到了普莱费尔的作品，而且杰文斯自己的统计图表册规划就是基于普莱费尔的著作。杰文斯自己的图解准备于 60 年代初，几乎是对普莱费尔的模仿，包括水彩边缘，杰文斯和普莱费尔都喜欢用水彩边缘装饰自己的统计图片。H. S. 杰文斯教授有很多图解［剑桥的马歇尔图书馆（Marshall Library）为学者们提供了独特的样本］。

    然而，尽管有了普莱费尔的著作，图表法的进步速度依然缓慢异常。在 1837 年至 1887 年《统计学杂志》的头五十卷中，总共只印了 14 幅图。令人惊奇的是，拉普拉斯从未画过一幅误差正态定律图,虽然,在某个早期著作中,拉普拉斯画过另一个定律的部分图片。拉普拉斯随后放弃了这个定律。实际上,1853 年之后,凯特尔开始使用自己对国际统计会议(International Statistical Congress)的影响,直到此时,才取得一些巨大进步。1885 年,马歇尔为统计学会 50 周年大庆写下了其著名论文"论统计学的图表法"(On the Graphic Method of Statistics)。甚至在 1885 年也没有关于统计学图表法的系统论述,马歇尔只是说'我相信如果严密组织的话,图表法的特殊价值会使其成为科学调查的发动机。'需要指出一点,并没有把统计图与数学图截然分开地使用。

除了凯特尔和杰文斯之外,影响最重大的可能是高尔顿和马尔霍尔词典(Mulhall's Dictionary)。马尔霍尔词典初版于 1884 年。高尔顿实际上是在这个领域追随父亲和祖父,但是,高尔顿的创新之作主要局限于气象地图,而且高尔顿并未对经济统计学图表符号的发展做出贡献。

芬克豪泽先生已经发现了(第 245 页)一个历史奇事:第一个把图表法用于宣传或者传播目的的是弗洛伦斯·南丁格尔(Florence Nightingale)。"她在 1857 年画出了大量图片用暗色和彩色方块、圆环和楔形来表现克里木战争(Crimean War)医院里可以避免的原因造成死亡,还表现了国内英国军队的死亡率……她写了一份备忘录对这些图片进行解释并指出其中寓意,还印刷和分发了两千份。这个匿名出版物的名字是'英国军队死亡率'(Morality of the British Army)。在她的信件中,这个匿名出版物主要是根据图片的形状和颜色被称作《鸡冠花》(Coxcombs)。"这些完全是现代方法。

芬克豪泽先生对统计方法的历史作出了极为有趣和有价值的贡献。然而，我希望他可以在可怕的例子支持下提出一个警告：没有数字表格支持的图表法就是个灾祸。为了精确地进行理解，尤其是为了方便其他人使用同样的资料，这些图片不能单独发表，必须要有得出图片的表格支持。有一个非常好的规则：在任何科学期刊中都禁止发表没有表格支持的图片。

凯恩斯后来对国家决算进行了讨论，收录在《凯恩斯全集》第22卷，第66—73页。我们以脚注的形式进行总结。

转载自1940年6月至9月《经济学杂志》

实际收入衡量（The Measurement of Real Income）

1940年3月在《经济学杂志》第62页的正文和脚注里，凯恩斯先生对我的论文"实际收入衡量"进行了评论。我认为，凯恩斯先生误解了我的公式的基础和内容。

忽略收入向养老金领取人的转移等等，我们有 L_1、L_2、L_3 收入来自三类数量 M_1、M_2、M_3 的生产。

下标(1)指的是为免税开放市场生产的商品，(2)指的是出售时收税的商品，(3)指的是供给中央或者地方政府的产品。

直接税收收益写作 $E=L_2T$。当我们为了价格指数而分配价格时，可以认为 E 是用来减少第三类的价格，所以，其对指数的贡献就是 L_3R，而不是 L_3，其中 $E=L_3(1-R)$；即 $L_2T+L_3R=L_3$。

那么，基于生产记录（Census of Production）的收入就是：

$$K=L_1+L_2(1+T)+L_3R=L_1+L_2+L_3,$$

最后一个表达式是作为单个收入总数的收入。

使用小写字母代表另一年的数量，我们有：

$$k=l_1+l_2(1+t)+l_3r=l_1+l_2+l_3。$$

每单位数量的价格就是

$$L_1/M_1,L_2/M_2.(1+T),L_3/M_3.R.$$

价格指数是：

$$I_1=\frac{M_1\cdot l_1/m_1+M_2\cdot l_2/m_2(1+t)+M_3\cdot l_3/m_3.r}{M_1\cdot L_1/M_1+M_2\cdot L_2/M_2(1+T)+M_3\cdot L_3/M_3.R}$$

以及

$$I_1=\frac{m_1\cdot l_1/m_1+m_2\cdot l_2/m_2(1+t)+m_3\cdot l_3/m_3.r}{m_1\cdot L_1/M_1+m_2\cdot L_2/M_2(1+T)+m_3\cdot L_3/M_3.R}①$$

I_1 的分母$=k$，I_2 的分子$=k$。

那么，实际收入的指数，也就是生产指数，就是，

$$J_2=k/K\div I_1=\frac{l_1+l_2(1+t)+l_3.r}{l_1\cdot M_1/m_1+l_2(1+t)\cdot M_2/m_2+l_3r\cdot M_3/m_3}$$

或者

$$J_1=k/K\div I_2\frac{L_1.m_1/M_1+L_2\cdot(1+T)\cdot m_2/M_2+L_3R\cdot m_3/M_3}{L_1+L_2(1+T)+L_3.R}$$

在其他的论述中通常包括按照成本价格的政府商品价值，但是却并没有说明为何采取这一价格。在我的论文里，我说明了为什么使用这里描述的方法。要得出克拉克（Clark）

---

① 我怀疑上面的公式里应该是 I_2，不是 I_1。存疑。——译者注

先生的方法，我必须始终保证 $R=1=r$，而在我看来，这涉及双重计算；因为非直接税收的收益已经包括进了征税商品价值之中，并没有从补贴商品或者免税商品之中排除，结果就是总产品的价值超过了生产者的总收入。

A. L. 鲍利

鲍利教授说对了一点：我没有理解其论据的确切性质。对此，我道歉。但我还是相当困惑，尤其是他在上面的最后一段对科林·克拉克先生进行了批评。

克拉克先生并没有说

$$L_1+L_2(1+T)+L_3$$

（按照鲍利教授的标志）等于生产者的总收入。克拉克先生的观点是，如果使用普通指数的话，这个货币总数必须紧缩才产生实际收入，因为含税的征税商品按照的是市场价格，而政府服务是按照成本来衡量的。鲍利教授否定这一点了吗？

我欣赏一点：鲍利教授论证，无论是中央政府还是地方政府，其服务都不应该按照成本来衡量，而应该按照减去非直接税收收益之后的成本来衡量（对于政府服务总数而不是特定政府服务来说，这好像是个较为简单的概念，比如打扫街道——矛盾之处就在于打扫街道的价值取决于税收是直接还是间接），而且，如果我们使用的指数是根据这一规划来给政府服务定价，那么，货币总数就跟上面不同了——即，用 L_3R 代替 L_3，要产生实际收入就要紧缩才行。但是，我是否可以问一问鲍利教授，这个公式得出的实际收入数量是否不取决

237 于税收间接还是间接？比如，如果所有的税收都是间接的，

$$J_2 = \frac{l_1 + l_2 + l_3}{l_1(M_1/m_1) + l_2(M_2/m_2) + l_3(M_2/m_2)}。$$

但是，如果所有的税收都是直接的

$$J_2 = \frac{l_1 + l_2 + l_3}{l_1(M_1/m_1) + l_2(M_2/m_2) + l_3(M_3/m_3)}。$$

这样对吗？如果对的，那么结果好像就莫名其妙了。

J. M. 凯恩斯

否。如果类别的数量发生变化，这个就是自然的结果。

J_2 间接 $< J_2$ 直接，

如果 $\dfrac{M_2}{m_2} > \dfrac{M_3}{m_3}$

如果 $\dfrac{N_2 Q_2}{n_2 q_2} > \dfrac{N_3 Q_3}{n_3 q_3}$。

认定两个类别下每个标题产量的变化都相同，即

$$\frac{Q_2}{q_2} = \frac{Q_3}{q_3},$$

那么 J_2 间接 $< J_2$ 直接，

如果 $\dfrac{N_2}{n_2} > \dfrac{N_3}{n_3}$。

假定 v 人从类别 2 转到类别 3，那么，条件就是

$$\frac{N_2}{N_2 - v} > \frac{N_3}{n_3 + v},$$

如果 $v > 0$，这个条件就成立。

如果没有转移，$v = 0$，而且衡量方式相同，除非相对效率

发生变化，即

$$\frac{Q_2}{q_2} \neq \frac{Q_3}{q_3}。$$

我并不否认，克拉克先生的指数在收入构想方面是正确的。

A. L. 鲍利

第4章　第一次世界大战与重建

1914年8月,第一次世界大战爆发,凯恩斯开始对事件发表一系列评论。凯恩斯参加了一些事件。

转载自1914年9月《经济学杂志》

战争和金融制度,1914年8月

I

现在不可能像以后可能的那样以一个真实的视角看清1914年8月的金融事件,也不可能完全洞悉1914年8月的金融事件,但是,我提议在这里试着给出一个简单的轮廓,对1914年8月的金融事件的印象依旧历历在目。别管我们的金融制度最终会出现什么深刻变化,尤其是在与大众利益代言人政府的关系方面,目前唯一的道路就是采用我们三个月之前假定自然而然的角度来观察金融事件。政府代表了大众的利益。政府行为和伦敦城行为只是为了让一切立刻进行下去。在外人看来,这些行为方式就会像我们先前存在的方法一样。在检查他们的措施时,我们应该冷静地假定，发生的只是对脆弱信用机制的粗鲁震荡，脆弱的信用机制要进行修补并根据其正常功能表现进行调整。借入者和借出者、银行家和廉价零售商和股票经纪人，他们的世界要由政府的电线刺激成至少是提线木偶。不会有迹象表明接下来是安全或者持久重要的东西。在这个特定的论文中，这个思想不关我的事。我们要假定，金融领域即将觉醒，心脏再度真正跳跃，肌肉再度强劲，发现一切就像平常一样。

经过一周的摇摆和无比怯懦之后，伦敦城发挥然后维护了自己巨大的内在力量。对财政部和英格兰银行权威的最终复苏来说，只要在危机之中前者保持敏锐感觉和后者保持勇气，就基本上没有问题。必须记住一点，它们采取的紧急措施不能仅仅根据其积极效果来判断，还应该考虑它们想要平息的恐惧。

在许多方面，欧洲战争对货币市场的早期影响遵循着有能力的当局所预期的思路。然而，在两个方面预期站不住脚，或者确切地说，我认为影响的量值被低估了。其中第一个是国外债权人无法向我们偿还债务的规模、这一点对我们自己货币市场的抑制效果；第二个是在危机的初期，我们的合股银行家缺乏勇气。

通览后面的整个讨论，可以发现伦敦城困难的线索，不是在于我们无法向外国人按约付款，也不是在于公众恐慌或者囤积行为造成的国内麻烦，而是在于战争爆发的时候外国人无法在这里还债。就像经济学家预期的那样，仅仅在几天之内，世界上所有的汇率都会对我们有利。

II

危机的第一波打击落在了伦敦证券交易所身上。7月28日,星期二,奥地利对塞尔维亚宣战。欧洲大陆各个交易所立即决定应该为最坏的情况作出准备。到了7月30日,星期四,除伦敦、纽约和巴黎的官方[经纪人席(Parquet)]市场之外,所有的证券交易所都关门了。星期五,巴黎交易所定期结账推迟到8月31日①,加速了伦敦证券交易所的关闭直至另行通知。美国时间一赶上欧洲时间,纽约就也关闭了证券交易所。星期六,8月1日,俄国和德国相互宣战。星期二,8月4日,英国和德国相互宣战。由此,所有证券交易所(除了巴黎经纪人席之外,巴黎经纪人席保持着一定程度的开放,直到即将发生的9月2日巴黎疏散)的关闭都先于列强的宣战。

人们常说,伦敦证券交易所史无前例的关闭步骤是由国外的抛售狂潮导致的。然而,人们已经预计到,柏林、巴黎和欧洲所有的金融中心都会不惜代价把证券换成通货,柏林、巴黎和欧洲所有的金融中心都会努力在伦敦出售自己所有的在伦敦有市场的国际证券;这种做法总的来说不会对伦敦市场的地位造成致命的伤害,也不一定涉及所有业务的早期中断。即使伦敦证券交易所保持开放,没人能使股票经纪人购买他们不愿意买的股票。卖出设施会大幅削减,不会完全中止。而买进设施仍会为那些可能的买家而保留。

然而,使伦敦证券交易所关闭的影响、使伦敦证券交易所保持

---

① 随后再度推迟到9月末。

关闭的影响,确实具有不同的性质。有两个——先前买进形成的外国人欠伦敦证券交易所的债务(不是当前卖出形成的伦敦证券交易所欠外国人的债务)、合股银行的行动。

前几天外国人*卖出*并没有导致危险。导致危险的原因恰恰相反,也就是说,先前外国人在账户中进行的*买进*,或者从先前账户中转入的*买进*导致了危险。伦敦证券交易所始终是个国际市场,其中有许多以买进和卖出为主要业务的重要公司,这些公司买进和卖出的主要原因是外国交易所。在一个账单结束的时候,国外客户自然会付给它们大量款项;即使总的说来国外市场不欠伦敦款项,单个经纪人,甚至整个伦敦证券交易所都无法以应收自一个国外客户的款项来抵消应付给另一个国外客户的款项。外国交易所关闭,外国宣布全部或部分延期偿付权,最终还有巴黎定期结算推迟,使当时国外客户的到期债务不可收回。在一个十九天账单结束的时候,伦敦市场突然遭遇了一件事情:外国采取的紧急措施使许多有国外联系的公司难以或者无法支付立即应付的款项。星期四,一个重要的公司梅西尔斯德林伯格公司(Messrs. Derenburg and Co.)破产,莫度德林伯格公司与德国有着密切的业务关系,向证券交易所的成员清楚地说明了当时情况的性质。据谣传,有几十家公司因为无法得到巴黎或者柏林付给的款项,而准备在星期五击槌宣布无力偿债。这些公司的倒闭肯定涉及无数其他公司的倒闭,停止偿付债务的成员应付给它们所期待的国外资金;没人觉得安全。如果 A 欠 B 的钱,B 欠 C 的钱,C 欠 D 的钱,等等,A 的倒闭可能涉及整个系列的倒闭。

大面积破产的阴影铺天盖地,证券交易所委员会(Committee

of the Stock Exchange）必须立刻行动。就像人们在这种情况下不得不做的那样，采取可能的最极端补救措施，证券交易所委员会完全关闭了证券交易所。

242　　我已经指出，合股银行的行为是决定因素之一。这需要进一步解释一下。可以假定，情愿的卖家和情愿的买家的证券交易所交易不会较大地影响他人的处境，而且要阻止这种交易几乎没有问题。但这不是事实，原因如下。银行借出了大量款项用于股份保证金。股份保证金相当于多少贷款？通常是根据证券交易所官方牌价的股份报价。如果报价下跌，银行可能需要顾客减少借款数量或者需要顾客支付额外的保证金；如果顾客本人做不到，就会处于破产的境地；银行可能会采取极端手段来变现他人存放的保证金，取得现金，并把实收款项用于顾客债务的清偿。在正常情况下，这么做是理所应当的，证券交易所报价相当精确地反映了保证金的近似价值。但是，这么做的结果就是，在非正常情况下，证券交易所所选择的报价会大大影响许多债权人的处境，与这些价格上实际办理的交易数量大不相关。

　　如果证券交易所继续开放，那么，不管怎么说，某些保证金会有报价。因此，银行会发现其作为保证金的股份票面价值会逐步缩小；无法保证银行不会突然决定使其大量客户破产。这些客户的破产会使信任他们的经纪人破产；所以麻烦从一个阶层蔓延到另一个阶层。

　　另外，证券交易所的关闭为银行排除了两个让顾客破产的原

243　因。因为没有新的官方报价，所以，保证金的价值只能循旧例按照以往给出的报价计算。当然，如果证券交易所开放的话，股份不会真

的价值更高；但是，银行不会突然注意到任何价值下跌。第二，银行不可能变现保证金，也不可能迫使顾客变现，即使银行想这么做。

因此，证券交易所之所以关闭。有两个主要原因。第一，在国外汇款中断的情况下，许多成员无力还款。第二，如果价格继续下跌，而且市场继续开放的情况下被迫变现会带来通常的累积效果，还担心银行可能通过要求更多的保证金来选择让顾客破产。

另外，也有许多有力的理由来反对完全关闭。然而，我不会在这里花费笔墨来考虑，对于这种情况是否无须大动干戈。我只会说，银行原本可以勇敢且一致地采取行动，来做许多工作。银行可以在一开始就站出来，向证券委员会保证会尽全力提供支持，而且，就要求更多的保证金而言，银行会尽可能周到地对待老借入者。如果银行同意为了保证金的目的而继续按照（比方说）7月27日的报价计算股份价值，那么，对于银行来说，怎么样也不会差过证券交易所关闭的情况。然而，不幸的是，银行早期的行为让证券交易所对银行一点信心都没有，认为银行根本不会支持证券交易所。银行早期的行为鼓励了一种空穴来风式的情绪：银行，或者部分银行，除了自己的安危之外几乎不愿意考虑任何其他事情。任何费率的任何放贷都出现了困难。7月末定期结账提供的保证金受到了谨小慎微的详查。据说，在危机的顶点，一些银行开始回笼已经借出或者即将借出的资金。

如果证券交易所重开现金交易，仍在等待国外汇款的成员处境不会受到影响。只要这个处境允许仅仅通过时间的流逝来复兴，那么，定期结账的进一步延迟就可以解决一切可能的问题。

证券交易所一旦关闭，英国金融交易的大部分就被在源头冻结了。到了 8 月 13 日或者 14 日，或者更早，无归偿期债券（Consols）和一两个主要证券开始出现现金交易，这种私人交易先是规模增加，然后好像再度缩减。当我写这篇论文时，没有宣布证券交易所会正式开放。可以想象，证券交易委员会可能受到了影响，倾向于延期，因为他们有个模糊的希望：财政大臣（Chancellor of Exchequer）可能最终会利用公共基金的援助或者保证来提供帮助。

Ⅲ

向国外暂时借出的可贷资本逐渐到期需要偿还。除此之外，由于一个制度，外国人对英国还有庞大的债务。通过这个制度，我们实际上*确保了*外国应该偿还我们或者其他国家的资金。英国银行和贴现公司用汇票向外国出借短期资金，在很大程度上，这是个*间接行为*。汇票到期时，英国银行和贴现公司首先追索的还是某个英国公司。伦敦市场持有的一些汇票被直接取自国外机构的伦敦代理机构。但是，在较大程度上，即使汇票来自双方都是外国人的贸易交易，汇票也是取自英国的承兑行。也就是说，这些承兑行为了佣金而担保汇票会在到期时支付，指望外国客户提供资金以便到时支付。

要理解最近的危机，需要清楚地辨明承兑行的处境和那些公司的处境。承兑行为汇票担保，但是没有预先垫付资本。那些公司基于这一担保，确实预先垫付了资本。持有汇票这一业务，即，预先垫付资本是由银行和贴现公司进行的。还应该补充一点，银行也在为英国顾客提供小额担保业务或者承兑业务，但是，数额也正在增加。为了预先垫付资本，银行利用了储户存放的部分资金。贴现公司持有汇票部分是利用他人存放的资金，就像银行一样是利用存款。部分是利用银行出借的资金，银行之所以出借资金是基于一个理解：银行可以非常迅速地筹集这些资金。

有些人已经预先进行写作：战争事件中会发生什么。我认为，现在，这些人的普遍观点是，外国债务人对伦敦的各种债务会在到期的时候逐渐偿付，无论是对伦敦的承兑行，还是对伦敦的国外代理机构承兑汇票的持有人，这些债务只会部分续借；因此，汇票都会对朝着对英国有利的方向发展，并大为强化英格兰银行的地位。通常还未意识到，战争的最早结果之一就是国外汇款制度的完全崩溃，而且，承兑行和伦敦国外代理机构的国外客户会在很大程度上无法按约付款。

汇款制度此种失败一旦发生，肯定会产生非常深远的影响。我们已经看到，银行依赖承兑行和贴现公司；贴现公司依赖承兑行；承兑行依赖国外代理机构，而国外代理机构无法汇款。伦敦的未偿付汇票总价值巨大，有些人估计达到了 350,000,000 英镑，其中每天都有价值许多百万的汇票到期；而且，最终为此中大部分汇票负责的是外国人。跟未偿付担保相比，承兑行的自由资源非常小。而且，承兑行在许多情况下无法代表客户汇款，承兑行非常无助。

无论多么出人意料，汇款制度无法实行，同时让承兑行无法按约付款。货币市场的其他资产因而固化，而以前承兑行认为这些资产具有最强的流动性。然而，上述情况在列强交战之前就存在于伦敦城之中。就实际发生的情况而言，也不能说事情的发展出人意料。

汇款制度的失败处于麻烦的根源之中，必须首选进行调查。粗略地说，国外债权人可以期待四种方法汇寄资金来偿还债务：(1)寄商品，(2)寄黄金，(3)出售证券，(4)贴现汇票，来筹集新的短期信贷。在战争爆发的时候，所有的这些方法都至少暂时失灵了。如果突如其来、毫无防备地需要偿还，那么，要寄商品肯定是个比较缓慢和逐渐的过程。这一方法不可能迅速起作用来帮助危机。另外，在战争爆发初期，对被俘的恐惧极大地阻碍了商品的国际流动。

部分由于类似的原因，黄金运输困难。甚至在战争爆发之前，跨越大西洋的黄金运输保险费用都变得几乎难以负担；有许多重要的公司在伦敦有紧迫的债务，在纽约有黄金，但却无法运输后者来满足前者。除了运输困难之外，南美诸国还需要长期运输，通货当局准备在危机时刻大量释放黄金的国家并不多。许多国家现在持有大量黄金，但是很少有国家实行理性的黄金政策。或许为了应对下一次危机，许多国家在平静的时期储备了大量黄金；但是，危机到来的时候，错误的政策使这些国家难以动用黄金，就好像黄金并不存在一样。终于，大量黄金流到英格兰银行或者其受托人。但是，不管国外债务人多么具有偿付能力，都无法突然汇寄黄金。我认为，事先并没有充分认识到一点：欧洲战争，或者甚至对欧洲战争的预期会暂时让黄金无法汇寄。

第三个权宜之计是出售证券。证券交易所的关闭立刻断绝了这种可能。第四个权宜之计是出售汇票，与商品的运输息息相关，商品的预期送交产生了汇票。但是，第四个权宜之计也受到了阻碍，部分原因是此种商品运输困难，更多的原因是承兑行的处境，承兑行无法接受新的交易。是出票困难阻止了商品运输，而不是反之。汇票是可以贴现的。

因此,甚至国外具有偿付能力的债务人也暂时无法汇寄欠英国的款项。如果债务人是敌人,别管是否具有偿付能力,偿还都被无限期地推迟了。在其他情况下,要求偿还的突然性完全打乱了这种偿还可能逐步进行的机制。比如说,巴西政府拖欠债务①。在巴西和阿根廷,兑换局(Offices of Conversion)都决定贮藏黄金。可以看到,印度的通货制度较好地承受了危机早期的大多数压力。②

因此,国外债务人无法汇寄欠款使证券交易所陷入了混乱。无独有偶,银行和贴现公司间接在国外出借短期资金,发现自己的估计完全陷入了混乱,因为在想收回资金的时候无法做到。然而,对于它们来说,问题出现的方式略有不同。除了极小的程度之外,银行都是间接向外国人出借资金。但是,就像我们看到的那样,这种出借受制于英国承兑行的担保。因此,立刻可以看到的事实是,这些承兑行无法按约付款。因此,如果不想让这些机构公开破产,就应该在很早的时候由政府提供某种程度的救济。这种救济采用的形式是星期一8月3日宣布的第一个和部分延期偿付权,并且只牵涉到汇票。这一公告的效果就是要让承兑行延期一个月支付任何8月3日前承兑并到期的汇票,利息是6%。

不管怎么说,这个公告暂时拯救了承兑行。但是,银行和贴现公司发现其部分资产突然而且可能是无限期地固定了。而它们原

---

① 这是新闻界状况的有趣说明:这一事件通常会引起轩然大波,但却被挤出了新闻栏目之外,直到接近一个星期之后才见诸报端。

② 请看通货问题(Current Topics),本书下文第285—287页。

本认为这是最具有流动性的资产。银行和贴现公司原本认为汇票可以及早自动变成资金,因而是自己的第一道防线。但是,汇票实质上变成了无限期、不可回收贷款。

对于贴现公司来说,其大量资产是以汇票的形式存在,[①]并有大量即付借款或者接通知即付借款。因此,贴现公司的清偿能力甚至也处于危险之中。银行确实可以支持汇票财富的大量最终损失,且不危及最终清偿能力。[②] 但是,如此多的资金搁死,而原本是指望这些资金的。这就产生了两个效果。第一,大大减少了为储户获得现成资金的手段。第二,通常存在的新汇票贴现流动被停止,而这是当前外贸继续进行所需要的。

银行和贴现公司暂时避免了第一个危险(要求在资产不具有流动性时偿还储户),因为 8 月 7 日的第二个延期偿付权公告(Moratorium Proclamation)保护了几乎各阶层债务人一段时间,首先是保护了一个月。

第二个问题是贴现市场的复苏。这个问题困难得多,也复杂得多。迅速解决这个问题非常重要,因为在此期间,外贸陷于大面积停顿。如果进口流动可以重新开始,我们就能得到翘首以待的储备。然后,外国人就能够偿还部分旧债,金融处境的清偿就能开始。

两个不同的困难需要解决。一个是让新的汇票得到满意地承

[①] 跟那些没有数字的私人公司不同,三个贴现公司在 1914 年 6 月 30 日贴现了 58,200,000 英镑汇票,其中 14,400,000 英镑已经被再贴现。而总资本和准备金是 3,600,000 英镑。

[②] 合规银行手中的汇票数量不是分开阐述的。但是,据估计,对于主要银行来说,在 100,000,000 英镑到 125,000,000 英镑,或者可能占总资产的 15%。

兑。一个是，在承兑时，让这些汇票得到贴现。政府可以采取不同的可能的权宜之计。现在，没必要讨论政府未经实际采用的权宜之计。政府的实际计划直击第二个问题，跳过了第一个问题。或许，到目前为止，政府并没有清楚地认识到二者的区别，也没有认识到其中的好运：间接对第二个问题的解决起作用。这一计划是授权英格兰银行全部买下（更直接的，就是再贴现 5%）任何延期偿付权之前的汇票①。这些汇票是银行和贴现公司的负担，它们可能想要把这些汇票变成资金。另外，汇票是通过再贴现者来传递的，再贴现者通常的或有债务被搁置；承兑者会被允许再承兑，②如果他们无法在汇票到期时偿付，费率比银行费率高 2%；而且，如果因为任何承兑行最终破产，英格兰银行在交易中最终遭受损失，那么，政府会提供担保。

这是个非常大胆的举措。其效果会大大改善银行和贴现公司的处境。政府的行动使它们以温和的贴现率把汇票变成资金；另外，汇票也使国库背负上大量坏账，而汇票本来会使这些机构负债。人们希望，整个国家会受益，目前资金充足的银行会满足储户提款的要求，或者开展新的交易。尤其是会有用于新汇票贴现的资金。

当然，对于所有关系到银行和贴现公司的人来说，心理宽慰是非常大的；而且政府的举措得到了新闻界的交口称赞。我不得不指出，这样的举措并不是必不可少的第一步。但是，公共基金因此

---

① 汇票必须核准，但是，英格兰银行甚至同意接受国外代理机构的承兑汇票。而在平时，英格兰银行是会区别对待的。

② 写了这篇论文之后，批准了新的安排：在承兑者汇票到期的时候，承兑者不得再承兑其汇票，而是被借给基金来还清汇票。这就有了一个附带效果：废除了开票人和背书人的或有债务，而不只是像第一个安排里那样只废除了最后持有人的或有债务。

而背上了沉重的负担,出现了极大的或有债务。① 而且,仅仅在复兴贴现市场方面取得了部分的成功。银行在很大程度上利用了政府的举措,但是,放在它们手里的资金因而并没有被它们广泛地用来购买新汇票。这部分是由于银行方面小心翼翼,但更多地是由于鲜有银行看得上眼的那类汇票。这本该预料到。政府的举措并未恢复承兑行的信用,上文提到的两个问题中的第一个实际上并未触及。时间只会表明,这些机构中有多少会挺过来。现在,许多承兑行的承兑汇票都不如以往价值高。因此,汇票制造第一阶段使用的方法还是远未修补。②

我怀疑承兑汇票交易中的旧专门化制度会在某个时候恢复其以前的重要性。承兑会越来越多地由机构进行。在机构的债务中,承兑汇票并不占压倒多数。跟以前相比,银行近些年趋向于为顾客大幅增加此类交易。可以预料,这方面会有进一步的进步。同时,这一工作体系存在许多摩擦,贴现市场举步维艰。银行在承兑汇票和贴现上的大胆举措首先需要缓解这一状况。

IV

前面几页多次提到了合股银行的行动。我认为,有一点相当清楚,那就是这些机构——毋庸置疑,其中有一些非常可敬的例外——并不是都在危机初期勇于承担责任,并不仅仅是在宣战前

---

① 截至9月的第一个星期,带到英格兰银行的汇票规模好像低于100,000,000英镑。最终损失达到30,000,000英镑的可能性不大。

② 写出了上述文字之后,财政部提供了(9月4日)进一步的担保,旨在恢复承兑行的信用。

后狂热的日子里，合股银行的行动才会影响恐慌措施的一方。在那时及之后，合股银行的行动表明，对其自身直接安全的考虑，甚至应该补充一点，对其自身金钱利益的考虑，超过了对大众利益的考虑，也超过了对更遥远未来的考虑。合股银行对伦敦城的良好名声和未来处境漠不关心、不屑一顾。而另一方面，英格兰银行当局从未忘记伦敦城的良好名声和未来处境。至少可以说，合股银行的部分行为是自私的，也一样是目光短浅的。即使从合股银行自身的角度来看，也一样目光短浅。

银行可能已经决定慷慨地对待储户和顾客，稍微自由地从货币市场和证券交易所回收资金，认为前者肯定具有优先权。或者，从另一方面，至少在麻烦开始的时候，银行可能比较精明地支持城市利益，着眼于整个金融部门的优势，即使会付出如下代价：在一段时间之内剥夺乡村客户的便利。一些银行采取前一个做法，理应因此得到赞誉。但是，有些银行没有采用这两个方法中的任何一个，并没有自由地在英国利用从伦敦回收的资金。实际上，这些银行囤积英国的资金，和采取类似做法的个人一样都应该受到谴责。影响合股银行态度的主要事件可以按顺序叙述。

星期三，7月29日，奥地利对塞尔维亚宣战之后的那一天，是伦敦证券交易所的过户结账日。证券交易所顾客无论如何都没有时间作出新的安排来应对重大事态。银行家可以竭尽所能给予顾客充分的自由。而且人们也预计银行家会这么做。证据是，总的说来，贷款出人意料地受到了限制。限制的数量可能不大，但是，伦敦证券交易所却不得不认为银行基本指望不上。

在这一周的星期四、星期五和星期六，银行开始从贴现公司大量回收资金,贴现公司不得不把大量汇票带到英格兰银行。星期四,英格兰银行费率从3%提到4%,星期五提到8%,星期六提到10%。到了星期六早晨,合股银行的行动使贴现公司几乎泄气。这些贴现公司开始担心英格兰银行不会再接受它们的汇票。然而,英格兰银行的行动迅速让这种恐惧心理烟消云散。

英格兰银行的费率在三天之内从3%迅速升至10%。部分原因是,合股银行迫使贴现公司把大量汇票带到了英格兰银行。更多是由于,这些合股银行把大量黄金和纸币带离了英格兰银行。我们经常听说一些合股银行在和平时期积累起了私人黄金储备。希望合股银行在下一次危机的时候不会从英格兰银行提取黄金,而是实际上能新的黄金带到英格兰银行,以便补充自己的储备。这些希望落空了。合股银行仅仅抓着手头的黄金,还在危机的头三天从英格兰银行提取了数百万。我们的制度处于危险之中,不是因为公众挤兑合股银行,而是因为合股银行挤兑英格兰银行。

合股银行的这些措施损害了伦敦城,人们也预计到了这一点。如果银行赴汤蹈火满足储户的每个要求,那么,它们的这些措施还有情可原。英国分支银行的数量现在超过了9,000。英格兰银行的储备在7月29日达到了27,000,000英镑。因此,每个分支银行持有的零星现金只要平均上升到微不足道的3,000英镑,英格兰银行的储备就会全部耗尽。因此,要充分补充所有这些分支的零星现金可能需要向合股银行的每一个可能来源征税。而且,就像我们一直知道的那样,储户方面的严重挤兑不可能得到满足,除非发行紧急纸币来提供帮助。

然而,合股银行并不是要自由付给储户其抛售伦敦城证券实收款项。星期五,7月31日,大多数合股银行开始了自杀性政策:在全国范围内制造支付金币困难,甚至想要5英镑或者10英镑来兑换小额现金的老客户也不能幸免,这样做是为了诱使顾客购买银行纸币或者白银。这种行为非常愚蠢,只要银行持有黄金并且还没有1英镑纸币,那么,这么说就不夸张。没有什么比这更能在公众之中激发不信任或者甚至恐慌,也没有什么比这更能在公众之中激发原始的囤积本能。有那么几天,银行恢复了以前的状态。活着的英国人几乎都不记得以前的状态。在以前,长筒袜放着50英镑的人要比在银行里存50英镑的人富裕。星期五,7月31日,以及星期六,8月1日,出现了令人羞耻的一幕:英格兰银行外面排起了一队人,等待兑现银行家强加给他们的纸币。还应该补充一点:在星期五和星期六,一些人不同寻常地从银行提取现金,但是,大众的态度非常平静。根本没有迹象表明大挤兑开始了。在整个时期之内,邮政储蓄银行(Post Office Savings Bank)依然开放,没有因为取款而遭受重大损失。而在这个时期之内,合股银行是关闭的。

星期一,8月3日,恰好是我们通常的8月银行假期(August Bank Holiday)。因此,当银行和城市办公室在星期六下午关闭的时候,有两整天用于反省和考虑。合股银行家把周末用于恐慌和绝望的提案。合股银行家的一些领袖好像准备迫使停止对英格兰银行硬币支付。而合股银行家的资源却并未动用,没有为了我们古老传统的荣誉和未来良好的声誉而奋斗。但是,他们最想要的是免受储户的困扰。

星期一,8月3日,政府宣布同意延长银行假期至星期四晚上。这个做法有两个优势。第一,留下了准备紧急纸币的时间。

第二，提供了进一步反省和协商的时间。另一方面，从8月1日到8月7日，公众与银行的联系被完全切断，从而面临着种种不便，而且伦敦城在接近一个星期里不用偿还任何债务。兑现纸币变得非常困难，零钱的缺乏很快变成了普遍现象。这种不便本身并不太重要，虽然银行重开之后，这些不便可能轻易地成为这样的情况：不信任和囤积。幸运的是，这并不是事实。公众已经下定决心：无论别人说公众利益需要什么，他们都心情愉快地去做。

延期的银行假期结束之时，合股银行已经从政府得到了两个非常重要的让步。在8月6日第二个延期偿付权公告之前，银行已经被授予自由决定权，来拒绝兑现支票以保持差额。这样，银行就能够采取歧视政策：有的顾客想要提取的金额让它们不方便，或者它们怀疑有些顾客取钱是以囤积为目的。延期偿付权公告适用于大多数货币债务，超过5英镑就适用；但是，我认为，广泛实施延期偿付权公告的需要，部分是由于银行想要免受储户的困扰。如果银行要免受储户的困扰，那么，显然必须有类似的措施保护储户免受其债权人的困扰。

第二个让步涉及新的1英镑和10先令纸币的发行条款。按照决定，这些纸币不是由英格兰银行发行，而是由财政部发行，由合股银行、邮政储蓄银行和信托储蓄银行（通过英格兰银行）控制进入流通。① 在这些纸币之中，合股银行可以自由地把高达20%用于经常账户和储蓄账户的债务，而且不需要为此付任何特定的

---

① 这些纸币是完全的法定货币，只有在英格兰银行的总行（Head Office）可以兑换成黄金，英格兰银行总行是作为财政部的代理人。

保证金。"发行给每家银行的纸币数量被看作,"根据财政部发布的解释,"财政部给银行的垫付款,按照当前的银行费率每日计息。财政部垫付款的保证金包含对银行资产的浮动抵押,达到发行纸币的数量。允许银行在任何时候偿还全部或者部分垫付款。只要需要就可以续借已经偿还的款项。"后来,引入了对银行有利的修改,银行可以从财务部拿出凭证兑换英格兰银行的纸币或者信用。利息的支付是按银行实际利用的由凭证担保的设施。

因此,紧急通货被提供给国内使用,这样就节约了沙弗林在流通中的使用,足以强化英格兰银行的储备;同时,合股银行家还由政府提供了大量法定货币,以便满足其储户任何可能数量的提款要求。

在这个事件之中,储户对银行的要求是非常温和的。8月26日,未偿付的钞票价值达到了21,500,000英镑;其中只有6,300,000英镑在财政部账目中是作为给银行的贷款,以前为银行垫付的大部分款项已经在此之前偿付了。①

在接下来的一周(8月13日)里,银行获得了进一步的让步。或许,从银行的金钱利益角度来看,这是最重要的让步:政府担保它们免受8月4日之前汇票坏账的困扰,另外,如果这些银行把汇票带到英格兰银行的话,政府授权英格兰银行立刻把汇票变现。这些措施的基本关系已经在上文讨论了。这些银行被免于金钱的损失,而且得到了数量极大的浮动资金。

在整个8月份,尽管政府的行动为许多银行创造了极为有利

---

① 到了9月2日,这两个数字分别变成了25,150,000英镑和3,750,000英镑。

的态势，但是，银行在使用由此带来的信用时还是非常小心；它们的储户表现出令人敬佩的镇静，但是银行还是要求进一步延长延期偿付权给予它们的保护。政府希望，把公共信用大胆、廉价且大量地置于银行控制之下，作为银行和整个国家之间的自然渠道，这一信用的较大部分可能会广泛渗透到工业和金融领域，并足以为整个经济机器的车轮上油。8月26日，劳埃德·乔治（Lloyd George）先生表达了自己的失望之情。

然而，一些负责的当局已经提出了观点"它们的（银行的）第一职责是自我保护"，而且银行的行动一点也不能危及这一主要目标。在这种情况下，我们必须佩服银行领袖们为此吸引公共信用和公共资金的方式。财政部当局把公共信用和公共资金置于银行的控制之下，帮助英国贸易和金融的最广泛和最普遍的利益。正确的观点必须取决于8月的情况在本质上实际有多么地孤注一掷。我相信一点，而且后续事件在不断强化我的这一观点：需要采取有勇气的行动。

V

英格兰银行的处境是前几页间接提到的主题。在对此的具体阐述中，几乎不需要补充什么。这对英格兰银行当局的信用意义重大；因为有一个事实：不管怎么说，他们是想尽可能地保持原样。

危机之中（7月22日），英格兰银行有正常数量的储备（29,000,000英镑）和黄金持有量（40,000,000英镑），费率是3%。星期三，7月29日，英格兰银行为了大陆（Continent）损失了大约1,000,000英镑沙弗林；7月29日是一个周末，在这个周里拿出了1,000,000英镑用于合股银行和国内流通。这些数量微不足道。然而，已经有大量汇票带到英格兰银行再贴现，并已经由上涨表现了出来：7月29日"其他存款"回归12,250,000英镑，"其他证券"回归13,650,000英镑。就此，英格兰银行的费率增加到了4%。

星期四，7月30日，另提取了1,000,000英镑用于国外。星期五，7月31日，又提取1,000,000英镑，主要用于法国。星期五，8月7日，延长的银行假期过完之后，提取230,000用于法国。这是一个运动的结束。自始至终，这个运动都微不足道。在8月的剩余时间里，用于出口的黄金需求完全停止了。国际债务的差额对我们非常有利，而且，随着联系的重建，黄金的稳定内流开始了。在8月剩下的每一天里，英格兰银行都买进黄金。从8月7日到月末总共流入的金额高达18,500,000英镑。① 虽然英格兰银行对合股银行和国内流通损失了大量黄金，但是，流入的金额18,500,000英镑抵消损失还有余。在8月26日的统计报表中，英格兰银行可以自豪地宣布黄金持有量大于1913年的同期水平。

一切都符合合理的预期。有一个原则：英格兰银行可以提供小额储备，因为英格兰银行总是有能力在极短时期内影响世界汇率。这个原则在此得到了证实。有一个几天之中好像可能的情况：战争的特殊环境使英格兰银行无法提取黄金。但是英格兰银行不会面临一个危险：因为对外出口而失去任何数量的黄金。

在8月的早些日子里，由于两个原因，英格兰银行实际提取黄

---

① 包含印度账户中未指定用途的2,000,000英镑。

金的能力好像处于危险之中。首先，许多欠我们债的国家立刻或者即将暂停硬币支付。就像以往一样，大多数国家拒绝使用自己的黄金储备，喜欢用软通货储备来偿还债务。有些国家这么做是因为战争存在不确定性；其他国家则是因为伦敦突然刹车，而且刹车可能太过突然——这些国家觉得偿还债务的可能性太小，因而甚至不值得去偿还部分债务。第二，一些想要用黄金偿还债务的国家受到了阻碍：海运具有不确定性，高昂的保险成本难以承受。

要解决第一个困难，目前没有办法。而且，英格兰银行的可能供应来源大幅减少，必须满足于一个因素：拖欠债务的国家至少无法*提取*黄金。第二个困难受到了英格兰银行的勇敢和成功攻击。银行法（Bank Act）中没有规定银行储备的地点。经常利用这一点来将存放在铸币厂的储备黄金计算在内。这些黄金经常数额巨大。对此的明显延伸就是，开放渥太华的仓库来接受美国的黄金，开放南非的仓库接受金矿运来的黄金。① 对于这个效果并没有公开的声明，但是，如此接受的黄金好像被包括在了英格兰银行买进黄金的每日和每周声明之中。对于实际在伦敦的黄金，以及仍在加拿大或者英属南非的黄金，并没有进行区分。可以预料，这些安排会延伸到印度。

这一安排只有一个优势，就是避免海运的风险。也可以让英格

---

① 对于在渥太华交付的黄金，英格兰银行在伦敦以 77 先令 6 便士每盎司的费率支付现金来购买金条，以 76 先令 $\frac{1}{2}$ *便士*购买美国金币。对于在南非的黄金，英格兰银行预先垫付通常的费率 77 先令 9 *便士*，达到了其价值的 97%。黄金最终到达伦敦的时候，差额会进行调整。

兰银行提前几个星期预期南非黄金的到达。如果黄金一准备好出口就可以信用给英格兰银行，那么，在新安排生效的头三个星期之内，金矿七八个星期的产出就可以加进英格兰银行的储备之中。英格兰银行在其储备中加进了通常几个星期之内才会到达的黄金。

就像已经表现出来的那样，英格兰银行储备的补充几乎完全是因为接收了来自美国和南非金矿的黄金。8月7日至月末接收了 18,500,000 英镑。其中，8,000,000 英镑是美国金币，7,200,000 英镑是金条，①2,000,000 英镑是来自印度指定用途账户的沙弗林，1,400,000 英镑是来自南美（阿根廷、巴西和乌拉圭）的沙弗林。从别的来源什么都没得到。

即使是那些在8月初就要求英格兰银行暂停硬币支付的人肯定也开始感到惊讶，充分的理由原本可以影响他们。即使英格兰银行面临着国外黄金流失，或者面临着此种危险，那么，只要英格兰银行还有大量黄金，那么拒绝支付黄金就可耻地抛弃了英格兰银行的传统。英国人接受的教育让英国人相信，暂停硬币支付是最后的手段，而不是首选手段。伦敦城的国际地位主要依赖一个不可动摇的信念：坚持这一传统。无论有多么危险，在危机初期，这一点的弱点可能会排除未来声望的巨大损失。

然而，在实际情况下，有人相信黄金在国外的损失会带来严重的危险，这表明了对英国金融环境的巨大误解。假定如下：我们拿自己的声望冒险，现在世界上的其他国家根本不能向我们要求资金，都无法偿还给我们当前到期的债务，那么，我们也拒绝支付当

---

① 各有多少存在了南非、加拿大和伦敦，现在还不好说。

前的国外债务。如果我们这么做，就是荒唐之举了。

英格兰银行坚定可靠，财政部和政府感觉敏锐，幸运地使如此愚蠢之举失去了市场。英格兰银行当局从未动摇自己的决心，依旧立即满足对黄金的所有可能追索。这里只需要记录一点：重要当局的普遍信念确实对另一方面产生了影响。

有一个恐惧：英格兰银行可能无法用黄金偿还债务。我认为，这个恐惧主要是由于一种焦虑：黄金可能会进入国内流通。合股银行一在7月的上个周受到惊吓，那么，就像我们已经看到的那样，它们需要大量的硬币和纸币来补充其9,000个分支的零星现金。在8月7日结束的那个周，英格兰银行只能开放几天，14,610,000英镑的硬币和纸币被拿出用于国内，储备从27,000,000英镑降至10,000,000英镑。没人能够确切地说出，银行在延长的银行假期之后重开时，公众会有什么样的行为。因此，对于黄金外流，无论英格兰银行的力量如何，显然都需要采取措施防止黄金徒劳地进入国内流通来纵容任何出现的反社会囤积本能。

要采取三项措施来避免这个危险。两项措施我们已经注意到了——为应对储户的极端要求而给予银行的第二个延期偿付权公告、在财政部赞助下的钞票发行。这些是新措施。第三个老措施，即，政府向英格兰银行行长保证，如果情况发生，他可以跳过银行法，自由地超出通常数字提高银行的无担保信用纸币发行。

实际上，适量发行1英镑财政部纸币就足以满足那类温和的需要：公众对大量通货的超常需要。这些财政部纸币完全是政府的事情，没有以任何名目进入英格兰银行的收益。因而，出现了下面的情况。英国发行的纸币、银行纸币、财政部纸币都加在一起，再加上合股银行手中的流通纸币,可能在 8 月 7 日至 8 月 19 日(从那之后就不是这样了)的某几天里超过英格兰银行一家通常获准的信用发行量,但是并不存在对银行法的形式上的违犯;而且英格兰银行自己的发行量始终完全处于规定的范围之内。

对于"暂停银行法",当局有略微不同的解释。在特定情况下,当英格兰银行被赋予超出固定发行量的假定权力时,银行法暂停?或者,只是当这些权力变得有效并且固定信用发行被实际超出时,银行法才暂停?在后一种情况下,这次银行法未被暂停。我认为,后一种解读会受欢迎。因为公众可能并不知道,对于在假定环境下授权的行为来说,政府和银行之间会有什么独特的理解。

一方面,最近的程序不同于以往历史条件下的程序。根据 1914 年的通货和银行纸币法(Currency and Bank Notes Act),财政部第一次行使了形式法律权:预先允许发行银行超出固定限度。通货和银行纸币法的第一部分第三款如下:"只要得到了财政部的暂时授权并受制于与这一授权所附加的任何条件,英格兰银行行长以及合作者、涉及任何苏格兰和爱尔兰发行银行管理的任何人,都可以发行超过法律规定任何限度的纸币。"

财政部纸币的发行条件实际上给予了财政部自由之手。我认为,可以相信财政部会英明地使用手中的大权。我认为,没必要进行紧急立法来考虑细节,或者太详细地规定行政机构的权力。但是,如果这些纸币可以长时间在我们的通货制度中保持完整,那么,就应该可以从容想出关于这些纸币的更精确的规定。目前,通货和银行纸币法第二款如下:"钞票可以按照财政部的要求的方式发行给指定的人,但是,按照本法而且无登记或者进一步保证的情况下，别管是按照法令还是其他，发行给任何人的钞票数量应该是先于任何抵押的浮动抵押，抵押的依据是此人的资产。"作为这些钞票依据的资产在价值上达到了 21,500,000 英镑，在 8 月 26 日未偿付。根据上述条款，资产包含高达 10,000,000 英镑的抵押，抵押的对象是合股银行、邮政储蓄银行和信托储蓄银行。差额 11,500,000 英镑已经由这些机构偿还，首先已经向这些机构做了发行（尽管这些纸币还在公众之中流通）。英格兰银行的信用代表了这个差额，财政部决定把这个信用叫作"钞票偿还账户"（Currency Note Redemption Account）。当然，这一账户不同于英国财政部差额，虽然这一账户和英国财政部差额、储蓄银行账户（Savings Banks Account）、国债委员账户（Commissioners of National Debt Account）都归为英格兰银行的"公众存款"（Public Deposits）。没有办法阻止财政部利用这一账户来填补英国财政部差额的临时赤字，有可能向钞票偿还账户发行短期国债，或者转而采用其他类似方法。[①]

在为货币市场提供融通汇票时，还有英格兰银行的态度。我们已经看到，大量汇票同时带到了英格兰银行，另外还有黄金和纸币被合股银行带走。因此，英格兰银行的费率从 7 月 30 日的 4% 上涨到 7 月 31 日的 8%，又上涨到 8 月 1 日的 10%。

这种剧烈变动是个错误。第二个大幅升高，达到了 10%，可能是受了财政部的影响。财政部可能是受了传统规则的影响。传

[①] 9 月 2 日的统计报表表明，这一做法已经实际上得到了采用，支持钞票偿还账户信用的 11,000,000 英镑差额已经被用来援助英国财政部差额，只有剩下的 6,000,000 英镑作为英格兰银行的自由信用。继而，在 9 月 9 日，6,000,000 英镑中的 3,000,000 英镑被按黄金"指定用途"，用于钞票偿还账户（Note Account）。

统规则认为，作为紧急援助拨款的优先条件，银行费率必须是10%。银行费率在危机中必须上调这一原则基本是正确的。但是，把这一原则用在这里就是没有充分考虑具体环境。总的来说，高银行费率可以吸引国外黄金或者把黄金留在国内。而另一方面，温和的银行费率重建信心。通常，英格兰银行必须在这两个对立的影响之间取得妥协。此时，对于第一个目的的具体情况来说，高费率没用。因此，重建信心变成了主要因素。10%的银行费率给大众和贴现公司带来了惊恐。对于贴现公司来说，如此费率是毁灭性的。贴现公司在一段时间之内无根据地担心，10%的银行费率是个序幕，接下来是完全拒绝为贴现公司提供融通汇票。

然而，错误迅速被认识到和纠正。8月7日英格兰银行重开的时候，费率降到了6%，第二天进一步减到5%。或许，这是飞到了另一个极端。在这种情况下，6%对英格兰银行已经足够低了。或许，作为支付给不生息债务的利率已经太低了。根据延期偿付权，不生息债务延期了。实际上，如果一个人可以轻易地从银行家手中得到通常的融通汇票来偿还债务，那么，他就会发现利用延期偿付权较为廉价。延期偿付权债务的费率应该大幅高于银行家对透支账户征收的费用。①

然而，低银行利率保证了货币市场支付温和的佣金获得充足的资金。这个效果因政府对先延期偿付权汇票的担保而得到了极

---

① 对于根据延期偿付权延期的债务来说，太低的利率是个错误。在9月2日进一步的公告中，这一错误被继续和强化。

大的加强,这一点我们已经讨论过了。合股银行和贴现公司把自己的汇票变成英格兰银行的信用来确保自己的财务状况。要让如此大量的自己闲置肯定会让合股银行付出代价,合股银行的损失变成了英格兰银行的收益。但是,5%是完全可以承担的。"其他存款"和"其他证券"的同比例增长具有指导意义:

	其他证券(英镑)	其他存款(英镑)
7月22日	33,732,762	42,285,297
29日	47,307,530	54,418,908
8月7日	65,351,656	56,749,610
12日	70,786,596	83,326,113
19日	94,726,086	108,094,287
26日	109,904,670	123,892,659
9月3日	121,820,692	138,818,826

如此庞大的浮动资金形成了一个基础。就合股银行自己的安全来说,合股银行在此基础上应该觉得极为自由地去资助所有合理的交易。目前不用担心合股银行会走得太远,也不用担心信用的量值导致通货膨胀政策。但是,在未来可能出现这个危险。而且当信心重建的时候,明智的做法可能是提高英格兰银行费率水平,而不是降低。

需要说明一点:"其他存款"的高水平本身并不能证明合股银行在过度限制自己资金的使用。无论合股银行向英国借出多少款项,这种贷款都不会影响英格兰银行的总存款。但又一个例外:这种贷款导致了黄金出口(目前不可能),导致更多的黄金或者英格兰银行纸币(不同于财政部纸币)使用在国内流通之中,或者导致英格兰银行现在持有的汇票在到期时被付清(任何新的贷款都会影响这一点，但是是间接的）。

英格兰银行最近的交易史无前例，但是，我们看到，在形式上，英格兰银行只是略微偏离了以往的一些正常做法。到目前位置，对英格兰银行19世纪传统的保守适应就足以解决问题。这就是令人愉悦的事情。英格兰银行基础扎实，英格兰银行的形式适当。因此，在半睡半醒的状态下作出的冷淡决定，只要不偏离通常的做法，就足够了。

在上个月猝不及防的情况下，事实证明英格兰银行的独特政府形式是个麻烦。众所周知，按照老传统，合股银行的代表不得进入英格兰银行的董事会。在相当大的程度上，这些董事来自历史悠久、成绩卓著的伦敦承兑行。现在，处于困境的主要是这些承兑行，它们无法偿付当前款项。对此，急需找到解决办法。英格兰银行和承兑行的密切关系可能令人尴尬。我认为这实际上不是事实。我们必须把部分感谢给予伦敦城令人景仰的传统，部分给予一个做法：英格兰银行的实际管理眼下归属行长和副行长、一两个前行长和永久官员。

也应该赞扬财政部。这是一个匆匆忙忙的时代，财政部受制于各种影响和考虑，因而做得并非尽善尽美。我已经表达对英格兰银行费率政策的困惑，而且可以假定财政部对此施加了一些影响。包罗万象的延期偿付权政策令人困惑。利用利率的机构应支付利率肯定高于6%；应该采取更明确的措施来逐步尽早解释这种情况。担保先延期偿付权汇票这种模式有点粗糙和昂贵；——更直接的注意力应该投向让新汇票承兑这一问题；而且，对于旧汇票，英格兰银行应该有两个费率——对于在另一方破产情况下可向最终持有人"追索"的汇票执行英格兰银行费率，对于"无追索权"汇票执行比英格兰银行费率高 2% 的费率，高出的 2% 支付给保险基金。

但是，这其中大多数都是细节问题。我认为，财政部措施的效果已经表明，就宏观政策而言，财政部目前走上了政策的道路，做得不多也不少。总的来说，财政部的做法迅速勇敢，行动中结合了对原则的尊敬和实践良好意识。

黑暗和不定的日子里，一段好像无尽的岁月把 7 月的最后一个星期四和 8 月的第一个星期四分割开来，伦敦城就像是病入膏肓一样，眩晕发烧，被要求为自己的病情开处方。伦敦城的大公司怀疑最坏的情况会发生，那时搞不清自己病得有多重；伦敦城的许多领导被危险压得喘不过气来，发现自己的财富和令名暴露在危险面前，没有太多的精力关注公共利益和安全。此时，财政部长和文职公务员没有自己的事情让他们从国家事务中分心。只有财政部长和文职公务员具有即时所需的素质。

VI

我还不能计算损失。经过历史上最黑暗的一个星期之后，伦敦城醒过来发现自己依然，就算状态不好，也没有器官伤害或者致命伤。尽管银行假期和延期偿付权延期，我还是相信，没有发生什么动摇伦敦国际地位的事情。在未来，许多事情的做法会有所不同，但是，草籽并没有播种在伦敦城的街道上。

如果我们从公众的角度而不是从个人角度来估计战争的金融损失时，有些因素易被忽略，必须引起非常邪恶的预言家的注意。

世界上的财富主要包括（除了知识和受训人员之外）如下内容：自然资源、贫瘠之地、封闭之地、耕作之地、道路、铁路、建筑、工厂和机器。战争可能暂时减少这些内容的功用，但是，即时在受直接影响的各国之中，除了在小块地方之外，战争并没有摧毁这些内容。如果没有资本来完成加拿大未竟的铁路，已经完成的部分就几乎毫无用处了。如果巴西咖啡的大陆市场断绝，交通收入受损。如果制造商失去了市场，机器和工厂就闲置。如果出口商目前让坏账不可回收，那么，利润和股息肯定下降。但是，这都是收入的损失，不是资本的损失。我们还没有永久地失去前些年储蓄的成果。战争吸收当前的储蓄和当前的收入；战争消费和耗尽我们的消耗品库存。但实际上，战争只是在很小的程度上，摧毁或者减少了世界上积累的发展。

受到威胁的是我们当前的收入，而不是资本。但是，通过票面价值的毁灭展示了一个错误和误导性的表现：资本遭到了巨大、广泛的损失。这是因为三个类型——资本商品、货币和消费品——的直接汇率价值平衡发生了巨变。这个变化是因为两个或多或少不同的影响，一个源自金融状况，另一个来自消费状况。

保持资产是金融家的事情，媒介是所有权证书、债券和证券，形式是商品，部分是消耗品，大多是固定商品；另一方面，金融家的债务采用的形式是支付所有款项的承诺。假定号召金融家来偿付债务。而此时，因为谨慎或者恐慌，人们通常不会持有超过需要的固定资本商品形式的资源。这样资本家就被迫不惜代价把资产变现，尽管金融家清楚地知道其资产的未来货币价值肯定远远高于当前的货币价值。政府和英格兰银行采取的措施部分是为了制造更多的货币来满足对货币不同寻常的需要（钞票、银行纸币、新银币铸币、邮政汇票、英格兰银行信用的制造）。如果长期来看不想让这一波新货币制造行动弊大于利，那么，这一波新货币制造行动就必须进行得小心谨慎。政府和英格兰银行采取的措施还有部分是为了解除金融家的付钱承诺（延期偿付权）。① 这些措施不可能完全成功，也没有阻止固定资本商品和货币相对汇率价值的极大暂时变化。这可能涉及个人财富分配的巨大变化，并附带涉及组织的一些毁灭。《银行家杂志》（*Bankers' Magazine*）提到，从7月20日到7月30日，387个代表性证券的货币价值下跌了188,000,000英镑，其中一大部分在欧洲之外。就像列日或者鲁汶的毁灭一样，我们从中没有获悉世界真正财富的损失，我们只是听说金融界急需资金。

除了与货币联系纽带相关的变化之外，对于没有金融利益的普通公民来说，资本商品和消耗品相对价值的变化是一个更加真正的事物。资本商品和货币相对价值的波动部分可以通过巧妙操作来修正。但是，如果我们略去货币发现特定数量的资本商品购买的消耗品比以前少了10%（或者最终得到了不管什么数字）我们就有了普遍和实质性不幸的证据或者预兆。

---

① 当然，延期偿付权也旨在保护这样的人：他们的债务是自己的付钱承诺，他们的资产是别人的付钱承诺。

就特定时间的消耗品而言，特定一批资本商品的价值部分取决于消耗品的收入，资本商品会最终导致消耗品的收入。还有部分取决于我们需要当前收入和未来收入权利的相对紧迫性。因为战争，只有当前或者即将可消费的商品的权利是有用的。从现在起十年之内的收成、得到收成的手段并没有计算在内。因此，我们经历了当前和未来收入相对估计的巨幅突变。以前，我们认为当前商品100单位等于三年后商品117单位。现在，我们认为当前商品100单位可能等于1917年的124单位。这本身表现在利率之中。还有一种表现方式：资本商品当前汇率价值所代表的资本商品在每个未来年份的收入占一些年份购买量的多少。但是，资本商品的实际未来收入可能还是保持不变。

当前商品的紧迫性可以充分证明当前和不远的未来即将出现的困苦和贫穷。在这个冬季，世界会陷入寒冷和饥饿之中。但是，我们一定不能据此说我们的生活毁了，或者假定，由于战争之后的年份，甚至是三年的战争也可以毁灭过去二十年的物质利益。

战争爆发不久，德国的一些报纸回答了一个问题：德国军队如何长期负担自己的军费。这些德国报纸给出的答案是德国人有150,000亿的储蓄，政府可以从这些储蓄开始。无论说德国人民的储蓄有多少亿，这些储蓄也都是房屋、铁路等。对于德国的未知未来来说，幸运的是，即使是普鲁士军队（Prussian army）也没法吃铁轨和路堤，没法穿砖头和砂浆。

在同一期里，凯恩斯就海外发展提供了未签名的补充注解。

转载自 1914 年 9 月《经济学杂志》

当前话题——国外通货权宜之计

在上面的论文"战争和金融制度，1914 年 8 月"之中，已经对英国应该采取的金融权宜之计进行了叙述。接下来是其他地方的通货措施细节，但是，现有的信息有点贫乏。

对于纸币发行，无论是否有黄金的支持，唯一的限制是关于未偿付的总量。法兰西银行（Bank of France）通常有这个限制。在战争爆发的时候，实际通货碰巧并非远少于 272,000,000 英镑的法定限制，从 7 月 23 日的 236,000,000 英镑上升到 7 月 31 日的 267,000,000 英镑。因此，8 月 7 日，法国议院（French Chambers）授权把限制从 272,000,000 英镑提高到 480,000,000 英镑，因而几乎授予了法兰西银行无限制发行钞票的权利。同时，所有兑现纸币的义务，即使是用象征性的白银，都被中止了。自从 7 月 31 日，和其他所有的国有银行不同，法兰西银行没有就其地位发表声明。

在欧洲的中央银行之中，俄罗斯银行（Bank of Russia）的法定地位与众不同，只是个政府机构。与英国银行有相似之处：拥有固定信用发行，纸币的流通只能超过持有的现金一个固定的数量。然而，为了这个目的，俄罗斯银行眼中的"现金"不仅有保险库里的金银，还有主要欧洲金融中心代其持有的存款。在最近的过去，信用发行并没有多少实践重要性，持有的"现金"已经超过了流通中的纸币。战前的最后一份统计报表（7 月 21 日）表明国外有 160,000,000 英镑的黄金、7,382,000 英镑的白银以及 14,395,000 英镑的存款。纸币通货是 163,411,000 英镑，固定信用发行是 30,000,000 英镑，所

第 4 章　第一次世界大战与重建　283

以,纸币的未发行差额达到了 48,481,000 英镑。7 月 31 日,信用发行的最大值从 30,000,000 英镑提高到 150,000,000 英镑,而且尽管持有大量现金,用硬币偿付纸币的义务还是完全中止了。到了 8 月 5 日,纸币通货升至 185,978,000 英镑,而"现金"达到了 178,667,000 英镑,国外的差额跌至 11,604,000 英镑。到了 8 月 14 日,纸币通货是 232,106,000 英镑,而"现金"几乎未变,是 178,482,000 英镑。显然,大约 40,000,000 英镑的额外纸币发行是由财政部垫付款代表的,目的可能是为了动员。卢布的汇率价值贴现极高,报价有点流于票面意义。俄国政府要想明智地修正这一点,就要使用庞大资源的一部分。人们会假定,这些庞大的资源是俄国的主要目的。

战争一开始,德意志帝国银行(Reichsbank)就立即采取措施来去除通常工作中所受的主要限制,即,未征税信用发行限制,以及一个规则:在任何情况下,纸币发行都不能达到"现金"("现金"包括除金银之外的项目,但是数量不太大)的三倍以上。另外,硬币支付停止。由此产生的结果就是,德意志帝国银行的黄金在 7 月 23 日至 8 月 31 日增加了 10,000,000 英镑。或者说,跟假定从斯潘道(Spandau)转入德意志帝国银行的数量相比,大约多了 20,000,000 英镑。现在没有发行新的黄金,好像从国内流通中回收的黄金也不多。纸币通货从 7 月 23 日的 94,545,000 英镑增加到 8 月 15 日(发布下一个统计报表的日子)的 194,097,000 英镑,8 月 22 日的 199,998,000 英镑,8 月 31 日的 211,744,000 英镑——8 月总共增加了 117,000,000 英镑。纸币发行依然完全在以前规定的限度之内——"现金"的三倍。不能说白银库存被迅速耗尽,从 7 月 23 日

274 的 16,731,000 英镑跌到 8 月 15 日的 4,084,650 英镑，8 月 22 日的 3,317,700 英镑。到了 8 月 31 日，稍微回升到 4,114,000 英镑，可能是因为新铸造了硬币，但是，据说德意志帝国银行即将发行二马克和一马克纸币。就像在英国一样，合股银行和其他金融机构好像遵循一个政策：不是把它们的汇票全都换成纸币，而主要是换成德意志帝国银行的信用，贴现汇票从 7 月 23 日的 37,545,000 英镑增加到 8 月 15 日的巨大总数 221,299,000 英镑，8 月 22 日的 230,800,000 英镑，8 月 31 日的 237,500,000 英镑。而存款从 7 月 23 日的 47,198,000 英镑增加到 8 月 15 日的 127,588,000 英镑，8 月 22 日的 130,988,000 英镑，跌到 8 月 31 日的 122,067,000 英镑。

好像除了德意志帝国银行的普通纸币之外，面额从 5 先令到 2 英镑10 先令的小额贷款券（Darlehnskassenscheine），或者"贷款"纸币，正在发行到 75,000,000 英镑。对于数量直到 5 英镑的所有来者来说，这些被用作贷款，来应对多种达到规定价值的二分之一或者三分之二的保证金，为期三到六个月，费率一般来说稍微高于德意志帝国银行贴现率。这些"贷款"纸币未被给予完全的法定货币品质，但在支付款项时被政府和政府机构所接受。这些纸币实际发行了多少，其他细节是什么，都不知道。发行了如此多的不可兑换纸币肯定会大大强化价格上涨趋势。但是，价格上涨趋势被官方的强力措施所应对：就这一纸币而言，官方把必需品价格固定在他们认为合理的数字上。就阻止从中立国进口食品而言，这些措施的效果肯定会变得非常严重，除非德意志帝国银行决定彻底改变当前政策，并在需要在国外采购的时候，释放黄金，让纸币可以自由兑换黄金。

与其他交战国实行的政策不同,德国政府迄今为止还没有宣布正式的延期偿付权。德国政府并未暂时免除债务人按约付款的义务,德国政府好像采用了这样一种政策:立即为债务人提供大量纸币、符号货币、信用来按约付款。在8月份,如果德莱希思几乎达到当初规定的极限,德意志帝国银行在流通中总共增长的纸币、符号银和银行信用就接近300,000,000英镑。毋庸置疑,这暂时和缓了金融环境。但是,从长远来看,这会是一个比延期偿付权危险得多的政策。根据《经济学家》(9月5日)的说法,按照黄金来说,德意志帝国银行纸币当时贴现超过20%。

因此,我们看到,就纸币发行而言,法国、俄国和德国的国家银行都是在同一制度下工作。这同一制度就是几乎无限制发行纸币的权利、和几乎无限制暂停硬币支付的权利。这些国有银行只能是囤积黄金,除非国有银行提出短期使用黄金用于国外支付,目的是手中切实掌握些什么以便支付赔偿。要说明一点:英国的各种金融权宜之计就是为了应对困难,许多困难与国外的困难性质不同,因为我们是要在多少正常的基础上复活我们的制度,而其他地方已经坦率地放弃了这个任务。硬币支付从未被停止,我们的国家货币丝毫没有贬值,而且,我们每天都更多地恢复正常的汇款机制和正常的汇票贴现机制。

金汇兑本位基于伦敦的储备,使印度的通货制度比几乎所有其他国家的通货制度都更能应对危机。没有宣布延期偿付权,而且卢比的汇率价值始终保持在输金点之间。没有其他主要国家可以这么说。甚至在埃及也发现需要立刻引入不可兑换纸币紧急通货,并宣布延期偿付权。而一些当局会把埃及作为榜样,因为沙弗林通常是主要汇兑媒介。

战争爆发的时候，国务大臣在伦敦实际上持有 10,700,000 英镑的黄金，另外还有大量的证券。有一个情况：对汇款的严重需求从伦敦蔓延到印度，卢比的汇率价值表现出跌至黄金出口点之下的迹象。此时，决定每周提供所谓的"反向"委员会 1,000,000 英镑（即加尔各答-伦敦出售的汇款）。在 8 月的第一个星期，1,000,000 英镑全部售出。但在后来的那些周里，事实证明这些款子远远超出了需求。在 8 月 12 日、19 日、26 日，9 月 2 日、9 日，带走了 813,000 英镑、632,000 英镑、538,000 英镑、474,000 英镑、和 310,000 英镑。"反向"汇票以通常的费率 1 先令 $3\frac{29}{32}$ 便士出售。但是，在以前未担保的设施用来购买电汇和汇票，第一周的费率是 1 先令 $3\frac{13}{16}$ 便士，接下来的几周是 1 先令 $3\frac{27}{32}$ 便士。这样做的效果立刻把汇率稳定在输金点之内。政府一直在提供，并在一定程度上实际上一直在同时朝两个方向出售电汇。事态进展是这样的，总的来说证实了一些人的观点，这些人坚持认为在伦敦持有实际黄金作为储备是个重要举措。如果黄金在印度，就无法在 8 月初安全地运到伦敦（如果必要的话，英格兰银行是否准备好了印度黄金的垫付款还未可知），而且以证券持有的那部分暂时不能变现，除非其中包含即将到期的短期国债（即使当英国处于战争之中时，作为一个流动证券，短期国债的一流价值也异常清楚）。自从这个财政年度开始以来，国务大臣在伦敦出售的委员会汇票不多，因而处于相对较弱的地位。但是，以前"指定用途"释放的 2,000,000 英镑黄金足以让国务大臣挺过 8 月。

第4章 第一次世界大战与重建　287

有一点值得一说,印度政府采取英明的政策:"反向"汇票销售一开始,就停止从纸币部(Paper Currency Department)继续发行用于国内的黄金。还有一点值得一说,印度政府抓住机会实行了最近皇家委员会(Royal Commission)提出的建议:废除金本位储备的白银分支,并把兑换卢比的 4,000,000 英镑黄金从纸币储备转为金本位储备。

美国的通货制度遭遇了危机,而此时是一个有点不便的时刻:新旧安排交替。新的银行和通货法(Banking and Currency Act)在一两个月内并没有实施。但非常幸运的是采取了一项精明措施:1907 年危机之后实行了临时性的奥尔德里奇-弗里兰法(Aldrich-Vreeland Act)提供了紧急通货安排,紧急通货安排明确地成形了,目的是为了防止一种情况。这种情况是,在完成新的永久制度安排的那几个月,万一发生打乱计划的危机。由奥尔德里奇-弗里兰法授权的纸币即将印刷,可以立即投入使用。直到 9 月 10 日发行的这一紧急通货的数量是 256,000,000 英镑。然而,尽管如此,银行家和政府还是不能或者不愿释放黄金和充分利用英格兰银行在渥太华的仓库来完全保持汇率平价。保持大额贴现期间不可能运输黄金。短时间保持大额贴现之后,在伦敦,美元(dollar)的汇率价值依旧在战争爆发六个星期之后保持接近 $2\frac{1}{2}$% 的贴现。

在加拿大,英联邦自治领纸币发行(Dominion Note Issue)相关规则的变化提供了相对少量的额外通货。直到现在,实际上有 22,500,000 加元的信用发行(在一开始的 30,000,000 加元中,有 25% 以黄金持有,以后发行的 100% 都以黄金持有)。未来的信用发行已经提高到了 37,500,000 加元（在一开始的 50,000,000 加元中，有 25% 以黄金持有）。

1914 年秋季的晚些时候，凯恩斯对情况又进行了两项评估。

转载自 1914 年 11 月《经济学季刊》(The Quarterly Journal of Economics)

伦敦城和英格兰银行

1914 年 8 月[①]

I

英国与国际货币市场的特殊关系再次使得英格兰银行，在没有大笔黄金储备支持的情况下，完成欧洲大型国家银行所无力完成的事情。尽管囤积了空前的黄金，欧洲大型国家银行还是无力做到。英格兰银行单独迎接了 1914 年 8 月的灾难，没有暂停硬币支付，也没有利用紧急特权。对于从外部市场接手汇票的性质，英格兰银行比以前更加宽大，得到了财政部担保的支持，这是英格兰银行偏离通常做法的唯一一个方面。如此满意的结果可能部分是

---

① 在 1914 年 9 月《经济学杂志》（上文第 250—281 页）发表的一篇论文之中，我试图对第一次世界大战头一个月中英国的金融环境进行笼统的讨论。在这篇论文里，我要特别探讨伦敦城和英格兰银行的关系。

由于顽强保守的勇气；但主要是因为英国在国际货币市场上有着特殊的地位，上文已经提到了这一点。就像我们将要看到的那样，伦敦的主要困难以及力量都是来自其特殊性。

在普遍的金融危机之中，别管普遍金融危机的原因是不是战争，都有两个不同的问题，即，国内通货的适当供应、国外支付的适当供应。其中第二个总的来说是至关重要的。对于国内通货这个问题，我暂时放在一边。特殊的是在紧急情况突然出现的时候英国在国外支付中的地位。对于这个主题来说，这是老生常谈。英国是一个债权国，这有两层意义。一方面，英国有大量永久国外投资，还有每年的差额来增加永久国外投资。另一方面，英国习惯性地向国外中心贷出大笔资金，只需*提前很短时间通知*就可以要回这些资金。因此，英格兰银行总是有能力拒绝续借这些贷款，让当前的债务差额对自己有利。按照第二层意义，一个国家的中央银行总的来说是债务人而不是债权人。如果一个国家的中央银行确保总是能够偿还国际债务并让当地通货保持平价，那么，跟那些可以暂时处于债务人地位并迅速转而变成债权人的国家相比，这个中央银行就必须保持大得多的黄金储备。

我已经说过，所有这些都是老生常谈。英格兰银行的黄金储备为什么是欧洲最少的之一，而在此基础上交易的规模却最大？这就是理由和证明。

笼统地说，在此基础上的合理预期已经被这一事件所证实。在头一两个星期里，我们会觉得如果黄金储备稍大点，就会容易一点；但是，这个心理宽慰会是努力的目标。幸运的是，英格兰银行的勇气让英格兰银行无需此种心理宽慰就可以工作下去。因此，总的来说，以前许多批评家对伦敦低黄金储备水平的担心被证明是杞人忧天。即使伦敦金融制度的整个结构遭到最为严重的打击，也没必要如此担心。

当时，这是第一个显著的事实。在奥地利向塞尔维亚宣战（7月28日）一周之内，整个世界都发现自己欠伦敦的钱。不存在这样的危险：任何国家从英格兰银行带走大量黄金。大多数能够和愿意释放黄金的中央银行当局发现自己需要汇寄黄金。一些当局受到了非议，因为它们在一开始相信英格兰银行无法避免暂停硬币支付。但是，这一措施从没有任何合理的场合。只要还有大量黄金，即使是债务国是否应该暂停硬币支付，也不好说。债权人肯定不应该暂停硬币支付。因此，很快就能发现英格兰银行根本不存在这样的危险。

II

实际上，英格兰银行的困难有相反的来源。其他交战国一直以来辛辛苦苦积攒了大量黄金，但还是立即停止了硬币支付。我们只能假定（除非它们想在以后翻转政策），这些交战国的目的是手中掌握些什么以便支付赔偿。在学习健全通货精神方面，巴西和阿根廷进展缓慢，很快就禁止了黄金从其兑换局的进一步发行。剩下的只有印度、南非和美国，拥有大量黄金并打算花掉一部分。在战争初期，高额的保险收费使得通过海上从所有这些国家运输黄金代价高昂、无法承受。

英格兰银行以勇敢无畏、惹人注目的方式应对这一事态，开放仓库接收英国以外的黄金。在渥太华，在约翰内斯堡，殖民地政府（Colonial Government）当局得到授权：代表英格兰银行接收黄金。因为印度的部分黄金储备在伦敦（虽然和英格兰银行的储备基本不沾边），所以，对印度来说，此种直接措施没有必要。但是，可以预计，如有必要，就会在孟买开设一个仓库。

并未明确说明这些仓库接收的黄金被算在了英格兰银行储备每周声明之中，但这是毋庸置疑的事实。银行法并未规定发行部（Issue Department）黄金的位置。通常的做法是把大量黄金放在铸币厂，在英格兰银行自己的围墙之外。在英帝国的其他地方开放仓库是对这一原则始料不及的延伸。但是，我相信，其中没有什么违背了先前存在的定律。

黄金进出英国的实际数字值得注意。7月22日，英格兰银行持有大约40,000,000英镑的黄金，——这是一个正常数字。7月29日，大约1,000,000英镑的沙弗林带去了大陆。7月30日，又带去了1,000,000英镑。7月31日，再带去了1,000,000英镑。这些黄金主要是用于法国。这就是外流的终点，潮流强势朝着相反方向转变。在8月剩下的每一天里，英格兰银行都买入黄金。从8月7日到8月底，总流入数字巨大，达到了18,500,000英镑。我已经说过，这个数字包括仓库接收的黄金，7,900,000英镑是美国金币，7,200,000英镑是金条，2,000,000英镑是来自在伦敦印度储备（Indian Reserve）的沙弗林，1,400,000英镑是来自南美（阿根廷、巴西和乌拉圭）。从别的来源什么都没得到。在9月，内流继续，不过，速度放缓。直到9月19日，又接收了5,400,000英镑。其中，2,400,000英镑是美国金币，3,000,000英镑是金条。

III

总的来说，英格兰银行的黄金情况符合预期。但是，有个非常重要的方面伦敦城没有意识到，——不过，鉴于已经发生的事情，我们难以坚称时间的发展不同寻常。我们所有的主要困难都可以从这里找到根源。我认为，没人事先以足够的执着和科学好奇心向自己提出两个问题，——如果我们国外的债权人大多无法支付，会发生什么？发生这种情况会对我们整个国内金融制度造成什么反应？

然而，甚至在实际宣战之前，这种情况就清晰可见、具有威胁。交战国和敌国的公民让我们失望。另外，对于南美诸国的商人和市政府来说，拖欠债务只是穿上一套最喜欢的旧衣服。还有美国的银行家，他们兴旺发达，没有恐慌，远离战争的场面，但由于运输黄金困难且费用高昂，所以无法完全汇寄所欠我们的款项，而我们却指望着这些款项。几乎所有需要在伦敦采取的紧急措施都是为了减少威胁伦敦城整个金融结构的危险：外国人普遍无法或者不能向我们汇寄他们应向我们汇寄的款项。伦敦城困难的线索体现在两点之中：汇款制度崩溃对国内金融结构的反应、货币市场的这些因素随之而来的困境。通过货币市场的代理机构，针对外国人的短期贷款被大部收缩。

应立即偿还伦敦的国外债务主要有两个原因。第一是由于伦敦承兑的汇票，有些是伦敦的公司承兑的，有些是国外银行的伦敦代理机构承兑的。第二是证券交易所在伦敦代表国外客户进行的交易。还有大量款项直接贷给国外银行的伦敦代理机构。在这些代理机构中,最重要的是两个大型德国机构、德意志银行(Deutsche Bank)和国家贴现公司(Discontogesellschaft)。即将到期但不是立刻到期的如下:以前永久贷款的通常支付、资本偿还导致的分期付款以及(这主要是在对美国方面重要)大量短期贷款,为了将来的融资而暂时收缩,但是要在年末之前清偿。

当这些不同形式的债务到期之后,为了偿还这些债务,国外债权人主要有三种方式:按照和以前基本相同的条款续借债务,或者把债务变成长期固定债务,或者最终运送商品或者国际证券来偿还债务。

战争迫在眉睫,伦敦就显然不会续借债务,也不会把债务变成长期固定债务,就算是一段时间也不行。

就算手头有商品,就算战争没有限制运输设施,也无法为同等价值的商品找到市场。因此,事实一直是这样:贸易上的补救措施必须循序渐进,无法应对金融家的紧急情况。

另一方面,当暂时无法从国外续借贷款的时候,金融补救措施通常就在某种程度上存在。金融补救措施是国际证券的销售和黄金的实际汇寄。因为世界上的证券交易所关闭,所以,第一个补救措施根本无法实施。由于上面已经讨论过的原因,第二个补救措施无法充分大规模实施。因此,甚至国外债务人在自己国内立即具有偿付能力而且能够在本国筹集还债所需资金,也暂时无法汇寄。

当汇寄的技术困难被克服时,还有一些重要情况:国外债务人还是无法支付——比如敌人,直到战争结束他们的债务肯定不可收回,国家,主要是巴西,要靠新的贷款来实收款项来按约付款,不大可能用其他方法按约付款。

因此,一方面,这种情况形成了需要。另一方面,别管是否明智,伦敦突然刹车因而使整个机器的平衡陷入危险。所以,战争造成的第一个引人注目的金融后果就是,货币市场的这些因素陷入了极端困境,而国外却有欠款。这对整个伦敦城造成了什么反应?

IV

在一定程度上,英国的个人、公司和机构有富余资金用于临时性存款,把富余资金直接存入总部设在伦敦的英国——外国银行,甚至存入在伦敦设有分支办公室的国外银行的代理机构。对于这些存款,或许可以得到即付2%和接通知即付4%,这远远大于贴现公式或者合股银行通常允许的数字。这些存款中有许多被突然搁死,所以给许多个人带来了不便,而且许多已经公告分配股息的公司无法支付股息,因为它们已经无法控制原本打算用于支付股息的存款,——因而无意之间增加了普遍的不信任感。

但是,这不是主要的麻烦来源。英国的大量浮动资金放在了合股银行之中。取一个约整数的话,合股银行的资产可能是大约1,000,000,000英镑。一两家合股银行近来开设了国外部,对国外业务普遍进行直接交易。至少有一家合股银行与美国业务保持着一定程度上的密切关系。然而,对于大多数合股银行来说,这些银行并没有直接把资金借到*国外*,而是通过一个或者更多中间人的代理机构。

这些中间人之中最重要的就是承兑行。承兑行实际上提供了担保：银行投资组合中的汇票会在到期时偿付。当然，在很大程度上，承兑行是在代表英国的客户行事。但是，伦敦承兑行承兑的许多汇票是来自双方都是外国人的交易。也就是说，这些承兑行是在为了佣金而担保汇票，指望国外客户能在汇票到期的时候提供资金。这个承兑或者担保交易与预先垫付资本的交易大不相同，持有汇票靠预先垫付的资本。

因此，当汇款制度崩溃的时候，第一批遭遇麻烦的人就是承兑行。承兑行的国外客户大规模暂时拖欠债务，而且因为承兑行的债务大大超出了其自由资产，承兑行完全无法按约付款。

因此，出现了这样的情况：银行手中持有汇票，银行通常认为汇票是流动性最强的资产之一，但汇票突然变成了非流动资产。据估计，未偿付汇票的总量达到了 35,000,000 英镑。除了贴现公司和英国——外国银行之外，合规银行手中的汇票数量不是分开阐述的。我已经作出估计，对于主要银行来说，数字在 100,000,000 英镑至 125,000,000 英镑，或者可能占总资产的 15%。

除了银行通过自己持有汇票预先垫付的款项，银行还间接对更多的汇票感兴趣，途径是与贴现公司的关系。这些公司持有大量汇票，其中许多靠银行借给他们的短期放款来持有。承兑行的破产会威胁贴现公司的清偿能力，并肯定会出现如下情况：如果银行从贴现公司大规模回收资金，贴现公司无法偿还银行。

除了手中的现金和在英格兰银行的信用，合股银行习惯于把与贴现公司的这笔钱看作下一个最具有流动性的资产。在日常情况下是这样，而且这一制度运作得非常好。跟单个银行可以借出的数量相比，整个银行部门借给贴现公司的总量表现出低得多的百分比变动；有一个安排，那就是一个银行回收，而另一个银行借出，这种安排允许银行更充分的利用资源，而其他安排就产生不了如此效果。但是，批评者一直都有反对意见：就像在危机里发生的那样，如果所有的银行都想在同时回收，这一制度的优点就会消失。事实证明确实如此。但是，事先并没有清楚地理解一点：贴现公司的困难会来自承兑行的困难。

因此，承兑行的国外客户无法汇寄给予了合股银行严重打击。原因是，现在看来不知道是否明智，银行习惯于把用作承兑行担保的贴现公司直接或者间接预先垫付的资金看作最具流动性资产。银行希望恰好能够在紧急情况下得到那部分贷款，而那部分贷款是在外国人的控制之下。

287　　出于和承兑行相同的原因，伦敦证券交易所也陷入了麻烦之中。这个同样的原因就是国外客户无法汇寄。有许多重要的公司与国外做着巨大的交易以及继续投机性购买。与德国联系的梅西尔斯德林伯格公司在7月30日被击锤宣布无力偿债。如果伦敦证券交易所不在次日关闭，我相信许多其他公司会倒闭，因为无法借到国外客户的到期款项；而且这些公司的破产会牵扯到其他公司，因为这些公司欠其他公司的钱。人们害怕，这些破产导致的抛售会破坏价格，以至于所有的保证金借入者都会陷入艰难的窘境，因为银行要求更多的保证金。挽救处境的是——我只是记录事实，不加评论——可能的极端补救措施，即，停止所有新交易，无限期推迟旧交易的定期结账。这样做对银行的影响是，进一步阻碍了银行眼中更富流动性的资产,即,预先垫付到伦敦证券交易所的可能高达 80,000,000 英镑或者 100,000,000 英镑的款项。

V

英格兰银行对这一形势施加的补救措施有着什么样的本质?

伦敦证券交易所交易停止带来了严重、普遍的不便,但是在银行看来,伦敦证券交易所的问题是个次要问题。承兑行和汇票问题才是个紧迫问题。8月3日的第一个延期偿付权公告只针对汇票(普遍的延期偿付权随后在 8 月 6 日出台),承兑行被免除了立即按约付款的义务。但是,这并没有对贴现公司和合股银行提供帮助,贴现公司和合股银行发现自己处于这样的境地:已经向承兑行提供无限期不可回收贷款。贴现公司和合股银行只能等着资金,或者寻找一些新的流动信用来源。靠着更多的勇气,跟实际做到的相比,合股银行本可以成功地在更大程度上实行第一个政策。但是,合股银行很快非常清楚地表明它们全然不想采取勇敢无私的行动,并急切地要求政府和英格兰银行拯救它们脱离窘境。

问题表现为两个方面——流动信用的供应、任何最终坏账的关系。如果有任何承兑行最终破产,坏账就会产生。合股银行要求得到前者,要求完全免除后者。

政府认为把信用和银行业恢复到正常状态比跟银行斤斤计较更为重要,因而认可了合股银行的这两项要求。几乎无限制的信用以两种方式置于了合股银行的控制之下。这两种方式是,第一,用钞票为合股银行预先垫付,下文会详细描述;第二,与英格兰银行达成一个安排来贴现合股银行的汇票。这两种调和方式都被以5%的低费率给予。

但是，政府不止是和英格兰银行商定来接管贴现公司和合股银行的汇票投资组合。接管就按照贴现公司和合股银行所要求的那样进行，包括国外代理机构承兑的汇票。而在平时，英格兰银行对国外代理机构承兑的汇票是会区别对待的。还作出了安排：如果汇票并没有按期偿付，那么，合股银行作为最后持有人的普通法定债务应该放弃；政府应当赔偿英格兰银行因此遭受的任何损失。这种损失的可能量值还不能精确估计；这主要取决于在战争结束之际德国主要金融机构的偿付能力。但是，就像已经表明的那样，政府从合股银行以及贴现公司肩上卸下的坏账担子加在了国债之中，可能高达 30,000,000 英镑。另一方面，从长期来看，30,000,000 英镑可能是比较小的数字。

起初，英格兰银行持有的到期未能偿付汇票会被其原承兑者以高于英格兰银行 2% 的费率再承兑。但是，后来另一项安排取而代之，英格兰银行以比英格兰银行费率高 2% 的费率借款给承兑行，足以让承兑行在汇票到期时偿付。当承兑行能够搜集客户欠款的时候，这些借款逐步清偿。这附带产生了一个效果：免除了汇票开票人和背书人的任何债务，否则开票人和背书人会在债务的重压之下。还做了进一步的让步，以便恢复承兑行的信用来进行新的交易。直到战争结束一年之后，承兑行订立的*新承兑汇票*，都先于英格兰银行的追索，来追索自己的自由资产。

合股银行和贴现公司在很大程度上利用了这些安排，下面的"其他证券"和"其他存款"收益就表明了这一点。接管的汇票全部在"其他证券"中出现，外部市场控制下的相应信用在"其他存款"中出现：

	其他证券（英镑）	其他存款（英镑）
7月22日	33,732,762	42,285,297
29日	47,307,530	54,418,908
8月7日	65,351,656	56,749,610
12日	70,786,596	83,326,113
19日	94,726,086	108,094,287
26日	109,904,670	123,892,659
9月2日	121,820,692	138,818,826
9日	116,922,759	130,704,462
16日	113,792,525	135,042,071

可以把7月22日的数字作为正常值。7月28日，奥地利对塞尔维亚宣战。7月29日总数的增加表明合股银行采取的初步措施产生了效果。合股银行的初步措施是从贴现公司回笼贷款，因而迫使这些公司在英格兰银行把汇票变现。8月7日的统计报表主要表明从7月30到8月1日类似行动有了进一步的效果（从8月2日到6日，宣告银行放假。）8月13日宣布先延期偿付权汇票将由英格兰银行接管；由此造成的影响反映在了结束于8月19日的那个周的大增之中。合股银行和贴现公司的官员在英格兰银行排队等候提交汇票用于再贴现。而且，如果英格兰银行的员工在体力上能处理更多的文件，这一周的增加会更大。到了9月2日，这一运动成为强弩之末。到了这个时候，货币市场已经解除了较大部分的汇票，汇票到期的支付令人非常狐疑。合股银行也开始觉得让如此多的资金闲置在英格兰银行给自己带来了压力，合股

银行在英格兰银行的差额膨胀,因而根本挣不到利息。在浮动资金的重压下,开放市场的短期贷款利率下跌到非常低的水平。而且,人们开始认识到,在把汇票送到英格兰银行之前,可以无风险地持有汇票,直到快要到期的某个日子。另外,这种延后会带来费率每年 5% 的积余。由于这些原因,9 月 2 日至 9 月 16 日带到英格兰银行的汇票规模比到期和还清旧汇票的规模小大约 8,000,000 英镑。

7 月 30 日,英格兰银行费率从 3% 提到 4%。这个小变化根本没有抑制开始于几天之前的融通汇票潮流,因为合股银行的行动在迫使市场的其余部分不惜代价变现汇票。因此,在第二天,星期五,7 月 31 日,英格兰银行的费率急速上升到 8%。星期六,8 月 1 日,上升到 10%。这些空前的运动不能满足有用的目的,只是导致了巨大的恐惧,因为这些空前的运动增加了无根据的担忧:融通汇票会被完全停止。延长的银行假期之后,当英格兰银行重开的时候,错误被立刻纠正,费率在 8 月 7 日降至 6%,在 8 月 8 日降至 5%。

英格兰银行费率的确切水平会对个人的利润产生影响,也会影响商业界的主观感情:信心或者对信心的需要。除此之外,英格兰银行费率的确切水平在 8 月份并未产生其通常的意义。英格兰银行费率运动通常是为了影响贴现市场兑付汇票的行为,并由此纠正汇率或者国外债务差额中的不中意的趋势。在 8 月,并不需要这种间接压力,——贴现市场根本没有进行交易。可以这么说,合股银行允许的存款账户利息、开放市场银行汇票费率,并没有与英格兰银行费率保持通常的关系。英格兰银行费率只是代表了英格兰银行收费价格。在这种情况下，英格兰银行几乎只是财政部的代理人，从合股银行以及贴现公司手中接管这些机构不愿看到的汇票。

如果增加"其他证券"的汇票或者（在新的安排之下）英格兰银行给承兑行的贷款没有还清，英格兰银行"其他存款"的规模不可能大幅减少。如果其他交易不涉及从英格兰银行的现金外流，就只会影响其他存款所涉信用的声誉。目前，合股印象表现得过于谨小慎微，而不是反之。将来，合股银行必须谨慎小心，不要让自己在英格兰银行膨胀的信用制造太大的上层建筑。

VI

到目前为止，我们所说的一切都直接或者间接与伦敦的国际货币地位相关。现在，我们必须只研究国内通货的国内问题。

英国和爱尔兰的银行办公室数量大约是 9,000 个。战争爆发之时，合股银行持有的现金数量超过了正常的零星现金需求。我估计合股银行持有的现金数量不可能超过 20,000,000 英镑，可能低于这个数字。因此，根据合股银行的国内储备，合股银行在加强零星现金时，不可能超过平均约 2,000 英镑每个分支办公室。当战争爆发时，英格兰银行的总储备大约是 27,000,000 英镑，或者也就是说 3,000 英镑每个分支办公室。就像我们一直知道的那样，储户方面的严重挤兑不可能得到满足，除非发行紧急纸币。

实际上，英国的储户从未表现出任何挤兑倾向。报纸告诉英国储户挤兑是愚蠢的行为，而且不爱国；冷静、习惯和公共精神使得英国储户安之若素。上面提到的极少的储备，如果大胆利用的话，那么，在满足所有对通货的额外需求方面就胜任有余。可以这么说，在8月1日至7日延长的银行假期之中，邮政储蓄银行依旧愉悦地对取款开放，没有遭受任何重大损失。

然而，合股银行认为自己处于弱势地位，不愿以极大的良好意识来为储户提供信用贷款，而储户表现出了极大的良好意识。早在7月31日，合股银行自己就开始挤兑英格兰银行，而且极为愚蠢地在供应申请人黄金方面增加不必要的困难。在7月31日以及次日，人们在英格兰银行外面排队等待兑现5英镑纸币。银行家违背人们的意志，把在7月31日强加在人们的头上。当然，在体力上允许的情况下，英格兰银行尽快把这些纸币换成了沙弗林。

8月2日是一个星期天。按惯例，8月3日是8月银行假期。在这种情况下，显然可以作出安排来发行某种形式的紧急纸币。因此，为达到此目的，以及为了平息合股银行的恐惧，银行假期被延期到8月7日。那一天合股银行重开的时候，合股银行已经得到了保护，不会收到储户无理要求的困扰——事实证明，这样做没有必要——因为有了延期偿付权公告；而且，紧急纸币的两个形式已经得到了授权。

两种形式之中的第一个是传统形式：英格兰银行得到授权超过其固定信用发行。也就是说，英格兰银行的纸币通货可能超过相对的黄金，超过法定的最大值18,450,000英镑。这一措施通常被描述为"暂停银行法"，尽管这一措施根本不允许英格兰银行暂停硬币支付——银行用黄金兑换纸币的义务依然完全有效。

就像情况表明的那样，英格兰银行没有场合利用这个非约束性权力。信用发行从未超过 9,000,000 英镑，因此完全在正常最大值之内。"暂停"只是一个预防措施。然而，需要注意一点：这是第一次为了此类措施预先使用议会权力。在以前的历史性关头，首相和财政大臣向英格兰银行行长允诺会进行赔偿。这一次——别管在危机的头一个星期，行长私下里可能得到什么保证——一个条款还是加进了 1914 年通货和银行纸币法，内容如下："只要得到了财政部的暂时授权并受制于与这一授权所附加的任何条件，英格兰银行行长以及合作者、涉及任何苏格兰和爱尔兰发行银行管理的任何人，都可以发行超过法律规定任何限度的纸币。"

然而，避免银行纸币通货过多地主要归功于被授权的第二个紧急纸币形式。这是一种全新的类型。5 英镑纸币显然不能取代沙弗林作为英国的主要通货。因此需要 1 英镑纸币，可能还需要 10 英镑纸币。每个哪怕是考虑到这些问题的人都知道在任何严重的危机之中都需要 1 英镑纸币，但是，并没有预先印刷任何此种纸币，甚至也没有决定由谁来发行或者采用何种形式。因为没有任何印刷好的纸币，所以造成了这样的局面：非常不便的延误。另外，当这些纸币出现的时候，这些纸币是印在未脱胶的邮票纸上（合适的水印纸当中，只有这种邮票纸数量足够），而且外形粗糙，一些业务爱好者因此伪造了一两张"作为纪念品"。然而，这种猝不及防并不完全是因为征兆出人意料。当权者的头脑中应该预先有这个打算，但是他们即兴而为不是个坏事。当实际采取的计划初步形成时，我倾向于采取批评态度。但是，就像这一计划在实践中的表现一样，我相信这一计划已经是较好的选择。如果某个委员会预先安排了一个计划，而肯定没有顾及危机时的具体情况，那么，制订的计划肯定较差。

这一计划是发行1英镑和10先令纸币，不是像我们普遍预期的那样由英格兰银行发行，而是由财政部发行。纸币上有签名，签名人不是英格兰银行的总出纳（Chief Cashier）约翰·奈恩爵士（Sir John Nairne），而是财政部常务次官（Permanent Secretary）约翰·布拉德伯里爵士（Sir John Bradbury）。1英镑和10英镑纸币被宣布为不受限制的法定货币，只可以在政府代理人英格兰银行的总部兑换为黄金。公众波澜不惊地接受了这些纸币；确实，在一开始，由于公众对此有好奇心，而且由于报纸进行了正面宣传，用这些纸币来代替沙弗林的需求超过了印刷机的供应能力。

这些纸币大多游离于银行法之外，和英格兰银行的纸币发行或者储备没有关系。这些纸币根本没有出现在英格兰银行每周统计报表之中，是财政部单独陈述的主题。这些纸币的发行排除了一种需要：英格兰银行对纸币进行任何过量发行。不过，事实证明，无论如何，后者的量都不大，因为钞票规模只是在几天里超过了英格兰银行未发行银行纸币储备。

然而，这些所谓钞票的最有趣特点是其管理方法。按照1914年通货和银行纸币法，财政部被授予了广泛的权力。根据第二款，"钞票可以按照财政部的要求的方式发行给指定的人"。即便有作为这些钞票依据的储备，对此也没有任何具体规定。财政部的实际做法如下。

首先，钞票作为贷款发行给苏格兰和爱尔兰发行银行、合股银行、邮政储蓄银行和信托储蓄银行。贷款的利率是5%。而且，按照通货和银行纸币法的规定，这笔贷款是先于任何抵押的浮动抵押，抵押的依据是这些机构的所有资产，这些机构不需要交付任何保证金。财政部宣布，已经准备好向各家银行发行高达各家银行经常账户和储蓄账户债务 20% 的贷款。

因此，同时服务了几个重要目的。各家银行得到了保证：按照自己的能力来满足储户的合理提款要求。储户得到了保证，因为充足的可用法定货币供应出现了。英格兰银行的黄金储备得到了保全。过度发行银行纸币的需要被避免，这样就不会让英格兰银行统计报表和英格兰银行储备产生不利的表现。

唯一的危险在过度利用新设施。实际上，通货的额外发行程度是非常温和的。主要数字如下。另外，铸币厂发行了一些新的白银铸币（数量不大），而且，在等待白银铸币的短暂时间里，邮政汇票是法定货币。

	从英格兰银行流入英国的硬币（＋）或者流回英格兰银行的硬币（－）英镑	英格兰银行纸币的额外发行（＋）或者取款（－）英镑	钞票的额外发行（＋）英镑	总计（英镑）
7月30日—8月7日	＋ 8,211,000	＋ 6,399,000	—	＋ 14,610,000
8月8日—8月19日	＋ 2,654,000	＋ 1,081,000	＋ 16,696,000	＋ 20,431,000
8月20日—8月26日	－ 1,217,000	－ 1,615,000	＋ 4,839,000	＋ 2,007,000
8月27日—9月2日	－ 2,949,000	－ 284,000	＋ 3,621,000	＋ 388,000
9月3日—9月9日	－ 1,545,000	－ 66,000	＋ 1,957,000	＋ 346,000
9月10日—9月16日	＋ 10,000	－ 599,000	＋ 304,000	－ 285,000
	＋ 5,164,000	＋ 4,916,000	＋ 27,417,000	＋ 37,497,000

在同期，从国外流入英格兰银行的黄金净量是 19,254,000 英镑。

不幸的是，难以区分两者：各家银行用什么来强化 9,000 家分支的零星现金以及用什么进入了实际流通。上面的数字包括了两者。然而,有一种可能:总共发行的 37,500,000 英镑中一大部分还在各家银行手中,各家银行自然比以前更想把较多的钱拿在手中。剩下的发行量中的一部分是因为战争办公室(War Office)的大额现金支付。这些数字表明,私人不可能大量囤积。国外发行了大量纸币,两相比较,上面的数字非常小。

就像我们已经看到的那样,纸币首先发行给了各家银行。但是,几天之后,这些纸币成为了英格兰银行的资金,因为根据财政部的担保,大量先延期偿付权汇票在英格兰银行贴现,各家银行也不再需要钞票贷款。因此,各家银行还清贷款,方法是把在英格兰银行自己名下的信用转到公众存款。不过,通过各家银行和邮局柜台发行给公众的纸币依然在流通。

因此,问题很快就出现了,有了无限自由决定权,财政部会如何处理英格兰银行的这些信用。在发布第一份钞票统计报表的日子,11,400,000 英镑已经按这种方式偿还,并暂时存放在所谓的英格兰银行"钞票偿还账户"的信用里。一个星期之后,在下一份统计报表发布的日子里,"政府保证金"(Government Securities)里有 11,000,000 英镑,也就是说,11,000,000 英镑用来救济国库(Exchequer)差额;但是,随着各家银行继续还清借款,英格兰银行偿还账户信用里还有 5,900,000 英镑。在下个周里,重要的一步是"指定用途",即,把英格兰银行储备移到独立账户之中,有 3,000,000 英镑的黄金。9 月 16 日(在写这篇论文的时候,这一天发布了最近的统计报表),资产负债表如下:

（单位:英镑）

未偿付纸币——27,416,932	给银行家的垫付款	1,514,200
	给邮局和信托储蓄银行的垫付款	3,600,000
	银行指定用途的黄金	3,500,000
	"政府保证金"	10,923,546
	英格兰银行差额	7,879,186
		27,416,932

近期,更多的黄金可能被"指定用途",而且发行的信用性质逐渐减弱时。

VII

这里简单而且肯定不完全地阐述了影响一个关系的主要因素。这个关系是,财政部和英格兰银行与货币市场其余部分以及整个伦敦城的关系。许多细节被省略了,尤其是证券交易所的困难只是一笔带过。

总的来说,可以这么说,伦敦的金融制度经得起所遭受的震荡。之所以犯下错误有两个原因。一是,过于怯懦。二是,一些人,尤其是在早期,未能认可这一制度实际表现出的高度稳定性。唯一一个真正的大麻烦是汇票市场的处境和承兑行的困难。大多数其他紧急措施的主要目的是消除恐惧。如果那些感到恐惧的人有更多的知识和勇气,恐惧就无需产生。

在许多人看来,(虽然合股银行的银行家也有自己的辩护人),错的最离谱的是合股银行家。我现在肯定不能停下来考虑此事的根本原因。对于这个问题,要诉诸人性作用和历史增长因素。

在8月的第一个星期,我们想让有着已故皮尔庞特·摩根(Pierpont Morgan)先生那样有能力的人去威吓银行家们,告诉银行家们责任(同时还有利益)的真正所在。然而,这是一个过渡阶段。英格兰银行坚定有力,财政部有着实践良好意识且清醒明智,两相结合避免了永久的伤害。英格兰银行的传统使其几乎不需要什么改变就可以适应新的环境。我们英国人自信地期待着金融未来。

299 转载自 1914 年 12 月《经济学杂志》

货币的前景,1914年11月

在最近一期的《经济学杂志》中,我试图对8月的金融事件做评论性叙述。在这篇论文里,我的目的不是纠正我以前的叙述,当然我以前的叙述需要纠正。我只是附带性地继续以前的话题。我的目的只是考虑当前情况的一些特别方面,并展望最近的未来。

I

为了缓解形势,政府采取了特定的方法。形势来自承兑行的困难。这一特定的方法使英格兰银行的地位变得极不正常。对英格兰银行统计报表不同项目以及英格兰银行费率影响的解读跟以前不一样;快速估算法失去了其价值。我们突然回笼或者试图回笼许多借到国外的资金,财政部单独发行了一批纸币。这两点产生了间接影响,进一步限制了以前习惯性原理的应用。因此,我们需要比以前更多地回到第一原理。

为了理解英格兰银行当前的地位，需要从承兑行开始。这不是因为要把承兑行作为货币市场困难的主因。而是因为，伦敦货币市场的特殊组织以及承兑行在伦敦货币市场占据的特殊地位导致了问题。国外汇款的崩溃、伦敦突然停止借出的努力，肯定会以这样或者那样的形式把自己伪装成承兑行的问题出现。承兑行问题可以分析成三个不同的因素：(1)在8月份，一些承兑行无法偿付即刻到期的汇票。(2)由(1)带来的不确定性，此后一个月或者两个月或者三个月到期的汇票能否偿付，这些汇票因而暂时没有销路。(3)承兑行或者部分承兑行未来清偿能力具有了类似的不确定性，使得它们的新承兑汇票没有销路，或者不如以前有销路。

这些困难以尖锐的形式出现，财政部按照我给出的顺序进行了处理。第一点的解决方式是授权对汇票的到期日进行选择性推迟。关于这些推迟，有三个公告。这些公告产生的总体效应就是，原先在8月3日和9月3日之间到期的汇票推迟两个月十四天，[①]原先在9月4日和10月4日之间到期的汇票推迟一个月十四天，此后到期的所有8月4日之前承兑的其他汇票都推迟一个月。因此，10月18日（实际上是星期一，10月19日）是任何8月4日前汇票到期的第一天，也就是说原先的到期日期是9月4日。而且，比如说，在11月5日，8月22日的汇票、9月22日的汇票和10月5日的汇票都到期了。在这些推迟期间，可以按照英格兰银行费率支付利息。

---

① 有了这次微调，原先在8月3日和8月7日之间任何日期到期的汇票都推迟到10月21日。

这为承兑行提供了时间，但是加剧了困难（2），因为，把这些本该偿付的汇票加入还未到期的汇票，增加了各家银行和贴现公司手中无销路票据的数量。这一情况的程度加剧了，因为所有，或者几乎所有的主要承兑行都利用第一个推迟，别管如果需要的话，它们是否实际上能够偿付到期汇票。因此，必须理解一点：所有的连续推迟见效之后，当汇票最后终于到期的时候，汇票发生了什么。为了这个目的，政府采用了一个大胆、可能昂贵的措施，现在人人都熟悉了这个措施。政府授权英格兰银行在接到申请的情况下向承兑者借出核准汇票，款项比英格兰银行足以偿付汇票的费率高2%；政府保证，如果任何此种承兑者最终破产，政府会补偿英格兰银行由此造成的可能损失；而且，如果出现此种破产，政府放弃向他人追索这些汇票的要求。

政府使合股银行和贴现公司免受可能坏账的困扰，使8月4日之前的大量汇票有了销路。但是，这加重了困难（3）。因为8月4日之前汇票给承兑行带来的债务被推迟，但并未清偿，所以，承兑行支持新的8月4日后汇票的信用大大受损。所以，接下来，需要进一步的让步来完成治疗。如果汇票是用借自银行的资金来偿付，那么，间或从客户那儿得到的资金必须用来偿还此种贷款。汇票已经在一开始就代表客户进行了承兑。但是，如果客户不汇寄，政府就以英格兰银行为代理人放弃追索承兑人自己资产的要求，直到战争结束后的那一年；而且，甚至在那个时候，追索这些资产的要求，如果是来自此时和那时之间承兑的汇票，也会先于政府的追索要求。

这样，对于支持新汇票而言，承兑行当前（别管最后清算的日子是哪天)的信用好像就和战前一样了。然而,我明白,治疗并不是一开始就完成的。承兑行8月4日之前的交易由政府的规划覆盖,承兑行新的承兑汇票根本不像以前那样被看好,而且银行承兑汇票比以前加价更多。对此有三个可能的解释。汇票的买家(即,主要是清算银行)可能形成了一个看法:如果不考虑战争因素,它们以前在一些承兑行的信托财产被夸大了。或者,可能是承兑行不愿意以高达7%的费率从英格兰银行借款,用光了自有的一些资产来偿付8月4日之前的汇票。在这种情况下,承兑行用来支持新汇票的信用就比以前少了。或者,另一方面,解释可能只是货币市场并未尽可能地区分承兑行的当前地位和未来可能地位。在战争结束一年之后,承兑行必须付清欠账。或许,所有的这些影响都是导致现有结果的因素。

II

现在,我们要回到英格兰银行。上面描述的任何一个措施为什么会对英格兰银行的收益产生大的影响?不太清楚。在汇票最终到期之前,这些措施也无须如此。然后,也只需要达到这样的程度:承兑行可能从英格兰银行提取其给予的昂贵援助。我认为,这些措施之所以对英格兰银行的收益产生如此明显的影响,部分是由于想法的混乱。这一混乱存在于两个方面之间。一个方面是让汇票有销路。另一方面是实际销售汇票。

各家银行自然急于确保自己手中的哪些汇票会得到担保并在需要的时候可以立刻有销路。但是,有一点不自然,如果不需要资金，各家银行就会实际上销售汇票（清算银行尤其不自然。对于购买过的再贴现汇票，大多数清算银行都有着长期不变的传统）。需要一定数量的额外现金来增加各家银行众多分支持有的通常零星现金，各家银行认为有此必要。但是，汇票在英格兰银行的实际再贴现远远超过了这个目的所需的限度。货币市场提供了大笔的资金，大幅超出了利用资金盈利的范围。因此，出现了奇怪的一幕：各家银行等等以 5% 贴现汇票，这些汇票得到了政府担保并且可以在以后的日子里同样容易地贴现。还有奇怪的另一幕：各家银行等等在购买时使用这笔资金，产生了大约 $3\frac{1}{2}$% 汇票，没有政府担保。表面上看，这不是笔好的交易。

在没有实际贴现汇票的情况下去发现哪些汇票会被核准可能有一些难度。如果这是事实的话，财政部和英格兰银行要受到指责。迫使货币市场出售汇票几乎起不了什么作用，只会增加英格兰银行的利润；而且原本有可能作出安排让英格兰银行核准汇票或者发出坦率的声明，指出哪些汇票在没有实际购买的情况下会被核准。英格兰银行有些倾向于压迫货币市场贴现，而不是实行相反的政策。9 月 29 日，英格兰银行贴出了一个通知，表明了这种做法。或许，英格兰银行就该采取这种做法。[①]

然而，假设下面是事实：英格兰银行急于以 5% 购买政府担保

[①] "为了避免可能的失望，如果有谁向利用英格兰银行贴现先延期偿付权汇票的安排，欢迎他们立刻发送申请。兑现不足三天就要清偿的汇票不具有可能性。""可能的失望"这个词组是指还有很长时间的汇票，还是只指"不足三天就要清偿的汇票"？这一点并不清楚。而且，这好像具有如下风险：按照当日的市场费率来说，吓唬怯懦的持有人以不太有利的价格放弃优质证券。

的汇票，财政部并未采取措施来阻止这一自然本能的发挥（总是难以记住什么时候英格兰银行是个真正的国家机构。最近几个月，英格兰银行有几次表现出了国家机构的性质。也总是难以记住什么时候英格兰银行是个私人机构，和其他所有私人机构一样要追求利润）。即便如此，从表面上看，外部市场还是过多地出让了自己的利益。大多数汇票都属于特定的某些类别。而且，在英格兰银行再贴现一些样本就可以合理地确定一点：许多种类重要的汇票都无可争议地属于核准汇票类型。

别管什么原因，许多汇票被卖给了英格兰银行，而市场上不真正需要这么多的汇票供应的如此多的额外资金。无论如何，跟其他方法相比，向承兑行直接提供援助拨款肯定迟早会导致这种非必需品。其他方法的例子有鼓励其他银行在担保下提供一些援助。读者要密切注意这一点。

英格兰银行"其他证券"（英格兰银行持有的汇票申报在这个标题之下）以及"其他存款"的同比例增长表示如下：

	其他证券（英镑）	其他存款（英镑）		其他证券（英镑）	其他存款（英镑）
7月22日	33,732,762	42,285,297	9月23日	110,732,658	125,267,316
7月29日	47,307,530	54,418,908	30日	116,819,799	137,287,173
8月7日	65,351,656	56,749,610	10月7日	113,894,148	146,646,768
12日	70,786,596	83,326,113	14日	109,715,402	138,828,702
19日	94,726,086	108,094,287	21日	108,787,978	143,058,390
26日	109,904,670	123,892,659	28日	104,868,463	126,736,526
9月2日	121,820,692	138,818,826	11月4日	104,904,925	140,293,123
9日	33,732,762	42,285,297	11日	105,091,369	137,286,671
16日	47,307,530	54,418,908	18日	107,103,442	147,334,725

因此,"其他证券"高于正常值 70,000,000 英镑到 80,000,000 英镑。同时,"其他存款"高于正常值 90,000,000 英镑到 100,000,000 英镑。每批短期国债的实收款项先是被筹集,然后被花掉,"其他存款"在此过程中上下波动。这一项目也受到了从国外大笔进口黄金的影响,进口的原因是收回国外贷款。必须记住一点:这些差额是接近 48,000,000 英镑额外法定货币(黄金、银行纸币和财政部纸币)之外的,这接近 48,000,000 英镑额外法定货币进入了各家银行和公众之手。①

"其他证券"和"其他存款"的这一膨胀有着不同的后果。下面讨论了三个,第一个不太重要,其余两个值得密切关注。

(1)英格兰银行利润大增,代价是英格兰银行的一些永久办公室时间大增,但没有风险或者其他支出等等。英格兰银行得到了特权:对进入账面信用征收每年 5% 的费率,政府担保英格兰银行免受任何最终损失。这种非正常账面信用的数量在 9 月和 10 月达到了平均约 80,000,000 英镑。由于下面的(3)给出的理由,这些垫付款肯定会一直是账面信用。如果这种事态继续一年,英格兰银行会得到 4,000,000 英镑的利润。这不会发生,我们还不能说英格兰银行会得到多少利润。但是,英格兰银行从这个来源得到的

---

① 这一数量大得惊人。发行 34,000,000 英镑财政部纸币并未导致金币从英国向英格兰银行的回流。自从 9 月中旬以来,有稳定的少量黄金从英格兰银行流进英国。这难以解释。没有证据表明各家银行和公众大量囤积,各家银行和公众也没有这个机会。如果各家银行和公众不大量囤积,有数量温和的黄金秘密从英国向外出口。但是,要让这种出口不为人所知,同样没有机会,除非——不会这么假定——英格兰银行已经暗中阻止了黄金出口。无论如何,不管有多么难以解释,浪费这么点硬币丝毫没有什么好遗憾的。

收益肯定超过 1,000,000 英镑,除非财政部已经规定了一个秘密安排来从中得到一部分。按道理,一部分肯定会流入一个保险基金,以兑付财政部答应应对的资本流失危险。英格兰银行的收益是以货币市场的其他因素为代价。英格兰银行获利主要两个来源,一是货币市场其他因素的需要,二是货币市场其他因素的困惑。有些银行和其他机构克制自己,没有超出需要贴现更多的先延期偿付权汇票。这些银行和其他机构现在肯定在为自己的远见卓识而祝贺自己。

(2)假设外部市场(即各家银行和贴现公司)在英格兰银行得到了资金,由于某个其他原因,资金超出了外部市场的需要,那么,英格兰银行的费率就不再拥有其通常的意义。银行费率在平时支配着市场费率,有时效果大,有时效果小,原因如下:一般来说,如果交易中的费率大幅低于英格兰银行费率,市场就会犹豫,市场不确定能够在没有英格兰银行帮助的情况下资助到底。一般说来,英格兰银行费率也支配着清算银行和贴现公司支付的存款利率。近来,英格兰银行费率失去了这两个力量,因为失去了第二个力量所以才失去了第一个力量。市场利率现在和英格兰银行利率没有特定的关系。英格兰银行利率没有特别的意义。不过有两个例外。一是支配着英格兰银行接管 8 月 4 日前汇票所收取的利润数量。二是支配着利用不同紧急立法的各色人等所支付的费率。现在,市场费率没有中央控制,市场费率发现了自己的水平。

到目前为止,这并未产生危害。各家银行并未受到诱惑滥用自己可以便宜行事的地位。相反,各家银行受到了指责:没有充分利用这一地位,把交由自己处理的东西囤积了起来。但是,担心走一个极端的人会在另一个时刻走另一个极端是正常的。各家银行可能会不再愿意让大量款项闲置在英格兰银行，可能会开始想更充分地利用这些款项。如果协约国（Allies）取得显著的胜利并且乐观精神居于统治地位，银行家可能转过来说，"人们说我们没有自有借出，我们要让大家看看这种指责是多么错误。"这会是一个危险的时刻。原因是，银行家们现在存放于英格兰银行的信用中，一大部分完全是人造的。正确的做法是，更自由地利用这些资金来润滑我们那在危机之中的金融机器。但是以后使用这些资金就只是通货膨胀政策。如果银行家英明的话，就会在我们沮丧的时候向我们自有借款，而在我们兴高采烈的时候对我们严格一点。因此，如果市场费率较高，如果大家都认为银行费率更可能上升而不是下跌，地位就会较为稳固。我在上文已经说过，银行费率依然在施加轻微的心理影响，而且可能在某一天再度起支配作用。

人们经常忘记的支配着整个情况的基本因素是：无论清算银行向顾客借出多少钱（除了一些情况之外，我在下文详细讨论这一点时会提及），都丝毫不会减少清算银行在英格兰银行持有的自由差额总量。这至多会影响这些差额支持的信用的名声。英格兰银行的资产负债表平衡了，这句话应该刻在英格兰银行的临街正面，并绣在服务员高帽的金色带子上。因此，如果一个清算银行依靠在英格兰银行的巨额差额向顾客借出款项，那么，主要的效果就是让英格兰银行账目中的总存款保持不变，因为必然没有发生什么来减少英格兰银行的资产。另一方面，就清算银行这整个部门的账目来说，存款可能增加。把一个银行的贷款看作存款的孩子是自然而然的事情。但是，把一个银行的存款看作贷款的孩子至少也是自然而然的事情。没有计划什么行动来减少银行的债务（即,银行的存款）,除非也打算减少银行的资产。

(3)这把我引入了第三个话题。假设承兑行的困难或者证券交易所的困难或者居住在敌国侨民债权人的困难得到了缓解:除去以前已经在英格兰银行的部分,向他们提供英格兰银行的差额。那么,这种缓解他们困难的方法就和其他方法大不相同。这类似（有区别）纸币发行的效果。

当一个银行或者贴现公司把汇票拿到英格兰银行的时候,表面上看这只是一种资产变成了另一种资产,也就是说,一个汇票变成了英格兰银行账目中的信用。但是,事实不仅是如此。新资产在两方面与旧资产存在区别。第一,在每一个银行家的头脑里,跟提供的汇票相比,信用是"资金"和供应,是进入新业务的更合适的基础,因为每个银行家看待存放于英格兰银行现金负债率的方法不同于看待投资组合汇票负债率的方法。第二,信用没有利息,是"闲置"资产,而汇票会带来应得的收益;因此,在英格兰银行膨胀的信用可以为合股银行家供应其心目中新交易的合适基础,还可以刺激合股银行家利用这个新基础,因为否则合股银行家就会赔钱。

当然,汇票代表为一个人预先垫付的资金。如果合股银行持有 50,000,000 英镑的汇票,那么,合股银行实际上已经把这笔钱借给了某人。如果合股银行把这些汇票转手给英格兰银行,用以得到账目信用,那么,还是有人处于债务人的地位。如果凭借在英格兰银行的 50,000,000 英镑账目信用,合股银行可以新贷款 3,000,000 英镑,那么,未偿付的总贷款就是 80,000,000 英镑,其中先前已经有 50,000,000 英镑。根据通常的快速估算法原则,3,000,000 英镑不算个大数目。通过纸面交易，一笔贷款显得安全了，但以前显得不安全。

现在，就像我说过的那样，这种情况之所以可能是特定策略的一个结果。这个策略被用来再流动银行家们的资产。当所有所需的就是让这些资产有销路的时候，这一策略让这些资产被销售。如果财政部为被核准的8月4日之前汇票提供担保，这些汇票就不用离开8月4日所在的投资组合，当货币市场真正以5%这一费率需要这些汇票时，这些汇票只会以5%销售，情况就会更加稳固。

由于两个原因，已经发生的事情不可能以普通的方式发生。第一，英格兰银行绝不会允许持有的"其他证券"（因此还有"其他存款"）达到极高的水平而不采取保护措施且不中和巨量汇票，英格兰银行在这种情况下会收取高于5%的费率。第二，即使是按5%，市场也不会巨量贴现，除非市场费率接近5%。

让我着重补充一点：目前还没有造成可见的伤害。只要各家银行把超常发行的100,000,000英镑纸币囤积起来，这些纸币不会造成伤害。但是，情况本身存在着危险因素，需要仔细加以处理。货币市场当前的宽松是人造的，不应该被广泛利用。而且，最重要的是要记住一点：合股银行开始使用自己在英格兰银行膨胀的差额，这种效应不会表现在差额的减少之中，而是表现在合股银行自己存款的增长之中。

这最后一点我已经煞费苦心地强调多次，现在必须讨论。格兰银行的资产负债表平衡了。如果相应的另外项目没有变化，一个项目就不可能发生变化。11月4日的统计报表大致如下：

（单位：英镑）

资本和其他	17,700,000	政府证券	17,200,000
公众存款	16,500,000	其他证券	104,900,000
其他存款	140,300,000	储备	52,400,000
	174,500,000		174,500,000

其他存款不可能减少，除非满足下列条件中的一个，(a)公众存款增加，(b)政府证券减少，(c)其他证券减少，(d)储备减少。(a)和(b)只能作为政府借款的结果来发生（把一个可能性放在一边，这个可能性就是英格兰银行在开放市场出售政府证券）但*即便如此，也必须要借款超出支出。*(c)发生的唯一条件是被预先垫付资金的承兑行等等要归还这笔资金。(d)，储备减少，不可能大规模发生，除非黄金被提出英格兰银行用于出口。

因此，各家银行凭借在英格兰银行的巨大"其他存款"总额可以进行新的贷款和投资。对减少这一总额来说，不会直接影响其方向。但是，如果出现下列情况之一，影响就不一样了，(1)贷款是给政府的，(2)贷款是给欠英格兰银行钱的人，并被这些人用来清偿债务，(3)贷款是给外国人，贷款条件让外国人把贷款实收款项以实际的黄金带出英国。各家银行提供的许多种类的贷款都不属于以上任何标题中的一个。甚至当贷款给政府时，产生影响的也只有一个情况：贷款的实收款项支持政府信用，并且没有被付掉。一旦付掉，其他存款就和以前一样高，尽管还有一个事实：各家银行或者其顾客有远远更多的政府股票。

因此，从国家的角度来看，大量证券从其他银行投资组合向英格兰银行的转移不仅是个登录账目交易。这些证券在一定时间之内并未付清。这种转移涉及了"资金"的创造。转移的效果有两个，一是使贷款的增加成为了可能，二是刺激了贷款的增加。但是，从长期来看，贷款的这种增加不一定减少市场的宽松。因此，也不会减少通货膨胀政策的可能性。

已经发生的事情类似一个政策，德国刻意采取了这一政策，而我们在英国理所当然地进行了批评。如果货币市场把 90,000,000 英镑的贸易汇票拿到英格兰银行，用实收款项购买 90,000,000 英镑的短期国债，净结果就和下面的做法基本一样，货币市场持有贸易汇票，财政部从英格兰银行借出 90,000,000 英镑。我认为，各家银行匆忙偿付以前的需偿付款项是个错误做法，而且，各家银行也附带地自己做下了糟糕的交易（也就是说，这些交易实际上超出其直接需要再流动其资产。）但是，当朝着乐观方向的反应超出它们的时候，它们不应该去设法弥补损失，不应该把它们当前在英格兰银行的差额等同于在英格兰银行通常的差额。否则，我们在延伸银行信用的时候，我们就会在需要之前用光我们的安全差额。幸运的是，现在有大量的安全差额。

在 11 月 4 日延期偿付权扩张前夕，财政部为英格兰银行做的不同安排有两个同时进行的内容：证券交易所的特定贷款以及商人的国外债务。这些安排强调了，虽然在相当温和的程度上，因给予承兑行援助而产生的事态。另一方面，这些垫付款会逐步还清。我们可以希望"其他证券"这一项目会逐周减少，自然治疗会逐步实现。必须采取任何可能的措施来减少"其他证券"的总数。

我寻求证实一个观点：货币市场当前的宽松是人为的，根本不能依赖。现在，负责的金融家广泛持这个观点。

Ⅲ

英格兰银行统计报表中的当前情况让我们注意到了下一个问题。这个问题让人浮想联翩。而且比大多数人所认为的要快得多的是，这个问题具有了巨大的实践重要性。我指的是，在世界上这个角落以及其他角落里，黄金和黄金储备的未来。在广泛的推测性调查之后，我会在回到英格兰银行本身。

在过去的十五年之中，用于货币目的的黄金储备大增——肯定超过了 50%。这些黄金的吸收没有对价格产生革命性影响，因为许多国家抓住了这个机会把通货安排置于了新的基础之上。这些新安排涉及许多黄金的积累，作为储备积累在世界上的各家中央银行和充当中央银行的财政部。持有的这些黄金的数量从 1900 年的约 500,000,000 英镑上升到战争爆发时的约 1,000,000,000 英镑。

对于这些积累，其主人只是有着模糊的目的。这些积累之所以被堆积起来，有两个原因。一是由于盲目的时尚。二是由于在黄金供应充足的时代，特定的通货安排那几乎自动的结果，这特定的通货安排通常会被引入。储备中的黄金实际数量只在为数不多的情况下是可以选择的结果。在大多数情况下，几乎没有理由或者就没有理由认为下面是明智的做法：黄金储备就应该达到实际达到的数字，而不应该达到其他数字。从一个国家到另一个国家，黄金与债务的比率大相径庭。就算参考这些国家不同的情况，也不是总能给出解释。在开始时近乎偶然的比率被时间所神圣化了。偶尔,一个国家会陷入恐慌,改变自己以前认为合适的想法。比如,1903年的德国:银行家宣称德意志帝国银行的黄金状况(他们真正指的是德国在国际短期贷款市场上的状况)不允许发动战争;参谋部了解弹药,但是对信用不太了解,自然答复说必须迅速积累允许发动战争的必要数量的黄金。然而,现在衡量德国黄金储备的精确数字的算术意义并不明显。

持有黄金所要应对的经济情况必定非常模糊,所以,在广泛的范围内,评估合适的比率这一问题肯定是不确定的。因此,自然而然的是,要采取这样或者那样行动的银行家会经常借助于单纯的使用,或者认为这笔黄金已经足够。如果银行家主要是被动行事,黄金浪潮会让他们觉得黄金已经足够。无论如何,在大多数国家,黄金储备的管理还不是一门科学。各个国家以前斩获甚少,而且在形势的压力下可能重蹈覆辙。

之所以持有中央黄金储备有两个原因。第一,在需要的时候释放黄金保持国内通货平价,以便稳定外汇。第二,当只有黄金可以用以支付的时候,用黄金来提供资金进行紧急国外采购。

如果不是为了在特定紧急情况下使用,储备就没有用处。然而,这一信条是正统的英国信条,并未被世界上大多数其他区域所广泛接受。在世界上的这些其他区域,黄金储备被当作一种魔力,黄金的存在就是价值,更不用说消费黄金的任何想法了,——作为一个象征,而不是后盾,受人尊敬。有一个与这些方法协调一致的做法:把储备熔铸成总出纳的巨大金像,高高地放在纪念碑之上,高得永远不可能再拿下来。人们认为,如果对国家的金融稳定性有任何疑问,抬起头来看一下塑像就可以恢复信心。如果信心没有恢复,只能说明塑像不够大。

上面的一切可能都是战前写的。但是,一方面,这场战争为这个塑像的膜拜提供了许多例子。另一方面,这场战争激起了一个调查:环境的极端力量是否不会驱使膜拜者揭下帕拉斯·雅典娜(Pallas Athene)那黄金和象牙的外衣。那时会发生什么?如果欧洲诸国开始使用其黄金储备,会发生什么?对于这个问题,我无法找到确定的答案。

因为深思熟虑建立了这个自相矛盾之处:我们的货币本位价值的稳定性主要是建立在广泛的无知之上。如果只有知识才能去除无知,这个基础就会非常安全。不幸的是,单纯的环境力量可能会以其他方式介入。

任何一个国家可能需要动用其储备,而许多其他国家不需要同时动用储备。黄金会怎么样?跟平时相比,我们在困难时期可能需要的黄金多一点。但是,如果欧洲的国有银行要吐出许多黄金,我们应该怎么办?

在1914年7月末,下面是部分黄金储备:

(单位:英镑)

英格兰银行	38,000,000	德国银行	68,000,000
法兰西银行	166,000,000	德国战争储备	10,000,00
俄罗斯银行	160,000,000	奥地利银行	51,000,000
美国财政部	245,000,00	巴西兑换局	10,000,00
阿根廷兑换局	40,000,00		

战争一爆发,除英格兰银行和美国财政部之外,所有这些机构都正式暂停用硬币兑现自己的纸币。甚至加拿大自治领(Dominion of Canada)也暂停了硬币支付。尽管有大量的黄金储备,美国还是不

允许大量黄金的自由出口，也没有对保持美元的国际平价做出贡献。

总之，这些国家囤积黄金。这些国家刻意因为上述两个原因之一而不使用黄金储备。因为上述两个原因之一就可以合理地保持储备，也就是说，保持国内通货的平价，方法是在需要的时候释放黄金来稳定外汇。就阿根廷和巴西来说，黄金储备不可能满足任何目的。阿根廷和巴西会采取这样的做法：让货币贬值，拒绝按约偿付款项或者让这些款项处于危险之中，让本国的金融处于混乱之中，而一个国家持有的黄金依然多于英格兰银行，而另一个国家则持有大量黄金。这种做法只有一个解释：在通货问题中，当地人喜好或者偏爱动摇或者背叛。可以预计到这一点。但是，不能得到证实。

但是，其他国家在想些什么？这些国家想的可能是储备的第二个目的，即，当只有黄金可以用以支付的时候，用黄金来提供资金进行紧急国外采购。

亚当·斯密《国富论》有一段著名的话说明，即使在亚当·斯密的时代也不经常需要积累黄金和白银来使一个国家继续外战。[①]"上一场法国战争让英国消耗了高达9,000万……。其中三分之二以上的花费是在远方的国家；在德国、葡萄牙、美国、地中海的港口、东印度群岛、西印度群岛。英国列位国王没有积累的金银。"有必要记住一点：在18世纪中期，英国就能为外战支付大笔费用。还有必要注意一点：在没有大笔金银的情况下，我们能够长

[①] 第四卷，第一章，第26段。

期资助此种花销。但是,对于其他国家来说,这类情况有多大的适用性?

亚当·斯密这样证实自己的说法①:"休谟(Hume)先生经常注意到英格兰的古代国王无法在不间断的情况下长期继续任何外战。在那些岁月里,英国人在其他国家购买军队工资和供应只能依靠土地的天然产品或者一些那种最粗劣的制造品。家庭消费节省不出多少土地的天然产品。最粗劣的制造品以及土地的天然产品都运费高昂……因此,在这种国家,沙弗林通常用来积累金银,作为应对这种紧急情况的唯一来源。每个鞑靼酋长(Tartar chief)都有一份金银财宝。""现在,"他可以补充说,"如果您排除普鲁士国王,积累金银好像不是欧洲国君所采取政策的一部分。"接近150年之后,普鲁士国王还在积累战争金银,还在表明国家理念的连续性。但是,其他国君,通过中央银行或者通过对中央银行的控制,几乎在积累战争金银。

因此,需要考虑一下。这种情况已经得到了适度的缓和。亚当·斯密认为这种情况只属于遥远的过去和欠文明的种族。那么,这种情况是否影响了任何现代国家,是否使金银在现代战争中发挥了作用。可能是的。现代战争的贸易封锁越来越完善,工业生产力的缩减地更为剧烈。在征兵制国家,现代战争带来了工业生产力的剧烈缩减。即使战争是在国家周围进行的,从国外购买一定至关重要原料的绝对必要性会导致一种情况:在战争的后半段,如果不使用硬币,一个国家完全无法在国外进行必要的购买。

---

① 第四卷,第一章,第30段。

对于俄国、德国和奥地利来说——我把法国放在一边,法国的通货还未贬值,法国的问题可能在未来非常重要,但是紧迫性要低得多——我认为可以得出两个普遍结论。

虽然这三个国家有大量的黄金储备,但都刻意放弃了两个目的中的第一个目的,而这是持有储备的合理原因。在战争爆发后的短暂时间里,按照汇率计算,这三个国家让各自的货币跌到了贴现不少于 10% 的水平,以便进行国外支付。德国最近刻意作出努力增加黄金储备。因此,必须假定如下:拥有如此之多的黄金储备带来的声誉可以产生心理优势,另外,持有这些储备至少有可能是为了一些目的。有一个意图:在战争后期,只能使用黄金储备从国外进口急需的商品。除了这个意图之外,持有黄金储备的目的是什么?

但是,第二,就算这些国家统治当局的头脑中现在没有这种理性的意图,环境的极端力量也会迫使他们这么做。汇率贬值不仅会损害国家声誉以及给银行家阶层带来不便。汇率贬值还表明了国外采购的难度,以及国外采购难度的增加。一个时刻会非常轻易地到来,并会突然到来。那时,如果不出口什么来支持国外采购,国外采购就几乎无法进行。此时,唯一可以应急的就是黄金。从物质上以及地理上,德国可能从许多国家购买商品;勿夸大贸易封锁的程度是个重要问题。但是,德国如何支付?汇率状况表明,如果不运输黄金,支付就愈加困难。

总之,这场大战双方的国家可能是刻意要吐出黄金。否则,环境会强迫这些国家吐出黄金。

另外,迹象表明,黄金从欧洲巨大储备的稳定外流甚至已经开始。早在 11 月，就传来了重大新闻：俄国向伦敦运输了 7,000,000 英镑。据说，德国已经向土耳其运送了大笔款项，最近谣传向阿姆斯特丹运输款项。如果这些事情还不是真的，很快就会是真的。一个月又一个月，我们会期待从俄国、德国和奥地利流入的黄金。以后，如果斗争继续，我们还会期待着从法国流入的黄金。

谁要拿走这笔黄金？这笔黄金要到哪儿去？这笔黄金恰逢这样的世界：黄金饱和，急需商品而不是资金。我认为这笔黄金的吸收方式跟过去 15 年大笔新黄金的吸收方式相同，不可能在货币价值无革命性变化的情况下由自然新需求吸收。

下面需要想想哪些地方可能需求黄金。美国即将开始改革银行制度，可能要节约使用黄金——只要有一个英明的安排，美国的黄金储备绰绰有余——而不是要求流入更多的黄金。从加拿大以及南美诸国得到黄金的能力，尤其是从南美诸国得到黄金的能力，主要取决于其从国外借贷的能力。战争需求所吸收和耗尽了世界上的实际自由资本，这些国家很快就不会持有大量的黄金。只有充足的自由资本错觉创造的人造货币宽松，可以让这些国家可能很快像以前那样的规模借贷。这一年，埃及第一次试图节省黄金，方法是较广泛地使用纸币。土耳其让自己丧失了战斗力。如果印度吸收的黄金和以前一样多的话，这个数字也不可能比以前大。中国远未采取有效措施来引入金本位。世界的其他部分处于战争之中。同时，世界上的金矿继续以每年 90,000,000 英镑的速度生产，而以前的大多数市场已经关闭了。

有一个错觉：要想得到安全，就得要更多的黄金。一系列事件那无可辩驳的力量可以把这个错觉抛到一边。史无前例的巨量黄金可能涌入饱和且不需要黄金的市场。恰好在世界最需要实际资本的时候,货币宽松才会表现得最强烈。货币的极度充足和对商品的急需同时出现,肯定会使货币的购买力大减。

在这种事情中,不能进行预言。大陆欧洲诸国很有可能会在其能力范围内坚持并膜拜其黄金肖像,直到地老天荒。如果第一次世界大战为期不长,这些国家就能够保留几乎全部的黄金储备。假设战败国被迫付掉赔偿。那么,即使非常不可能,也有一种可能性:战败国会希望并能够保持其黄金。

但是,另一方面,黄金的流失足以在世界上其他地方的货币市场制造出人造的宽松感觉,我认为黄金的流失几乎是确定无疑的。至少有一个可能性:黄金的流失足以危及未受管理的金本位的连续性和稳定性。

IV

至少从李嘉图那时候起,许多经济学家就相信一点:文明国家没有必要地把自己置于社会和经济制度的突然且多变的混乱之中,因为文明国家把货币本位波动置于了自己的控制之外,而文明国家是可以控制货币本位的。发明管理本位价值的模式并不难。别管这个模式有多么不完美,至少也比当前的情况好。人们只要普遍相信就通货问题进行革新是可行的,那就是可行的。这一问题的知识和科学部分已经解决了。只有意愿和信念还未到来。这种事情要依赖政治家和金融家。那些政治家和金融家——因为这种变化会在大多数普通人不知不觉间进行——也不应该受到过多的指责。就通货问题来说,大多数革新和几乎所有的矛盾观点都是愚蠢和危险的,都根本不应该被相信。那些没有专门研究这一主题的人难以区分把一个事物与另一个事物区分开。然而,一个影响金本位的灾难性变化会使这种区分成为必要。

因此,当前的战争有一个可能的后果:关于本位的某个国际规章会加在世界上主要国家的头上。这个后果非常可能随着战争的延续而加重。我现在还不能说我还认为有这种可能。假设这个国际规章证实了当前斗争的一个事后影响:黄金最终不再对我们实施暴君式的控制,退而采取了君主立宪制。那么,历史就会翻开新的一页。在自治成就方面,在根据自己的意愿掌控命运的能力方面,人类会取得另一项进步。然后,我们会记录珍贵金属对过去历史事件的微妙、深远、非蓄意、经常不为人所察觉的影响,而在较早时期,这种影响司空见惯。一条新龙会在新的科尔喀斯①建立起来,来防范针对金羊毛②的探险。

V

然而,这想得太深入了。我们可以满足于从我们的所见之中得出窄得多和更确定的推论。因此,我回到更稳固的基础之上。

那些倾向于受过去经验引导的人一定不要忘记一点:就最高

---

① 科尔喀斯(Colchis)是金羊毛所在之地。——译者注
② 金羊毛(Gold Fleece)是希腊神话故事中的珍宝,让英雄们不惜生命去追寻。——译者注

321 重要性的一方面来说，当前的货币状况完全没有先例。以前，在危机时刻从来没有发生过这样的情况：有些国家非常急需汇寄现金偿还欠款或者用于需要购买的东西，这些国家有着大量黄金，用这些黄金来汇款是最后一招。当然，现在采用的一个形式或者另外一个形式的信用通货规模比以前大得多。但是有这样一个情况：有一个持续了二十年的过程，黄金的富足使这个过程成为了可能，这个过程就是把世界上的大多数信用通货置于"健康的"基础之上，方法是提供支持性的大量中央黄金储备，这个过程的效果就是在危机时刻*增加*手头的黄金储备。因为，这样可能在紧张时刻按照古老的方式扩充信用通货并同时释放黄金，回到以前相对"不健康"但非常可行的基础之上。因此，在一段时间之前，我相信，在下一次危机之中，尤其是在下一次危机的后期，黄金会过于充盈，而不是短缺。我还相信，那些在当时把焦虑引向搜集可能的额外黄金之人，几乎没有注意到环境的根本变化。现在，银行信用的限制标志着危机的初期，银行信用的限制已经由信用货币发行的增加弥补了，这种情况会在几乎所有的国家看到，包括我国。随着时间的推移，就远远不只是弥补了，因为处于金融困境的那些国家会从储备中释放黄金。

我想把这些普遍因素应用到英格兰银行的状况和政策之中。战争爆发的时候，英格兰银行的黄金储备是正常的，一些地方对其是否足够表示了焦虑。8月份事件的实际过程已经在我前面的论
322 文里进行了讨论。从战争爆发直到 11 月 18 日，置于英格兰银行信用的国外来源黄金数量（包括印度账户"未指定用途的"黄金）是 55,000,000 英镑。其中，12,500,000 英镑由财政部为钞票偿还基金

(Currency Note Redemption Fund)"指定用途"。11月18日，英格兰银行黄金储备是72,000,000英镑，这是一个史无前例的数量。

我相信，根本不用担心英格兰银行的储备会在最近低于正常值。更实际得多的危险是相反种类的危险。黄金数量的可能会积累到这样的程度：英格兰银行董事会（Court）无法把货币费率保持在合适的水平。英格兰银行当局应该反对，而不是鼓励，从国外接收更多的黄金。无论如何，英格兰银行当局应该安排自己的工作来保持费率，并阻止实际资本不足情况下货币过于充足可能带来的混乱。进一步接收黄金只会增加英格兰银行当局的困难。

当然，货币市场的人造宽松有一些补偿性优势。比如说，货币市场的人造宽松便利了政府金融。当自然趋势可能过于紧张的时候，货币市场的人造宽松鼓励了信心。货币市场的人造宽松甚至可能有助于第一次世界大战末期的工业调整，并暂时减轻原本预期的失业数量。但，即便如此，货币市场的人造宽松也太危险了，货币市场的人造宽松的损失会过大。

VI

让我把这篇论文的两个主要论点结合在一起。英国，和其他地方一样，异乎寻常地制造了大量人造信用货币。英国采用的主要是形式是英格兰银行的账目信用。由此在我们的货币市场形成的过度宽松成为了乐观主义滋长的基础，导致了危险和早熟的扩张。英格兰银行接收的大量黄金导致了这次货币宽松。黄金使英格兰银行免于了一个可能的危险——在当前情况下，这个危险受到了太多的关注——使扩张主义的一个可能事后影响变得无害。这个事后影响就是黄金向国外流动。但是，这极大地增加了国内借出款项的危险，大大超出了手头的实际资本，并在增加危险的同时延长了失调的灾难性影响。

黄金向英国的流动、对当地扩张主义因此集中的担心，都受到另一个影响的制约——我们向国外借款的意愿的突然变化。在有些情况下，我们在要求偿还。在几乎所有的情况下，我们都拒绝再放贷。实际上，货币市场的几个部分之所以会发生困难，这是主因。因为一些不言自明的原因，国内货币的充足并未像以前那样刺激资本流向国外。我相信，这个勉强的政策，虽然在一定程度上是必需的，但是过于离谱。如果安全状况好，且其他条件适合，那么，为我们的金融稳定性考虑，可以适度地放出这些贷款。这个政策的优势可以由此总结如下：

(i) 只有这样，国际汇兑才能完全恢复，那些无法得到国外汇款的人才能排除困难。

(ii) 在第一次世界大战过程中，可能需要回笼我们以前借到的国外资本。但是，如果在特定时刻超出我们对国外*商品*的需求这样做，我们就没有好处。如果我们在不想要相应价值商品的情况下回笼贷款，我们在招致黄金饱和，对自己无利而是有害；而且，我们给债务人带来了不方便、甚至危险。假设，另一方面，我们在想要商品的情况下回笼资金，而我们的债务人可以为我们提供想要的商品。那么，显然，债务人就会处于这样的境地：汇寄我们想要的东西。我们的利益和他们的利益——我特别在意美国和我们的自治领——在这一点上一致。

(iii)国内外货币费率之间发生了突如其来的极端背离,背离程度不可能是永久的。这个背离不安全。假设如下:在我们还不想要商品的时候,我们突然停止向国外贷款并用黄金回笼贷款,我们同时还让国内的货币费率跌到非常低的水平。那么,我们就是在帮助另一个现有的影响,这个影响趋向于刺激本地的通货膨胀政策。假设,像我假设的可能情况那样,黄金即将过于充足。那么,至少要让全世界共同承担这个不便,而不是不恰当地落在我们自己头上。

因此,我认为,如果安全状况好,且条件有利,我们应该做到以下几点:(a)把货币的有效费率保持在相当高的水平,(b)不要过于担心黄金储备的增加,(c)不要太不愿意向国外放款,尤其是短期款项。我们在国外放贷或者再放贷的时间或者方式不应该干扰我们从国外获取商品的能力,我们从国外获取商品的能力要能够达到最高程度。但是,如果拒绝放贷或者再放贷增加了黄金流入,那么,这种拒绝就是失策。

谨慎的银行家可能会赞成我们保持利率。但是,他们不大可能同意为达到这一目的而要实施的仅有的两三个措施中的一个,即,阻止黄金进口。在这方面,跟其他任何国家相比,我国的政策都是英明的,但还是没有几个跟伦敦城有联系的人不相信一点:黄金流入的越多,对我们大家就越好。在金融家看来,黄金流入与安全、稳定、繁荣和财富息息相关。如果不矛盾的话,另一方面的论据——确切地说,在这个黄金问题上采取中间道路,另一方面并不太重要——本质上是至关重要的,不可能太有说服力。

325　　真正货币政策的途径是非常狭窄的。人生来有两种（南美的除外，他们都属于第二种），一种是商业主义者，另一种是通货膨胀主义者——商业主义者相信只要纯金充足就可以医治所有金融疾病，通货膨胀主义者相信只要廉价信用和纸币充足就会给我们带来无限的繁荣。这两个学派轮流影响着事件的行为。真理不取决于任何一边。在著名的反商业主义者战役中，亚当·斯密开始了科学对本能的长期斗争。亚当·斯密死后，世界上出现了迄今为止最为强大的通货膨胀政策实验。通过双方的波动地带之后，现在总的来说又是一个商业主义阶段。然而，如果过于充足的黄金欺骗我们，那么，这个商业主义阶段并不能把我们从通货膨胀政策的邪恶中拯救出来。对于我们来说，迈达斯（Midas）的传奇代表了商业主义命运的辉煌。

Ⅶ

写下了上面的内容之后，战争贷款条款宣布了，我加上了下面的附言。

乍一看起来，巨额贷款与这篇论文的主题有着密切的关系，但是实际上并非如此。我认为，除了可能临时的情况之外，贷款不需要对货币市场的过度宽松产生重大影响。只要满足下列条件之一，战争贷款（War Loan）就可以具有和国外贷款一样的效果：阻止更多的黄金流入英国。这些条件如下：一、贷款用来外国或者我们自治领的垫付款；二、实际在国外花费；三、用于只有超常进口才能满足的采购。然而，银行家等人在英格兰银行的差额只会暂时减少。银行家等人在英格兰银行的差额减少还发生在这样的时期：贷款分期付款正在被付清，超越了当前的支出。银行家等人在英格兰银行的差额不会受到永久的影响。但是，如果财政部从英格兰银行还清垫付款，则可能小幅影响银行家等人在英格兰银行的差额。或者，银行家等人在英格兰银行的差额受到影响是因为作为间接结果出现了当前不明显的可能性：贷款以某种方式使得从英格兰银行借款的承兑行等等具备了偿还能力。

但是，有一个条文：英格兰银行答应按照新贷款收据，提供低于英格兰银行费率1%的垫付款。这个条文跟我们的主题密切相关。货币市场和商人乐意接受这笔贷款，货币市场价格也能在最近的未来得到稳定。从这两点来看，这个条文是最聪明的发明。但是，这个条文的间接效果难以查清，而且其中有些没有不具有那么显而易见的效果。

一方面，票面银行费率在保持费率上的有效性将进一步弱化。甚至可以证明需要纠正英格兰银行的新安排：让英格兰银行费率比其他情况下高1%。我希望英格兰银行会采取这个做法。假设一点：贴现公司和商人等等习惯性地去持有大量股票，有了这些股票，他们就可以在需要的时候，完全依靠以比英格兰银行费率低1%的水平借款。那么，显然，在所有关于让特定货币费率"有效"的命题中，别管"银行费率"这个短语出现在什么地方，我们现在都必须换上"比英格兰银行费率低1%"。

另一方面，新的安排旨在让"比英格兰银行费率低1%"在最近的未来比现在的"银行费率"更"有效"。原因如下：对于货币市场来说，采用通知借款等等而不是汇票本身来承载战争贷款储备，好像是个直接刺激。这个变化是不可行的,因为尽管有最近的事件,对于这个目的来说,汇票还是有内在的适用性。但是,提供了几乎无尽的安全使用通知借款的手段之后,财政部的行为应该能够坚挺这一费率。提供了汇票的强大竞争对手之后,财政部应该也可以坚挺汇票的费率。也就是说,只要这些费率低于4%,只要股票发行价格不是大幅高于其发行价格即可。当这些费率高于4%时,一切都改变了,货币费率现在与政府股票的净股息率密切相关,而近些年远远没有如此密切的关系。当市场费率高于4%时,即,当银行费率高于5%时,新股票会失去其对货币市场的吸引力。因此,提升银行利率会出现这种情况:在最近的未来,趋向于让新股票贬值。我担心,这会充当抵制英格兰银行费率提升的论据,即使大环境需要提升英格兰银行费率。政府的明显信用和英格兰银行费率的有效水平联系过为密切,并不是个好事。

新贷款有几个好的特性,包含让许多阶层投资者感兴趣的条文,在不合理收费方面不涉及政府。但是,这笔贷款主要是银行家的贷款。我这样说的意思是,贷款提供的赔偿费主要是诉诸广大银行家和金融家,另外,如果预计该阶层认购很大一笔贷款的话,那么就需要赔偿费。我相信如果能做到下面一点,那就更有远见卓识了。这一点是,在第一笔贷款中,财政部满足于吸引公众现在存款中的很大一笔资金。在我们一开始行动的时候,就用光所谓的货币市场货币并不可行。所以,由于英格兰银行的安排好像是故意专门为了吸引这些资金中的硬币,所以,我怀疑这个安排不是明智之举。我们根本还不需要仿效德国来鼓励认购我们的战争贷款。战争贷款不是纯粹简单的投资性质，而是为了通过立即认购者来提供借钱的基础。

VIII

在《经济学杂志》的最后一期，一些人对我写的论文持批评态度。人们抱怨说，我对银行家做法的判断是尖锐的，一点也不公平。《银行家杂志》给出了理由：我们没有考虑到意料之外情况下的自然崩溃。或许是这样。在一两个方面，我希望以后以合适的细节进行纠正。在这一两个方面，不完善的知识让我对清算银行的行为进行了描述，与一些其他银行进行了区分，我做得不够公平。但是，我的失望——我们的银行并没有更勇敢地应对局势，几乎没有提出不同寻常的见解或者个性——是崇拜者的失望，我的抱怨是真正的爱人的抱怨。我相信，我们的银行制度，实际上伦敦城的整个复杂精细的机体，是我们国家天才和品德相关部分的最好且最有特色的创造之一，我们国家天才和品德相关部分已经在"交易"中得到了体现。我相信，我们的银行制度，实际上伦敦城的整个复杂精细的机体，是一个制度和机体，是和伦敦这座城市一样的人类作品，因而并不完全缺乏我们通常与自然界联系起来的自发性和令人敬佩的无序性这些属性。一个学术作家，他的工作让他研究和比较了其他国家的银行安排以及我国的银行安排，这样的学术作家不可能低估我们享有的优势。我们的金融结构非常强壮，其框架构思巧妙可以抵抗震荡。所以，我在8月初的时候并不比现在更加担心。得益于其内在特性，我们发现自己的金融力量在一天天增加而不是减少。我们可以偿还所有的债务，并从全世界获取物质来源。可以有更充足的理由去勇敢地依赖这种力量并享有优势。一些人有理由感到不安，如果他们看到了下列现象：当应该建构时银行家却倾向于争论不休，软弱无力地说起"自己对股东的责任"——不过，当然没人会想或者赞同我们的银行遇到什么危险，也没人会反对自己财产的永久利益——当所有人都在考虑局势的时候。

1915 年末，凯恩斯对 1914 年的事件增加了一个简短、匿名注解。

转载自 1915 年 12 月《经济学杂志》

英格兰银行和战争爆发之时的"暂停银行法"

在战争爆发之时，英格兰银行超越法律规定的限制发行纸币。英格兰银行和政府就此进行的通信现在已经作为白皮书发表。为了进行记录，通信复制如下。好像重演了 1847 年、1857 年和 1866 年的历史先例。现在我们已经得到明确的说明：政府授权进行众所周知的"暂停银行法"活动——虽然实际上暂停只涉及银行法的一部分，而且当前讨论的权宜之计完全不同于暂停硬币支付，有时人们会把二者搞混。这些信件是在星期六，1914 年 8 月 1 日互换的。星期一，8 月 3 日，宣布银行放假，假期直到 8 月 6 日。发布于 8 月 7 日的英格兰银行统计报表表明，实际上，事实并未表明需要使用首相和财政大臣授权的许可。因此，不需要引入赔偿法

(Act of Indemnity)。

同时,星期四,8月6日,授予了通货和银行纸币法皇家批复(Royal Assent)。凭借这项法律政府向英格兰银行给出私下保证就没有进一步的必要——塞进货币与银行纸币法的一款如下:"只要得到了财政部的暂时授权并受制于与这一授权所附加的任何条件,英格兰银行行长以及合作者、涉及任何苏格兰和爱尔兰发行银行管理的任何人,都可以发行超过法律规定任何限度的纸币。"

直到近来才通常相信,这一款并没有带来什么优势。因为,人们假定,通货和银行纸币法的其他款就足够了。通货和银行纸币法的其他款授权在没有特定储备的情况下发行财政部纸币。

所以,实际上,这一款本可以发挥优势,如果就像在其他国家一样采取预防措施提前印刷紧急纸币。首相在下议院回答了一个问题(印在了下面)。问题的答案现在揭示了一个事实:财政部纸币供应不足使得向各家银行发行部分垫付款成为了必需,货币与银行纸币法给予了他们这些权利,形式是英格兰银行纸币,而不是财政部纸币。当时,这一点并未公开,因为在下一个英格兰银行统计报表发布之前,状况又恢复了正常。但是,如果从历史精确性和坦率性来说,就有一个更受欢迎的做法:首相应该说明上面的安排使得英格兰银行纸币过度发行成为了必需,英格兰银行纸币发行达到了最高点3,043,000英镑。

在一定程度上,这个通信的发表澄清了一个另外的小历史节点。在来自首相和财政大臣的信中作出规定:不能出现违犯银行法的贴现或者垫付款,利率不得低于10%。通信并未表明政府需要英格兰银行利率立即提升至10%。通信也未表明,英格兰银行利率8月1日提升至10%是政府信件的条件。英格兰银行利率8月1日提升至10%受到了大量批评。当临时超额发行实际发行的时候,英格兰银行利率再度跌到6%(8月7日)和5%(8月8日)。

Ⅰ.1914年8月1日英格兰银行写给财政大臣的信

阁下,我们认为自己有责任告知政府一些事实。这些事实涉及对援助的巨大需求。英格兰银行面临着这些需求,因为两个或者更多的欧洲大国可能爆发战争。

在过去的五天里,我们已经用政府股票保证金、汇票等等,为伦敦的银行家、汇票经纪人和商人预先垫付了2700万英镑。借出的这个数字是史无前例的。因此,我们假定这就足以满足所有的要求;不过,这个款项已经发放到这个国家的部分肯定已经实质性地影响了这个问题。

今天早晨,我们以17,420,000英镑的储备开始。17,420,000英镑的储备已经被利用了许多。因此,我们不能指望今晚就获得庞大的11,000,000英镑,要充分考虑还在各分支的款项。

到目前为止,我们还没有拒绝对援助的任何合法申请。但是,考虑到储备的枯竭,我们担心这样的情况:假设我们发行的纸币相对保证金超过了法律允许的数量,那么,很快就需要削减设施。而在当前的情况下,我们认为也需要为英国的贸易和商业提供这些设施。

阁下,荣幸地能做您顺从的仆人,

沃尔特·坎利夫(WALTER CUNLIFFE)

R. L. 纽曼(R. L. NEWMAN)

Ⅱ. 1914年8月1日首相和财政大臣写给英格兰银行的信

先生们，

我们荣幸地确认已经收到你们今天写给财政大臣的信件。信件内容是关于英格兰银行面临的巨大需求，因为两个或者更多的欧洲大国可能爆发战争。

在所述的这种情况下，国王陛下的政府给出如下建议。假设英格兰银行发现，为了满足合法商业的需要，需要把贴现和垫付款延伸到核准证券，以至于需要纸币发行超过法律规定的限制。那么，一有这个需要就应当得到满足。而且，在这种情况下，议会会批准这项申请。

提供的这种贴现或者垫付款，利率不得低于10%。而且，如果国王陛下的政府认为合适的话，国王陛下的政府会建议提高费率。

英格兰银行先要扣除自己认为公平的承担危险、花销和麻烦的收费，然后，这些垫付款的利润会归于公众。

先生们，荣幸地能做您顺从的仆人，

　　　　　　　H. H. 阿斯奎思（H. H. ASQUITH）
　　　　　　　D. 劳合·乔治（D. LLOYD GEORGE）

Ⅲ. 1915年11月9日下议院辩论

R. 格温（R. Gwynee）询问首相，1914年8月1日首相和当时的财政大臣写给英格兰银行授权暂停银行法的信件，现在是否已经被取消。阿斯奎思先生给出了回答，说："8月1日的授权从未被奉行，并被 1914 年通货和银行纸币法第三节所取代。星期四，8 月 6 日，通货和银行纸币法得到了皇家批复。8 月 7 日和 8 日，暂时还没有足够的钞票，因此，应财政部的要求，英格兰银行的一些纸币被用来按照通货和银行纸币法为银行家预先垫付，涉及的最大超出部分是 3,043,000 英镑。8 月 10 日，英格兰银行纸币的状况在所有方面都恢复正常。"

1915 年 9 月，凯恩斯提供了一个注解：关于战争爆发时德国的经济状况，凯恩斯使用了最近的德国出版物。

转载自 1915 年 9 月《经济学杂志》

德国战争的经济状况

1914 年 12 月、1915 年 1 月和 1915 年 3 月，《社会科学与社会政策文库》(*Archiv für Sozialwissenschaft und Sozialpolitik*)发行了三本战争书籍，标题是《战争与经济》(*Krieg und Wirtschaft*)。这是战争爆发之后，德国经济学家首次详细描述德国经济状况。因此，对于这三本战争书籍，不能仅仅采取通常的做法：把国外期刊的内容总结在各个栏目里。还要给出更完整的总结。当前讨论的这些卷非常有意思，至少掀起了帘子的一角，窗帘里隐藏着不为我们所知的德国国内活动；——也就是说，就 1914 年最后五个月来说，因为这些论文讨论的几乎完全是去年发生的事情，对当前的事件几乎没有解释。

第一期的突出特点是两篇关于金融和信用的论文，一篇的作者是乔治·伯恩哈德(Georg Bernhard),论战时德意志帝国银行的政策(*Die Politik der Reichsbank in Kriege*)。另外一篇的作者是雅斯特罗(Jastrow)教授,论战时信用组织(*Die Organisation des Kredit im Kriege*)。乔治·伯恩哈德的论文以方便的总结,阐明了德意志帝国银行在战争爆发之时就采取的法律和行政变化。按照1914年8月14日通过的一项法律,财政部纸币(Treasury notes)被宣布为法定货币。硬币支付被暂停。德意志帝国银行因为过量发行纸币所需要缴纳的税也被废除。有一个存在争议的问题:德意志帝国银行这么早就暂停硬币支付是否明智。伯恩哈德坚称,无论如何,迟早都要暂停硬币支付,所以,拖延也没什么意义;另外,如果黄金出口,黄金可能已经出口到了英国;最后一点,也是最重要的一点,每出口100万马克的黄金,就会使300万马克的纸币失去担保。这最后一个论据只是部分符合伯恩哈德在别处坚称的一个观点:在当前情况下,纸币的百分比担保近似于空穴来风,几乎也就能具备心理价值。有一个假话:正常的储备已经以某种方式得到了保存。伯恩哈德后来在其论文里指出,这个假话是可取的,这样,公众无知的怀疑就不会被唤醒。伯恩哈德并未提及一点:对公众来说,硬币支付已经暂停了,但是,大量黄金实际已经为了德国政府的目的而出口,就像他们预计的一样其中一部分到达了伦敦。实际发生的情况是,硬币支付暂停了,以便德国所有现存黄金储备可以转变其稳定纸币发行这一表面目的,征用作为政府战争的金银,为重要的政府目的而使用和出口。

在德意志帝国银行的统计报表中,影响纸币发行的进一步变化涉及提供给帝国政府(Imperial Government)贷款和德莱希思的法律地位。战争之前，提供给帝国政府的贷款不能被认定为纸币发行的法定保证金。按照上文提到的8月4日这项法律，三个月的短期国债因此被给予了类似通货贸易汇票的地位。伯恩哈德指出，把这些短期国债被限制为三个月的通货是个虚假做法，因为短期国债总是能更新。德意志帝国银行统计报表把贸易汇票和短期国债混为一谈，因而无法在任何特定时间精确指出政府在多大程度上受到了德意志帝国银行的资助。假设德国政府受环境所迫而使这项制度走得太远，纸币发行严重膨胀，并同时被极少但无资助的政府债务所代表。那么，他们就是在以整个经济制度的稳定性冒险。德国人宣布短期国债和贸易汇票一样可以充当这些纸币的保证金。出于同样类型的理由，德国人还宣布德莱希思等同于硬币，目的也是为了在不冒险违反法律条文的情况下，让德意志帝国银行可以用德莱希思交换自己的纸币。

在战争头两三个星期，德国的信用状况好像更类似我们在这儿的经历，而不是我们迄今为止已经知道的状况。证券交易所关闭了，国外汇款完全崩溃，好像让德国理论家和专家大吃一惊，就和我们的理论家和专家一样。德国在其他方面预先做的准备中并没有考虑到这个因素。同样种类的收费也针对德国的各家银行，我国也是这么做的。伯恩哈德说，对于8月最初几天的德国主要商人几乎没有什么可说的，除了他们"没头了"（haben den Kopf verloren）。"除了他们，那些作为观众，已经在宣战后第一天见证骚乱的人明白，我们的商界和金融在面临骚乱时是多么不知所措。"不仅是对信用的限制完整而广泛。大量证据表明，在8月最初的日子里，许多大银行拒绝向储户付清其账户的10%乃至15%

以上。正常的信用设施几乎完全暂时崩溃了，这好像是导致广泛失业的原因之一——德国的失业比以前任何时候都广泛得多。整个负担都甩给了德意志帝国银行，德意志帝国银行好像勇敢成功地应对了这个局面。德国在8月采取的大量紧急措施好像主要是为了消除信用紧张，信用紧张在当时是个普遍现象。最近这些紧急措施变得相对无足轻重。伯恩哈德最后得出这样的教训：在银行业和商业问题上，公共企业跟私人企业相比具有巨大的优越性。伯恩哈德还号召在战争解释之时进一步解释前者。

德国人沾沾自喜，表现出了一点理性，在没有延期偿付权的情况下渡过了危机。但是，在这一方面，对我来说，状况的事实好像还是和英国没大区别。我们已经看到，在8月第一个星期的恐怖日子里，各家银行并未向债权人全额付款，我们的银行家只在此时表现得桀骜不驯。而且，就国际汇票而言，在德国的法定地位跟在英国的法定地位并没有什么不同。另外，别忘了，为了应对极端情况，已经宣布了部分延期偿付权。雅斯特罗教授的论文好像表明一点：按照德国联邦参议院8月7日的公告，所有的支付都可以推迟三个月"只要债务人的情况能够证明有必要推迟，而且支付的延迟并未给债权人带来太大的损害。"这个公告的措辞极端模糊，自然会给解读带来许多麻烦。假设目前债务人还有一把椅子和一个五斗橱，而我们不知道债务人是否还会从此保留这把椅子和这个五斗橱三个月。那么，对债权人的损害是否太大？另外，并没有假设敌国的国民无法要求支付，而且，在军队中服役的士兵可以得到某些保护。

雅斯特罗教授论文的较大部分是用来描述不同信用机构。之所以建立这些信用机构，是为了补充德意志帝国银行和贷款协会的活动。只有那些能够提供特定类型保证金的人才能享有贷款协会证。战争信贷银行只是帮助那些只能提供个人信用之人，或者只能提供贷款协会拒接保证金的人。这些战争信贷银行是由市政当局、贸易协会、保险公司等等设立的，形式多种多样，其中一些具有半慈善性质。感兴趣的读者可以参考雅斯特罗教授较为完整的分析。

在这些论文之后，莱德勒（Lederer）博士的钢笔给出了两个描述，一个描述了战争期间的工业组织，另一个描述了劳动力市场的状况。这两项研究的第一个相当令人失望，几乎全是基于假定的猜测内容。然而，有趣的是，在初期，人们预计第一次世界大战会是一场短期战争，人们相信紧迫的问题是信用的充足而不是工业，认为工业会像以前那样正常运转，直到战争结束。工业活动需要从根本上重组，德国进行得好像并不比英国快。当然，第一个变得重要的事实是，以牺牲整个工业利益为代价，农业利益产生了巨大的刺激和益处。不过军备贸易并未受损。

莱德勒博士描述了1914年8月和9月的劳动力市场。事实更清楚地表明了1914年8月和9月的劳动力市场，而莱德勒博士对工业情况的描写太过笼统，无法清楚地表明1914年8月和9月的劳动力市场。在8月的头三个星期，工会会员被征召入伍比例好像平均是20%到25%。然而，在一些行业之中，高达35%到40%。在金属工人工会（Union of Metal Workers），24%的会员被征召，表明，除了已经实际加入弹药生产的公司，德国和英国一样都没有好好理解行业的差别。

好像已经预先自然而然地相信，征召如此多的会员入伍会抵消任何失业趋势。然而，事实并非如此。除了被征召之人，主要行业里还有大约20%的人失业，实际数字在10%至50%之间变动。因此，工业重组在战争的头两个月完全失败。受此影响，生产活动几乎减少了50%，是劳动力抽调战争用途所需的两倍。

巨大失业规模的缩减是德国经济学家在这些月份的主要先入之见之一，柏林好像开了许多会议，并进行了许多讨论。公众不是被恳求推迟需求，而是被要求尽可能像以前那样购买必需品。有一个发现：基本困难不会是失业，而会是工人的短缺。当莱德勒博士写自己的论文时，这个发现还没有被清晰可见地得出。

还有一小点需要注意。按照1914年8月4日的法律，关于疾病和意外保险的规则被大幅修改，旨在拯救本国。

林德曼（Lindemann）博士的一篇论文一种有趣的方式，展示了当地部门在许多不同问题上的活动。德国好像在很大程度上实行了权力下放，一些重要的职责交给了地方当局。这些部分关于宿营安排以及为驻扎在任何地区的军队采办合适的卫生用品。部分关于对士兵家庭的支持，其中一大部分压给了地方。部分关于应对患病和失业之人的措施。每种战争福利（Kriegsfürsorge）好像都在地方得到了充分发挥。

这一期还有布伦塔诺（Brentano）教授的一篇论文，是关于第一次世界大战以及避免大战再次发生。布伦塔诺教授把自己的希望建立在两个基础上。一个是海洋的国际化，另一个是在未来建立文明人的联盟，可以让世界避免这种不幸的再次发生，而这种不幸目前正在世界上肆虐。

第二期（1915年1月出版）最显著的一点是爱德华·伯恩斯坦（Eduard Bernstein）的长篇大论,关于工人阶级的国际化和欧洲战争（*Die Internationale der Arbeiterklassen und der europäische Krieg*）。这位社会民主党领袖的目标有两个。一是要证明在战争爆发之时,欧洲社会政党行为的合理性。二是要证明这种行为符合他们以前的和平主义原则。就这个任务来说,爱德华·伯恩斯坦非常成功。伯恩斯坦承认,社会民主主义维持和平的假定的武器——大罢工——已经证明完全失败了。经济和心理影响的纠葛,在战争爆发的时候立刻显现了出来,不可能允许群众方面采取如此明确的政策。首先,工人心里充满了恐惧,担心以后会失业——没有为宣布罢工创造良好的气氛。伯恩斯坦在罢工条款中描述了8月初那困惑莫名的感觉。无产阶级领导的"客观主义"声音被淹没在了整个新闻界中立刻出现的"国家"仇恨的尖声叫喊之中。在这个至关紧要的时刻,无产阶级领导觉得孤立、孤单,因为受到周围压力的震动而暂时怀疑无产阶级运动的社会意义。在那时,信息缺乏,情况的真实状态令人生疑,而且任何人都无法拒绝一个可能性:针对第一次世界大战的罢工毕竟可能合法地保护其国家免受侵略。另外,战争法律的动员和公告把一切弄得一团糟,反战政策的宣传会受到惩罚,直至处死。伯恩斯坦总结说,"有一个想法,认为可以通过大罢工来打仗,斯图加特、哥本哈根等等的社会主义代表大会已经宣传了大罢工的方式。1914年8月第一周的经历表明这个想法无法实现,未来所有的代表大会都不应该把这个想法列入议事日程。"

但是,尽管这个特殊武器在社会民主主义领袖的手里破损了,伯恩斯坦还是想办法为德国和其他地方的领袖开脱杀人罪责。在一切变得一发不可收拾之前只有几个小时。在这几个小时里，社会民主主义领袖不遗余力地抗议以任何借口开战。马克思和恩格斯把对俄国和俄国沙皇政府的传统仇恨传给了德国社会民主党。尽管如此，前锋会（Vorwärts）还是有勇气在8月1日这么晚的时候宣布，甚至是俄国的动员——如果要克服温和德国观点对战争的反对，这是最强大的可能论据——也不是暂停最真诚和平谈判的基础。但是，当大家都相信敌人已经跨出国境的时候，一个代表三分之一德国人的政党如何才能承担一个义务：积极实际地反对那些保卫国家的人？这是战争的可怕矛盾，也是所有国家和平政党的永久灾难。一旦加入了战争，对于*所有*国家来说，战争都是保卫国家的战争。我不能说有些人喜欢战争，只能说这些人憎恨和平爱好者。这些人会不遗余力地使用这个灾难。

伯恩斯坦显然并未减弱对国际主义和国际和谐的热爱。但不幸的是，与之形成对比的是雅费（Jaffé）教授的一篇论文，发表在战争书籍的第三期上，关于我们的经济生活的军事化（*Die 'Militarisierung' unseres Wirtschaftsleben*）。当前的战争已经表明了三点。第一，德国在冒一定的风险，因为德国部分依赖食品进口和其他必需海外产品。第二，德国还在冒一个风险：世界上一些地方的风险资本，而德国的无利不能在这些地方产生压倒性优势。第三，住在可能敌对之国的单个德国人有被扣押的危险。雅费教授显然预计这类战争是个正常事态，或者至少是一个经常事态。雅费教授得出结论：德国应该按照两个思路改组自己，一个思路是国内团结，另一个思路是国外孤立，以便把这种风险降到最低。如果英国已经迅速被征服而且德国从英国手里夺得了对海洋的支配权，那么，德国组织和扩张的未来就很可能在私人资本主义基础之上。但是，这并没有发生。根据雅费教授的说法，战争进程表明，两方的武力几乎均衡，而且德国顶多是希望经过漫长的斗争并承受惊人的人员和金钱损失之后获得胜利，这种胜利几乎不会改变英国和德国的相对地位。（值得注意的是，伯恩斯坦的论文强调了俄国，仅仅提到了英国，而雅费的论文完全是关于英国，没有提及俄国。两篇论文既没有对法国表示敌意，也没有表示兴趣。但是，我相信，在所有的协约国之中，法国最反感德国。）因此，德国，这个更年轻、实际上也更健康、更强大、因而更有前途的（zukunftsreichere）国家，必须做好准备面对自己军事、金融和工业力量的长期挑战（Anspannung）。这里没有什么令人沮丧的。跟轻易得来的胜利相比，这会充分发挥德国的优秀品质——勤奋、节俭、顽强、组织能力（Fleiss, Sparsamkeit, Zähigkeit und Organisationsfähigkeit）。按照雅费教授的说法，因此，在某种意义上，我们必须认为宣布的战争时间是永远，因为即使处于和平之中，工业生活也必须保持动员状态。雅费教授所说的"我们工业生活的军事化"就是这个意思。个人主义必须完全终结。必须建立起规章制度，目的不是为了让个人更加幸福（雅费教授恬不知耻地对此展开了长篇大论），而是为了强化国家的组织团结性，以便获得最高的效率（Leistungsfähigkeit），其对个体优势的影响只是间接的。

这个丑恶的信条被供奉在某种理想主义之中。这个国家会变成一个"封闭整体"，并在实际上变成柏拉图认为它会成为的那种事物——扼杀个人的集体（Der Mensch im Grossen）。尤其是未来的和平会强化一个想法：工业中的国家行为。多年来，或者几十年来，雅费教授显然不带有遗憾地宣称，德国必须预期两个事情。一个是当前对手的敌意。另一个是*今天中立的许多国家的政治和工业抵抗*。在这些情况下，国外投资、移民、近些年把整个世界看作市场的工业政策，都太危险了。旧的工业秩序是如今正在消亡，是基于利润；在 20 世纪的新德国，没有考虑利润的力量即将终结资本主义的这一制度，这一制度是百年之前从英国借鉴的。和平之后，德国会蜷成一团，自我满足，根本不管个人幸福。因为德国团结得是如此紧密，以至于个人除了国家之外几乎意识不到自己。德国会采用勤奋、节俭、顽强、组织能力。德国这么做是为了什么？——好像除了生产率之外，不为别的。

这是噩梦一般的研究。现在可以松一口气了：政府首席顾问冯·弗尔克（Ministerialrat von Völcker）描述了战时德国铁路制度，表明德国正在起作用的组织能力是一个令人惊奇并几乎浪漫的故事。动员刚开始时，许许多多的德国人正在度假或者在中立国家。动员的头两天，8 月 2 日和 3 日，整个旅客时刻表依然有效，以便让尽可能多的人再度回到家里。第三天，军事时刻表生效。军列就像洪流一样。除了机枪小队和重炮兵之外，每个军团需要 120 列有 55 节车厢的火车。军列开始以整齐划一的平均速度从德国的各个部分流出。速度不超过 25 英里每小时。在接近三周的时间里，不分白天黑夜，火车一列接着一列。8 月 21 日，铁路行军（Eisenbahnaufmarsch）结束。同时，私人旅行者的需要由"军事地方火车"满足。"军事地方火车"保持有规律的间隔，15 英里每小时，干线上一天四到五次，支线上三次，只要有空间就可以运输平民。8月22日,德国皇帝(Kaiser)正式感谢铁路及其员工,因为他们"非常可靠和准时"。

8月21日之后,正常服务逐渐恢复。有5,000美国人需要处理;这些人立刻被送进带有卧铺车和餐车的美国人专车(Amerikanerzügen)。还有大量行李需要运送。急于登上"军事地方火车"回家的游客不得不放弃了大多数大行李。柏林火车站行李堆积如山,达到了120,000件。渐渐地,这些行李都秩序井然地运到了目的地,包括那些运往伦敦和巴黎的行李,急于离开的法国人和英国人把这些行李留在了柏林车站;——即使天塌下来也罢(ruat coelum),但是人们可以确信,在德国,无论怎样,登记的行李都是不可侵犯的。到了9月初,卧铺车在柏林和维也纳之间奔驰。9月21日和22日,铁路经理会议召开,一个正常的时刻表建立了起来,在和平时期的基础上减少了25%到50%。11月2日,第一次动员正好三个月之后,新的时刻表付诸实施。可以预订从里尔到罗兹的联程票。

这个伟大的成就有没有让雅费教授信服一点:德国已经出色地实现了勤奋和组织能力,或者非常出色地实现了勤奋和组织能力,等等?这些品质在德国人手里发挥了巨大作用,让整个世界景仰。然而,协约国变本加厉,好像是要表明还有其他事物不该忽视,——甚至对于生产率来说,也需要其他要素。

其余的论文不那么重要。在第二期(1915年1月),有两篇关于奥地利的论文。分别是沃尔瑟·费德恩(Walther Federn)的"奥匈帝国在战争期间的货币和信贷业"(*Oesterreich-Ungarns Geld und Kreditwesen im Kriege*)和埃米尔·普洛斯(Emil Perels)博士的

"奥地利在战争期间的经济措施"(Die wirtschaftlichen Kriegsmassnahmen in Oesterreich)。但是,他们几乎没有告诉读者他们无法自我推测。莱德勒博士的一篇论文[德国战争期间食品供应规章(Die Regelung der Lebensmittelversorgung während des Krieges in Deutschland)]提供了直到1914年末食品供应规章官方措施的有用总结。在第二期和第三期,有几篇关于外国的论文,有一些是声誉卓著的权威之作,然而,这些论文并不需要太在意:路德维格·本迪克斯(Ludwig Bendix)的"欧洲战争对美国经济的第一波影响"(Die amerikanische Volkswirtschaft unter dem ersten Einfluss des europäischen Krieges);尤金·考夫曼(Eugen Kaufmann)博士的"法国在战争中的金融和经济形势"(Die Finanz und Wirtschaftslage Frankreichs im Kriege);保罗·盖基克斯(Paul Gygax)博士的"瑞士经济备战"(Die wirtschaftliche Rüstung der Schweiz);罗伯特·米歇尔斯(Robert Michels)的"意大利民族战争在最初几个月对经济的影响"(Die wirtschaftlichen Wirkungen des Völkerkrieges auf Italien in den ersten Monaten);西奥多·梅茨(Theodor Metz)博士的"战争当前对荷兰经济的影响"(Der bisherige Einfluss des Krieges auf die niederländische Wirtschaft);朱迪思·格林费尔德-克拉尼柯(Judith Grünfeld-Coralnick)博士的"战争期间的俄罗斯国民经济"(Die russische Volkswirtschaft im Kriege);措法·达欣斯卡-戈林斯卡(Zofa Daszynska-Golinska)博士的"战争爆发时波兰的经济和政治局势"(Die wirtschaftliche und politische Lage Polens bei Ausbruch des Krieges)。这些论文好像都没有使用任何专门或者原始的信息来源。雅费教授已经两次表示要写一篇关于英国的论文,但是目前还没有发表。

对于这些战争书籍，一个英国读者会在脑海中形成什么普遍印象？我认为，主要是德国和德国人和世界上其他地方的人并没有太大区别，并不像我们的日常新闻所描述的那样与众不同。要让我们相信的德国神话是关于一个超人机器，由非人类之手驱动。这是一部好机器，但是运转得一点都不稳定。当这部机器隐藏在安静的窗帘后面时，我们轻易地相信这是一部运转异常平稳的好机器。别忘了，机器的驾驶员跟我们战前所认为的那样没大区别。不管雅费教授怎么说，基调还是温和、清醒、精确、合理和真实。

1917年秋凯恩斯访问美国，得到了美国战争金融特征的资料。

转载自1917年12月《经济学杂志》

美国新税收

美国参战之后很短的时间里，美国政府采取措施大幅增加新税。作为国会讨论和批评的结果，美国政府的提议遭遇了不同寻常的命运，因为预期的税收收益增加而不是减少了。这一措施最终于5月23日引入众议院，预期收益1,868,920,000美元；9月10日到达参议院时，收益上升至2,416,670,000美元；10月3日，最终定形成为法律时，收益估计为2,534,870,000美元。

下面是官方估计的这一法案实行第一年可能带来的最终税收：

（单位：美元）

个人和公司收入	851,000,000
超额利润	1,000,000,000
蒸馏烈酒	135,000,000
精馏烈酒	5,000,000
发酵烈性酒	46,000,000
葡萄酒、烈性酒等等	7,000,000
糖浆、软饮料等等	13,000,000
雪茄	10,000,000
香烟	21,500,000
烟草	30,000,000
鼻烟	1,800,000
卷烟纸	100,000
货物运输	77,500,000
快递包裹	10,800,000
旅客运输	60,000,000
管道运输	4,500,000
座位和铺位	4,500,000
电报和电话信息	7,000,000
保险	5,000,000
汽车和摩托车	40,000,000
乐器、留声机、唱片等等	3,000,000
动画片	3,000,000
珠宝	4,500,000
体育用品	12,000,000
游艇	500,000
专卖药品	3,400,000
香水和化妆品	1,900,000
口香糖	400,000
照相机	750,000
娱乐入场费	50,000,000
俱乐部会费	1,500,000

续表

印花税,包括纸牌和邮包	29,000,000
遗产税	5,000,000
维尔京群岛产品	20,000
一等邮件物品	70,000,000
二等邮件物品	6,000,000
军火制造商税	25,000,000
总计	2,534,870,000

可以看到,所得税和超额利润税是新措施的支柱。所得税在美国是一个相对较新的工具,而且增加的收益受到了两方面的影响。一是提高费率,二是更广泛地撒网。单身人士免征额度现在从 3,000 美元降至 1,000 美元,已婚人士免征额度从 4,000 美元降至 2,000 美元。对于*所有人*来说,在其可征税收入确定之前,根据其单身还是已婚,别管收入处于什么水平都可以扣除 1,000 美元或者 2,000 美元。因此,对于已婚人士来说,收入的头 2,000 美元不用交税,接下来的 2,000 美元交 2%,超出 4,000 美元的部分交 4%,而不是(像以前那样)收入的头 4,000 美元不交税,多余部分按 2% 交税。也就是说,正常所得税从 2% 提高到了 4%。但是,不仅如此。除了针对 20,000 美元以上收入的现有附加税(超过 20,000 美元的那一部分收入征收 1%,超过 2,000,000 美元的那一部分收入征收 13%,税率就在这两个数字之间变动),现在还征收下面的额外附加税:每年收入在 5,000 美元至 7,500 美元之间的征 1%;收入在 7,500 美元至 10,000 美元之间的征 2%;收入在 10,000 美元至 12,500 美元之间的征 3%;收入在 12,500 美元至 15,000 美元之间的征 4%;收入在 15,000 美元至 20,000 美元之间的征 5%;收入在

20,000美元至40,000美元之间的征7%；收入在40,000美元至60,000美元之间的征10%；收入在60,000美元至80,000美元之间的征14%；收入在80,000美元至100,000美元之间的征18%；收入在100,000美元至150,000美元之间的征22%；收入在150,000美元至200,000美元之间的征25%；收入在200,000美元至250,000美元之间的征30%；收入在250,000美元至300,000美元之间的征34%；收入在300,000美元至500,000美元之间的征37%；收入在500,000美元至700,000美元之间的征40%；收入在750,000美元至1,000,000美元之间的征45%；超过1,000,000美元的收入征50%。这些情况所说的费率不是针对全部收入，而是针对收入处于所说界限之间的部分。

对于公司来说，源头应支付的所得税从统一费率2%增加到统一费率6%。

可以看到，虽然上述上涨巨大，但是，依然远远低于英国所得税和附加税的联合负担。

跟英国的相应措施相比，超额利润税有三方面重大不同。首先，税率根据对应所用资本超额利润的级数变化；第二，超过9%的正常利润也要征税；第三，这项针对个人征收，征收人群是专业人士、职业人士和商人。

一个国内公司可以从总净收入中扣除如下内容。(1)占课税年度投入资本一个百分比的数量。这个百分比是两个数量的比率。一个数量是战前时期(1911—1913)贸易或交易年度净收入的平均数量，另一个数量是战前时期投入资本(但是不少于课税年度投入资本的7%，不多于9%)。(2)3,000美元。如果是国内合伙企业，或者是单个美国人，(2)下面扣除的数字就是6,000美元。如果是外国公司、合伙企业、或者个人，(2)下面扣除的数字就是零。

对于净收入数量来说，如果超出由此计算出的扣除额，并不超出投入资本的15%，20%就是应支付的；如果收入介于投入资本的15%和20%之间，25%就是应支付的；如果收入介于投入资本的20%和25%之间，35%就是应支付的；如果收入介于投入资本的25%和33%之间，45%就是应支付的；如果收入超过投入资本的33%，60%就是应支付的；

因此，税收涉及困难的技术任务：计算"投入资本"。这项法案试图定义战前时期的"投入资本"和课税时期的"投入资本"。就交易来说，通常来说，如果收入超过"投入资本"的9%，税款就不限于*战争超额利润*的征收。然而，除了这后一类交易，这项美国税收都不如相应的英国税收严重。

对于拿薪水的商人或者专业人士来说，使用的资本是票面上的，上文提到的(1)下面的扣除额因而是零。把(2)下面的数额扣除之后，剩下的差额就应支付8%的统一费率。法案的这一部分好像是向超过6,000美元的*劳动*收入征收额外的所得税，在美国引起了大量评论。

由于上面给出的梗概，收入和超额利润税的计算有点困难。下面的具体例子是有一位国会议员计算出来的，并收进了国会议事录(Congressional Record)，附加如下：

下表表明了收入总额、公司税和超额利润税。分为两种情况：(a)公司资产100,000美元，净收入50,000美元；(b)三方合伙企业资产 100,000 美元，净收入 50,000 美元：

（单位：美元） 349

对公司来说	
(a) 资产 100,000 美元，净收入 50,000 美元的公司。从净收入中减去最高扣除额——资本的 9%——另外扣除 3,000 美元。或者总共扣除 12,000 美元。这表明课税收入是 38,000 美元。	
对超出扣除额且不超出投入资本 15% 的部分征税——3,000 美元，按 20%	600
对超出资本 15% 且不超出 20% 的那部分利润征税——5,000 美元，按 25%	1,250
对超出资本 20% 且不超出 25% 的部分征税——5,000 美元，按 35%	1,750
对超出资本 25% 且不超出 33% 的部分征税——8,000 美元，按 45%	3,600
对超出资本 33% 的部分征税——17,000 美元，按 60%	10,200
超额利润税总额	17,400
净收入	50,000
超额利润税	17,400
要交所得税的净收入——32,600 美元，按 6%	1,956
税收总额	19,356
对合伙企业来说	
(b) 资产 100,000 美元，净收入 50,000 美元的合伙企业。从净收入中减去投入资本的 9%，另外扣除 6,000 美元。或者总共扣除 15,000 美元。这表明课税收入是 35,000 美元。	
对超出扣除额且不超出投入资本 15% 的那部分收入征税	——
对超出资本 15% 但不超出 20% 的那部分收入征税——5,000 美元，按 25%	1,250.00
对超出资本 20% 但不超出 25% 的那部分收入征税——5,000 美元，按 35%	1,750.00

续表

对超出资本25%但不超出33%的那部分收入征税——8,000美元,按45%	3,600.00
对超出资本33%的那部分收入征税——17,000美元,按60%	10,200.00
超额利润税总额	16,800.00
净收入	50,000.00
减去超额利润税	16,800.00
用于分配的收入	33,200.00
每个合伙人那部分用于分配的收入	11,067.00
每个合伙人的所得税:	
9,067美元,按2%	181.34
7,067美元,按2%	141.34
2,500美元,按1%	25.00
2,500美元,按2%	50.00
1,067美元,按3%	32.01
每个合伙人所得税总额	429.69
三个合伙人所得税总额(3乘以429.69美元)或者	1,289.07
税收总额	18,089.07

350　　一个英国评论者的主要反映肯定是一种羡慕之情:美国的课税储备如此之大。现在因为第一次世界大战而引入的*额外税收*,已经接近英国目前增加的征税*总额*。然而,即便如此,就像我们上面看到的那样,两个主要税款是所得税和超额利润税。在程度上,这两个主要税款还是没有开始接近英国的相应税款。

20世纪20年代末,凯恩斯回顾欧洲在战争结束之际和和平初临之时的状况。

转载自 1929 年 6 月 25 日《哈默顿世界通史》(*Hamerton's Universal History of the World*)[①]

欧洲经济混乱

I 1919 年的欧洲

  战争对物质财富造成的直接破坏被普遍夸大。幸运的是,人类财富的积累具有这样的特点:不会被迅速浪费。到目前为止,公路、铁路、建筑物、机器、排水装置、树篱、栅栏、沟渠和空地,较多体现了过去几代人积累的财富。因为战争必须基本上由当代的力量发动,而且在战争延续的时候,也几乎不可能耗尽实际生产之外的东西。战争不会摧毁知识,也不能透支自然赐予的礼物。战争甚至也无法大幅减少固定资本,不过,遭到实际毁灭的农村是个例外;这种破坏在局部是压倒性的,但即使在第一次世界大战期间,也只是影响被侵略国家的一小块地方和世界文明地区微不足道的一部分。

  因此,有可能修复物质破坏,即使第一次世界大战期间的物质破坏也有可能修复,修复的方法是几年的社区稳定存款。法国和比利时所有被破坏的公司都不超过单个西欧一两年的建设项目,对法国和比利时铁路的伤害远低于铁路发展时期一年的新建铁路。在两年之内,遭到破坏的地区的土地就在农民的劳动下复原。

[①] 由 J. A. 哈默顿编辑。凯恩斯贡献组成了第 46 部分的第 182 章。

甚至有一个更惊人的例子。按照占相应形式世界财富的比例来说，航运业遭受的破坏远大于任何其他类型的破坏。对世界商船队的物质损坏不仅是地方性的，还是世界性的。然而，到了1921年就已经完全修复，世界商船队恢复如初。

因此，欧洲1919年之所以面临严重的情况，并不主要是因为大家看到的战争带来的破坏。这些困难本质上在相对短暂的时期即可克服，实际上确实如此；但是，这些困难并不因此在当时无足轻重。问题是无组织；问题是食品和原料库存枯竭、信用崩溃。因为食品和原料库存枯竭，所以出现了恶性循环：原本会补充食品和原料供应的普通生产过程在生产力级数方面大幅暴跌。另外，交通和汇兑崩溃，而产品可以通过交通和汇兑运送到最需要的地方。而信用体系的瓦解使得欧洲无法从海外购买通常的供应。

在1919年上半年，恶性循环——极端匮乏导致大面积失业——稳步恶化。俄国和匈牙利国内陷入了剧烈的长期无序之中；新政府产生了，但在重新调整经济关系方面缺乏经验，就像波兰和捷克斯洛伐克那样；因为战争的伤亡或者动员的继续，整个大陆都缺乏高效的劳动力；那些中央帝国①因持续缺乏供应而效率降低；由于在整个第一次世界大战期间没有像以往那样使用人造肥料，所以地力枯竭；对自己生活的基本经济问题，劳工阶级的心里忐忑不安；在最近的经历中，恰恰是在最需要商品的时候，所有这些事物一起使商品的实际生产降到了最低程度。

---

① 中央帝国（central empires）指的是位于欧洲中部的国家，尤指第一次世界大战中的同盟国。——译者注

另外(引用一下胡佛先生的话)，"作为身体精疲力竭之后的本能反应，大家长长松了一口气，因为第一次世界大战期间许多人经历了物资匮乏、身心紧张。"1919 年 7 月，在一个或者另一个欧洲国家，1,500 万个家庭在接受失业津贴。据估计，当时欧洲的煤炭生产下降了 30%。然而，在第一次世界大战之前，德国生产本国居民消费食品的 85%。关于德国食品状况的斯塔林教授报告(Professor Starling's Report)指出，1919 年夏季的土地生产力下降了 40%，家畜的有效质量下降了 55%。

如果没有进口，欧洲可能就无法供养 100,000,000 人口。进口的方式有两种，一是靠贷款，而是靠出口来交换。因此，恶性循环在这里再次出现。欧洲大部分地区的信用已经崩溃，贷款无法获得。然而，在出口成为可能之前，先要大幅进口。

我们秉承遗忘精神，抹去不好的记忆。但我们也不能忽视一点：在第一次世界大战后期，中欧平民遭受了身体伤害。我们还不能忽视另一点：在广阔的领土上，由于骇人的健康条件，其他困难也在和平的第一年恶化。1919 年 5 月，据说光是在奥地利，至少有 250,000 到 400,000 人需要治疗肺炎。因为营养不良，苍白的一代成长过程中，肌肉发育不全，关节发育不全，脑发育不全。这一时期的恶果虽然已经淡出了视线，但必须要怀疑即使在目前恶果是否已经被设法根除。还应该记录当时的一些更加恐怖的报告。下面报告的作者陪伴胡佛使团去了厄尔士山脉，报告发表在 1919 年 6 月 15 日的《福斯报》(Vossische Zeitung)："我访问了广阔的乡间。在广阔的乡间，所有孩子中的 90% 患有佝偻病。三岁的孩子才开始走路……。陪我去了厄尔士山脉的一所学校。您认为那是小孩的幼儿园。不，这是七八岁的孩子。瘦小的脸庞、大而无神的眼睛。前额巨大、突出、患有佝偻病，显得突兀别扭。他们的小胳膊上皮包骨头。弯曲的腿和错位的关节之上是肿胀前突的胃，那是因饥饿导致的水肿……。'看看这个孩子，'负责这项工作的医生解释；'这个孩子消费了许多面包，但是根本没有变强壮。我发现这个孩子把收到的所有面包都放在了草垫下面。这个孩子对饥饿的恐惧根深蒂固，所以才会搜集储备食物，而不是把食物吃掉；受误导的动物本能使得对饥饿的恐惧更甚于实际的痛苦'。"然而，在那时，有许多人认为，要实现正义，就要让这些人向协约国支付"赔偿"直到四五十岁。

欧洲经济在战后五年的短暂时期就迅速复苏了。当我们考虑这一情况时，我们可能觉得1919年的焦虑小题大做了。但是，虽然焦虑之后是较为幸福的经历，我还是认为不存在小题大做。显然，即使在那时，欧洲经济生活的基本来源大体上未被触动。问题是，欧洲是否能够确保喘息机会，或者，在必要的救济实施之前，饥荒和革命是否会破坏广大地区的组织。1919年头六个月举行了巴黎和会，进行了许多徒劳无功的讨论，除了最紧要的问题之外，几乎涉足了所有的问题。在这些月份里——大多数同时代的历史学家往往忽视这一点——德国的封锁继续。还不清楚德国是否会签署凡尔赛条约。因此，同时，几乎无法采取可能恢复德国力量和勇气的行动。结果是，不仅是在德国，还在整个中欧和巴尔干半岛各国，重建都被危险地推迟了。

II 1919年至1921年的兴衰

德国代表签署凡尔赛条约的灰暗背景是饥饿、失业和政治无序。德国代表签署凡尔赛条约的日期是1919年6月28日。14天之后,针对德国的封锁最终被协约国撤出。只要德国具有这方面的能力,德国就可以自由地把国际贸易的断线连接起来。

同时,世界的其他部分展示了一个非常不同的图画。在整个世界上,现有商品短缺,虽然不像中欧那样严重,但在19世纪的贸易记录中也达到了史无前例的程度。复员军人回来工作。所有的政府都根本不愿抑制工资上涨。另一方面,他们只是太想真正实现战后允诺的"好时光"。因此,整个世界的普遍趋势就是让整体货币收入达到史无前例的程度。几乎所有的国家都放弃了金本位,而且货币是这样一种商品:几乎无法真正制约货币的快速制造。对于许多生活必需品来说,战争后期标志性的对价格上涨的限制还在继续。许多国家对面包价格进行限制;限制租金的几乎是通用做法。因此,充足的货币收入在每日的购买之中发挥了作用,这一点不可避免地反映在了那些价格未受法律限制的商品迅速上涨的物价水平上。

此外,现代工业社会在两个日期之间存在巨大的时间滞后。一个日期是进行许多劳动行动的日期。另一个日期是工业机器另一端为消费者生产的制成品的实际出现日期。工作一旦完成,劳动就获得报酬。但是,在消费者可以购买的商品出现任何相应增加之前,肯定会经过许多月份,有时会超过一年。

1919年对货币收入的限制失败是正常现象。或许,从人道的角度的来说是不可避免的。但是,货币收入充足、现有商品短缺只能造成一个后果。从1919年4月到1920年2月,英国原料价格平均每月上涨4%,这代表了整个世界的情况。因此,每个生产者销售商品都超过了预期，而且销售时大幅超过生产成本。对于所有的商品持有者来说，以前从未有过如此多的意外之财。难以区分两个事物之间的区别。一个事物是，由于战争金融的持续影响导致的可能多少是永久性的价格上涨。另一个事物是，贸易繁荣带来的价格暂时额外上涨。有些人清楚地知道繁荣来去匆匆。对于这些人来说，这两个事物干扰了他们的精确预测。

有两个因素也增加了商业交易。第一次世界大战使许多海外市场失去了通常的供应。战后，海外市场在补充库存。因此，难以知道这种补充代表了多少当前的需求，也难以知道当前的消费吸收了当前的需求。

第二，所有这些影响所刺激的不正常需求还被进一步夸大，原因如下：商人在获得邮寄物品经历了不同寻常的困难，因而甚至开始下超出实际需要的较大订单，以便确保至少获得一部分。

因为这些原因，世界各地的商人和中间人都大量超额下订单。尽管中欧贫穷，但是这种超额下订单的方法还是产生了一个普遍的氛围：虚假的繁荣和兴奋。就业良好。只要价格继续上涨，利润就大。但是，显然的繁荣孕育着一个不可避免的反应种子。商人签下的合同的程度大大超过了当前消费率，价格水平超过了世界通货制度所能承受的程度。世界通货制度存在严重的通货膨胀。但是，当实际商品出现并需要金融的时候，世界通货制度还是无法承受。

因此，很快，消费者的货币收入就不足以购买数量逐渐增加的一些商品。这些商品推向市场时价格水平符合制造商的预期，或者符合实际生产成本。早在1920年春季，潮流就发生了改变。到了1920年夏季，价格再度像以前迅速上涨那样下跌。对英国来说，价格在1920年6月和7月达到最高点，虽然工资继续上升直到1920年10月。到了1922年初，英镑价格比以往的一半多一点，而工资降到了最高数字的四分之三。

价格暴涨的原因是海外的积极购买，而且不是欧洲穷国的积极购买。所以海外市场——印度、中国、澳大利亚、南非和南美——的突然枯竭导致了暴跌。对于我们正在考虑的时期而言，也就是说对于1920年春季至1921年夏季来说，并不是——就像稍后时候那样——欧洲交换的骤减带来了麻烦。之所以出现麻烦，有两个原因，一是伦敦和纽约之间交换骤减，二是伦敦与亚洲和南美主要国家之间交换骤减。1920年2月仍处于全盛时期，但是即将结束。如果我们比较1920年2月和1921年7月，我们发现法国和德国对伦敦的交换实际上在1921年7月上升了；英镑的美元价值也略微上升；但是，就英镑价值来说，印度、中国、阿根廷、巴西和智利的通货价值分别下跌了51%、60%、35%、59%和54%。实际上，短期内，从南非和澳大利亚汇寄到伦敦的款项几乎无法得到。

上面的这些活动当然是灾难性的。世界存在着内在联系，所有的地区都各司其职。美国和世界上的其他地方一样如此。英国和西欧的制造商现在面临两种情况。一是，欧洲顾客贫穷。二是，世界其他地方停止了购买。英国和西欧制造商手里有商品库存，另外还有正在制造的商品库存，而且根本不能指望按照生产成本销售。

因此，即将发生一个新的不幸来恶化欧洲的局势和第一次世界大战不可避免的后果。1921年是商人经历的最差的年份之一。整个世界的繁荣和价格都一落千丈。英国发生了灾难性的罢工,爱尔兰发生了叛乱,欧洲出现了赔款危机,俄国出现了饥荒和共产主义社会失败,亚洲歉收。因此,普遍繁荣被打破,而且突如其来,史无前例。可以引用两个孤立的事实来表明萧条之惨烈程度:兰开夏的棉花布匹出口跌到了美国内战以来的最低点;世界上闲置的生产能力可能有三分之一。船舶在港口生锈。但不是因为缺乏商品。仓库堆满了商品;我们面临一个矛盾:普遍性的匮乏是由商品过剩导致的。虽然许多人缺乏食品和衣服,但是,贸易灾难却是由商品库存过多引起的。

III 赔款历史

当这些剧烈波动扰乱世界贸易的时候,凡尔赛条约的经济后果正在非常缓慢地在中欧显现。凡尔赛条约于1920年1月10日批准。除上西里西亚之外,德国的领土边界最终于1920年年中确定。直到1921年,上西里西亚的分割才由国联委员会(Council of the League of Nations)解决。

1920年1月,荷兰被要求交出德国皇帝;相关各个政府不加掩饰地松了一口气,因为荷兰理所应当地拒绝了这个要求。1920年3月13日,柏林的反动分子暴乱(卡普暴动),占领首都五天时间,并导致埃伯特政府(Ebert Government)逃到德累斯顿(Dresden)。这次暴动之所以失败,主要是诉诸大罢工这个武器(需要指出的有意思的一点是,第一次成功是保卫固有秩序)。这次暴动失败之后，共产主义者在威斯特伐利亚和鲁尔发动了骚乱。在处理这第二个暴动时，德国政府派往该地区的军队超过了凡尔赛和约允许的范围。结果就是，法国抓住了这个机会，在没有得到协约国同意的情况下，占领了法兰克福（1920年4月6日）和达姆施塔特。

同时，几乎没有采取措施，或者根本没有采取措施来实行凡尔赛和约中的赔款条款，凡尔赛和约中的赔款条款给德国压上了史无前例、难以承受的负担。1920年期间，德国运送了一些特定的商品。大量可以辨别的来自法国和比利时的财产合情合理地物归原主。商船队交了出来。但是，有一点不足为奇。那就是，在上面提到的政治动荡和革命骚乱之中，德国没有支付现金，赔款的真正问题扔在拖延。

1920年春季和夏季召开了会议，长期的努力随之开始，虽然长期的努力并未完成。长期的努力是，修改凡尔赛和约的不可能性，使之具有可行的形式。从1920年4月到1921年4月，协约国总理进行了一系列 12次讨论，这些讨论难以逐一分清。每次会议的结果通常是失败的，但是总的效果是渐增的；而且，一步一步地，修改凡尔赛和约这一计划得到了每个地区的广泛接受。

这些会议的最重要结果是1921年初的巴黎决定：协约国向德国提出了修改后的赔款付款方案，比凡尔赛和约规定的赔款数量大大减少，但还得是经济实力强大到德国两到三倍的国家才可能支付。1921年3月在伦敦召开了会议，德国人给出了反建议。这项反建议的资本价值估计在1,500,000,000英镑。然而，这个数字不到协约国要求的四分之一。两天后，劳合·乔治先生向德国代表团宣读了一份关于德国罪责的讲稿，把德国的提议描述成"犯法行为和愤怒之源"。劳合·乔治先生还宣布,如果德国不接受巴黎决定,莱茵河右岸的一些市镇会被占领——即使按照凡尔赛和约的条文,这个威胁也无疑是非法的。经过幕后的各种调和努力之后,谈判破裂。就像1921年3月8日的《泰晤士报》报道的那样,听到谈判破裂,巴黎的协约国首脑"叹息一声,松了一口气"。福煦元帅(Marshal Foch)发电报命令部队次日早晨7点出发。然而,这个徒劳无功的阶段持续时间不长。协约国忙于准备修改提议,并于1921年5月将提议交给德国,支持这项提议的伦敦的第二份最后通牒,非法性并不比第一份低。按照这份最后通牒,如果德国不接受这些条款,除了三个市镇之外,鲁尔还会被占领。这样的结果可能是德国的经济生活被打断。在一年多一点的时间里,跨过莱茵河入侵德国的威胁发出了五次,并实际实行了两次。然而,在这个时候,德国接受了。在三年的时间里,伦敦协议(London Settlement)名义上生效了。

根据这个协议,德国每年都需要支付赔款,直到清偿沉重债务,每年总额为100,000,000英镑。另外还有总数达到的德国出口价值26%的款项。总数可能超过200,000,000英镑每年。无疑取得了进步。甚至在协约国的想象里,1919年的天文数字也在迅速降低。协约国的要求已经变得温和,但不幸的是,只要需求仍旧超出德国的支付能力,对德国就几乎没有什么实际区别。

接受伦敦支付计划表的重要之处在于,它保证德国获得了短暂的相对平静时期。在短期内,德国支付了一些。我们在下一节里会看到,德国的支付得到了帮助:国外投机者购买马克。但是显然,喘息时间长不了。到了1922年夏季,显然,德国搜集足够资源来按要求支付赔款的疯狂努力不可能成功。8月份，德国政府向赔款委员会（Reparation Commission）申请延期偿付权。经过一番争论，在这一年剩余的时间里，德国不必再进行现金支付。但是，并未达成新的协议，德国需要支付的赔款只是推迟到1923年春季。然而，在到达这些日期之前，赔款委员会（1923年1月）就宣布德国拖延运送煤炭。因此，（1923年1月11日），法国和比利时入侵鲁尔。而此时，并未得到英国的同意或者帮助。

德国现在一点没有支付赔款的债务，但是德国遭到了外国军队的入侵，而且德国的经济生活没有组织、陷入了贫穷，令人无望。然而，危机的尖锐可能促成极端解决方法。1923年11月30日，赔款委员会委派专家委员会（Committee of Experts）再准备另一份计划。这份调查产生了著名的道威斯计划（Dawes Scheme），赔款委员会和德国政府都在1924年8月9日接受了道威斯计划。对鲁尔的占领结束了。德国的经济生活重新开始，但是条件一点也不宽容。

原因是道威斯计划不仅进一步削减了德国的债务，还提供了方法，以便在一种情况下进一步减少德国的债务。这种情况是，在某些预先限定测试的基础上，汇票所需数量的汇款被证实是不可行的。另外，德国1924年的债务几乎完全被外国贷款所覆盖。不超过1928年，德国的债务就升到一个巨大的数字：每年100,000,000英镑。之后，数字会是125,000,000英镑。而且，如此大的总额能否偿还不知道。在道威斯计划下，到了1928年末，德国较为轻松地偿还逐渐上升的债务，虽然只是每年借较多的款项，这个款项多于德国向协约国支付的款项；但是，更内行的看法认为，如果没有国外借款，支付最高的道威斯年金就不可能，而且迟早还得再做修订。实际上，1928年12月28日（我写下这些文字的时候），协约国又委派了一个委员会，德国第一次在其中有了代表。这个委员会得到的指示是"起草提案，以便完全彻底地解决赔款问题"。

下面是德国将要或者应该支付赔款的一系列要求和预测，用表格列了出来。这是个有趣的表格，时间是从1918年的英国大选到1928年：

数字表示的年金以百万英镑为单位	
1. 坎利夫勋爵（Lord Cunliffe）和1918年英国大选时给出的数字	1,440
2. 克洛茨（Klotz）先生于1919年9月5日在法国议院的预测	900
3. 赔款委员会在1921年4月作出的评估	414
4. 1921年5月的伦敦协议	230
5. 道威斯计划，正常年金	125

1919年夏季，我写了《和平的经济后果》（*The Economic Consequences of the Peace*）。在这本书中，我提出总额100,000,000英镑是对最高支付款项的最好估计。实际上，这个数字是可以期待的合理数字。1927年至1928年接受的就是这个数字。

Ⅳ 大通货膨胀

在前面一章，我们已经看到，在和平条约刚签署之后的时期里，就赔款而言，德国几乎没有支付现金。但是我们还看到，1922年德国接受伦敦支付计划之后，以及鲁尔被占领之前，德国被迫花大力气找到了现金资源。德国被迫采取权宜之计来满足协约国的要求，因而导致了货币历史上最不同寻常的时期之一。

在第一次世界大战期间，战争金融的紧急状态导致了马克汇率价值的逐渐下跌。只是在1917年德国取得暂时性的军事胜利时，这一下跌过程被打断过。然而，直到1918年6月，下跌都是温和和渐进的。自1918年6月以来，马克加速下跌。随着1919年7月封锁解除，对国外食品和原料的急迫需求使马克价值达到其票面平价的五分之一到十分之一。可以设想，如此暴跌对一个国家的信用是非常有害的，因而是十足的罪恶，无论就间接后果还是直接后果而言都是如此。然而，对德国来说，自相矛盾的是，马克一开始的下跌是个方法，可能是当时唯一可以采用的方法：来确保从国外得到庞大的金融援助。

马克跌到了这样的程度：1英镑可以兑换一百多马克。此后，世界上许多人形成了一个看法：总有一天马克会恢复战前的价值，因此购买马克或者马克债券会是一项有利可图的投机。这项投资，或者投机，范围广播：据估计，1921年底，德国掌握的外汇在200,000,000英镑到250,000,000英镑之间。当道威斯委员会（Dawes Committee）的专家来检查1924年春季的问题时，他们说，通过向外国人出售马克银行差额以及马克钞票，到1923年12月31日，德国接收到了大约400,000,000英镑。就是这些资源首先让德国，至少部分，补充自己的食品供应，并重新为工业储备原料，并随后在1922年至少数月的时间里满足协约国的金融要求。另外，这些资源甚至让单个德国人可以获得国外的银行钞票，或者把部分财富从德国经济生活的危险中转移出来用于在其他国家进行投资。

就像情况实际表现出来的那样，尽管乐观的外国人对这些投资抱有期望，但却大失所望。除了间歇性的短期波动，马克的汇率价值持续缩水，直到最后，1923年底，整个疯狂的结构被清除，新的通货制度被引入。此时，据估计，已发行的马克纸币总量在400万兆马克到500万兆马克之间（一兆等于100万的3次幂）。在过渡时期，用来清偿如此巨大票面价值的价值是一万亿（即一百万的二次幂）纸币马克，这个马克的价值相当于一先令。

因而可以得出结论：外国人由此投入的总额400,000,000英镑资金完全打了水漂，实际上成为了给德国人的礼物。实际上，这是一个非比寻常的由外部世界施加的因果报应时期，之所以会出现这种善恶有报的局面，是因为德国人遭受了过度的不可能的要求。跨过莱茵河入侵的警报和过程、会议、最后通牒和宣传，从德国压榨出的金钱寥寥无几。跟外国投机者提供给德国的资金相比就是九牛一毛。

然而，让我们关注这个重大历程的较早阶段。1920年和1921年第一部分，外国人的投机购买为德国提供了近乎充足的资源来满足贸易反差额。1920年初，185马克价值1英镑。二十个月之后，1921年8月，1英镑还是价值仅仅300马克。然而，直到1920年末，甚至在1921年的第一季度，德国还没有为赔款进行现金支付，甚至还收到了用于很大一部分煤炭运送的现金［按照买卖协议（Spa Agreement）］。1921年年中之前，各种影响部分地相互平衡。但是，1921年年中之后，各种影响开始朝着同一方向起作用，也就是说，促使马克贬值。

当前，通货膨胀继续——因为马克银行纸币的存在，政府大肆印刷，以便花销之用——1921年，德意志帝国银行的纸币通货几乎达到原来的三倍。一些投资马克的外国人开始害怕，非但不增持马克，反而寻求减持马克。现在至少，在伦敦最后通牒（London Ultimatum）之后，德国被要求向赔款账户进行重要的现金支付。到了1921年11月，1英镑等于1,000马克。除了短暂的复苏之外，此后一路不断加速下跌，直到1923年最终崩溃。

这一非比寻常的时期不光给德国的经济生活带来了动荡不安，还给每个公民的私事带来了动荡不安。只有经历了之后才能理解这种动荡不安。所有货币储蓄的价值都被扫荡，价格和工资无法足够迅速地移动来使不同的价值保持彼此合适的关系。如果一个人没有在收到工资的那天把工资花出去，那么，在下一个早晨之前，工资的价值的可能已经折半，甚至更惨。生命的全部变成了不情愿的赌博，这个赌博非常疯狂，难以言表。然而，这个时期德国的非凡经历可能是必需的，因为要让协约国相信它们以前榨取赔款的方法是无效的。这个时期德国的非凡经历可能也是道威斯计划不可避免的前奏，也是道威斯计划所体现的对德国马克未来稳定的保证。

德国发生的事情又一次发生在奥地利还有波兰，只是略有不同。不过，在波兰当然没有压倒性赔款要求的借口。疾病的过程只有一点不同，华沙和维也纳的灾难性暴跌比柏林的灾难性暴跌早几个月。因此，奥地利和波兰首先经历了这种不同投机的全力冲击，而有些人在通货膨胀的初期就准备好了国外资源。这些人是熊市投机者，预料到了进一步下跌，在获利方面比乐观一方成功得多。他们出售这些通货，指望能够在稍后以低得多的价值回购。

我的任务里并不包含这一项：在这里描写欧洲经济生活按照

1920年布鲁塞尔会议（Brussels Conference）、1922年热那亚会议和1923年道威斯报告（Dawes Report）确定的原则重建。入侵鲁尔是战争精神产生的最后一个暴力行为。从那时起，影响前协约国人民和前同盟国人民的每个重要决定，都刻意也实际上具有缓和和绥靖的本质。欧洲经济制度的内在稳定性以令人始料不及的速度和完整性作出了回应。英国有自己的麻烦，因为英国的经济和通货制度骄傲且轻率，比如英国恢复了金本位。但是，整个欧洲都有稳定的通货。受战争蹂躏的地区完全恢复了过来。德国工人的生活标准略高于战前。

第5章 货币

转载自1911年7月《皇家统计学会杂志》

Publications issued by and in preparation for the National Monetary Commission of the United States. Washingtong, 1910—1911.

　　如此之多的一系列出版物，数量接近五十，将证明对能够阅读英文的所有研究银行业历史和实践的学者具有极大价值。这些出版物详尽讨论了世界上几乎所有的重要国家过去和现在的银行制度。现在有大量的资料。以前需要从几个不同语言的各种各样来源中寻找这些资料。许多卷都是由每个国家的权威为该委员会专门写的，其中的许多资料也是专门搜集的；在其他情况下，标准著作已经专门进行了翻译。因此，呈现出来的大量材料是描写性的，几乎没有比较或整理。因此，能够加以利用的主要是两类读者。一、想得到某个特定国家银行制度详细信息的人。二、想通过发掘这个信息富矿来归纳世界不同地方银行经历或者比较世界不同地方银行经历的人。就所包含的最新信息的量而言，这些卷大不相同；但，总的来说，这方面已经令人满意了。统计诸卷里的信息一直到1909年。

　　有一点非常引人注目，如此一系列书是由行政管理机构出版的，花的是政府的钱。美国委员会（United States Commission）委派于 1908 年，任务"是调查并报告美国货币制度、银行业相关法律、通货相关法律之中哪些变化是必要的或者可行的。"得到的授权有"检查证人，在必要情况下在本国或者其他国家调查和检查收费对象。"他们已经从广义上解读了这项授权，他们现在之所以搜集了许多信息呈现给公众，是因为他们对知识漠不关心。而不是因为这些信息与特定的问题有任何关系。正是因为要解决这些问题才成立了美国委员会。但是，我们不能因此就减少对他们的感激。虽然我们要特别感谢 A. P. 安德鲁（Andrew）教授。A. P. 安德鲁教授是美国委员会的特别助理（Special Assistant）。有理由相信，正是在 A. P. 安德鲁教授的引领下，宾夕法尼亚州的菲兰德·C. 诺克斯（Philander C. Knox）、密西西比州的埃尔南多·D. 莫尼（Hernando D. Money）、田纳西州的莱缪尔·P. 帕吉特（Lemuel P. Padgett）以及其他加入参议员奥尔德里奇委员会（Senator Aldrich's Commission）的商人才走上了科学之路。

要评论如此丰富详细的资料几乎是不可能的。我会仅仅简要指明其中可能最让英国读者感兴趣的一部分。从英国开始，我们首先必须为浪费另一个机会而悲伤。这个机会是，关于英国银行业问题，福克斯韦尔教授有着丰富的知识和经验，我们原本可以善加利用。一开始，委员会宣布福克斯韦尔教授的《英国银行业历史》(A History of Banking in England) 列入了委员会出版物名单之中，但是，我们现在发现《英国银行业历史》几乎不可能列入委员会出版物名单。名字为《英国银行制度》(The English Banking System) 这一卷（第 492 号参议院文件，价格 35 美分），汇编得非常好，一开始是哈特利·威瑟斯（Hartley Withers）先生对英国金融制度的简要精确描述。尽管简练，威瑟斯先生还是能够比其他人更精确清楚地描述当前情况，并提供关于普遍做法的大量信息。要做到这一点的作家必须具备两点。第一，对伦敦城有广泛的了解。第二，知道对于这方面的外行学者来说什么重要且有趣。然后是三方面的内容。第一，搜集的关于银行法的历史资料，由 R. H. 英格利斯·帕尔格雷夫爵士（Sir R. H. Inglis Palgrave）汇编，描述了银行法之前的争议。第二，1847 年、1857 年和 1866 年，英格兰银行和英国政府之间关于暂停银行法的通信。第三，摘录了不同委员会为这方面运作的调查。帕尔格雷夫爵士的书里给出了银行费率，也把统计资料更新到现在：主要欧洲中心的贴现率波动。这一卷非常有用，也包含伦敦银行家清算公司（London Bankers' Clearing House）的短暂历史，作者是其秘书 R. M. 霍兰（Holland）。在另一卷出版了对 12 位主要银行家的有一系列采访[①]，其中最有趣的是对英格兰银行当局、菲利克斯·舒斯特爵士（Sir Felix Schuster）以及已逝斯韦斯林勋爵（Lord Swaythling）的采访。英格兰银行当局的证据显然不如其他银行家的证据明智，英格兰银行当局遮遮掩掩多此一举。与之形成鲜明对比的是，比如，菲利克斯·舒斯特爵士乐于提供信息。下面的摘录来自斯韦斯林勋爵的证据。证实斯韦斯林勋爵的证据是一件有趣的事情。斯韦斯林勋爵提到了一个不太为人所知的做法：

[①] 由于日期缺失，其中一些信息的价值有所下降。甚至这些采访发生的年份也不清楚。

S 勋爵——伦敦是唯一自由用黄金支付的国家,但即便如此,现在大打折扣。他们已经得到了自己所谓的出口一角;也就是说,他们挑出沙弗林的最低法定重量,并把它们堆在一起交给出口商。如果他们给我们全重沙弗林,我们会非常高兴,但是他们不愿意。如果我们可以得到全重沙弗林,我们现在可以把黄金运到法国,但是我们得不到。以前,他们不这样做。

全重沙弗林在哪儿?

S 勋爵——哦,他们把全重沙弗林用于国内。如果利物浦和曼彻斯特的各家银行想得到沙弗林,它们可以得到全重沙弗林,因为要从北方把沙弗林运到欧洲大陆,运费对我们不利。在国家北部的任何一个地方,您都有最漂亮、耀眼、沉重的沙弗林。我们想在伦敦看到这样的沙弗林,但是得不到。

370　　最后,有从 1867 年到 1909 年的大量统计资料(还有法国和德国的类似统计资料)。这些资料主要来自《经济学家》,好像没有什么新奇之处。

我们发现了许多关于德国的印刷品,但是,为委员会专门准备的不多。1908 年德国银行调查速记报告有完整的译文,2,000 多页。但是,外国人研究这份文件好像并不值得。有译文的材料还包括,从 1875 年到 1909 年最后一次修订之时的各项银行法律、银行调查就德意志帝国银行宪章(Reichsbank Charter)更新的一系列文章。《关于德国银行业的各种文章》(*Miscellaneous Articles on German Banking*)这一卷(第 508 号参议院文件,价格 50 美分)有用得多，提供了关于德国制度的最好的普遍描述，讨论了合作信用社会、储蓄银行、土地抵押协会、银行业本身。在这些专著中，最有价值、最重要的可能是 R. 弗朗兹(Franz)的《德国银行制度的统计历史，1888—1907》(The Statistical History of the German Banking System, 1888—1907)、M. 威特纳(Wittner)和 S. 沃尔夫(Wolff)的《银行账户转账支付这一方法》(The Method of Payment by means of Bank-account Transfers)。另一卷有一篇译文，原文是 1900 年德意志银行成立 25 年之际发表的报告。这是相当有用的一卷，但许多内容已经时过境迁，在本质上是一个官方辩解：就一些细节，对德意志帝国银行的管理给出相当不同的解释，而从其他更公正来源得出的解释并非如此。最后，有对主要银行家的采访，和对英国主要银行家的采访相对应。其中，对德意志银行当局和德累斯顿银行(Dresdner Bank)当局的采访可能是专门提到。据说，里塞尔(Riesser)博士关于德国大银行标准著作的译文也在印刷之中。

涉及德国的材料总共达到 4,000 页到 5,000 页之间，大约是英国所占页数的十倍；但是，跟威瑟斯先生的关于英国的论说文相比，这里却找不到任何关于整个制度的综合记述，也没有对重点给予应有的强调。德国银行业的方法跟英国银行业的方法大不相同，因而，两者之间的任何比较都难以实现。区别之中最引人注目的可能有四点。第一，就货币实践来说，一些德国行政机关极端保守。第二，德国银行家总是准备着用小额费用和收费打扰顾客，不愿意为顾客提供免费服务来赢得顾客的青睐。第三，银行与证券交易所以及工业营运资本供应有着密切的关系。第四，合作社团在银行界占有重要地位。这些情况一起产生了德国银行业的大多数标志性特色,并阻止社区所有阶层广泛使用银行设施,而在英国和美国具有这种特点。合作社团在1907年的储蓄和存款相当于"大银行"手中掌握的存款总量,吸收了商人和小农(的储蓄);大多数德国银行投资的非流动性质使得它们更加依赖自有资本(比英国银行的自有资本大得多),而相对不太依赖顾客的存款;德国倾向于一切都征收小额费用,普鲁士政府甚至不接受德意志帝国银行支票来交税,这一事实加上其他原因,阻止了支票汇票的发展。

关于法国的诸卷简短扼要。利斯(Liesse)教授讨论了法国银行业的发展,佩特伦(Patron)先生讨论了法兰西银行与国家信用和国际信用的关系。然而,这两卷主要是历史性的,主要是关于法兰西银行这个优秀机构。因此,我们目前相当缺乏主要从此种系列中得到而难以在别处得到的信息,也就是说,我们无法了解实际银行实践,也无法了解合股银行当前的方法。或许,奥佩蒂特(Aupetit)先生还未出版的那一卷《法国银行制度》(The French Banking System),会填补这个空白。还有对主要银行家的采访,①以及对巴黎证券交易所(Bourse)的记述。

对于其他与欧洲相关诸卷,我必须非常简短地加以讨论。或许最有趣的是兰德马尔(Landemann)博士的记述《瑞士银行法》(Swiss Banking Law)(第401号参议院文件,价格30美分)。就像在其他许多问题中一样,采用比较方法的学者对瑞士银行经历非

---

① 《对英国、法国、德国等国家银行制度和通货制度的采访》(Interviews on the Banking and Currency System of England, France, Germany, etc.)(第405号参议院文件,价格55美分)单独成一卷。其中有几个采访已经在上面提到了。对于实际银行实践,这一卷包含许多有用的证据。

常感兴趣。A. W. 傅勒克斯（Flux）先生讨论了瑞典（第 576 号参议院文件，价格 25 美分），科南特（Conant）先生讨论了比利时。俄国、奥匈帝国和荷兰在一卷里进行了简短描述。卡诺瓦伊准将（Comm. Canovai）关于意大利的那一卷还没有出版。还有简短的诸卷，不需要太在意，讨论了贴现制度、银行承兑、储蓄银行和欧洲财政制度。

对于欧洲以外的国家来说，除美国之外，详细讨论了墨西哥和加拿大。在关于加拿大的三卷之中，J. F. 约翰逊教授的《加拿大银行制度》(The Canadian Banking System)（第 583 号参议院文件，价格 30 美分）最有价值；但是，采访加拿大主要银行家的那一卷是对其有益补充。科南特先生的记述《墨西哥银行制度》(The Banking System of Mexico)（第 493 号参议院文件，价格 35 美分）讨论了从 1897 年银行法直到 1909 年这段时期，主要关注的是金本位。

对美国银行业的讨论自然非常充分。我认为，这项讨论的主要缺点是太偏重历史了。霍尔兹沃思（Holdsworth）博士和杜威（Dewey）教授的《美国第一和第二银行》(The First and Second Banks of the United States)（第 571 号参议院文件，价格 30 美分）、杜威教授和查多克（Chaddock）博士的《美国内战之前的国家银行业》(State Banking before the Civil War)（第 581 号参议院文件，价格 50 美分）、戴维斯（Davis）先生的《国家银行制度起源》(The Origin of National Banking System)（第 582 号参议院文件，价格 25 美分），都丝毫未提及最近 55 年发生的事情。除了关于特定观点的诸卷，就只有斯普拉格（Sprague）教授的《国家银行制度下危机历史》(History of Crises under the National Banking System)(第 530 号参议院文件,价格 50 美分)、巴尼特(Barnett)博士的《国家银行法通过以来的国家银行和信托公司》(State Banks and Trust Companies since the Passage of the National Bank Act)(第 659 号参议院文件,价格 30 美分),这两卷几乎也是历史性的,虽然这两卷讨论的事实不那么古老。

各个国家银行当前的情况和组织如何?学术学者难以了解当前银行实践和控制的特色。而对法律的研究无法搞清当前银行实践和控制的特色是什么。特色是什么?对于这两个问题,几乎未置一词。人们在阅读了委员会出版物的每一页之后,却发现虽然这些出版物充斥着大量法律、统计资料和历史记录,但却找不到关于当前美国银行制度真正实质的知识。就欧洲国家和加拿大而言,甚至没有针对代表性银行家的采访,也没有那类通常可以在英国皇家委员会(English Royal Commission)报告里找到的证据。最接近这方面的一卷包含了代表性银行家对调查问卷的回答;但是,这份问卷提到的行政细节几乎引不起普遍的兴趣。

因此,英国读者可能转向四卷。令人非常敬佩的是,这四卷讨论了一些具体问题。其中两卷——金利(Kinley)教授的《独立财政部制度》(Independent Treasury System)(第 587 号参议院文件,价格 45 美分)、坎农(Cannon)先生的《清算公司方法和实践》(Clearing House Methods and Practices)(第 491 号参议院文件,价格 45 美分)——是为委员会提供的最新标准著作,另两卷——金利教授的《信用工具在支付中的使用》(Use of Credit Instruments in Payments)(第 399 号参议院文件,价格 25 美分)、凯默勒(Kemmerer)

教授的《对通货和资本的需求的季节性变化》(*Seasonal Variations in the Demands for Currency and Capital*)①(第 588 号参议院文件，价格 60 美分)——是专门为委员会准备的统计研究。这后面两卷的基础是极佳的统计资料汇总，肯定会让英国的经济学家和统计学家羡慕嫉妒。对英国的经济学家和统计学家来说，可比较的英国数字依旧是雾里看花，因为英国的银行家习惯于躲躲闪闪，闪烁其词。美国银行家好像并没有一种根深蒂固的先入之见。这种根深蒂固的先入之见让大多数英国银行家相信，公布最原始的数字会以某种难以解释的方式伤害自己的业务。

最后由参议员奥尔德里奇就委员会工作的开场白以及参议员奥尔德里奇最近的《货币立法的建议性计划》(*Suggested Plan for Monetary Legislation*)引发了广泛的讨论，这里不能加以论述；关于美国银行法的两部宏大的汇编集；关于统计资料和图解的四卷。其中，安德鲁教授出色的一卷《金融图解》(*Financial Diagrams*)(第 509 号参议院文件，价格 1.75 美元)值得特别关注。《金融图解》在一定程度上提到了英国、法国、德国、美国。

这些出版物(每 100 页的价格在 10 美分到 12 美分之间)可以从华盛顿文件主管人(Superintendent of Documents)。但是，已经说过了其中一些已经绝版了。这些出版物的名单大多已经被皇家统计学会接收，可以在 1911 年 1 月的《皇家统计学会杂志》第 246 页

---

① 这一卷相当长。但是，其中一些结果已经被凯默勒教授总结在了一篇文章里，发表在《美国经济评论》3 月号。

和第247页中找到确切的题目和参考书目。

375 转载自1909年3月《经济学杂志》

FISHER, IRVING (assisted by Harry G. Brown), *The Purchasing Power of Money: Its Determination and Relation to Credit, Interest, and Crises.* (New York, The Macmillan Company), 1911.

  英国货币理论的状况与货币理论文献与美国在这两方面的发展形成了鲜明的对比。在过去的接近二十年里，实际上自从复本位制辩论结束之后，英国还没有出版相关的大量著作。另一方面，在美国，可能是因为关于货币问题的政治争议持续时间较长进而产生了刺激，所以文献作品一直挺多。功成名就的英国经济学家之所以保持沉默，部分原因可能是对这些问题他们当前好像持有普遍的共识；然而，美国的讨论已经表明了广泛的意见分歧，因此，费雪教授在序言中宣称"他觉得好像有一个丑闻，那就是，通过外行的吵闹，学术经济学家对关于货币的基本命题产生了分歧。"但是，英国经济学家的沉默已经极大地阻止了科学的进步。跟美国的同行相比，英国经济学家享有优势：免于政治争议。另外，形成了一种奇怪的局面：货币理论，就像过去英国学术经济学家通常所理解和教授的那样，大大领先于任何出版的关于货币理论的阐述。几乎可以毫不夸张地说，按照最精确的形式，货币理论已经在英国成为了一个口头传统问题。这些初步的言论是必要的，以便解释一点：从这一口头传统的立场出发，而不是从任何印刷书籍的立场出发，英国经济学家必须接近费雪教授对这一主题所做的重大贡献。

就像费雪教授的所有书籍一样,费雪教授这本书的阐述极为流利和聪明。费雪教授的这本书是原创书籍,具有连续性,并总的来说具有精确性;跟其他地方关于货币理论的书相比,这本书的阐述较好。在为《经济学杂志》评论一本此类书籍时,试图对其内容进行系统的总结就是浪费时间。而所有研究这一主题的严肃学者都可能阅读这本书。因此,我提议,把我这本书所有剩下的篇幅用于批评费雪教授理论中我觉得好像脆弱的部分,但总的来说根本并没有贬低费雪教授这一卷的企图。

费雪教授学说最严重的美中不足可以在他对一个模式的阐述中找到。在转型时期,新资金的流入通过这种模式影响价格。下面是该理论的缩减阐述(用的是费雪教授的话,不过,斜体是我的),出现在第Ⅳ章:——让我们首先假定轻微初始扰动,比如黄金数量增加会产生的轻微初始扰动。*通过交易方程式,这会导致价格上涨*。当价格上涨时,按照货币衡量的商人利润也会上涨,因为他们要支付的利率不会立刻调整。由此,商人就得到了鼓励去扩大业务,方法是增加借款。这些借款的主要形式是来自银行的短期贷款;短期贷款使存款处于危险之中。存款通货的这一延伸往往会进一步提高价格总水平,就像一开始黄金增加拉升总体价格水平一样。另外,价格上涨会加速货币流通。显然,来自这个原因循环的扩张不能永远进行下去。阻止这种趋势进行下去的是利率。利息上涨姗姗来迟,但具有渐进性。而且,利息上涨一超过价格上涨速率,整个形势就会改变。还有其他力量限制存款通货的进一步扩张,并引入收缩趋势。存款通货数量会被法律和审慎限制在一定的最高值之内，这个最高值是银行储备数量的倍数；银行储备本身也受到可用作银行储备的货币数量的制约。

现在，我认为上文对新黄金影响价格方式的阐述好像不完整、不充分。这部分解释了一点：当新的黄金拉升价格时，平衡是如何再次达到的。但是，费雪教授从未清楚地解释一点：新的黄金如何在一开始拉升价格。费雪教授满足于通过数量理论来表明新的黄金肯定会以某种方式拉升价格。当然，没有适合所有时间和地点的单一解释，但是马歇尔博士在其证据①中已经表明了这一理论的总体轮廓。马歇尔博士把其证据于1887年提交给了黄金白银委员会（Gold and Silver Commission），于1898年提交给了印度通货委员会（Indian Currency Committee）。这里没有地方进行这方面的解释。简单地说，新的黄金流入了，加强了银行家的储备，银行家因而更自由地借出；正是外借如此轻松，才先是*引诱*商人和投机者增加购买量，商人和投机者这种增加的需求拉升了价格水平。费雪教授完全忽略了过程中的这第一个阶段，好像表明了一点：当新黄金已经发行的时候，价格以一种自然的魔力自动上升。费雪教授的理论可能从利息的角度阐述过多，但是作为对*后续阶段*的解释，费雪教授的理论还是可以接受的。但是，费雪教授忽视了这一反应的一个重要原因——即，黄金从银行的*流出*——因而减少了银行借出的意愿——用于支付工资和零买。对于支付

---

① 费雪教授的书没有提到这个证据。自从李嘉图时代以来，这是在英国出版的对货币理论的最重要贡献。好像有足够的理由假定，费雪教授对此并不了解。

工资和零买的货币成本来说,商业利润的上升和批发价格的上升肯定会最终作出反应。在这种情况下,这是个至关重要的因素。

在离开费雪教授著作的这一部分之前,还可以提一提其他两个次要问题。首先,费雪教授有点夸大银行储备和银行存款之间比率的固定性。在美国,由于法律需要,比率的变化可能相对不大。但是,在其他地方,甚至在较长的时期之内,波动肯定是巨大的。第二,费雪教授大大夸张了现金交易和支票交易之间比率的固定性,而费雪教授并未给出足够的证据。原因主要是费雪教授认为比率的固定性是*自动*保持的(请看第Ⅳ章和第 156 页),而且按照费雪教授的说法,黄金好像会*自动*拉升价格。这些趋势肯定存在于实际过程之后。但是,如果只是说价格"一定且肯定"上涨,而不描述这些趋势的实现方法,那么,这种阐述就是不完整的。

对于指数的讨论是费雪教授的下一个话题。费雪教授非常方便地表达了交易方程式,形式如下——

$$MV + M'V' = \sum pQ,$$

其中 M 是实际流通中的货币数量,M' 是支票转账的银行存款,V 和 V' 是 M 和 M' 的平均流通速度,Q 是特定种类商品的交换规模,p 是交换价格。费雪然后把表达式 $\sum pQ$ 转化成形式 PT,其中 T 衡量贸易规模,P 是一个指数表示贸易进行时的价格水平。表达 P 和 T 并没有唯一正确的方法。但是,费雪教授自信地表明最方便的做法如下:把 T 看作各种售出商品单位的数量,每一个单位都是价值基础年一美元的数量;把 P 看作任一年份平均价格和基础年平均价格之间的比率;这两种情况下的加权价格是根据在研年份售出单位的数量(即 $T = \sum pQ$ 和 $P = \sum pQ \div = \sum p_0 Q$,其中

p_0 代表基础年价格）。按照这种方式计算，P 可以称作汇率指数。费雪教授然后去表明这一指数也是最方便的衡量汇率价值的方式，可以用于合同和延期支付。在这一论据中，也就像在后几章的统计核查一样，费雪教授好像忽略了一个事实：在来自交易方程式的指数之中，商品的重要性与其转手次数成正比。跟转手多次并在到达最终目的地之前交换多次的服务和商品相比，直接消费者从原生产者那儿直接购买或者略微间接购买的服务和商品对这个指数影响不大。按照这种方式加权的指数好像显然只能用于货币理论。

仔细讨论了自己的交易方程式 $MV+M'V'=PT$ 之后，费雪教授采取了这样的行动：在统计上确定美国每个项的量值。对于左手边各项的计算来说，统计资料好像存在（英国没有相应内容），因而可能得出合情合理的精确估计。确定 V 的方法、货币转手速度，尤其阐述精妙。但是，当费雪教授分别确定 P 和 T 的时候，费雪教授满足于发表那些在我看来空穴来风式的、背离科学的猜测。对于 T 的计算，费雪教授足够理所应当地只选择了一组商品，并形成了初步的指数（i）批发贸易的 44 种商品，（ii）外贸的规模，（iii）证券交易所证券销售。对于（i），费雪教授给出了加权 20。对于（ii）和（iii），则是 1。这一权数选择的基础好像缺乏证据。费雪教授承认，这些权数"只是个观点问题"，但是费雪教授保卫自己的程序，保卫的方式是一个惊人的言论"众所周知，加权制度的巨大区别只在最终平均数中产生细微的区别。"埃奇沃斯教授向英国协会提交了一份关于指数的报告。在这份报告里，埃奇沃斯教授发表了一个定理。应用这个定理的条件经常被误解，但没有达到这样的程度：在应用这个定理的时候，三个数量只是加权对象。如果作为一项实证试验，费雪教授尝试另一组权数，费雪教授会发现最终结果大相径庭。由此得出的指数进一步修改，修改的依据是商品运输和邮局交易的规模。没有尝试去估计特定商品导致的支票数量，也没有尝试去估计因而加权特定商品的支票数量。而且，在设计交易方程式时，商品的重要性取决于交易方程式。比如说，证券销售肯定会使之前规模至少达到证券价值的三到四倍。另外，好像也难以合情合理地假定一点：每年只有开票总价值的 4% 来自证券销售。当我们计算 P 的时候，我们发现工资计算了进来，而且引入了一组全新的权数。批发商品加权分量只是库存的 10 倍，并不像 T 的计算那样。T 计算为库存的 20 倍。如果对此有理论原因，那么理论原因并没有解释。费雪教授的理论是，汇编一个指数所采取的权数很少影响结果。这个理论自然让费雪教授认为，为了一个目的所制作的指数同样适用另一个指数，而且汇编方法完全可以由两个因素所决定。这两个因素是口味和方便。

这本书中的很大一部分是通过数学模型进行的类比、数学附录。可能对于一类读者来说，通过数学模型进行的类比澄清了问题，但是，一些数学附录几乎无法帮助除一部分读者之外的任何读者。这一部分读者非常相信用代数表达的命题。有一个长长的针对指数的附录。在这个附录里所给出的不同优点的分数是根据 44 个不同的公式。要证明众多表达式有多么不合适，就是在浪费时间。在过去，这些表达式从未被任何人提议，更没有被任何人提倡。

我只能非常简单地提一提费雪教授那令人钦佩的国际通货提

议,国际通货的基础是物价指数本位和金汇兑本位。费雪教授规划的主要轮廓需要非常仔细的考虑。如果费雪教授能够重新唤醒对这种提议的普遍兴趣,他就能对货币改革的进步做出巨大的贡献。

转载自 1912 年 3 月《经济学杂志》
Report of the National Monetary Commission of the United States. (Senate Document No. 243, 62—2), (Wahsington, Government Printing Office), 1912.

委派于 1908 年 5 月的国家货币委员会(National Monetary Commission)是 1907 年危机的直接后果,现在已经向国会提交了报告和一份包含国家货币委员会建议的法律草案。委员们已经使银行业的所有学者承受了恩惠:在委员们的赞助下出版了一系列辉煌的专著,几乎描述了世界上所有国家的银行制度(有趣的例外是,美国自己的银行制度并未涉及,只讨论了美国银行制度的历史)。现在委员们证明由此付出的劳动和花费是值得的,指出"在开始调查的时候,他们检查了关于银行业的印刷文献。他们震惊了,因为在欧洲和美国,除了流通特权历史之外,讨论这一主题其他材料都不多……。有一个奇特的事实:就银行业著书立说的大多数银行家、经济学家和立法者在讨论银行问题时,都采取了与英国当局非常相像的语言和观点。在 1844 年银行特许证法律(the Act of 1844)之前的几十年里,英国当局就银行改革展开了辩论。"这一抱怨是完全合情合理的。跟纸币发行规章的英语文献相比,现代银行业的英语文献几乎不存在。

当然，委员们的建议酷似其主席参议员奥尔德里奇已经公布的提议。根据提议，要成立国家储备协会（National Reserve Association）。国家储备协会的具体性质很大程度上取决于细节问题，这里难以总结。但是，新规划的主要目的和条文、现行制度的主要瑕疵，都会在这份报告里找到。这份报告几乎做到了尽可能简明扼要。

转载自 1912 年 12 月《经济学杂志》
Report of the Mint, 1911.(Cd. 6362.), 1912.

铸币厂当局把这个表格继续了下去。这个表格表明了，包括英格兰银行在内的英国银行在每年 6 月 30 日持有的金币数量。1911 年的总数是 54,009,977 英镑，而 1910 年是 44,214,173 英镑。下一期的《经济学杂志》会发表一个注解，讨论一点：在估计银行的黄金储备总量时，这些数字能有什么用处。1911 年的黄金铸币总量达到了史无前例的数字，即，38,132,828 英镑。包括澳大利亚和加拿大分支铸币厂铸造的英镑金币在内，总数达到了 43,305,722 英镑，大大超过了世界上其他地方的黄金铸币总数，即 33,375,455 英镑。因此，英国沙弗林好像进一步巩固了自己的地位：杰出的国际黄金硬币。

转载自 1913 年 3 月《经济学杂志》
Departmental Committee on matters affecting Currency of the British West African Colonies and Protectorates. Report(Cd. 6427)1912.

影响英国西非殖民地和保护国通货的事物之专门委员会已经推荐在西非五个直辖殖民地（Crown Colonies）建立金汇兑本位，有一个特定的银币，就像印度建立的本位一样。实际上，影响英国西非殖民地和保护国通货的事物之专门委员会的提议几乎没有新意，因而没有引起太多关注。殖民地办公室（Colonial Office）已经接受了影响英国西非殖民地和保护国通货的事物之专门委员会的建议，但是在实际实行这些建议之前先提交给殖民地当局辩论。货币事务学者对影响英国西非殖民地和保护国通货的事物之专门委员会报告的兴趣主要在于一个证据：影响英国西非殖民地和保护国通货的事物之专门委员会搜集的迄今为止通货安排的证据。

目前，主要的交换媒介是英国银币。1911年，英国铸币厂（British Mint）送往西非足足874,850英镑的标准纯银。我们自1901年以来发行的供西非使用的白银数量只略低于为供英国本国使用而发行的白银数量；近年来，这一来源的收入使英国铸币厂利润大幅膨胀。这种白银虽然在这里是有限法定货币，在西非却处于特殊地位：无限法定货币。如果在任何时候有货币流出西非，没有条文规定要按与票面价值相等的黄金进行兑换。英国的主要合股银行与英格兰银行有个安排。根据这个安排，在特定时期之内，合股银行可以支付一定数量的银币。但是，如果英格兰银行被要求超出这个数量接受白银，就需要支付佣金。

如果英国西非殖民地和保护国通货的事物之专门委员会的建议被采纳，而且新的特定白银硬币被引入，那么，总有一天，英国白银会撤出流通。财政部已经同意在任何年份回收不超过100,000

英镑的数量。

影响英国西非殖民地和保护国通货的事物之专门委员会提议发行新的纸币。影响英国西非殖民地和保护国通货的事物之专门委员会建议,就新纸币发行来说,硬币储备应该不低于流通中纸币价值的四分之三。大多数经济学家可能同意一点:一个达到通货*固定比例*的法定储备制度几乎总是邪恶的,因为储备一降到规定比率,任何进一步纸币兑换都会涉及对法律的违犯。当固定比例高至四分之三时,这一异议就有了特殊的力量,因为实际持有的储备不可能大幅超过法定储备。

作证记录(Minutes of Evidence)包含大量有趣的信息,涉及文明行政机关之下半野蛮国家的通货实践。

转载自 1913 年 9 月《经济学杂志》

BARBOUR, SIR DAVID. *The Standard of Value.* (London, Macmillan), 1912.

讨论货币话题的蓝皮书(Blue Books)的学者早就已经意识到,在现代,没有管理者比戴维·巴伯爵士(Sir David Barbour)更能在实践和理论上把握货币主题。现在,戴维·巴伯爵士又一次变成了作者,出版了一卷完全名至实归的书籍。[①]

这本书的目的有两个方面。第一部分是对那个货币理论观

---

① 较早的一卷是《复本位制理论和白银部分禁止流通对英国和印度的影响》(*The Theory of Bimetallism and the Effects of the Partial Demonetisation of Silver on England and India*),伦敦,1885 年。

点的陈述,戴维爵士的实践政策就是在此基础之上。第二部分是对这些实践政策辩解,尤其是他对复本位制的明显背离、印度铸币厂关闭的相关情况。令人敬佩的是讨论了理论准备。而且在我看来,戴维·巴伯爵士的理论准备在这些领域里出类拔萃,只有为数不多的几个学术经济学家的作品比戴维·巴伯爵士的理论准备优秀;第 X 章,关于"不同货币本位相对价值的改变"(Alterations in the Relative Value of Different Monetary Standards),包含一个对纯理论的次要贡献(关于实践应用,下面谈到了一些)。但是,或许历史和个人部分较为重要。历史和个人部分可能组成了现有的关于复本位制争议的最重要评论。我会主要评论历史和个人部分。

在非常长的一段时间内,复本位制非常有效:"以两个市场汉堡和伦敦为例,从 1801 年到 1870 年,最高的市场比例是 15.8∶1,最低的是 15.48∶1。不过,在此期间,黄金和白银的相对生产从 24∶76 变成 78∶22。"1872 年,凯恩斯写道,他相信黄金和白银相对价值的巨大分歧"几乎是不可能的"。戴维·巴伯爵士认为,在 70 年代发起货币变革的政治家,别管聪明与否,肯定都丝毫没有意识到自己的行为会产生什么后果。"世界采用复本位制又放弃复本位制,这两个变化的可能后果都没有预见到。"

众所周知,白银部分禁止流通的实际后果导致了一个历史争议。1886 年,戴维·巴伯爵士被委派至黄金和白银皇家委员会(Royal Commission on Gold and Silver),开始在其中发挥重要作用。戴维·巴伯爵士属于委员会里的少数派(12 个人中的 5 人),"预见到如果坚持简单的金本位就会产生严重的风险"。事态的发展对多数派有利,但是,戴维爵士言之凿凿:他们建议的基础容易受到严重的批评。他们全部的努力就是要区分两个部分:由"黄金涨价"导致的那部分总体价格下跌、其他原因导致的那部分总体价格下跌。他们全部的努力莫名其妙。下面的一段来自他们报告,不能让我这个后来的批评者相信这些委员掌握了货币理论:"我们相信,不管怎样,下跌(总体价格)主要是由一些情况导致的。贵重金属的生产和需求的变化、白银和黄金的关系变化,都不会影响这些情况。"

戴维爵士然后转向导致印度铸币厂(Indian Mints)关闭的原因。戴维·巴伯爵士对白银汇率下跌的解释基于上面提到的理论讨论。我认为,按照戴维·巴伯爵士所做的强调,戴维·巴伯爵士的对白银汇率下跌的解释是略微新颖的,同时也是非常令人信服的。戴维·巴伯爵士断言白银的黄金价格下跌并不是由于两个原因。一个是由于白银部分禁止流通,对白银的需求下降。另一个是银矿产出增加。用黄金衡量的价格总体水平下跌就可以解释这一点。如果黄金和白银之间的汇率保持稳定,而用金国的总体黄金价格下跌,那么,白银价格的总体水平肯定也要下跌,以便在黄金和白银之间保持贸易平衡,以便防止用银国被来自用金国的商品所淹没,用银国无法提供其他商品进行交换。加入白银价格下跌,那么这种下跌会使白银退出流通。因此,除了白银供应的新来源、旧需求来源的减少,白银退出流通这一趋势肯定会导致白银的黄金价格大幅下跌,除非——如果没有复本位制纽带,就不可能——其他地方和其他目的的白银需求以极大的弹性回应黄金相对成本的增加,并且不太依赖其他商品的相对成本。实际上,1873

年至1887年,白银价格只略微下跌。所以,在此期间,黄金价格的长期下跌主要得靠白银的黄金价格的下跌(即,白银汇率的下跌)来补偿。否则,用金国和用银国之间就无法保持贸易平衡。假设如下:复本位制联系打破,大批用金国形成。那么,只要还有一批重要的用银国,白银的黄金价格就主要依赖用金国国际贸易商品金价总体水平与用银国相应白银价格水平之间的比率。在七八十年代的特定情况下,白银金价下跌的主导原因在于上述分式分母价值的下跌。就像戴维·巴伯爵士所说的那样,贸易价格趋势使汇率下跌达到平衡,导致白银的金价下跌,而不是反之。这是事实"如果想通过购买数量有限的白银来恢复金银之间的旧汇率平价,那么采取这种做法的任何国家都会背上沉重的包袱",因为这意味着"购买足够的白银来使印度和其他地方的银价下跌30%之巨"。"就复本位制的利益而言,美国购买白银可能是有害的,因为此举减轻了黄金的压力。"

戴维爵士阐述了自己在关闭印度铸币厂时所起的作用,戴维·巴伯爵士的阐述最为有趣。戴维·巴伯爵士建议关闭印度铸币厂,这是个大胆的行为。因为在想法上要和多年以来的复本位制朋友彻底决裂。戴维·巴伯爵士头脑中的主导因素好像是印度与其主要贸易诸国之间货币本位的永久区别是无法容忍的;而且,不可能有永远的补救措施"除非出现两种情况,一、普遍采用双重法定货币制度,或者二、单一金本位延伸"。关于第一个选择的提议好像确实失败了。戴维·巴伯爵士立刻果断地借助第二个选择。

当这些事情发生的时候,我们这些人还在托儿所。有一个有趣的推测,加入我们生活在那个年代,我们是会在复本位制阵营还是在单本位制阵营。回头冷静看一看,戴维·巴伯爵士的做法好像非常支持单本位制。对于一个国家来说,选择一个金属本位而放弃另一个金属本位正确地得到了历史情况的指引。有一个理论,关于什么才是最好的普遍本位。这个理论不应该太依赖历史情况。在 80 年代,复本位制肯定好像具有为之奋斗的价值。但是,事态进展——美国政治、南非黄金等等——击败了复本位制。英明的复本位制论者应该抓紧承认失败。回顾一下会发现,戴维·巴伯爵士那政治家一样的机会主义比教条主义更明显。教条主义的例子有,罗伯特·吉芬爵士武断地认为金本位是不切实际的,而且认为管理通货具有无限的邪恶。

这本书的类型非常罕见——处处充盈着实践智慧,然而,同时表明一流学术头脑在知识方面的敏锐和精确。如果一个国家的管理者能如此完美地融合这些天赋,那么,这就是该国的福祉。

转载自 1913 年 9 月《经济学杂志》

HOBSON, J. A. *Gold, Prices, and Wages*.(London, Methuen), 1913.

阅读霍布森(Hobson)先生的新书时会产生复杂的感情。一是期待着令人刺激的想法和从独立个体观点出发针对正统观念的一些富有成果的批评。二是预期看到许多谬论、误解和歪曲思想。在霍布森先生的一些书里,主要是令人刺激的想法和从独立个体观点出发针对正统观念的一些富有成果的批评。在这本刚出的书里,几乎全是谬论、误解和歪曲思想。这本书非常差,比真正愚蠢的书还差得多,这恰恰是因为在过去产生良好成果的如下特性:聪明、间歇性通情达理。我要阐明霍布森先生的主要论点。

霍布森先生先是区分了货币供应的不同来源——来自矿上的新黄金、银行家的额外信用、"来自先前销售行为的"货币。如果所有的货币都来自先前的销售行为，总进款就会随着这些销售行为涨跌，价格因此保持稳定。稳定社区是这样。如果一个社区"是这样成长起来的，而且其对不同类别商品的需求比例没有改变"，情况也是这样。假设如下，也就是说，没有新的黄金开采，银行家也没有创造新的信用，但是，我们的生产、购买和消费都达到今天的两倍（比方说）。那么，根据霍布森先生的说法，价格会保持稳定。"如果货币完全来自先前的进款，一个社区内价格变化的唯一方法就是……如果较大比例的货币用来购买商品，而商品的生产符合所谓的递减收益定律"，以及反之。对于这种论据，应该怎么评论？这就像经济推论的拙劣模仿；在某种程度上，这些话听起来顺耳，但经不起仔细推敲。

霍布森先生好像为了自己的利益而满足于这个结论，而且并未太多地使用这个结论。霍布森先生接下来证明，过去十五年生产的黄金不可能对拉升物价有任何巨大的影响。因为英国的净收入大约是 2,000,000,000 英镑，我们可以估计总周转额是 10,000,000,000 英镑。英国总周转额不可能超过世界总周转额的十分之一。"这样，一年的运转自己的数量就是 100,000,000,000 英镑。对于这个数量来说，（每年）还加上了额外来源——金矿的总收入，数量达到 67,000,000 英镑。黄金开采总收入、纺织或者金属行业同样的总收入，会对总体价格产生同样数量的影响。效果就是货币总量增加了$\frac{67}{100,000}$。对价格的影响因而大幅低于$\frac{1}{1,000}$或者$\frac{1}{10}$%。当然,如果考虑到一直在增加的商品,这些额外货币对拉升价格的实际影响会小得多。"好像难以置信的是,霍布森先生用这样的论据说服了自己。这好像是基于一个假定:没有新的硬币可以使用多于一次。但是,我认为,在霍布森先生的脑海中,这是基于一个较早的相当模糊的论据:新货币只在*第一次*转手时影响价格。

霍布森先生转而对一个理论进行批驳。这个理论是"黄金供应增加肯定会以某种方式扩大据说在此基础之上的信用规模,并因此成比例地促进购买力的整个规模。"假设这个理论为真。那么,按照霍布森先生的说法,由于价格已经上涨,我们就应该发现比以前低的平均贴现率和银行储备中较大的黄金积累。当然,平均贴现率已经上涨而不是下跌,但是,霍布森先生肯定非常清楚地知道自己所反对的这一理论的支持者认为,并不是*平均贴现率肯定会下跌*,而是银行储备的新黄金有着临时效果:使贴现率低于*其他情况下的贴现率*——因为在接下来的几页里,他向黄金白银委员会引用了马歇尔博士证据中的相关段落,另外,霍布森先生本人指出平均贴现率上涨主要是由于在新的国家里对资本的需求大幅上升。霍布森先生继续否定第二个标示,即,黄金在银行储备中的积累,把自己的结论建立在英格兰银行*发行部*的黄金数量上(甚至不是基于英格兰银行的储备,尽管他自己说——第 80 页——英国合股银行储备中新积累了大量黄金),并在两页之后(第 43 页)把这一结论用于"其他欧洲国家"。不过,霍布森先生本人在第 46 页给出一个阐明相反观点的表格,所以他肯定知道这不是事实。

由此，霍布森先生解决了正统论点，并大大贬低了黄金在拉升物价和制造信用中所起的作用。但是，霍布森先生好像回到了一个立场，几乎与他所摧毁的立场相差无几，并且几乎无法与他最近使用的武器协调一致。"黄金不是"他现在坚称"使信用增加的主要和高效原因或刺激，但或许，黄金是生产信用的一个必备条件或者便利条件。""如果，"霍布森先生在第61页承认"如果黄金供应紧缩且银行储备低，那么货币价格就会比以往高，总借款较少，随之而来的对商品的需求减少，价格上涨相应较少。"假设霍布森先生只是想否定一点：新黄金是较高价格的"高效原因"。假设霍布森论据承认新黄金是较高价格的必要条件。那么，霍布森先生较早的论据过犹不及。

别管新黄金是新信用制造的必要条件还是有利条件，霍布森先生都看到了一点：其他地方信用增加的主要解释，即，规模大幅增加的主要解释，主要是来自新兴国家政府、自治市和铁路的借款，来自"股票、股份和其他有价凭证"。"所有这些现代储蓄都能为创造更多的信用提供了材料。"霍布森先生把自己的论据建立在此基础之上，霍布森先生的论据是建立在两个非常古老的困惑之上。可以说，那类自然而然喜欢这种思维方式的人已经并可能总会产生这两个困惑。第一个困惑在于信贷规模（按照商品来衡量）和信贷价值（按照货币来衡量）之间。霍布森先生争辩说，如果信用是基于实际黄金，而且每份财富都有着"代表其当前价值的欠条"，那么，信用怎么可能变得过剩？"每份具体财富会有相应的总体财富标志附着在其身上。这一标志可以用于总体购买目的，这一标志的进款拥有总体财富，具体的一份财富可以变成总体财富。信用规模的扩张和收缩显然会伴随着拥有信用的商品价值的扩张和收缩。如果说'货币'过多或者不足，那就没有意义了。"这是新的变体。但是，我们能不能走近点听听米拉博（Mirabeau）的声音？米拉博力促法国议会发行指券。——"我们被告知，纸币会过剩。您说的是哪种纸？如果是没有扎实基础的纸，无疑是这么回事；如果有地产这么稳固的基础，则绝不会。在国家产业购买的过程中逐步吸收，这种纸币就绝不会变得过剩，就像大气湿气不会过多一样，湿气落在小溪里，找到江河，最终消失在浩瀚的海洋里。"

我在上面提到的第二个困惑在于信用这个单词的两个意思之间。一个意思代表一个方法：对流动财富的控制暂时从那些不太需要的人转到那些较为需要的人。另一个意思代表那些方法：在不使用实际硬币的情况下进行支付和实现交换。当然，这两个意思不存在任何必要联系。如果银行接受储户货币，然后把货币再借给借入者，并得到合适的保证金，那么，使用硬币作为交换手段的情况根本没有减少，而且，不管怎样，价格也根本没受到直接影响。只有满足如下条件，才会对价格产生影响。这些条件是，银行发挥其他功能并创造纸币、汇票或者支票作为实现交换的手段。霍布森先生好像已经把这两个意思混淆到无以复加的地步，并且把第二个功能结果发展的原因归到第一个身上。毋庸置疑，由于新兴国家开放，合适的保证金的制造极大地发展了第一个意思的信用机制。但是，我怀疑一点：这些新信用国家的发展虽然巨大，但能否跟得上这些新兴国家的商业增长和对交换媒介的需求。因此，如果近些年黄金以同样的速度开采，新兴国家没有如此的发展,那么,我预计价格会大幅高于实际价格水平。比如说,第二个意思的信用在南非发展得不像欧洲那么完美,因此,南非的发展阻滞了价格上涨,而不是像霍布森所说的加速了价格上涨。阻滞价格上涨的方式是为大量黄金提供新的需求来源。因此,我倾向于认为霍布森的实践结论与实际情况相反。

如果这个评论不是已经这么长的话,有大量其他可能值得讨论的细节点。我要列举其中一些细节点:——借入者与社区较贫穷部分的混淆,借入者主要是企业家阶层以及普通股份的持有者(第116页);一个观点,即,"现代国家能量比例的增加,我说的是分配行业,而不是生产行业"会拉升价格(基于一个永恒的谬论,即只有生产行业才是*真正生产的*);一个看法,即改良工业方法的迅速引进是个社会浪费,因为它涉及较旧工厂的报废;一个理论,即,利率和价格水平只是同一个现象的两个方面,因为一个是租金价格,另一个是货币购买价格。最后一点需要给予较多一点的关注。"难以想象,"霍布森写道,"在一些年份里,房屋的总体价格上涨,而这些房屋的租金却在下降。"显然,之所以会出现这种情况,原因是"如果汽车价格低廉可以购买,那么,租车肯定也会比较便宜"。因为利率上升而同时货币的购买力下降,所以我们就有了这个需要解释的自相矛盾之处。霍布森先生得出了一个观点"货币实际上根本没有销售价格"。要了解霍布森先生在此基础上建立的非凡理论,就需要阅读最后一章。

有这么一批人,他们不属于任何种族或者年龄。在知识上,他们是孤独的群体。在灵魂的某种自然推动下,他们以特定具体的方式思考货币理论,他们迷信,令人发生错觉。如果他们的理论有任何真实性的话，也是神秘的真实性，而不是实质上的真实性。所有这些都会发现自己的自然本能在这儿表现为貌似有理的话题，而不是通常会形成的话题。霍布森先生已经给予我们货币方法论（Methology of Money），——具有知识性，了解最新的杂志动态，隐约混合着（这是其与众不同的地方）对理性的临时让步。

转载自 1914 年 3 月《经济学杂志》
Forty-Third Annual Report of the Deputy Master of the Mint, 1912. (Cd. 6991), 1913.

这份报告最近几期中最有趣的表格之一表明，自 1907 年以来每年 6 月最后一个工作日英国各家银行（包括英格兰银行）持有的英帝国金币数量：

年份	一周之内的一天	数量英镑
1907	星期六	33,296,802
1908	星期二	50,369,167
1909	星期三	49,221,074
1910	星期四	44,214,173
1911	星期五	54,009,977
1912	星期六	60,640,681

这份表格得到了广泛研究，因为人们假定这份表格与各家银行持有的黄金储备问题有重大关系。二者无疑具有某种联系；但是，一个困惑且无关的因素使这种联系大为失色。这份表格涵盖了包括英格兰银行所有银行持有的所有金币，但不是金块。现在可以相当有把握地说，除英格兰银行之外的各家银行

持有的金块数量不值得一提。我们还知道英格兰银行持有的金币和金块加在一起的总数。但是，无法知道在任何特定日期，金币和金块的这个持有量是如何分配的。因此，这个表格会大体上告诉我们我们想知道的事情，如果这个表格能做到下列两点中的一个。第一，告诉我们金块和金币的数量。第二，完全 *排除* 英格兰银行持有的金币，而不是将其包括在内。第一个点可能在相当大程度上位于铸币厂当局所认为的分内职责之外；但是，第二点好像没有太多排斥的理由。如果这个表格在这个校正的基础上再次公布，那么，这个表格的科学价值就会增加一些。目前，公布的各家银行金币持有量之所以波动，可能只是因为英格兰银行持有的金币和金块比例发生了变化，因而可能和英国黄金的总持有量没有关系。英格兰银行持有的金币和金块通常按什么比例，是否逐年有大幅波动，英格兰银行当局并没有说明；英格兰银行当局可能还是终于既定政策，那就是近乎无知，一言不发。但是，有理由怀疑波动是巨大的——部分取决于 *国外持有黄金的数量变化*，而上面的统计报表并没有包含这部分。还有一部分取决于铸币厂能够输送新金币的速度；因为英格兰银行拥有一个我们有时会遗忘的特权，那就是可以把铸币厂的黄金算在英格兰银行储备之内，而且如果有机会的话，大量金块会被送到铸币厂铸币。

当这个表格刚公布的时候，1907年到1908年的剧增令人吃惊；有一个巧妙的解释，那就是之所以会出现这种变化，主要是因为一周中的一天。这个解释指出，在星期六（就像在1907年那样），大量沙弗林从各家银行流出，用以支付工资。而在星期二（就像1908年那样），这些沙弗林的一大部分又渗透回来了。这个解释无疑具有一定程度的说服力，依然每年在金融周报上重复；但是，后面年份的统计报表并没有证明附加在其身上的重要性。在1909年和1910年，跟1908年相比，一周中的一天变得更有利于高收益，但是数字实际上下降了；然而在1912年，这一天又降临到星期六，数字大幅高于过去的水平。我相信，1907年到1908年之间的剧增更要归因于上文提到的影响。1907年6月，英格兰银行持有大量国外金币，这些金币要排除在收益之外；在1907年末的危机中，这些金币有许多被出口，并在1908年6月被沙弗林所代替。如果这是事实，那么，铸币厂的数字将主要反映的不是英国黄金储备数量的变化，而仅仅是英国黄金储备形式的变化。实际数字是英格兰银行持有金块和国外硬币比例的结果，也是一周中一天的结果，还是所有银行总体黄金储备的结果。如果这第一个因素可以消除，那么，铸币厂的表格就会变成非常重要的数据。

还需要指出一点：任何一年的铸币厂报告都发表在次年的9月，需要时间来得到各家殖民地铸币厂的统计报表。因此，在1913年6月，我们还不会知道黄金持有量。直到十五个月之后，1914年9月，我们才会知道黄金持有量。如果铸币厂可以提前一年进行预料，并在1914年9月发表1914年6月的数字以及1913年6月的数字，那么，铸币厂就帮了学者们的一个忙。

银币持有量表格不受同样干扰因素的影响，而且有着不同种类的意义：

年份	一周之内的一天	数量英镑
1905	星期五	5,287,215
1906	星期六	4,724,729
1907	星期六	5,105,191
1908	星期二	6,832,798
1909	星期三	7,089,288
1910	星期四	7,045,031
1911	星期五	6,022,365
1912	星期六	5,968,989

在这份表格中,我们可以清楚地看到一周中各个日期的作用,其他的影响被排除在外了。报告指出:"把1912年和1917年的数字相比可以看到,库存上升了863,798英镑。然而,在中间这段时期,铸币厂向英国净发行了2,000,000英镑。因此,这一数字表明在近些年之中,实际流通的银币数量大幅增加。"这或许从一个有趣的侧面表明了工人阶级的繁荣。

有意思的是,社会变化和铸币厂活动之间的关系还表现在了1912年下半年对便士的极度需求上。在这六个月里,"送交了多于263,200英镑,也就是说几乎是平常年份发行量的两倍"。这是因为国家保险法(National Insurance Act)在起作用。以前,工资是按最近的六便士或者一先令来调整。现在是扣减之后按零头便士支付。

1912年,英国银币继续大量供应西非。不过,不像去年的规模那样大。以前有个有趣的反常现象:英国银币在西非作为无限法定货币广泛流通,在国内却是有限法定货币代币。现在这个现象结束了,因为引进了特定的西非银币;在未来的几年里,英国铸币厂会被剥夺大量利润来源。

1912年铸造的沙弗林比1911年还多,总量达到了33,350,249英镑。下面表格的内容是1897年以来伦敦铸币厂的黄金铸币,强烈表明了南非金矿开发对沙弗林流通的影响:

年份	英镑	年份	英镑
1897	1,784,078	1905	7,422,400
1898	5,795,610	1906	12,589,700
1899	9,196,918	1907	20,575,374
1900	13,000,427	1908	13,727,502
1901	2,597,779	1909	14,162,456
1902	7,126,194	1910	24,891,564
1903	10,149,665	1911	33,096,158
1904	10,900,089	1912	33,430,079

在同一时期,澳大利亚的沙弗林铸币从平均每年约11,000,000英镑跌到1912年的9,000,000英镑多一点。1912年铸造的沙弗林总价值接近43,000,000英镑,而所有的外国金币加在一起是31,000,000英镑。印度和埃及需要沙弗林;伦敦是南非黄金的分配中心。这两个因素结合起来迅速使沙弗林成为世界上的支配性金币。或许,沙弗林未来的国际地位,就像几个世纪里墨西哥银元的国际地位。这几个世纪属于银本位时代。当然,英帝国之外的几个国家最近建立了自己的金平价国内通货,就标准成分而言已经做到了这一点。在这种联系下,需要指出有趣的一点:1912年,英国沙弗林和半沙弗林在葡萄牙被宣布为法定货币,分别是 $4\frac{1}{2}$ 和 $2\frac{1}{4}$ 埃斯库多。埃斯库多是个新单位,将要取代旧的密尔雷斯。在加拿大,另一方面,渥太华的沙弗林铸造几乎停止了。面额十加元和五

399 加元的加拿大金币由1910年的通货法（Currency Act）授权，此时遭受了第一次打击。在土耳其，大量英国沙弗林重新铸造成土耳其镑（pounds Turkish）。

沙弗林在世界上各个地区的使用更加广泛。为了维护这种通货的声誉，所付出的代价会越来越大，因为要回收欠重硬币。就我们研究的这一年来说，1,300,000英镑欠重沙弗林被印度政府运回英国，涉及铸币厂10,000英镑的花费。印度当局宣称［请看1912年至1913年印度总审计长报告（Report of the Indian Comptroller-General）］，之所以在孟买会交付极大比例的欠重沙弗林，是因为从埃及进行了大量进口，"埃及黄金通货存在的时间比任何其他东方国家都长，据信，在埃及，沙弗林被汗水弄湿了。"如果印度自己来铸造沙弗林，就会出现一个问题：如何背负回收欠重沙弗林的重担。这个问题会引起一些微妙的问题。

铸币厂报告包括一个有用的事件摘要，这些事件影响了这一年的国外铸币。1912年，有两个有意思的革新。金币（五荷兰盾一个）第一次在荷兰铸造。接近四十年之后，这个国家目前放弃了金汇兑本位。然而，这个情况有点特殊之处。引入金本位之后的许多年里，荷尼德兰银行（Bank of the Netherlands）的储备包含比例极高的银币：先前本位留下的遗产。因此，尼德兰银行非常英明地节约使用其黄金，限制黄金的国内流通，只有在出口需要的时候才会自由提供，用作对汇兑的支持。随着时间的流逝，这笔白银进入了流通之中，主要不是在荷兰本国，而是在荷属东印度群岛。在荷属东印度群岛，凭着强大的预知能力建立起了与母国统一的货币。在尼德兰银行的储备中，这笔白银已经被黄金所代替。荷兰过多的黄金已经由此逐步被东方吸收。现在已经到了这样的时刻：必须铸造较低面额的新白银。而要这么做需要得到立法批准。然而，对于 $2\frac{1}{2}$ 荷兰盾银币来说，正在实行政策来让其在荷兰被五荷兰盾金币取代，也正在实行政策让由此释放的白银出口至爪哇。

另一项需要注意的革新在尼加拉瓜。在 1912 年 3 月 20 日，通货被置于了金汇兑基础之上，这是科南特先生和哈里森先生的报告产生的结果。"科多巴被给予了固定价值，那就是一美元美国通货，纸币兑换科多巴的汇率是 1,250%。兑换的储备基金保存在位于纽约的美国抵押和信托公司（United States Mortgage and Trust Company）。在纽约提取的即期汇票可以在大西洋银行（Banco Nacional）按照票面价值兑换成科多巴，不过要加上一点佣金。科多巴不能兑换金币。大西洋银行纸币不能兑换白银或者黄金。"新的硬币已经在伯明翰铸币厂（Birmingham Mint）铸造。伯明翰铸币厂也为哥伦比亚、埃及和特拉凡哥尔供应通货。

这是个非常有趣的报告，是新的副厂长托马斯·艾略特爵士（Sir Thomas Elliott）发布的第一份报告。但是，这份报告所研究的时期不在托马斯·埃利奥特爵士的任期之内。

转载自 1914 年 9 月《经济学杂志》

MISES, LUDWIG VON. *Theorie des Geldes und der Umlaufsmittel.* (Munich, Duncker and Humbolt), 1912.

BENDIXEN, FRIEDRICH. *Geld und Kapital.* (Leipzig, Duncker and

Humbolt），1912.

冯·米塞斯（von Mises）博士的专著来自思维敏锐、博学强记的大脑。但是，这篇专著是批评性的，而不是建设性的，是辩证的，而不是原创的。冯·米塞斯博士避开了所有通常的陷阱，但是，冯·米塞斯博士避开陷阱的方式是指出这些陷阱，并折回来，而不是越过这些陷阱。米塞斯博士给外行读者的印象是，接受了优秀的学校教育，曾经很有名，但现在已经过气了。冯·米塞斯博士的书中没有"天空"；但另一方面，帷幕中有轻易或者疲倦的默许，模糊了光线，使光线无法畅通无阻。因此，读者掩卷之时，会带着失望：作者聪明、坦诚而且博览群书，结果却无法让人对其主题的要旨产生清楚和建设性的理解。

虽然说了这么多，但是不能否认这本书的巨大价值。这本书明晰的常识具有最优秀法国著作的品质。相对奥地利作者而言，德国作者并不擅长此道。

涉及的领域广泛。第一本书讨论了货币的含义、地点和功能；第二本讨论了货币的价值、衡量货币价值的问题、货币价值变化带来的社会后果；第三本书讨论了银行货币、纸币、贴现政策与货币理论的关系。关于货币价值的这一部分是个例外，冯·米塞斯博士轻易地满足于仅仅对不完美的理论进行批评。关于这其中的每一个话题，都有很多内容值得一读。或许，总体来说，第三本书最好。整个论述都是理论性的，基本没有涉及事实。这本书非常有启发性。

在研的两本书中的第二本是短文的合集，许多短文重印自《银行档案》（Bank-Archiv），是汉堡抵押银行（Hypothekenbank of Hamburg）的一位经理所做。如果这本书是一家英国银行的经理所做，那就几乎是个奇迹。但是，在德国，知识和实践之间有着不同的关系。头七篇论说文讨论了货币理论，主要是为了宣传 G. F. 克纳普（Knapp）的想法。本迪克森（Bendixen）博士显然是 G. F. 克纳普忠实信徒和崇拜者。本迪克森博士提醒我们，即使那些接受过古典教育（以及德国教育）的人也喜欢较为简单的文笔，克纳普也认为写出"由于其他原因被干扰的汇率，可以通过其他方式调整"并没有什么大不了的。我认为是洛茨（Lotz）以为克纳普在《国家货币理论》（Die Staatliche Theorie des Geldes）提出了七十个新技术术语之类的东西，而且一个都没加以解释。可能部分是由于一个原因：克纳普的追随者表明了一个自然倾向，不仅把克纳普看作一个经济学家，至少在同样程度上还把克纳普看作一个预言家。实际上，这种风格可能具有某种积极价值。对此种作品的研究最能激发一个人想法。在这种作品中，只有参照上下文才能理解单词，只有参照单词才能理解上下文。

然而，对于本迪克森博士，并没有关于晦涩情况的抱怨。对于本迪克森博士来说，一切都是简单明了的。对于本迪克森博士来说，唯一错误是略微夸大了其大师的想法的新意和重要性。以前"金属货币主义者"对货币的观点是迷信，本迪克森博士以皈依者的活力对这个观点进行了严厉斥责。第一，货币是国家的产物。第二，不能说黄金是国际通货，因为国际合同从来不是按照黄金制订的，而是按照某个国家的货币单位。第三，纸币和金属货币之间没有关键或者重要的区别。第四，货币是价值的尺度。但是，如果认为货币本身具有价值，那就是继承了一个观点：货币价值是由制作货币的物质的价值所决定的。这个观点类似于把剧场门票和表演混为一谈。最后一点的真正解读完全是辩证的。除了最后一点之外，这些想法无疑都是正确的观点。有一点可能是真的，那就是，古老的"金属货币主义者"观点以及在此基础上的纸币发行管理理论却是极大地阻碍了通货改革，别管我们考虑的是经济和弹性，还是考虑的本位变化。另外，如果一个准则可以确立为上述改革运动的基础，那么，这个准则对世界就是有用的，别管这个准则的言语有多么粗陋，也别管这个准则采用了什么术语。

本迪克森博士这本书的其余部分讨论了银行，主要讨论了德意志帝国银行。本迪克森博士承认了一点：德意志帝国银行的私人资本成分具有价值，可以防止德意志帝国银行服务德国最强大的政党。本迪克森博士还承认另一点：保守党想要国家买下股东的所有股份，主要是希望保守党然后可以让德意志帝国银行制定政策为农民的利益服务。本迪克森博士认为，宪法使得德意志帝国银行的经营在很大程度上以盈利为目的，这个宪法具有巨大的局限性。国家和股东都不应该从德意志帝国银行获取各种利益，这可能引诱政党控制政策牟利。比方说，根据本迪克森博士的说法，只要德意志帝国银行的利润部分依赖当前事态的维持，支票和清算公司制度的广泛使用就绝不会在德国发生。本迪克森博士是汉堡的银行家。在汉堡，支票和"银行直接转账制"制度几乎像英国一样发达。本迪克森博士自然认为在这方面，欧洲其余部分总的来说是落后和不开化的。对于德国最近银行政策的许多其他要点，本迪克森博士都做了深入的批评。其中，可以提一下本迪克森博士揭露的两点。一是三心二意举动的愚蠢之处，这些三心二意的举动是为了阻止德国资本的海外投资。二是德意志帝国银行一些举动的徒劳无功，这些举动是为了在季度结账日减少对德意志帝国银行资源的压力，方法是在极短的时期内拒绝向市场借出款项。

我已经说过冯·米塞斯博士的书"开明"。如果相应的表述词语用在冯·本迪克森博士身上，我应该使用"无拘无束"这个词来描述——在自由和明智的领域内，这属于相反的一极。冯·本迪克森博士并不是没有冯·米塞斯博士的高雅细腻，但是冯·本迪克森博士的实践型智慧是高级智慧。汉堡的头脑不像维也纳的头脑那么聪明，但是，汉堡头脑的产出较多。

转载自 1914 年 9 月《经济学杂志》

INNES, A. MITCHELL. *What is Money?* (New York: Banking Law Journal), 1913.

在这个货币理论中，这个小册子的作者是 H. D. 麦克劳德（McLeod）的追随者。谬误——我认为这个关于信用效果的理论是个谬误，假设我的观点是正确的——就是熟悉的谬误，也没有必要在这个评论中进行讨论。就像下文表明的那样，这个小册子与众不同的价值来自一个不同的来源。而且，作者的力量在于历史方面，而不是理论方面。

这位作者的论点是，对于那些可以在有记录的历史中找到的大多数例子来说，通货在本质上是*不可兑换通货*。"直到最近，"

作者说"货币单位和任一金属之间才出现了一种固定关系,实际上,以前从未有过价值的金属本位制之类的东西。"有关于账户货币的记录。账户货币基本上是传统单位,价值依靠习惯或者国家行为,并且有就黄金或者白银而言的波动价值。不过,偶尔也会有稳定其波动价值的努力。"假设硬币确实没有稳定的价值;假设在几个世纪里曾经没有黄金或者白银铸币,只有不同纯度的基本金属(base metal)①货币;假设铸币的变化并没有影响价格;假设铸币从未在商业中起重要作用;假设货币单位不同于铸币,而且就此单位而言,黄金和白银价格经常波动,那么,显然贵金属就不可能是价值本位,也不可能是交换媒介。""据我所知,没有法律强迫债务人用黄金或者白银或者任何其他商品还债,以前也没有这样的法律。"

英尼斯(Innes)先生致力于通过历史调查来形成这一立场。不幸的是,这一立场的价值被大为削减,因为根本没有提到当局。英尼斯先生的第一批例子来自古代。根据英尼斯先生的说法,希腊和罗马的古代硬币虽然是由贵金属组成的,但在尺寸、重量和纯度上却大相径庭,所以,货币单位的价值不可能取决于硬币所含的珍贵金属的数量。因此,这些硬币都是符号硬币,其作为货币的交换价值都与其内在价值存在不同程度的区别。然而英尼斯先生的大多数例子来自法国的早期货币历史。我们在这里发现了贯穿始终的下列现象:传统账户货币名义下的强大持续性、硬币重量和纯

---

① 基本金属(base metal)是金、银、白金等贵金属(precious metal)之外的所有金属。下文提到了贵金属,其意义可以参照这个注解。——译者注

度的持续变化、总是归于货币发行行政机构的利润。"一些硬币内在价值等于或者超过其票面价值的唯一原因是贵金属价格持续上扬,或者(也产生了同样结果的下列现象)货币单位价值连续下跌。"

有一个想法,"在现代,已经引入的货币储蓄手段叫作*信用*。在这个手段被知道之前,所有的购买都用现金支付,换句话说用硬币支付。"英尼斯先生的下一个观点是这个想法纯属流行谬误。英尼斯先生认为,信用的使用远早于现金的使用。英尼斯先生举出了许多年代非常久远的例子来支持自己的这个观点。这些例子肯定是有趣的。"在许多个世纪里,我们对下面的情况了解多少?这个情况是,商业的主要工具既不是硬币,也不是私人凭证,而是符木。符木是一个方形榛子木棍,按照一定的方式在上面刻上痕迹,来表明购置物的数量或者债务的数量……。旧时的清算公司是巨大的周期性集市。大大小小的商人们带着自己的符木到清算公司结算相互之间的债务和信用……。宗教和金融之间有着重大的关系。如果不是在巴比伦的寺庙里发现了全部商业文件,那就是发现了大多数商业文件。耶路撒冷的寺庙在一定程度上是金融机构或者银行机构,特尔斐的阿波罗神庙也是如此。欧洲的集市是在教堂前举行,以圣徒的名字命名,举行的任期在圣徒的节日或者圣徒节日的前后……。我认为,毋庸置疑,宗教节日和债务结算是所有集市的起源,集市上进行的商业是此后发展起来的。如果这是真的,那么,宗教和债务支付之间的联系就是信用极端古迹一个额外标示,假设需要任何标示的话。"

英尼斯先生对这个论点的发展无疑是有趣的。难以检查英尼斯先生的断言,也难以确定英尼斯先生的断言不包括夸大其词的成分。但是，我认为，英尼斯先生设法去清楚论述的历史结论有着坚实的基础，经常被一些作者不恰当地忽视。这些作者受到了19世纪中期"完好通货"教条的影响。"完好通货"教条认为只有内在价值货币"完好"。"完好通货"教条还经常假定，之所以诉诸通货历史，是因为内在价值货币是古老和原始的理想，只有邪恶之徒才会背离这个理想。英尼斯先生在一定程度上表明这样的历史有些像神话。

转载自1915年6月《经济学杂志》

岩石货币之岛

美西战争（Spanish-American war）结束的时候，德国从西班牙手中买来了加罗林群岛，总额3,300,000英镑。最近，德国的行政机构在这些岛屿上建立了起来。我们因而联系上了一个民族，这个民族关于通货的想法可能比任何其他国家的想法都更具有真正的哲学性。关于黄金储备的现代实践要大量学习瓦普岛（Uap）那更符合逻辑的实践。

瓦普岛是加罗林群岛中最西面的一个，居民数量在5,000到6,000之间。在一部著作《岩石货币之岛》(The Island of Stone Money)中，威廉·亨利·弗内斯（William Henry Furness）博士描述了岛民的通货。他们没有金属，采用石头；引文①会表明其方式和结果。得到弗内斯博士的允许之后，引入印刷如下。

---

① 来自第Ⅶ章。

因为瓦普岛不产金属,所以岛民使用石头,需要付出劳动来得到和打磨石头。岛民把这种交换媒介称作斐(fei),由巨大、坚固、厚重的石轮组成,直径从一英尺到十二英尺。中间有个孔,孔的大小随石头直径变化。可以把一根杆子插入孔中。这根杆子要足够大、足够结实,可以承受石轮的重量,方便运输。姑且让我肯把这些石头称作"硬币"的话。这些石头"硬币"不是在瓦普岛(Island of Uap)上制造的,而是一开始在帕劳群岛的一个岛巴伯尔图阿普(Babelthuap)开采和成形的。巴伯尔图阿普在南方400英里的位置。然后,这些石头"硬币"被一些富有冒险精神的本地航海者用独木舟和木筏从太平洋上运到瓦普岛。太平洋根本不像其名字所表明的那样太平。石头安全登岸了,这些航海者就变成了投机者,引诱同胞相信这些"新奇事物"是房屋的必备佳品。当然,石头越大价值越大,但是,看重的并不仅仅是尺寸;组成斐的石灰岩如果想要达到最高的价值,就必须雅致、白皙且纹理细致。无论经过多么熟练的打磨,都绝不是帕劳群岛的大石头会被接受为斐;关键是制造斐的材料是特定种类和质量的石灰岩。

这个石头通货有一个显著特点:主人不需要将其据为己有。如果一个斐太大,移动不便,那么,在讨价还价之后,只要所有权得到承认,新主人就相当满足了,不需要记号之类的东西来表明这次交换,硬币还是原封不动地待在原来主人的房地产上。

我忠实的老朋友法图迈克(Fatumak)先生向我保证,在附近的村子里有一个家庭,这个家庭的财富没有受到质疑——人人都承认——然而从未有人,甚至这个家庭本身也从未有人看过或者摸过这笔财富；这笔财富由一个巨大的斐组成，这个斐的尺寸只是通过传统才知道的；在过去的两代或者三代里，就在此时，这个斐在海底！许多年前，在寻求斐的一次探险中，这个家庭的一个祖先得到了这个巨大且极有价值的石头。这个石头被放上木筏，向家里拖去。剧烈的风暴袭来。为了活命，这群人不得不断开木筏，任其漂流。这块石头沉默了，从视野中消失了。当他们到家的时候，都证明这个斐体积巨大，品质非凡，还证明丢失这个斐并不是因为主人犯了错误。于是，大家在简单的信念中一致承认，石头落入水中这个意外无足轻重，不值得一提，离岸几百英尺不应该影响这块石头非凡的价值，因为这块石头是按照合适的形式削凿的。因此，这块石头的购买力依然有效，就好像这块石头赫然靠在主人房子的一边，潜在地代表了财富。有类似功能的还有中世纪守财奴屯而不用的黄金、我们堆积在华盛顿国库的银元。这些银元我们从未看到或者触摸到，但我们用这些银元从事贸易，依据的是证明这些银元存在的印刷证明。

对于那些房屋如瓦普岛上房屋一般脆弱的人来说，这种形式的沉重财富具有一个不可否定的优势——如果需要四个强壮的人来盗窃一头猪的价款，那么盗窃行为只能是个有点令人灰心的占领。就像可以作出的假定一样，对斐的盗窃几乎闻所未闻。

瓦普岛没有轮式交通工具，因而没有车道；但是一直有界线清晰的小路连接不同的居民点。1898年，德国政府从西班牙手中买下了加罗林群岛，拥有了加罗林群岛的主权。许多小路和大路都处于恶劣的状态。一些地区的酋长被告知要修路并保持路况良好。然而，草草铺就的一块块珊瑚挺适合当地人的赤脚；命令重复了多次，但仍未被在意。最后决定对这些地区不服从命令的酋长征收罚款。罚款以什么形式征收呢？没法要求酋长们交出银子或者金子——他们既没金子也没银子——如果迫使他们用自己的通货支付就需要做到以下三点。第一点，岛上一半的人的得运送罚金。第二点，他们最大的政府建筑也容纳不下这些金子。最后一点，直径六英尺的斐不是"德国制造"，难以在母国流通。最终，令人高兴的是，收取罚金的方式如下：派一个人去整个不服从地区的每个菲露（failu）和帕白（pabai），这个人只是在一些最有价值的斐上标上黑涂料的十字，来表明这些石头归政府所有。这立刻像魔力一样起了作用。岛民因此陷入了可悲的贫困之中。岛民们开始起劲地工作，高质量地修理了贯穿岛屿的条条大路，这些大路现在就像公园的车道。然后，政府派出工作人员，擦掉了十字。转眼之间，罚金支付了，幸福的菲露重新拥有了他们的股本，变成了富裕之人。

转载自 1917 年 12 月《经济学杂志》

关于美国联邦储备纸币发行的注解

研究美国通货膨胀发展的学者可能会对下面的数字感兴趣。下面的数字表明了美国的平行运动。

美国银行法变化了。通过引入联邦储备银行系统，按照美国银行法的变化,针对存款的最终现金储备的法定最小值大幅减少。我们已经熟悉了美国银行法的变化。在过去的十二个月里,这一发展便利了银行信用的大量制造。或许,除了那些每周都关注统计资料的人之外,银行信用的大量制造并没有被意识到。然而,这一注解并不是关于这一系列事实,而是关于最近一个不太为人所知的货币事件,即联邦储备纸币那被改变的基础。

直到最近的 1917 年 6 月 21 日,联邦储备纸币只能在满足两个条件的时候才能发行,(a) 100% 的商业票据担保品,以及 (b) 至少 40% 的黄金储备。在实践中,直到法律修改的那一天,黄金储备总是超过 100%。因此,不存在信用因素。比如,1917 年 5 月 25 日,流通中的纸币达到了 454,402,000 美元,为此持有的黄金储备达到了 456,611,000 美元。

1917 年 6 月 21 日,美国银行法修订了,储备中有 60% 的商业票据和 40% 的黄金就可以发行,而以前需要 100% 的商业票据和 40% 的黄金。这个变化使联邦储备委员会(Federal Reserve Board)的一个政策变化成为了可能,并与这个政策变化同时发生。这一制度的完全通货膨胀潜势开始发挥直接作用,如下面的数字所示:

1917 年	纸币总流通量美元	黄金储备美元	黄金储备占总流通量的美元(%)	纸币信用流通量美元
5 月 25 日	454,402,000	456,611,000	10.5	无
6 月 29 日	508,807,000	402,693,000	81.0	106,114,000
7 月 27 日	534,015,000	434,193,000	83.0	99,823,000
8 月 31 日	587,915,000	493,185,000	85.1	94,730,000

续表

1917年	纸币总流通量美元	黄金储备美元	黄金储备占总流通量的美元(%)	纸币信用流通量美元
9月28日	699,343,000	555,239,000	80.8	144,104,000
10月26日	847,506,000	614,692,000	73.8	232,814,000
11月16日	972,585,000	629,906,000	65.9	342,679,000

由此,在这年的6月到11月之间,投入流通的信用纸币达到342,679,000美元。其中200,000,000美元是在截至11月16日的七个星期之内投入流通的。

有些人为我们的通货膨胀政策而悲伤,因为通货膨胀政策会拉升世界价格。这些人只会在上面的数字中看到一个原因在起作用,这个原因强力导致了同样的结论。

然而,有些人主要担心英国的通货膨胀,唯恐通货膨胀扰乱我们与世界其余地方的关系,因为通货膨胀会使当地价格升至合理相对水平之上。这些人会满足于一个事实:其他地方类似的现象倾向于平衡我们的差额。

难以看清当第一次世界大战结束之时,世界的指数会如何猛烈下跌。

转载自1920年9月《经济学杂志》

HAWTREY, R. G. *Currency and Credit*.(London: Longmans, Green and Co.), 1919.

这是多年来关于货币理论的原创性最强、最有深度的专著。

这是一部"混合"之书。混合，就是把两种或者三种相当不同的书熔为一炉。令人惊奇的是，这本书融合了清楚和模糊。这本书里既有易读的文字，也有难以消化的硬块。因此，这本书需要一点时间才能达到声望的顶点。但是，这本书有着非常基本的思想。而且，据我判断，这本书至少会对英国货币理论的未来阐述产生重大影响。

这位作者用某种方式把关于自己主题的三个不同的讨论拼凑在一起。之所以采取这种方式，好像是为了表明，跟读者的想法相比，这位作者的想法是这些讨论有着更为密切的联系。第一个讨论了货币理论的这些或者逻辑。第二个讨论了这一主题的一些描写方面和现实方面（外汇、纸币发行制度等等）。第三个讨论了货币理论的历史。我认为，第二个远比另外两个差，因为从这个观点来看并不具有足够现实的价值，这本书的其他两部分也不需要这一部分。另外两个部分都具有最高重要性，虽然两者的联系不大。

霍特里（Hawtrey）先生首先调查了货币的*逻辑*起源，与货币的历史起源不同。那些想深入考虑货币的人不应该忽略这本书的头三章和最后一章，因为这几章会集中霍特里先生的中心想法。让读者然后转向第Ⅷ章和第Ⅹ章（如果读者发现第Ⅳ章到第Ⅶ章有点枯燥乏味）。我没必要试图总结这些章，但是可以指出几点。

今天的演讲者和作者可以用三种方法探讨这一主题。块状主义者会采取概约方法，把一块金属作为正常组织，把所有其他的增长看作癌变细胞，霍特里引用的坎宁（Canning）的话恰好表明了这一点："我认为，一个愿意遵守英国法律的英国人肯定会把英镑的唯一定义看作并理解为特定纯度特定重量的黄金或者白银。"还有克纳普那过于精细的票根主义方法（cartalist approach），全部的重点都放在国家和货币的法定货币方面。坎宁研究的是约翰逊作品和英国，而克纳普研究的是黑格尔哲学和德国。但在知识上，克纳普比坎宁进步了许多。最后，有霍特里同样精细的抽象账户货币学说，及其"未支用差额"理论。霍特里先生想像了一个没有通货也没有法定货币的文明社会，然而这个社会需要并雇用了一个单位来衡量债务，因而，这个社会也和我们一样经历了许多复杂情况和后果。由此，霍特里先生认为，抽象账户货币比流通货币的本质基本，也比法律的性质基本，如果我们能在原始元素被流通货币本质和法律性质包含和确立之前就研究原始元素，我们就能更好地理解这一点。

霍特里先生的学说是："对市场商品的总有效需求有一个制约因素，那就是交易者想要提供的账户货币单位数量。在任何时间段内交易者想要提供的数量也有一个制约因素，那就是交易者想要得到的数量"。按照这个学说，霍特里先生轻易且自然地去阐述数量理论，提到了"未支用差额"——也就是说，流通中未支用购买力的总额。根据霍特里先生的说法，数量理论认为购买力未支用差额等于对财富储备的掌控。购买力未支用差额是货币单位的一个总数。因此，数量理论按照财富来确定了货币单位的价值。让读者转向原著来寻求这句话的进一步解释。这类似一个学说。马歇尔博士和庇古教授先后阐述了这个学说。但是，任何一个人只要考虑并理解霍特里先生的[①]抽象账户货币理论以及未支用差额

----
① 我推测霍特里先生独立得出了自己的结果。

理论，就会比通常任何情况下都更加大大了解这一主题。

霍特里先生对金融危机进行了讨论，并把这一点与自己的抽象账户货币理论联系起来。这也是这本书中非常有趣的部分。按照霍特里先生的说法，在任何信用制度中都存在趋向于贬值的内在趋势。"信用本质上是不受控制的。信用总是在试图挣脱束缚，或者更确切地说，信用始终在开始逃走。然后，当符合金属本位制维护的通货膨胀极限到达之时，信用就会被突然停止。""可以把一次危机看作保持价值本位的一次斗争……。一次危机的真正意义在于——当货币单位被允许贬值时，只能以增加所有的债务负担为代价才能恢复。而且，如果动作太过迅猛，债务就会超出债务人的资产，导致大量破产。"朝向扩张主义的趋势使得通货好像稀少，并产生要求更多通货的呼声，尽管解决办法只能是紧缩。然而，"假设在商业界的抗议面前，中央银行或者政府放弃医治通货短缺的矛盾方法，转而制造更大的短缺，那么，中央银行或者政府就只是由人构成的而已。"

还有霍特里先生的历史（其中一些翔实的引文已经出现在《经济学杂志》上）。霍特里先生关于指券和 1797 年银行限制法（Assignats and the Bank Restriction of 1797）的这些章是最重要的。霍特里先生搜集的细节令人着迷，尤其是对于我们而言，我们现在生活在通货混乱之中。关于银行限制法已经写过许多内容，因此人们认为难以就此增加任何实质性内容。但是，据我所知，霍特里先生得出了一个新颖的结论：银行限制法主要是因为放弃指券之后法国需求黄金。霍特里先生调查了从都铎王朝到金本位最终建立期间的英国通货。霍特里先生还有一个有用的叙述：金本位最终战胜其竞争对手(虽然司空见惯得多)。在政治经济历史学派和分析学派的古老争论中,历史学派好像有时认为,经济学应该只能由经济历史学家来写。霍特里先生能够使一个信条变得貌似合理。这个信条是经济历史只能由经济学家来写。有时,或许习惯于解读现在的人可以从过去推断出更多的指导,而不是反之。不管怎么说,这可能是时代的标志:像霍特里先生如此纯粹的理论家会对经济历史这么感兴趣。我同意霍特里先生的一个观点:经济学家不能忽略经济历史,会发现经济历史与其对现在的研究越来越相关,由于19世纪完全反常的过渡时期已经结束和寿终正寝了。

总之,霍特里先生的眼光稍远一些。霍特里先生指出了此时始终在场的通货膨胀是如何强化的。"当国家资本如商人所愿进行重建时,如果储蓄供应不足以如此迅速进步,那么,借入者会趋向于以临时借款补充储蓄。"霍特里先生非常英明地讨论了价值本位未来这个问题——是否应该恢复价值本位以前的金平价,或者稳定在当前水平的某处。"如果达到墨守成规的程度,那就会出现通货紧缩政策的一个缺点,在方式上和通货膨胀政策一样有害。"这里是财政部的金融调查主管(Director of Financial Enquiries)给伦敦城的一点安慰。

在1924年3月的《经济学杂志》中,埃德温·坎南(Edwin Cannan)教授发表了一篇论文,题目是"通货的限制或者信用的限制"(Limitation of Currency or Limitation of Credit)。埃德温·坎南教授引用了凯恩斯在《货币改革论》(*Tract on Monetary Reform*,《凯恩斯全集》,第4卷,第1—16页)中的话。

因此，今天的趋势——我的想法是正确的——是观察并控制信用的制造并让通货亦步亦趋，而不是像以前那样：观察并控制通货的制造并让信用的制造亦步亦趋。

然后，坎南用自己通常的犀利风格保卫传统观点，反对凯恩斯的方法。凯恩斯做出了回答，

转载自 1924 年 3 月《经济学杂志》

对坎南教授论文的评论

坎南教授引用并批评了我书中的一个句子，但并未以任何方式引用、批评或者提及我用来得出结论的论据。因此，我要简要重述一下。

我批评了旧式的政策：把流通中的法定货币规模作为价值本位的调节器。我之所以这样批评，主要是出于两个理由：(1)过于强调数量方程式的一个因素，而排除了其他因素，因而在理论上是站不住脚的；(2)通过银行费率等等，这一政策被用作了补偿行为的*标准*，给出的信号太迟了，因而在实践上勉为其难。

(1)在我的书中，数量方程式因素变化的可能性被称作"实际差额规模"。其他人则称之为"银行存款流通速度"（我认为这是一个不方便的人造概念）。明智的作者总是承认数量方程式因素变化的可能性。但是，人们通常假定，除了相对长的时期之外，这些变化并不大。然而，我们现在知道——至少我认为如此——这些变化可以是非常大且非常迅速的变化，而且实际上，在我们关注信

用循环时期时，会发现这些变化是麻烦的根源。

让我重复数量方程式，我在《货币改革论》[第 77 页（《凯恩斯全集》，第 4 卷，第 63 页）]将数量方程式阐述如下：

$$n=p(k+rk')$$

其中，$n=$ 流通中"现金"单位的数量[第 83 页（《凯恩斯全集》，第 4 卷，第 67 页）定义为，就英国而言，"纸币流通量加上英格兰银行的私人存款"]。

$p=$ 每个"消费单位"的价格，或者换句话说，价格指数。

$k=$ 消费单位数量，公众发现可以方便地以"现金"的形式持有其货币当量。

$k'=$ 同上。公众发现可以方便地将其作为银行差额，以便开出支票。

$r=$ 他们欠公众潜在债务（k'）的比例，各家银行以"现金"的形式持有这些债务。

这样一来，旧式的学说惯常认为如果 n 可以保持较好的稳定性，一切都会运行良好。我的目的是指出，如果 k 和 k' 能够猛烈波动，n 的稳定可能确实有害，而且肯定会反映在 p 的极端不稳定之中——实际上，在贸易的繁荣和萧条之中通常会发生这种情况。作为一个例子，我表明[第 84 页《凯恩斯全集》，第 4 卷，第 68 页）]，如果从 1922 年 10 月开始，k 和 k' 要跌回其 1920 年 10 月的价值，那么，"价格会上涨 30%，而现金规模或者各级银行的储备政策不会有任何变化"。总之，坎南教授政策无法使我们避免非常剧烈的振荡。因此，我提议，如果 k 和 k' 变化的趋势显示出迹象，就可以有两种方式分别部分抵消。一是，银行费率的适当运动。

二是,对 n 的量值采取直接行为。至少在一开始,第二种方式会采取如下形式:改变一部分 n,这部分 n 不是组成英格兰银行纸币,而是组成英格兰银行的私人的存款。

总而言之,固定 n 的价值这一政策是站不住脚的,因为 n 的正确价值并不总是相同的,而是时刻波动的。纸币发行的同样规模,在信用循环的一个时期里急剧膨胀,在另一个时期里也可能急剧膨胀。我们货币政策的主要目的无论是以黄金为标准来保持价值本位稳定,还是以商品为标准来保持价值本位稳定,都会出现这种情况。

(2)但是,此外,在有着发达银行制度的现代社区中,法定货币流通量的扩张通常是一个漫长过程的*最后阶段*。在最终需求更多的货币进入流通之前,朝向通货膨胀的趋势可以长期延续;当到达这个时刻的时候,通货膨胀已经不在掌控之中,不可控制。如果规定纸币发行的有效最大值,如果要依赖这个有效最大值,就像是规定病人的温度不能超过 99 度[①],并把病人扔在一边,直到温度计到达这个数字,——这时,可能世界上没有什么可以阻止病人的温度大幅上升。

要完全解释其中的真实性,需要长篇大论般的分析。但是,我可以特别以一点为例说明之,这一点经常被忽略。批发大宗商品的当前报价是商品交易时的报价。或者,更确切地说,在大多数情况下,是签订合同时的报价,而商品的交易是在日后进行的。现在,对于我们研究的那天来说,这些交易只是构成了对银行家服务

---

① 按照英语国家惯例,99 度应该是华氏 99 度,不是摄氏 99 度。——译者注

需求的极小一部分。银行家的大多数垫付款、那天转手的大多数支票,都涉及稍早一点时间安排的交易,这稍早一点时间可能是几个月。因此,时间间隔不小,根据情况可能是三个月到六个月,然后批发价格变化才对各家银行的资产负债表产生完全的影响。另外,可能还有一个间隔,然后我们才会经历上述完全的影响,影响的对象是对钞票的需求。钞票主要是用来支付工资,流通规模主要是由货币工资水平和零售价格支配的。*长期来看*,这些都可能多少随着批发价格同比例运动。但是,二者之间的因果联系远非瞬时的。因此,先是允许价格,然后允许信用扩张次或者收缩,直到感受到一个效果:对流通中较多或者较少货币的需求。这样的做法是取祸之道。这时,大量的合同已经签订,*不能取消*,流通中的货币规模只能受到限制,代价是商业界的破产——以前,当坎南教授的学说依然固执己见的时候,这个做法经常被采用。

因为这些原因,那些负责货币政策的人必须密切关注纸币发行规模以外的几乎一切;也就是说,只要他们在恰当地工作。因为纸币发行更多地反映他们以前的做法,较少地反映他们将来应该采取的做法;货币发行的巨大运动不是证明改变做法的时刻恰好到来,而是证明航行出了故障,他们触礁。依赖纸币发行规模作为行动标准,就像是仅靠铅锤线去航行,眼睛不看天空也不看地平线。

当然,这里所说的内容并不违背坎南教授的一个学说,也不违背一个观点。坎南教授的这个学说是,"对通货数量的适当限制是保持通货购买力所必需的"。这个观点是,可能需要限制纸币发行来抑制非常严重的滥用。不过,即使在这种情况下,这个方法也不总是个高效的方法。原因是,当事态一旦失控,就*不可能施加限*

制,而且,如果在事后叫嚷一句话也是没有用处的。这句话是,要是施加了限制,继起的灾难就可以避免。

我也非常同意坎南教授讽刺某些人,这些人强调贸易的复苏"导致对通货的合法需求",——"我并未把我的通货强加给任何人。"这一理论通常导致一点:在应该扩张的时候却收缩信用的基础,应该收缩时却扩张。"五大银行"(Big Five)董事长在今年的演讲中对这一非常错误的理论表示了一些支持,表明通货膨胀时期的真正风险迫在眉睫。

另一方面,我认为在坎南教授的论文之中还有许多其他令人困惑的错误内容。坎南教授残忍地对待几乎所有值得阅读的过去十年间写就的货币理论著作——好像对我就是这样。然而,我们的革命性提高可能会是有史以来经济思想中最重要的发展。对于货币和信用机制、贸易循环分析,我们的理解几乎获得了革命性的提高。许多思想家①最近合力实现了这个革命性的提高。想法是新的。这些想法刚开始有完整或者清楚的表达。中年银行家自然会感到害羞。但并不自然的是坎南教授的写法:好像所有这些都不存在,好像他自己的主题无法发展和进步,好像多年以前最后一个单词已经在小学课本中提到。

转载自 1927 年 10 月 15 日《国家和科学协会》(*The Nation and Athenaeum*)

---

① 贝勒比(Bellerby)先生的《信用控制》(*Control of Credit*)由梅萨斯·P. S. 金(Messrs. P. S. King)(3 先令)为国际失业协会(International Association on Unemployment)出版。贝勒比先生最近在《信用控制》中搜集了来源众多的给人留下深刻印象的观点。

HELFFERICH, KARL. *Money*. 2 vols.(Translated from the German by L. Infield; edited with an Introduction by T. E. Gregory).(London, Benn), 1927.

这部巨著先是出版于 1907 年。但是,1923 年作者去世前不久,作者为德语第七版做了修改。对于英国的货币理论学者来说,这一巨著目前没有积极价值。这本书的重要性主要在于一个事实:这本书第一次世界大战前的德国大行其道,作者对第一次世界大战期间的德国金融政策产生了巨大的影响。这部书的较大部分具有历史性和描述性——描述性部分实际上也主要是历史性的,因为描述性部分提到的日期不是现在。战前德国货币理论具有这样的特性:极为原始和基本。除了克诺夫(克纳普?)发展的形而上学方面,这本书的理论部分对战前德国货币理论的特性具有指导性证据。格雷戈里(Gregory)教授提供了有用的索引。乍一看,好像这部书价格极高,而吸引力有限。但是,极高的价格可能是有道理的。

转载自 1931 年伦敦《社会科学百科全书》(*The Encyclopedia of Social Sciences*)[①]

信用控制

信用控制是最近出现的一个术语,只是在世界大战之后才普

[①] 凯恩斯在 1930 年 2 月 25 日邮寄了自己的论文。

遍使用，与来自许多不同地方的提议相关。这些提议的目标是货币管理、货币稳定和类似改革。这个术语的利用有点模糊，但是，这一术语所有用法之下的总的概念有别于信用管理的"自动"装置。据假定，信用管理"自动"装置的纯粹形式是战前金本位运行的特点。

根据某个或多或少死板的公式，在"自动"或者"未受管理的"制度下，用于一个国家银行制度的以法定货币和中央银行存款为形式的储备货币数量是确定的，确定这个数量的因素是该国和世界上其他国家之间的黄金运动。在这一制度下，中央银行当局理论上只需要允许信用数量由黄金运动固定，允许官方贴现率根据与这一信用数量相关的市场费率调整。因此，相对价格和工资水平的平衡水平、国内外相对利率的平衡水平，就是由黄金运动决定的波动贫乏和富足后果的最终结果。与这些放任主义方法不同，信用控制是用来描述一个制度。在这个制度之中，中央银行当局有时预计到了黄金运动，有时对黄金运动置之不理，刻意去决定信用的数量和价格，以便达到一定的经济目的，比如价格稳定、就业稳定、产出或者证券交易稳定。人们承认，采取金本位的国家不可能无限期坚持无视黄金运动的政策。但是，经验表明，金融强国或者有着大笔金融储备的国家可以在相当长的时间里忽视黄金运动。

然而，信用控制与其对立面的截然不同只是理论性的。在实践中，没有达到使用代表货币和银行信用阶段的国家能够使用自动信用管理制度；实际上，各种现代银行制度，比如过去一个世纪里在英国存在的银行制度，都不能避免一定数量的信用控制。因此，现代意义上信用控制存在与否的对比降为了方法和级数的区别。旧式制度倾向于刻意管理信用价格，即，银行费率和贴现率。但是，旧式制度倾向于允许信用数量由两个因素决定。部分因素是黄金运动，部分因素是官方费率吸引的中央银行再贴现数量。另外，旧制度的主要目的是保持国家代表货币在法律规定平价下的黄金兑换权，并不愿意承认任何其他问题的任何主要职责、义务、责任或者重要性。另一方面，新式的信用控制制度不仅使用银行费率政策，还使用中央银行军械库中的每一种其他武器，以便管理信用的数量和价格。新式的信用控制制度诉诸公开市场业务，即根据自己的意愿而不是顾客的意愿来买卖资产，这些资产主要是政府证券；对于会员银行和投资公司，尤其是对于那些在国外上市的会员银行和投资公司，加以道德压力或者纪律行为；在官方限定的黄金买卖价格的狭窄限度之间变化；在外汇市场采取活动，包括"金汇兑管理"方法的使用。另外，现代信用控制指数有一个倾向：不是把黄金兑换权的维持看作中央银行政策的最终荣誉和辉煌，而是看作有点令人厌烦的限制条件。他①之所以会注意到黄金兑换权，是因为把黄金兑换权看作可能进行干涉的手段：干涉那种特定经济稳定的获得。而他把那种特定的经济稳定看作银行的主要目标。

  一些人对现代信用控制方法持批评态度，认为现代信用控制方法最终会与旧式银行费率政策殊途同归，因为利用的信用数量只是由为其征收的费率决定的，所以例外直接控制信用数量几乎没有作用，或者完全没有作用。然而，人们通常认为，跟单单使用

---

① "他"具体指的是谁并不明确。——译者注

银行费率所可能取得的效果相比,公开市场业务允许对货币机器进行更敏感和敏锐的控制。银行费率不可避免地会以断断续续的反射来产生作用。另外,这些批评者易于把开放市场政策的独立功效低估为信用控制手段。

信用控制的历史演变如下。银行费率政策作为一个控制方法发展于 19 世纪,主要是在伦敦,源自 1836 年至 1837 年货币危机之后和 1844 年银行法之前的讨论。1837 年之前难以发现这些想法的任何踪迹——比如说,李嘉图的著作里就找不到这些想法——据此,完全可以说,直到 1837 年取消那些高利贷法律的时候,利率都受 5% 这个法定最大值的控制。在 1844 年之前,典型的改革者,比如奥弗斯通勋爵(Lord Overstone)[《关于英格兰银行各部门分开的想法》(Thoughts on the Separation of the Departments of the Bank of England),伦敦,1844 年,出版在他的《关于硬币和纸币的短文及其他出版物》(Tracts and Other Publications on Metallic and Paper Currency),伦敦,1858 年,第 237—284 页],是如此强调银行利率的重要性,因为它是管理纸币流通规模的一种手段。1861 年,在戈申(Goschen)的《外汇理论》(Theory of Foreign Exchanges)中,作为影响外汇的一个手段,银行费率变化的效果第一次得到了清晰明确的阐述。作为一种信用控制手段,这些关于银行费率的想法后来演化出一种在战前被普遍接受的形式。这些想法后来的演化可以在下列著作中找到。这些著作是,白芝浩的《伦巴第街》[(Lombard Street),伦敦 1873 年,第 V 章]、吉芬的"黄金供应:贴现率和价格"[(Gold Supply: the Rate of Discount and Prices, Essays in France, Second Series),纽约,1886 年,第 37—38 页]、马歇尔提交给 1877 年至 1878

年黄金白银委员会的证据［收录于他的《官方论文》（Official Papers），伦敦，1926年，第17—195页］。然而，难以或者不可能找到银行费率理论的系统讨论；寻找马歇尔、庇古、陶西格或者欧文费雪的著作就是徒劳。

1913年，美国建立了联邦储备系统，开启了信用控制演化的新篇章。联邦储备系统在一些基本方面可能不大像其建立者所认为的那样类似英国体系；很快，事实表明，联邦储备系统要走自己的路。在联邦储备委员会《第一份年度报告》（华盛顿，1915年）中已经提及公开市场业务。中央银行根据自己的意愿买卖资产来控制信用规模，在联邦储备银行中体现得较为突出，而在传统英国制度中体现得则不那么突出。1922年春季以来，美国把公开市场业务用作一个大规模的定期政策。1923年4月以来，美国还把公开市场业务用作中央委员会管辖下的制度化政策，以信用控制作为确定的目标。

美国成为了开放市场政策应用最广泛的舞台。此时，类似的演化正在伦敦进行。甚至在世界大战之前，人们就知道英格兰银行采用了这一策略，不过较少使用，程度温和，时间短；英格兰银行在证券交易所出售英国统一公债换取现金，同时再购买英国统一公债"留待定期结清"，这段时间会达到一个月以上，结果就是，在出售日期和再购买的定期结算日期之间，信用基础相应地收缩了。然而，今天，英格兰银行把公开市场业务用作其信用控制机器的普通零件。公开市场业务通常是短期国债的买卖。另外，1928年11月对银行收益（Bank Return）的形式进行修改以来，银行资产的表现形式使公开市场业务所产生的变化的程度清晰可见：在市场意愿下带到银行的资产作为"贴现和垫付款"（Discounts and Advances)登记,按照银行自己的意愿购买的资产作为"证券"(Securities)。由此,短期国债会根据其来源出现在"贴现和垫付款"中,或是"证券"中。

假设一家中央银行可以自由支配其货币制度中的现金和储备货币的规模,支配的方法是银行费率政策和开放市场动作的结合使用。这家中央银行就可以控制局面,不仅可以控制信用规模,还可以控制投资率、价格水平,并最终控制收入水平。但是,得有一个条件:这家中央银行为自己设定的目标符合其法定义务,比如与黄金兑换权维护相关的法定义务,或者与外汇平价相关的法定义务。然而,这要受下文将要讨论的一些进一步条件的制约。

中央银行以现金和储备货币的形式对信用基础进行控制。这种控制对经济制度的作用不是直接的,而是通过一种影响。影响的对象是属于货币制度的会员银行所创造的信用总规模。因此,信用控制不仅取决于对信用基础的控制,还取决于一个或多或少死板的关系。这个关系是会员银行储备资源与每个会员银行自由创造的信用总额之间的关系。中央银行有效信用控制有一个至关重要的特点:中央银行应该根据自己的权力来直接或者间接决定会员银行创造的信用的总规模。

根据商业银行储备资源与商业银行当前债务之间的关系是取决于法律,还是取决于习惯或者风俗的压力,现代银行制度分为两类。美国是第一类的典型例子,英国是第二类的典型例子。支配美国局势的法律条文、统治英国的传统实践,在任何时候都非常死板,偶尔会有变化。然而,事有凑巧,目前,在美国盛行的法律条文、在英国盛行的传统,在实际上几乎产生了同样的效果。在美

第 5 章 货币 439

国,较低的储备百分比相对的是定期存款,但是,零星现金并未计算成法定储备的一部分;净效果几乎冲抵了英国的相反实践。我们可以对它们进行总结:把这两个国家相对活期存款的储备百分比在 10% 到 11% 之间。在其他一些国家,实践中的变化较大。根据 W. R. 伯吉斯(Burgess)[储备银行和货币市场(*Reserve Bank and Money Market*),纽约,1927 年,第 36 页]的说法,储备对存款的典型比率如下:四个法国信用公司 11.5%;瑞士私人银行 8.0%;加拿大特许银行 11.0%。在德国,储备率更低更多变,结果就是德意志银行对会员银行信用政策的控制远没有其他国家安全。

为了达到上述比率,会使用信用控制武器,也应该使用信用控制武器。别管是为了达到上述哪个比率,一个坚持国际金本位的中央银行都必须把维持其货币的黄金价值作为主要目标。如果想要同时实现任何次要目标,那么,次要目标的持续时间和级数必须加以限制。不过,有一个例外:一家银行非常强大,有足够的游说能力和影响力,其行为或者告诫可以影响属于同样金本位制度的其他中央银行的行为。在国际制度之中,要达到金平价之外的这些目标,比如物价稳定、收入稳定、就业稳定、股市价值稳定,那么,在很大程度上就不是依赖单家中央银行的孤立行为,而是依赖制度中所有中央银行的平均行为,每家中央银行都为最终结果贡献自己的一份力。然而,假设单家中央银行能够在吸收或者释放许多黄金的时候不妨碍对次要目标的追求,那么,这家银行可以在当前深刻影响其他中央银行的行为,甚至强迫其他中央银行随之而来。

国际货币制度的成员身份涉及一些义务。健康的国际制度会设法把合理的与加盟央银行结合起来，以便在确定的界线内追求当地次要目标，加盟银行之间真诚合作旨在控制平均行为。这些次要目的实现时就能实现全世界利益的最大化。坚持国际金本位的单家中央银行把一些目标看作次要目标。实际上，对于作为一个整体来行动的银行主体来说，这些次要目标能够而且应该成为主要目标。因此，信用结构要最终完成就要满足一个条件：单家中央银行已经做好准备遵守国际集团的一定规章制度。这类似于另一个制度。当中央银行自己的会员银行的地方制度想要达成一个特定目的时，这些会员银行必须遵守这另一个制度。

转载自 1932 年 3 月《经济学杂志》

美国的会员银行储备

最近出现了一份报告[1]建议对美国的银行储备制度进行深刻变革。跟以往讨论该问题的任何官方文件相比，这是个巨大的进步。根据报纸报道，这一建议遭到了一些反对。但是，这个委员会的权威成员身份［第一，斯米德（Smead）先生，联邦储备委员会领导，担任主席；纽约、克利夫兰（Cleveland）和圣弗朗西斯科（San Francisco）储备银行副行长；第二，戈登魏泽（Goldenweiser）先生，联邦储备委员会研究与统计分部（Division of Research and Statis-

---

[1] 联邦储备系统银行储备委员会报告（Report of the Committee on Bank Reserves of the Federal Reserve System），政府印刷办公室（Government Printing Office），华盛顿，1931 年。

tics)主管；第三，里夫勒（Riefler）先生担任秘书］让人们希望这份文件不会重蹈覆辙。

这个委员会先是分析了为什么要设定会员银行储备的法定必要条件，并规定了四条基本原则：

(i)这些必要条件的主要功能不是确保单个会员银行的流动性。单个会员银行的流动性较多依赖其所拥有的合格纸币，较少依赖法定储备。原因当然是后者不能大规模地用于紧急情况之中。

(ii)确切地说，所需储备的绝对数量应该由储备银行为实现高效控制所需的资源数量来决定。麦克米伦委员会（Mcmillan Committee）也得出了同样的结论。

(iii)信用规模法定必要条件的效果应该是这样的：在有巨大活动的时候起到刹车作用，在萧条之时给一些放松。

(iv)在应用于单个银行之时，法定必要条件应该是公平的。

这一委员会发现现有制度与这些原则并不太相符。另外，大致开始于1917年的当前必要条件，其意图在相当大程度上被规避了；这一委员会就此给出了一些有趣的前所未有的细节。按照原来的联邦储备法，算作银行储备必要条件的银行零星现金要达到一定比例。第一次世界大战期间，对此进行了修改，目的是集中储备银行的黄金和黄金凭证；作为对此的补偿，相对活期存款的百分比储备被削减了5%，相对定期存款削减了2%。在此期间，这一变化的结果就是导致会员银行持有的零星现金数量大幅减少；所有银行的平均数从存款债务的 $4\frac{1}{2}$% 降到不足 $1\frac{1}{2}$%。毋庸置疑，其中部分原因是用于工资支付的支票增加了。但是，这一委员会认为，这只是解释了下跌的一部分。

他们还认为,定期储蓄所需储备的低百分比,即 3%,已经易被滥用。他们还认为,以活期储蓄为目的的一定数量的货币正伪装为定期储蓄。作为对这个观点的证明,他们提到,从 1925 年到 1929 年,不论是活期储蓄还是定期储蓄,储蓄的平均美元的周转率,在会员银行中都从一年二十四次上升到一年三十三次,尽管有一个事实:这个美元的 64% 在 1925 年被归为活期储蓄,而 1929 年是 59%。但是,如果他们比较的是 1931 年,而不是 1929 年,那么,我认为这个比较可能会大打折扣。

零星现金减少,作为活期储蓄的持有的总储蓄比例增加。这两个现象产生了一个净结果:1931 年会员银行储备必要条件与储蓄的比例比联邦储备法之前低 34%。自 1917 年以来,变化的效果好像是减少了当前储备必要条件大约 1,500,000,000 美元,否则就不会有此减少。然而,这一委员会并不觉得当前总额之所以低于储备银行的需要是因为他们自己的高效工作。实际上,他们的提议不会涉及总储备必要条件的任何直接增长,只会结束对法定储备的进一步蚕食,对法定储备的进一步蚕食可能会让储备银行尴尬。这一委员会以外交辞令对此做了强调。但是,我推测,如果兴隆时期的必要条件要和萧条时期的必要条件平均一下的话,他们的提议会涉及一些增长。我怀疑,引入如今的新计划的主要危险就在于这里。原因如下:这样做在目前不会增加储备必要条件,但是,这样做十有八九是为了在这一行业刚开始复苏的时候,比其他情况下增加储备必要条件。因此,跟没有危险的情况相比,需要较大规模的公开市场业务,以便阻止新计划对复苏产生任何影响。

这一委员会的要点涉及如下方面:当前制度未能在积极时期

刹车，也未能在萧条之中缓解压力。他们表明，积极时期周转增加主要是由流通速度的变化规定的，只在不高的程度上由增加的储蓄数量规定的。比方说，从 1927 年年中到 1930 年底的三年半时间里，净储蓄和会员银行储备差额都围绕着一个几乎稳定的数字波动，而周转规模大约上升了 50%，然后又跌回原先的初始数字。实际上，1929 年 9 月股市繁荣顶点的时候，法定储备必要条件大约比 1927 年 9 月的水平低 75,000,000 美元。另外，当前法律中有个次要条文，可能微不足道，这个条文恰好趋向于向错误的方向作用。当一个乡间会员银行把资金借给位于中心的会员银行时，储蓄就受到与后者相称的较高储备汇率的制约。然而，如果乡村银行把其储备直接借到市场，那么，与乡村银行相称的较低的储备必要条件就会有效。现在，前者趋向于在清淡时期发生，后者趋向于在积极时期发生。比如，1924 年，贸易和工业对资金的需求并不积极，导致乡村银行资金大量存放于城市银行之中，继而又反映在法定储备必要条件的激*增*之中。

最后，这一委员会通过调查得出了结论：跟单家银行之间制度可能达到的公平相比，现有制度没有那么公平。节约零星现金的可能性有利于那些在地理上接近储备银行的银行。另外，当前条文在运作时对乡村银行不公。按照当前的条文，应收*自*其他会员银行的差额只能在满足一个条件下才能扣除。这个条件是计算应付*给*其他银行的差额中净储蓄。一般来说，不同类别银行的储蓄活动确实只是非常粗略地符合其地理位置。

结果是，这一委员会一致决定支持非常剧烈的变化。他们提议完全废除当前对中央储备城市银行、储备城市银行和乡村银行的区分。他们还提议，以储备必要条件为目的，完全废除定期存款和活期存款；原因是他们确信经验表明，如果不打开逃避之门的话，没有实践方法来定义这两类存款的区别。他们的备选提议的实质可以总结如下：

(i)相对于所有的未加区别的储蓄（净）保持5%的储备。

(ii)要保持的额外储备等于银行账目上所有储蓄账户平均每日实际取款的50%。这一标题下储备计算的基础会是前八个周的平均数。根据这家银行所处的位置，在后面的一周或者四周里取平均数。

(iii)美国政府储蓄和其他储蓄一样加入储备必要条件；原本为美国政府储蓄引入了免征来方便战争金融，而现在则要废除免征。

(iv)在计算净储蓄时，要减去应收自美国其他银行的差额、搜集过程中的支票。

(v)恢复一个规则：允许零星现金（或者按照美国的说法是"保险库现金"）在一定限度内计算（根据银行的位置，不超过总储备的五分之一或者五分之二）。

这些规则意味着，完全不积极的存款会带有5%的储备，平均一个星期结算一次的有12%的储备。按照规定，在任何情况下，一家银行所需的总储备都不能超过其总储蓄的15%。但是，调查表明，这一限制几乎难以实行。对于普通的会员银行来说，今天的总储备必要条件大约会是总储蓄的8%。这意味着，1931年平均储蓄（包括定期储蓄）一年周转了22次，而1929年是33次。这一委员会这样计算上述数字，因而，如果新制度在今天引入，新制度就会使平均储备必要条件出现微不足道的变化。因此，猛跌时期是改变的良机，因为在兴隆时期就意味着储备必要条件的激增，因此更可能引起反对。

这一提议是根据存款周转额来计算储备必要条件。这一方法是有点惊人的革新。但是，我觉得，这一提议似乎巧妙实用，且就其对储备必要条件波动所起的效果来说，趋势似乎是正确的。如果这个制度被引入，重要的是需要记住一点：没有经验法则制度足以代替公开市场业务或者其他刻意控制总储蓄规模的方法。原因是可以容易地想象一些情况。在这些情况之中，由此引入制度之中的经验法则就会朝向错误的趋势。另外，如果新制度在空前猛跌的底部附近时实施，那么重要的（可能并不容易）是防止过早的抑制。但是，我认为，总的来说，新制度会给储备制度的任务带来方便，并趋向于降低公开市场活动的程度，而为了控制是要实行公开市场业务的。这一委员会的计算表明，在 1929 年，储备必要条件会大大超出现有制度中起支配作用的数字，这肯定会加强储备制度在当时的掌控。同样，在目前，活动中的任何进一步下跌都会减少储备的必要条件，而且会有一个自动刺激，不需要储备银行的大规模开放市场购买。

这一报告是同类之中的典型文件，简短、清楚、切中肯綮。不过如果附上统计表格就更好了。

转载自 1933 年 9 月《经济学杂志》

HOARE, ALFRED. *Unemployment and Inflation.* (London, P. S. King), 1933.

在这个简短的小册子中，我们的财务大臣艾尔弗雷德·霍尔

(Hoare)先生又一次阐释了自己的一些关于一个方法的基本概念。我们会使用这个方法来应对失业。对于什么是对的，什么是可敬的，有一些约定俗成的想法。有一些提议跟这些想法相反。跟这些提议可能得到的考虑相比，艾尔弗雷德·霍尔先生的基本概念应该得到更多的考虑。霍尔先生的看法实际上是，在当前情况下，明智得多的做法是对部分公债不予资助，而非资助它。因此，艾尔弗雷德·霍尔先生会采取两个方法买下价值大约 35,000,000 英镑的长期公债，一个方法是采取公开市场业务，另一个方法是招标。结果是在英格兰银行增加同样数量的储蓄。另外，艾尔弗雷德·霍尔先生建议大幅削减公共工程贷款委员会（Public Works Loan Board）的利率。针对批准的不同项目，把利率降至 2% 或者 $2\frac{1}{2}$%。这里，我觉得霍尔先生的提议好像也有着完全正确的趋势。

有一句话表达得非常好，引用如下："整个事情具有金融欺诈的特点。我认为整个事情较为清楚地表明了一个事实，那就是总的来说，国债（National Debt）实质上就是金融欺诈。国债实际上是在消费者中分配国家产品的方法之一，但是与国家产品的规模几乎没有关系。"

我认为，艾尔弗雷德·霍尔先生的银行现在是英国保持不屈个性的最古老银行。霍尔先生有时间发现新贵同行所不知道的真相！

1933 年 6 月，《美国经济评论》（American Economic Review）发表了俄亥俄州立大学（Ohio State University）E. C. 西蒙斯（Simmons）教授的一篇论文。论文的题目是"凯恩斯先

生的控制规划"(Mr Keynes's Control Scheme)。在这篇论文之中,西蒙斯研究了凯恩斯的一个讨论:凯恩斯在《货币论》中对长期利率和短期利率之间关系的讨论。(《凯恩斯全集》,第6卷,第315—324页)。西蒙斯把自己局限于凯恩斯使用的美国的证据。把W. W. 里夫勒的数据更新到1932年。这一数据表明,短期利率和长期利率的关系发生了显著变化。因此,西蒙斯提出凯恩斯的提议需要重新考虑。凯恩斯的提议是用短期利率的变化来控制贸易循环。凯恩斯给出了答复。

转载自1933年12月《美国经济评论》

凯恩斯先生的控制规划

1933年6月,《美国经济评论》发表了爱德华·C. 西蒙斯(Edward C. Simmons)教授的论文"凯恩斯先生的控制规划"。在这篇论文里,爱德华·C. 西蒙斯教授开展了批评——他所谓的"商业循环控制规划"。爱德华·C. 西蒙斯教授批评的基础是统计资料。这些统计资料是用来确立一个众所周知的事实:1928年至1932年美国长期利率运动和短期利率运动在级数上大不相同,在正常时期基础上得出的概括不再精确,不过,即使在这些反常年份,长期利率和短期利率的变化方向还是相同的。然而,任何熟悉我的著作的人都会意识到一点:我并不认为仅仅通过操控短期利率就可以控制商业循环,我实际上强烈质疑这个看法,我已经非常关注控制利率的其他方法。然而,因为神话一旦开始就会旷日持久,所以,如果我让自己的论据表述未加纠正就通过,那就不是明智之举。

我的《货币论》是西蒙斯教授评论的基础。在《货币理论》的段落中,我根本没说短期利率是控制长期费率的绝对可靠方法,我的看法只是这种方法通常比大家想象的更有影响,而且有各种原因表明这种影响不像想当然的那样渺小。但是,如果就像西蒙斯做的那样把一个想法归到我身上,那就根本与我所说的不符。这个想法是,商业循环完全可以由短期利率的变化来控制,短期利率始终如一地按照所需级数作用于长期利率。如果这是我的观点,我就会赞成他的说法:"商业循环控制规划的基础令人怀疑。"我对商业循环控制的提议是基于*投资控制*。我已经详细解释了一点:根据情况的不同,控制投资的最有效方法各不相同。而且,我早先已经指出,如果短期利率控制乃至长期利率控制都没有效果,那么,情况就能产生,而且已经产生了一个结果:政府对投资的直接刺激成为了必要的方法。然而,在极端反常的局面发展起来之前,更为温和的方法,包括短期利率控制有时可能就足够了,而这些更为温和的方法很少或者从来不是可有可无的。

转载自1935年3月《经济学杂志》

Report of Monetary Committee, 1934, New Zealand. Minutes of Evidence, Monetary Committee, 1934, New Zealand. (Government Printer, Wellington, N.Z.), 1934.

新西兰模仿了英国和加拿大的做法,委派了众所周知的"麦克米伦委员会"；不过和另外两个不同，在这种情况下，并没有麦克米伦勋爵（Lord Macmillan）来主持。决定建立新西兰储备银行之后，委派了新西兰货币委员会（New Zealand Monetary Committee），然后，新的储备银行才实际建立起来。我猜想，新西兰货币委员会的成立，并没有太多考虑新西兰储备银行的职责和潜力，而是较多地回应了新西兰道格拉斯信用（Douglas Credit）积极分子的活动。

就像其他的麦克米伦委员会的情况一样，这一报告满足了一个非常有用的目的：第一次为新西兰的实际货币和银行制度提供了优秀的最新描述。这些高质量描述性文字填补了我们信息的鸿沟。或许，专家秘书处的阿什维（Ashwin）先生、萨奇（Sutch）博士、和新西兰财政部的巴克（Barker）先生是这些工作的主要完成人。事实会证明这份报告的用处：把新西兰的经济教育和经济事实紧密地结合起来，不论这份报告对政策的影响多么令人质疑。

无独有偶，就像我们的麦克米伦委员会一样，这些成员们好像也在一定程度上分成不可调和的两派。在新西兰，泛泛地说，一派准备支持新西兰政府现有的货币政策。另一派旗帜鲜明地同情道格拉斯信用提议或者类似制度。不光有布拉德伯里勋爵，还有唐尼·斯图尔特（Downie Stewart）先生。唐尼·斯图尔特先生曾担任财政部长，严格按照旧式的放任主义观点写出了自己的记事录。

这一委员会的大多数人得出了一个结论：除了已经正在做的事情之外，政府有很多要做的来治疗新西兰的经济危机，采用的方法是货币方法。同时，他们还提出了大量建议。自他们提交报告之后，其中一些建议已经实施。尤其是他们提出了如下建议：新西兰应该肯定地实施英镑汇兑本位，而且这一本位应该稳定在125

新西兰英镑兑换100英国英镑。作为由此得出的必然结果,他们倾向于出售现有黄金储备。他们建议修订储备银行法(Reserve Bank Act)来方便公开市场业务,方法是购买长期证券和短期证券。他们推荐了如下内容:政府借出机构的合并、国家贷款公司的建立、对储蓄和透支的利率进行削减、建立发展委员会来处理整个公共工程计划以便实现政策的协调。所有的这些措施都是为了鼓励国内投资。我认为,这些建议有的被政府所采纳,有的得到了有利的考虑。

年份	除建筑之外的生产规模	出口规模	进口规模	可供消费的商品规模
1926	100	100	100	100
1927	108	108	96	102
1928	117	112	100	111
1929	122	116	114	121
1930	124	119	106	118
1931	117	120	69	92
1932	114	132	66	83
1933	122	151	66*	82

* 没有数字,但是假定与1932年相同。

根据我的判断,该委员会强力推崇了一个观点:更激烈的通货膨胀提议几乎没有效果,或者完全没有效果。印在下面的表格是由政府统计学家和财政部为该委员会汇编的,充分表明,新西兰的麻烦主要是由于贸易条件的灾难性恶化。出口规模相对于进口规模增加无疑是因为用国外债务偿还来代替了额外贷款的产生;如果能够表明这一情况的程度就好了。然而,有一个好像显而易见的事实:即使考虑到了这一点,可消费收入的下跌也不像在其他一些国家那样主要是因为生产规模严重下降,而主要是因为出口商品相对进口商品的购买力下降。新西兰的生产规模和以前一样高,出口规模远远高于以往任何有记录的数字。因此,情况表明,任何进一步扩大出口规模的企图只会导致贸易关系的进一步恶化;然而,对于新西兰这样的国家,外贸在国家经济中占有巨大份额,如果大规模地把出口工作转化为国内投资工作或者国内消费工作,就可能会涉及生活标准的严重下降。实质上,对于新西兰来说,别无方法,只能是新西兰与世界上其他地方的贸易关系恢复到更加正常的水平。

实际上,上面的数字表明,在通过扩大出口来努力恢复获利能力方面,新西兰可能已经相当大胆。战后,欧洲大陆汇率暴跌。人们发现在此期间出现了一个时刻:汇率进一步下跌实际上降低了一个国家的国外购买力,通过极度贬值的汇率来过度刺激出口,导致了就外汇而言的出口总价值下降,尽管出口规模扩大。假设新西兰委员会(New Zealand Committee)已经接受了一些证人的建议:进一步让汇率贬值。那么,结果就可能是恶化他们的有效获利能力,而不是提高有效获利能力。和澳大利亚一样,新西兰已经在相当大的程度上接受了现代政策,并完全利用了经济学家团队的帮助。这个经济学家团队包括塔克(Tucker)教授、贝尔肖(Belshaw)教授、D. O.（Williams）威廉斯先生等等。因此,在许多其他国家,对于这样的委员会,跟以往相比,建议采取进一步巨变的空间已经缩小了。

报告的相当大一部分讨论了道格拉斯信用组织的提议,因为新西兰的公众广泛要求对这些提议进行权威的检查。碰巧,当委员会建立的时候,道格拉斯少校(Major Douglas)本人就在新西兰,所以他被邀请亲自提供证据,另外还有当地的道格拉斯信用运动首脑克洛塞上校(Colonel Closey),两个人的证据占据了大约85页。这一委员会因见到少校本人而非常高兴,所以过程有时候进行得兴高采烈。由克洛塞上校提出正统道格拉斯解答。道格拉斯把大多数证据都用在一个专门为新西兰设计的新规划上。按照这个新规划,银行储备的一部分要信贷给顾客,透支的基础是过去三年这些顾客平均透支的一个比例,银行股东如果因此遭受任何损害就会得到补偿,保险公司也有模糊但类似的东西。委员会的大多数人严肃总结如下:"道格拉斯社会信用(Douglas Social Credit)提议可能在动机上是理想化的,但肯定是破坏性的和退化的,如果提议的申请被批准。明确和暗含的假定禁不住具有逻辑性的分析。另外,考虑到假定的错误,甚至没有人去努力从中得出具有逻辑性的结论。"如果有谁想要观察被一个官方委员会检查的道格拉斯学派。可以在新西兰证据记事录(New Zealand Minutes of Evidence)中找到最权威的章节。

转载自 1938 年 3 月《经济学杂志》

MEADE, J. E. *Consumers' Credits and Unemployment.* (Oxford University Press), 1938.

米德(Meade)先生已经做出了切实的贡献,为消费者信用——或者更确切地说是消费者补贴,因为消费者补贴并不是对分期付款购买的援助,消费者补贴正是米德先生的想法——勾勒出了蓝图,不是作为魔术药水,而是作为一个切实可行的方法来平衡有效需求中的波动。到目前为止,提议要么倾向于集中于投资刺激,要么拥有消费者信用的某个具体优点:产生用别的方法无法得到的效果,时时刻刻都必要并可行。米德先生并不是通常所谓的"社会信用理论家"。事情是这样的,米德先生认为,作为我们的军械库中用于应对波动的武器,对消费者的补贴(我喜欢用这个词)并没有得到应有的注意。米德的书也是有价值的,因为他试图就英国在提议中所涉及的款项量值的顺序进行评估;虽然该书这部分的实际功用遭到了损害——而且提议的功效被大为轻描淡写——因为他就一个假定得出了数字。这个假定是他应对失业的措施无法减少失业。

简单地说,米德先生的提议是,每当失业指数超过一定数字时,就对广大顾客补贴,每当失业指数低于一定数字时,就对就业征税。① 米德先生并没有把补贴的接受者(就像在目前一样)限制为失业者本身,因为"支付不足以阻止大萧条"。然而,这好像是根据一个假定:没有实施其他的补救措施。而且米德先生好像已经更加清楚强调了一点:对于失业者的现有救济金制度是其论文的一个主要且非常重要的例子,而且失业基金(Unemployment Fund)资产在好时候和差时候之间的波动目前是我们达到其目的的主要的、井井有条的方法之一。因此,不采用米德先生更极端的提议,对失业者的救济程度就更慷慨,不在就业者和失业者之间建立一

---

① 要了解日后凯恩斯是如何涉及米德规划的晚期变体,请参看《凯恩斯全集》,第27卷,第206—219、308—313页。

个异形，救济就更迅速和持久，就业的实际波动也较小。米德先生本人的提议"是要每月进行支付，随着'萧条'失业的规模而变化，支付给的对象是社区内收入低于一定水平的所有人"；或者，当米德先生谈到细节的时候，"支付给的对象是(i)领养老金的老年人(Old Age Pensioners)，(ii)得到现有的孀妇、孤儿和老年共担补助金规划(Widows', Orphans', and Old Age Contributory Pensions Schem)保险的所有工人，(iii)此种规划保险的工人的妻子和孩子"（第33页）。米德先生坚持这一点，尽管 H. D. 亨德森(Henderson)先生对他的批评具有力量。H. D. 亨德森先生认为，这会使完全就业者的实际收入波动得更厉害，因为在猛跌情况下他们的实际收入通常已经增加。米德先生希望可以在好时候对就业逐步征税来收回资金。米德先生并未决定雇主（雇主并未接收补贴的任何一部分）是否应支付部分税收，但建议雇主这么做。就数字而言，米德建议，当失业指数介于13%与14%之间时，应向每个受益人每月支付1先令；当失业指数介于14%与15%之间时，应向每个受益人每月支付2先令，等等；当失业指数介于10.5%与11%之间时，应向现有共担补助金规划保险的每个人每月征税2先令，当失业指数介于10%与10.5%之间时，应向现有共担补助金规划保险的每个人每月征税4先令，等等（第70、71页）。

在我看来，受后面要作出的批评的制约，此中还有许多内容；而且这部分回答了亨德森先生的批评。这个回答是，只要这一规划是成功的，由于补贴和税收造成的实际收入波动会代替由于产出水平变化造成的波动，而且并不是前者的全部会加在后者之上。但是，如果把这一想法带入实践政策领域之中，那么，我建议最好让其成为各种共担保险规划的主要部分，即使要付出代价：稍微限制其范围。可以很简单地做到一点：让共担规划的分担根据就业状况波动，随着失业增加而减少并最终消失，随着失业减少而增加，平均数就基本保持在当前的水平。假设共担规划的范围今后扩大，比如说，包括了家庭零花钱和葬礼保险，那么，上面的想法就会更加有效。另外，同样的想法可以应用在另一个领域，把分担额变成公共和半公共机构未偿付贷款所需的偿债基金，当地收取的费率和价格（情况可能是这样）在萧条中减少，在复苏中增加。实际上，这一政策显然是一个想法的延伸和发展。这个想法是，在萧条中预算为赤字，在复苏中预算为盈余。事实上，这个规划是为了规定，只有证明特定储蓄来源可以用于投资时，才收集这一储蓄来源。所有这些可能是有用的，尽管有一个重要的批评：这个规划是为了在不一定把平均活动水平提高到最优水平的情况下消除波动。

同时，还有人对米德先生的讨论作出了批评。其中最重要的是关于一个提议：通过印刷纸币而不是借款来资助补贴。米德的提议给其论点带来了相当不必要的伤害性阻碍。米德为自己的提议辩护，辩护理由有两点。第一，在萧条时期，现金的增加是有利的。第二，由此节省下来的利息给米德先生规划中的金融带来了方便。但是，米德先生没有说明，实际上也无法说明为什么会作出一个假定：可取的现金增加*在数量上*等于可取的给予消费者的补贴。在其论据结束之前，米德先生意识到其规划可能导致现金的不妥增长。但是，米德先生并没有放弃自己的规划，而是将规划进一步复杂化以便找到解决办法。所有这些占据了他这本书的四分之一。肯定有较好的方法，那就是把下面的两者完全分开。一个是采取行动把现金规模保持在合适水平这一普遍问题。二是,这一特定补贴消费者政策的专门金融。

米德先生并未清楚地说明一点:达到失业统计资料临界水平的"间歇性"失业和"结构性"失业之间的区别。"间歇性"失业指的是有效需求数量波动造成的失业。"结构性"失业指的是有效需求方向变化造成的失业(比如萧条地区)。在确定临界水平时肯定不能忽略这一点。但是,鲁滨逊女士在《就业理论论文集》(*Essays in the Theory of Employment*)中指出的那类因素表明,米德先生在讨论这一区别时可能定义得过于严格,而实际情况并非如此。

最终,米德先生没有试图比较两个方面。一个方面是,用于消费者补贴的特定数量基金的效果。另一个方面是,用于增长的投资的同样数量基金的效果。好像有一点:对于单个收入的影响是相同的,但是,消费者补贴对就业的影响只是等于因投资增加造成的*间接就业*,比不上投资带来的*总就业*,原因是有相关的直接就业数量;消费者没有付出劳动就得到了补贴,因此,我们考虑之后就会得出这个显而易见的结论。要让上述结论的唯一先决条件出现,只需要出现下列情况:跟消费者补贴的接收者相比,投资开支的一些接收者更可能是将其增长的部分收入储蓄起来。因此,假设就业乘数是3,也就是说总就业是直接就业的三倍,那么,补贴造成的就业就只大约是投资造成的就业的三分之二。另外,即使投资间接涉及补贴,也就是说投资的现金价值低于投资成本,那么,在最坏的情况下,也没必要让这一缺额超过(比方说)所涉及总数的四分之一。所以,对于一个补贴消费者的政策来说,真正的负担远远超过了投资政策的负担,除非我们认为否则会失业之人的工作具有高昂的实际成本。就此有一个相应的非常令人沮丧的就业税收：当就业开始恢复时征收。假设在米德公式的驱使下，失业一（在结构性失业的现有条件下）跌至11%以下我们就采取积极收缩政策，那就会令人不快了。米德先生也不能想当然地认为，跟增加的投资相比，增加的消费具有较大的社会优势。原因如下：在两个情况下，消费数量基本上是相同的；只要投资用光了商品，那么，没有投资的话，就只有对消费的益处同时可以同样好地用于直接消费（实际情况很少是这样），并在商品产量增加的情况下承受收益的大幅下跌。宏观上说，社会区别不是在于较多或者较少的消费，较多投资情况下的较多工作和较少投资情况的较少工作。所以，米德先生必须依赖一个论据：消费者补贴可以在未加准备的情况下引入，而且如果因为某种原因，投资的足够增长无法实现，消费者补贴的程度可以轻松调整。

第 6 章　国际经济学

1924 年 6 月,D. H. 罗伯逊(Robertson)在经济学杂志上发表了一篇短文"国际交换实际比率笔记"(Note on the Real Ratio of International Interchange)。在这篇短文中,D. H. 罗伯逊讨论了一点:在与威廉·贝弗里奇爵士(Sir William Beveridge)争议的过程中,凯恩斯对战后提升英国贸易条件的讨论。D. H. 罗伯逊认为,凯恩斯并未尽可能清楚地阐明备选政策的含义。尤其是,D. H. 罗伯逊认为凯恩斯的主张只有在两种情况之一下才有意义。第一种情况是向新环境所做的调整太难了。第二种情况是估计这个新环境是短暂的。凯恩斯的这个主张是,通过减少实际工资来人为地使互换比率下降。否则,资源从外贸部门的流出,或者国外放贷的扩张,都会更有意义。凯恩斯在一个简短的附言中作出了评论。

转载自 1924 年 6 月《经济学杂志》

罗伯逊先生的分析使整个问题更加清楚。但是,我要说明我的悲观性疑问总是来自先前的疑问:出口价格与进口价格最近的关系是否会继续下去。如果就出口商品而言,我们总是能够期待着以比战前便宜22%的价格购买所需的所有食物和原料，显然就没有什么可抱怨的了。但是，我不明白什么对我们有利的永久性变化才会产生这种幸运的结果。另一方面，有两个明显的暂时原因:(1)停战时整个面临着制造商品正常供应的短缺——这个短缺已经基本消除;(2)我们主要的战前竞争对手德国已经或多或少地丧失了战斗力。我应该假定，我们大多数主要出口商品在将来都可以由德国制造，比英国战前的实际成本便宜22%以上;无论如何，我们现在应该迫使德国在沉重的惩罚之下，竭尽全力开出低于我们的价格。

然而，我赞同罗伯逊先生的结论性建议——无论是根据罗伯逊先生的假说，还是根据我的假说，好像都对这条建议有利——解决办法并不是通过降低我们的价格来扩大出口规模，而在于把资本和劳动力引出出口行业，出口行业的资本和劳动力现在过剩了。只要我们能这么做，我相信我们完全能够进一步缩减出口规模（相应地，还有我们的新国外投资规模），把劳动力和资源引进国内的资本结构。无论如何，一旦德国的竞争开足马力，我们就必须这么做。

国际商会（International Chamber of Commerce）的一个下级委员会研究德国赔款付款和协约国间战争债务支付所涉及的转账问题。1927年，这个下级委员会在巴黎开会，试图就支付差额统计资料达成一系列指导方针。凯恩斯是这个下级委员会的成员，在《经济学杂志》上汇报了该下级委员会的工作。

转载自 1927 年 9 月《经济学杂志》

国际差额声明模板

不久之前,国际商会委派了一个特别委员会(Special Committee)来研究德国赔款国际支付和协约国间战争债务国际支付所涉及的转账问题。在调查过程中,专门委员会发现自己处于困境之中,因为对于任何时期而言,流通交易产生的国际债务都没有任何令人满意且可以比较的声明。因此委派了一个特别下级委员会,成员有法兰西银行副行长(Vice-Governor)查尔斯·里斯特(Charles Rist)教授、H. 比谢(Bücher)博士、J. M. 凯恩斯先生、纽约国家贸易银行(National Bank of Commerce)的 H. E. 钱德勒(Chandler)博士、F. 博迪安(Baudhuin)教授。这个特别下级委员会于 1927 年 4 月在巴黎开会,考虑拟就一个统一模型的可能性,以便澄清现有的困惑。

国联(League of Nations)经济金融部(Economic and Financial Section)三年以来致力于搜集和出版来自世界不同政府的贸易差额统计资料和支付差额统计资料,因此,特别委员会决定把国联的分类作为他们工作的基础。在国联经济金融部 J. H. 查普曼(Chapman)先生的帮助下,他们拟就了下面的分类。

实际上,主要困难较多地来自统计资料的实际搜集,较少地来自这些统计资料的精确分类。这个特别委员会的工作就限定为对这些统计资料的精确分类。但是,他们觉得,假如能为主要国家的统计部门提供一个可以建立的信息模型,那么,这些部门会取得一些进步。这些部门总是面临着实践困难:搜集这个模型。把一个

"未加解释的差异"的数字明确归为差漏项目可能有助于避免或者减轻数字过度频繁的"调整",数字过度频繁的"调整"使精确性具有了欺骗性的表现。实际统计资料并不会如此。

支付的国际差额信用来自

Ⅰ 商品

1.(a)包括银块在内的出口商品(根据贸易收入),①不包括船只或者邮包。

注解。——包括在国外港口卖出的鱼以及类似的未包括进出口统计资料的商品销售额。

(b)船只销售。

(c)邮包。

2. 对(1)的低估或者高估进行调整:

(a)达到离岸价值;

(b)把可能关涉到一个先前日期的"官方"价值转变成 当前"市场"价值;

(c)纠正商人申报的偏差,比如,有关税的时候;

(d)包括政府赞助下的商品进出口(比如实物形式的赔款交割),这种进出口不以通常贸易收入的形式出现;

(e)调整统计资料以便符合政治领土(比如,母国,把殖民地排

---

① 始终假定殖民地和附属国不包括在母国之内。

除在外)。

3. 违禁品。

Ⅱ　块状金属、硬币、钞票

4. 出口的金块和金币(根据贸易收入)。

5. 出口的硬币(非黄金)(根据贸易收入)。

6. 出口的未在它处表明的钞票。

7. 对(4)和(5)的低估或者高估进行调整,以便达到商业离岸价值。

Ⅲ　为外国提供的商业服务

A. 运输服务

8. 国家船只因所有国外贸易所接收的运费、[①]租金、旅费和类似收入。[②]

9. 国外船舶给国家港口带来的港口收入。

10. 向被转载或者运输中的国外商品征收的运费或者其他费用(如果没有包括在第1组的(1)到(3)之中)。

11. 未在它处表明的邮政、电报和电话收入。

[①] 进口商品的海运费用已经包括在内,也包括在进口商品的第1组里面(借方),在这一年达到了大约……。对贷方也是一样……在国外……船只被排除在外,但包括在了第1组里面,在这一年达到了大约……。

[②] 这里的国外航运贸易指的是除了国内海岸贸易之外的所有航运贸易。

B. 贸易利润、经纪人佣金、商业佣金

12. 对于没有包括在离岸价格之内的出口商品和再出口商品。

13. 对于没有列入国家进出口商品的商品。

C. 银行和金融服务

14. 承兑汇票佣金。

15. 对国外汇票的贴现。

16. 国外贷款发行佣金。

17. 兑换交易利润。

18. 银行利息。

19. 保险服务。

Ⅳ 利息

20. 国外政府和自治市贷款带来的利息。

21. 资本在国外投资带来的其他利息和股息。

Ⅴ 私人账户的其他当前项目

A. 移入民和移出民

22. 移入民和回归移出民带来的资金。

23. 移出民汇款。

B. 旅游收入

24. 来自国外旅游者和旅行者的收入。

C. 来自国外的慈善和教育捐赠

25. 来自国外的慈善和教育捐赠。

D. 其他当前项目

26. 其他当前项目。

VI 政府交易

A. 在……之中的外交花费、领事花费和其他花费

27. 外国政府出钱。

28. 殖民地出钱。

B. 直接向本国政府支付贷款带来的收入

29. 外国政府出钱。

30. 有着同样货币单位的殖民地出钱。

31. 与母国有着不同货币单位的殖民地出钱。

C. 本国政府在赔款方面的收入

32. 本国政府在赔款方面的收入。

D. 本国政府得到的国外其他收入

33. 本国政府得到的国外其他收入。

VII 资本交易

34. 国外政府和自治市贷款分期偿还所支付的收入

（a）到期债券偿还；

（b）为债券到期偿还所运作的偿债基金。

35. 其他贷款分期偿还所支付的收入

（a）同 34。

（b）同 34。

注解。——把 34 和 35 分成：（Ⅰ）殖民地的，（Ⅱ）国外的。

36. 卖向国外的现有国内证券（不包括可能情况下自己国民在国外购买的国内证券）。

37. 在国外再次出售的国外证券。

38. 国外筹募的新贷款导致的新国内证券出口。

39. 卖给外国人的国内房地产。

40. 投进……的其他国外资本。

Ⅷ 差漏项目

A. 当前短期债务的增加

41. 在国内银行的国外储蓄增加。

42. 国外持有的汇票增加。

43. 外国国民和上文未包括的未清账款使商业债务增加。

B. 总信用和总借项之间未加解释的差异。

44. 总信用和总借项之间未加解释的差异。

借项来自

（在每种情况下，持有量都符合 贷方的持有量）

如果想了解 1928 年以来的评论文章，请看附录。

在 1929 年 3 月的《经济学杂志》中，凯恩斯发表了一篇文章，在经济学领域产生了一个更为著名的争议。

转载自 1929 年 3 月《经济学杂志》

德国转账问题

道威斯委员会把德国赔款的支付问题分为两部分——一个是*预算*问题，另一个是*转账*问题。*预算*问题：从德国人的口袋里榨取必要数额的资金。*转账*问题：把按照此种方法得到的德国资金兑换成外汇。

这个二分法具有理论和实践意义吗？随着时间的流逝，对于这个问题的观点比以前更加迥异。已经清楚地表明了一点：转账问题无关紧要，只要预算问题解决了，转账问题基本上就自动解决了。下面的注解旨在从理论上讨论这个问题。

那些认为转账问题无关紧要的人有如下理由。德国人因为当前的产品和服务生产而得到收入。如果收入的合适部分被没收，相应数量的商品就没有了买家，因而可以用来(除了可以用在其他地方的之外)扩大出口或者减少进口。不是所有德国被迫放弃的商品和服务都适于出口，所以产品的形式必须有一定数量的彻底改变。然而，没有理由假定，普通的经济力量不会在合理的时间跨度之内导致这种情况。因此——根据这个学派——真正的问题是，德国政府可以通过健康的金融方法筹集到多少现金，并支付给驻伦敦总代表。一旦解决了这个问题，我们就能确信可以找到一个方法来处理转账问题。

现在，我不怀疑有许多系列可以得出这个结论的前提。比如，有个非常简单的系列，可以显而易见地得出这个结论。因为让我们假定德国的生产因素只生产出口商品，只消费进口商品；在这种情况下，显然只有预算问题，没有转账问题；——或者更确切地说，转账问题从德国人的肩头移走了，并成为了这样一个问题：比如，赔款接收者和先前出口商品的国家之间的问题。

但是，另一方面，假设我们假定德国已经正在出口所有能够生产的商品，出口的条款也能为购买这些商品的世界上其余的地方所接受——比如说，假定和今天俄国没大区别，德国产的出口产品局限于鱼子酱和白金，而鱼子酱和白金的产量不可能增加——那么，转账问题就是最大的问题，实际上也解决不了。或者，让我们再一次假定，和以往一样德国的出口商品限制为鱼子酱和白金，然而德国可以增加鱼子酱和白金的产量，但不幸的是，世界上其余的地方对这些商品的需求是摇摆不定的。在这种情况下，德国出口得越多，总实收款项就越少。转账问题会再次变得无药可救。

所以，第一个需要考虑的问题是一个事实问题——当今的德国是否处于上文提到的两个极端情况之中？换句话说，我们的第一个问题是，德国生产因素是否可以进行理想化的分配？比如按照用途进行分配。如果可以这样分配的话，就能解决分配问题。

当这个问题已经解决之后，就剩下了第二个问题，——道威斯计划能在多大程度上实现这种理想化分配，按照什么因果顺序才能实现这种理想化分配？

I

（1）假设从您那儿拿走 1 英镑给我，我选择增加我的消费，我要消费的商品恰恰是您被迫放弃消费的商品，那么，就不存在转账问题。那些把转账问题最小化的人好像有时候暗示的是，上面的情况是当前事实的公平代表。上面的情况公平代表到了下列程度：高税收使德国消费者购买较少的国外商品。但显然只有放弃的部分消费是关于国外商品，而且，就目前的情况来判断，这部分所占比例不太大。另外，德国贸易差额已经具备了这种做法的大多数益处，原因如下：单个德国人已经支付了足够的，或者接近足够的税收来解决预算问题，并因而已经把其个人消费减少到了最低限度。

（2）在过去的两年或者三年里，德国暂时解决了转账问题。德国在国外借款用作国内资本。德国并未把这笔现金以进口商品的形式带回国。德国一直在用这笔现金从驻伦敦总代表那儿购回支付给驻伦敦总代表的税收实收款项。然后，德国从中支付国内雇用的进行基础设施改造的德国工人工资。显然，这个从国外借款的过程无法无限期进行下去。当这一过程结束的时候，就需要把现在雇用的劳动力用作出口生产。

因此，这不是——基本上——一个减少德国消费的问题。只要预算问题已经解决，消费的必要削减就已经起了作用。当一个国外借款结束的时候，就会出现一个问题：不是在德国减少当前消费，而是把劳动力从德国基建工程转向出口贸易。只要德国内部的额外储蓄在未来代替了国外贷款，就会出现资源盈余，而以前这些资源是用来供应德国消费者。另一方面，如果国外贷款资助的基础设施改造的产品不是可出口的形式（基础设施改造的许多产品不具有可出口的形式），其他工作向出口贸易（或者用来生产以前的进口商品）的生产转移，就会在规模上大于单纯赔款付款所需的规模。原因是,还需要提供国外贷款的利息。

(3)因此,我作出了总结,要解决转账问题必须基本上依靠的力量如下:不是向国外消费者释放现在由德国人消费的商品(例如,小麦、糖、棉花),而是把德国的生产因素从其他工作转向出口行业。①

(4)现在,什么阻止德国在目前拥有较大的出口规模?是不是出口贸易无法在目前的酬劳水平吸引更多的劳动力?或者,是不是这样:如果不先减少生产成本,他们就无法在获利的情况下出售较多的产品?现有的事实好像表明了两点。第一,在当前的酬劳水平下,劳动力供应的不足几乎无关紧要,或者无关紧要。第二,是真正的解释。

也就是说,转账问题的解决需要做到一点:使德国生产的黄金成本相对于其他地方减少。有三种方式来实现这一点。或者,德国工业家必须比其他地方的工业家更快地提高效率;或者,德国的利率低于其他地方;或者,跟其他地方相比,效率工资的黄金费率必须减少。德国工业家享有盛誉:相对于其他国家拥有相当高的效率水平,所以,我不知道为什么要假定德国工业家还会进一步超过我们。因为德国工业家提高效率并不足以解决问题(德国工业家无疑会提高效率);德国工业家必须比其他工业家更快地提高效率。德国也不可能得到相对较便宜的资金;德国利率跌到当前的高水平之下可能会带来未来收益。可以说,转账问题需要做到一点:相对于其他地方的效率工资,德国效率工资的当前黄金费率需

――――――――――
① 为了简单起见,我把生产以前的进口商品的行业归入此类。

要减少。

这是要说明的第一点。德国人的开支必须减少，减少必须同时具备两点。第一，通过赔款税收的数量，德国人必须从收入中支付这笔钱。第二，使德国人收入的黄金费率降下来，低于其他情况下的黄金费率。也就是说，有两个问题，不是——就像那些贬低转账的困难之人所认为的那样——一个问题。实际上，可以对这种情况简述如下。转账问题在于减少德国生产因素效率收入的黄金费率，足以使其把出口商品增加到充足的整个总量；预算问题在于从这些减少的货币收入中榨取足够数量的赔款税收。预算问题取决于德国人的财富和繁荣；转账问题取决于德国工业在国际市场上的竞争地位。

(5)假定 x 是一个百分比，就黄金而言的德国效率工资必须按照 x 来削减，以便产生足以支付赔款的出口盈余。那么 x——我们可以说——是转账问题严重性的尺度。

到目前为止，对于 x 的价值，我们没有经验来引导自己。只要赔款付款是由国外借款来提供的，我们就不会有经验来引导自己。可以相当确定一点：这有一天肯定会结束的。但是，没人说得清是什么时候。同时，跟五年前的道威斯委员会相比，现在位于巴黎的新的委员会几乎没有更多的证据来引导自己得出 x 的价值。

按约整数计算，德国出口（包括实物送交）现在达到了每年约 600,000,000 英镑。看起来——再次按照约整数——好像德国出口超过进口的盈余会增加大约 150,000,000 英镑（或者甚至 200,000,000 英镑）来平衡没有借款的账户。德国工业主要靠从国外获得原料，所以，这意味着出口总数会有进一步较大增长。驻伦敦总代表得出结论:德国必须主要依靠其制成品的出口,德国制成品出口去年达到了 434,000,000 英镑。因此,非常笼统地说,德国必须增加制成品出口价值(比方说)40%。这是个巨大的任务。

现在,效率工资货币费率的削减并没有帮助德国,而且可能伤害德国,假如出现下面的情况的话:

(i)假设产品,即个人服务或者建筑,无论如何都无法出口;

(ii)假设世界对德国商品的需求是摇摆不定的,即,价格削减刺激的需求达不到比例,所以,较大的数量卖出了较小的整个总数;

(iii)假设德国的竞争者竭力保持当前的贸易联系,方法是同比例减少自己的工资费率;

(iv)假设德国顾客不愿意让其国内生产者面临这一更强烈的竞争,通过提高关税加以应对。

另外,如果价格削减 10% 刺激贸易规模 20%,那么,这并没有增加出口价值 20%,只增加 8%（$1.20 \times 90 = 108$）。

应该顺便指出两点。实际工资的削减根本不会和货币工资的削减一样大,因为可以预计用于国内消费的国内商品价格会下跌。[①] 然而,这并不意味着减少货币工资有多么容易,我们在过去的四年里已经在德国发现了这一点。另一方面,就像确实发生的那样,实际工资的这种削减可能降低效率。在这种情况下,还需要对每人的货币工资进行更大的削减来确保效率工资的特定削减。

鉴于这些因素,需要对德国工资的货币费率进行什么样的削

[①] 对于相反的现象,请看下一页引用的数字。从这些数字里可以得出一点:货币工资最近的增长已经使生活成本上升了货币工资上涨数量的一半多。

减以便使德国制成品出口增加 40%？我没有贸然猜测——除非我觉得确实必要。有些人相信，国外对德国出口商品的需求是非常灵活的，因此，德国价格稍微削减就可以达到目的。只有这些人会认为，除了预算问题之外，转账问题无关紧要。

我自己的看法是，在特定的时间，一个国家的经济结构，相对于邻国的经济结构，允许特定的"自然"出口水平。我还有一个看法，通过人为因素任意对这个水平进行重大改变是极为困难的。我认为，从历史来看，出口投资的规模趋向于自我调整——至少在一定程度上——以便实现贸易差额，而不是反之，前者是敏感因素，后者是不敏感因素。

另一方面，就德国赔款而言，我们在竭力确定国外汇款的规模，并迫使贸易差额由此自我调整。有些人没有从中发现困难——就像有些人认为英国可以轻易回归金本位一样——把液体理论用于其他物质；就算不是固体，也是有着强大内部阻力的黏稠物质。

同时——削减工资还远远没有开始——国外借款带来的喘息机会已经弱化了德国的竞争地位，原因如下：大通货膨胀（Great Inflation）之后的 1924 年，德国的工资少得可怜，而国外借款使得德国工资再度增加。帕克·吉尔伯特（Parker Gilbert）先生估计，自 1924 年以来，德国货币工资已经上涨了 40%，实际工资 23%，结果是估计现在的实际工资比战前高 8%。

II

所以，转账问题涉及 x 百分比的削减，按照的是德国黄金工资费率相对于其他地方的黄金工资费率。x的价值是由上文提到的因素确定的。下一个问题是——道威斯计划如何提议去削减工资？答案是，就这个问题的解决而言，道威斯计划几乎没有做出贡献。

最简单的方法是允许德国马克的汇率价值下跌所需的数量，以便给予出口产品必要的津贴，并拒绝任何提高货币工资的企图。但是，道威斯计划"转账保护"策略明确防止的恰是这个方法。在出现一种情况的时候也没有——根据我对道威斯计划的了解——任何义务通货紧缩。这种情况是，"转账保护"开始运转，赔款税收的实收款项在德国积累。原因是这些实收款项会投进短期贷款市场。

然而，如果我们假定，按照与德意志帝国银行的协议，通货紧缩得以实施，那么，这样做会有什么帮助呢？只有在一种情况下会有所帮助。这种情况是，贸易活动缩减，人们失业。那么，当数以百万的足够人员失业时，他们才会接受对其货币工资的必要削减。这样做在政治上和人道上是否可行就是另外一回事了。另外，国外金融家试图撤回贷给德国货币市场的巨额款项的一部分。这部分款项估计在300,000,000英镑，可能是剧烈政治和经济斗争的副产品。剧烈的政治和经济斗争旨在减少工资，以便维护国外债权人的利益。

在道威斯计划下，德国的地位具有如下优势。出口商品和国外贷款所提供的盈余会被如期汇寄，直到达到年金的数额。但是，如果在任何一年，出口商品和国外贷款未能提供足够的盈余——而且有一个不争的事实，那就是年金是通过税收来搜集的。这个事实根本无法保证盈余的充足——那么，道威斯计划没有提供有效的压力手段来增加盈余。所以，人们可以假定，无论如何，德国政府会非常不愿意放弃"转账保护"。德国自留的出口商品可能产生盈余。如果将来能有比现在更多额关于盈余数量的数据,德国政府是否会愿意放弃"转账保护"就另当别论了。

但是,抛开德国的观点不管,从其他的观点来说,保留"转账保护"或许是可行的。去年1月,在向巴克莱银行(Barclay's Bank)股东讲话时,F. C. 古迪纳夫(Goodenough)先生说:——"有一点至关重要,那就是,要确定的数量不仅应该为协约国所接受,还应该尽可能避免迫使德国与世界上其他地方展开过度工业竞争。如果要让德国与世界上其他地方展开过度工业竞争,就要促使德国人接受太低的生活标准。"如果古迪纳夫先生是正确的,一些"转账保护"措施就应该保留。

凯恩斯的文章得到了伯蒂尔·奥林的迅速回应。伯蒂尔·奥林当时是哥本哈根大学(University of Copenhagen)的经济学教授。他们的信件影响了后来印刷讨论的形式,所以,我们印刷了相关的交流。①

转载自 1929 年 4 月 9 日伯蒂尔·奥林来信

您发表在上一期《经济学杂志》上的论文让我大受鼓舞,

---

① 我要感谢 E. 奥林夫人,因为她为我们提供了信件,填补了凯恩斯论文里的一些空白。后面信件里讨论的其他主题收录在了皇家经济学会下一期微克塞尔(Wicksell)的《利息和价格》(Interest and Prices)之中。

我情不自禁地写下一篇简短的论文,以便阐明您的结论为何部分缺乏根据。我知道《经济学杂志》总是版面紧张,也知道编辑们拒绝的大量投稿。然而,因为当前的赔款问题引起了特别的兴趣,所以,我觉得你们可能有理由为我的这篇短文在 6 月那一期上找到版面。如果你们这么做,我当然非常感激。

转载自 1929 年 4 月 18 日写给伯蒂尔·奥林的信

我感到高兴,因为可以在《经济学杂志》上印刷了您对我最近一篇论文的评论或者批评;碰巧,我发现 6 月那一期上有空间刊载这个评论或者批评。

然而,我不急于和您进行枯燥乏味的争议。所以,在把您的论文交给印刷商之前,我要澄清一个观点。如果我没有误解您,这一点需要我的反驳。

德国从国外借来的款项已经利用,部分是支付进口产品,部分是支付赔款。您的论文好像是为了说明一点:用于支付赔款的部分还是增加了德国国内购买力,因而对德国贸易差额产生了间接不利影响。

如果这是您的意思,我就要与您争论这一点。我们可以假定,与国外借款相等数量的款项会被用于德国的基建,即使获得的国外现金用于了赔款。在这种情况下,从德国纳税人处拿走用于支付赔款的货币就会以工资的形式返还给德国工人等等,这些人被雇用进行基建。我假定,直到此时,我们的观点还没有区别。您假定增加了德国国内的购买力。这一点我不敢苟同。有三个其他可能性：

（1）如果赔款没有支付，那么，我们讨论的款项就不会从德国纳税人手中拿走，而是会以工资的形式付给生产德国所消费物品的工人；所以，在这种情况下，购买力没有变化。

（2）假设税收会被征收，但是假设由于转账保护在起作用所以无法汇寄，那么，根据道威斯计划，德国可以像以往一样得到贷款并用于工资等；那么，在这种情况下，购买力还是没有变化。

（3）第三个可能性或许是您想的那样：德国能够把赔款款项汇寄出去，方法是出口，而不是借款。在这种情况下，以前作为工资支付给从事德国基础设施改造的德国工人的款项，会作为工资支付给出口生产部门的德国工人。所以，最终，这里也没有购买力的变化。实际上，这种情况得出的结论就是我的看法：问题在于把现在德国从事基础设施改造的工人转到出口生产部门，德国国内购买力规模的任何改变不会自动促进这个转化过程。①

假设，另一方面，您的论据是关于德国国外借款的一部分。这部分借款没有用于支付赔款，而是用于支付进口盈余。那么，我就需要不同的论据。但是，我认为您的意思应该不是这样，所以，在没有得到您的进一步来信之前，我不会就此麻

---

① 请看您的第 4 页底部——我认为"对国内市场商品的需求"会是*一样的*，不管得到这笔工资的工人从事的是德国基础设施改造，还是制造出口商品。

烦您。

不幸的是,在我付印6月的《经济学杂志》之前,我并没有很多的空闲时间。我附上您的论文,以防您没有保存一份最终形式的论文。

转载自1929年4月22日伯蒂尔·奥林来信

我非常感激您,因为您在4月18日给我友善地回信。我想要清楚表达自己的想法,但基本上徒劳无功,甚至像您这么细心的读者都误解我的意思。我当然持一个观点:德国借款增加德国国内购买力只能是在借款超过赔款付款的情况下。您信件中的论据是无可辩驳的。

我已经对我的论文进行了一些纠正,并相当清楚地阐明了一点:我考虑的是借款超过赔款付款的盈余。

新的瑞典程序法规定,法庭有责任在审理案件之前让律师们交换看法。事实证明,这非常实用;这防止了大量误解,并节约了时间。对于我来说,您的信件好像用科学的讨论表明了类似程序的优势。我肯定非常高兴,因为没人按照您的信件在报纸杂志上对我进行反驳。您提到我讨论的选择"需要不同的论据",这只是针对的资本进口盈余。对这一论据的思路进行简要说明或许同样能够保证没有进一步的误解。因为您的时间以及付印《经济学杂志》之前……。

您能否帮我个忙,找人修改一下我论文里那不可救药的英语。

1929年4月28日写给伯蒂尔·奥林的信

亲爱的奥林教授,

目前,德国借了 x 来支付进口盈余,y 来支付赔款。我明白,对于 y 而言,您接受了我的论据。但是,x 不一样。如果 x 停止,y 也停止,那么,跟 x 继续相比,德国就能较为容易地支付赔款。我误解您了吗?

我回答如下:

(1)如果您的论据是正确的,那么,在满足一个条件的情况下,德国可以较为容易地支付赔款。这个条件是,德国不仅停止借款,还是还向国外贷出款项。德国在国外投资越多,支付赔款也就越容易(用您的话说,由于德国国内的购物能力下降)。

(2)我说德国可以支付的赔款数量取决于德国的工资可以压低到什么水平。您说我忽视了一个可能性:在德国减少"购物能力"。但是,如果不减少工资,如何减少"购物能力"?

(3)我匆忙地说出了下列内容:x 削减的效果、y 削减的效果需要不同的论据。两者的效果恰恰是一样的。在这两种情况下,贷款现在是用来雇用德国工人在德国生产资本商品。如果贷款停止,这些工人就失业了。只有德国的工资水平下降,这些人才能重新被吸收到工业里来。由此失业的工人越多,工资肯定降得越多。因此,假设国外贷款完全停止,那么,跟只有赔款贷款停止的情况相比,工资下跌肯定更大。由此可以得出结论,假设现在支付进口商品的国外贷款停止,德国工资问题会更严重,而不是像您认为的那样变轻。

(4)经过进一步思考,我要对我的论文作出如下批评。这不是您真正的想法?

只要国外贷款持续,工资下跌就可以避免。如果出现工资下跌,会在两个方面有益于贸易差额:

(1)只要是黄金工资下跌,就会帮助德国贸易进行国际竞争;

(2)只要是实际工资下跌,就会减少德国工人阶级的总消费,而且这一被减少的消费的一部分会有益于贸易差额。

当然,我在(1)中包括了一个事实:德国工资下跌,会通过减少国内商品相对于国外商品的成本,来增加针对国内商品的德国消费的百分比。

在我一篇较早的论文里,我强调了第一个益处,但没有强调第二个益处。然而,我应该假定(2)的数量小,原因是,如果工资下跌20%,或者20%的工资用于支付进口商品,那么,总进口下跌不到4%。但是,有两点依然成立。第一点是,德国支付赔款的能力取决德国的工资可以压低到什么水平。第二点是,德国国外借款削减越多,德国面临的工资削减问题就越大。

如果您的论文就这样印刷的话,我要附在您论文后面的反驳大意如此。您能否尽快让我知道您想让我怎么做。

为了节约时间,我在星期日寄出了这封信。在星期日,我无法找人抄写这封信件。因此,您在回信时,能否费心把这封信件寄回给我,或者把这封信的副本寄回给我?

您非常忠实的

J. M. 凯恩斯

当然,我双手赞同一点:假设协约国同意按照固定价格接受以实物形式支付的赔款,那么,难度就小多了。但是,协约国恰恰不愿意这么做。

1929年5月1日伯蒂尔·奥林来信

亲爱的凯恩斯先生,

感谢您4月28日的来信,谢谢您费心费力澄清问题。

然而,我必须承认,我不能理解您为何那样理解我的论文。显然,我的思路有所不同。这在某种程度上是令人遗憾的,但也更能清楚地表明实际区别。

(1)我的论点不是这一个:如果 x 停止,y 也停止,那么,跟 x 继续相比,德国就能较为容易地支付赔款。我的意思是,如果 x 停止,y 也停止,就能较为容易地创造一定规模的出口盈余。然而,同时,出口盈余会比以前大 x,来保持支付差额的平衡。在这种情况下,创造如此大得多的盈余较难。而在部分借款继续的情况下,创造较小的盈余就不那么难。由此可以推断,在后一种情况下,支付赔款较容易。

借款越少——或者更确切地说,德国的净支付较多(赔款被借款减少)——自动创造的出口盈余就越多。但是,所需的出口盈余更多,调整难度也较大。

举个例子:借款从15亿马克减到5亿马克。支付赔款保持不变,仍为25亿马克。净支付从10亿马克增加到20亿马克。德国购物能力(购买力有双重意思,请比较费雪著作的题

第6章 国际经济学 481

目)被削减,而国外购物能力增加,由此直接或者间接地趋向于减少进口并增加出口。然而,这并不自动增加出口盈余10亿马克。因此困难出现了。需要做到以下几点:在德国国内对信用进行一定的限制,迫使国内市场工业压低价格和工资,或者还要压低出口工业的工资和价格。

(2)如果不减少工资,怎样才能削减购物能力? 当然,如果一个人以往从国外借款但现在停止了借款,那么,跟以往相比,现在拥有的购物能力就减少了。

(3)当然,在这两种情况下,削减德国借款的效果都是一样的。就我个人来说,我认为把德国借款分为 x 和 y 并没有什么好处。

德国工人可以在工资根本不下跌的情况下被吸引到工业之中去,但要满足一个条件:德国出口工业以及与他国进口商品竞争的工业在成本不变的情况下扩张。我努力去表明一点这些工业会有所扩张,但要满足三个条件:(a)较大的国外市场;(b)德国生产因素聚集于出口贸易营销等等;(c)德国出口工业较少的扩张。毋庸置疑,必须进行一些工资削减,和较大的工业调整,即"由此失业的工人越多,工资肯定降得越多。"

我的意思不光是第二点,您说在您在自己的论文里并未强调第二点。实际工资的削减会减少消费。其他人而不是工人手中被削减的购物能力难道不会对需求产生同样影响吗? 这实际上是我的主要观点:需求条件改变了。您提到了工人,但这是一部分而已,而且是很小的一部分。

人们容易忘记下面的情况:国外的购物能力增加,国外市场从而直接和间接地扩大。

我反对的是讨论资本移动变化的习惯:好像资本移动变化只是个供应反应问题,借出国或者不再借入的国家必须廉价提供其商品。您难道不同意这一点:资本运动变化直接导致了两个国家的需求变化,而且进行必要的调整也较为容易?

在您的两封信中,并未提及需求条件变化的这一间接影响,除了您在这一页顶端提到的关于实际工资的阐述。

为了清楚表明我的立场,我寄给您两个*指数*。① 我在这两个指数中较为详细地讨论了赔款问题。

假设考虑两个大小基本相同的国家并讨论资本运动的巨大变化,那么,我觉得情形非常简单。那就是,国内市场商品价格趋向于在一个(德国)国家下跌,而在另一个国家上涨。另一个国家的国内市场工业会因而扩张,而与德国商品竞争的工业会减缓扩张,因此,另一个国家拥有了巨大的市场,不受德国出口价格任何变化的影响。国际贸易中的交易地位基本不变,但不是完全不变。地区价格水平的变化将会在国内市场价格和国际商品价格之间。

如果另外一个国家比德国大得多,那么,机制是不是还是如此发挥作用呢?

我希望这些话在一定程度上表明了我的想法。我假定没有时间来进行进一步的讨论。当您写下自己的反驳时,如果

---

① 可能是 1928 年的"赔款问题"(Reparation Problem)和 1929 年的"美国和欧洲的未来金融关系"(The Future Financial Relations between the U.S. and Europe)。

您引用这封信,我就会感激您。您可能会认为这封信比我的论文更能表明我的立场。假设您认为这封信比我的论文更能表明我的立场,那么,当然,如果我能在印刷之前看到您的言论就好了。

自从《指数》诸篇论文发表之后,几位著名的经济学家告诉我他们基本上支持我的想法。所以,我不能相信所有这些都错了。然而,不言而喻,如果事实证明我过于强调无关紧要的看法,那么,我非常愿意修改我的看法。另一方面,这些看法的真实性是毫无疑问的。

您非常忠实的
伯蒂尔·奥林

附言:我没法今晚就找人抄写您的信件,因此,我把信件寄回给您。然而,如果您把信件寄回给我,我表示感谢。

1929 年 5 月 9 日写给伯蒂尔·奥林的信

亲爱的奥林教授,

借到您的第二封来信之后,我认为自己能够最终精确理解您的观点了。我假定是我不够聪明,以至于未能尽早理解您的观点。因此,我已经在《经济学杂志》上撰文反驳。我希望这篇反驳性文章并非风马牛不相及。

我必须立即把这篇反驳性文章寄给印刷商。但是,我已经要求印刷商寄给您一个这篇反驳性文章的校样,并寄给您那篇论文的校样。这些校样几乎会和这封信同时到您手上。只要不影响这篇论文的分页,迅速寄给我的任何校正都来得及。

我要说的话已经在校样里说明了,校样会寄到您的手上。因此,我在这里就不用再说了。我把4月28日的信件一起返还给您。您曾费心把4月28日的信件寄回给我。

您真诚的,
J. M. 凯恩斯

1929年5月14日伯蒂尔·奥林来信

亲爱的凯恩斯先生,

谢谢您的上一封信和校样。您的反驳好像是基于对我的意思的正确理解,而且那是最重要的。当然,并不是说我原原本本地接受您的批评。但是,我认为您的反驳切中肯綮,而且非常有利于进一步的思考。一个简要的注解起不了多大作用。

我给我的论文增加了两个注解,并说明了一点:如果需要的话,有一段话可以省略,以便让文章保持原来的长度。我希望您能想办法把这两个注解印刷出来。

在您反驳的空白处,我写下了一些意见,不是为了刺激您作出改变,而是为了更清楚地向您表达我的想法。[①]

最后,我想要再次感谢您,因为我的论文让您费心了。

您真诚的
伯蒂尔·奥林

---

① 这个没有保存下来。

因此，1929年6月那一期的《经济学杂志》刊载了"赔款问题：一个讨论"(Reparation Problem: A Discussion)。讨论的第一项是奥林的论文"实际和想象的转账困难"(Transfer Difficulties Real and Imagined)。凯恩斯的回答讨论的是第二项。

转载自1929年6月《经济学杂志》

赔款问题：一个讨论

II 一个反驳

我已经发现难以确保自己理解了奥林教授印刷在上面的论文的论点。然而，通过与奥林教授的通信，我取得了进展。尽管如此，如果我依然犯了诡辩论证的毛病，那么，最好向公正的读者表明我这样犯了毛病。所以，我在总结他的论点时，从个人觉得基本理解的论点着手——不是作为对国际贸易理论的贡献，而是在于在德国支付赔款具体情况中的应用。这就是我在此讨论的问题。

我认为，我之所以会误解奥林教授，主要在于一个核心问题：奥林教授确定的"德国国内购物能力"这个词组的意思。① 首先，我们假定奥林教授使用的这个词组等于"德国国内货币收入总数"，因此，我要反驳——"如果就业规模或者收入率不下跌，'购物能力'如何下跌？但是，这恰恰是我原先论文里的观点——即德国

---

① 他因此增加了一个脚注来进一步阐发自己的意思。

面临的问题是削减货币收入率。因此,德国可以支付的赔款数量取决于德国削减货币收入率的程度。因为国外贷款并未增加德国国内的收入,除非国外贷款可以保持就业规模和收入率(或者减少税收和储蓄);国外贷款可以让德国工人被雇用生产资本商品。"

但是,这并未解决奥林教授的问题。奥林教授想要强调对德国贸易的益处。德国货币收入总数并不影响这个益处。或许我可以把这个问题澄清如下:

根据我的看法,有*两个发展*(除了德国工业效率的相对增长,除了赔款税收直接影响的消费削减)可以改善德国收入账户的*净贸易差额*。即:

(i)德国生产因素黄金工资费率相对其他地方的费率削减,会增加德国制造商的竞争力,从而使德国制造商吸收工人生产出口商品或者先前进口的商品。而这些工人现在处于失业状况,或者在国外贷款的资助下在德国国内生产资本商品;

(ii)德国工人实际工资的削减会使其消费减少,被削减的消费的一部分会有益于贸易差额。

我的论文强调(i),并附带考虑到了(ii)。但是,奥林教授宣称有*第三个发展*(iii)值得重视,即:

(iii)如果德国从国外借入得较少[①](净),这意味着某个或者某些其他国家会借入得较多(或者借出较少)。这会减少德国对国外

[①] 奥林教授论文的一个词组表明他想让自己的辩论仅仅局限于*超出*支付赔款的贷款。但是,在通信中奥林教授赞同一点:没有理由区别对待超出支付赔款的贷款和未超出支付赔款的贷款。

商品的需求，并使其他国家产生现有国际价格水平上的新需求。德国会因为这个新需求的某个部分而获益，并由此按照旧有价格出售比以前多的出口商品。这减轻了德国问题的严重性。奥林教授认为我忽视了这一点。我的回答如下：

我假定，如果德国借入得较少，第一个影响会是引入道威斯计划的转账保护条款。如果是这样，结果就是，德国至少会暂时支付较少的赔款。奥林教授有一个假设，如果德国从国外借入得较少，某个或者某些其他国家会借入得较多（或者借出较少）。现在，如果德国借入较少时候会暂时支付较少的赔款，那么奥林教授的这个假设就不成立。原因是，如果因支付赔款而使国外借款减少，那么，德国和世界其他国家之间的国际资产负债表就会和以前一模一样。如果 A 借给 B 1 英镑，B 用这 1 英镑偿还欠 C 的债务，而且如果 A 停止借出意味着 B 必须停止向 C 还债，那么，B 就陷入了失败的境地。奥林教授争辩说：否！A 停止借 1 英镑给 B，就会额外有 1 英镑用于购物，因而会增加 B 的销售额，使 B 终究可以偿还 C 1 英镑。奥林教授忘记了一点：如果 A 借给 B 的 1 英镑和 B 偿还给 C 的 1 英镑同时停止，那么，A 那增长的购物能力就由 C 减少的购物能力所平衡，所以，国家市场和以往一样——尤其是如果 C 恰好是 A，只是名字不同而已。在我看来，奥林教授完全一个可能性（实际上有人可能会说是确定性）。这个可能性是，假设德国国外借款减少，那么，德国的支付赔款也会减少——除非*我的*因素起了作用。

因此我给出的原因，只要德国在没有借款的情况下支付赔款，这些支付确实会影响国外收入水平，使国外收入水平缓慢上升。

不一定是全额的，因为德国出口商品的增长可能部分是以其竞争对手的失业为代价，部分是以其竞争对手低效率使用资源为代价。增加的"购物能力"是由于一个事实：跟以往的借款相比，德国以较少的援助进行支付。增加的"购物能力"在购买出口产品时已经用尽，出口产品的销售使支付赔款成为了可能。奥林教授的论点只是说，如果德国支付赔款，就证明德国能够支付赔款。但实际上，如果德国能支付赔款德国就具有支付赔款能力这一事实并不像奥林教授好像认为的那样证明一点：如果德国无法支付赔款，就证明德国能够支付赔款。

让我用例子重述我的观点。让我们假定（在不久之前跟事实相差不大）德国一年借款 200,000,000 英镑，支付 125,000,000 英镑赔款。让我们然后假定，德国的国外借款跌至 100,000,000 英镑，德国支付的赔款跌至 50,000,000 英镑；即，除了借款和赔款之外，德国成功提高了贸易差额 25,000,000 英镑。现在，在德国之外的世界，我们确实提高了"购物能力"25,000,000 英镑。但是，在支付德国额外出口（净）的 25,000,000 英镑商品时，这笔钱恰好用光了。这充分提高了德国的贸易差额，使德国支付赔款成为了可能。奥林教授必须坚称"增加的购物能力"*超过了* 25,000,000 英镑，而且——如果奥林教授的反响具有重要性的话——大幅超过了 25,000,000 英镑。

另外，假设在国外贷款停止的情况下，德国暂时减少必需品进口，因而能够暂时继续支付赔款。那么，再次出现了一种情况：取代德国作为国外借入者的其他国家增加的购物能力会趋向于被抵消，因为先前向德国出口商品的国家购物能力下降了；换句话说，德国过去用来支付进口商品的贷款现在被其他人所需要，用来支付德国不再进口的商品。

因此,我像以往一样得出结论:尤其是在一开始,德国必须首先依赖削减价格——意味着削减工资。因为对于德国商品来说,国外没有"增加的购物能力",德国国内没有"减少的购物能力",除非作为我的因素(i)和(ii)的 结果。

当然,经济领域的一切事物都产生了反响——通常都很难从量和质上进行衡量。因此,如果德国成功支付了赔款,这种新情况产生的反响 可能会间接使德国受益。但是,我并不认为这种反响是巨大的。因为反响是分散在全世界;所以,即使 有反响,就算德国能从中受益,德国能得到益处的10%也已经顶天了。我承认自己未考虑外部世界各种可以想象的变化。从长期来看,这些变化可能缓和德国任务的严重性。这些变化的例子有国际财富的普遍增加、繁荣和贸易。实际上,我觉得,随着时间的流逝,贸易的反响可能大大多于那部分国际财富增加的反响(德国之外)。那部分国际财富的增加来自德国赔款付款。

让我补充一点:我非常同意奥林教授在其第四部分关于实物送交理论可能性的说法。有组织的实物送交会解决我考虑的问题。但是,就实物送交的实践障碍,我也同意奥林教授的说法。

讨论并没有就此结束,因为奥林继续通信。在下一个阶段,只留下凯恩斯的一封信。

1929年7月27日伯蒂尔·奥林来信

亲爱的凯恩斯先生,

　　谢谢您的来信。

　　您友善地在《经济学杂志》里为反驳留下了版面。我附上我的反驳。我希望我的反驳可以让我们达成更大程度的一致。

　　如果您觉得我的论文未能令人满意地总结您的观点,请告诉我,以便让我进行必要的改变。

　　目前,我正在度假,手头没有书,无法找到上一个注解里提到的巴斯特布尔(Bastable)的论文题目以及微克塞尔的论文题目。我会在大约十天的时间之内把题目发给您,除非您告诉我可以把这两个题目塞进校样之中。

　　好像有一个可能性:我要在12月去伦敦应邀在大学里进行一些演讲。如果您有时间前来,我会非常荣幸能有机会跟您讨论国际资本移动这个问题。我们可以一起讨论理论。还可以讨论一个组织计划:集体研究经济历史上知名的重要案例。[①]

　　下两个星期,我的地址是瑞典的图勒科夫。

您真诚的
伯蒂尔·奥林

转载自1929年8月15日伯蒂尔·奥林来信

　　随信附上我的反驳的上一个注解。我再次考虑了自己关

[①] 1929年12月12日,凯恩斯和奥林会面。

于资本运动机制的立场,但无法发现任何错误。我沮丧地发现彼此的共识很少,因为我已经习惯于赞同您。比如说,对于卡塞尔,我就不敢苟同。

一个美国经济学家曾在过去的六个月里在欧洲游历。这位经济学家告诉我,根据他的印象,大量法国和德国的经济学家赞同我的观点。如果事实如此,我希望在9月那期《经济学杂志》上的讨论并无不妥,否则,是否可能邀请一些顶级经济学家在12月那期上陈述自己的观点?

转载自1929年8月17日伯蒂尔·奥林来信

亲爱的凯恩斯先生,

感谢您的友善来信[①]和校样。因为我大约20分钟之后就要乘火车离开,所以只能以后回答您。我附上校样。我在校样上增添了一些内容。我认为,写上这些内容之后,您的反驳就不需要任何变化了。除了一点之外,这个反驳的最后一部分好像是基于误解。如果需要的话,可以把我的反驳在第7页上的第一部分删去,以便为我增加的内容腾出版面。我比较重视新增加的内容。

非常感谢您不辞辛劳让我看到校样,虽然我着手较晚。

我希望几天之前寄给您的上一个注解可以交给印刷商。我手头没有留下一份。

您真诚的

伯蒂尔·奥林

[①] 这封信没有保存下来。

转载自 1929 年 8 月 20 日写给伯蒂尔·奥林的信

　　这期《经济学杂志》出来分页校样之后,我才收到您的校正。但是,我希望能在校对付印之前把您的校正大部分加进去。如果有一两项校正加不进去,您要知道那是因为目前无法编排页码。

　　我认为,我们争论的困难在于争论是源自一个特定的情况,而我所说的一切都由这一情况的特定条件所支配。但是,争论提出了一个完整的问题:国际转账理论。国际转账理论目前混沌不清。如果我们能就国际转账理论深入交谈,我们可能发现彼此没有太大的分歧。也就是说,我们的差异是量上的,而不是理论的;——虽然在这个特定情况下,我根本无法明白柏林的未转账赔款付款如何导致这个或者任何其他国家的信用扩张。然而,如果海牙会议(Hague Conference)失败,对于转账操作的难易,我们就有大规模试验的机会。看起来,海牙会议不是没有失败的可能性。您告诉我法国和德国的许多经济学家赞同您,但是,我不像或许应该的那样垂头丧气!您能够告诉我在两个或者三个经济学家的名字?这两个国家的都可以。按照您的想法,这两三个经济学家要能够理解一点国际贸易理论。

　　1929 年 9 月那一期的《经济学杂志》刊载了一系列的论文。这一系列论文有一个共同的题目"凯恩斯先生对转账问题的看法"(Mr Keynes' Views on the Transfer Problem)。第一个是雅克·吕夫(Jacques Rueff)对凯恩斯原创论文的批评。这份批评到得太晚,没有收进 6 月那一期。但是,吕夫针对 6

月那一期的内容进行了修订。第二个是奥林的反驳。最后是凯恩斯的一些评论。

转载自 1929 年 9 月的《经济学杂志》

凯恩斯先生对转账问题的看法

Ⅲ 凯恩斯的一个回答

我的原创论文"德国转账问题"(The German Transfer Problem)发表在 1929 年 3 月的《经济学杂志》上,把普遍原理用在了特定案例之上,没有试图深入探讨普遍原理本身,也没有甚至去以普适形式阐述普遍原理。原因是,别管这篇论文导致的争议发展到什么程度——先是和哥本哈根的奥林教授进行争议,现在是与巴黎大学的雅克·吕夫先生争议——争议的最糟糕之处在于争议几乎是不可避免地从特殊情况转到了普遍现象,所以,对于提出的观点来说,如果不研究国内转账的普遍理论就无法实现完全的正义。限于篇幅,我不能做下列攻击:把如此沉重的一个实物只是作为应用经济学特定组件的附件。

因此,我必须竭尽所能来非常简要地说明在哪些方面我无法接受评论者的批评,同时向他们道歉,因为无法深入了解这个普遍问题,也无法避免他们在我的评论中发现的模糊之中。之所以如此,部分是由于一个事实:我用来探讨这些问题的理论背景还未众所周知。

对于吕夫先生的论文，我有如下不同看法：——

1. 他误解了我，假定我同意他的看法：当调整结束的时候，德国国内所有商品的价格都会受到*同样的*影响。我的核心观点就是情况并非如此，而是相反：德国国内生产的商品应该相对于进口商品价格下跌。这并不仅仅是完全改变货币价值的问题，而是要把国际贸易条件变得不利于德国，所以，需要大大超过以往的出口商品来交换特定数量的进口商品。

我原本确实需要指出德国国内的实际工资比货币工资下跌得少；因为德国工人用收入购买的一些商品的价格会与工资同比例下跌。但是，并不能因此认为——就像吕夫先生好像假定的那样——实际工资根本不会下跌，问题只是改变货币的价值。

2. 由此可知，我不接受他所谓的"购买力守恒原则"。原因是，我认为偿债过程会导致一个情况：债务表现出来的货币等于除债务之外比以前多的德国产品，这样，债务国国民损失的购买力就大于同等数量债务以前的购买力。实际上，如果世界上对德国商品的需求是摇摆不定的，那么，无论规模多大，德国产品的数量都不足以在世界市场上拥有出售价值。所以，德国所能采取的唯一权宜之计就是减少进口并消费国产替代品，而不能计较国产替代品多么低劣。同时还要面临实际成本的增加，而不能计较实际成本有多大。

3. 还有吕夫先生的历史例子。吕夫先生的历史例子旨在表明我夸大了一个困难：进行经济再调整。我知道人们应当小心此类夸张。战争和战后经历为我们提供了一些例子：成功实现的宏大再调整。但是，我必须辩护如下：我并没有说此类再调整是*不可*

能的——只是说此类再调整是*困难的*。我并没有说*不可能*削减德国工资——毕竟，在相当短的一段时间里，德国工资远低于现在的数字——我只是认为，削减德国工资在政治上和人道上是困难的（特别是如果被禁止使用通货贬值这一武器），这一问题不同于预算问题，而且德国商品出售价格的削减程度是转账问题严重性的尺度。

然而，我必须指出吕夫先生的主要例子——即，法国对其战后地位的再调整——很难证明吕夫先生的观点：此种调整*轻而易举*。法郎贬值到其先前价值五分之一的过程漫长且具有灾难性。在此过程中，社会剧烈动荡，财富大幅重新分配，已经签订的合同大批爽约，因此，很难说这是*轻松调整*的范例。吕夫先生就是法国人，却引用战后法国经济历史来证明经济再调整不费吹灰之力。这是多么健忘呀。

另外，法国的局势有一定的特点，有利于新的平衡的建立。而德国的局势不具备这些特点。首先，道威斯计划使得德国无法进行通货贬值。但是，如果要一举全部改变一个国家现有的工资结构，通货贬值是唯一真正的有效手段。第二，法国的新调整并不需要实际工资水平的永久削减。第三，法郎贬值产生了一个效果：实际消除了一个主要困难，即，纳税人欠食利阶层的过多款项。

实际上，如果一个国家的困难是由于欠款太多，那么，这个国家不偿债就会导致再调整。这些先例是关于德国情况的先例，如果吕夫先生想要的就是这些先例的话。如果欠债是国内通货，那么，可以让通货贬值来松一口气；如果欠债是国外通货，那么，可以拖欠债务来松一口气。大多数在19世纪从国外大举借款的国家发现自己在这个时候或者那个时候面临着一个困难。这个困难与我所预计的德国困难属于同一类型,只不过规模小得多。这些国家经常通过或多或少地拖欠债务来躲避这个困难。如果吕夫先生看看国外债券持有人委员会(Council of Foreign Bondholders)的报告,就会发现历史在我这边,不是在他那边。

吕夫先生的论文里有一些句子或许可能拿来让我相信债务的国际差额并不总是平衡的。当然,债务的国际差额必须恰好平衡一年当中的每一天——除非出现了某种拖欠债务。我想说的是避免这种情况可能并*不*容易。就像我已经说过的那样,那些不像德国那样压力重重的国家,经常诉诸这种方法。

奥林教授的来稿提出了一个相当不同的问题。就像以前一样,我发现很难确定奥林教授到底是什么意思。让我求同存异,表达出我自己的观点,表达的时候尽量接近奥林教授观点。

我并未坚称——就像他在第一段好像认为的那样——德国贸易差额的必要变化肯定只能由一个因素导致。这个因素是在没有需求条件援助的情况下,供应条件调整。我一直谨慎地说德国国内价格肯定下跌,不是绝对下跌,而是相对于国外价格。但是我承认,对于我们面临的特定例子而言,需求条件的变化几乎没有实践重要性。

如果德国可以出口大量黄金,或者如果国外中央银行愿意把德国国内的国外差额作为储备黄金的替代品,那么,事情就不一样了。原因是,如果德国能够先是出口足够数量的黄金来对世界价格产生巨大影响,那么,我同意此举可能通过改变需求变化来改善局势。但是,我假定,实际上按照此种思路,德国能做的事情微不足道。奥林教授类比了两个地区之间的资本运动和同样的通货制度。这种类比只有一个适用情况：德国可以出口足够的黄金大幅改变世界上其他地方的需求条件。

这就是我和奥林先生观点分歧的焦点所在。奥林先生认为（在他的第三部分），即使黄金不大规模流动，信用也会在接收赔款的国家扩张。但为什么呢？当然，如果 B（德国）可以付给 A（接收赔款的国家）表现为第三国通货的国外汇票，那么，就不存在困难。但这完全是空穴来风。根据我的假说，问题的原因恰恰是德国没有此种国外汇票。德国要获得此种汇票只能在一种情况下：德国已经出售了必要的出口商品。那么，这些汇票不可能是一个机制的一部分。这个机制会建立一个局势，这个局势允许德国出售出口商品。在奥林教授的第三部分，我找不到什么有用的东西。

最后，让我提醒奥林教授，假如德国只做到一点，那么，跟接收赔款国家之外的其余国家相比，德国也没有优势。这一点是，德国可以向接收赔款的国家出口黄金或者国外汇票形式的等价物，来影响接收赔款的国家的需求条件。世界上其他地方整体上在购买，接收赔款的国家可以利用这些地方增加的购物能力。所以，即使在这种情况（我不能认可这种情况在数量上的重要性）下，我们也被带回到了（按照我的想法）一个关键问题：德国出口商品世界需求的弹性程度。奥林教授并未说明这一弹性达到了什么程度，也没说自己认为这一弹性是否重要。然而——根据一个假定：德国必须把自己的制成品出口增加 40% 以便在不借款的情况下支付赔款——我认为这是整个问题的核心。

最后一段是奥林教授的第四部分。对此，我同意奥林教授的观点:除了工资收入之外,德国收入的削减同样有效,只要我们所说的收入是生产因素的收入,这样的收入就会降低德国企业家的成本。但是,这个附带条件使奥林教授的说法失去了实践重要性;原因是德国的利率不大可能大幅低于其他地方。

1934 年至 1936 年,凯恩斯把三篇关于当前国际经济事务的评论投给了《经济学杂志》,始终使用国际结算银行(Bank for International Settlements)的年度报告作为理由。

转载自 1934 年 9 月《经济学杂志》
THE BANK FOR INTERNATIONAL SETTLEMENTS. *Fourth Annual Report*(1933—1934),(Basle), 1934.

这份报告进行了非常有趣的讨论,现在是一些统计资料的第一权威。这份报告并不容易得到,是涉及黄金和汇率。这份报告非常有用,因为它超越了出版的统计资料,而大胆做出了一定的估计和观点。这些估计和观点只能是基于并不普遍存在的信息。虽然不能认为国际结算银行(B.I.S.)董事会(Board)里的中央银行对报告中的事实和估计负责,但是,可以做出一个合理的假定:中央银行的代表并不认为这份报告包含任何不着边际的说法。

可以把下面的几条信息从这一年的这一卷里挑选出来,因为这些信息非常有趣。所有的数量都按照瑞士金法郎给出。为了让读者计算方便,要提醒一下,目前大约 $15\frac{1}{2}$ 瑞士金法郎兑换 1 英镑。

1933 年的黄金生产估计为 2,648,000,000 瑞士法郎,来自印度和中国的黄金为 814,000,000 瑞士法郎，艺术吸收的黄金为 120,000,000 瑞士法郎，这样总数为 3,342,000,000 瑞士法郎。或者，经过一定调整之后，这一年至少有 3,240,000,000 瑞士法郎的新黄金可以用于通货储备和囤积。美国的黄金储备下跌了 172,000,000 瑞士法郎，而 49 个其他国家的黄金储备上升了 400,000,000 瑞士法郎，那么，中央银行和政府持有的黄金净上升 228,000,000 瑞士法郎。这表明，总共有略多于 3,000,000,000 瑞士法郎，或者（比方说）200,000,000 英镑在今年囤积了起来。报告指出，这并没有考虑到英国汇率平等账户（British Exchange Equalisation Account）任何增加的黄金持有量，但是这意味着就算考虑到了这个因素，影响也不大。1933 年，价值 3,000,000,000 瑞士法郎的黄金囤积了起来，而 1932 年估计为 500,000,000 瑞士法郎。国际结算银行经过各种调查得出这样的结论：1934 年私人手中的黄金总数为至少 7,000,000,000 瑞士法郎，或者超过当前每年生产的黄金价值的 $2\frac{1}{2}$ 倍。这笔款项中相当大一部分好像在英国掌握在外国人手中。下面是有趣的一段，值得全文引用：

在直到 1934 年 3 月末的 15 个月时间里，根据海关统计资料，净进口到英国的黄金达到了大约 4,500,000,000 瑞士法郎，而英格兰银行增加的持有量只有大约 1,750,000,000 瑞士法郎；在某个较小的程度上，这一区别可能表明汇率平等账户的持有量增加了，但显然，较大一部分看来已经被私人囤积了起来。据估计，囤积的黄金总量达到了 7,000,000,000 瑞士法郎。实际上，在这 7,000,000,000 瑞士法郎之中，看来有三分之一掌握在英国的一些人手中。这些人通常是暂住民。

如果这笔黄金大量出手，那么，如此之多的黄金如何找到下家就是问题。除了东方的黄金销售和欧洲囤积量的减少之外，黄金每年的产出从 1923 年的 1,905,000,000 瑞士法郎稳步升至 1933 年的 2,648,000,000 瑞士法郎。今天，黄金开采领域非常活跃，这一数字可能在三或四年里大幅上升。如果那时把由此得到的黄金数量按照黄金当前贬值的水平换算成美元或者英镑，就会得到一个天文数字。肯定会产生这样一种感觉：经济学家不会再抱怨相对于通货对黄金的需求，黄金短缺。

报告的下一部分讨论了国际短期债务的规模。对于欧洲国家和美国欠外国人的债务，下文给出了修改后的估计。形式为金融信用、银行和类似机构的存款、普通商业贷款。下文给出了一些总数：

1930 年末　70,000,000,000 瑞士法郎

1931 年末　45,000,000,000 瑞士法郎

1932 年末　39,000,000,000 瑞士法郎

1933 年末　32,000,000,000 瑞士法郎

因此，国际短期债务的清偿使总额下降了一半多。国际短期债务的清偿成为暴跌的特征，并部分导致了暴跌。国际结算银行估计，在 1933 年末未偿付的 32,000,000,000 瑞士法郎中，约有 11,500,000,000 瑞士法郎受阻于通货规章、中止协议和类似措施。报告总结 1933 年的变化如下：

1933 年，在各个市场中，只有在伦敦的外国人持有差额

和其他短期资产大幅增长（尽管英镑区的其他国家有一定增长）。而在其他的中心，国外短期债务向清偿的移动依然动力十足。对于伦敦市场来说，在英镑区之内，纸币发行机构储备中有较多的英镑外汇。作为主要或者次要保障，南非、澳大利亚、印度、埃及和四个斯堪的纳维亚国家在 1929 年末和 1930 年末持有的外汇约等于 100,000,000/110,000,000 英镑，而在 1931 年末这些国家的持有量下降到 50,000,000 英镑（其中大约一半属于印度）；1932 年末总数升到 75,000,000 英镑，1933 年末升到 120,000,000 英镑——按英镑来计算的话，这一总量大于萧条之前的总量。

按照英镑来计算，伦敦市场持有的国外短期资金总额现在好像约为 1930 年的水平；如果在黄金的基础上计算，这些债务略低于 1930 年数字的三分之二。

在美国，短期国外债务的规模在这一年下降了大约 200,000,000 瑞士法郎；1933 年末，按美元计算，总债务只有 1930 年的六分之一到五分之一。在"黄金集团"国家中，法国、荷兰和瑞士在这一年的不同阶段遭遇了巨额提款，但是，就差额来说，看来离开这三个市场的数量不足 1,500,000,000 瑞士法郎。在债务国中，德国短期债务在 1933 年下降了约 3,000,000,000 瑞士法郎（部分是因为通货贬值），现在大幅低于 1930 年水平的一半。奥地利统计资料表明减少了大约 700,000,000 瑞士法郎，其中 400,000,000 瑞士法郎是因为奥地利联合信贷银行（Credit-Anstalt）解决方案下的政府债券；200,000,000 瑞士法郎是由国际贷款（International Loan）实收款项偿还的，

484　　　另外减少的 100,000,000 瑞士法郎是因为美元贬值。实际上，奥地利短期债务降到了一个非常低的数字,因而可能使外汇市场完全摆脱 1931 年 10 月以来的规章。在中欧和东南欧洲的其他国家,已经在财务解冻方面取得了一些进步:在匈牙利,一些偿还款项减少了短期债务,奥地利联合信贷银行和几个中央银行在 1931 年延伸了信用残余的政府债券;尤其对额外出口来说,匈牙利较多使用冻结差额,由此看来已经允许当前收费的清偿,所以,冻结状况并未增加。苏联的国外短期欠款出现重大削减。根据报道,苏联在 1933 年减少了接近一半债务。根据进一步报道,芬兰、希腊和葡萄牙短期账户差额增加。不仅是在欧洲,在世界上的其他地方,清偿的进程也在缓慢进行。有一个点非常引人注目,那么就是阿根廷和巴西达成协议解冻国外短期债务。

　　总的来说,之所以取得这些通常不起眼而又明显有利的结果,是因为债务国致力于解决自己的问题;只有在例外情况(比如奥地利和阿根廷)下,才是新贷款和信用协定发挥作用。不管怎样,对于众多的需要国外资本的国家而言,已经出现的改善迹象持续了下来。因此,国际贷款的逐步更新成为了可能。由此会再度促进贸易发展并促成协议来结算未偿付的金融欠款。

　　好像值得详细引用上面的文字。原因如下:这些文字表明幕后清偿规模巨大,这肯定代表了朝向正常状态的一个重要进步措施。

　　这一年还有一个特点值得一提。各家中央银行已经出现一个趋势:不再以外汇的形式持有储备。这个趋势取得了进一步的进步，就像上文描述的对国际短期债务的削减。1933年，法兰西银行减持外汇，从4,200,000,000法郎到不足1,000,000,000。意大利从1,300,000,000里拉减到300,000,000。在荷兰，尼德兰银行持有的英镑在夏季终于消失。在捷克斯洛伐克，主要储备在1934年2月转成了黄金。奥地利国家银行于1933年12月把所有保障外汇都转成了黄金。在这一年，德意志帝国银行持有的外汇从115,000,000德国马克降为5,000,000德国马克。只是在英镑区才出现了相反方向的运动，英国诸自治领（British Dominions）、印度和瑞典、芬兰，增持外汇，尤其是英镑。因此，中央银行减少使用外汇储备是吸收黄金新供应的一个重要因素。然而，这个现象不能再现，除非同样的趋势蔓延到英镑区。

国际结算银行的职员要得到热烈的祝贺。因为他们的报告令人兴味盎然。我可以怀有一个希望：在正常搜集和扩充这些极端重要的统计资料时，他们会一如既往。外界人士很难以任何可靠或者广泛的形式获得这些统计资料。

转载自1935年9月《经济学杂志》
THE BANK FOR INTERNATIONAL SETTLEMENTS. *Fifth Annual Report*（1934－5），（Basle），1935.

这份年度报告确立了自己的不同寻常之处：黄金和通货主要统计资料方面的权威。1935年的报告一如既往地优秀，提供了极端重要的信息，这些信息难以在别处找到。这份报告所讨论的一些问题可以进行有用的总结。总结如下。

世界上的各种国家可以分别根据它们与黄金或者英镑的关系进行区分。只有法国按照固定的平价完全允许黄金自由交付给所有来者。但是，除了国际结算银行归为黄金集团的其他国家——即，荷兰、意大利、波兰和瑞士——之外，还有下列国家最具代表性的汇兑报价与黄金保持直接或者间接的稳定联系——即，阿尔巴尼亚、巴西、保加利亚、古巴、捷克斯洛伐克、格坦斯克、德国、希腊、伊朗、拉脱维亚、立陶宛、墨西哥、罗马尼亚、西班牙、土耳其、美国、乌拉圭和南斯拉夫。认为英镑集团包括下列成员：阿根廷、澳大利亚、玻利维亚、巴西、哥伦比亚、丹麦、埃及、爱沙尼亚、芬兰、英国、印度、爱尔兰自由邦、日本、挪威、新西兰、巴拉圭、葡萄牙、暹罗、海峡殖民地、瑞典、南非联盟和英国直辖殖民地。有三个白银领土：中国大陆、中国香港和满洲国。上述三个群体组成了整个世界。但是有一些例外：加拿大未与黄金建立紧密联系，也未与英镑建立紧密联系；匈牙利理论上采用黄金通货，但实际上按照清算协定以贬值的费率进行交易；一些南美国家难以分类。跟通常所假定的情况相比，这一分类表明了一个不怎么混乱的画面。只要关系英镑的黄金实际波动温和，没人能够抱怨世界汇率疯狂难料。实际上，世界上的麻烦是因为其他原因，而不是因为汇率的波动。

采矿带来的新黄金供应达到了新的空前数字，现在比1929年和先前年份多大约50%——即，1934年2904,000,000瑞士法郎，而1929年2098,000,000瑞士法郎。最突出的特色是俄国生产大幅向上反弹，现在是1927年的五倍，使俄国位居黄金生产国的第二位。在过去的四年里，在柏林交付的俄国出口黄金价值接近1,000,000,000瑞士法郎，或者大约66,000,000英镑。这些黄金在减少苏联短期债务方面发挥了关键作用。1931年末，俄国债务增至3,750,000,000瑞士法郎。而现在几乎可以忽略不计。苏联在现金基础上开展贸易是过去四年里最显著的发展之一。

1934年，来自亚洲的囤积黄金净进口几乎与1933年持平——即，875,000,000瑞士法郎——1931年至1934年四年间抛售总数达到了惊人的3,437,000,000瑞士法郎。世界上其他地方公众交出的旧黄金数量可能足以满足工业需要，所以，所有新开采的黄金以及东方出口来的黄金——即，3,779,000,000瑞士法郎——可以用作通货目的，或者变成新的囤积对象。

这份报告对新囤积对象做了估计，报告比去年更为谨慎，提出了一点：以前的数字可能未充分考虑到英国汇率平等账户持有量的变化。这账户依然神秘，这种神秘好像多此一举。不幸的是，这种神秘打乱了全世界的黄金和通货统计资料。然而，显然1934年的私人囤积黄金不可能增加，除非英国汇率平等账户释放的库存确实非常大。原因是，发行银行和政府黄金储备的公开收益达到了4,950,000,000瑞士法郎，比来自矿上和东方的新黄金多1,171,000,000瑞士法郎。不幸的是，这一巨大增长并未拉升并平衡不同国家之间的局势。弱势者更弱，比所有新黄金还要多的黄金加在了法国和美国现有储备之中。这两个国家的库存增加了5,443,000,000瑞士法郎，所以，尽管有了大量新黄金，世界上其他地方的银行还是失去了493,000,000瑞士法郎的黄金。关于私人囤积黄金，报告总结了自己的观察资料：据估计，1934年末，私人账户持有的数量达到了7,000,000,000瑞士法郎，其中接近半数储存在伦敦的保险库里。

还有一件事情，这一报告通常就这件事情给予我们有价值的统计资料。这件事情是，欧洲国家和美国国际短期债务的总量。就像去年提到的那样，全球总量已经从1930年末的大约70,000,000,000瑞士法郎降到1933年末的大约32,000,000,000瑞士法郎。1934年又进一步减少了2,000,000,000到3,000,000,000；可能只是黄金价值的减少，原因是英镑和美元的进一步贬值。据估计，从1932年到1934年，在伦敦的英镑区货币和银行储备增长了大约150,000,000英镑。

在1934年至1935年，那批自治领中央银行取得了巨大的进步。在建立自治领中央银行的时候，英格兰银行的鼓励和建议发挥了重要作用。新西兰储备银行于1934年8月1日开业。加拿大国家银行于1935年3月11日开业。新的印度储备银行在1935年3月成立。

报告以一个有趣的部分结尾。这一部分是关于中央银行之间的合作原则、此种合作应该具有的目标。国际结算银行的管理人员显然会赞成实验和渐进变化：

> 他们认识到，国际金本位是活动的，而不是静止的，依托连续经验可以提高国际金本位。他们意识到，将来需要更有意识的（最好是联合）指导来使国际金本位制度按照更令人满意且人性化的方式去运作。金本位严格的自动起效是可能的，但只能存在于一个世界：其他经济和金融现象也可以自动运行。

他们强烈反对中央银行的"秘密传统和习惯"。他们甚至承认：

中央银行经常完全低估自己一个能力的有限程度。这个能力是，影响信用媒介的价格水平。其原因有两个。第一，这只是影响价格结构的一个力量，可能被其他力量抵消。更主要的是第二个原因：如果认为中央银行自己有足够的力量掌控总体价格，会形成危险无比的错误。认为中央银行自己有足够的力量掌控总体价格是一个流行的错觉。

但是，在实践中，任何事物都无济于事，因为一个事实：国际结算银行是一个俱乐部，在这个俱乐部里，如果有人提出要对固定金平价原则做一点背离，那就是大逆不道。比如说，这份报告的开头有一段含糊其辞的话：

一些国家利用贬值的通货在国内取得了一些进步。当就此进行总结时，会发现，失业人数依然是1927年到1928年的两倍。1927年到1928年，这些国家处于金本位体制下，享受着稳定外汇费率带来的好处。

这个俱乐部的高明人士不得不坚称一个借口：只要人人都重操金本位，世界经济纷扰就会结束，我们就能享受"根本、持久的复苏"。但是，我希望，在他们的礼貌表象之下，还有一颗顽强的心。甚至是中央银行行长的想法（或者，如果不是他们的想法，那就是他们的身份）也在时时变化。要国际结算银行的时代到来，必须满足一个条件：国际结算银行的奠基者想让国际结算银行成为国际合作的开明机构，国际结算银行要做到这一点。

转载自 1936 年 9 月《经济学杂志》

黄金供应

Sixth Annual Report of the Bank for International Settlements April 1st, 1935 – March 31st, 1936. (Basle), May 1936.

Report of the Union Corporation for 1935.

Marcel Labordère: *Gleanings of Gold Imports and Exports 1935.* (Paris), April 1936.

Monthly Review of the U.S.S.R. Trade Delegation in Great Britain. June 1936.

每一年,国际结算银行的年度报告都必须修改其对一个关系的分类。这个关系是不同通货与黄金之间的关系。在 1935 年至 1936 年,最重要的事件是就黄金而言英镑事实上的稳定,因此英镑集团国家也处于事实上的稳定。而在 1934 年,英镑的黄金价值在 13% 这个范围波动,"自从 1935 年中期,伦敦黄金价格最大变化连 2% 都没有超过。"此外,虽然波兰离开了原来的黄金集团而且意大利的情况变得越来越模糊,但是"美元、捷克斯洛伐克克朗、贝尔加[1]、格坦斯克盾,再度与黄金建立起了直接联系",虽然美国保持有限改变谨慎。因此,实际上,在过去的一年里,就黄金来说,世界上许多国家的汇率是稳定的;而且,除此之外,作为结算国际支付差额的一个手段,黄金这种金属的地位得到了强化而不

---

[1] 贝尔加(belga)为比利时旧货币单位。——译者注

是弱化。所以，未来的黄金供应前景依然是个具有重大实践重要性的问题。

I

这个问题要从三个方面来考虑。这三个方面是，未来新开采黄金的供应、黄金囤积、货币黄金分配。就第一个方面而言，我们逐渐认识到了俄国实际供应量值和未来供应量值，我们的这个认识是今年的重大事件。根据国际结算银行报告，1935年俄国的实际生产达到了5,650,000盎司，价值（按照7英镑每盎司）约40,000,000英镑，是南非产量的一半多，约为俄国战前产量的四倍。联合公司（Union Corporation）报告重视一个说法：到今年年底，俄国产出会达到每年10,000,000盎司甚至11,000,000盎司的水平，价值70,000,000英镑。如果达到11,000,000盎司的水平，俄国产量几乎与南非并驾齐驱。在国际结算银行报告中，引用了涉及黄金生产的苏联托拉斯首脑的话，来预测上面的产出率，但不是1936年年底，而是1940年。如果我们接受这个相当保守的估计，发展依旧令人震惊。到目前为止，好像只有产出的一小部分用于出口，苏联贸易代表团在其1935年支付差额总结中估计1935年约为2,000,000英镑。[①] 即便如此，苏联还是能减少其国际债务约4,000,000英镑；同时，好像

[①] 另一方面，拉伯德里（Labordère）先生表明，据报道，1935年，俄国到美国、英国和德国的黄金进口总额达到了5,000,000,000英镑。或者，国外指定用途黄金或者诸如此类的黄金能够解释这个区别。

会增加苏联国内黄金储备约 3,800,000 英镑。看来,到目前为止,苏联非常有可能得到有利的国际差额,假如我们考虑到苏联所有黄金产出。苏联每年产出的黄金约为 50,000,000 英镑。因此,苏联突然之间成为了世界上的主要金融大国之一,尤其是如果考虑到苏联极大的流动性。苏联没有用纸币的方式来支付进口商品,纸币有着高利贷利率,这些购买现在主要是基于现金;苏联不再需要心急火燎地——外部世界可能还没有意识到这个事实——向国外市场倾销其小麦和其他食品,苏联确实需要小麦和其他食品来提高国内生活水准并储备起来。我认为,后来在英国政府斡旋帮助下在伦敦安排的 10,000,000 英镑贷款必须被看作具有外交意义,而不是金融意义;虽然苏联暂时可能想保持其储备的超流动地位。需要补充的一点是,直到 1935 年 10 月底,跟 1934 年 12 月相比,苏联国家银行(U.S.S.R. State Bank)黄金储备增加了约 20,000,000 英镑;但是,自从那时起,这些储备的较大部分已经转到了金融人民委员会(Financial Commissariat),金融人民委员会没有公布其数字。目前,俄国黄金储备的总数可能超过了 200,000,000 英镑。

现在,我们必须把这些估计结合对其他国家的估计以便得出黄金的总供应量。到目前为止,货币贬值在提升黄金价格方面的效果,远未增加南非金矿的产量,实际上减少了南非金矿的产量,1935 年的数字略低于 1931 年、1932 年或者 1933 年的数字。这是由于技术原因。较高的价格使立刻制造劣等黄金有利可图,但是,制造厂的相应增长需要时间。然而,产量的增长只是个时间问题,而且,联合公司估计,在接下来的五年或者六年里,南非的总数会从现在的约 11,000,000 盎司每年增加到 15,000,000 盎司。另外,黄金的较高价格刺激了全世界的勘探，而且来自各种来源的供应稳步增加。总之，联合公司估计，世界产量十有八九会在 1940 年超过 40,000,000 盎司，而 1935 年是 30,000,000 盎司，1925 年是 20,000,000 盎司，1850 年是 500,000 盎司。

东方囤积黄金净出口补充了新的产出。跟最近的几年相比，1935 年补充得不多，但仍旧达到了大约 5,000,000 盎司，使 1931 年到 1935 年的总数达到了约 37,000,000 盎司。所以，总计约为 35,000,000 盎司，价值（比方说）250,000,000 英镑，在 1935 年可以用于货币目的或者其他目的，①而且，即使当前来自东方的净出口可以逐步被一个净进口取代，②很快，每年还是可能会有价值约 250,000,000 英镑的新黄金，或者（比方说）每年供应当前货币库存的 5%。

II

供应方面就说这些。就需求来说，这些巨大增量的效果目前大大延迟。原因有两个。一是，高流动性喜好依然影响许多通货持有者，别管持有的是黄金、纸币，还是银行存款。二是，在不同国家之间，黄金分配极端不均，而且这种不均还在加剧。1935 年，在报道的发行银行和政府黄金持有量中，总共出现了不到一半新黄

---

① 我们几乎可以忽视工业中的黄金净消费，因为国际结算银行现在估计这仅为当前生产的 5%。

② 艾亚尔（Ayyar）先生在这期《经济学杂志》中的注解（紧跟在凯恩斯先生的论文后面）表明，印度农民的货币收入下跌。这一下跌或许能够解释这些出口的一大部分。当印度农业产品价格上涨时，贵重金属很有可能流回印度。

金。我们自己的平准基金（Equalisation Fund）使得增长活动风靡一时。通过增长活动，黄金在法定黄金储备之外持有，包含在——如果包括在内的话——持有的外汇之中，或者包括在"各种资产"之中，因此，估计私人囤积黄金越发困难。"总的说来"，国际结算银行说，"私人囤积黄金总量肯定有了净增长，但是，增长可能比以前四年中的任何一年都慢"；但是，国际结算银行补充说"然而，在1936年的头一个季度，私人囤积黄金增多。""英国汇率平等账户，"国际结算银行总结说，"在这一年大幅增加了黄金持有量，而伦敦市场的国外债务也增加了，虽然比例不同。"如果此言属实，那么，英国支付差额肯定比贸易部估计的有利得多，因为好像有一个可能性：相当大的英国货币也投进了华尔街。国际结算银行的估计导致了这个结论，不过结果是结算银行留下了一点由数学家而不是他们自己来推断。这一点是，减去工业使用量之外，1935年供应的新黄金，约有113,000,000英镑出现在中央银行收入之中，110,000,000英镑被平准基金等等所吸收，只有20,000,000英镑加入了私人囤积黄金。因此，可以有90%的新黄金用于货币目的。

（单位：英镑）

私人囤积黄金净增	20,000,000
从荷兰和瑞士出口的私人囤积黄金	25,000,000
	45,000,000
英国私人囤积黄金和平准基金的增长	61,000,000
法国私人囤积黄金和平准基金的增长	45,000,000
	106,000,000
其中私人囤积黄金	45,000,000
可用于法国和英国平准基金的黄金	61,000,000

拉伯德里先生的《拾遗》(Gleanings)指出了另外一点有趣之处,即,私人所有的囤积黄金从荷兰和瑞士流出。荷兰净出口比可见黄金的减少多 1,813,432 盎司,瑞士 1,706,452 盎司,共计 3,519,884 盎司。而在法国,可见黄金减少比净出口多 6,537,274 盎司,部分原因是因为英国(或许)还有美国平准基金账户在巴黎持有黄金。如果我们假定增长的私人囤积黄金都在法国或者英国,那么,我们把上面的数字理顺如下:

拉伯德里先生表明,英国黄金净进口是 74,000,000 英镑,其中大约 13,000,000 英镑表现了出来,剩下 61,000,000 英镑(不要和上文给出的类似数字混淆)用于英国的私人囤积和平准基金。如果可以做任何猜测,大约 60,000,000 英镑可能已经加入了英国平准基金,部分在伦敦,部分在巴黎,20,000,000 英镑进入了俄国保密储备,30,000,000 英镑进入了其他国家的保密储备。假定荷兰和瑞士私人囤积黄金主要转到了伦敦,那么,可以得出,英国平准基金相当大比例的增量保存在了巴黎。但是,这种猜测可能几乎不值一提。英格兰银行过于成功地创造了一个模糊和无知的氛围;虽然人们担心有朝一日,英国可能会不得不因为一直对基本经济数据一无所知而付出沉重的代价。

不管怎么说,出现了一个受人欢迎的变化:私人储备黄金正在接近饱和点,新黄金的 90% 现在可以用于货币目的。然而,分配不均和以前一样明显。法国、意大利、[①]瑞士和荷兰都已经失去了

---

① 1935 年,意大利黄金储备减半,可能从那时起已再次减半,但是,这些数字没有再公布出来。

大量黄金——330,000,000 英镑；但是，所有这些黄金，还有所有新开采的黄金，都惠及了美国、英国和俄国。

III

目前和将来的黄金供应充足，对此，我们可以得出什么结论？我们得出结论时主要应该调查这些供应对利率的影响。一个又一个政府，虽然受中央银行的拖累，但还是确信了保持廉价货币的重要性。如果我们对治疗失业非常感兴趣，我们需要保持廉价货币；如果资助重整军备，我们同样需要保持廉价货币。在正统银行家看来，黄金供应充足，意味着保持廉价货币的最重大障碍已经大为减弱了。但是，要让这一影响的效果完全显示出来，还要等很长一段时间。部分原因是，黄金集团货币贬值延迟，没人能适应这种延迟。还有部分原因是黄金分配不均。在伦敦和纽约，货币确实便宜。在伦敦，银行费率在四年多里保持 2% 不变，而短期国债费率表明有效数字较接近 1%；在纽约，相应的费率甚至更低。但是，国际结算银行短期货币费率表表明，其他地方的进步缓慢断续。在 26 个欧洲中央银行中，1934 年末有 17 个贴现率为 4%，1935 年末也是一样，1936 年 3 月也是一样。长期利率的效果较慢，但却持久。国际结算银行报告总结如下：

在这四年里，长期收益基本上呈现决定性的下跌趋势，使伦敦费率从大约 5% 降到大约 3%；纽约费率从 4% 降到 $2\frac{1}{2}\%$——

3%；而在柏林，费率降到 1935 年的 5% 以下，1932 年初的数字是 12% 以上。在巴黎，3% 的无限期公债利息收益在 1935 年底约为 4%——在 1934 年春之前的一年里，收益是 $4\frac{1}{2}$%；1934 年春季和秋末的改善几乎使费率降到 $3\frac{1}{2}$%，然后被 1935 年的干扰性事件所打断……。所有期限八年以上未偿付长期国债（在美国）的收益都在 1935 年 7 月跌至 2.6%，达到了历史最低点。因此，尽管在过去的五年里美国总债务几乎翻倍，服务收费只增加了 50%。之所以如此之低，是因为换算兑换，还是因为当前的短期证券利率极低。

然而，在英国，最近没有取得进一步的进步，长期利率在 1935 年 1 月到达了最低点：$2\frac{1}{2}$%。英国统一公债达到历史最高价格 94，而 1936 年 7 月是 85。

然而，从长期来看，充足的黄金供应肯定会对拉低利率产生巨大影响。目前黄金供应过多好像没有风险，原因已经在上面给出。但是，假设两点。第一，黄金集团货币贬值之后，私人囤积黄金会分散。第二，在将来适当的时候，欧洲会在华尔街大规模兑现其利润（或者损失），足以使黄金大量流出美国。那么，就可能对世界利率产生影响，影响的数量级以前闻所未闻。比如，不难想象，单是一年之中，高达 500,000,000 英镑可能进入了美国之外中央银行的储备。下一年也是如此。根据不久之前的一个报道，一个美国记者问英格兰银行行长诺尔曼（Norman）是否希望黄金从美国回归，诺尔曼先生假装害怕举起双手："把黄金从地里挖出来已经让我们精疲力竭了。"我认为,诺尔曼先生是正确的:预计将来给他带来麻烦的是黄金供应过量,而不是黄金供应短缺。另外,如果利率还未触底这个想法传到国外——在印度控制市场的地区,大为相反的观点风靡一时——清偿喜好的减少也会强化下跌运动。

同时,对价格的影响好像在稳步上升。有两个原因。一、随着产量增加,正常利润恢复了(如果有效需求增加过快的话,非正常利润也会恢复,那么,新设备就不能制造,或者新劳动力不能培训,快得足以抵消集约低效劳动力使用旧设备导致的收入减少)。二、缺少强制性动机去抑制货币工资的上涨趋势,货币工资上涨经常是在利润增加之后。然而,如果复苏过程足够缓慢(就像一直以来的那样),那么,因为价格上涨和产量增加,收入增加应该不会如此急剧,以至于抵消黄金的过量。

我们已经看到,巨大黄金供应的重要性目前在于一个事实:巨大的黄金供应可能通过或多或少正统的方法使调整成为可能,巨大的黄金供应非常有可能做到这一点,我们通过其他方法较难达到这一点。历史的诗人才能令人啼笑皆非地表现了出来。在榨取黄金方面,共产主义具有效率,可能足以维持资本主义制度一段时间。

1936年9月,莱比锡一个研究生W.卢克与凯恩斯展开了讨论,探讨凯恩斯对汇率政策的看法。凯恩斯的回复最终发表在卢克的论文里。他们的交流全文重印如下。[1]

---

[1] 威利·卢克(Willy Lück):《与约翰·梅纳德·凯恩斯通信讨论汇率政策》(*Monetäre Unabhangkeit: Untersuchung der Vorschlage von J. M. Keynes für unabhangige national Währungssysteme*),莱比锡,1939年。

转载自 1936 年 9 月 24 日的 W. 卢克的话

亲爱的先生，

我致力于研究您关于通货理论和政策的各种论文和提议。我要竭力避免研究如此之难主题时经常难以避免的误解。所以，如果您能够为我解释一两点，我会非常感激。

在您的论文"外汇的未来"[The Future of the Foreign Exchanges, *Lloyds Bank Monthly Review*, October 1935(《凯恩斯全集》，第 21 卷，第 360—369 页)]和您的新书《就业、利息和货币通论》(《凯恩斯全集》，第 7 卷)里，您说经济理论和政策的主要任务是提供充分就业，并为此目的提出了明确的货币理论——尤其是低利率、银行费率政策从实际通货政策的剥离；我的著作就是基于这些观点。

在《货币论》(第 2 卷，第 304 页)(《凯恩斯全集》，第 6 卷，第 272 页)中，联系一个情况：各个国家保持对自己的利率和国外放贷规模的合适自动控制。提到了一点："国际货币制度的困境"。虽然那时，您倾向于妥协(《货币论》第 1 卷，第 362 页，第 2 卷，第 338 页；《凯恩斯全集》，第 5 卷，第 326 页，第 6 卷，第 302 页)，但是您那时持有一个观点：

假设国家通货可以免于一个不方便且有时危险的义务：与不受管理的国际制度绑定在一起。那么，国家通货的管理取得进步就指日可待。波动汇率下独立国家制度的进化就是下一个奋斗目标。把独立国家制度再度与受管理的国际制度联系起来可能就是所有步骤中的最后一个。

无独有偶,在您的小册子式论文《繁荣方法》[(*The Means to Prosperity*),第 20 页]里(《凯恩斯全集》,第 9 卷,第 353 页),您考虑"放弃科班的金平价",并考虑了一个政策:"允许外汇逆金平价而动"。

我着重调查的问题可以总结如下:

(a)就像您提议的波动汇率制度是否可能在相当程度上规避纷扰?

(b)各个国家是否因此有可能采取基本独立的货币政策(因此还有经济政策)?

(c)另一方面,是否像许多人想要证实的那样,这些制度本身会在国家间相互汇率关系以及国内关系中造成持续的纷扰?——

如果您能明确告知我下列内容,就会给予我极大的帮助。这些内容是,按照您目前的观点,在多大程度上您依然原则上坚持自己原来的提议(即,波动汇率制度),由此,在多大程度上我可以把这个提议用作调查的基础?

我把您《劳埃德银行评论》(*Lloyds Bank Review*)中的论文"外汇的未来"与《货币论》以及《就业通论》①进行了比较……。我有个疑问,论文"外汇的未来"中的提议是否可以解读为等同于我上文引用的《货币论》段落,——别管是作为对《货币

---

① 根据上下文推断,《就业通论》指的就是《就业、利息和货币通论》(*The General Theory of Employment, Interest and Money*)。——译者注

论》所表达想法的解读或是修改。如其不然,"外汇的未来"提出的方法,即有一定保留的维持外汇费率稳定——这个方法不仅放弃了银行费率政策,还好像与金本位原则有些共同之处——代表了与上文提到的《货币未来》政策截然不同的政策?

勒普克(Röpke)教授对您的论文"外汇的未来"进行了批评,因而使得我对上面这些内容拿不准。勒普克教授认为您的提议是与金本位的"友爱婚姻"①。无独有偶,R. H. 布兰德阁下(The Hon R. H. Brand)在其论文"稳定"(Stabilisation)里认为"您简单勾勒出的计划好像有点进退两难的味道。"

另一方面,《就业、利息和货币通论》的一段话好像再次提到了《货币论》的提议。请允许我简单引用如下:"……加入与世界上其他地方的平衡可以通过波动汇率的方式来确保"(《通论》,第 270 页)。

不幸的是,我发现《就业、利息和货币通论》并未进一步提及或者解释这个问题。我觉得只能间接得出结论:原来的"波动汇率制度"想法依然在您当前的几乎中扮演明确的角色。确实不仅作为一个可能的转型安排,还作为形成未来货币政策本身的一个基础,我得出这个结论的依据是您在《就业、利息和货币通论》各种联系中对死板评价和国际金本位的反复攻击。

如果就这些内容您能给出任何信息,我将感激不尽。

---

① "友爱婚姻"(Kameradschaftsehe)指的是不承担法律义务的婚姻,只要双方同意即可离婚,不需要走法律程序。参照陆谷孙《英汉大词典》。——译者注

如果我能再问一个问题，就能大力提升我的著作，了解您对"……波动汇率下独立国家制度再度与受管理的国际制度联系起来"(《货币论》第 2 卷，第 338 页；《凯恩斯全集》第 6 卷，第 302 页)可行性的看法。原因是无论在《货币论》本身还是在其他出版物中，这个问题都还是个开放性问题。

我必须向您道歉，因为我的这封信给您带来了麻烦；然而，如果您给予我渴求的信息，我会非常感激。如果您也能告知我关于这一主题您进一步写就的其他论文，我也非常感激。

先生，我是您真诚的，

威利·卢克

1936 年 10 月 13 日写给 W.卢克的信

亲爱的先生，

我收到了您 9 月 24 日的信件。对于您提到的主题，我并未想让自己不同著作的说法大相径庭。然而，有时，我写得更有理论性，较多考虑普遍条件和漫长时期；在其他情况下，我较多地想到特定情况，倾向于赞同一些妥协，因为实践可能会证明这些妥协是可以接受的。

或许，我的观点可以总结如下：

(1) 总的来说，我还是倾向于波动汇率下的国家制度。

(2) 然而，如果不做长期考虑，汇率在实践中经常波动就不需要原因。

(3) 稳定具有一定的优势。预先尽可能知道可能会发生什么，也有一定的优势。所以，我完全赞同促成实际稳定的实践措施,只要没有采取不同措施的根本理由。

(4)为了达成实践一致,我甚至愿意就正常允许的波动量值给出一些额外的保证。我不会喜欢纯粹的诺言。合适的波动量值会取决于一个国家的特定情况。但是,如果没有实际的诺言,我认为,在大多数情况下,10%的差额应该被证明是足够的。

(5)我要强调的是稳定的可行性取决于(i)控制资本运动的措施,(ii)一个趋势的存在。这个趋势是,在相关不同国家的类似广泛工资运动。

您真诚的,
J. M. 凯恩斯

第 7 章　各种各样的评论

除了《剑桥评论》(The Cambridge Review)中对剑桥联合会(Cambridge Union)争论的几个简短报道,凯恩斯最早的出版物是对《剑桥近代史》(The Cambridge Modern History)第七卷的评论。

转载自 1903 年 11 月 5 日的《剑桥评论》

剑桥近代史[①]

《剑桥近代史》的第七卷与这个系列丛书的基本框架略有不同,原因在于一个事实:第七卷实际上是单个国家的历史。加拿大的历史一直追溯到 1761 年,但是,除了关于这一主题的两章介绍,这一卷一直在追踪着美国历史,从殖民地初建一直到 1902 年,独立时期主要由美国作家处理,较早章节由英国作家处理。自然而然的是,后一部分被证明是较为重要。有一章是玛丽·贝特森(Mary Bateson)女士所作,写得非常好,是关于在美洲的法国人。除了这一章之外,较早的作者并未成功给出清楚精确的事件叙述

---

① 《剑桥近代史》,第七卷,剑桥大学出版社,1903 年。

之外的东西，也未非常新颖地呈现一个可能有点陈旧的主题；但是，从独立宣言以来，讨论也好不到哪里去。

多伊尔（Doyle）先生清楚简洁地描述了英国北美殖民地的早期历史，但是其描述的基础根本无魅力可言。魅力和浪漫使贝特森女士在《在加拿大的法国人》（The French in Canada）中的描述成为了这一卷最耀眼之处。"法国殖民历史，"她指出，"被其创造者的艺术和戏剧感觉所渲染，以至于事实好像失去了真正的相对重要性。在法国人的脑海中，我们现在几乎意识不到的分离、贫穷、人口稀少、内部意见分歧，都无关紧要……这些沉闷的现实好像是会散去的云烟，会被抛到脑后，因为在他们面前展现出了一幅美好的画面，一个广博统一的帝国。"科尔伯特（Colbert）的宏伟计划、耶稣会教士的传教热情、法国人和本地人的关系，组合起来成为了一个迷人的叙述。然而，虽然各种各样的理想，法国人并没有能力来建立永远成功的殖民地：沙勒瓦（Charlevoix）指出英国殖民者为子孙后代奋斗，加拿大人满足于自己的儿子不比自己生活开始时差；人口在变化并具有冒险性，另外，政府越采取家长式统治，殖民地就越有依赖性。另外，这篇论文多次比较了西班牙、英国和法国的殖民方法。

比奇洛（Bigelow）教授讨论了《独立宣言》和《美国宪法》。后一篇论文详细描述了大会上的讨论，但并未始终明言众多建议中最终采用了哪一个；这本应该在每一节的结尾阐明，或者应该在这一章的末尾给出终稿的摘要。从这时开始，除了州权（state rights）问题和因此引发的战争，美国历史实际上是程度非比寻常的经济历史。一百年以来，通货问题、膨胀纸币发行的周期躁狂、州银行问题、关税安排，一直是美国政治家纲领的要点。州权问题，加上奴隶问题牵涉其中，成为了一个亟待解决的问题，而政党之间存在着实际和根本的意见分歧；但是，除此之外，缺乏任何明显或者永久的区别就成为了美国政治的灾星。这种情况肯定会鼓励最卑劣的机会主义，而且，如果只有公职处于危险之中，美国就被这个最聪明的口号所俘虏了。当然，就任何特定问题来说，各个政党分成两派观点对立。但是，如果没有传统的原则，选择哪派更多就是个机会问题，而不是信仰问题。

根据威尔逊先生的说法，1812年战争的部分原因如下，南方对拿破仑的同情、美国式民主中特有的侵略主义趋势。1812年战争之所以有趣，主要是因为在1812年战争的影响下，采取了高保护性关税。英国的贸易被这场战争切断，美国工厂注定成长起来供应需求。战争结束之时，廉价英国进口商品涌入，构成了威胁：毁灭这个新投资的资本。制造商喧嚣着要求保护和旨在临时采取的关税，政府答应了制造商的要求。但是，一旦制造业被允许在保护下发展壮大，减税就不是一件容易的事情了。美国已经打下了保护制度的坚实基础。保护和由此造成的高价导致了一个间接结果：人们的思想转向了土地廉价的西部，西进运动开始了。以上各点以及随后的斗争都精心囊括在麦克马斯特（McMaster）教授的一系列描述贸易发展的各章里。当保护性高税收永久确立为一项国策的时候，出现了以上各点之后的斗争。

或许，这一卷里最好的一章是伍德罗·威尔逊总统所做的关于州权。这一章的主要内容如下：阐明了南北方争议的实际观点，公平且同情地叙述了南方的雄心和理想。在整个历史概括的最高层次上都是如此下笔。"在南方,情况并未变化;在北方和西部则几乎变得面目全非;对于共同政府的基础,这两个地区的人不再持相同的观点……。现在要掌权的人给他们加上不合格的道德谴责,因而深深地伤害了他们的骄傲。南方的整个做法被描述成一种制度邪恶。对于奴隶制有时导致的画面,斯陀夫人(Mrs. Stowe)给出了引人注目、悲天悯人的描述。北方接受了这幅画面,整个英语世界也接受了这幅画面,并把这幅画面当成了普遍现象……。但是,现在裂痕已经形成,南方人并不觉得这只是关于奴隶制的争论;确切地说,就南方而言,这好像是关于自治问题的最终问题和答案。"

足足六章是关于美国内战,其中四章是由已逝的 J. G. 尼古拉(Nicolay)所做。理清漫长且非常分散的战役过程极为困难,但是,如果没有地图,就几乎不可能,也几乎没有好处;在许多较早的章节里,这一要求经常显而易见,但是,这里变得迫不及待了。就编写这本书来说,没有地图是个极大的缺陷,而编者和大学出版社原本可以大获成功。对于尼古拉先生的叙述,我们能做的唯一批评是,尼古拉先生的描述方法类似一个北军随军记者的描述方法;我们能够得到关于任何一个北军将军身高的详细叙述,但是,石墙杰克逊(Stonewall Jackson)的叙述根本没有,李将军也一点没有,只是简要叙述了李在投降时出现;几乎只字未提南军的运动,只是南北军接触的时候才提及南军的运动。叙述原本可以改善,如果尼古拉先生能够偶尔穿越南方的界线,让我们了解一点南方的情况。

有趣的是,保护性关税立法在理论上是被邦联宪法所禁止的;而在英国,农民要求保护,在美国兴趣反转了,农业州想要"拒绝执行联邦法令",而不是接受保护性关税。"美国内战之所以旷日持久,是因为南军将领,尤其是李将军,指挥才能优秀。"北方花费了大量时间才找到一个勉强说得过去的指挥官。事实表明,格兰特(Grant)本人的指挥能力在无情地牺牲生命,以便让人数较多的一方得到胜利的可能,几乎没有什么高明之处。但是,林肯的伟大和雄辩毋庸置疑。就像1812年战争的情形一样,美国内战导致了进一步的保护。"到了格兰特任期的中期,主要为了国家岁入而强加的战争关税已经具有了高度保护性;美国的制造利益集团已经把自己的繁荣等同于保护性高关税的保留。"

有两章一直把美国的历史叙述到了现在,这两章并不缺乏趣味。这一卷的最后一章非常有趣,是关于埃默里(Emery)教授的《经济发展》(Economic Development)。这一卷结尾的地方还有巴雷特·温德尔(Barrett Wendell)教授关于《美国知识界》(The American Intellect)的理论。温德尔教授提出了一个观点:美国人和英国人的不同是因为美国人更像他们共同的祖先。比如说,考虑下面的话:"总的来说,1900年的美国人更像其1775年的祖先,而不像典型的英国人……。完全有理由相信1650年到1775年之间,英国的特征变化大得多,而美国的特征变化较小……。现代美国特性的起源可以追溯到伊丽莎白时代的英国。"这个理论跟温德尔教授本人最近一本著作《美国文学史》(Literary History of America)里提出的理论完全相反。因此,我们只能认为,肯德尔教授不想重复自己,《剑桥近代史》屈居第二。或许我们可以引用温德尔先生在《文学史》①中的话:"17世纪典型的美国人性格与18世纪

---

① 这里的《文学史》即《美国文学史》(Literary History of America)。——译者注

的不同,18世纪的与19世纪不同,就像这些世纪的历史界线一样清晰。"

温德尔教授以令人称道的韧性提出了另一个论点——理想主义是美国人的主要特性。温德尔可能在自己的脑海里给理想主义这个专有名次加上了一个清楚明确的意思;然而,在25页的篇幅里,温德尔用了这个单词约30次,大约有个不同的意思。除此之外,这一章充满了令人困惑的句子。下面的句子可能是个典型的例子:"朗费罗(Longfellow)文雅有礼,向美国揭示了一个天真的魅力,天真的魅力之下是旧世界文学的朦胧深度。"

除了其他批评之外,纳撒尼尔·霍桑(Nathaniel Hawthorne)的读者也无法认可"直到如今",菲尼莫尔·库珀(Fenimore Cooper)"总的来说,菲尼莫尔·库珀是唯一一位享有如下盛誉的美国小说家,即,其著作在世界文学中占有一席之地"。仔细阅读这一章,就能非常清楚地了解美国知识界的特定阶段。但是,根据温德尔先生自己的说法,"说的内容不如说的方式重要"。温德尔先生显然依照"对形式的审慎关注"改写了一个著名的短语,温德尔先生说这个短语是美国文学的主要特性。

然而,这一卷非常有趣且令人满意。我们不应该挑剔这一卷的有趣结论。

转载自 1906 年 2 月《剑桥评论》

JEVONS, H. STANLEY. *Essays on Economics*. (London, Mcmillan), 1906.

杰文斯先生追随其父的脚步是水到渠成的事情;杰文斯先生

关于经济学的第一本书自然引起了广泛关注。W. 斯坦利·杰文斯[①]年纪轻轻,47 岁就溺水身亡,至今已经已近 25 年。但是,这一段时间只是更加巩固了他的地位:19 世纪最伟大的思想家之一。除了对逻辑和政治经济纯理论的重要贡献之外,杰文斯几乎所有的作品都具有非凡的力量和活力,立即抓住了读者的注意力,同时让读者惊叹和信服。W. 斯坦利·杰文斯能够在其文字之中注入一个兴奋感。尤其是其现实著作中兴奋感更强,比如《煤炭问题》(The Coal Question)。W. 斯坦利·杰文斯关于太阳黑子和贸易危机的非凡论述也具有更强的兴奋感,这个非凡的论述很少被超越。W. 斯坦利·杰文斯把非凡的归纳和演绎能力融汇于一身,科学调查者很少能把二者融会贯通,而二者的融会贯通又是科学调查者所必需的。

杰文斯先生完全继承了其父著作的精神和信条。这一卷由论文组成,最有趣的章节是关于边际效用原则的分析和举例。或许,不幸的是,杰文斯先生过于强调经济学的心理基础。有一句令人吃惊的话:"经济学这一科学只是涉及感觉的满足。"杰文斯先生好像坚持的是原汁原味的心理快乐论。"经济学这一科学只是涉及感觉的满足"之所以令人吃惊,是因为,至少可以说,原汁原味的心理快乐论极具争议性。另外,如果没有教条式地这样或者那样阐述这个问题,打下效用学说的基础是非常容易的。实际上,这本

---

① W. 斯坦利·杰文斯(W. Stanley Jevons)是 H. 斯坦利·杰文斯(H. Stanley Jevons)之父。除第一句话之外,这一段其余的内容都是对父亲的介绍。这篇论文里提到的"杰文斯先生"是儿子。——译者注

书的第一部分研究的是众所周知的快乐计算法，或者按照一些美国人好像更喜欢的说法：满足度科学。杰文斯先生的技术术语符合其主题经常使用的说法。*培尼基*（Pecunity）或许可以不管。但是，*珀图里*（potulity）和*迪斯珀图里*（dispotulity）就几乎不可原谅了，即使在澳大利亚住了挺长时间。*珀图里*和*迪斯珀图里*是潜在效用（potential utility）和潜在非效用（potential disutility）紧缩词。

不可能在这里进行详细的批评；但是，杰文斯先生对其所谓的"预期过程中所产生的快乐"——预期快乐——的讨论充满了困难，尤其是事实证明杰文斯先生对劳动和预期快乐关系的讨论肯定是错误的；杰文斯先生认识到了预期快乐和预期到的快乐，并把二者等量齐观；所以，只要充分预见了未来，我们就随心所欲地拥有无尽的快乐。但是，杰文斯的愉悦曲线设计得非常巧妙，非常有利于完成下列工作：解释图示表示原则，解释初学者最终效用原则。杰文斯先生的愉悦曲线描绘了按照连续时间间隔的连续快乐增长：一个男人坐在硬椅子上听音乐会（这是最古怪的曲线）；两个孩子，一个在吃巧克力，另一个在吃樱桃（两个曲线形状迥异）；骑自行车；对从一到三十任何数量椅子的拥有。

讨论导致了效用的定义，表明了一些有趣之点。这本书的后半部分是略微简短、但非常有力地讨论了经济学的基本概念。当杰文斯教授偏离经济学本身的道路时，杰文斯教授经常招致批评。但是，杰文斯教授始终直言不讳，从未索然寡味——两个伟大且非凡的品质。这本书不是按照刻板的教科书观点编写的。即使是杰文斯教授最为正统的时候，讨论也总有新颖之处。

转载自 1909 年 10 月《希伯特杂志》(*The Hibbert Journal*)
WICKSTEED, PHILIP H. *The Common Sense of Political Economy.*
（London, Macmillan), 1910.

威克斯第德（Wicksteed）先生写出的这一卷有趣且显著。用剪刀加浆糊，把这一卷从 700 页压缩到 200 页，就能造出一部优秀的著作。实际上，这一卷的实际价值可能被轻易模糊，部分是由于作者的行文非常冗长拖沓，部分是因为作者试图同时满足两组截然不同的读者。这份作品的价值在于两点。第一，新鲜而原创地调查了下列内容：可能被称作政治经济哲学的东西、政治经济学的基本假定、政治经济学所预先假定的人类心理。第二，略微新奇地呈现了经济学边际理论主要结论可能的安排和阐释方式。只有熟悉关于这些话题正统讨论的读者才能恰如其分地欣赏这一切。原因如下：威克斯第德先生很少指名道姓地引用一个作者，很少解释自己究竟在批评什么观点，但是，威克斯第德大量作品实际上都是批判性的，一般的读者会觉得其批评枯燥且令人困惑。但是，另一方面，威克斯第德的作品中有长长的段落，这些段落里是细致入微的解释和刻意的重复，显然是想得到一类人的默认。所有的经济学家都知道，这类人因为思维的某种自然缺陷，怀疑或者无法理解一些基本点。在边际学说的任何阐述中肯定会出现这些基本点。如果读者理解这些基本点，如此精心的解释就令人乏味了。而那些不理解的人不可能有足够的脑力理解如此漫长精细的论据。举例就显得枯燥乏味了。每个读者肯定都会意识到这个错误。但是，尽管如此，我还是坚持读下去并从中受益。如果读者能够幸运地跨越式阅读，这本书就会是一部无与伦比的现代经济学哲学入门书籍。

威克斯第德先生坚称，政治经济学不是关于这样的人：受到特定假定经济动机影响之人。而是关于那样的人：别管什么动机，处于特定经济关系之中的人。之所以处于这种特定关系之中，有着各种原因。但是，这些原因不一定是自私自利的，所以，我一定不要飞向另一个极端，并假定经济力量有任何内在趋势：把自己与任何理想的分配公平制度联系起来。经济关系的特点是，进入经济关系之中的各方是为了满足自己的目的，而不是他人的目的。"商业"是一个庞大的组织网络，由此，我们可以把自己的资源和力量用于完成我们的目的，并得到其他人的援助。这些人相对来说对我们的目的不感兴趣，但是（就像我们一样）对他们自己的目的很感兴趣。商人，威克斯第德先生说，"想要做一笔好交易，或者达成一笔好买卖，直接不管其他的东西。毋庸置疑，忠实、人性、名誉等等因素的所有方式都会呈现在商人的脑海里……。这些因素会轻易沉淀下来，并在摇摆和反省的任何时刻进入意识之中；但是，在做交易的时候，商人并不常想到这些……。商人也不会想到自己的最终目的，商人会把资源用于自己的最终目的。商人也没有考虑下列问题：向异教徒传教、饥荒基金、教堂座位费、自己的政治联系。但是，商人并未考虑自己的妻子和家庭，也未考虑自己……。商人恰恰就像一个下国际象棋的人，或者打板球的人。如果说打板球的人保护自己的球局是自私之举，那么这就是个荒唐的说法……。事实是他根本没有有意识的动机，只是为了一个复杂的技艺，那就是接到球。如果您想知道他自私与否，您必须考虑他生命的整个结构，在他的生命中何时下了国际象棋或者打了板球,以及下国际象棋或者打板球的其他选择。此时,利己主义和利他主义不相关。"

在经济关系中,人类所从事的资源管理旨在尽可能获得自己*相对喜欢*的东西。按照威克斯第德先生的说法,那些可交换的物体进入"交换循环",而与此相对的是个人品质和实际享受。个人品质根本不进入交换循环。实际享受只是间接进入交换循环。就不同个体的喜欢程度来说,实际享受有着不同的相对位置。如果对一方来说,一个物体较受欢迎,而对于另一方来说,另一个物体较受欢迎,那么,交换就会发生,对双方有利,直到满意递减,双方对进一步单位的喜好达到同样的*相对位置*。满意递减来自每个单位。按照几乎普遍的心理规律,数量越多,满意度就越低。按照这个普遍方法,有着充足的例子和解释,威克斯第德先生得出了经济学边际学说的基本原理,小心地表明了两点:经济学边际学说的基本原理依据的是什么心理假定,实际上需要在多大程度上承认例外。

在此基础上,威克斯第德先生按照一个统一的框架提出了价值、工资、租金和利息理论,表明两点。第一,在每种情况下,都涉及交换。第二,所有这些交换的本质、交换进行的程度取决于,对于交换双方而言,两个交换物体相对边际效率的最终身份。威克斯第德先生甚至大胆地否定了买家和卖家地位的任何理论区别,假定,在卖家的喜好程度上,商品的位置取决于其底价。由此可以自然得出一点:威克斯第德先生认为生产成本在决定价值时无足轻重,认为生产成本的作用在于对卖家底价的影响。

经济学家会看到,作为威克斯第德先生阐述的基础,这个理论并无新奇之处。但是,威克斯第德先生在贯彻原则时完整统一,威克斯第德先生还经常诉诸心理事实。所以,威克斯第德先生对不同因素所做的强调不同于马歇尔博士著作中对这些因素的强调。马歇尔博士在边际学派和较早经济学说之间不偏不倚。威克斯第德先生显然相信现在应当放弃李嘉图传统,并且想要表明两点。第一,经济理论中存在更为巨大的统一性。第二,如果想像威克斯第德先生所强调的那样阐述经济理论,就必须更为依赖人类心理的最终事实。问题主要是个阐述问题——或许威克斯第德先生并没有深刻认识到这个问题主要是个阐述问题——但是,这个问题并不因此不重要。假设有任何人曾经怀疑一点:公认的经济学说主体现在是否在以最令人满意的方式教授或者书写。对于有此怀疑的人来说,威克斯第德先生的第Ⅱ册肯定非常令人振奋。

在第Ⅱ册,威克斯第德先生试图打下图解法的基础。尽管有几段具有趣味性,第Ⅱ册还是非常糟糕。威克斯第德先生的批评达到了重述的地步,而不是如他自己好像经常假定的那样是对正统学说的反驳,威克斯第德先生经常多此一举地辩论不休。甚至粗略地说,也有一个非常夸大其词的说法:"我们在经济学著作中读到的关于分配纯理论的一切,别管谈到的是工资、利息、租金还是利润,都有两种可能。一个是,如果说的是在研的类型,那么,理论就是错误的。另一个是,也适用于其他的一切。"第Ⅱ册的最后一章肤浅草率,是关于货币与银行业。对量化定律的处理是按照一种形式来引用。这种引用形式不会为量化定律的任何一个现代保卫者所接受。引文来自一个无名"通货论文"。

在第Ⅲ册,大量具有实践重要性的当前问题得到了简短的讨论。几乎在任何一种情况下，讨论的方式都是有趣且具有暗示性。威克斯第德先生关于关税和失业的评论、关于社会主义的评论、就向印度饥荒基金捐赠一个几尼的经济效果所做的分析，都是妙笔生花之处。

总之，需要注意威克斯第德先生在第Ⅰ卷第Ⅷ章或者其他地方的讨论，威克斯第德先生讨论了其所谓的文明疾病之细菌。威克斯第德先生恰如其分地认为文明疾病之细菌导致了两个问题。一是，许多保护主义谬误流传。二是，工会主义和社会主义大行其道。威克斯第德先生说得不错。引用如下：

> 即使需要总能得到供应的人也害怕一点：有些东西趋向于耗尽这种需求，或者更轻易和充足地供应这种需求。此人的利益如下：在自己负责保证充足的领域，要出现短缺现象，而在其他所有领域都要保证充足……。所以，就出现了一个矛盾之处：对于我们当中每个在那个特定部门的人来说，我们万众瞩目、众望所归的福利改善成为了害怕的对象。而在这个部门里的人，本职工作就是提升福利……。别管多么邪恶和具有破坏性，人类任何欲望的灭绝，别管多么卑鄙，任何固有行为的废除，都会使一些人"失业"。也就是说，他们依赖某一专门职业从业人员的活动来供应其所有的需要，而这一专业职业从业人员的活动会在经济上变得软弱无力。同样，假设任何想要得到的东西供应更加充足，那么，不管其满足的需要多么有益，不管对其确保的社会福利来说益处有多么大，还是会使社会集体的一些成员陷入拮据之中……。所以，"劳动

总量固定"式的看待问题的方式遍布于工人阶级经济理论之中。"英国工人想要的是更多的工作,"也就是说,"我希望,人们应该处于、也应该被置于一种相对急切的需求之中。需求的对象是我和我的同事所能给予的东西。如果任何其他人供应了人们的需要,那么这个人就是个叛徒或者告密者。此人窃走或者偷走了我的东西。此人拿走了'我的工作',即,此人把我想要保持缺乏的东西变得充足。"

评论者必定带着复杂的心情与这部书告别。照此情况,这部书非常值得研究。但是,批评者情不自禁会想到威克斯第德先生还可以做得好得多。威克斯第德先生写作风格引人入胜,说了许多值得说的话。

转载自 1912 年 3 月《皇家统计学会杂志》(Journal of the Royal Statistical Society)

JEVONS, W. STANLEY. Theory of Political Economy. Fourth edition, edited by H. Stanley Jevons.(London, Macmillan), 1911.

如果需要证据的话,杰文斯《政治经济学理论》(Theory of Political Economy)第四版的出现是进一步的证据:如果一个原创思想家也是一个优秀的作家,那么他的作品就永远不会被超越。迄今为止,几乎没有其他的著作能比杰文斯的《理论》[①]阐述地远为

[①] 这里的《理论》即《政治经济理论》。——译者注

精确。但是，这是一部经济学家想要阅读的经济学经典，可能不再是因为其中含有的理论，而总是因为一个接触：这部著作的每一个读者都能由此接触作者那引人入胜的思想。对于这一版来说，H. 斯坦利·杰文斯先生增加了一些有趣的附录，充分表明了再度论及这一卷的原因。在第一版，针对马歇尔教授的一些批评，H. 斯坦利·杰文斯先生保卫父亲的利息理论[《原则》(*Principles*)，第六版，第 520 页]。在第二版，H. 斯坦利·杰文斯先生印刷了一个关于资本的片段（意义不大），原本是想作为杰文斯①《经济学原则》(*Principles of economics*)的一部分。在第三版，H. 斯坦利·杰文斯先生重印了杰文斯原本于 1862 年在英国协会宣读的论文。对于数学经济学文献目录，H. 斯坦利·杰文斯先生增加了在杰文斯论文里发现的一些注解。

对于第一版，我反对一点：H. S. 杰文斯先生完全驳倒了马歇尔博士的异议。实际上，在反驳马歇尔博士时，H. S. 杰文斯先生使用了马歇尔博士保卫李嘉图的方法，提出了两点。第一，杰文斯"无疑不是在为大众写作，而是面向那些已经熟悉当前经济学说的学者"。第二，他好像在其他段落假定了正确的理论。但是，杰文斯先生在阐述自己理论的时候，就像马歇尔先生指出的那样，肯定是把利息理论的一部分当成全部来写。然而，如果杰文斯先生就像马歇尔先生那样*明确地*（目的是这样）看到了许多利息理论，那么，就有一种可能性：如此清楚的一位作家会把这些利息理论表达

---

① 在这篇论文里，"杰文斯"指的是父亲。H. 斯坦利·杰文斯(H. Stanley Jevons)和 H. S. 杰文斯(H. S. Jevons)指的都是儿子。——译者注

出来。这个问题并不重要,但是,这个问题非常清楚地表明了杰文斯和马歇尔的对立:——杰文斯洞若观火地观察利息理论的某一部分,并尽可能地阐释清楚;马歇尔完全认识到了整个理论及其内部联系,但是在想毕其功于一役的时候抛弃了重点,没有以更明亮的视角展现一些部分,没有分清主次。

杰文斯1862年提交给英国协会的论文在1866年的《统计杂志》上重印。但是,这篇论文对于经济理论历史来说非常重要,因此,最好能以让读者更容易读到的形式出现。这篇论文包含以最为简短的形式表达的暗示:9年后在《理论》上出版的对这一主题的许多基本贡献(效用最终程度在这里被称作效用系数)。然而,较早的论文几乎没有提到图解法。我认为,关于这一点,有一个评论非常有趣,值得注意。这个评论现在是第一次印刷,由杰文斯附在弗莱明·詹金(Fleeming Jenkin)教授1870年论文的后面:——"我要补充的是,自从大约从1863年开始,我在欧文斯学院(Owens College)上课的时候经常使用交叉曲线来表明市场价格的决心。"如果研究数学经济学早期发展的历史学家探究出版重点,就会发现许多令人困惑的问题需要决定。上面的段落或许能帮助这样的历史学家解决其中一个问题。

转载自1912年9月《经济学杂志》

Report by the Committee on Irish Finance.(Cd. 6153).(H.M.S.O.), 1912.

Government of Ireland Bill: Outline of Financial Provisions.(Cd. 6154).(H.M.S.O.), 1912.

517 *Return Showing the Debt Incurred for purely Irish Purposes.*(H. of C. 110),(H.M.S.O.), 1912.

自从较早的地方自治法(Home Rule Bills)时期以来,爱尔兰金融问题呈现出新的局面。之所以如此,是因为一个事实:爱尔兰开支现在超过了其国家岁入。不再是这样一个问题:爱尔兰应该向帝国开支支付多少钱。利息,尤其是在爱尔兰,现在集中在爱尔兰会得到多少上。委员会是在引入地方自治法之前由政府委派的。鉴于爱尔兰目前的问题,委员会的首批任务之一是调查该赤字的可能数量。总的来说,他们证明了饱受争议的财政部白皮书数字的合理性。这份统计报表并非没有错误;但是,按照这个委员会的意见,并没有太多的理由认为错误在一方面压倒另一方面。可以相当确定一点:自从发放养老金以来,单纯用于爱尔兰的 11,000,000 英镑至 12,000,000 英镑开支有大约 1,000,000 英镑的赤字。在 1912 年至 1913 年,据估计[在《金融供应概括》(*Outline of Financial Provisions*)中],开支会升至 12,345,000 英镑,赤字约 1,500,000 英镑。

其他相关事实不多。除了一两个不值得一提的例外之外(土地税、住房税、铁路乘客税、专利药品税),目前爱尔兰的国家岁入也得到了英国那类税收的拉升。还需要记住一点:因为爱尔兰比英国贫穷,所以,别管是法定收入还是养老金,在爱尔兰合理的程度,在英国可能就奢侈了。除了这些因素之外,还有对联邦金融和政治开支纯粹问题的解答。

调查委员会提出的解决办法并未被政府所采用。调查委员会提出的解决办法非常简单：爱尔兰议会有权在爱尔兰强加和征收所有的税收（如果需要的话，关税问题可以有所保留），帝国国库要负担转账之日已经发放的所有养老金的成本（据估计约为 3,000,000 英镑，会给予爱尔兰国库可观的启动盈余），而且"爱尔兰要为王国的总开支作出贡献，这一义务得到了确认。但是，可以允许的贡献数量是多少？还未确定"。政府的计划复杂得多。根据政府的计划，帝国议会在爱尔兰征税的权利不受侵害。但是，爱尔兰议会可以（受下文的提到的转账制约）视情况而定，在爱尔兰改变任何帝国税收的费率（但是，所得税、遗产税或者关税的增加额度不超过 10%，对啤酒和烈酒的税收例外），并可以征收关税之外的新税。此外，帝国政府会搜集爱尔兰所有的国家岁入，并把其中一部分交给爱尔兰国库，这部分叫作 转账款项 (Transferred Sum)；（除了收税之外）帝国政府还要控制和承担特定服务的成本，这些服务叫作保留服务①(Reserved Services)——即警队、土地购买、"社会改革"服务（养老金、健康保险、失业保险、劳工介绍所）。转账款项数量的计算原则在《地方自治法》中做了说明，将要建立联合国库董事会来确定事实。首先，这一款项是固定的。跟 减去保留服务成本的爱尔兰政府 当前开支相比，这一款项产生了盈余 500,000 英镑（在六年的时间里降到 200,000 英镑）。如果爱尔兰议会征收新税或者增加帝国议会征收的税款，那么，估计的额外收益加入转账款项；如果爱尔兰议会减少帝国税收的费率，估计的损失就从转账款项中扣除。除了这些变化之外，转账款项的数量要保持严格不

---

① 在特定情况下，保留服务中的任何一个都可能不再是保留服务。

519 变——别管爱尔兰目前征税的收益上涨还是下跌——直到在两者之间达成平衡。这两者是，第一，来自爱尔兰的总国家岁入，第二，以爱尔兰为目的的总开支。假定这一平衡达到了而且爱尔兰可以自我维持，那么，爱尔兰金融和帝国金融关系的整个问题就要重新审议。

因此，政府规划与委员会提议只有一点共同之处：搁置联邦金融的基本问题——一个下级单位如何才能更好地为帝国服务。这一规划精巧有趣，但主要有利于政治权宜艺术，而不那么有利于联邦金融艺术。这可能是不可避免的。只要爱尔兰无法自我维持，爱尔兰对帝国目的贡献就肯定只是个学术问题；为还未出现的局面立法通常并不合适。当爱尔兰自我维持的时候，情况可能已经改变。那么，政府规划是个权宜之计，旨在安全度过转型期，而不是解决治国的根本问题。从这个立场来看好像相当技术娴熟，虽然不乏原则上不会招致反对的政治微妙之处（可以注意一点：北爱尔兰对税收支付的消极抵制是对帝国政府的抵制，而不是对爱尔兰政府的抵制）。保留收税权切实保证了中央政府的最高权威。

然而，经济学家会比英明的政治家看得远一点。爱尔兰案例是否向我们表明对最终问题的任何反映？泛泛地说，现有的联邦政府有一个公认的学说：海关应该被当作帝国专有国家岁入来源，收入直接税和遗产直接税基本属于各属国。正是按照这个思路形成了较早的地方自治法的金融规划。有些人正是按照这个思路思
520 考。这些人认为，要让英帝国的组成部分建立起紧密的联系，就要建立某种海关联合体。但是，经验表明，法国和德国的情况不是这样。德国和美国的中央政府在金融安排上处境尴尬，因为州权使

它们无法征收形式较为简单的直接税。我认为上述基本问题的反映也是如此。如果联邦的各个单位在经济地位和局面上不是彼此极为相似，那么，别管征收关税是出于保护目的还是为了国家岁入，关税的细节都必须简单地取决于当地情况。为保护而在广大各异地区制定的统一费率肯定会出现如下情况：在一个地区足够了，而在另一个地区就多余了。对于国家岁入而言，统一的海关制度肯定缺乏公平，且徒劳无功。我们可以忽视间接税的一个不平等：就消费而言，分散的个体具有不同的口味。但是，如果我们的制度所歧视的个体形成一个小型社区，我们就再也不能安全地置之不理了。在爱尔兰，情况的不同并不大。甚至就爱尔兰而言，一个问题也会导致尖锐的争议。这个问题是，爱尔兰啤酒、威士忌或者茶叶的消费是高于还是低于联合王国的其他地方。就算口味一致，为了帝国的目的而调整间接税也不容易，所以，富裕程度不同的地区的贡献会根据其能力合理调整。因此，由帝国向海关征税并使爱尔兰由此为帝国的目的做出贡献，是不明智的。这一政策使用范围越广，就变得越不实用。

另有两个办法可以让中央政府从其组成部分中得到国家岁入：或者是货币贡献，或者是直接税。如果货币贡献的数量不同，那么，就两方面来说，这一安排是无法令人满意的。一方面是，各部分的国内金融。另一方面是，确定货币贡献数量不同的方法。如果数量是确定的，这一安排肯定会使中央政府金融处于极大的尴尬之中，而且，无法考虑到组成部分承担税收能力的变化。爱尔兰的情况就表明了这一点。但是，对于收入和遗产的帝国税收来说，我看不到此种缺点。跟直接税相比，收入和遗产帝国税收不那么需要根据各地不同情况进行调整。收入和遗产帝国税收非常灵活。总的来说,收入和遗产帝国税收的收益是对各个部分纳税能力最理想的测试。另外,就大不列颠和爱尔兰来说,资本及其所有权的分配方式复杂,对直接税进行联合控制有着强烈的行政原因;而且,这一因素虽然不强,但还是在帝国的其他部分有着强大的分量。因此,可以有一个希望:当进行最终结算的时候,一个政策会得到严肃的考虑。这个政策是,对收入和遗产税收来说,由中央政府保留全权控制,并保留全部或者特定部分的收益。我相信,这会是联邦金融的一个良好基础。爱尔兰和大不列颠之间是这样。对于"全面自治法"(Home Rule all round)也是这样。对于帝国其他部分为了帝国目的的联邦化也是如此。

转载自 1912 年 12 月《经济学杂志》

CHEN, HUAN-CHANG. *The Economic Principles of Confucius and his School.* 2 vols. Columbia University Studies.(New York, Longmans), 1911.

子曰:"庶矣哉!"冉有曰:"既庶矣,又何加焉?"曰:"富之。"曰:"既富矣,又何加焉?"曰:"教之。"对于工资,孔子的理论表述如下:"日省月试,既廪称事,所以劝百工也。"孔子不允许私人拥有土地。孔子认为食利并无错误;因为资本是母亲,利息是孩子。[①] 就关税而言,孔子是个极端的自由贸易者。

---

① 汉语单词(息)用来指利息,意思是"孩子"。中国一直认为利息是合情合理的。

这是孔子经济原则的性质。对于陈焕章博士那有趣的诸卷来说,孔子的经济原则提供了一个上下文而不是要旨。要旨部分是对中国经济历史的贡献,部分是关于所有话题的诸多时代的诗歌和格言。从最广泛的意义来考虑,这些诗歌和格言是经济方面的。陈焕章各章的题目是"生产因素"(Factors of Production)、"分配"(Distribution)、"公共财政"(Public Finance)等等;但是,陈焕章博士在这个表面规划中加入了大量引人入胜之处。为了证明两性分离不是中国的原始计划,陈焕章可以引用《诗经》中的下文:

> 溱与洧,方涣涣兮。
> 士与女,方秉蕳兮。
> 女曰观乎? 士曰既且,且往观乎?
> 洧之外,洵訏且乐。
> 维士与女,伊其相谑,赠之以芍药。

在"经济组织"(Economic Organisation)这一章里,我们读到了《诗经》中的另一首诗,针对的是一个官员。这个官员让其妻子在婚后三个月的时间里缝纫。

> 纠纠葛屦,
> 可以履霜。
> 掺掺女手,
> 可以缝裳。
> 要之襋之,
> 好人服之。

好人提提，
宛然左辟；
佩其象揥。
维是褊心，
是以为刺。

如何对待老人呢？孔子认为，如果妇女在50岁没有孩子，就应该由政府给予衣服和食物，并被委任为搜集诗歌的委员。根据陈焕章博士的说法，这表明孔子认为妇女可以担任政府职务。"养老"是孔子的特别原则。"《礼记》规定，五十异粻，六十宿肉，七十贰膳，八十异珍，九十饮食不离寝，膳饮从乎游可也。"

当陈焕章博士讨论后来的哲学家和经济历史时，我们发现了一个方法，这个方法很像现代经济学家的方法。陈焕章博士描述了土地保有权的*井田制*。根据假定，从公元前2500年到前350年，井田制以一种形式或者另外一种形式存在。陈焕章博士的描述非常丰富且有趣。所有研究村庄土地保有权的学者都应该注意陈焕章博士的描述。现在，就各国而言，中国的货币问题最为落后。陈焕章博士的货币部分表明，中国进行了大量实践，中国的这些实践肯定先于所有国家。据说，自公元前2900年以来，中国就在使用货币，而且，当前的三本位制度源自（黄金的使用递减）最远古的时期，铜币以前和现在一样都是三本位制度的基础。跟其他民族相比，中国早就使用了纸币。于公元83年去世的郑众说到了里布（*lipu*）"是一块布，上面盖有印章，写有文字，两寸宽，两尺长。

用作货币来交换物品。"还有必要指出公元9世纪介于纸币和汇票的一种东西的起源:"在唐朝中期,货币缺乏;因此,在某些地区,货币禁止流出。所以,当商人到达首都的时候,商人把货币存放在各省驻京城办事处,并从办事处接收债券。这样,别管商人去哪儿,都可以非常轻松地用债券提取现金。"这叫作"飞钱"。然而,中央政府禁止这一行为,因为觉得办事处会让货币退出流通,而且商品价格会被压低。但是,结果比以前更糟。因此,公元812年,政府在首都设立了自己的办事处,经营飞钱业务——即,政府向储户发行债券,储户在不同省份的大城市用债券兑换货币。真正的政府银行建立于公元970年,用于实行飞钱制度。该银行被称作"便钱务"(The Bank of Convenient Money)。传统表明"货币协会"制度,或者中国合作银行,是由一位隐士创造的。这位隐士叫作庞公(Mang Kung),生活在公元220年左右。

中国学者早就理解了格雷欣定律(Gresham's Law)和数量理论。公元前175年,贾谊说:"上挟铜积,以御轻重。钱轻则以术敛之;钱重则以术散之。则钱必治,货物必平矣。"1378年,叶子奇说"必也,欲立钞法,须使钱货为之本,如茶盐之有引,引至则茶盐立得……引至钱出,引出钱如。以钱为母,以引为子。子母相权。以制天下百货。出之于货轻之时。收之于货重之日。"①1223年,袁

---

① "必也,欲立钞法,须使钱货为之本,如茶盐之有引,引至则茶盐立得……引至钱出,引出钱如。以钱为母,以引为子。子母相权。以制天下百货。出之于货轻之时。收之于货重之日。"这句话在网上有两个加标点方式。另一个是"必也,欲立钞法,须使钱货为之本,如茶盐之有引,引至则茶盐立得……引至钱出,引出钱如。以钱为母,以引为子。子母相权。以制天下百货。出之于货轻之时。收之于货重之日。"——译者注

燮解释铜钱不足可以通过另外发行低档铁钱来弥补——"往时楮币多,故铜钱少,而又益之以铁钱,不愈少乎?往时楮币多,故物价贵,今又益以铁钱,不愈贵乎?"

陈焕章博士的著作学问精深、令人高兴。这部著作里有许多值得引用的内容——比如说,孔子的优生学原则、劳动力流动条文,或者作家那令人景仰的中国税收史。我们肯定会满足于仅仅另外一个话题——中国人口问题。人口统计资料在远古就存在。"对于任何提供人口统计表的人,孔子都会鞠躬致意,身体前倾至马车的横杆。"但是,这些人口统计表非常不精确,主要是因为在不同的时期有"家户税"和"人头税",使得人们为了自己的利益而隐藏数量。然而,即便是顾及了这一点,就算考虑到了土地所有权制度所假定的条件,有一个情况好像也是相当清楚的。这个情况是,中国当前的巨大人口是最近才出现的,中国和英国一样是近代才出现了人口密集现象。在公元纪年的头十七个世纪(或者在孔子纪年的第五到第二十一个世纪)人口好像在50,000,000左右徘徊;在19世纪开始之前好像未曾达到过100,000,000。自从19世纪初,人口才开始迅速增长。根据近代所做的较为精确的人口普查,1749年人口为177,000,000,1783年为284,000,000,1842年为413,000,000。太平天国运动(1850—1856)时期据说死亡10,000,000到20,000,000人。(陈焕章博士认为太平天国运动导致150,000,000人死亡,但这肯定是因为印刷错误或者修辞夸张)跟以前相比,最近因洪水和饥荒损失的人口可能更多。从1868年到1885年,官方估计人口在378,000,000到405,000,000不等。1910年[根据《中国年鉴》(*The China Year Book*)]有两个独立的估计(不包括西藏和满洲里)——海关估计为 421,000,000,内政部[Mingchengpu (Ministry of the Interior)],基于户数,估计为 316,000,000。这些数字令人困惑,表现为一个事实:如果以内政部人口普查为基础,四川人口为 23,000,000,而海关认为四川人口为 79,000,000,而 A. 谢立山爵士(Sir A. Hosie)在 1904 年认为有 45,000,000。然而,或许可以肯定一点:1700 年以前,中国本土人口没有超过 100,000,000,而在上个世纪以及目前在 300,000,000 至 400,000,000 之间。因此,不能想当然地持下列观点:中国人口对生活资料的压力存在了许多个世纪。这是一个相对较新的状况,而且没有明显的变化。和西方一样,此种经济或者自然条件证明人口暴涨合情合理。中国的黄金时代有如下特征:哲学家、诗人、政府艺术的发现、生活艺术的发现。中国的黄金时代没有熙熙攘攘的人群,没有人满为患的现象。道德家认为,人口下降时期就是国家衰落时期。在中国,和在其他地方一样,对于众多的后代来说,宗教力量强大。但是,难以相信众人信仰宗教的情况下,黄金时代会重现。

然而,陈焕章博士在其他地方寻找中国衰弱的主要原因。他在科举制度(第Ⅰ类)"八股文"的要求里找到了原因。八股文没有什么实际用处,而要掌握却需要大量练习。八股文始于 1370 年,废除于 1902 年。

转载自 1912 年 12 月《经济学杂志》
Report of the Commissioners of Inland Revenue for the year ended 31st March 1912.(Cd. 6344)(H.M.S.O.), 1912.

现在，第一次有可能对附加税的征收对象作出相当精确的估计了。附加税的征收对象是总收入。1909 年至 1910 年实际评估的个体数量是 10,976。委员们估计最终总量会达到 11,250。1910 年 10,966 份统计报表揭示的总收入是 135,739,172 英镑。

对于增值税来说，暂估价现在已经取得了巨大进步。截至 1912 年 3 月 31 日，英国 225 万份世袭财产（总数约为 1,100 万份）得到了估价，扣除之前的总价值为 614,605,705 英镑。因此，如果这些例子具有代表性（委员们的报告并未就此给出证据），那么，英国土地等等的总价值可能达到 3,000,000,000 英镑左右。

就遗产税来说，估价已经证明了其价值。在上一个财政年度，估价人员的工作取得了如下效果：支付的税收比会计各方提出的价值多 6.31%，在爱尔兰多 15.17%。这两个百分比有可能提供了一个两国真实性的粗略数字尺度。

矿权税（Mineral Rights Duty）好像没有遭遇摩擦，产生了良好的收益。但是，就当前的迹象而言，荒地税（Undeveloped Land Duty）好像失败了。

委员们对"凡是能够确定的来自国外的收入"进行了估计，表明去年"凡是能够确定的来自国外的收入"大幅增长，无疑反映了国外投资的大幅增长。人们知道近来国外投资大幅增长。国外投资总额从 1910 年到 1911 年的 93,264,004 英镑上升至 1911 年到 1912 年的 100,952,723 英镑。和以往的年份一样，这没有包括来自下列来源的收入。这些来源是(a)除铁路之外，位于国外的公司，但是公司的管理场所在英国；(b)在国内外共同运营的公司；(c)英国银行、保险公司、商行的国外分支和殖民地分子；(d)属于英国个人或公司的财产抵押、其他贷款、存款;(e)制造商、商人等等、定居于英国,在国外做生意所得到的利润。

这是个巨大的增长:仅仅一年之间,源自英国海外投资的部分收入就超过了 7,500,000 英镑。这些数字也未表明一点:所得税委员会(Income tax Commissioners)越来越多地隐藏国外投资收入。

转载自 1914 年 6 月《经济学杂志》

FISCHEL, MARCEL-MAURICE. *Le Thaler de Marie-Thérèse: Etude de Sociologie et d'Histoire Economique.* (Paris, Giard et Bière), 1912.

从 18 世纪中期直到现在,在非洲和亚洲的某些地方,玛丽亚·特蕾西亚元(thaler of Marie-Thérèse)一直是出类拔萃的通行货币——不再是一个奥地利元,而是一种联系。把不变的忠诚与成熟女皇的肖像联系在了一起。为了满足迫切的需求,奥地利铸币厂(Austrian Mint)拒绝了所有的革新:没有铣边,没有其他任何变化。货币供应源源不断,细节丝毫未变,连年份都还是 1780 年。1912 年,新发行了 4,082,200 个此种硬币。在 1865 年至 1889 年的阿比西尼亚战争(Abyssinian campaigns)中,我们自己的军队发现,玛丽亚·特蕾西亚元是最急需的战争必需品,而且跟其他硬币相比,玛丽亚·特蕾西亚元的购买力与其内在价值非常不成比例。据说,在中非,两个五法郎硬币兑换一个玛丽亚·特蕾西亚元。在欧洲货币市场,玛丽亚·特蕾西亚元的票面价值大约是两法郎五十生丁。为了应付的黎波里的意大利战役,维也纳铸币厂需要加班加点。

这些历史事实为我们设定的通货问题非常有趣。奥地利从未拥有头等重要的银矿。头等重要的银矿以最自然的方法解释了西班牙八片币①以及墨西哥银元的至高地位。奥地利从未享受广泛的贸易联系，也没有大量的殖民地财产和帝国财产。广泛的贸易联系、殖民地财产和帝国财产，还有对澳大利亚和南非金矿的控制，奠定了英国沙弗林的至高地位。就建立一个世界性的硬币而言，在所有的欧洲国家中，18世纪后半期的奥地利好像最没有优势。解决办法如下：凭着自己非比寻常的跨领域知识，菲谢尔(Fischel)先生着眼于这一问题的艺术可能性，而不是学究式可能性；就像只有法国人才能做到的那样，把刨根问底好奇心的浪漫观点与解决问题的强烈愿望相结合；醉心于令人惊奇的并列，天马行空，在设计上有一手神来之笔，制造出了精美细致的硬币。

菲谢尔先生发现两个方面的第一个联系纽带。这两个方面分别是，18世纪奥地利极端落后的状况，以及奥地利未受当时商业想法的制约。欧洲其他所有地方都秉承商业主义，竭力在硬币出口方面制造困难。奥地利政治家不关心本国的商业发展，如此深奥难测的想法对他们来说就是天方夜谭。法国、英国和普鲁士正在禁止硬币运输，而奥地利当局只是注意到自己的铸币厂利润微薄。1773年，玛丽亚·特蕾西亚元贸易表现出了一些减弱迹象，奥地利当局甚至在希腊和土耳其商人中间进行了一次调查，想搞清楚玛丽亚·特蕾西亚元为什么不像以往那样受欢迎。最后突然

---

① 西班牙八片币(pieces of eight)即通常所谓的西班牙银元(Spanish dollar)，价值一比索，等于八个西班牙皇冠币，一个皇冠币价值一雷亚尔。——译者注

发现一个尽可能符合顾客口味的商业产品，顾客得到了满足。而且，就像罗兰父子公司的望加锡头油一样，如同巴斯奥利弗饼干一般，一个半世纪以来，历史悠久的哈布斯堡家族（House of Habsburg）证明自己完全稳妥可靠，即使没有现在去世已久的玛丽亚·特蕾西亚女士的签名，也无关紧要。别忘了，业务并没有转手，虽然威尼斯的分支不得不关闭，业务还是在哈布斯堡家族重重孙子的个人管理之下。

因此，心地天真的玛丽亚·特蕾西亚女皇先于亚当·斯密发现了真相，而且科尔伯特普鲁士的腓特烈大帝并没有发现真相：毕竟一个国家的货币仅仅是一个商品，在供需的指导下，完全可以自我调控。单是，在一开始，人们是如何注意到对此种商品的需求？18世纪欧洲和黎凡特的贸易差额就像今天欧洲和印度的情况一样，欧洲通常有贸易逆差。埃及和黎凡特需要大量白银，欧洲是美洲白银供应埃及和黎凡特的中间环节；而欧洲需要的主要是商品。据说，在18世纪的最后二十五年，奥地利在东方购买的三分之二的商品是用实际硬币支付的，甚至是与黎凡特有着广泛贸易联系的法国也必须弥补经常出现的贸易逆差。在欧洲有美洲的供应，白银相对充足，而近东却缺乏白银；就使用货币进行交换和囤积而言，白银的缺乏阻碍了其发展，尤其是在偏远的地区，所有当不再缺乏的时候，需要满足的需求肯定是天文数字；一如既往地，土耳其甚至在有金银的时候，也没有让其铸币厂严肃应对对银质货币的需求。因此，近东对国外银币有着大量且反复的需求，而且有办法负担得起。以前，西班牙银元和墨西哥银元发挥着作用。但是，在18世纪的不短时间里，西班牙市场都对法国关闭，另外，塞维利亚的皮阿斯特需要统一。这两个因素使西班牙银元丧失了机会。荷兰的瑞克斯塔尔纯度差。就法国而言，当时美洲白银向东方的自然供应者支持了自己的商业主义政策。土耳其的邻国之中，只有奥地利愿意在市场上投放大量统一的高纯度硬币，并把这种硬币作为一种商业产品。

因此，自然而然，奥地利玛丽亚·特蕾西亚元在 1780 年是满足一个目的。但是，从那之后，玛丽亚·特蕾西亚元是如何长盛不衰的？玛丽亚·特蕾西亚元第一次离开马赛港或者里窝那港的时候，到了希腊商人或者犹太商人的手中。但是，摩卡咖啡、非洲和小亚细亚的其他产品只是到了黎凡特商人的手中，而通过埃及、美索不达米亚、阿拉伯半岛、撒哈拉沙漠、苏丹进行的陆地交易在许多个世纪里一直完全掌握在阿拉伯人的手中。因此，是贝都因人的最终决定了几个互相竞争的硬币哪个可以长盛不衰。沿着贝都因人的足迹，我们发现直至今日还有玛丽亚·特蕾西亚元这种通货。贝都因人涉足叙利亚、美索不达米亚、阿拉伯半岛、努比亚、上尼罗河、阿比西尼亚、厄立特里亚、黎波里、索马里，直到尼日利亚的边界，并且只是在这些国家。阿拉伯影响地图也是玛丽亚·特蕾西亚元流通范围的地图。

所以，根据菲谢尔的说法，我们必须在阿拉伯人的人种和社会历史中找寻一个答案：这个与众不同的硬币为什么会有如此非比寻常的魅力。阿拉伯人之所以接受这个硬币，并不是因为这个硬币的金银证书性质，而是因为这个硬币具有美学意义，个性鲜明，令人叹为观止。在这些研究之中，我们必须倾听菲谢尔先生的说法。菲谢尔先生说，硬币是主权的符号，阿拉伯人喜欢对沙漠主权没有任何要求的强国硬币。玛丽亚·特蕾西亚元是银子做的；在东方，"钱一直是非常独特的崇拜"，而且"这种狂热在远东甚至如此普遍，中国人反对黄种人对白色金属的口味和白种人对黄色金属的口味"。但是，答案在下列情况之中：阿拉伯社会之中妇女的地位、她们对奥地利女皇肖像那情有独钟的偏爱。奥地利女皇的发式、镶珠宝的发夹、巨大的胸部、丰满富态的相貌，都非常符合阿拉伯审美理念和观点。主要是由于这些原因，这位伟大的女士才得以进入其他白人女性至今未曾目睹的非洲地区，并且在多年来一直令阿拉伯人浮想联翩。我们在学校历史书里学到了玛丽亚·特蕾西亚女皇种族的座右铭——让别人去战斗，你们幸运的奥地利去结婚去吧（Bella gerant alii, tu felix Austria nube）。这个座右铭是另外一份证据。

可以说，菲谢尔先生所有的研究，别管是关于18世纪奥地利政治，还是关于先穆罕默德阿拉伯社会习惯，都严格关系菲谢尔先生的明显主题。但是，玛丽亚·特蕾西亚元给予了菲谢尔先生很好的情节。让一个经济历史学家开开小差情有可原，大家不应该抱怨什么。

转载自1915年9月《经济学杂志》

BARRINGTON, MRS RUSSELL（Ed.）*The Works and Life of Walter Bagehot*. 10 vols.（London, Longmans, Green）, 1915.

在英国经济学家之中，白芝浩的地位独一无二。人们一致认为白芝浩对这一主题所做的一些贡献无与伦比。然而，在一些方面,白芝浩根本不是一个经济学家。实际上,白芝浩的传记作家并不想让别人把白芝浩看作一个经济作家,白芝浩的传记作家强调白芝浩确实非常热心,且对文学非常感兴趣。假设罗素·巴林顿(Russell Barrington)夫人可以完全隐藏一个事实:白芝浩是《伦巴第街》的作者。那么,罗素·巴林顿夫人或许就实现了自己的目的。然而,可以相当确定一点:关于英格兰银行地位的那一章大大优于同类文章,而对莎士比亚和弥尔顿的研究跟同类文章相比就不那么优秀。白芝浩是个经济学家,但却不是一个经济学家,为什么?白芝浩写出了一本政治经济学经典,然而,大家觉得,就这个主题而言,白芝浩只是个聪明的业余爱好者,只是处于爱好才选择了这个主题,而实际上是个作家,且非常热心。为什么?

这一卷或者另一卷的读者可能不会发现线索。但是,既然我们有机会花几个小时宏观地阅读白芝浩的著作,那么,涉猎《哈特利·柯尔律治》(Hartley Coleridge)、《柯珀》(Cowper),或者《皮特》(Pitt)以及《英国政治经济学基本原理》(Postulates of English Political Economy),还有《詹姆斯·威尔逊——公正正直之人》(Memoirs of the Right Honourable James Wilson),答案就跃然纸上。白芝浩是个心理学家——一个心理分析师,服务对象不是大人物,也不是天才,主要是普通人,主要是商人、金融家和政治家。另外,白芝浩文笔极佳,品位高雅,对乱七八糟的东西绝不苟同。所有这些结合起来使得白芝浩的文学论文读起来兴味盎然,令人爱不释手。甚至在 1864 年,桂冠诗人丁尼生如日中天的时候,白芝浩的文学论文也能映衬出丁尼生诗歌伊诺克·阿登的矫揉造作。但是,白芝浩的文学论文只是对莎士比亚、弥尔顿、吉本的肤浅解读。白芝浩从未达到自己的声誉水平，不过在一种情况下例外，就是当白芝浩描述或者分析本人所见的时候——也就是说，当描述或者分析当时的商人、金融家和政治家的时候。白芝浩把大部分注意力集中于这类人身上，并不仅仅是机缘巧合等等。白芝浩是位分析师，其天赋在于观察不太高也不太低的东西，也不特别具备理解两方面内容的能力。一个内容是天赋和剧烈的感情。另一个内容是奴役、限制和苦难。那么，对白芝浩来说，在上个世纪60年代统治伦巴第街和威斯敏斯特的英国中产阶级优秀分子是最吸引人的领域。白芝浩的文学论文几乎都是在33岁之前写的。之后，白芝浩开始明白，力所能及的最优方法是把贝朗瑞和弥尔顿放在一边，转而研究《财政大臣洛先生》(*Mr Lowe as Chancellor of the Exchequer*)、《政治这种职业》(*Politics as a Profession*)、《迪斯累里先生为什么成功了》(*Why Mr Disraeli has succeeded*)。

  白芝浩对英国商人的心理观察资料独树一帜、史无前例。其他英国经济学家没有这样的天赋和机遇。白芝浩的心理观察资料散布于其给《经济学杂志》的投稿中，但是主要存在于《詹姆斯·威尔逊——公正正直之人》和《伦巴第街》。《詹姆斯·威尔逊——公正正直之人》有两段话——讲述了詹姆斯·威尔逊早期的经商失败——值得全文引用如下：

  然而，可以承认一点：就几个方面来说，威尔逊先生根本不是一个倒霉蛋，尤其是在其生命的早期，只是偶尔有点不幸。直到生命的最后一刻，威尔逊先生都乐观向上。他自然而然地从光明快乐的角度看待万事万物；他总是倾向于对人对事物作出有点太有利的判断。一个此类证据可能就足够了：他曾担任财政部长五年，但他离职时并未成为一个多疑之人。

另外，威尔逊先生性情非常积极，想法非常丰富。在商业的许多部分，这些天赋非常具有优势，但是，在许多方面就算不是完全不利的话，也非常危险。这些天赋经常是诱惑。资本总是有限的；经常非常有限；所以，管理自己资本的商人只是拥有有限的资源，只能从事特定数量的事业。但是，具有积极性情和丰富想法的人会迅速地对限制产生不满。他的创造力会向他表明许多轻松赚钱的方法，他只会觉得自己想凭着活力挣钱。如果他还有乐观的性情，他就会相信自己可以挣到钱。不幸的商业记录充满了如下例子：一个人之所以失败，是因为他具有伟大的想法、伟大的活力、伟大的希望，但却没有成比例的资金。

我肯定会一直关注白芝浩那同样令人景仰的对英国政治家和政治生活的研究。

《伦巴第街》自身的命运有点离奇。就形式和目的来说，《伦巴第街》是一个小册子，针对的是伦敦城的要人，旨在把两三个基本真理灌输到他们的脑子里，以便指引未来的政策。顺便说一句，描述内容很多，但就算是一知半解的读者也不觉得枯燥乏味。但是，跟以前的书相比，这本书对应试者的关注最少。目的是实际的，而且许多目的实现了。但是，在过去的二十年里，这本书获得了次等命运。在所有经济学文献藏书之中，每个经济学学生，别管多么卑微都需要读这本书,即使这位学生可能没有读其他的书。再次阅读《伦巴第街》,我发现,就这种地位来说,《伦巴第街》只是给予了普普通通的印象。《伦巴第街》部分内容讨论了过时的事实,部分讨论了过时的争议,另外还有一大部分非常难懂。我忘记了这本书有多难——也就是说,阅读的时候是要读懂句子,而不单纯是为了享受句子的声音和基本方面。我假定老师们之所以规定《伦巴第街》为必读书目是出于以下原因:担心学生过早地了解所研究主题的实际性质,希望让年轻的学生相信政治经济学的情况与实际情况相反,非常有趣。我还假定,学生之所以兴味盎然地阅读这本书,是因为一些偶尔出现的闪光段落,这些段落让任何人愉悦。另外还有一个原因:一种热情现实的魅力。即使读者不了解这个现实,或者对这个现实知之甚少,也立刻会明了这个现实事实上如何。理解《伦巴第街》带来了额外的快乐。但是,要好好享受《伦巴第街》的话并不需要理解许多。

或许,《伦巴第街》中最显著和基本的学说——再现于我的论文里——在某种意义上是心理的,而不是经济的。我的意思是储备学说,而且阻止危机的正确道路是自由放贷。而且,对英格兰银行地位和管理的分析都是值得的,因为可以立刻感觉到这些分析是密切直接观察的结果。这些分析都干得非常漂亮。另一方面,《伦巴第街》的理论部分不太好。对萧条的分析、对价格上涨过程的叙述,都相当令人困惑,相当肤浅。白芝浩观察敏锐。但是,如果离开了观察这个领域,白芝浩就略显笨拙,给出了一串推论。对白芝浩来说,这些推论太长了。而且,白芝浩并不真正关心这些,缺乏稳定的耐心。比如说,白芝浩关于《白银贬值》(*Depreciation of Silver*）的论说文显然属于二流水平，既无良好的理论，也无良好的事实。关于《普遍货币》（*Universal Money*）的论说文不乏好的段落，但是并不太值得一读。

然而，如果说白芝浩的一流政治经济学稿件局限于下列范围，那就有失公允了。这个范围是，白芝浩对进行商业活动的实际生命个体思维、品质和性格的观察。白芝浩也非常关注另一类个体，即，经济学家本身，而且，白芝浩喜爱推测顶尖英国经济学家是哪种人，以及顶尖英国经济学家写作风格形成的原因。白芝浩简要调查了英国经济学家的性格、英国政治经济学的品质、倾向和起源［在《经济学研究》（*Economic Studies*）的引言里］，我们所有的主要教科书都应该把这些内容作为序言印刷。白芝浩应该就政治经济学写三卷，其中第二卷由著名经济学家的传记组成，这是一个典型特征，白芝浩的许多论说文都读来饶有趣味，具有这个典型特征。比如说，对于亚当·斯密和李嘉图来说，最令白芝浩感兴趣的是，漫不经心的（抽象）学者竟然如此关注现实，思想敏锐，而日进斗金的股票经纪人却是抽象科学的奠基人。这个反思出现在白芝浩的较早论说文里，在白芝浩最近的论说文里原封不动地再次出现。一大部分原因如下：白芝浩非常关心论说文写出的亚当·斯密和李嘉图本人的关系，非常关心亚当·斯密和李嘉图自己的想法和处境。所以，白芝浩关于亚当·斯密和李嘉图的说法非常具有价值。有一个评论"亚当·斯密显然匆匆应付了其中的抽象部分，因为亚当·斯密认为读者不会关心这一部分"。应当对此种评论进行洋洋洒洒的批评。此时此刻，此种评论微不足道。

大量引用《经济学研究》等等中白芝浩对亚当·斯密和李嘉图

的记述是一件愉悦的事情,在《经济学研究》的段落里对亚当·斯密和李嘉图的记述肯定令我满意:

> 阅读《国富论》关于这一主题(商业主义)的章节之最大兴趣来自一点:写作这些章节的活力。这些章节本质上是实践写作的模板;旨在消除现有错误;这些章节探索相信这些错误的头脑,消除这些错误的方式就是这些错误在这些头脑中发展壮大、盛极一时的方式。亚当·斯密认为有一个错误是现有错误:贵金属是唯一的真正财富。原因是亚当·斯密曾和许多持有贵金属的人生活在一起。
>
> 亚当·斯密批驳的功效并非完全恰好来自其文学价值。休谟以前已经做了简要曝光。仅就写作来说,休谟的简要曝光至少同样出色。但是,休谟给这一点,也给其他许多点,带来了一定的矛盾之处。休谟好像嬉戏应对自己的主题;休谟很少表现得相信自己的话,一个普通读者经常感到困惑,不知道是该相信还是不该相信。对于商界中意志坚强之人来说,半认真半儿戏的批评没有效果。但是,亚当·斯密以认真直接的方式拾起了这个主题。亚当·斯密知道,对于曾与自己一起生活的格拉斯哥商人来说,这个方式合适。亚当·斯密与他们谈话,亚当·斯密不光熟悉当前商业情况,还拥有许多其他文化和权威。亚当·斯密以自己的学识给实践之人留下了印象。同时,亚当·斯密以自己的流利战胜了他们,并以自己的信心折服了他们。
>
> 李嘉图毕生从事贸易工作,且非常成功。在所有的贸易

之中,李嘉图从事的贸易是最抽象的。李嘉图的钱是从伦敦证券交易所挣的。当听到这个消息的时候,有些人可能会发笑,他们认为伦敦证券交易所就是个赌场。但是,只有在伦敦证券交易所计算才是最精细的,面对的是触摸不着的数据,几乎不"沉浸于事件之中"……普通人在专注于具体物体时会得到很大的休息,但是,玄学家和股票交易人都无法得到此种休憩……假设读者仔细阅读了李嘉图的著作,对此类事情了如指掌,而且看到了李嘉图是如何以迫不及待的专研能力探究提纯后的细枝末节,那么,这位读者会极为经常地自言自语,"我清楚地看到为什么李嘉图在伦敦证券交易所日进斗金。"对于这项贸易来说,李嘉图做了最完备的准备工作——种族准备……据我所知,李嘉图的著作在文学中独一无二,有许多著作记载了犹太人多年来致富的特殊才能,李嘉图的著作是其中的代表作品。斯宾诺莎的著作以及许多其他著作表明在处理其他类型的抽象时,犹太人具有强大的力量;但是我只知道李嘉图的著作,李嘉图的著作能让读书之人意识到在货币经营数学方面,犹太人具有天赋。李嘉图对政治经济学抽象的掌握几乎与此一模一样。

作为金融著作的心理学,所有的这些都不具备强烈的经济性;就像《伦巴第街》是金融心理学而不是金融理论。

白芝浩早在职业生涯之初,就对英国主要经济学家的个人特性感兴趣。白芝浩出生于1826年,比 R. H. 英格利斯·帕尔格雷夫爵士年长一岁,比考特尼勋爵(Lord Courtney)年长六岁(我们委员会的那些当前成员可以看作白芝浩同时代的人)。当 J. S. 米尔(Mill)的《政治经济学原理》(Principles of Political Economy)刚出版时,白芝浩 22 岁,白芝浩在一篇约四十页的论文里对《政治经济学原理》进行了评论,评论的早熟原本可以给米尔本人带来荣誉。现在,这个评论第一次重印。在一定程度上,这个评论是赞美性的。"折扣都做了之后,"大学生评论员总结,"最严厉的法官会毫不犹豫地宣判如下,在英国有许多大投机者凭着自己的经济学著作在自己的时代里赢得了许多荣誉。但是,只有三个人用此种方法永久性跻身本国伟大经济学家之列,这三个人是亚当·斯密、李嘉图和约翰·米尔。"然而,白芝浩的批评微不足道,而且总是和颜悦色。白芝浩不喜欢米尔思维的风格和质量,但是以冷静的态度进行了分析。米尔被划分到如下学派"在这个思想家学派里,洛克和亚里士多德可能是最吸引人的代表,奥古斯特·孔德(Auguste Comte)肯定是该学派最无价值的一员,其能力乏善可陈";但是,"我们面前的作家未自命不凡,认为自己具有"柏拉图、巴特勒和康德学派的*道德天才*。"按照我们的判断,我们的作家实际上并不太适合观察或者欣赏细致入微的差别;因此我们的作家根本并未自称结合了形而上学的精致和实践的敏锐,多年来人们惊讶于亚里士多德把形而上学的精致和实践的敏锐结合了起来;但是,我们还是难以发现谁能理想地融合感觉和科学,而亚里士多德关于人类商业的著作突出做到了这一点。"对于这个年轻的同时代之人来说,这是个优秀的判断。二十五年之后,判断也没有明显改变,《经济学家》杂志的编辑需要就"已逝的米尔先生"写一个社论。"我们要说的话是确凿无疑的真话,不会给任何人带来痛苦",社论总结道；但是，有一个罕见的情况：在一个伟人的讣告里发现不了许多溢美之词。"米尔先生的两部论著有着独特巨大的影响"，这一点被认为是理所当然的事情加以承认。但是，还指出"米尔先生的伟大作品里几乎完全都是原创；而且我们认为非完全原创部分的许多内容都具有巨大价值"。"在政治经济学之中，"白芝浩本人写道，"长期以来，这些语句的作者习惯于把自己叫作先米尔时代的最后一人。他恰好年龄足够大，对李嘉图和米尔先生著作出版之前的其他主要政治经济学作家有所了解，其中的效果肯定不同凡响。从那时起，所有的学者都先研究米尔，一研究完米尔再研究之前的所有作家。他们以米尔的眼光看待整个学科。他们按照米尔的指点看待李嘉图和亚当·斯密，让他们看点其他的任何东西并不容易。就政治经济学来说，一个作家拥有至高无上的影响是不是一个十全十美的好事？这不好说。但是，毋庸置疑，这位作家能力出众，让同时代之人黯然失色。"实际上，白芝浩在道德上和知识上，反对米尔专制主义，就像杰文斯那样。马歇尔博士的一些批评里也可以发现同样的感情，不过远远没有如此强烈。在铁律下成长起来的独立经济学家几乎无法完全公平地对待米尔。米尔的功绩显而易见，人们怎么会抗议米尔错误那微妙的危险呢？即使现在也能轻易感觉到对真假参半的大量同情。真假参半的是，米尔对政治经济学的最大贡献是使政治经济学成为了几乎和数学一样好的考试科目，为我们这些人提供了生计，我们这些人人数众多，是学术经济学家。

我们应该向罗素·巴林顿女士表示感谢，因为她把白芝浩的作品放在一起，方便了我们阅读。但是，编辑活动是可以受到批评的。比如说,就许多论说文而言,没有指出原始出处何在,以及原来出现是什么样子——只是一个日期。然而,我们主要的遗憾肯定是,有一卷用于《经济学家》社论的重印,这一卷仍然有趣,但是,具有金融和经济意义的论文实际上被排除在外了。在进行选择时,巴林顿女士得到了威廉·罗伯逊·尼科尔爵士(Sir William Robertson Nicholl)的帮助。此种合作决定了话题的选择,这种情况是司空见惯的。"生活"已经在这些专栏里进行了评论(1914年12月)。我本人对此并不在意。但是,对于任何未来的传记作家而言,一个姻亲能够汇集的材料会是非常有用的。

转载自 1933 年《精算师学会杂志》(The Journal of the Institute of Actuaries)

HAGSTROEM, K.-G. Les Préludes antiques de la Théorie des Probabilités.(Fritzes, Stockholm), 1932.

  通常认为,在掷骰子游戏中,关于主观概率和计算时机的最朦胧的想法也在思想历史中出现得非常晚——也就是说,直到 17 世纪中期。掷骰子游戏本身在史前就出现了,所以,或许奇怪之处在于,古代世界并未就此得出任何普遍结论。因此,哈特勒姆(Hagstroem)先生开始再次调查自己能否发现一些蛛丝马迹。哈特勒姆先生竭力做好一项恶劣的工作,但是事实哈特勒姆先生什么都没发现。

  就主观概率而言,哈特勒姆先生会非常满意于一点:再次引用怀疑学派的著名段落,尤其是塞克斯都·恩披里克(Sextus Empiricus)和卡涅阿德斯（Carneades）的段落，另外还有出自《蒂迈欧篇》的一个引文，只有采用最令人生疑的翻译才能把《蒂迈欧篇》的这个引文与主观概率联系起来。至于其他的，哈特勒姆先生搜集了一定数量的生动信息，涉及古代的羊脚骨游戏，或者接子游戏①。结果表明，考虑不同可能掷骰子的古代方式最不可能牵涉到概率，也最不可能牵涉到时机计算。源自四个接子游戏的掷骰子的可能组合中的每一个都有自己的名字和任意值。比如，如果一次掷骰子中四个骰子的每一个表面显示的数字都各不相同，那么，这叫作阿芙洛狄特或者维纳斯，被认为是妙招（grand coup），得最高分，虽然这显然不是最不可能的。

所以，这本小书有趣新奇，但是，跟概率理论几乎没有关系，或者没有关系，除了有否定关系，证明古人对这整个学科完全一无所知。

转载自 1938 年 2 月《经济历史》(*Economic History*)（《经济学杂志》的副刊）

SCOTT, W.R. Adam Smith as Student and Professor.（Jackson, Glasgow），1937.

1737 年，14 岁的亚当·斯密进入格拉斯哥学院。1764 年，斯科特（Scott）教授辞去了格拉斯哥学院的教授职位。从 1737 年直

---

① 羊脚骨游戏（game of the astragaloi）也叫作接子游戏（knuckle-bones）。——译者注

到1764年,亚当·斯密一直住在大学里——三年在格拉斯哥;六年在牛津(在这段时间里从未重访苏格兰);五年在爱丁堡,在爱丁堡的最后三年用于公开讲座;又有十三年在格拉斯哥做教授,先是逻辑学教授,后是道德哲学教授。为了纪念亚当·斯密被格拉斯哥学院录取二百周年,斯科特(Scott)教授准备了这份关于亚当·斯密的论文,还有亚当·斯密生命中二十七年的环境。在这二十七年中,亚当·斯密完全致力于学术追求,沉浸于学术氛围之中。在41岁(就在这个时候,不早不晚)之前,亚当·斯密还未跻身上流社会。斯科特教授不想重写约翰·雷的《亚当·斯密传》(*Life of Adam Smith*),而是局限于一个目的:编辑汇总材料和文件,进一步了解亚当·斯密的最终确定*生活*;不过,作为一份私人记录,雷的书已经非常出色,进一步的个人细节鲜见,主要描述了亚当·斯密的知识发展,分析了《国富论》的影响,以及进一步可能发展的空间。斯科特教授自己的书得到了极大的丰富:两笔巨大的意外之财,是对他学识和勤奋的奖励,下文会在合适的地方提到。

　　斯科特教授远比雷深入地调查了亚当·斯密的出身和祖先(斯科特教授试图追溯到17世纪末之前的时期,这可能太过深入了,不太成功)。父系家族是苏格兰的管理层和高级公务员,在1707年的联合法案(Act of Union)之前就形成了,而且与联合法案有联系。亚当·斯密的父亲是谈判中一个印度事务大臣的私人秘书,担任着舒适的职位,包括柯科迪海关审计员职位。亚当·斯密的叔父曾担任两个职位:苏格兰税收总长和苏格兰邮政部长。一个堂(表)亲是第二任阿盖尔公爵(Duke of Argyle)的秘书,第二任阿盖尔公爵为其谋得了不同的职位。另一个堂(表)亲在苏格兰的输出港成为了稽查员。还有两个堂（表）亲，名字都叫作亚当·斯密，是阿洛厄（Alloa）和柯科迪海关的税务官。所以，在后半生，当亚当·斯密接受苏格兰海关关长职位的时候，亚当·斯密是在密切地追随家族传统。像艾萨克·牛顿爵士（Sir Isaac Newton）一样，亚当·斯密也是个遗腹子，非常热爱自己的母亲，并且一直是个单身汉。亚当·斯密的母亲经常和亚当·斯密住在一起，上了年纪依然如此。① 亚当·斯密的父亲为他们留下了大笔的财富；亚当·斯密在贝利奥尔（Balliol）那价值连城的斯内尔奖学金②（Snell Exhibition）足以支持他在牛津六年的生活，再待两三年也足够了；1750年，亚当·斯密同父异母的兄弟去世，让亚当·斯密继承了遗产，亚当·斯密此后无须担心收入了。另外，亚当·斯密是个非常优秀的演讲家。于格拉斯哥任教授之前，亚当·斯密在爱丁堡演讲挣了许多钱。斯科特教授以最详尽的细节阐述了所有这些内容以及许多其他内容。

亚当·斯密母系家族文雅古老，亚当·斯密父亲的第二个妻子是玛格丽特·道格拉斯（Margaret Douglas）。玛格丽特·道格拉斯的父亲是思特森瑞（Strathenry）的罗伯特·道格拉斯，议会议

---

① 1784年，亚当·斯密的母亲去世。此时，亚当·斯密本人六十多岁。亚当·斯密写信给斯特拉恩（Strahan）："虽然九十岁的时候死去无疑是非常符合自然过程的事件；而且这也是可以预计以及准备的，但是，我必须告诉您我对他人说了什么，要说爱我，我的母亲最爱我，前无古人，后无来者可以与之匹敌；我爱并尊敬我的母亲，没有谁能与她相提并论；此时此刻，我不禁觉得这种永远的分离是对我的沉重打击。"斯科特，第290页。

② 这一奖学金的持有人必须给出一个500英镑的保证金，保证会担任英格兰教会的教职。亚当·斯密任职期间，衡平法院（Court of chancery）有一项诉讼未决：这一奖学金的持有人是否有义务担任英格兰教会的教职。十四年后的最终裁决是否定的。

员。实际上,正是在1726年的思特森瑞城堡发生了那著名的一幕:亚当·斯密被吉普赛人偷走了。1726年,亚当·斯密3岁。斯科特教授并未帮我们大幅改善雷对这个情况的总结"我怕他会成为一个贫穷的吉普赛人"。但是,斯科特教授搜集了一些进一步的细节,以独立的传说确认了杜格尔·斯图尔特(Dugald Stewart)的故事,为我们描绘了思特森瑞城堡今天的画面,这幅画面很像昔日思特森瑞城堡的景色。斯科特教授参观了"巨大的长方形石头,这块石头约两英尺高",但是,这块石头"完全被古老的紫杉所遮蔽"。根据传说,正是在这里,吉普赛人把年幼的亚当·斯密带走。另外,这个故事还有迄今为止未记录的续集:五十年之后(1777年),亚当·斯密历险,因为碰到了拦路强盗。①

然而,对于亚当·斯密而言,吉普赛人事件和拦路强盗事件相距五十年。在这两次事件中间,亚当·斯密最糟糕的冒险是大约在1760年跌进一个鞣料坑。当时,查尔斯·汤森(Charles Townshend)在格拉斯哥拜访亚当·斯密,亚当·斯密正在向查尔斯·汤森"演示劳动分工"。② 同时,外部事件领域几乎没有什么可以记录的,尤其是在亚当·斯密于1764年离开格拉斯哥之前的时期。因此,在很大程度上,斯科特教授必须满足于对亚当·斯密的

---

① 亚当·斯密写给亚历山大·韦德伯恩(Alexander Wedderburn)的信件对此进行了描述。这封信没有找到。但是,韦德伯恩的回答在班纳曼论文集中,提到"您说自己怜悯那个拦路强盗,我怀疑其中混合了一点审慎;我也不确定您的人类勇气(Man's Courage)激情能够让手枪打偏,而且如果拦路强盗射击的话,我会更痛心您的危险,而不是强盗的危险"(斯科特,第274页)。

② 参看斯科特第224页。斯科特教授记录如下:在1935年的一次类似事故中,一个人失去了生命。(本章的"参看斯科特"均指斯科特撰写的此篇论文。——编者注)

学术环境进行详细描述。斯科特教授之书的一些部分,其价值更多地体现为格拉斯哥大学历史,而较少体现为亚当·斯密生平。斯科特教授从格拉斯哥大学记录中长篇原文摘抄,大约有100页。然而,跟雷的叙述相比,斯科特教授的描述更详细:亚当·斯密是个博学的大学教师,亚当·斯密的演讲、学生和学术业务完全体现了这一点。后来,亚当·斯密更有名气,做过更为著名的事情,是国家领导人的朋友和顾问。所以,亚当·斯密早期的经历往往不为人所知。而亚当·斯密就在了早些年做了大多数准备工作,亚当·斯密的名望就来源于此。然而,"我在这个学会担任会员达十三年的时间,"亚当·斯密在生命的尽头当选格拉斯哥大学校长,亚当·斯密写道,"我认为,到目前为止,这段时光是我生命中最有用,因而也是最幸福、最光荣的时期。"[①]休谟是个作家,李嘉图是个股票交易人,米尔是个公务员。不同于休谟、李嘉图和米尔,亚当·斯密本质上属于这样一类经济学家:一流顶尖教师,和哈奇森、马尔萨斯以及马歇尔一样(虽然我认为只是勉强归入此类)。亚当·斯密的书首先是以讲稿的形式出现的;亚当·斯密的个人天赋——亚当·斯密的直率、可靠、热爱自然——属于亚当·斯密的学生;亚当·斯密的社会生活属于讨论俱乐部和讨论小组,亚当·斯密总是急于培养讨论俱乐部和讨论小组;亚当·斯密对商业和实际事务的天资属于大学管理。斯科特教授的论文价值非凡,证明了亚当·斯密细节的微末之处。斯科特教授对亚当·斯密职业生涯的这个方面进行了全面与合适的强调。

---

① 杜格尔·斯图尔特(Dugald Stewart):《亚当·斯密生平及著作记述》(*Accoun of the Life and Writings of Adam Smith*),1811年,第112页。

除了亚当·斯密自己的导师哈奇森①之外,亚当·斯密可能是第一个也是最伟大的以现代方式教授现代学科的教师。鉴于亚当·斯密本人担任过教师,再次阅读《国富论》第五本绝妙的第一章的第二款就是一件有趣的事情了。第二款是"论年轻人教育机构的花销"(Of the Expence of the Institutions for the Education of Youth),其中包含的段落应该放在每个大学和学院的章程之前。②亚当·斯密的教育原则和商业原则是自由贸易原则和私人竞争原则。亚当·斯密坚持两点。第一,教师的酬劳至少部分应该依赖教师可以吸引的费用。第二,在尽可能的情况下,一旦得到授权,学生就可以免费在自己可能喜欢的任何大学选听课程,选择自己的导师并举办展览。亚当·斯密迫不及待地同意一点:上一定数量课程的义务可能是有益的;

　　　　如果教师碰巧是个通情达理之人,那么,当教师给学生上

---

①　哈奇森的著名演讲比其著作的影响要持久得多。哈奇森的著名演讲是苏格兰知识生活非凡发展的主要来源之一,而且"在苏格兰好像极大地传播了分析讨论的风格以及自由主义调查的精神。正是得益于分析讨论的风格以及自由主义调查的精神,18世纪的世界才出现了一些最有价值的产品"(杜格尔·斯图尔特,第122页)。

②　虽然不管正确与否,女子学院可能反对把下面的著名段落作为其章程序言印刷:没有教育妇女的公共机构。因此,在教育妇女的普通过程中没有什么无用、荒唐或者奇异的东西。妇女接受的教育是其父母或者监护人认为她们需要学习的内容,或者学来有用的内容;妇女没有接受其他的教育。妇女教育的每个部分显然都倾向于一些有用的目的;或者提高妇女身体的自然吸引力,或者塑造妇女的头脑以便储备、谦虚、纯洁和节俭;使妇女可能成为家庭主妇,或者在成为家庭主妇的时候举止得体。在妇女生活的每个部分,妇女都从教育的每个部分感受到一些便利和优势。有一个极小概率事件:在生命中的任何一个部分,一男人从其教育的最劳累和麻烦的部分得到任何便利和优势。

课时,下面的事情对教师来说就肯定是个不快的事情:教师在说胡话或者读胡话,或者在说或者读几乎是胡话的东西。还肯定有个令教师不快的事情:教师发现较多的学生放弃了教师的授课,或者学生在上课时带着非常明显的懈怠、藐视和嘲笑。

然而,导师可以迂回前进,达到目标。可以让自己的学生为自己阅读或者解读

  导师不时加以评论,沾沾自喜地觉得自己是在讲课。最少量的知识以及应用会让导师在如此行事时不遭到藐视和嘲笑,也会使导师避免说出真正愚蠢、荒唐或者可笑的内容。

我们对此是多么心知肚明!
另一方面——

  如果授课确实值得听,那就根本不需要纪律来强制集中注意力。凡是值得听的授课都证明了这一点……大多数年轻人都如此无偏无倚,因此,只要教师认真地表现出对学生的作用,那么,学生根本不会忽视或者藐视教师的指令,学生通常会宽容教师在履行职责时犯下的许多错误,有时甚至会向公众隐匿许多大错。

这些引用的段落确实是屡见不鲜的陈词滥调。但是,斯科特教授让人们重新感觉到,这些段落是多么直接地来自亚当·斯密本人

在牛津和格拉斯哥的经历以及亚当·斯密关于教师定位的崇高理想。亚当·斯密关于教师定位的崇高理想先是从哈奇森那儿学来的。

周一到周五每天上午 7:30 到 8:30,亚当·斯密在公众课堂授课。通常每周三天从上午 11 点到中午,向私人课堂授课。亚当·斯密也给予一点私人指导,尤其是对那些在他家吃饭的学生。据记载,"亚当·斯密操心费力为学生职业生涯的选择提出建议,并就学生如何为职业生涯选择调整自己提出建议",对于那些与亚当·斯密一起吃住的学生,"亚当·斯密非常关心他们的健康,并不辞辛劳全面详细地写下这些学生所患的疾病,不管这种记录有多么琐碎"。① 当亚当·斯密授课时,亚当·斯密好像持有其计划中著作的部分早期草稿,而且有时会把这些草稿借给学生阅读。但是,亚当·斯密的说话方式是即兴而为。根据一个权威的说法,②亚当·斯密声音"刺耳,说话口齿不清,几乎就是结结巴巴"。但是,根据另一个权威的说法,③"随着亚当·斯密的改进,亚当·斯密变得热情活跃,表达从容流利"。亚当·斯密非常在意听众,雷④讲述了一个亲口听亚当·斯密说来的传统:

"在整个一节课里,"他说,"有一个学生表情简单,但却富于表现力,非常有助于我判断我的成功。这个学生坐在一个柱子前面,引人注目:这个学生经常出现在我的眼皮底下。如

---

① 参看斯科特第 69、70 页。
② 亚历山大·卡莱尔(Alexander Carlyle)(斯科特,第 70 页)。
③ 米勒(Millar)(参看雷第 56 页,引用自斯图尔特)。(本章的"参看雷"均指雷的著作《亚当·斯密传》。——编者注)
④ 参看雷第 57 页。

果这个学生身体前倾听课,那么一切安好,我知道所有的学生都在听我讲课;但是,如果这个学生身体后仰,无精打采,那么,我立刻觉得一切都不对劲,而且我必须或者换个主题,或者改变讲课的方式。"

他非常受学生欢迎:

> 布鲁厄姆告诉我们,杜格尔·斯图尔特拒绝看着学生,因为杜格尔·斯图尔特觉得学生太好争辩,而且杜格尔·斯图尔特厌恶与学生争论自己所教的学说是否正确。但是,根据各种流传的说法,斯密非常容易接触,甚至习惯于挑出较为出众的学生,邀请学生到家里去,与他们讨论授课的主题或者任何其他主题,富有同情心地讨论学生的生活观点和计划。[①]

据记载,"亚当·斯密赞许的微笑确实迷人可爱"。"亚当·斯密的声音和发音独特,是众人效仿和崇拜的对象。"[②]斯科特教授极度沮丧,因为无法发现亚当·斯密的一个灰泥半身像。据说,亚当·斯密的灰泥半身像在书商们的橱窗里展示。亚当·斯密生活是斯巴达式的。[③]"一个密友记载,当亚当·斯密在柯科迪的时

[①] 参看雷第 53 页。
[②] 参看雷第 59 页。
[③] 斯科特教授回忆这件事(第 325 页)。在新发现的草稿里,亚当·斯密说到玻璃窗的"美丽和幸福发明"时,以嘲讽的口气补充说"如果没有这个发明,世界上的这些北方地区几乎就无法居住。至少现在住在北方的柔弱娇气人类无法居住。"

候,柯科迪部分寒暑每天都到海里洗浴,亚当·斯密说正是不分寒 549
暑的海水浴使自己不得感冒。"(Edin. Univ. MS., La. 11. 451—2.)①

在管理大学时,

> 亚当·斯密对同事做最好的设想。同事们之所以能与亚当·斯密达成一致,或多或少是因为同事们发扬了亚当·斯密在他们身上发现的良善之处。另外,亚当·斯密总是为本大学的利益着想,极为客观。其他人拿来的提议,或公开或隐晦地是为了自己的个人利益。或者,更有甚者,某些提议是较为诡秘的事实上的利己主义,只是形式更为巧妙而已,着眼点还是自己所在系的利益。亚当·斯密从来不这样。亚当·斯密的建议与这些以利益为目的的想法根本不沾边。②

这不是圆滑,而是密切联系着杜格尔·斯图尔特所说的"亚当·斯密发自内心的单纯天真"。在与年轻人交往时,这种单纯天真是具有非凡价值的品质。但是,有利就有弊,"在判断个人时,亚当·斯密的估计有时候凑巧大谬不然"。③

---

① 亚当·斯密在柯科迪的花园靠海。斯科特教授认为一个耳熟能详的传说很可能是因为亚当·斯密在海里洗浴之后漫不经心地闲逛。这个传说是,在邓弗姆林(Dunfermline),一群人去教堂,而亚当·斯密穿着晨衣出现在其中。

② 参看斯科特第 76 页。

③ 然而,并不总是如此。当博斯韦尔(Boswell)年少时,亚当·斯密告诉博斯韦尔(根据博斯韦尔的说法)博斯韦尔"是个幸运儿,举止文雅";不过,休谟对博斯韦尔早年生活的判断要好一些——"年轻的绅士,非常好脾气,非常随和,非常异想天开"(出现在 1766 年 1 月 12 日的一封信里)。博斯韦尔 18 岁时第一次被介绍给了休谟。博斯韦尔认为休谟"非常适合做年轻人的忘年交"。

就授课题材来说，亚当·斯密先是严格按照哈奇森的模式。这是人文学科的现代课程。在接近一个世纪的时间里，苏格兰之外的地方并没有人教授这个课程——修辞学、纯文学、道德哲学、法学。道德哲学混合了大量现在所谓的心理学。[①] 政治经济学是作为法学（在欧洲大陆有保持原样的趋势）的分支出现的；但是，在很早的时候，政治经济学就在亚当·斯密中占据了非比寻常的地位。1748 年至 1751 年，亚当·斯密在爱丁堡授课，可能（按照斯科特教授的说法）是在哲学学会（Philosophical Society），而不是在大学（雷这么说的）。1748 年至 1751 年，亚当·斯密在爱丁堡授课包括"关于文学和文学批评的两门课程，最后是关于法学的一门课程"。[②] 这最后一门课程已经奠定了亚当·斯密日后政治经济学著作的基础。这最后一门课程包含一个内容：姑且可以称之为文明社会历史（History of Civil Society）的内容。

斯科特教授能够从两个新来源补充我们对这一时期的了解。第一个来源是保存在爱丁堡大学图书馆里的当时的叙述。叙述人是约翰·卡兰德（Callander），约翰·卡兰德听了亚当·斯密在爱丁堡上的最后一门课。斯科特教授由此推断许多人关注的是"富

[①] 非常像剑桥道德科学荣誉学位考试初建时的课程表。英语研究开始于苏格兰〔G. M. 扬（Young）先生在《光明和香槟》（Daylight and Champaign）第 131 页中指出，在斯蒂芬·波特（Stephen Potter）的《桎梏中的缪斯》（The Muse in Chains）之后开始了对英语的研究〕，原因是"英语有点陌生，被人们当成一门外语或者经典语言来膜拜"。在许多年里，休谟对此半信半疑，孜孜不倦地要消除自己作品中的"苏格兰腔"。据记载，直到休谟去世时，说话都带有贝里克郡农夫的腔调。亚当·斯密有着得天独厚的优势，因为亚当·斯密在牛津待了六年，英语说得就像本地人。

[②] 参看斯科特第 51 页。

裕发展",预示着《国富论》的第三册"不同国家富裕①的不同发展。第二个来源更加重要,包括"四个文件,有十五个对开页,大多数或者全部文件都代表了极早的作品"。② 斯科特教授相信其中两个文件与亚当·斯密在爱丁堡的讲稿有关;第一个较为详细地讨论了"劳动分工"和市场的范围,第二个讨论了水陆运输。很奇怪的是,斯科特教授没有把这些文件的副本印上,虽然斯科特教授提供了一些整版插图:给出了最重要七页的缩水(而且不是非常清晰)摹本;然而,跟其他许多全文抄写的文件相比,这些摹本肯定重要得多。证据是否足以追溯这些文件至爱丁堡时期,我并不确定。有一个论据:亚当·斯密在格拉斯哥的头八年里找不到时间来写这七页,原因是亚当·斯密"有许多业余爱好"(第57页)。这个论据好像相当脆弱,尤其是当我们知道了一点:在这个时期,亚当·斯密授课的主题就是这个我们正在讨论的主题。这些文件免遭破坏,因为这些文件在亚当·斯密留存的一些信件中找到了一席之地。斯科特教授并没有说清楚下列内容:所说的这些信件是哪些信件;或者信件的日期是哪天;或者这些信件是不是戴维·道格拉斯·班纳曼博士的书信文件集里并且现在存放于格拉斯哥大学图书馆;或者这些信件以前是不是属于 M. A. 班纳曼小姐,斯科特教授最近在亚当·斯密书桌的隐秘之处发现了这些信件。这个书桌起先有许多文件,主要是亚当·斯密的讲课笔记,已经按照

---

① 斯科特教授认为,每当我们在《国富论》读到"富裕"(opulence)这个单词时,我们阅读的就是亚当·斯密最早的作品,后来用"财富"(wealth)这个单词代替了"富裕"(opulence)。

② 参看斯科特第57页。

亚当·斯密的明确指示在亚当·斯密死后不久焚烧。因此，发现其中一些文件幸存了下来就非常有趣了。按照斯科特教授的说法，斯科特教授印刷的许多信件来自"格拉斯哥大学图书馆班纳曼书信文件集"（Bannerman Papers, Univ. Libry. Glasg.），其他的来自"格拉斯哥大学图书馆班纳曼小姐"（Bannerman MSS, Univ. Libry. Glasg.）。或许，后一个标示就是标志着那些来自亚当·斯密书桌的隐秘之处的信件。如果是这样，这个来源就是假定的早期文件来源。但是，在这一方面，我发现斯科特教授的叙述难以理解。

此外，斯科特教授就爱丁堡讲稿给出了长篇大论，但却没有对亚当·斯密自己的陈述给予足够的重视。毕竟，亚当·斯密自己的陈述肯定是这个主题的主要权威。尤其是亚当·斯密自己的陈述比斯科特教授的任何新材料都确定得多，并可能对事件的完整解释给出线索。杜格尔·斯图尔特《亚当·斯密生平及著作记述》的段落包含亚当·斯密自己的陈述，[①]非常有趣，值得全文引用：

> 然而，有一份简短的手稿，1755年由亚当·斯密起草，并由亚当·斯密提交给了一个学会，亚当·斯密当时是这个学会的会员。在这份文件里，亚当·斯密对特定的主要原则进

---

① 根据雷所说（第62页），文件本身"据信已经被斯图尔特的儿子毁坏，很可能是根据斯图尔特的指示"。在对各种指示进行进一步调查之后，斯科特教授抱着"仅仅一丝希望"：文件迟早会被找到。斯科特教授不得不得出结论：——"他的儿子斯图尔特上校把一些关于数学的文件给了联合服务俱乐部（United Services Club），把所有其他文件焚烧。我担心这个手稿也被烧掉了"（第120页）。

第 7 章　各种各样的评论　577

行了相当长的列举,这些主要原则既有政治方面的,也有文学方面的,亚当·斯密急于在这些主要原则上建立自己的排他权利。亚当·斯密想防止一些不同见解,亚当·斯密认为自己有理由去理解出现这些见解的可能性。作为一名教授,亚当·斯密为这种目的增加了私交的无保留交往,非常可信。这份文件目前在我手里。这份文件的表达诚实坦率、义愤填膺、热情洋溢。如果一个人意识到了自己目的的纯洁性,可能就会不可避免地这样表达,因为他怀疑自己脾性的坦率被利用了。在这些情况下,并未总是对抄袭进行合适的考虑。别管抄袭的效果多么残酷,这都并不一定意味着对抄袭之人多么不信任。原因是,大多数人本人都不具备原创思想,根本无法认清究竟对原创天才产生了什么样的伤害,侵犯了最喜欢的推测。由于该学会某些会员所知道的原因,出版这一手稿来唤醒私人区别的记忆并不妥当。而且,假设不认可下列情况:这是极早时期斯密先生政治想法发展的珍贵文件。那么,我甚至就不会提及这个文件。《国富论》中的许多最为重要的观点在这份文件里得到了详细的阐述,但是,我只引用下面的句子"政治家和规划人通常认为人类一种政治结构的材料。规划人在操纵人类活动的过程中扰动了自然;所要做的指示顺其自然,让其在实现自己目的的过程中公平竞争,规划人或许可以实现自己的设计。"——在另一段里:"要把状态从最低级的野蛮上升为最高级的富裕,几乎只需要和平、轻税、可以容忍的司法管理;所有其他都会通过自然事物过程来实现。假设有的政府阻碍这一自然过程,强迫事物进入另外的轨道,或者致力于在特定之点抑制社会进步。那么,这些政府都是不自然的,而且为了支持自己,就必须成为暴虐残暴政府。——这份文件列举了(他奉行的)许多观点。我依然持有的一些讲稿以及出自一个职员之手的讲稿对这些观点进行了详细地讨论。这个职员六年前就不再为我服务。自从我第一次为克雷吉(Craigie)先生的班级授课直到今天,所有这些观点就经常是我授课的主题,没有任何明显的变化。我在格拉斯哥度过的第一个冬季就开始为克雷吉先生的班级授课。我离开爱丁堡之前的冬季,所有这些观点就是我所阅读讲稿的主题。而且,我可以让无数人来作证,这些人有那个地方的,也有这个地方的,都可以充分证明这些观点属于我。"

553 当然,斯科特教授非常熟悉这些说法;实际上,斯科特教授有几次提到这些说法并承认这些说法极为重要,全文引用了亚当·斯密早期草稿中的第二段。但是,斯科特教授对关于爱丁堡讲稿题材的证据进行了详尽的调查,却几乎忽视了亚当·斯密的明确说法:亚当·斯密1755年在格拉斯哥的授课就是在仿效1748年在爱丁堡的授课,亦步亦趋,虽然中间相距多年。跟其他所有的证据加起来相比,上面的引用叙述得更全面、更确定,相当清楚地表明了一点:在25岁之前,亚当·斯密已经就经济政策形成了明确的立场,比《国富论》的出版几乎早了三十年。(另外,有趣的是,接近200年之前,亚当·斯密就预测到了斯科特教授确定其手稿年代的方法:参考亚当·斯密在不同时期雇用的不同誊写员的笔迹。)然而,还有一个问题:亚当·斯密表现得"诚实坦率、义愤填膺、热情洋溢"是怎么回事？杜格尔·斯图尔特暗示有人在抄袭亚当·斯密。但是，此类著名建议——对于布莱尔（Blair）、罗伯逊和弗格森（Ferguson）——都出现在几年之后。另外，亚当·斯密本人总是对此表现得不屑一顾。众所周知，在亚当·斯密把自己的思想付诸出版之前的许多年，亚当·斯密就乐于和朋友以及学生分享自己的思想。有人告诉亚当·斯密布莱尔把从亚当·斯密对话中搜集的想法用于自己的说教，"非常欢迎他这么做，"亚当·斯密回答，"剩下的足够了。"①斯科特教授提出了一个巧妙的假说：斯图尔特只是从文件里引用了关于政治经济学的段落，恰恰是因为抄袭指控与这个主题无关。这个问题好像不大可能得到明确的回答。但是，最为清楚的事情是，亚当·斯密非常想表明自己*在 1750 年之前就得出了自己的经济观点*。所以，斯科特教授的建议并不容易接受。假设我们一旦承认了斯图尔特引用段落中得出的好像自然而然的结论：至少部分题材是政治经济学。那么，领域就大为缩小了。截至 1755 年，重农主义者并没有出版任何东西，因而不可能成为当时格拉斯哥激烈讨论的主题。② 哈奇森的《哲学系统》（*System of Philosophy*）出版于 1755 年，而且通常认为《国富论》的题目顺序受到了哈奇森论述的影响。但是，暂且不论一个难以想象的情况，强调亚当·斯密在 1750 年之前就形成了自己的看法并没有多大意思，因为哈奇森关于这些问题的讲稿早得

---

① 参看雷第 23 页。
② 魁奈（Quesnay）的《论人体机能》（*Essai Physique sur L'Economie Animale*，1748）没有明确地提到经济（参看斯科特第 57 页）。

多。这个难以想象的情况是,亚当·斯密努力减少对自己老师的依赖。还有休谟1752年出版的《政治话语》(Political Discourses)。乍一看好像没有异常之处。引用自亚当·斯密本人的段落有两种可能。第一,有人说亚当·斯密抄袭,亚当·斯密反驳。第二,亚当·斯密指控别人抄袭亚当·斯密。另外,虽然亚当·斯密对别人的借用漠不关心,但是,假如别人说亚当·斯密借用,亚当·斯密可能会非常敏感。或许,1755年的情况如下:有人说亚当·斯密正在讲授的内容借用了休谟1752年的《政治话语》,且没有得到休谟的同意。相反,亚当·斯密回答,我的讲稿与我1750年年末离开爱丁堡之前所讲内容基本相同。休谟可能听了其中一些授课;因为这些授课可能是休谟的堂兄亨利·霍姆即凯姆斯勋爵(Henry Home, Lord Kames)①赞助下安排的。休谟当时住在宁威尔斯,正在参观爱丁堡。② 后来,休谟和亚当·斯密成为了亲密的朋友,因此,杜格尔·斯图尔特才不愿重提这些古老且久已被人忘却的段落。我怀疑,这个想法是否仍然能经受检验。亚当·斯密认为是自己在1750年之前提出了经济政策中的放任主义。但是,在休谟的《政治话语》中几乎没有暗示这一点,③《政治话语》原创贡献是关于货币和利息,亚当·斯密在《国富论》中特地承认了休谟的

---

① 霍姆(Home)即休谟(Hume)较早的拼写方法,通常所说的休谟(Hume)即大卫·休谟(David Hume),与亨利·霍姆即凯姆斯勋爵(Henry Home, Lord Kames)是堂兄弟关系,只是姓氏拼写略有不同。——译者注

② 就是在进行这些参观的时候,休谟和亚当·斯密好像第一次见面。在写给亚当·斯密(1758年6月8日)的一封信中,休谟提醒亚当·斯密其爱丁堡授课听众广泛[格雷格(Greig),《信件》(Letters)第148号]。

③ 最接近的做法是,贬低仅仅商业主义立场征收的进口税。

优先权。① 或许,如果能更了解这个时期的小册子,就能得出较好的解答。

除了书桌的隐秘之处,斯科特教授还走了一次好运:在达克斯宅邸(Dalkeith House)巴克卢公爵(Duke of Buccleuch)书信文件集里发现了《国富论》部分早期草稿。斯科特教授想在这份书信文件集里找到关于亚当·斯密的只言片语。亚当·斯密是第三任巴克卢公爵的老师。亚当·斯密大约在1763年把这份草稿寄送给了查尔斯·汤森,查尔斯·汤森负责挑选导师。斯科特教授认为这份草稿会迅速引起汤森的兴趣。但是,这份草稿可能恰好是一批草稿的一部分。我们知道亚当·斯密有时允许学生阅读这批草稿。这份草稿被寄送给了汤森来表明亚当·斯密为学生提供了某种精神食粮。② 到目前为止,我们的一些知识取决于埃德温·坎南编辑的《格拉斯哥讲稿》(Glasgow Lectures)文本。这些知识是,亚当·斯密离开格拉斯哥,出国并与重农主义者密切接触之前思维发展的情况。现在斯科特教授全文印刷的新文件表明,在1763年之前,亚当·斯密已经比我们所知的更接近最终版本,而且那时所涉及的领域比我们所设想的要广博一点。尤其是搞清楚了一点:在拜访重农主义者之前,亚当·斯密的分配想法比坎南③所认

---

① 第Ⅱ册,第Ⅳ章。

② 早在1759年,汤森就对亚当·斯密产生了兴趣,因为阅读了《道德情操论》(1759年4月12日休谟的信件)。而且,我觉得极有可能是这样:这份文件的寄送是汤森的意图,而不是(就像斯科特所认为的那样)亚当·斯密的意图。

③ 坎南写道(格拉斯哥讲稿,第xxxi页):"关于劳动分工、货币、价格、不同工作工资差异的原因的论文,显然在亚当·斯密去法国之前就和现在的形式相差无几。另一方面,分配规划完全没有。显然,斯密从重农主义者那儿得到了分配规划必要性这一想法,而且斯密把自己的规划(与重农主义者的规划大不相同)加入了自己已有的价格理论之中。"

为的要先进。

因此,看起来好像是这样:亚当·斯密研究的广博过程在他28岁之前就确定了,亚当·斯密在那时离开了爱丁堡。不久,亚当·斯密就决定把政治经济学从道德哲学中划分出来。从1755年到1759年,是在准备《道德情操论》(Theory of Moral Sentiments)。就在亚当·斯密开始起草《国富论》不久;虽然《国富论》直到1776年才出版,[1]但是,那些标志性的段落已经在1763年格拉斯哥时期结束之前几乎具备了最后的形式。

斯科特教授的书籍还有一部分重印了亚当·斯密写的五十封信件以及写给亚当·斯密的二十三封信件,亚当·斯密写的五十封信件或是没有印刷过,或是难以得到。亚当·斯密非常厌恶写信,[2]这进一步的发现几乎无法证明亚当·斯密勤于通信。当亚当·斯密18岁的时候,亚当·斯密写信给自己的母亲,"我抓住这个机会给您写信并问候我所有的朋友,虽然就像您看到的那样我没有太多要说的";总的来说,以后也是这样。最有趣的事件如下。第一,写给谢尔本勋爵(Lord Shelburne)[3]的一批八封信,内容是关于谢尔本勋爵的儿子,谢尔本勋爵的儿子于1759年与亚当·斯密

---

[1] 休谟1170年2月6日写给亚当·斯密的信件表明,亚当·斯密正要在六年之后出版——"这部书充满了理性、智慧和学识,您为何如此乐意把这部书出版给那些邪恶无耻的疯子?"

[2] 1765年至1766年,亚当·斯密在巴黎。关于亚当·斯密在巴黎的这段时期,杜格尔·斯图尔特写道(第67页):"亚当·斯密厌恶写信,所以,我认为在亚当·斯密与朋友的通信中几乎不可能存在就此的任何记录。"

[3] 来自博伍德图书馆(Bowood Library),属于兰斯当侯爵(Marquis of Lansdowne)。

一起吃住。第二,写给休谟的四封信(尤其是 1776 年 6 月 16 日的那封信,在休谟死前不久),休谟死后他的亲戚把这些信还给了亚当·斯密。第三,1784 年 6 月 10 日写给威廉·斯特拉恩的信件,亚当·斯密当时去世了(上文已经引用了)。第四,(极为幸运的是)1780 年写给一个丹麦朋友安德烈亚斯·霍尔特(Andreas Holt)的信件,这封信之所以与众不同是因为信中有亚当·斯密生活方式的细节。

亚当·斯密不善于写信[①]可能部分是因为,在亚当·斯密的整个生命中书写这个身体运动极为困难。就此,斯科特教授搜集亚当·斯密不同时期笔迹的摹本来进行研究(第 359 页以及下列等等)。亚当·斯密不像休谟那样洋洋洒洒、一挥而就,也不像边沁(Bentham)那样信手拈来、随意涂鸦。亚当·斯密的书写痛苦费力,经常单词写到一半就把笔提起来,所以写不出快速的草体字。亚当·斯密困难重重之时,就会写出圆形的、孩子气字迹。当亚当·斯密垂垂老矣之时,写出的单词摇摇欲坠。在大学的官方记录中,亚当·斯密尽可能少地亲自手写。对亚当·斯密来说,单词是听觉符号,不是视觉符号。杜格尔·斯图尔特谈到了亚当·斯密非凡的言辞记忆,另外"亚当·斯密可以正确地背诵不同的诗歌"。甚至在与人相处时,亚当·斯密也会出神,"有时好像表现得急于写作,嘴唇一张一合,全神贯注,举动专注"。终其一生,在准备讲稿和书籍时,亚当·斯密都依赖誊写员。"当斯密先生写作

[①] 根据休谟的说法,亚当·斯密"懒于写信"。休谟临终前写信给亚当·斯密——"快给我回信吧。我的身体状况不允许我等上几个月。"

时,斯密先生通常在公寓里来回走动,向秘书口述。"① 然后,亚当·斯密会对草稿做许多无关紧要的言辞纠正。斯科特教授相信,当着手长篇大论之时,这些困难对亚当·斯密尤为突出,因此,出现了如下情况:不同时期写就的各个部分,会被拼接在一起,完全没有必要的调整,也没有全部完成的小改动。对亚当·斯密来说,准备新的一版是痛苦和悲伤的。②

皇家经济学会的会员们会希望祝贺斯科特教授,因为斯科特教授主要是在担任皇家经济学会会长期间完成了如此有价值的一部著作,另外,斯科特教授在其会长演讲的临时报告里还选用了合适的主题。

转载自 1940 年 6 月—9 月《经济学杂志》

FAY, C.R. *English Economic History mainly since 1700.* (Cambridge, Heffer), 1940.

英国经济学历史在搜集事实和各种细节方面取得了长足的进步,为这一主题准备一个概况介绍变得极为困难。因为出现了较充分的知识,所以,以前的古老的陈词滥调和概括必须抛弃,我们面对的取而代之的许多未经概括的细节。这个情况表明了一点:

---

① 参看杜格尔·斯图尔特:《亚当·斯密生平及著作记述》,第 107 页。亚当·斯密写作困难,书写也困难。杜格尔·斯图尔特在上面提到的文字里补充:"亚当·斯密在死前不久告诉我,虽然经过了大量写作训练,写文章依然和以前一样缓慢,一样困难重重。亚当·斯密补充说,休谟擅长写作,休谟《历史》中最后那些卷就是按照休谟的原件印刷的,只改动了一些微不足道的地方。休谟先生的所有作品(我确定)都是自己写的。"

② 参照亚当·斯密写给卡德尔(Cadell)的信。当时,亚当·斯密在准备新一版的《道德情操论》。

灌木繁盛会让树木消失。

如果费伊(Fay)的书存在错误,那么错误在相反的方面。费伊的书离题万里。有许多刚长出的灌木,茂盛芬芳,抽出了嫩叶;可爱的花儿从我们的脚边长出;头顶的鸟儿在自由欢快地歌唱;树木诸王挺拔站立;我们意识到了森林的伟大,因为森林持续生长,始终年轻;我们走在一条道路上,去参观英国风景的最优观点和仙逝之人的纪念碑;但是,如果我们是初来乍到之人,我们可能仍然觉得有时这条道路更像一个迷宫,另外,当我们陪伴向导的时候,向导在谈话中引经据典,但就像对牛弹琴。

对于这本睿智迷人的书来说,这是最坏的评价。这卷书不是要通过枯燥愚蠢的考试安全地管理枯燥愚蠢之人。这卷书的目的在于以成就感和学科兴奋激励年轻学生,书中主要是英国人最好的活动和最佳的成就,在学校中学到的政治历史较少;告诉学生应该留意什么;引导学生的手眼探索图书馆书架上的100卷图书;最重要的是,把工业领袖、贸易领袖和发明领袖提高到一个水平。按照我们的回忆,以前只有士兵和政治家达到了这样的水平。

职业经济历史学家可以合情合理地说,所有这些对他们都是新东西,里面空无一物;实际上,职业经济历史学家知道所有这一切,把生命用在这个主题之上。然而,我认为职业经济历史学家也应该感激费伊先生,因为费伊先生成功地把这些感想传送给了两类人。这两类人一是缺乏经验的学生,二是不是经济历史学家的经济学家。这本书也有如下问题:学术错误、不合逻辑、不连贯、选择所述问题时太过随意。但是,关键之处在于,费伊先生有种天赋。这本书收录了费伊先生写就的所有内容,这种天赋第一次考虑到了完全自由自在的飞翔。这本书有难以衡量的品质。因为书中含有爱和温和的睿智。在极度的混乱无序中存在艺术品的品质。还有其他价值——广博宏大的智慧、与英国乡村融汇在一起的极端个体但深远的文化、加拿大大草原、在第二皇家东部肯特军团中几乎受伤致死的军官的经历。最后,是我已经提到过的那个不合逻辑之处。下面这一段话突然总结了主要关于货币历史的《绪论》部分:

> 列宁死了,并轻叩金门,但却不好意思进去。圣彼得向列宁再三保证,说,"好吧,到这个袋子里来,我带您去见马克思。马克思会照顾您。"他们到了马克思的住处,马克思把蓬乱的红脑袋伸出窗外,叫道:"那是什么?"圣彼得把袋子扔进走廊,回答:"这是您该死的资本的利息。"

可以立刻推断出这本书的章节具有无与伦比的价值。有时,结构脆弱,作者把握写作欠佳。另一方面,举个例子,有一章篇幅不长,阐明了下面的引用"《国富论》出版之后的重大改革可以用撤销(Repeal)这个单词来总结"①。这一章是个不错的例子:清楚明白的框架,但是可以填充出色的细节。我非常喜欢"普赖斯先生和国债"(Dr Price and the National Debt)、"库克船长"(Captain Cook)、"城镇与乡村"(Town and Country)、"工业革命的需求方面"(The De-

---

① 这本书具有如下特征。上面的第一章第一段之后,第二段应该这样:"引用来自温伍德·里德(Winwood Reade)的《成仁记》(Martyrdom of Man)。对于这本书,夏洛克·福尔摩斯对华生说,'让我向您推荐这本书,目前为止规划的最好的书之一。我一个小时后回来。'——四签名"。

mand Side of the Industrial Revolution)、"工业传记是为了什么"（Desiderata of Industrial Biography）、"特里维西克和康沃尔"（Trevithick and Cornwall）、"地方增长类型"（Types of Local Growth）。这本书虽然不长，但介绍了这个奇怪多变的国家。这些章节标题就此给出一些无足轻重但又很不完整的想法。我喜欢一个提法：英国之所以在18世纪变得极为繁荣是因为两个方面非常和谐。这两个方面，一是在其他背景下我所谓的储蓄习性，二是投资诱因。英国商业的海外商业和贸易方面提供了高额利润，从中而来的储蓄激增持续形成了一批暴发户（以及寄生在暴发户身上的肥胖的律师）；国家的社会传统把这批人及其累积的黄金用于在乡下的宅邸建立一个家庭；不管怎么说，农业都是世界上最为资本化的产业，农业的改善以及建立乡间豪宅的冲动，为投资提供了一个无法满足的领域。我想知道如下情况是否属实。这个情况是，T. F. 雷德韦（Reddaway）先生的《大火之后伦敦的重建》（Rebuilding of London after the Great Fire）——是我在这个领域将要读到的下一本书——会教给我一点：新（而且幸运的）投资史无前例的释放导致了个人财富规模激增（虽然经常以工人的生活水平为代价），是17世纪后半叶最令人惊奇的变化。当我们接下来重建伦敦时，我们能否怀有如下期待：一个黄金时代，同样的幸运，但是这次不会降低生活水平？

这本书先是作为讲授课在剑桥发布。在出版时基本保持了讲稿形式。然而，出版的可能更有价值。在讲稿中，只有最聪明的人可以保留一席之地，而且会需要一个聪明的记笔记之人才能抓住许多陌生的名字和未详细说明的引文。我确信许多学生都一头雾水。但是，对于每一个有前途的学生和每一个成熟的经济学家，即使这个经济学家不是历史学家，也能获益良多，且学到其中精妙之处。出版的书价格不高，5先令，即使按照战时价格也是合情合理的。

附录　增补评论

当这一卷出了单页校样之后，凯恩斯的四个进一步评论引起了我们的注意。其中三个是凯恩斯早年所做，涉及关于统计学的那一章。

转载自 1911 年 5 月《皇家统计学会杂志》

CZUBER, ENANUEL. *Wahrscheinlichkeitsrechnung und ihre Anwendung auf Fehlerausgleichung, Statistik, und Lebensversicherung.* Second edition. 2 vols. (Leipzig, B. G. Teubner), 1910.

丘巴尔教授要得到祝贺，因为丘巴尔教授完成了一个长篇论文，论文是关于概率数学理论和统计数学理论，体现了丘巴尔教授对这些主题的大部分研究的实质，这些研究在过去的二十七年里出版。尽管有 900 页，丘巴尔教授的讨论还是非常精练的。这本书之所以长篇大论，是因为丘巴尔教授把广泛的领域与数学概率的基本原理直接联系了起来。这新的一版扩充了许多。对于这一版所讨论的话题来说，这一版肯定为长期作为标准论文。英语中根本没有著作涉及同样的领域。而且这篇论文在掌控力和完整性方面都大大超过了法国的那些论文。法国的那些论文最大限度地挑战了丘巴尔教授的这篇论文。

第一版只有一卷，出版于1903年。丘巴尔教授把原来的一卷扩充成了两卷，因而为增加许多内容留出了空间。较早版本的读者可以轻易迅速地指出现在主要做了什么修改。第一部分讨论了概率纯理论，大约增加了40页，主要是为了强化论述的哲学方面。第二部分是关于误差理论和观察资料的组合，几乎没有变化。第三部分的名字是集体测量学说，讨论了统计频率的对象，是个全新的内容。第四部分的名字是数学统计学。但是，在组成第四部分的三节里面，只有第一节是关于总体理论，第二节讨论了死亡率统计资料，第三节讨论了残疾统计资料。整个第四部分增加了大量内容。第一节的哲学讨论得到了扩充。跟以前相比，对死亡率表的讨论较为完整。对两个问题的叙述主要是新内容。这两个问题，一是残疾统计资料，二是残疾统计资料与死亡率统计资料的关系。第五部分是关于人寿保险的数学基础，也得到了扩充。尤其是其中新增了一些小节，关于残疾保险和健康保险。

前面的总结表明最受普遍欢迎的作品存在于下列内容：组成第一卷的三个部分、占据第二卷前78页的第四部分第一节。第二卷的其余部分主要涉及技术细节方法，只有研究保险和死亡率统计资料的学者需要这些方法来武装自己。对这些学者来说，无疑可以较为轻松地把技术细节与较基本的原理紧密地联系起来。但是，从广大学者的角度来看，有个相当任意的做法：选择这些特定应用，排除其他应用，来非常全面地讨论普遍论文是什么。

对于第一部分的基本问题，丘巴尔教授采用了一个论文里可能最好的做法：主要是数学做法。丘巴尔教授未试图彻底详尽地分析哲学困难，而是先进行了一些简短的却经常发人深省的讨论，然后假定了一些结论。经过思考之后，具有常识之人会理所应当地预计哲学家会最终证实这些结论。丘巴尔教授未解决概率哲学任何更复杂的问题。丘巴尔教授始终如一地采用暂定结论。讨论进行到今天，总的来说，持有这些暂定结论是最合情合理的。自从第一版出版之后，丘巴尔教授已经在最近的德国影响下，较为远离我们可以所谓的"析取理论"，较为接近"相对论"。"析取理论"原先是由 F. A. 兰格（Lange）提出的，在德国而不是在其他地方有众多支持者。我认为，根据"析取理论"，按照非常基本的意义，概率是基于析取判断或者假说。另一方面，根据"相对论"，重点放在证据上，概率基于证据，概率必须由证据来决定。根据"频率理论"，在每种情况下，概率都与统计频率有着非常密切的关系。"频率理论"原先是由莱斯利·埃利斯提出的。丘巴尔教授直言不讳地否认一点："频率理论"在英国而不是在其他地方有众多支持者。

几何概率理论提供了概率的主要例子，得到了充分讨论。对于这些例子来说，其他选择的数量是无限的。平均价值方法、非常典型的一批例子，重现于丘巴尔教授关于这一主题的早期专题学术论文之中。这些情况下经常出现矛盾和冲突。比如说，伯特兰先生的例子按照几种不同的方法计算一个概率：随机给出一个圆的弦会大于圆内接正三角形。伯特兰先生认为之所以出现矛盾和冲突是出于如下原因：数据模糊、上述例子对措辞*随机给出一个圆的弦*的解读模糊。但是，丘巴尔教授无法确切表明模糊之处何在，或者为什么这些例子会在一些情况下导致矛盾结论，而在另外的情况下不会导致矛盾结论。

拉普拉斯的接续规则（Rule of Succession）得到了详细讨论。阐述接续规则方式并未证明有时从接续规则得出的结论更为惊人。但是，在第二卷的开头，有一个讨论并不非常令人满意。这个讨论是关于归纳概率、归纳概率从统计频率数据的生成。不可能在一篇评论中讨论这个深远的问题。但是，我好像可以对丘巴尔教授的方法给出下列评价。第一，丘巴尔教授的方法与经典作家对概率的讨论没多大区别。第二，丘巴尔教授的方法隐藏了一个事实：这些统计归纳与任何其他种类的统计归纳没有本质区别。第三，丘巴尔教授的方法允许丘巴尔教授根据把极高的概率归因于某种证据。而在其他类型的科学归纳中，这样的证据诚然是不足的。请考虑下面的例子。1866年至1877年这段时期，奥地利出生了4,311,076个男性，4,052,193个女性；1877年至1894年这段时期，奥地利出生了6,533,911个男性；根据这份证据，女性出生数字的可能限度是什么？如果仅仅根据这份证据就得出结论，那就与常识相悖了。但，丘巴尔教授就这样得出了结论：有45,249/45,250的概率在第二个阶段女性出生数字介于6,118,361到6,164,813之间。

至于更详细的事物，有大量巧妙的代数概率例子，《教育时代》（The Educational Times）曾经以此闻名。这些例子依然有时会放入试卷之中。例子 xiii 的解答——给出了一个概率：假定选票被人一个一个的从票箱中拿出，a 个选票支持 A，b 个选票支持 B，a 大于 b，那么在检查选票的每个阶段，A 都会领先——在简单性上非常令人满意。更重要的是丘巴尔教授对切比雪夫（Tchebycheff）定理的重现。切比雪夫定理超凡脱俗。伯努利（Bernoulli）定理和泊松（Poisson）定理可以作为特例从切比雪夫定理导出。这一结果可以精确得出，不需要最简单的代数方法来取近似值，不需要使用微分。除了证明漂亮简单之外，切比雪夫定理还具有两个特点：价值非凡，几乎不为人所知。因此，这里要引用一下这一结果：

有一组数字 x、y、z…，每一个数字都可以在不同级数的概率下得出不同的数值；假设 x、y、z 等等的平均期望值分别是 a、b、c 等等（即，如果 x_1、x_2…x_k 是 x 的可能数值，而且 p_1、p_2…p_k 是它们的概率，那么，$\sum_1^k x_r p_r = a$），而且，假设 x^2、y^2、z^2 等等的平均期望值分别是 a_1、b_1、c_1 等等；那么，$x + y + z + \cdots$ 之和位于

$$a + b + c + \cdots - a\sqrt{a_1 + b_1 + c_1 - a^2 - b^2 - c^2 - \cdots}$$

和

$$a + b + c + \cdots + a\sqrt{a_1 + b_1 + c_1 - a^2 - b^2 - c^2 - \cdots}$$

这两个极限之间的概率大于 $1 - (1/a^2)$，其中 a 是大于 1 的任何数字；当然，假定按照最严格的意义，x、y、z…的变化是相互独立的。

然而，丘巴尔教授丝毫未提及切比雪夫对概率理论的有趣贡献。切比雪夫的著作大多发表于 1870 年之前，切比雪夫的许多著作先是以俄语出现的；虽然切比雪夫的重要定理间或在《克雷勒》（*Crelle*）和《刘维尔》（*Liouville*）两本杂志上出现，但是，切比雪夫的重要定理难以查到，直到在圣彼得堡（St Petersburg）出版了切比雪夫作品法文版合集，才改变了这种状态。这个合集完成于 1907

年。因此,切比雪夫的定理并未达到应有的知名度。

在整本书中,多次提到了关于这一主题的最新德国文献,这一点对英国读者既有价值。随着这一主题在法国和英国的发展,法国人和英国人对丘巴尔教授有了一定了解。简要提到了皮尔逊教授的方法:用频率曲线来适应统计数列。还简要提到了埃奇沃斯最近对误差定律的讨论。但是,并没有提及两点。一是,现代相关论。二是,现代相关论目前在英国统计理论中所占的中心地位。这是非常明显的疏漏,因为没人比丘巴尔教授更能叙述下列内容:大陆思想家对这些现代发展所持的观点。但是,目前要寻找相关论就要在林林总总的杂志里寻找零零散散的大量论文和专题学术论文,对于一个尚未面对这些论文和专题学术论文的人来说,这一搜寻任务很可能就太令人困惑了。或许,英国统计学家应该等待,直到像丘巴尔教授那样以简洁流畅的形式呈现自己的作品。然后,英国统计学家才能指望德国思想家作出评价。无论如何,丘巴尔教授题材、任何其他关于集体测量学说德国专著题材、尤尔教授《统计理论介绍》([An] Introduction to the Theory of Statistics)(1911年第一版)之间的比较,两个国家最好的最近的统计学家在沿着多么不同的道路前进。丘巴尔教授的方法、关于概率和误差的经典作家的方法,是一脉相承的。这些方法拥有如此历史自然会给予它们的风格和明晰。但是,作者肯定会觉得,这些方法已经达到了成就的极限,进一步完善这些方法的企图无法带来非常新奇的东西。另一方面,虽然英国最近的贡献现在还零散、经常模糊或者不精确,但是,其中好像孕育了进一步发展的种子,好像要把数学统计方法带入新的领域。目前,优势在丘巴尔教授一边。丘巴尔教授有哲学方面的判断明智、高超的数学技巧，为我们总结并完成了那些统计调查的模式。这些统计调查模式源自过去一个世纪拉普拉斯和高斯提出的想法。

转载自 1912 年 12 月《皇家统计学会杂志》

POINCARE H. *Calcul des Probabilités*. Second edition.(Paris, Gauthier-Villars), 1912.

BACHELIER, LOUIS. *Calcul des Probabilités*. Vol. 1.(Paris, Gauthier-Villars), 1912.

CARVALLO, E. *Le Calcul des Probabilités et ses Applications*.(Paris, Gauthier-Villars), 1912.

MARKOFF, A. A.*Wahrscheinlichkeitsrechdnung*. Translated from the second Russian edition by H. Liebermann.(Leipzig, Teubner), 1912.

在英国从未出版关于数学概率理论的系统专著。接近 50 年之前，最后一个从任何角度讨论这一主题的巨著（维恩的《机会逻辑》，第 1 版，1866 年）在这里提出。但是，在国外几乎年年都有概率方面的新书，而且 1912 年尤其多产。除了奥托·迈斯纳先生（Herr Otto Meissner）的一小本基础教程[《概率论及其用法》(*Wahrscheinlichkeitsrechnung nebst Anwendungen*)]以及约瑟夫·科扎克（Josef Kozák）教授在维也纳出版的一本专著[《概率论基础入门——针对平差、射击理论和统计的学习》(*Grundlehren der Wahrscheinlichkeitsrechnung als Vorstufe für des Studium der Fehle-rausgleichung, Schiesstheorie und Statistik*)]之外，还有上面提到的四本大作,每一本都以自己的方式独树一帜、引人注目。

　　普安卡雷的《概率计算》先是作为一些讲稿的重印在 1896 年出现的。这份新版包含全部较早的版本,但是现在根据所讨论的主题重新安排了各章,代替了以前尴尬的安排:同等长度的讲稿。还扩充了如下内容:增加对偶然性(Le Hasard)[这份介绍的内容先是出版于 1907 年的《月览》(Revue de Mois)]的介绍,增加了关于各种问题的最后一章。增加的这两处都给这本书增加了极大的趣味性。当我们说什么"凑巧"发生时,我们是什么意思?普安卡雷对此所做的分析充满了启发。普安卡雷指出,"凑巧"这个词并不是通常意义上的,并非仅仅关系到我们的主观无知。假设我们在星期二发现,参照一个简单的定律,特定现象可以解释,那么,即使是在星期一,我们也坚称不能认为这种特定现象是凑巧发生的。在检查了通常以为的偶发事件典型例子之后,普安卡雷得出偶发事件的有下列两个显著特点之一。第一,只是许许多多不同原因造成的巧合导致了偶发事件。第二,原因的微小变化会对结果产生压倒性的影响。

　　最后一章讨论了三个不同的问题。首先,普安卡雷把一些美丽困难的数学用于一个问题:把一盒牌洗得完全彻底,是否牌的所有可能排列都具有同样的可能性。但是,我认为,一开始投进去的少,最后不会拿出来太多。第二个问题就算没有实践价值,也对这一主题的业余爱好者有许多美学价值。如果我们拿出一个五位对数表,那么,在非充足理由原则的支持下,我们易于得出一个结论:第三小数位数字奇偶的概率相当;最后一个小数位数字也有类似的情况。普安卡雷调查了一点:奇偶数字的总和是否*实际上*基本相等。对于*第三小数位*，普安卡雷能够推理证实确实如此；但是，对于*第五小数位*，普安卡雷的证据失败了，事情依然存疑。这些证据足以为类似问题的解决阐明普遍条件。最后，在没有非常确实结果的情况下，普安卡雷检查了概率在液体混合和气体运动理论中的应用。

书的其余部分与较早的版本并没有本质上的区别，几乎不需要关注。数学依然卓越，哲学依然肤浅——这个组合，尤其是在讨论几何概率的部分，使得这本书经常发人深省、引人深思。总的来说，这本书大多数内容几乎都能在其他地方找到。普安卡雷必须讲授概率，这就是未相加调研这一主题的情况下，普安卡雷所做的论述。这个新版本肯定几乎是普安卡雷不幸辞世之前的绝唱。亨利·普安卡雷的成就领域广泛，所以，他是欧洲最伟大的数学家之一。对于统计学家来说，肯定总有一个遗憾之处：现代统计方法对数学、哲学和逻辑有着几乎同等程度的依赖，现代统计方法并没有及时进入法国接受亨利·普安卡雷的指导，亨利·普安卡雷有着一颗睿智多思的头脑。这本书并未提到德国或者英国的任何如下研究：这些研究结合概率和统计学试图打造新的科学调查武器。

巴舍利耶（Bachelier）先生这本书是个大部头，提出了一些重要的说法。这卷书有 500 个四开页，还要出一些新卷。在未来的这些新卷里，巴舍利耶将要讨论概率历史和概率哲学。按照序言里的说法，巴舍利耶写这本书有两个目的。一、阐述所有关于概率计算的确定知识。二、陈述在一定程度上代表此种计算转化的新方法和新结果。要对巴舍利耶先生的成就作出评价并不太容易。

巴舍利耶这位作者显然能力超群、意志坚定，富有数学才能；巴舍利耶先生的许多成果无疑是新奇的。然而，总的来说，我倾向于怀疑这些成果的价值，而且在一些重要情况下也怀疑这些成功的有效性。巴舍利耶先生的人为假说肯定使这些成果在很大程度上脱离了与最重要问题的接触，而且，这些成果几乎无法应用。我对自己的这个判断并不具有十足的信心，因为这本书品质非凡、井井有条。那些想浏览巴舍利耶先生方法的人可以去阅读第IX章，这一章的题目是相关概率，这一章是巴舍利耶先生原始作品的典型代表。

就问题的外在形式而言，几乎整个一卷都被赌博所占据。但是，当然，就像巴舍利耶先生指出的那样，如果我们愿意的话，许多大不相同的问题可以在赌博公式下讨论。巴舍利耶先生先是对赌博的主要经典问题给出解答，有时以比迄今为止其他形式都较为简单或者更为普遍的形式。这一部分的价值有点削减，因为没有提到其他作家，即使是从其他作家那里借用的时候也未提及。只是在一个地方，巴舍利耶先生用伯努利来称呼伯努利定理。除此之外，我认为，在整本书中丝毫未提及其他作者。然后，是巴舍利耶先生书中原创较多的部分。这部分的关键特点是，巴舍利耶先生把游戏每个时刻赌棍的总得失看作持续变量，变量以无穷小的增量变化。巴舍利耶先生因此可以自由运用微分方法。后果是巴舍利耶先生的结果只适用于赌博次数非常多的情况。而且只是近似适用。巴舍利耶先生肯定能够在一些非常复杂的情况下得到某种解答，但代价是做出高度人为的假说。我不清楚一点：这些假说并未让巴舍利耶先生迷失方向，并且在一些重要时刻使得巴舍利耶先生的论据失效。举一个例子：在第IX章的第203页（上文已经提到了,读者可以看一下)巴舍利耶先生好像假定特定数量 m_1、m_2 … 是 *无穷小的*,而在第 201 页的公式里却假定 *非常大*。如果有些人对概率计算本身感兴趣,那么,这些人就应该就这本书形成自己的观点。而主要对计算的实际应用感兴趣的统计学家完全可以把这本书扔到一边。

按照卡尔瓦洛(Carvallo)先生在序言里的说法,卡尔瓦洛先生的书是出于一个事实:法国政府统计岗位的候选人以库尔诺(Cournot)的《概率计算》为考试用书参加了考试,结果并不令人满意。因此,卡尔瓦洛先生打算写一本教材,忽略这一主题中有美学价值而无政治价值的部分,且几乎不使用或者不使用先进的数学方法。比如说,卡尔瓦洛先生没有证明巴舍利耶的定理,而是想出一些特殊例子,旨在向学生表明巴舍利耶的定理是貌似有理。依我看来,卡尔瓦洛先生这本书的这一部分并不令人满意。作者好像对自己的肤浅沾沾自喜。但是,这让人们怀疑一点:用这种方式叙述这一主题的这一部分是否值得。而这一主题的这一部分基本上是数学知识。然而,所有这些占的篇幅仅仅 40 页,而且,当卡尔瓦洛先生着手统计方法时,有许多非常符合他的目的。有一部分讨论了男性出生率超过女性。这部分可以特别提一下,因为其中有许多有趣的统计资料,而且作为这个问题的原始讨论具有重大价值。最后一章是关于概率计算的限制。这一章写得非常好,而且包括几个警告。比如,每个学生都应该知道这些警告。这些警告是关于如下内容:这一主题的困难、经常导致荒谬或者矛盾结果的一些典型的推论。

马尔科夫(Markoff)教授的专著翻译自俄语第二版,马尔科夫教授的作品现在第一次可以让西方读者得到了。这是纯数学家的作品。马尔科夫教授一方面避免哲学困难，另一方面避免实践应用。但是，对于那些把概率计算作为一个数学学科（mathematische Disziplin）——就像在马尔科夫教授的序言里所说的那样——来讨论的书籍而言，马尔科夫教授的书应该占据最高的位置之一。首先，阅读这本专著是一个巨大的快乐，因为这本专著做到了两点。第一，没有受到筋疲力尽的法国数学概率传统所影响。第二，能够赶超法国数学风格的纯净和优雅。马尔科夫教授主要是受到了切比雪夫的影响，切比雪夫非凡的概率定理——我在《皇家统计学会杂志》第 LXXIV 卷第 646 页关注了这个切比雪夫的概率定理——在俄国之外并不太有名。比如说，丘巴尔讨论了切比雪夫的作品。但是，马尔科夫教授将远远更多的切比雪夫作品呈现了出来，而且还介绍了有关的一些非常有趣的延伸（请特别注意第 67 页）。切比雪夫和马尔科夫使用数学技术得出结论。这些数学技术与其他作家的数学技术大不相同，所以，可以公平地说这是与众不同的俄国传统。在数学领域的琐事中，可以提一下马尔科夫对一个问题的解答，虽然我不是百分比确定其中的新意。这个问题是，"确定一个概率：一个分数不会被约去所削减。这个分数的分子和分母都是随意挑选的任意有理数"。

马尔科夫教授总是谨慎地让自己的假说相当精确，避免哲学假定。因此，马尔科夫教授并未解决逻辑困难。除了在讨论证据的时候，马尔科夫教授成功避开了最常见的逻辑陷阱。除了对切比雪夫的著作进行延伸之外，马尔科夫并未包含太多新意，但是，整本书都具有高度非凡的品质。

转载自 1909 年 3 月《皇家统计学会杂志》

HORROWICZ, KAZIMIERZ J. *Ueber das Geschlechtsverhältnis bei Zwillingsgeburten.* (Göttingen, E. A. Huth), 1912.

　　这份就职演讲想要把莱克斯（Lexis）的统计方法用于确定普鲁士不同地区双胞胎性别比率的稳定性。实践型统计学家几乎不使用这些重要的方法，因而需要简单评价一下这些重要方法的一个新例子。双胞胎出生——"两个男孩"、"一个男孩和一个女孩"、"两个女孩"——三个可能性的实证概率（或者可见频率）是 0.3209、0.3780 和 0.3011。这些数字是基于 1887 年至 1907 年普鲁士双胞胎出生的统计资料。① 霍罗威茨先生（Herr Horowicz）把普鲁士按地区和阶段进行划分，旨在确定平均数的离差是否*正常*——也就是说，如果我们给出某个假定的情况下，这个平均数的离差是否可以预料。这个假定是，这些情况下确定性别的条件类似运气型游戏的条件。莱克斯发现，总的来说，性别比率统计资料非常符合这些条件。霍罗威茨也发现双胞胎统计资料满足这些条件。

　　这一调查的实践价值被一个事实大幅削减。这个事实是，统计资料并未区分"真正的"双胞胎和来自两个独立胚胎的双胞胎。对于"真正的"双胞胎来说，两个胎儿的性别肯定是相同的。

---

　　① 这些数字只是在一定程度上符合 1898 年至 1900 年法国的数字［西蒙·纽科姆（Simon Newcomb）引用了法国的数字］，即 0.3369、0.3541 和 0.3090，"真正的"双胞胎的比例高于普鲁士。但是，法国的统计资料只有 28,312 个案例，而德国的统计资料讨论了 325,079 个案例。

然而,假定"假"双胞胎的性别比率与单胚胎的性别比率相同,而且两个情况的性别不相关,那么,就有可能确定在册双胞胎中有多大比例是"真正的"双胎。根据这些假说,24.4%是"真正的"双胞胎。

霍罗威茨先生完全理解莱克斯的方法,这为霍罗威茨先生的论文增加了重要性,尽管霍罗威茨先生的结论可能不太具有生物学价值。可以补充一点,霍罗威茨先生的论文先是以充分的证据简单叙述了性别比率理论的发展。

最后的论文恰好属于第6章国际经济学。

转载自 1928 年 9 月《经济学杂志》

1927 年美国贸易差额

HALL, RAY(Foreword by Herbert Hoover). *The Balance of International Payments of the United States in 1927.*(United States Department of Commerce Trade Information, Bulletin No.552), 1910.

1926 年和 1927 年浓缩的资产负债表比较如下:

(单位:百万美元)

	债务		债权		差额	
	1926 年	1927 年	1926 年	1927 年	1926 年	1927 年
收入账户						
商品、白银等	5,010	5,037	4,744	4,489	+ 266	+ 548
运费	196	229	188	172	+ 8	+ 57
旅游者开支	142	153	709	770	- 667	- 617
利息	735	795	268	281	+ 467	+ 514

续表

	债务		债权		差额	
接收的战争债务	195	206	—	—	+ 195	+ 206
移民汇款	35	35	253	241	- 218	- 206
慈善捐款和教会捐款	—	—	46	43	- 46	- 43
其他项目（保险、特许使用权等）	245	256	219	216	+ 26	+ 40
收入账户总计	6,558	6,711	6,427	6,212	+ 131	+ 499
资本账户						
美国在国外新增投资	—	—	1,357	1,648	- 1,357	- 1,648
以往美国国外投资的偿付和再出售	659	767	—	—	+ 659	+ 767
外国在美国的投资（净）	94	210	—	—	+ 94	+ 210
美国银行欠外国人净债务的增或者减	359	200(?)	—	—	+ 359	+ 200
运输的黄金或者指定用途的黄金（净）	—	166	72	—	- 72	+ 166
资本账户总计	1,112	1,343	1,429	1,648	- 317	- 305
数字不精确造成的差异	—	—	—	—	- 186	+ 194

一般来说，这些报告的起草方针跟往年是一样的，但是，下面的各点值得注意：

(1) 和往年一样，美国新的长期国外投资净差额肯定比通常认为的要小——实际上，可能比英国的要小。1927 年，得出的累计总额是 671,000,000 美元。但是，如果我们从中减去运输的黄金或者指定用途的黄金，并且减去 200,000,000 美元，那么真正的净数字是 305,000,000 美元。这 200,000,000 美元是美国银行欠外国人净债务的增量，是个估计得来的数字。去年，真正的净数字是 317,000,000 美元。因此，1927 年，可以用于新的国外投资的美国净差额约为 61,000,000 美元，而英国的相应差额是 96,000,000 美元。

(2) 1927 年的官方统计报表中,没有插入数字,来体现美国银行欠外国人净债务的变化。① 这是因为调查问卷有点令人惊奇地失败了。在这份调查问卷的基础上给出了往年的数字。在这种情况下,调查问卷的结果好像表明美国银行欠外国人的净债务增加了 1,000,000,000 美元,这个数字表现得与所有其他迹象格格不入。所以,这个问题得到了更仔细地调查,结果就是发现了如下非常大的错误——仅仅是 1926 年年底报告的差额与 1927 年年底报告的差额之间的差异,就达到了约 300,000,000 美元的误差——所以,决定把调查问卷的结果完全抛到一边。然而,霍尔(Hall)认为,如果作出一个假定,就不会与普遍迹象格格不入了。这个假定是净债务增加 200,000,000 美元。霍尔先生好像并未放弃一点:基于同一个调查问卷的国际银行账户变化的往年估计。但肯定好像存在一个情况:以往的结果也应被严重质疑,直到调查问卷有了较好的新基础。调查问卷的失败表明,即使对这一问题给出近似正确的估计也是非常困难的。这也让人们怀疑对长期投资运动的某些估计是否可靠。这些估计是依靠新发市场之外的买卖。这些买卖现在达成了一个天文数字。总数的极小误差甚至可能导致净数的严重误差。

(3) 对于美国旅客在国外的开支还有一个较为有趣的估计。估计是基于一个假定:"巨富"每次旅途花费 5,000 美元,其他旅客从 1,800 美元到 500 美元,500 美元是学生学校教师的花销,因此估计的平均数是 1,254 美元每人。在此基础上,主要国家的开支如下:

---

① 在上文印刷的表中,因为下文给出的原因,我插入了 200,000,000 美元。

加拿大	197,000,000 美元
法国	190,000,000 美元
英国	40,788,000 美元
意大利	31,250,000 美元
瑞士	15,000,000 美元

据说，大约 4,000 名美国人或多或少地永久居住在巴黎。由美国收入供养的"永久侨民"的总开支估计只有 30,000,000 美元——好像低得离谱。

（4）美国 15,000,000 个国外出生居民的移民汇款好像在下降，而且低于普遍假定的数字。1927 年的数字定位为 241,000,000 美元。

（5）有一点有趣，需要指出。现在人们认为，针对下列内容发布单独的估计有点不成体统。这些内容是，走私酒的价值、走私可卡因的价值、走私吗啡的价值、为逃税而对进口商品的低估、国外贸易坏账造成的损失。因此，今年，所有这些含糊的项目都混杂在一起，显得相对好看一些，形成一个单一数字（189,000,000 美元）。可怕的细节将来只会由官员知道。

（6）据估计，现在美国的外国总投资大约为 11,500,000,000 美元至 13,500,000,000 美元之间。关于英国在美国的投资水平作出了新的估计。霍尔先生估计，战前英国在美国的长期投资在战争爆发时总计约为 2,700,000,000 美元——乔治·佩什爵士（Sir George Paish）以前给出了一个数字 3,500,000,000 美元。霍尔先生认为，1927 年相应的总额约为战前总额的一半，即 1,360,000,000 美元。

（7）由于战争，有些国家欠美国的债。1927 年，美国接收的战争债务共计 206,000,000 美元。其中 160,000,000 美元来自英国。

引用文献

ARTICLES AND PAPERS　　　　　　　　　　　　　　　*page*

Bank of England and the 'Suspension of the Bank Act' at the Outbreak of War, The(*The Economic Journal*, December 1915)　　　329—32

Board of Trade Index Numbers of Real Wages(*The Economic Journal*, December 1908)　　　180—2

City of London and the Bank of England, August 1914, The(*The Quarterly Journal of Economics*, November 1914)　　　278—98

Credit Control (*The Encyclopaedia of Social Sciences*, 1931)　　　420—7

Current Topics—Currency Expedients Abroad(*The Economic Journal*, September 1914)　　　272—8

Discussion on a paper by R. H. Hooker (*The Journal of the Royal Statistical Society*, December 1911)　　　216—19

Economic Chaos of Europe, The (*Harmsworth's Universal History of the World*, 25 June 1929)　　　350—66

Economics of War in Germany, The (*The Economic Journal*, September 1915)　　　332—44

German Transfer Problem, The (*The Economic Journal*, March 1929)　　　451—9

Island of Stone Money, The (*The Economic Journal*, June 1915)　　　406—9

Measurement of Real Income, The (*The Economic Journal*, June-September 1940)　　　235—7

Member Bank Reserves in the United States(*The Economic Journal*, March 1932)　　　427—33

Model Form for Statements of International Balances(*The Economic Journal*, Sep-

tember 1927) 446—51
Mr Keynes's Control Scheme(*The American Economic Review*, December 1933)
434—5
Mr Keynes' View on the Transfer Problem: III. A Reply by Mr Keynes(*The Economic Journal*, September 1929) 475—80
New Taxation in The United States(*The Economic Journal*, December 1917)
345—50
Principal Averages and the Laws of Error which lead to them, The(*The Journal of the Royal Statistical Society*, February 1911) 159—73
Prospects of Money, November 1914, The(*The Economic Journal*, December 1914)
299—328
Recent Economic Events in India(*The Economic Journal*, March 1909) 1—22
Reparation Problem: A Discussion, The. II. A Rejoinder(*The Economic Journal*, June 1929) 468—72
Supply of Gold, The(*The Economic Journal*, September 1936) 490—8
Trade of India in 1913—14, The(*The Economic Journal*, December 1914) 36—40
United States Balance of Trade in 1927, The(*The Economic Journal*, September 1928) 575—8
War and the Financial System, August 1914(*The Economic Journal*, September 1914) 238—71

ESSAYS

Method of Index Numbers with Special Reference to the Measurement of General Exchange Value, The(Adam Smith Prize Essay, April 1909) 49—156

NOTES AND COMMENTS

Comment on Professor Cannan's Article, A(*The Economic Journal*, March 1924)
415—19
Note on the Board of Trade Report, 1908(I)(*The Economic Journal*, September 1908) 178—80
Note on D. H. Robertson's 'Note on the Real Ratio of International Interchange' (*The Economic Journal*, June 1924) 445—6
Note on the Issue of Federal Reserve Notes in The United States(*The Economic Journal*, December 1917) 409—10

BOOK REVIEWS

Bachelier, Louis. *Calcul des Probabilités*(*The Journal of the Royal Statistical Society*, December 1912) 568—73

Bagehot, Walter(Ed. Mrs R. Barrington). *The Works and Life of Walter Bagehot.* (*The Economic Journal*, September 1915) 533—41

Bank for International Settlements, The
Fourth Annual Report(1933—4).(*The Economic Journal*, September 1934) 480—5
Fifth Annual Report(1934—5).(*The Economic Journal*, September 1935) 485—9
Sixth Annual Report(1935—6).(*The Economic Journal*, September 1936) 490—8

Barbour, Sir David. *The Standard of Value* (*The Economic Journal*, September 1913) 384—8

Barrington, Mrs Russel(Ed.) *see* Bagehot

Bendixen, Friedrich. *Geld und Kapital*(*The Economic Journal*, September 1914) 400—3

Board of Trade Tables for 1900—1911(*The Economic Journal*, December 1912) 219—21

Borel, Emile. Éléments de la théorie des probabilités(*The Journal of the Royal Statistical Society*, February 1910) 182—3
and *The Mathematical Gazette*, March 1910 183—5

Brown, Harry G. *see* Fisher, Irving

The Cambridge Modern History, Vol. VII.(*The Cambridge Review*, 5 November 1903) 502—7

Carvallo, E. *Le Calcul des Probabilités et ses Applications.*(*The Journal of the Royal Statistical Society*, December 1912) 568—73

Chen, Huan-Chang. *The Economic Principles of Confucius and his School* (*The Economic Journal*, December 1912) 521—7

Czuber, Emanuel. *Wahrscheinlżchkeitsrechnung undihre Anwendung auf Fehlerausgleichung, Statistik, und Lebensversicherung.*(*The Journal of the Royal Statistical Society*, May 1911) 562—7

Departmental Committee on matters affecting Currency of the British West African

Colonies and Protectorates. Report, and Minutes of Evidence（*The Economic Journal*, March 1913） 383—4

Elderton, Ethel M.（assisted by Karl Pearson）. *A First Study of the Influence of Parental Alcoholism on the Physique and Ability of the Offspring*（*The Journal of the Royal Statistical Society*, July 1910） 189—95

Engelbrecht, von Th. H. *Die geographische Verteilung der Getreidepreise in Indien von 1861 bis 1905*（*The Journal of the Royal Statistical Society*, March 1909） 22—3

Fay, C. R. *English Economic History mainly since 1700*（*The Economic Journal*, June-September 1940） 558—61

Fischel, Marcel-Maurice. *Le Thaler de Marie-Thérèse: Étude de Sociologie et d'Histoire Économique*（*The Economic Journal*, June 1914） 529—33

Fisher, Irving（assisted by Harry G. Brown）. *The purchasing Power of Money: Its Determination and Relation to Credit, Interest, and Crises*（*The Economic Journal*, September 1911） 375—81

Forty-Third Annual Report of the Deputy Master of the Mint, 1912（*The Economic Journal*, March 1914） 394—400

Funkhouser, H. Gray. *Historical Development of the Geographical Representation of Statistical Data*（*The Economic Journal*, June 1938） 232—4

Government of Ireland Bill: Outline of Financial Provisions（Cd. 6154）（*The Economic Journal*, September 1912） 516—21

Hagstroem, K.-G. *Les Préludes antiques de la Théorie des Probabilités*（*The Journal of the Institute of Actuaries*, Pt. I, 1933） 541—2

Hall, Ray. *The Balance of International Payments of the United States in 1927*（*The Economic Journal*, September 1928） 575—8

Hawtrey, R. G. *Currency and Credit*（*The Economic Journal*, September 1920） 411—14

Helfferich, Karl. *Money*（*The Nation and Athenaeum*, 15 October 1927） 419—20

Hoare, Alfred. *Unemployment and Inflation*（*The Economic Journal*, September 1933） 433—4

Hobson, J. A. *Gold, Prices, and Wages*（*The Economic Journal*, September 1913） 388—94

Horrowicz, Kazimierz J. *Ueber das Geschlechtsverhältnis bei Zwillingsgeburten*（*The*

610　经济学论文与信件:学术

Journal of the Royal Statistical Society, December 1912） 573—4

Howarth, Edward G. and Mona Wilson. *West Ham: A Study in Social and Industrial Problems*（*The Journal of the Royal Statistical Society*, March 1908） 174—7

Innes, A. Mitchell. *What is Money?*（*The Economic Journal*, September 1914）
404—6

Jevons, H. Stanley. *Essays on Economics*（*The Cambridge Review*, 8 February 1906）
507—9

Jevons, H. Stanley. *The Future of Exchange and the Indian Currency*（*The Economic Journal*, March 1923） 42—8

Jevons, W. Stanley. *Theory of Political Economy*（*The Economic Journal*, March 1912） 515—16

Labordère, Marcel. *Gleanings of Gold Imports and Exports 1935.*（*The Economic Journal*, September 1935） 490—8

McIlraith, James W. *The Course of Prices in New Zealand*（*The Economic Journal*, December 1912） 221—5

Markoff, A. A. *Wahrscheinlichkeitsrechnung*（*The Journal of the Royal Statistical Society*, December 1912） 568—73

Meade, J. E. *Consumers' Credits and Unemployment*（*The Economic Journal*, March 1938） 439—44

Memorandum and Statistical Tables relating to the Trade of India with Germany and Austria-Hungary（*The Economic Journal*, December 1914） 36—40

Mills, Frederick C. *The Behaviour of Prices*（*The Economic Journal*, December 1928） 225—8

Minutes of Evidence, Monetary Committee, 1934, New Zealand（*The Economic Journal*, March 1935） 435—9

Mises, Ludwig von. *Theorie des Geldes und der Umlaufsmittel*（*The Economic Journal*, September 1914） 400—3

Monthly Review of the U.S.S.R. Trade Delegation in Great Britain（*The Economic Journal*, September 1936） 490—8

Morison, Sir Theodore. *The Economic Transition in India*（*The Economic Journal*, September 1911） 27—33

Pearson, F. A. *see* Warren, G.F.

Pearson, Karl, *see* Elderton, Ethel M.

Poincaré, H. *Calcul des Probabilités*(*The Journal of the Royal Statistical Society*, December 1912)　　　　　　　　　　　　　　　　　　　567―73
Publications issued by and in preparation for the National Monetary Commission of the United States(*The Journal of the Royal Statistical Society*, July 1911)
　　　　　　　　　　　　　　　　　　　　　　　　　　　　367―74
Report of Commission on the Cost of Living in New Zealand, together with Minutes of Proceedings and Evidence(*The Economic Journal*, December 1912)
　　　　　　　　　　　　　　　　　　　　　　　　　　　　221―5
Report of the Commissioners of Inland Revenue for the Year ended 31st March, 1912(*The Economic Journal*, December 1912)　　　　　　527―8
Report of the Committee on Bank Reserves of the Federal Reserve System (*The Economic Journal*, March 1932)　　　　　　　　　　　　427―33
Report by the Committee on Irish Finance(Cd. 6153)(*The Economic Journal*, September 1912)　　　　　　　　　　　　　　　　　　　　　516―21
Report of the Mint, 1911(*The Economic Journal*, December 1912)　　　382
Report of Monetary Committee, 1934, Nem Zealand (*The Economic Journal*, March 1935)　　　　　　　　　　　　　　　　　　　　　　　　　435―9
Report of the National Monetary Commission of the United States(*The Economic Journal*, March 1912)　　　　　　　　　　　　　　　　381―2
Report upon the Operations of the Paper Currency Department of the Government of India during the Year 1910―11(*The Economic Journal*, March 1912)
　　　　　　　　　　　　　　　　　　　　　　　　　　　　　33―6
Report of the Union Corporation for 1935(*The Economic Journal*, September 1936)
　　　　　　　　　　　　　　　　　　　　　　　　　　　　490―8
Return Showing the Debt Incurred for purely Irish Purposes(H. of C. 110)(*The Economic Journal*, September 1912)　　　　　　　　　　　516―21
Review of the Trade of India in 1913―14 (*The Economic Journal*, December 1914)
　　　　　　　　　　　　　　　　　　　　　　　　　　　　　36―40
Scott, W. R. *Adam Smith as Student and Professor* (*Economic History*(Supplement to *The Economic Journal*), February 1938)　　　　　　542―58
Shirras, G. Findlay. *Indian Finance and Banking*(*The Economic Journal*, September 1920)　　　　　　　　　　　　　　　　　　　　　　　　　　40―8
Warren, G. F. and Pearson, F. A. *Inter-Relationships of Supply and Prices*(*The Economic Journal*, March 1929)　　　　　　　　　　　　　228―32

Webb, M. de P. *The Rupee Problem, a Plea for a Definite Currency Policy for India* (*The Economic Journal*, September 1910)   23—6

Wicksteed, Philip H. *The Common Sense of Political Economy* (*The Hibbert Journal*, October 1910)   509—14

Wilson, Mona *see* Howarth, Edward G.

PUBLISHED LETTERS

To Lück, W., 13 October 1936	500—1
To *The Journal of the Royal Statistical Society*, December 1910	196—205
To *The Journal of the Royal Statistical Society*, February 1911	207—16

UNPUBLISHED LETTERS

From Lück, W., 24 September 1936	498—500
From Ohlin, Bertil, 9 April 1927—excerpt	460
To Ohlin, Bertil, 18 April 1929—excerpt	460—2
From Ohlin, Bertil, 22 April 1929—excerpt	462
To Ohlin, Bertil, 28 April 1929	462—4
From Ohlin, Bertil, I May 1929	465—7
To Ohlin, Bertil, 9 May 1929	467
From Ohlin, Bertil, 14 May 1929	467—8
From Ohlin, Bertil, 27 July 1929	473
From Ohlin, Bertil, 15 August 1929—excerpt	473
From Ohlin, Bertil, 17 August 1929	474
To Ohlin, Bertil, 20 August 1929—excerpt	474—5
To Sanger, C. P., 23 June 1909	156—8
To *The Times*, 6 June 1910	186—8
To *The Times*, 16 January 1911	206—7

致　　谢

在准备这一卷的过程中,我们得到了许多帮助。我们尤其要感谢 E. 奥林夫人和科拉尔·乔治。E. 奥林夫人补齐了凯恩斯和其丈夫于 1929 年就赔款争议的双方信件。科拉尔·乔治负责打字。

加拿大社会科学和人文学科委员会(The Social Sciences and Humanities Research Council)提供了必要的金融支持。

索　引

（页码为原文页码，即中译本的边码）

Aberdeen　阿伯丁，195

Accepting houses　承兑行，245—248，250—251，267，285，304，326；Treasury guarantee to　财政部提供担保，251注释，299—302，311；effect on, of breakdown of remittance system　产生的影响，汇款制度崩溃，285—286，298，299；arrangements to cope with situation　应对局势的安排，287—289，291；acceptance by banks　银行的承兑汇票，301

Adam Smith Prize, won by JMK　亚当·斯密奖，由约翰·梅纳德·凯恩斯获得，49，156

Africa, demand for Marie-Thérèse Thaler　非洲，对玛丽亚·特蕾西亚元的需求，529，532

Agent General for reparation payments　支付赔款总代表，451，452，454，456

Agriculture　农业

agricultural countries　农业国，28；India as　印度作为农业国，28—29，34—35，493注释

agriculturists and protection　农民和保护，505—506

eighteenth-century improvements in　18世纪取得的进步，560—561

New Zealand farm prices　新西兰农场价格，223

supply and prices of agricultural products　农产品的供应和价格，228—232

wages of agricultural labour　农业劳工价格，38

Albania　阿尔巴尼亚，486

Alcoholism: effect of, on children of alcoholics　酗酒：的影响，对于酒鬼的孩子，186—216

Aldrich, Senator　奥尔德里奇，参议员

chairman, Aldrich Committee of the United States Senate, 1893: index number　主席，美国参议院奥尔德里奇委员会，1893年：指数，89，90—93，94，103，125—127

chairman, Aldrich Commission, 1908　主席，奥尔德里奇委员会，1908年，367—368，374，382

Aldrich-Vreeland Act, 1907　奥尔德里奇-弗里兰法，1907年，277

Algebra　代数，152，163，172，381；Mr.

索引

Walsh's 沃尔什先生的, 131, 134;
　Mr. Yule's 尤尔先生的, 180
Allied countries 协约国, 366; inter-allied war debts 协约国间战争债务, 446
American Economic Review 《美国经济评论》, 434
Americans 美国人, 343; American intellect 美国知识界, 506—507
American politics 美国政治, 504;
　State Rights 州权, 504—505, 520
Amsterdam 阿姆斯特丹, 318
Andrew, Professor A.P. A.P.安德鲁教授, 368; *Financial Diagrams* 《金融图解》, 374
Anglo-foreign banks 英国-外国银行, 284, 285
Anthropometric Committee 人体测量学委员会, 195; anthropometrical statisticians 人体测量学统计学家, 205
Approximation, method of 近似值, 方法, 100—104, 116, 120, 158
Arabs, taste for Marie-Thérèse thaler 阿拉伯人, 对玛丽亚·特蕾西亚元的喜爱, 532—533
Argentina 阿根廷, 484
　exchange 交换, 357
　gold stocks 黄金储备, 314; hoarding of gold 黄金囤积, 248, 280, 315;
　gold sovereigns from 黄金沙弗林的来源, 260, 281
　in the sterling bloc 属于英镑集团, 486
Aristotle 亚里士多德, 539
Arithmetic 算术
average 平均数, 68, 91, 92, 104, 129—130, 136—137, 159, 176
　laws of 的定律, 54; law of error 误差定律, 167
　mean 平均数, 76, 89, 129—130, 132, 135, 137—140, 144—145, 153, 154, 163—164, 165, 169—171, 173
　and price ratio 和价格比率, 69
Arrangement, laws of 排列, 的定律, 157
Ashwin, Mr. 阿什维先生, 436
Asia 亚洲, 357, 358; gold from 黄金的来源, 487
Assignats 指券, 392, 413
Aupetit, M. 奥佩蒂特先生, 372
Australia 澳大利亚, 357, 438, 483
　coinage of sovereigns 铸造沙弗林, 382, 398
　gold mines 金矿, 529
　one of the sterling bloc 英镑集团的一员, 486
Austria 奥地利, 343, 401
　Bank of, gold holding 的银行, 黄金持有量, 314, 485
　declares war on Serbia, 1914 对塞尔维亚宣战, 1914年, 239, 252, 280, 290
　depreciation of currency 通货贬值, 316—317, 365—366
　gold exports 黄金出口, 318

international loan to, 1933　提供的国际贷款, 1933 年, 483

short-term liabilities　短期债务, 483—484

war-time sufferings　战时损失, 352—353

Austria-Hungary　奥匈帝国, 272

Automatic systems　自动制度, 420, 421, 488

Averages　平均数, 68, 104; method of 的方法, 55; calculation of　计算, 71—72

'Averages and laws of error in general'　"普遍平均数和误差定律", 140—154

　'The Principal Averages and the laws of error which lead to them'　"主要平均数和导致主要平均数的误差定律", 159—173

　'Some Problems in the Theory of Averages'　"平均数理论的一些问题", 136—156

　'The Weighting of Averages'　"平均数的加权", 154—156

　see also under Arithmetic; Geometric; Harmonic　也请关注算术、几何、调和之下

Babingtong-Smith Committee on the Indian Exchange and Currency, 1919　印度汇率和通货巴宾顿-史密斯委员会, 1919 年, 41—42

Babylonia　巴比伦, 405

Bachelier, Louis, *Calcul des Probabilités*, reviewed　路易斯·巴舍利耶,《概率计算》, 已评论, 568—573

Lombard Street　《伦巴第街》, 423, 533, 535—536

Works and Life, reviewed　《工作和生活》, 已评论, 533—541

Baines, Sir Athelstane　阿瑟尔斯坦·贝恩斯爵士, 216, 217

Balance of payments　支付差额

　British　英国的 494

　and gold　和黄金 490

　'Model Form for Statements of International Payments'　"国际支付声明模板", 446—451①

Balance of trade　贸易差额

　German　德国的, 364, 453, 460, 464, 469—471, 479

　Indian　印度的, 1, 10—12, 13, 18, 37; balance of private trade　私人贸易的差额, 13—14; invisible balance　不可见差额, 14; and sugar imports　和糖的进口, 40; Chamberlain Commission consi-

---

①　原文可能有误。按照这本书索引的习惯, 凡是加引号的都是原文引用。原文第 446 页标题是 Model Form for Statements of International Balances(国际差额声明模板)。所以, 这个索引可能有误。——译者注

索引 617

deration of 印度事务大臣委员会的考虑, 41
and the Marie-Thérèse thaler 以及玛丽亚·特蕾西亚元 530—531

Balances 差额
foreign, in London 国外的, 在伦敦, 483
of international indebtedness, must balance 国际债务的, 必须平衡, 478
volume of real 实际规模 415

Balkans 巴尔干半岛各国, 354
Banco Nacional 大西洋银行, 400
Bank Act, 1844 银行法, 1844 年, 260, 262—263, 281, 295, 369, 382, 423; suspension of, August 1914 的暂停, 1914 年 8 月, 293—294
The Bank of Convenient Money 便钱务, 524
Bank of England 英格兰银行
Bagehot on 白芝浩的评论, 536
balance sheet 资产负债表, 307, 309; bankers' balances at 银行家在英格兰银行的差额, 325—326
Bank returns 银行的收入, 302, 309, 424
'The City of London and the Bank of England, August 1914' "伦敦城和英格兰银行, 1914 年 8 月", 278—298; response to outbreak of war 对战争爆发的反应, 252, 253, 258—268, 270, 288, 301—311; emergency measures 紧急措施, 239, 250, 257, 290; authorised to exceed fiduciary limit 得到授权超过信用限制, 293—294

gold reserves 黄金储备, 258, 278, 279, 292, 314, 321—322, 482, smallness of reserves 储备稀少 259; deposits in Ottawa 渥太华的存款, 277, 281; run on gold 靠黄金来维持, 253—254, 258—259, 292—293
government of 的政府, 267, Court of Directors 董事会, 267, 322; both national and private 国家的和私人的, 303
Issue Department 发行部, 390
open-market operations 开放市场动作, 424
profits 利润, 303, 305
'Public Deposits' "公众存款", 264, 297, 309, 310, other deposits and securities 其他存款和证券, 266, 289, 291, 304—305, 309—311
relation to money market 与货币市场的关系, to accepting house 与承兑行, 299—302
traditional conservatism 传统保守主义, 266—267, 298; secretiveness 遮遮掩掩, 369; obscurity 模糊, 495

Bank of England, Governor of 英格兰银行, 的行长, 262, 267; Bagehot on 白芝浩的评论, 533。See also Norman, Montague 也请关注蒙塔古·诺尔曼
Deputy-Governor 副行长, 267
Bank Holiday, 3 August 1914 银行假期, 1914 年 8 月 3 日, prolonged till Thursday, 7 August 延期到星期四, 8 月 7 日, 254—255, 258, 262,

268,281,290,291,292,293

Bank for International Settlements(B.I.S.): Annual Reports, reviewed 国际结算银行：年度报告，已评论，480—485,485—489,490—494; a 'Club' 一个"俱乐部"，489; table of shortterm money rates 短期货币费率表，496

Bank rate 银行费率，416,422—423

 in India 在印度，25

 in U.K.: rises from 3 per cent to 10 per cent on outbreak of war 战争爆发时从 3% 升到 10%，253,258,264,265,290—291; lowered to 5 per cent 降到 5%，265,266,291; remains for four years at 2 per cent 在四年里维持在 2%，496

Bank rate policy 银行费率政策，267—268,291,498

 and rate of interest 和利率，306; on War Loan 关于战争贷款，326—327

Bank Restriction Act, 1797 银行限制法，1797 年；413—414

Bankers 银行家，31,32,307,381—382,417; interviews with 进行的采访，369,370,372; secretiveness of English bankers 英国银行家的遮遮掩掩，374

Bankers' assets 银行家的资产

Bankers' Magazine 《银行家杂志》，270

Banking 银行业

Banking and Financial services, in balance of payments 银行和金融服务，在支付差额之中，449

Publications on, reviewed 相关出版物，已评论，367—374

Systems of, American and British 的制度，美国的和英国的，328,425

See also Federal Reserve 也请关注联邦储备

Banks 银行

 British 英国的，528 clearing banks 清算银行，328; gold coin held by 持有的金币，394—396。See also Joint-stock banks 也请关注合股银行

 German 德国的，335

 Indian 印度的，16—17; imports of sovereigns 沙弗林的进口，34

Bannerman, Dr David Douglas 戴维·道格拉斯·班纳曼博士，551

Bannerman, Miss M. A. M. A. 班纳曼小姐，551

Barbour, Sir David: member, Royal Commission on Gold and Silver 戴维·巴伯爵士，黄金和白银皇家委员会，385—386

 The Standard of Value, reviewed 《价值本位》，已评论，384—388

Barclay's Bank 巴克莱银行，459

Barker, Mr 巴克先生，New Zealand Treasury 新西兰财政部，436

Barrington, Mrs Russell, editor, Works and Life of Walter Bagehot 罗素·巴林顿夫人，编辑，《沃尔特·白芝浩的工作和生活》，533,540—541

Bastable, papers 巴斯特布尔，论文，473

Bateson, Mary, The French in Canada

索引　619

玛丽·贝特森,《在加拿大的法国人》,502—503

Baudhuin, Professor F.　F. 博迪安教授, 447

Bedouin Arabs　贝都因阿拉伯人, 532

Belgium　比利时, 359, 361, 372, 486

Bellerby, Mr　贝勒比先生, 419注释

Belshaw, Professor　贝尔肖教授, 438

Bendix, Ludwig　路德维格·本迪克斯, 344

Bendixen, Friedrich, *Geld und Kapital*, reviewed　弗里德里希·本迪克森,《金钱和资本》,已评论, 400, 401—403

Bengal　孟加拉, 2, 4, 5, 23, 34; jute industry 黄麻工业

Bentham, Jeremy　杰里米·边沁, 557

Berlin　柏林, 240, 241, 338, 343, 486
　collapse of the mark　马克暴跌, 366
　Kapp putsch　卡普暴动, 358
　production and prices　产品和价格, 230—232
　rate of interest　利率, 496

Bernhard, Georg, on the Reichsbank in wartime　乔治·伯恩哈德,论战时德意志帝国银行的政策 333—335

Bernstein, Eduard, German Social Democratic leader　爱德华·伯恩斯坦,德国社会民主党领袖, 338—340, 341

Bertrand, J.　J. 伯特兰, 139注释, 183, 184

Beveridge, Sir William　威廉·贝弗里奇爵士, 445

Bigelow, Professor　比奇洛教授, 503

Bills of exchange　汇票, 308—309, 326; as reserves　作为储备, 26; re-discounting of 的再贴现, 302—304
　at outbreak of war, 1914　在战争爆发之时, 1914年, 244—245, 247, 253, 258, 275, 285—291, 298; moratorium on　相关的延期偿付权, 248—251, 287, 299—300; government guarantee on　政府提供的担保 257, 265, 267, 278, 288—290, 297, 301—302

Bimetallism　复本位制, 24; end of, in India 的结束, 在印度, 384—385

Birmingham Mint　伯明翰铸币厂, 400

Blackett, Sir Basil, Finance Member of the Viceroy's Council　巴兹尔·布莱克特爵士,总督委员会金融委员, 48

Blacksmiths　铁匠, 203

Blair, Hugh　休·布莱尔, 553

Blockade　封锁, 316, 317; of Germany 德国的, 354, 363

Board of Trade: statistical enquiries　贸易部:统计调查, 61, 62, 63, 64注释, 103, 123, 126, 494; Enquiry into working class rents, prices and wages 对工人阶级租金、价格、和工资的调查, 177—182, 187

Bolivia　玻利维亚, 486

Bombay　孟买, 34, 281, 399; industrial revolution in　发生的工业革命, 27, 28, 29; cotton mill　棉花工厂, 38

bookbinders　装订工人, 204

Booms　繁荣,兴
　boom and slump of 1919—1921　1919年至1921年的兴衰, 354—358; stock-

market boom of 1929　1929年的股市繁荣, 430

booms and depressions　繁荣和萧条, 416, 429—430, 442

Booth, Charles, *London*　查尔斯·布思, 伦敦, 198

BOREL, EMILE, *Eléments de la théorie des probabilités*, reviewed　埃米尔·博雷尔,《概率论因素》, 已评论, 182—185

Boswell, James　詹姆斯·博斯韦尔, 549注释

Bounties　奖金, 224

Bourguin, M.　M. 布尔甘, 67

Bourne Mr.　伯恩先生, 122

Bowley, A. L.　A. L. 鲍利, 220注释; *Elements of Statistics*《统计资料因素》, 52, 61注释, 82—83, 86, 88; definition of index number　指数的定义, 105

altercation on measurement of real income　关于实际收入衡量的争论, 235—237

Bradbury, Sir John (later Lord Bradbury) Permanent Secretary to the Treasury　约翰·布拉德伯里爵士（后来的布拉德伯里勋爵）财政部常务次官, 294, 436

Brand, R. H.　R. H. 布兰德, 500

Brazil　巴西, 280, 284

defaulton on foreign debts　拖欠国外债务, 248, 284

exchange　交换

gold stocks　黄金储备, 314, 315

sovereigns from　沙弗林的来源, 260, 281

sterling bloc, member of　英镑集团, 的成员, 486

Bread　面包, 98, 353, 355

Brentano, Professor　布伦塔诺教授, 338

Brewing industry　酿造工业, 38

British Association　英国协会

Committee on Index Numbers　指数英国协会委员会, 50, 76, 77, 79, 82, 83, 84, 85, 87—89, 96, 105, 124, 126, 380, fate of *Report*《报告》的结局

paper read to, by W. S. Jevons in 1862　朗读的论文, 在1862年由 W. S. 杰文斯, 514, 516

British Dominions　英国诸自治领, 324, 325, 485

British Empire　英帝国, 520

British Exchange Equalisation Account　英国汇率平等账户, 481, 487, 493—494, 495

British Medical Journal, The《英国医学杂志》, 206注释, 214

Brown, Harry G.　哈里·G. 布朗, 375

Brussels Conference, 1920　布鲁塞尔会议, 1920年, 366

Buccleuch, Dukes of　巴克卢公爵, 555

Bücher, Dr H.　H. 比谢博士, 447

Builder　建筑者, 174; buildings　建筑, 350, 351

Bulgaria　保加利亚, 486

Bullion, in balance of payments　块状金属, 在支付差额之中, 448; bullionists　块状主义者 412

Burgess, W. R.　W. R. 伯吉斯, 425

Burma　缅甸, 2, 4

Business 商业, 511; business services in balance of payments 支付差额中的商业服务, 448
businessmen 商人, 533, 534
Business cycle 商业循环, 435
Butler, Bishop 巴特勒, 主教, 539

Cairnes, John Elliott 凯尔恩斯, 约翰·埃利奥特, 385
Calcutta 加尔各答, 9, 13, 14 注释, 26, 29, 276
Callander, John, notes on Adam Smith's Edinburgh lectures 约翰·卡兰德, 对亚当·斯密爱丁堡讲稿的注释 550
Cambridge Modern History, review of volume seven 《剑桥近代史》, 对第七卷的评论, 502—507
Cambridge Review 《剑桥评论》, 502, 507
Cambridge University Press 剑桥大学出版社 505
Canada 加拿大, 318, 486, 502, 559
 banking system 银行制度, 372, 426
 Currency Act, 1910 通货法, 1910 年, 399; currency measures at outbreak of war 战争爆发时的通货措施, 278; gold coins struck at mint 铸币厂铸造的金币, 382, gold dollars 金元, 398—399
 The French in Canada 《在加拿大的法国人》, 502—503
 Suspension of specie payments 暂停硬币支付, 315
Cannan, Edwin 埃德温·坎南
controversy in *Economic Journal* on credit control *vs* currency control 《经济学杂志》中关于信用控制与通货控制的争议, 414—419
 editor 编辑, Adam Smith's Glasgow lectures 亚当·斯密的格拉斯哥讲稿, 555
Canning, George 乔治·坎宁, 412
Cannon, Mr 坎农先生, 373
Canovai, Comm. 卡诺瓦伊准将, 372
Capital 资本
 fixed capital 固定资本, 269, 350
 free capital 自由资本, 318; real 实际, 319, 322
 growth of, in India 的增长, 在印度, 27, 28—29, 32—33, 37
 'invested capital' "投入资本" 348—349
 movements of 的移动 473, 501
 ownership of 的所有权 521
 transactions: in India 交易: 在印度, 14—15, 17, 18—19, 21—22; in balance of payments 在支付差额之中, 450
 working capital 营运资本, 371
Capital goods 资本商品, 269—271; in Germany 在德国, 454, 463
Capitalism 资本主义, 342, 498
Carneades 卡涅阿德斯, 541
Caroline Islands 加罗林群岛, 406, 408
Cartalism 票根主义, 412
Carvallo, E., *Le Calcul des Probabilités et ses Applications*, reviewed E. 卡尔瓦洛, 《概率计算及其应用》, 已评论, 568—573
Cash 现金
cash balances (India) 现金差额, 31

cash in circulation 流通中的现金,416
Cassel, Gustav 古斯塔夫·卡塞尔,218,473
Cawnpore 坎普尔,38
Central banks 中央银行,495
control of credit 信用控制,423—427
    discount rates 贴现率,496
    Dominion banks 自治领银行,488
    gold holdings 黄金持有量,312,494,497, as war treasure 作为战争金银 316; foreign exchange as reserves 作为储备的外汇,484
    represented on Bank for International Settlements 在国际结算银行的代表,481
    secretiveness 遮遮掩掩,489
Central Europe 中欧,484; wartime sufferings 战时损失,352—353,354
Central Powers 同盟国,366
Chaddock, Dr 查多克博士,373
Chalmers, Dr 查默斯博士,197 注释
Chamberlain Commission on Indian Finance 印度金融印度事务大臣委员会,41,277
Chance 运气,530; games of 的游戏,90,541—542
    doctrine of chances 机会学说,85
Chancellor of the Exchequer 财政大臣,244
Chandler, Dr H. E. H. E. 钱德勒博士,447
Chapman, J. H. J. H. 查普曼,447
Charity 慈善,175,194,199,209,449,513
Charlevoix, M. M. 沙勒瓦,503

Chartered Bank of India 印度渣打银行,16
Chen, Huan-Chang, *The Economic Principles of Confucius*, reviewed 陈焕章,《孔子的经济原则》,已评论 521—527
Chêng Chung 郑众,524
Cheque transactions 支票交易,378,380,403,416,417,428
Chia Yi 贾谊,524—525
Children 孩子
    of alcoholic and non-alcoholic parents in Edinburgh 爱丁堡酗酒父母和非酗酒父母的,186—197,209
    in post-war Austria 在战后的奥地利,353
Chile 智利,357
China 中国,318,357
    and the economics of Confucius 以及孔子的经济学,521—527
    gold from 黄金的来源,481
    Golden Age of 的黄金时代,526—527
    Royal Regulations 《礼记》,523
    a silver territory 白银领土,486
Civil Service 行政部门
    in China 在中国,527
    in Scotland, Adam Smith's connections with 在苏格兰,亚当·斯密与其的联系,543
Clark, Colin 科林·克拉克,236,237
Classification 分类, in compiling of statistics 在统计资料的汇编中,188,192,214,219
Claye Shaw, Dr T. T. 克莱·肖博士,194 注释

索引　623

Clearing-house system　清算公司制度, 403; in antiquity　在古迹之中, 405—406
Cleveland Reserve Bank　克利夫兰储备银行, 427
Closey, Colonel　克洛塞上校, 439
Coal　煤, 29, 220 注释, 227, 352; coal deliveries by Germany　德国煤炭运送, 361, 365
Coefficient of correlation　相关系数, 51, 52, 191—192
Coffee　咖啡, 121, 227, 531
Coinage　铸造
　　in antiquity　在古迹之中, 404—405; distinct from monetary unit　不同于货币单位, 404
　　foreign　国外的, 399—400
　　Marie-Thérèse thaler　玛丽亚·特蕾西亚元, 529—533
　　mercantilist view of　的商业主义观点, 530
　　see also Dollar; Sovereign　也请关注刀元; 沙弗林
Colbert, Jean-Baptiste　科尔伯特, 让-巴普蒂斯特, 503
Colombia　哥伦比亚, 400, 486
Colonial Office　殖民地办公室, 383
Colonies　殖民地, 450
Colonization　殖民, 503
Commerce　商业
commercial crises and sunspots　商业危机和太阳黑子 508
Commerce(cont.)　商业（续篇）
commercial remedy for foreign debt　国外债务的商业补救措施, 283

Commodities　商品
controlled by New Zealand merchants''ring'　由新西兰商人控制的"小集团", 225
　　general exchange value of　的总汇率价值, 111—119
　　goods from abroad, preferred to gold　来自国外的商品, 升格为黄金, 323—324
　　listed in index numbers　列入指数之中, 121—122, 123, 124, 126, 131—133, 222, 227
　　shortage of, in 1919　的短缺, 在 1919 年, 354—356, surplus, in 1921　盈余, 在 1921 年, 357—358
Common sense　常识, 120, 155, 156
Communism　共产主义社会, 357—358, 498
communist disorders in Westphalia and the Ruhr　威斯特伐利亚和鲁尔的共产主义动乱, 358
Composite commodity　组合商品, 69, 70, 72, 73, 75, 104, 132; in definition of general exchange value　在总汇率价值的定义中, 95—96, 99—100; in consumption index number　在消费指数中, 98
Comte, Auguste　奥古斯特·孔德, 539
Conant, Mr　科南特先生 372, 400
Confidence　信心, 265, 266, 291, 298, 322; in the golden image　在黄金塑像中, 314
Confucius: his economic principles　孔子: 孔子的经济原则, 521—527

Conrad, Professor, index numbers　康拉德教授,指数,124—125

Consols　英国统一公债,244,497

Consumers' subsidies(Meade)　消费者补贴(米德)439—444

Consumption　消费
　　Aggregate　总数,100

consumption index number　消费指数,97,98—100,103—104,123,126,158

consumption unit　消费单位,416
　　schedule of　的表,64
　　working-class, problem of measurement　工人阶级,衡量问题,62

Consumption goods　消费商品,269—271

Contemporary Review　《当代评论》,219

'Control scheme' for the business cycle　商业循环的"控制规划",434—435

Cooper, Fenimore　菲尼莫尔·库珀,507

Cooperative banks, China　合作银行,中国,524

Copper　库珀,121,227

Corporation tax　公司税,347,349

Cost of living, working-class　生活成本,工人阶级,61—64; in India　在印度,22; in New Zealand, Report on　在新西兰,相关报告,221,223—225

Cotton　棉花,28,34
　　exports of raw cotton and cotton goods(India)　原棉和棉花商品的出口(印度)11,12,37; of Lancashire cotton goods　兰开夏棉花商品的,358; imports of manufactured goods(India)　制造商品的进口(印度),38
　　in index numbers　在指数之中,87,94,117,122
　　prices　价格,17,227,231
　　wages　工资,38

Council Bills(India)　委员会汇票(印度),16注释,20,48
　　drawn against balance of trade　根据贸易差额开汇票,11注释,13—14,18—19,21
　　fluctuation of price　价格波动,25
　　purchased in London　伦敦的购置物,9,10,15,277
　　'reverse' Council Bills　"反向"委员会汇票,276—277

Council of Foreign Bondholders　国外债券持有人委员会,478

Courtney, Lord　考特尼勋爵,538

Credit　信用,218,219
　　in antiquity　在古迹之中,405—406
　　artificial credit money　人造信用货币,322
　　banking　银行业,311, in U.S.　在美国,409—410
　　book credits at Bank of England　英格兰银行的账面信用 305,308,322
　　breakdown of, in 1919　的崩溃,在1919年,351—352
　　cheap, and inflationists　廉价,通货膨胀主义者,325; credit currency　信用通货,321

credit societies 信用社会, 370, 371
credit system, Hawtrey on 信用制度，霍特里的评论, 413
　in Germany 在德国, 334—337
　　and gold supply 和黄金供应, 390—393
　　at the outbreak of war, 1914 在战争爆发之时, 1914 年, 238—239, 257, 288, 291①
Credit-Anstalt 奥地利联合信贷银行, 483
Credit control 信用控制, 420—427, versus currency control, difference with Professor Cannon 对比通货控制，与坎农教授的分歧, 414—419
Credit cycle 信用循环, 48, 415, 41
Crown Colonies 直辖殖民地, 486; in West Africa 在西非, 383—384
Cuba 古巴, 486
Cunliffe, Lord 坎利夫勋爵 362
Currency 通货
Currency and Bank Notes Act 通货和银行纸币法, 1914, 263—264, 293—294, 295; state of internal currency, August 1914 国际通货状况, 1914 年 8 月, 292—298
Currency Expedients Abroad 国外通货权宜之计, 272—278
Currency limitation or Credit limitation 通货限制或者信用限制, 414—419
Currency Note Redemption Account 钞票偿还账户, 264, 297, 322
Currency reform 通货改革, 26, 492—493
　fiduciary 信用, 298, 321, 410
　index number for 的指数, 97—98
　Indian, see under India 印度的，请关注印度之下
　international, Irving Fisher's proposal for 国际的，欧文·费雪的提议, 381
　managed currency 管理通货, 388
　parity of internal, supported by gold 国内通货的评价，由黄金支持, 313, 315
　'sound currency' dogmas "健全通货"信条, 406
　theory and policy of currency, JMK's views on 通货的理论和政策，约翰·梅纳德·凯恩斯的观点 498—501
　in West Africa 在西非, 383
Customs duties: and problems of federal finance 关税：和联邦金融的问题, 518—521
　Collectors of, and Adam Smith's family 的税务官，和亚当·斯密的家庭, 543

---

① 这个索引有些不一致之处，比如有的地方是 at outbreak of war，有的地方是 at the outbreak of war。——译者注

Czecho-Slovakia 捷克斯洛伐克,351,
 485,486,490
Czuber,E. E.丘巴尔,183,184,185
 Wahrscheinlichkeitsrechnung..., reviewed 《概率论……》,已评论,562—567

Daily Chronicle,The 《每日纪事报》,200 注释
Danzig 格坦斯克,486,490
Darlehnkassenscheine 德莱希思,274,275,334,336①
Darmstadt 达姆施塔特,359
Daszynska-Golinska,Dr Zofia 措法·达欣斯卡-戈林斯卡博士,334
Davis,Mr 戴维斯先生,373
Dawes Scheme(1923) 道威斯计划（1923 年）,361—362,363,365,366,453,456,458,470,477—478
Death duties 遗产税,518,519,527,528
Default 拖欠债务,285；defaulting countries 拖欠债务的国家,259,282,478；Germany declared in default 德国宣布拖欠债务,361
Deflation 通货紧缩,44—45,414,458
Demand 需求
 for currency 对通货的,41,270
 elasticity of,for agricultural products 的弹性,对农产品,230,for German goods 对德国商品,456—457,476—477,480；for house-room 对房屋中房间,62
 for Indian commodities 对印度商品,3—4；for Council Bills 对委员会汇票,19
Denmark 丹麦,486
Deposits 存款
deposit accounts 存款账户,327；interest on 的利息,291
deposit currency 存款通货,376—377
depositors,in August 1914 储户,在 1914 年 8 月,249,252,253,254,256,257,296；remain calm 保持平静,292
deposits in Germany 德国的存款,274,335—336,371
 time and demand deposits,U.S. 定期存款和活期存款,美国,429—432
 see also under Bank of England 也请关注英格兰银行之下
Depreciation 贬值,413
 of currency 通货的,477—478
 of exchange 汇率贬值,317
 of sterling and the dollar 英镑和美元,488
Derenburg and Co.,Messrs,failure of 梅西尔斯德林伯格公司,的破产,241,287
Deutsche Bank 德意志银行,283,370
Devaluation 货币贬值,492；of the gold bloc 黄金集团的,496,497

---

① *Darlehnkassenscheine* 在这几页的写法并不一致。有的写作 *Darlehenkassenscheine*。只能依据网络上查到的释义翻译,不知道这种不一致的写法是笔误,还是两种都可以接受的拼写方法。存疑。——译者注

索引　627

Devastated area　遭破坏的地区, 351, 366
Dewey, Professor　杜威教授, 373
Diminishing returns　递减收益, 220
Discontogesellschaft　国家贴现公司, 283
Discordant observations　互相抵触的观察资料, 154—156
Discount houses　贴现公司, 244—246, 265, 284, 285, 306, 326; disruption in August 1914　1914年8月的混乱, 248—250, 253, 265; relief for　安慰, 250, 287—291, 300—301, relations with banks　与银行的关系, 286
discount rate　贴现率, 421; 'Discounts and Advances'　"贴现和垫付款", 424
Distribution　分配
　Adam Smith's views on　亚当·斯密的观点, 555—556
　distribution costs　销售成本, 229
　distributive justice　分配公平, 511; distributive trades　分配行业, 393
　of expenditure　开支的, 62, 130, 182
　law of　的定律, 107—108
　of wealth　财富的, 270
Division of labour　劳动分工, 545, 550
Dollar　美元
　exchange value　汇率价值, 277, 351, 488

re-linked to gold　再度与黄金建立起了联系, 490
　silver　白银, 408
　see also under Mexico　也请关注墨西哥之下
'Double entry'　"双重条目", 101
Douglas, Margaret, mother of Adam Smith　玛格丽特·道格拉斯, 亚当·斯密的母亲, 544, 543注释, 536—537
Douglas, Robert, M.P., father-in-law of Adam Smith　罗伯特·道格拉斯, 议会议员, 亚当·斯密的岳父, 544①
Douglas, Major　道格拉斯少校, 439
Douglas Social Credit　道格拉斯社会信用, 436, 438—439; scheme for New Zealand　新西兰规划, 439
Doyle, Mr　多伊尔先生, 502
Dresdner Bank　德累斯顿银行, 370
Drobisch, M. W.　M. W. 德罗比施, 74—75, 134
Dutch East Indies　荷属东印度群岛, 399—400
Ebert Government　埃伯特政府, 358
Economic Consequences of the peace　《和平的经济后果》, 362
Economic Journal, The　《经济学杂志》, 6, 63注释, 78注释, 81注释, 88注释, 105注释, 128, 177, 220注释, 376, 414, 460

---

①　经济学家亚当·斯密(Adam Smith)未婚, 其父与其同名, 这里的亚当·斯密(Adam Smith)指的是经济学家亚当·斯密(Adam Smith)的父亲。——译者注

articles by JMK　约翰·梅纳德·凯恩斯的论文, 178, 180, 235, 238, 272, 332, 345, 406, 409, 413, 415, 427, 445, 446, 451, 475

reviews by JMK　约翰·梅纳德·凯恩斯的评论, 23, 27, 33, 36, 42, 219, 221, 225, 228, 232, 381, 382, 383, 384, 388, 394, 404, 411, 433, 435, 439, 480, 485, 490, 515, 516, 521, 575

JMK as editor　编辑约翰·梅纳德·凯恩斯, 460, 464, 467, 473, 474

Economic Review, *The*　《经济评论》, 190 注释

Economist, *The*　《经济学家》, 275, 370

　Bagehot's contributions to, as editor　白芝浩的贡献, 作为编辑, 534, 539, 541

　commodity prices　商品价格, 121—122

　index numbers　指数, 52 注释, 80, 84, 86, 87, 94, 96, 103, 120

Economists　经济学家, 205, 239, 381—382, 414

　Bagehot on　白芝浩的评论, 536—540

　Cambridge economists　剑桥经济学家, 209 注释, *and see* 198　也请关注 198

　economies for schoolchildren　学龄儿童经济, 224

　English, on monetary theory　英国的, 关于货币经济, 375

　　and federal finance　和联邦金融, 519—520

　as teachers　作为教师, 545—548

Edgeworth, F. Y.　F. Y. 埃奇沃斯 78 注释, 113, 128, 233

　memorandum for British Association Committee on Index Numbers　指数英国协会委员会备忘录, 50, 82, 83, 105, 109—110, 111; on weighting　关于加权, 75

Edgeworth (*cont.*)　埃奇沃斯（续篇） 76, 85—90, 93, 116—17, 217; on the theory of averages　关于平均数理论, 115, 136; his fundamental error　他的基本错误, 157

Edinburgh　爱丁堡

　Adam Smith at Edinburgh University　亚当·斯密在爱丁堡大学, 544, 550; his lectures 他的讲稿, 552—553, 554

　Charity Organisation Society　慈善组织学会, 192, 193; Report　报告, 193, 194, 197 注释, 200, 204 注释, 209

　Higher Grade School　高级学校, and Public School　和公学, 194—195

　Study of effects of alcoholism on children of alcoholics　研究酗酒对酒鬼子女的影响, 186—188, 192—195, 196—216

Education　教育, 449

　Adam Smith's views on　亚当·斯密的观点, 546

　Civil Service examinations in Confucian China　儒教中国的科举制度, 527

　curriculum reform in New Zealand pri-

索引　629

mary schools　新西兰小学课程改革, 224—225
Edinburgh schools　爱丁堡的学校, 194—195
Effective demand　有效需求, 440, 443
Egypt　埃及
　Currency　通货, 276, 400; paper　纸币, 318; sovereigns　沙弗林, 276, 397, 398, exported to India　出口到印度, 399
　demand for silver　对白银的需求, 531
　member, sterling bloc　成员, 英镑集团, 486
Elderton, Ethel, Study of the Influence of Parental Alcoholism on the... Offspring, discussed　埃塞尔·埃尔德顿,《研究父母酗酒对子女……的影响》186—216, reviewed　已评论, 189—195; a second study　第二项研究, 206, 212, 213
Elliott, Sir Thomas, Deputy Master of the Mint　托马斯·艾略特爵士, 铸币厂副厂长, 400
Emery, Professor　埃默里教授, 506
Employment: in West Ham　就业: 在西海姆 174—175; tax on　征税, 440—444
Engelbrecht, von Th. H.　冯·Th. H. 恩格尔布雷希特, 22—23
Engels, Friedrich　弗里德里希·恩格斯 340
England　英国, 62, 70, 182
English Banking System　《英国银行制度》, 368—370
　doctrine of reserves　储备学说, 313

gold currency　黄金通货, 218
index numbers and statistics, inferiority of　指数和统计学, 的劣势, 126, 374
Indian connection　印度的联系, 27, 30—33; ratio of exchange　汇率比率, 47
mercantilism　商业主义, 530
prices　价格, 46—47, 127
see also Great Britain; United kingdom　也请关注大不列颠; 英国
Entrepreneurs　企业家, 122, 393
Environment versus heredity　环境对比遗传, 213
Equalisation funds　平准基金, 494
Equation of exchange　交易方程式, 376, 378—380
Error, law of　误差, 的定律, 51, 138—141, 144—154, 233
　'The Principal Averages and the Laws of Error which lead to them'　"主要平均数和导致主要平均数的误差定律", 159—173
Esthonia　爱沙尼亚, 486
Eugenics, see Francis Galton Laboratory 优生学, 请关注弗朗西斯·高尔顿实验室
Europe　欧洲
　investments in India　在印度的投资, 22
　postwar economic chaos　战后经济混乱, 350—366; recovery　复苏, 353; stability of economic systems　经济制度的稳定, 366
Excess profits tax　超额利润税, 345—

350

Exchange 汇率
　　Bank rate as means of influencing 银行费率的影响, 423

exchange rate policy 汇率政策, 498—501
　　and foreign lending 和国外放贷, 323
　　foreign exchange as reserves 作为储备的外汇, 484, 485
　　gold for support of 黄金的支持, 26, 313, 315; in management of gold exchange standard 在管理金汇兑本位的时候, 26, 422
　　Indian 印度的, 1, 9, 26, 37; and flow of sovereigns to India 和沙弗林向印度的流动, 36; Professor Jevons on Indian currency and the Exchange 杰文斯教授论印度通货和汇率, 42—46; real ratio of, with England 的实际比例, 和英国, 47; stability of, *versus* stability of price level 的稳定, 对比价格水平的稳定, 46—48
　　world exchange 世界汇率, 239, 259, 291, 357; London/New York 伦敦/纽约, 357

Exchange value 汇率价值
　　changes in relative exchange values 相对汇率价值的变化, 269—270
　　definitions of general exchange value 总汇率价值的定义, 64—72, 95—100, 157; different senses of 的不同意义, 118—119, 127; 'the value of a particular composite commodity' "特定组合商品的价值", 99—100
　　measurement of 的衡量, 51, 61—64; by approximation 用近似值, 100—104; by probability 用概率, 104—120, 158
　　Note on Mr C. M. Walsh's Measurement of General Exchange Value 对 C. M. 沃尔什先生的《总汇率价值衡量》的注解, 127—135

Exchequer balances 英国财政部差额, 264, 297

Expansionism 扩张主义, 322—323, 413

Experts, of the Dawes Committee 专家, 道威斯委员会的, 361, 363

Exports 出口
　　Germany 德国, 454—457
　　India: rising prices and 印度: 上涨价格和, 2—3, 9—12, 17—19, 21, 28, 37; effect of war on 战争产生的影响, 38—40
　　in international balance of payments 在国际支付差额之中, 448—449
　　natural level of 的自然水平, 457—458
　　recommend diversion from export industries to capital construction at home 建议从出口行业转入国内资本结构, 446
　　see also Imports and exports 也请关注进口和出口

Factors of procuction 生产因素, 452—453, 454, 480

Fairs 集市, 405—406

Falkner, Professor R. P. R. P. 福克纳教授, 75

索引 631

Falkner-Aldrich index number 福克纳-奥尔德里奇指数,90—92,103,125—127

Famines 饥荒,1—2,3,12,513,post-war 战后,353,357

Fay,C.R.,*English Economic History*...,reviewed C. R. 费伊,《英国经济历史……》,已评论,558—561

Fechner's law 费克纳定律,109,140,168

Federal finance, for Great Britain and Ireland 联邦金融,对于大不列颠和爱尔兰,517—521

Federal Reserve System 联邦储备系统,409,423—424

Federal Reserve Act 联邦储备法,428

Federal Reserve Board 联邦储备委员会,410,423

Federal Reserve Notes 联邦储备纸币,409—410

    Member Banks:Reserves, proposed changes in 会员银行,储备,提议改变储备,427—433;country banks 乡村银行,430—431

Federn, Walther 沃尔瑟·费德恩,343

Fei, stone money 斐,岩石货币,407—409

Finance 金融

financial crises 金融危机,413

    internal finance, and breakdown of remittance system 国内金融,和汇款制度的崩溃,282—284

    and religion 和宗教,405—406

Financiers 金融家,324,533;assets and liabilities 资产和债务,269—270

Finland 芬兰,484,485,486

Fischel, Marcel-Maurice, on the thaler of Marie-Thérèse 马塞尔-莫里斯·菲谢尔,关于玛丽亚·特蕾西亚元,529—533

Fisher, Irving 欧文·费雪,423

    proposal for international currency 国际通货提议,381

    The Purchasing Power of Money...,reviewed 《货币购买力……》,已评论,375—381

Flax and hemp 亚麻和大麻,121

Flux,A.W. A. W. 傅勒克斯,372

Foch, Marshal 福煦,元帅,360

Food 食品,344,492

food grains, India 粮食,印度,3—5,11,22—23,127

    imports,U. K. 进口,英国,221

    in index numbers 在指数之中,84,93,122,123,180,217

    post-war shortage 战后短缺,351,363

    prices 价格,231

    see also Bread;meat;rice;wheat 也请关注面包;肉;大米;小麦

Foreign indebtedness 国外债务,291,483,484

    lending abroad 向国外放贷,323—324;446,458,by Germany 由德国,403;foreign investments 国外投资,528

    liabilities of foreigners in London at outbreak of war 战争爆发时外国人在伦敦的债务,239—241,243—244,282—284,286—287

remittance of funds by foreign creditors 国外债权人的资金汇寄,246—248
Fox, Wilson 威尔逊·福克斯,179
Foxwell, H. S. H. S. 福克斯韦尔,97,368
France 法国
 depreciation of franc 法郎贬值,477—478
 exchange 汇率,357
French writing 法国著作,401,530
 A gold bloc country 一个黄金集团国家,483,486; gold hoards 囤积黄金,494; gold from Bank of England 来自英格兰银行的黄金,258,281; gold losses 黄金损失,318,483,495
 occupies Frankfurt 占领法兰克福,359, and the Ruhr 和鲁尔,361
 ratio of reserves to deposits 储备对存款的比率,425
 standard of living, comparison with English 生活水平,与英国的相比较 61—63,70
 study of probability 概率研究,183—184
France, bank of 法兰西银行
 foreign exchange holding 持有的外汇,484; gold 黄金,314,487
 studies of 的研究,371—372
 wartime currency expedients 战时通货权宜之计,272,275; suspend specie payment 暂停硬币支付,314—315
Francis Galton Laboratory 弗朗西斯·高尔顿实验室,186,188,191,209,213,216

Frankfurt 法兰克福,359
Franz, R. R. 弗朗兹,370
Free trade, in education 自由贸易,在教育之中,546
Freight 运费,13,30,31,32,369,448
Frequency curves 频率曲线,166,167
Fresnel, and simplicity 菲涅耳,和简单,138
Full employment 充分就业,498
Funkhouser, H. Gray, Historical Development of the Graphical Representation of Statistical Data H. 格雷·芬克豪泽,《统计数据图示法的历史发展》,232—234
Furness, Henry, The Island of Stone Money 亨利·弗内斯,《岩石货币之岛》,406—409
'Future of the Foreign Exchanges, The' (JMK) "外汇的未来"(约翰·梅纳德·凯恩斯),498,499

Galton, Francis 弗朗西斯·高尔顿,140,234
 see also Francis Galton Laboratory 也请关注弗朗西斯·高尔顿实验室
Gauss, C. F. C. F. 高斯,138—140,142注释,162注释
General election, 1918 大选,1918年,362
General strike 大罢工,339,358
General Theory of Employment, Interest and Money 《就业、利息和货币通论》,The,498,499,500
Genoa Conference, 1922 热那亚会议,1922年,366

Geographical variations 地理变化,
178—179, 180—182
Geometric 几何
　　Average 平均数, 68, 83 注释, 104,
　　129—130
　　laws of error 误差定律
　　mean 平均数
Geometrical probability 几何概率,
184—185
Germany 德国
　　banking studies 银行业研究, 370—
　　371
　　borrowing abroad 国外借款, 454;
　　shortterm liabilities 短期债务,
　　483
　　depreciation of currency 通货贬值,
　　316—317, 363—365, 483; inflationary
　　policy 通货膨胀政策, 311
　　exchange 汇率, 357
　　exports 出口, 454—457; England's
　　competitor 英国的竞争者, 445—
　　446
　　gold losses 黄金损失, 318
　　post-war conditions 战后状况, 352
　　purchase of Caroline Islands 购买
　　加罗林群岛, 406, 408
Germany (cont.) 德国 (续篇)
　　Reparations, counter-proposal 赔
　　款, 反建议, 359. See also Reparations 也请关注赔款
　　standard of living 生活水平, 366;
　　compared with England 与英国
　　相比较, 61, 62, 179, 182
　　State rights 州权, 520
　　trade with India 与印度的贸易,
　　38—40

war with Russia and England, August, 1914 与俄国和英国的战
争, 1914 年 8 月, 240, 271; War
Loan 战争贷款, 327, 'Economics of War in Germany'
"德国战争经济状况", 332—344
Germany, Bank of: gold stocks and war
reserve 德国银行, 黄金储备和战
争储备, 313, 314; ratio of reserves to
deposits 储备对存款的比率, 426;
suspension of specie payments 暂停
硬币支付, 314—315, 334
Gibbon, Edward 爱德华·吉本, 534
Giffen, Sir Robert 罗伯特·吉芬爵
士, 76, 123 注释, 181, 388, 423
Gilbert, Parker 帕克·吉尔伯特, 458
Gillan, R. W., Comptroller-General and
Head Commissioner of Paper Currency
in India R. W. 吉兰, 印度总审计长
和纸币委员长, 33—36
Glasgow 格拉斯哥
　　schools and housing 学校和住房,
　　195, 197 注释
　　University: Adam Smith at 大学: 亚
　　当·斯密在, 542, 544—548
　　passim, Rector of 各处, 的校长,
　　545
Gokhale, Mr 戈卡莱先生, 6, 7 注释
Gold 黄金
　　coins 硬币, 382, 294—296; as medium of circulation in India 作为
　　印度的通货手段, 34—36, 218—
　　19; distribution of monetary gold
　　货币黄金的分配, 490, 493, 495,
　　496
　　convertibility 兑换权, 421, 424

earmarked 指定用途,277,297,298
for hoarding or the arts 用于囤积和艺术,35,248,315,481,487—488,490,492
mines 矿,319,486,490; production 生产,481—482
movements 运动,25,281,318,323,420—421; in wartime 战时,246—247,296,304; drain on in August 1914 在1914年8月继续外流,261—262; flow of, from banks 的流动,从银行,377
and prices 和价格,87,127,218—19,377; Hobson on 霍布森的评论,389—392; gold prices 黄金价格,5—6,385—386,492
and quantity theory 和数量理论,105—106
sale of 的销售,20
supply of 的供应,490—498; prospect of surfeit 饱和的前景,312—319,321,323,324,495—498
Gold bloc countries 黄金集团国家,483,486,496,497; gold-using countries 用金国,387; gold-producing countries 黄金生产国,486
Gold exchange standard 金汇兑本位,26,372,381; in India 在印度,275,383; in Holland 在荷兰,399; in Nicaragua 在尼加拉瓜,400
'gold exchange management' "金汇兑管理",422
Gold points 输金点,25,276,422
Gold reserves 黄金储备
distribution of 的分配,487
doctrine of 的学说,312—319; rational policy on 相关的理性政策,247,259,313,315; to support exchange 支持汇率,26,399
of joint-stock banks 合股银行的,253
Gold and silver 黄金和白银,385—387
Royal Commission on,1886 相关的皇家委员会,1886年,377,385,390
Gold standard 金本位,26,319,320,354,385,388,421,426,488,500; Great Britain returns to 英国回归,366,458
gold standard reserve(India) 金本位储备(印度),19,24—25,26,31,277
Goldenweiser, Mr, Federal Reserve Board 戈登魏泽先生,联邦储备委员会,427
Goodenough, F. C., of Barclay's Bank F. C. 古迪纳夫,巴克莱银行的,459
Goschen, George Joachim, Viscount 乔治·乔基姆·戈申,子爵 423
Grant,Duncan 邓肯·格兰特,49
Grant,General Ulysses 尤利西斯·格兰特将军,506
Graphical method 图表法,232—234,509; diagrammatic method 图解法,513,516; Jevons' intersecting curves 交叉曲线,516
Great Britain 大不列颠
gold hoards 囤积黄金,494
sterling bloc member 英镑集团成员,486
sugar purchases 糖的购买,39—40

索引 635

see also England; Scotland; United Kingdom 也请关注赔款英国;苏格兰;美国

Greece 希腊,484,486,530; Greek merchants 希腊商人,530—531

Gregory,T. E. T. E. 格雷戈里 419,420

Gresham's Law 格雷欣定律,524—525

Grünfeld-Coralnick,Dr Judith 朱迪思·格林费尔德—克拉尼柯博士,344

Gunny,黄麻 11

Gygax,Dr. Paul 保罗·盖基克斯博士,344

Gypsies 吉普赛人,544

Habsburg,House of 哈布斯堡家族,530

Hagstroem,K. -G., *Les Préludes antiques de la Théorie des Probabilités* K. -G. 哈特勒姆,《古代概率理论的前奏》,541—542

Hague Conference 海牙会议,474

Hall, R., *The Balance of International Payments in the United States in 1927*, reviewed 霍尔,《美国在1927年的国际支付差额》,已评论,575—578①

Hamburg 汉堡,385,401,403

Harmonic 调和

Average 平均数,68,104,129—130

Mean 平均数,129—130,146—147,153,167—168,173

Harrison,F.C. F. C. 哈里森,8 注释,400

Harvest 收成,3,17,21,27,44,271,358

Harvest cycle and trade cycle 收成循环和贸易循环,48

Hawthorne,Nathaniel 纳撒尼尔·霍桑,507

Hawtrey,R.G., *Currency and Credit*, reviewed R. G. 霍特里,《通货和信用》,已评论,411—414

Hedonistic calculus 快乐计算法,508

Helfferich, Karl, *Money*, reviewed 赫尔弗里希·卡尔,《货币》,已评论,419—420

Henderson,H. D. H. D. 亨德森,441

Heron,Mr 埃龙先生,188

Hibbert Journal 《希伯特杂志》,509

Hides 兽皮,10—11,39,227; leather 皮革,121

Hight,Professor 海特教授,221

History 历史,498; economic history 经济历史,414,533,558—561, of China 中国的,523—527

Hoarding 囤积,490,492

and the banks 以及银行,252,254,255

---

① 这本书前后不一致。第 575 页是 *The Balance of International Payments of the United States in 1927*,这里是 *The Balance of International Payments in the United States in 1927*。——译者注

of gold reserves　黄金储备的,248,259,275,315,319

　　in India　在印度,35

　　private gold hoards　私人囤积黄金,481,488,493—494,495

Hoare, Alfred, *Unemployment and Inflation*, reviewed　艾尔弗雷德·霍尔,《失业和通货膨胀》,已评论,433

Hobson, J. A., *Gold, Prices, and Wages*, reviewed　J. A. 霍布森,《黄金、价格和工资》,已评论,388—394

Holdsworth, Dr　霍尔兹沃思博士,373

Holland　荷兰

　　banking　银行业,372

　　a gold bloc country　一个黄金集团国家,486 gold coins　金币,399; silver coins　银币,531; gold hoards　囤积黄金,494,495

　　refusal to surrender the Kaiser　拒绝交出德国皇帝,358

　　short-term indebtedness　短期债务,483,485

Holland, R. M.　R. M. 霍兰,369

Holt, Andreàs　安德烈亚斯·霍尔特,557

Home, Henry, Lord Kames　亨利·霍姆凯姆斯勋爵,554

Hong-Kong　香港,486

Hooker, R.H.　R. H. 胡克,216—219

Hoover, Herbert　赫伯特·胡佛,352; Hoover Mission　胡佛使团,353

Horrowicz, K. J., *Ueber das Geschlechts-verhältnis bei Zwillingsgerburten*, reviewed K. J. 霍沃斯基,《双胞胎间的性别比例》,已评论,573—574

Horsley, Sir Victor　维克托·霍斯利爵士,206 注释,214

Hosie, Sir A.　A. 谢立山爵士,526

Housing　住房,98,271,351

　　Edinburgh tenements　爱丁堡住宅,194,200,208; Glasgow　格拉斯哥,197—198 注释

　　in index numbers　在指数之中,181

　　in West Ham　在西海姆,174—175,177

Howarth, Edward G.　爱德华·G. 豪沃斯,174

Hume, David　大卫·休谟,316,537,545,549 注释,557; Correspondence with Adam Smith　与亚当·斯密的通信,556

　　Political Discourses　《政治话语》,554—555

Hungary　匈牙利,351,484,486

Hutcheson, Francis, philosopher, teacher of Adam Smith　弗朗西斯·哈奇森,哲学家,亚当·斯密的老师 545,546,547,549

　　System of Philosophy　《哲学系统》,554

Immigration and emigration　移入民和移出民,449

Imports: India　进口:印度,15; manufactured　加工,29; of raw materials　原料的,29—30; import tariffs　进口关税,44

　　and exports: India　和出口:印度,2—3,9,11—12,17—19,21,30—32; New Zealand　新西兰,437—438; post-war Europe　战后欧洲,352; *Tables* showing estimated value

索引 637

of, 1900—1911, reviewed 表明其估计价值的表格, 1900—1911年, 已评论, 219—221
Income 收入
  level of 的水平, 424
  money, post-war rise in 货币, 战后的增加, 354—355
  real, measurement of 真正, 的衡量方式, 235—237
Income tax 所得税, 345—347, 521
Indemnity 赔偿, 275, 280, 319
'Independence' "独立", 155—156, 158, 161—162, 172
Index 《指数》, 466, 467
Index numbers 指数
  Adam Smith Prize essay on 亚当·斯密奖的相关论文, 49—156
  definition 定义, 51
  geographical reference for 的地理含义, 127
  Method of 的方法, 50—55
   proposed device for comparison of secular change 提出了比较长期变化工具, 79—81; step by step method 步进法, 219, 222
  of prices 价格的, 416; New Zealand prices 新西兰价格, 221—223
  of real wages 实际工资的, 178—179; of real income 实际收入的, 235—237
  treatment of 的讨论, by Irving Fisher 欧文·费雪所做, 378—381
India 印度
  Currency and credit system 通货制度和信用制度, 1, 4, 6, 12—15, 17—18, 20—21, 248; currency policy 通货政策, 43—44, 275—277; closure of mints, 1893 铸币厂关闭, 1893年, 8, 24—25, 26, 384; *The Rupee Problem* 《卢比问题》, 23—26; Currency Committee of 1898 1898年的通货委员会, 377, of 1919 1919年的, 46, 47 'drain' to and from England "流"入和出英国, 21—22, 30—32
  economic transition 经济转型, 27—33
  exchange policy 汇率政策, 1, 44—48; gold exchange standard 金汇兑本位, 275—276, 383; in sterling bloc 在英镑集团之中, 486; Jevons on Indian Exchange 杰文斯论印度汇率, 42—48
  gold: for hoarding or arts 黄金: 用于囤积或者艺术, 35; British gold reserves held in 英国在此的黄金储备, 260; gold from 黄金的来源, 481; gold influx and prices 黄金流入和价格, 377
  Government 政府, 11 注释, 11—12, 21, 24—25, 26, 41; India Council 印度委员会, 25, Viceroy's Council 总督委员会, 6, 7 注释; Treasuries 国库, 13; India Office 印度办公室, 26, 48; Commercial Intelligence Department 商业情报部, 95. *See also* Council Bills 也请关注委员会汇票
  Indian Finance and Banking 印度金融和银行业, 40—42
  Paper Currency Department, *Report*

on 纸币部,相关 报告,33—36
Prices:high prices 价格:高价,1—6,17,19; and currency 和通货,8—13,21,24,41—48; not due to the 'drain' 不是因为 "外流",21—22; of food-grains 粮食的,22—23; index number of 的指数,36—38; of sugar 糖的,39—40

'Recent Economic Events in India' "印度近期的经济事件",1—23

Reserves: gold standard and paper currency 储备:金本位和纸币

India(*cont.*) 印度(续篇)
7,19—20,31,43,277; gold 黄金,280,318, held in London 在伦敦持有,259 注释,275—276,281; foreign exchange 外汇,483,485

Statistics 统计学,23,29,36—40
 index numbers for 相关指数,36—37,127

sugar production and consumption 糖的生产和消费,39—40

trade, 1913—1914 贸易,1913—1914年,36—40

see also under Exchange; Exports; Food; Germany; Imports; Loans; Railways; Remittance; Rice; Rupee; Secretary of State for India; Silver; Trade 也请关注汇率;出口;食品;德国;进口;贷款;铁路;汇款;大米;卢比;印度国务大臣;白银;贸易之下

Indigo 靛蓝,39,87,121; synthetic 合成,39,78

Individualism 个人主义,174

Industrial revolution, in India 工业革命,在印度,27—33

Industry 工业
 captains of 的领袖,559
 credit for 相关信用,257
 effect on, of war 产生的影响,战争的,316
 in Germany 在德国,337; in New Zealand 在新西兰,223—224
 gold for 的黄金,487,493 注释,494
 industrial countries 工业国家,221;
 products 产品,232

inflation 通货膨胀,311,324,325,417; the great inflations 大通货膨胀,362—366, in U.K. and U.S. 在英国和美国,409—410

Inland Revenue, *Report of the Commissions of*, 1912 《国内税收,委员会的报告》,1912年,527—528

Innes, A. Mitchell, *What is Money?* Reviewed A.米切尔·英尼斯,《什么是货币?》,已评论,404—406

Instinct 本能,325

Insurance 保险,13,305,528; on shipment of gold 关于黄金运输,246,259,280; in balance of payments 在支付差额之中,449

Social insurance schemes 社会保险规划,441—442

Interest 利息,26,560
 in balance of payments 在支付差额之中,449
 on bills of exchange 汇票的,300;
 on investments 投资的,13,14,30,32,37

索引 639

Confucius on 孔子的观点, 522
theory of, Jevons and Marshall 的理论, 杰文斯和马歇尔, 515—516
　　see also Rate of interest 也请关注利率
International Balance of Payments 国际支付差额, Credits arising from 产生的信用, 447—451
International Chamber of Commerce 国际商会, 446—447
International cooperation 国际合作, 489
International short-term indebtedness 国际短期债务, 482—485, 487, 488. See also Foreign indebtedness 也请关注国外债务
Invaded countries 被侵略国家, 350
Inventions 发明, 559
Investment 投资, 424
　　control of, as means of controlling business cycle 的控制, 作为控制商业循环的手段, 435
　　inducement to invest 投资诱因, 560
　　multiplier applied to 应用的乘数, 443—444
　　and savings 和储蓄, 442
Iran 伊朗, 486
Ireland 爱尔兰
　　banks of issue 发行银行, 294, 295
　　death duties 遗产税, 528
Irish finance, problem of 爱尔兰金融, 的问题, 516—521
Irish Free State, a sterling bloc country 爱尔兰自由邦, 一个英镑集团国家, 486

real wages 实际工资, 178—179
Iron 铁, 29; in index number 在指数之中, 87, 117, 122
　　pig iron 生铁, 227, 358
Italy 意大利, 372, 484; a gold bloc country 一个黄金集团国家, 486, 490; gold losses 黄金损失, 495

Jaffe, Professor: on 'closed unity' for Germany 雅费教授, 关于德国的"封闭整体", 340—342, 343, 344
Japan 日本, 127, 486
Jastrow, Professor 雅斯特罗教授, 333, 336
Java 爪哇, 39—40, 400
Jenkins, Fleeming 弗莱明·詹金, 516
Jesuits 耶稣会教士, 503
Jevons, H. Stanley: on the Indian Exchange H. 斯坦利·杰文斯: 论印度汇率, 42—46, 233; edits Theory of Political Economy(W. S. Jevons) 编辑《政治经济学理论》(W. 斯坦利·杰文斯), 515
　　Essays on Economics, reviewed 《经济学论说文集》, 已评论, 507—509
Jevons, William Stanley 威廉·斯坦利·杰文斯, 221
　　on depreciation 论贬值, 106 注释
　　index numbers 指数, 82, 83 注释, 86—87, 89, 105
　　resists Mill's despotism 反对米尔专制主义, 540
　　skill as a writer 作为作家的技能, 42, 507—508
　　statistical atlas 统计图表册, 233,

234
Theory of Political Economy, fourth edition, reviewed 《政治经济学理论》,第四版,已评论,515—516

Jews 犹太人,531,538

Johannesburg 约翰内斯堡,281

Johnson, Professor J. F. J. F. 约翰逊教授,372

Johnson, W. E. W. E. 约翰逊,149注释

Joint-stock banks 合股银行,249注释,264,284,306,372

  assets 资产,285; resources 资源,266

  balances at Bank of England 英格兰银行的差额,307,309,311

  chairmen of Big Five 五大银行董事长,419

  effect on, of outbreak of war 产生的影响,战争爆发,285—287,290; action on failure of remittance 使得无法汇款,239,240,242—246,251—258,287—288; run on Bank of England 牵涉到英格兰银行,253,261—262,264,292—293,398; Government guarantee for 政府提供的担保,288—289,301,302

  German banks 德国银行,274,335

  loans abroad 国外贷款,244—245,248—249; Moratorium on 相关的延期偿付权,249

  till money and reserves 零星现金和储备,292; Treasury notes as loan to 作为贷款提供的财政部纸币,295—296; arrangements on silver coin 关于银币的安排,383

Journal of the Royal Statistical Society 《皇家统计学会杂志》,103,123,188,233,374,516; articles by JMK 约翰·梅纳德·凯恩斯的论文,159,216; reviews by JMK 约翰·梅纳德·凯恩斯的评论,22,174,182,189,367,562,567,573

Jugoslavia 南斯拉夫,486

Jute 黄麻,34; high price of 的高价,2,3,5,11,17,39; in trade index number 在贸易指数之中,104

jute industry 黄麻工业,28; wages 工资,38

Kansas City 堪萨斯城,231,232

Kapp 'putsch' 卡普"暴动",358

Kapteyn, Professor J.C. J. C. 卡普坦教授, *Skew Frequency Curves* 偏态频率曲线,166,167

Karachi Chamber of Commerce 卡拉奇贸易公司,24

Kaufmann, Eugen 尤金·考夫曼,344

Kemmerer, Professor 凯默勒教授,374

Keynes, John Maynard 约翰·梅纳德·凯恩斯

  as editor of *Economic Journal* 作为《经济学杂志》的编辑,460,464,467,473,474

  member, sub-committee, International Chamber of Commerce 成员,下级委员会,国际商会,446

  as teacher 作为教师,547

  visit to U.S. in 1917 1917年访美,345; holiday in Pyrenees 在比利牛斯山脉的假期,158

  wins Adam Smith Prize 获得亚当·

斯密, 49, 156
Works, see individual titles 著作，请关注各个题目
Kinley, Professor 金利教授, 373—374
Klotz, Lucien 吕西安·克洛茨, 362
Knapp, G.F. G. F. 克纳普, 401—402, 412, 420
Knox, Philander C. 菲兰德·C. 诺克斯, 368
Knuckle-bones 接子游戏, 541—542

Labordère, Marcel 马塞尔·拉博德里, 490, 491 注释, 494, 495
Labour 劳动, 355
 casual dock labour 码头临时工, 174, 177
 factory labour in India 印度的工厂劳工, 38
 post-war disruption of 战后的混乱, 352
 shortage of, in wartime 的短缺，战时, 338
 women's labour 妇女的劳动, 174
Laissez-faire 放任主义, 174, 421, 555
Lancashire, cotton goods export 兰开夏，棉花商品出口, 358
Land 土地，陆地
 Confucian view of 孔子的相关观点, 522; land tenure in China 中国的土地保有权, 523
 land mortgage association 土地抵押协会, 370
 land valuation, U.K. 土地估价，英国 527—528
 Undeveloped Land Duty 荒地税, 528
Landemann, Dr 兰德马尔博士, 372

Laplace 拉普拉斯, 138, 139, 169—170, 184, 233
Latvia 拉脱维亚, 486
Layton, W.T. W. T. 莱顿, 103
Lead 铅, 122
League of Nations 国联, 358
 Economic and Financial Section 经济金融部, 447
Least square, principle of 最小二乘法，原则, 138, 155, 169
Lederer, Dr 莱德勒博士, 336, 343
Lee, General Rebert 罗伯特·李将军, 506
Leibniz 莱布尼茨, 137
Lenin, Vladimir Ilyich 弗拉基米尔·伊里奇·列宁, 560
Levant 黎凡特, 531—532
Liège 列日, 270
Liesse, Professor 利斯教授, 371
Lincoln, Abraham 亚伯拉罕·林肯, 506
Lindemann, Dr 林德曼博士, 338
Linseed 亚麻籽, 37
Liquidity 流动性
 of Bills of Exchange 汇票，loss of 的损失，on outbreak of war 战争爆发时, 248, 285—286, 288
 of Indian reserves in London 在伦敦的印度储备, 26
liquidation of international short-term indebtedness 国际短期债务的清偿, 482—485
liquidity-preference 流动性喜好, 493, 497
 of Member Banks in U. S. 美国的会员银行的, 427

of Russia 俄国的,491—492
of Treasury Bills 短期国债,276
Lithuania 立陶宛,486
Liverpool 利物浦,231,232,369
Lloyds Bank Monthly Review 《劳埃德银行每月评论》,498,499
Loans 贷款
　bank loans 银行贷款,266,307,310,Bank of England loans to accepting houses 英格兰银行给承兑行的贷款,291
　for Germany 提供给德国的,361—362; for Russia 提供给俄国的,492
　to India 给印度的,14—16,18,30—31,32; foreign capital in India 在印度的国外资本,32; railway loans 铁路贷款,20
　short-term foreign lending 短期国外放贷,279,283—284; arrangements in August 1914 1914年8月的安排,287—288,290,299; advice on foreign lending 对国外放贷的建议,323—324
　Treasury notes issued as 发行的相关财政部纸币,295—296; 'loans' paid off 还清的"贷款",297
Local government 当地政府,174—175
Locke, John 约翰·洛克,539
Lombard Street 《伦巴第街》,534,535—536
London 伦敦,222,343
　gold from Russia 来自俄罗斯的黄金,318, from Germany 来自德国的黄金,334

housing in London and the provinces 伦敦和诸省,62,181
imports 进口,39
Indian Council Bills sold in 出售的委员会汇票,9,10,13,15; Bills on London sold in Calcutta 加尔各答-伦敦汇票,14 注释; Indian reserves in 在此的印度储备,19,26
London Conference on reparations, March 1921 赔款伦敦会议,1921年3月,359—360, Ultimatum, May 1921 最后通牒,1921年5月,350,362,363,365
origins of Bank rate policy 银行费率政策的起源,422—423
real wages 实际工资,178—179
London Bankers' Clearing House 伦敦银行家清算公司,369
London, City of 伦敦城,324,368,414,494,495
Bagehot on 白芝浩的评论,535
London, City of (*cont.*) 伦敦城(续篇)
'The City of London and the Bank of England' "伦敦城和英格兰银行",278—298
gold and silver market 黄金和白银市场,385; gold hoards in 在此囤积黄金,488; gold prices 黄金价格,490
as international financial centre 作为国际金融中心,261,268,280,292,483,488; its intricate organism 其复杂精细的机体,328
Money market 货币市场,20
at outbreak of war in 1914 1914年战争爆发之时,238—239,252,

255,268;failure of remittance system 汇款制度失败,245—247,282—284;puts on brake 刹车,259,284

Lotz 洛茨,402

Louvain 鲁汶,270

Lück,Willy:correspondence with JMK on exchange rate policy 威利·卢克,与约翰·梅纳德·凯恩斯通信讨论汇率政策,498—501

McAlister,Sir Donald 唐纳德·麦卡利斯特爵士,165,166,167

Machinery 机器,方法,29,98,350

McIlraith,James W. 詹姆士·W. 麦克瑞斯,on prices in New Zealand 论新西兰的价格,221—224

McLeod,H. D. H. D. 麦克劳德,404

McMaster,Professor 麦克马斯特教授,504

Macmillan Committee on Finance and Industry,1929 金融和工业麦克米伦委员会,1929年,428,435,436

Malnutrition 营养不良,188,353

Malthus,T. R. T. R. 马尔萨斯,545

Manchester 曼彻斯特,38,369;study of parental alcoholism,its influence on offspring 研究父母酗酒,对子女的影响,186,189,195,197—199

Manchukuo 满洲国,486

Mang Kung,hermit 孟空,隐士,524

Manufacturers 制造商
　　demand for,at Armistice 相关的需求,在停战时,445;slump in,1921 的猛跌,1921年,357
　　in index numbers 在指数之中,222

in India 在印度,27—30
and raw material 和原料,relative value of 的相对价值,220—221

Marginal theory of economics 经济学的边际理论,510,512

marginal,utility 边际,效用,508

Marie-Thérèse,Empress of Austria,and her thaler 玛丽亚·特蕾西亚,奥地利女皇,玛丽亚·特蕾西亚元,529—533

Markoff, A. A., *Wahrscheinlichkeitsrechnung*,reviewed A. A. 马尔科夫,《概率论》,已评论,568—573

Marshall,Alfred 艾尔弗雷德·马歇尔,512—513,540,545
　　connections with JMK 与约翰·梅纳德·凯恩斯的联系,49,196,198
　　evidence before Gold and Silver Commission 提交给黄金白银委员会的证据,377,390,423
　　index numbers:step-by-step method 指数:步进法,79,100,122,123,124,125,219,222;weighting 加权,76;on the graphic method of statistics 关于统计学的图表法,233
　　takes part in eugenics controversy 参与优生学争议,196,198,199,201—202,205,207,211 注释
　　theory of interest 利息理论,515—516
　　and the unspent margin 和未支用差额,413

Marshall Library, Cambridge 马歇尔图书馆,剑桥,233

Marx,Karl 卡尔·马克思,340,560

Mathematical Gazette, The 《数学报》183

Mathematical probability 数学概率,184

Mauritius 毛里求斯,39—40

Meade, J. E., *Consumers' Credits and Unemployment*, reviewed J. E. 米德,《消费者的信用和失业》,已评论,439—444

Means to Prosperity, The 《繁荣方法》,499

Measurement: theory and practice of, in statistics 衡量:的理论和实践,在统计学之中,51—56; of general exchange value 总汇率价值的,100—20,127—135

Meat 肉,121; mutton 羊肉,222

Median 中位数,147—149,151,153,154,168—171,173

median average 中位数平均数,115,119—20,159,222

median rent 中位数租金,176

Mercantile Bank, India 莫肯特尔银行,印度,16

Mercantile marine 商船队,351,359

Mercantilism 商业主义,325,530,531,537

Merchants 商人,47,530,531
　in India 在印度,31,32; in South America 在南美,282; Glasgow merchants 格拉斯哥商人,538; eighteenth century overseas merchants 18世纪的海外商人,560

merchandise, in balance of payments 商品,在支付差额之中,447—448

mercantile houses 商行,528

andphilosophers 和哲学家,71—72
　in post-war boom and slump 在战后的兴衰之中,356

Merchants' Association of New Zealand 新西兰商会,225

Metals 金属,29,84,87

metallist view of money 金属货币主义者对货币的观点,402; metallic standard of value 价值的金属本位,404

Metz, Dr Theodor 西奥多·梅茨博士,344

Mexico 墨西哥,372,486

Mexican dollar 墨西哥银元,398,529,531

Michels, Rebort 罗伯特·米歇尔斯,344

Midas, King of Lydia 迈达斯,罗底亚之王,325

Mill, J. S. J. S. 米尔,538—539; Bagehot on 白芝浩的评论,539—540; Mill, the Civil Servant 米尔,公务员,545

Mills, Frederick, C., *The Behaviour of Prices* 弗里德里克·C. 米尔斯,《价格行为》,225—228

Milton, John 约翰·弥尔顿,533,534

Mining 矿业,38

Mineral Rights Duty 矿权税,528

Minneapolis 明尼阿波利斯,231,232

Mint 铸币厂
　Bank of England reserves at 英格兰银行在此的储备,260,281,395
　Birmingham Mint 伯明翰铸币厂,400
　closing of, in India 的关闭,在印

索引 645

度,2,6,10,13,18,26,384,386—388

Reports:1911 报告:1911 年,382;1912,394—400

silver minted for West African colonies 为西非殖民地铸造的白银,383

Mirabeau 米拉博,392

Mises,Ludwig von:treatise on money,reviewed 路德维格·冯·米塞斯,货币论,已评论,400—401,403

Mode 模式,115,119—120,170

Monetary policy 货币政策,325,418

monetary management 货币管理,420,499

National Monetary Commission of the United States, *Report of* 《美国国家货币委员会报告》,381—382

Money 货币

of account 账户的,404,412—414

cheap 廉价,496

in China 在中国,523—524;'flying money' "飞钱",524

as a commodity 作为一种商品,530

general exchange value of 的总汇率价值,66,70,108,111,318

international 国际的,499

'intrinsic value' money "内在价值"货币,406

monetary evolution 货币演化,26

monctary standard 货币本位,319—320

monetary system 货币制度,426,501

mythology of 的神话,394

new money 新货币,270,354—355,376—377

purchasing power of 的购买力,27,73,75,106,108,132—133

representative money 代表货币,421

theory of 的理论,64,384;an oral tradition in England 英国的口头传统,375;Bendixen on 本迪克森的评论,401—403;Hawtrey on 霍特里的评论,411—412;von Mises' treatise on 冯·米塞斯的相关论文,400—401

Money,Hernando D. 货币,埃尔南多·D.,368

Money market 货币市场

artificially easy 人造宽松,309,311,319,322,325

effect on, of outbreak of war 产生的影响,战争爆发,239,283—284,290;relations with accepting houses 与承兑行的关系,299,302

international money market 国际货币市场,278—279

money-market money 货币市场货币,327

relations of Treasury and Bank of England to 财政部和英格兰银行与其关系,264,298

Monopoly 垄断,10

Monsoons:failure of 1907 1907 年雨季干旱,2,6,12

Moratorium 延期偿付权

on debt payments, August 1914: in Egypt 关于债务支付,1914 年 8

月,在埃及,276;in Germany 在德国,336; proclamations for United Kingdom 英国的公告,248,249,255—256,257,262,265,267,268,270,275,287,293,300,311

    on reparation payments 关于赔款付款,关于支付赔款,361

Morgan,Pierpont 皮尔庞特·摩根,298

Motor cars 汽车,98

Mulhall's Dictionary 马尔霍尔词典,234

Multiplier 乘数,443

Munitions 弹药,337

Nairne,Sir John,Chief Cashier,Bank of England 约翰·奈恩爵士,总出纳,英格兰银行,294

Napoleon 拿破仑,504

Nation and Athenaeum,The 《国家和科学协会》,419

National Bank of India 印度国家银行,16

National debt 国债,289,433; National Debt Account 国债账户,264

National income,problem of measurement 国民收入,衡量问题,53—55,235—237

National Insurance Act 国家保险法,397

Nature 自然,328,350

national resources 国家资源,269

Netherlands,Bank of 尼德兰银行,399,485

New countries 新兴国家,223

New York 纽约

    cheap money in 在此的廉价货币,496

    Reserve Bank of 的储备银行,427

    Stock Exchange 证券交易所,240

New Zealand 新西兰

    member,sterling bloc 成员,英镑集团,486

    Monetary Committee,*Report and Minutes of Evidence* 货币委员会,《报告和证据摘要》,435—439

    Reserve Bank 储备银行,435—436,488; Reserve Bank Act 储备银行法,436

    studies of prices and cost of living in New Zealand 研究新西兰的价格和生活成本,221—225

Nicaragua 尼加拉瓜,400

Nicholl,Sir William Robertson 威廉·罗伯逊·尼科尔爵士,541

Nicolay,J.G. J. G. 尼古拉,505

Nightingale,Florence, her *Coxcomb* diagrams 弗洛伦斯·南丁格尔,弗洛伦斯·南丁格尔的《鸡冠花》图片,234

Norman, Montagu, Governor of the Bank of England 蒙塔古·诺尔曼,英格兰银行行长,497

Norway 挪威,486

Note issue 纸币发行

    Canadian 加拿大的,278

    emergency issue of Treasury Notes for £1 and 10s. 紧急发行1英镑和10先令财政部纸币,255—257,262,288,293—298

    fiduciary 信用,298,321, in U.S. 在美国,409—410

    in France 在法国,272,275; Russia

俄国, 272—273, 273; Germany 德国, 273—274, 275

for West African colonies 为西非殖民地, 384

see also Currency 也请关注通货

Nottinhgham 诺丁汉, 190

Ohlin, Bertil: difference with JMK on transfer problem 伯蒂尔·奥林: 在转账问题上与约翰·梅纳德·凯恩斯的分歧, 460—480; in Frontispiece 在卷首插图中

Oil 油, 121; oilseeds 油籽, 10—11; petroleum 石油, 227

Old Age 老年

in Confucian China 儒教中国, 523

Old Age Pensions 养老金, 517, 518

Open market operations 开放市场动作, 422, 433; in New Zealand 在新西兰, 436—437; in U.S. 在美国, 423—424, 429

Opium 鸦片, 11, 37

Ottawa, Bank of England depositary at 渥太华, 在此的英格兰银行仓库, 260, 277, 281

Outer London Inquiry Committee 对外伦敦调查委员会, 174

Overdrafts 透支, 265, 439

Overseas market, in boom and slump 海外市场, 在兴衰之中, 355—358

Overstone, Lord 奥弗斯通勋爵, 423

Owens College, Manchester 欧文斯学院, 曼彻斯特, 516

Oxford 牛津

Adam Smith at Balliol 亚当·斯密在贝利奥尔, 544, 547

Oxford University Press 牛津大学出版社, 43注释

Pacifism 和平主义, 339

Palgrave, Sir R. H. Inglis R. H. 英格利斯·帕尔格雷夫爵士, 122, 181, 538; weighted mean 加权平均数, 84, 85, 89; statistics on Bank rate 关于银行费率的统计资料, 369

Panic 恐慌, 252, 254, 269

Paper Currency Department, India 纸币部, 印度, 33—36, 277; reserve, see under India 储备, 请关注印度之下

Paper industry 纸张工业, 38

Paraguay 巴拉圭, 486

Adam Smith in 亚当·斯密在, 556注释

bourse 交易所, 240, 241

Conference of, 1919 会议, 1919年, 354

Decision of, 1921 决策, 1921年, 359

gold for U.K. held in 给英国的黄金在此, 495

rate of interest 利率, 496

Patron, M. M. 佩特伦, 371

Pearson, Karl 卡尔·皮尔逊, 140, 183; study of the influence of parental alcoholism on the offspring, difference with JMK 研究父母酗酒对子女的影响, 与约翰·梅纳德·凯恩斯的分歧, 186—216

Perel, Dr Emil 埃米尔·普洛斯博士, 343

Physical Deterioration, Departmental Committee on 身体恶化, 专门委员会, 192, 194注释

Physical Training, Commission on 身

体训练,委员会,195
Physiocrats 重农主义者,554,555—556
Pigou, A. C. A. C. 庇古,189,413,423
Plato 柏拉图,341,539; *Timaeus* 《蒂迈欧篇》,541
Playfair, William, graphical representation 威廉·普莱费尔,图示法,233
Poincarè, Henri 亨利·普安卡雷,183,184,185
　　Calcul des Probabilités, reviewed 《概率计算》,已评论,567—573
Poland 波兰,351
　　collapse of currency 通货崩溃,365—366
　　member, gold bloc 成员,黄金集团,486; leaves gold bloc 离开黄金集团,490
Political economy 政治经济学,536,537,540,550; philosophy of 的哲学,510
Politics 政治
　　and economics 和经济学,224
political expediency 政治权宜之计,519
Population: of West Ham 人口:西海姆的,174; in China 在中国,525—527
Portugal 葡萄牙,398,484,486
Post Office 邮局,103,380; in India 在印度,35; postal orders 邮政汇票,296
Post Office Savings Bank 邮政储蓄银行,254,256,264,292,295,297
Potatoes 土豆,231
Powell, E. E. 鲍威尔,190 注释
Practical 实践的
　　good sense 良好意识,268,298
　　men 人,538
　　problems 问题,152
　　statisticians 统计学家,79,81,87,120
　　wisdom 智慧,388,403
Press 新闻界,215,248 注释,250,344; German 德国的,339
　　newspapers 报纸,292,295
Prices 价格
　　'Behaviour of Prices' "价格行为",225—228①
　　in depression and trade revival 在萧条和贸易复苏之中,45—46; in post-war boom and slump 在战后的兴衰之中,355—358
　　future of world prices 世界价格的未来,48
　　general piece level 总体价格水平,64,69,99,106 注释,220,228,385—386; price ratio 价格比率,69,77; price relation 价格关系,65—66; problem of measurement 衡量问题,66—68

---

① Behaviour of Prices 有的是斜体,表示是个书名,有的是加引号,表示是篇文章。原文没有统一起来,我还是按照原文。——译者注

price changes and gold prices 价格变化和黄金价格, 106, 127, 218—19, 497—498; price changes in New Zealand 新西兰的价格变化, 221—224
price dispersion 价格离差, 228
price fixing in Germany 德国的价格固定, 274
'Price at Home and Abroad' "国内外价格", discussion on 相关讨论, 216—219
price relations in U.S. 美国的价格关系, 226—227
 and probability 和概率, 157
 in real wages index number 在实际工资指数之中, 180—181
 retail and wholesale 零售和批发, 218, 418
 in weighting 在加权之中, 74—78
 see also under India 也请关注印度之下
Probability 概率
 in antiquity 在古迹之中, 541—542
 Borel's *Éléments* reviewed 博雷尔的《因素》,已评论, 183—185
 and index numbers 和指数, 51, 83, 86, 88, 121
 inverse probability 逆概率, 107, 160
 and law of error 和误差定律, 159—66, 171—173
 law of probable dispersion 可能离差定律, 109, 136
 method of 的方法, 121, 157—158; applied to measurement of general exchange value 应用于总汇率价值, 100, 104—120
 theory of (JMK) 的理论(约翰·梅纳德·凯恩斯), 141 注释;(Laplace)(拉普拉斯), 169
Production 生产
 census of 记录, 235
 gold-costs of 的黄金成本, 455
productivity 生产力, 351
Profits 利润, 356, 528
Propensity to save 储蓄习性, 560
Prosperity 繁荣, 28, 560
Protectionism 保护主义, 514
Prudence 审慎, 277
Prussia 普鲁士, 371, 530
Psychology 心理学, 307, 339, 511, 513, 549; Bagehot as psychologist 心理学家白芝浩, 533—534, 538
Public Works Loan Board 公共工程贷款委员会, 433
Punjab 旁遮普, 34, 38
Purchasing power 购买力
 general purchasing power of money 货币总体购买力, 66, 70, 73, 74
 in Germany, difference with Ohlin on 在德国,与奥林的观点分歧, 460—75, with Rueff 与吕夫, 476—477
purchasing power parity 购买力平价, 47
Pyrenees 比利牛斯山脉, JMK on holiday in 约翰·梅纳德·凯恩斯在此度假, 158

Quantities 数量
 in index numbers 在指数之中, 180—181
 and prices 和价格, 57, 266
 problem of measurement 衡量问

题，51—55，67，72，116—117，159；Walsh's view of 沃尔什的观点，questioned 遭质疑，128—129，135

units of quantity 数量的单位，60注释

Quantity theory of money 货币数量理论，18，513，524—525；Irving Fisher's use of 欧文·费雪加以利用，377—378；Hawtrey on 霍特里的评论，412；in Tract on Monetary Reform 在《货币改革论》之中，415—416

Quarterly Journal of Economics 《经济学季刊》，278

Quetelet 凯特尔，140，233，234

Rae, John, *Life of Adam Smith* 约翰·雷，《亚当·斯密传》，542—543，548

Railways 铁路，98，103，271，350，351，528；Indian 印度的，15，23，35；German efficiency in 德国的相关效率，342—343

railway workers 铁路工人，202—203，206—207，212

Rangoon 仰光，38

Rate of interest 利率，267，271

and bank rate 和银行费率，306

a check on expansion 阻止扩张，376

differential, for public works 差别，对于公共工程，433；low rates as aid to full employment 作为充分就业补助的低利率，498

and gold supplies 和黄金供应，495—497

at home and abroad 国内外，324

short-term and long-term 短期和长期，434，496

Rates 费率，177

Raw materials 原料

in index numbers 在指数之中，84，87，93，99，103，122，126，217—218，222；in trade index 在贸易指数之中，96—97

in India 在印度，4—5

relative value of manufactured products and 制成品的相对价值和，220—221

in wartime 战时，316；post-war shortage 战后短缺，351，363；rise in prices 价格上涨，355

Real ratio of international interchange 国际交换实际比率，445—446

Rearmament 重整军备，496

Reconstruction 重建，354，366

Reddaway, T.F. T. F. 雷德韦，561

Reichsbank 德意志帝国银行，371，426，459，485

Bendixen on 本迪克森的评论，403

Charter 宪章，370

postwar currency inflation 战后通货膨胀，275，365

wartime currency expedients 战时通货权宜之计，273—274，334；Reichskassenscheine (Treasury notes) 财政部纸币，333

Relations, measurement of 关系，的衡量，64—65

Remittance 汇款

breakdown of foreign remittance, August 1914, and closure of Stock Exchange 国外汇款的中断，国外汇

索引 651

款的崩溃,1914 年 8 月,243—244,
245—248,282—287,299,335; revival
复苏,275,323; position in 1912
1912 年的状况,357
 to and from India 进出印度,13,
14,21,25,31,32,37,276
 made in gold 由黄金铸造,34—35,
280,321; by cheque 支票,371
 and reparations 和赔款,458
Rent 租金
 geographical variations 地理变化,
179
 in index numbers 在指数之中,
102,123,126,181—182
 rent restriction acts 限制租金的做
法,355
 in West Ham 在西海姆,175—177
Rentiers 食利阶层,478
Reparation Commission 赔款委员会,
361,362
Reparations 赔款,353,365
 in balance of payments 在支付差
额之中,450
 conferences on 相关会议,359—360
 history of 的历史,358—362
 London Schedule of payments 伦敦
支付计划,363
 paid by borrowing abroad 从国外
借款来支付,454,456,460,462—
463; reparation-receiving countries
接收赔款的国家,479—480
 'The Reparation Problem' "赔款
问题",468—472
 transfer problem 转账问题,446,
451—459
 see also Dawes Scheme 也请关注

道威斯计划
Reserves 储备
 correct doctrine of 的正确学说,
536
 large and small 大和小,278
 ratio to deposits 存款比率,378,
425—426; in U.S. 在美国,428—
432
 relation to circulation 与流通的关系,
384
 see also under Gold; India 也请关
注黄金;印度之下
Rhine, invasion of 莱茵,入侵,360,
364
Ricardo 李嘉图,423,513,515,545
 Bagehot on 白芝浩的评论,537—
540
Rice 大米
 exports from India 从印度出口,
10—11,38—39
 high price of 的高价,2,4,5,17,
23,37
 wages 工资,38
Riefler, W.W. W. W. 里夫勒,427,434
Riesser, Dr 里塞尔博士,370
Rist, Professor Charles 查尔斯·里斯
特教授,447
Robertson, D. H. D. H. 罗伯逊,445—
446
Robinson, Joan 琼·鲁滨逊,443
Röpke, Professor 勒普克教授,500
Roumania 罗马尼亚,486
Rowntree, B. Seebohm, York B. 西博
姆·朗特里,约克,198
Royal Economic Society 皇家经济学
会,558

Rueff, Jacques, on the transfer problem 雅克·吕夫,关于转账问题,475—478

Rupee 卢比
    circulation 流通,流通量,通货,6—8,9—10,20,44
    coinage 铸造,19,21,24,43; reserve of coined rupees 铸造卢比储备,26
    rate of exchange with sterling 与英镑的汇率,12,41,43,276
    'The Rupee Problem' "卢比问题",23—26
    Stabilization of 的稳定,45, *versus* stabilisation of prices 对比价格水平的稳定,46—48

Russia 俄国,340,341,372
    Bank of Russia, wartime currency expedients 俄罗斯银行,战时通货权宜之计,272—273,275; suspends specie payments 暂停硬币支付,314—315; gold held by 持有的黄金,314
    Depreciation 贬值,316—317
    see also U. S. S. R. 也请关注苏联

San Francisco, Reserve Bank 圣弗朗西斯科,储备银行,427

Sanger, C.P. C. P. 桑格,177; letter to 来信,156—158

Saratov 萨拉托夫,232

Sauerbeck, index numbers 绍尔贝克,指数,2—3,5,76,77—78,80,84,86,87,89,94,96,103,120,125,126,217; analysed 被分析的,122—124

Savings banks 储蓄银行,264,370

Scandinavia 斯堪的纳维亚,483

Schuster, Sir Felix 菲利克斯·舒斯特爵士,369

Scotland 苏格兰
    Act of Union, 1707 联合法案,1707年,543
    banks of issue 发行银行,294,295
    spirit of liberal inquiry,546 注释

Scott, W. R., *Adam Smith as Student and Professor*, reviewed W. R. 斯科特,《学者和教授亚当·斯密》,已评论,542—558

Seasonal activity 季节性活动,25,177,222

Secretary of State for India 印度国务大臣,1,9,13,14,15,18,19—20,21,276,277

Securities 证券,保证金
    in balance of payments 在支付差额之中,450
    in gold standard reserve 在金本位储备之中,19,20,276; in paper currency reserve 在纸币储备之中,43
    Government 政府,297,309
    international 国际的,283—284
    sale of, in August 1914 的销售,在 1914 年 8 月,247; and closing of stock exchange 和证券交易所的关闭,240
    transfer to Bank of England 转账给英格兰银行,310; by open market operations 通过开放市场通过,424

Seeds 种子,11,12,17

Serbia, Austria declares war against 塞

索引 653

尔维亚,奥地利对其宣战,239,252,280,290

Services: in index numbers 服务: 在指数之中, 99, 102—103, 123, 126, 379; Government services 政府服务, 236

 Reserved Services, Ireland 保留服务, 爱尔兰, 518

Sextus Empiricus 塞克斯都·恩披里克, 541

Shakespeare, William 威廉·莎士比亚, 533, 534

Shelburne, Lord 谢尔本勋爵, 556

Ships 船只, 98, 351, 358; shipping in balance of payments 支付差额中的航运业, 448

Shirras, G. F., Director of Statistics, India G. F. 沙拉斯,统计资料主任,印度, 36—40

 Indian Finance and Banking 《印度金融和银行业》, 40—42

Siam 暹罗, 486

Sidgwick, Henry 亨利·西奇威克, 76

Silk 丝绸, 121, 227

Silver 白银

 Coins: U.K. 硬币: 英国, 296; for British West Africa 提供给英属西非, 383—384, 397—398; Marie-Thérèse thaler 玛丽亚·特蕾西亚元, 529—533

 demand for, in Near East 相关的需求, 在近东, 531

 demonetization 禁止流通, 385

 in India 在印度, 13, 34, 41; reserves 储备, 19, 277; import duty on 征收的进口税, 25

silver-using countries 用银国, 387; silver territories 白银领土, 486

see also Gold and Silver 也请关注黄金和白银

Simmons, Professor E. C., on Keynes's control scheme E. C. 西蒙斯教授, 论凯恩斯的控制规划, 434

Sinking funds 偿债基金, 442

Slumps 衰, 432, 483; of 1921 1921年的, 356—358

see also Booms 也请关注兴

Smead, Mr, Federal Reserve Board 斯米德先生, 联邦储备委员会, 427

Smith, Adam 亚当·斯密, 99, 325, 530

 Bagehot on 白芝浩的评论, 537—540

 as correspondent 作为记者, 556—557; as student and professor 作为学者和教授, 542—548; as teacher 作为教师, 545—548

 Moral Sentiments 《道德情操》, 555 注释, 556, 558 注释

 Wealth of Nations 《国富论》, 315—316, 543, 546, 550, 552—556, 560

Social Democrats 社会民主党员, Germany 德国, 338—340

Socialism 社会主义, 513, 514

Social reform 社会改革, 175

'Social Reform Services' "社会改革服务", 518

Soetbeer, index number 苏特比尔, 指数, 124

South Africa 黄金的来源, 357, 483, 486; gold from 黄金的来源, 260, 280; output of gold mines 金矿的

产量，398，491，492，529
South America 南美，357，486
 default on debts 拖欠债务，282—284
 gold from 黄金的来源，247，260，281；capacity to take gold 得到黄金的能力，318，393
 inflationism 通货膨胀政策，325
Sovereigns 沙弗林，258，260，281，293，396
 coinage 铸币，398
 in Egypt 在埃及，276，399
 full-weight 全重，369；light-weight 欠重，399
 as international currency 作为国际通货，382，398—399，529
 Treasury £1 notes as alternative to 作为替代品的财政部1英镑纸币，256，294—295
Spa Agreement 买卖协议，365
Spain 西班牙，486
 purchase of Caroline Islands 购买加罗林群岛，406，408
 silver dollar 银元，529，531
Speculation 投机，287；in marks 针对马克的，360，363—366
Spelter 粗锌，95
Sprague, Professor 斯普拉格教授，373
Stability 稳定，421，426，501
 of exchange *versus* stability of price level 汇率的对比价格水平的稳定，46—48；of general exchange value and price 总汇率价值和价格的，116
 of European economic systems 欧洲经济制度的，366；of British financial system 英国金融制度的，298
 monetary stabilisation and credit control 货币稳定和信用控制，420
 stabilisation of German mark 德国马克的稳定，365
Standard of living, 29，492，561
Starling, Professor 斯塔林教授，352
Statisticians 统计学家
 practical 实践的，79，81，87，120
 theoretical 理论的，179，181
Statistics 统计，统计资料，统计学
 bank statistics 银行统计资料，370，374；of Bank for International Settlements 国际结算银行的，480—498
 model form for statement of international balances 国际差额声明模板，446—451
 problem of base period 基础期问题，217
 statistical methods: in study of West Ham 统计方法：对西海姆的研究，175—177；Karl Pearson's, criticized 卡尔·皮尔逊的，遭到了批评，187—216
 theory of 的理论，50—51
 weighting errors 加权误差，178—179，181
Sterling 英镑
 area 区，483，485，488
 balances 差额，48
 bloc 集团，485—486；stability of 的稳定，490
 exchange 汇率，398，436

索引 655

price level 价格水平,43—48
Stewart,Downie,New Zealand Minister of Finance 唐尼·斯图尔特,新西兰财政部长,436
Stewart,Dugald 杜格尔·斯图尔特,548;on Adam Smith 关于亚当·斯密,544,545,549,551—554,536注释,557
Stock Exchange 证券交易所
  and banks,in Germany 和银行,在德国,371
  closure of August 1914 1914年8月关闭,239—241,242—244,284,287,298,335
  committee of 的委员会,241,244
  pay-day on 的过户结账日,252—253
  Ricardo makes his fortune on 李嘉图由此发财,538
Stock Exchange loans 证券交易所贷款,311
Stone money 岩石货币,406—409
Stowe,Mrs Beecher 比彻·斯陀夫人,505
Strahan,William 威廉·斯特拉恩,555—556
Straits Settlements 海峡殖民地,486
Strikes 罢工,357;general strike 大罢工,339,358
Sturge,Dr Mary 玛丽·斯特奇博士,206注释,214
Subsidies 补助,440—444
Sugar 糖,38,39—40,121,225,227
Surtax 附加税,346—347
Suspension of specie payments,in August 1914 暂停硬币支付,1914年8月,259;avoided by Bank of England 被英格兰银行所避免,278,280;on the Continent 在欧洲大陆上,272—273,275,280,314—315,333—334
Sutch,Dr 萨奇博士,436
Swaythling,Lord 斯韦斯林勋爵,369
Sweden 瑞典,372,462,485;member of sterling bloc 英镑集团的成员,486
Switzerland 瑞士,483
  Banks 银行,372,425
  gold francs 金法郎,481—483;a gold bloc country 一个黄金集团国家,486;gold hoards 囤积黄金,494,495

Tables of figures 数字表格,234
tabular standard 物价指数本位,381
Tallow 油脂,121
Tarriffs 关税,513;in New Zealand 在新西兰,223—224;American 美国的,504,505—506;Confucius' view 孔子的观点,522
Taussig,F. F.陶西格,423
Taxation 税收
  Direct and indirect,in Ireland 直接和间接,在爱尔兰,517—521
  Indian 印度的,18注释
  In measurement of real income 在实际收入衡量之中,235—237
  'New Taxation in the United States' "美国新税收",345—350
  super-tax,incomes subject to 附加税,作为征收对象的收入,527
  see also Customs duties; Death duties; income tax; tariffs 也请关

注关税;遗产税;所得税;关税

Tea 茶叶, 11, 15 注释, 37, 38, 225; in index numbers 在指数之中, 121

Telegraphic transfer 电汇, 276

Temperance reform 禁酒改革, 186, 213

Tennyson, Alfred Lord 艾尔弗雷德·丁尼生勋爵, 534

Terms of trade 贸易地位, 贸易条件, 437—438, 445, 476

Thaler of Marie-Thèrèse 玛丽亚·特蕾西亚元, 529—533

Theory and practice 理论和实践, 501

The times 《泰晤士报》, 186, 196, 202 注释, 206, 360
  unpublished letters to 写的信, 未经发表, 186—188, 206—207

Till money 零星现金, 428, 431

Timber 木材, 121

Time lags 时间滞后, 355

Tin 锡, 122

Tobacco 烟草, 121, 221, 225, 345

Tourists and Students 旅客和学生, 31, 449

Townshend, Charles 查尔斯·汤森, 545, 555—556

Tract on Monetary Reform 《货币改革论》, 414; criticised by Cannan 受到了坎南的批评, 414; reply (JMK) 回应(约翰·梅纳德·凯恩斯), 415—419

Trade 贸易
  Indian 印度的, 17, 18, 22, 36—40, 47; tra-ders 商人, 15, 16; *Review of Trade in India in 1913—1914* 《1913—1914年印度贸易评论》, 36—40; *Trade of India with Germany and Austria-Hungary* 《印度与德国和奥匈帝国的贸易》, 36—40

  nineteenth century expansion 19世纪的扩张, 218—219, Captains of trade 贸易领袖, 559

trade bills 贸易汇票, 311, 334

trade index number 贸易指数, 96—97, 103—104, 122, 123, 158

trading profits, in balance of payments 在支付差额之中, 449

U.K. foreign trade 英国国外贸易, 219, 249

Trade cycle 贸易循环, 44—46, 47, 419; proposals for control 提议实行控制, 434

trade depressions: in 1909 贸易萧条, 在1909年, 19, 84; in 1921 在1921年, 357

Trade Unions 工会, 337, 514

Traditions 传统, 255, 261, 264, 266—267, 298, 489, 560

Transfer problem 转账问题, 446

'The German Transfer Problem' "德国转账问题", 451—459; correspondence with Ohlin on 与奥林就此通信, 460—468; 'Transfer Difficulties Real and Imagined' (Ohlin) "实际和想象的转账困难"(奥林), 468; 'A rejoinder' "一个反驳", 468—472; further correspondence 进一步通信, 473—475; "Mr Keyness' views on the Transfer problems" "凯恩斯先生对转账问题的看法", 475—480

theory of international transfer 国际转账理论, 474—475

transfer protection, under Dawes scheme 转账保护,道维斯计划之下,458—459,461,470
Transferred Sum(Ireland) 转账款项(爱尔兰),518—519
Transport 运输
 in balance of payments 在支付差额之中,448,449
 costs 成本,229
 by sea, in wartime 海运,战时,259,280
 state of, in Europe, 1919 的状况,在欧洲,1919年,350—351
Travancore 特拉凡哥尔,400
Treasury 财政部,383
 credits at Bank of England 英格兰银行的信用,297
 in crisis of August 1914 在1914年8月的危机之中,239,261; practical good sense 实践良好意识,268,298; issue of Treasury currency notes 财政部钞票的发行,256,262,294—295,299,305; guarantee on bills of exchange 为汇票提供担保,278
 relation to money market 与货币市场的关系,298
 War Loan arrangements 战争贷款安排,325—327
 White papers 白皮书,517
Treasury bills 短期国债,264,276,304,311,424,496; German 德国的,334
Treatise on Money 《货币论》,158—159,434,498—499,500
Treatise on Probability 《概率论文》,

A,158
Trustee Savings Bank 信托储蓄银行,256,264,295,297
Tucker, Professor 塔克教授,438
Turkey 土耳其,318,399,530,531; a gold-bloc country 一个黄金集团国家,486
Uap, island of 瓦普岛,407
Ulster 北爱尔兰,519
Unemployment 失业,175,322,496,513
 and consumers' credits 和消费者的信用,439—444
 in Germany 在德国,335,337—338
 intermittent and structural 间歇性的和结构性的,443
 Mr Hoare's proposals 霍尔先生的提议,433
 post-war 战后,351,352; in 1935 在1935年,489
Unemployment Fund 失业基金,440
Unexplained discrepancies "未加解释的差异",447,451
Union Corporation, Report for 1935 《联合公司,1935年的报告》,490,491,492
United Kingdom 英国
 Board of Trade comparison of France, Germany, and 贸易部比较法国、德国、和,61—63
 boom and slump 兴衰,354—358
 as creditor nation 作为债权国,220,279
 gold imports 黄金进口,482,495
 government action on finance at outbreak of war 战争爆发时政府的

金融举措, 261, 270, 288, 300—302, 303

relations with Ireland, a problem of federal finance 与爱尔兰的关系,一个联邦金融问题, 517—521

return to gold standard in 1925 1925年回归金本位, 366

taxation 税收, 350

war with Germany 与德国的战争, 1914, 240

see also England; Great Britain; Ireland; Scotland 也请关注英国、大不列颠、爱尔兰、苏格兰

United Provinces 联合省, 34

U. S. S. R. 苏联

disorder in 1919 1919年的无序性, 351; 'failure' of Communism "共产主义失败", 357—358

Financial Commissariat 金融人民委员会, 492

foreign short-term liabilities 国外短期债务, 484, 487, 491

gold holding 黄金持有量, 491—492, 495; gold production 黄金生产, 486, 491

loan raised in London 在伦敦筹集的贷款, 492

State Bank 国家银行, 492

Trade Delegation 贸易代表团, 490, 491

see also Russia 也请关注俄国

United States of America 美国, 324

banking system, in 1909 银行制度,在1909年, 367—368, 372—374; Banking and Currency Act, 1914 银行和通货法, 1914年, 277, new system 新制度, 318; position of bankers at outbreak of war 在战争爆发之时银行家的地位, 282, 283, emergency 紧急

U.S.A. (cont.) 美国(续篇)

note issue 纸币发行, 277; Federal Reserve System, 1916 联邦储备制度, 1916年, 409—410, see also Federal Reserve System 也请关注联邦储备制度

Commission of Labour 美国劳工委员会, 91—92

gold from 黄金的来源, 260, 280, 281—282; gold reserves 黄金储备, 314, 481, 487, 495; a gold-bloc country 一个黄金集团国家, 486

Government 政府, 345

History of, in *Cambridge Modern History* 的历史,在《剑桥近代史》之中, 502—507

Index numbers 指数, 89—92; excellence of statistics 指数卓越性, 126, 374

JMK's visit to, 1917 约翰·梅纳德·凯恩斯访问, 1917年, 345

National Reserve Association 国家储备协会, 382

prices 价格, 46

purchase of silver 购买白银, 387

rate of interest 利率, 496

short-term foreign indebtedness 短期国外债务, 483

State rights 州权, 520

war of 1812 1812年战争, 504; Civil War 美国内战, 505; entry into World War Ⅰ (1917)参加第一

索引　659

次世界大战(1917年),345;wartime taxes　战时税收,345—350
　see also Ameician　也请关注美国的
United States Mortgage and Trust Company　美国抵押和信托公司,400
Universities　大学,549—50
Unspent margin　未支用差额,412—414
Upper Silesia　上西里西亚,358
Uruguay　乌拉圭,260,281,486
Usury laws　高利贷法律,423
Utilities　功用
　in composite commodity　在组合商品之中,98—100,101,103
　in national income　在国民收入之中,53
Utility, doctrine of　效用,学说,508—509; coefficient of (final degree of utility)　的系数(效用最终程度),516

Value, a ratio or relation　价值,一个比率或者关系,64
Variation, laws of　变化,的定律,119
Velocity of circulation　流通速度,378,415,430
Venn, J.　J. 维恩,138注释,149注释
Versailles, Treaty of　凡尔赛和约,354,358—360
Vienna　维也纳,403
Village life in India　印度的乡村生活,27—28,38
Völcker, Ministerialrat von, on the German railway system　米尼斯拖拉特·冯·弗尔克,德国铁路制度,342—343

Wages　工资

Confucius on　孔子的评论,522
　in consumption index number　在消费指数之中,103; wages index number　工资指数,61,97,99,126; 'Board of Trade Index number of Real Wages'　"贸易部的实际工资指数",178—179,180—182
　in Edinburgh　在爱丁堡,187,199,201—207,210—212
　at home and abroad　国内外,501
　in New Zealand　在新西兰,223
　and note issue　和纸币发行,418
　post-war rise of　战后的增长,354—355
　transfer problem and wages in Germany　转账问题和德国工资,455—459,461,463—464,469,472,476—478
wages and profits　工资和利润,498
Wall Street　华尔街,494,497
Walsh, C.M., *Measurement of General Exchange-Value*　C. M. 沃尔什,《总汇率价值衡量》,50,64注释,66注释,67,68,74注释,75—80 *passim* 各处,88注释,98注释,99,105,136; reviewed　已评论,127—55; 'double weighting,'　双重加权,75
War　战争
　and gold　和黄金,314,315,320; war treasure　战争金银,315—316,334
　limited effect of, on wealth　的有效影响,对财富,268—269,350—351
worldwar I: declaration of war on Serbia by Austria　第一次世界大战:奥地

利对塞尔维亚宣战,239,by Germany on Russia and England　德国对俄国和英国,240;'War and the Financial System'　"战争和金融制度",238—271,283—284,290—291

War Loan　战争贷款,325—327

War Office　战争办公室,296

Warner,Dr Francis　弗朗西斯·沃纳博士,188

Warren,G.F. and Pearson,F.A.,*Inter-Relationships of Supply and Prices*　G.F.沃伦和F.A.皮尔逊,《供应和价格的相互关系》,228—232

Wealth of a nation　一个国家的财富,268—269,350—351

Webb,A.D.　A.D.韦布,177—178

Webb,M. de P.,*The Rupee problem*,reviewed《卢比问题》,M. de P.韦布,已评论,23—26

Wedderburn,Alexander　亚历山大·韦德伯恩,544注释

Weighting:of averages and rejection of discordant observations　加权:平均数的和对互相抵触观察资料的排斥,154—156;in Irving Fisher 在欧文·费雪之中,379—381

Wendell,Professor Barrett,on *The American Intellect*　巴雷特·温德尔教授,关于《美国知识界》,506—507

West Africa　西非
　Report and minutes of Evidence of Committee on currency of British West African Colonies and Protectorates,reviewed　英属西非殖民地和保护国《报告和证据摘要》,已评论,383—384
　silver coins for　为其供给银币,397—398

West Ham,*A study in Social and Industrial Problems*　西海姆,《社会问题和工业问题研究》,174—177

Wheat　小麦
　in index numbers　在指数之中,78,121,189
　prices　价格,231,227;Indian　印度的,2,17,23,37
　Russian　俄国的,492

Wicksell,S.D.　S.D.微克塞尔,473

Wicksteed,Philip H.,*The Common Sense of Political Economy*,reviewed　菲利普·H.威克斯第德,《政治经济学常识》,已评论,509—514

Wilhelm Ⅱ,Kaiser　威廉二世,德国皇帝,342,358

Williams,D.O.　D.O.威廉斯先生,438

Wilson James,Bagehot's study of　詹姆斯·威尔逊,白芝浩的相关研究,534—535

Wilson,Mona　莫娜·威尔逊,174

Wilson,President Woodrow:'State Rights',in *Cambridge Modern History*　伍德罗·威尔逊总统:"州权",在《剑桥近代史》之中,504—505

Windfalls　意外之财,355

Withers,Hartley,*The English Banking System*　哈特利·威瑟斯,《英国银行制度》,368,371

Wittner,M.　M.威特纳,370

Wolff,S.　S.沃尔夫,370

Women　妇女

索引　661

Arab taste in　阿拉伯人对其的喜爱, 532—533
  in Confucian China　儒教中国, 523
  education of　的教育, 546 注释
  in sweated labour　在血汗劳工之中, 174
Woollens, wool　呢绒,羊毛, 38, 121, 227
Working class　工人阶级, 198
  budgets　预算, 103
  consumption　消费, 126
  well-being　福利, 61, 70—71, 397

Yeh Tzǔ-ch'I　叶子奇, 525
Yïian Hsieh　袁燮, 525①
Young Committee on Reparations　扬领导下的赔款委员会, 363, 456
Yule, Udney　尤德尼·尤尔, 81 注释, 180—182, 188, 196

---

① 这本书前后不一致。第 525 页是 Yüan Hsieh,这里是 Yïian Hsieh。——译者注

图书在版编目(CIP)数据

凯恩斯文集.第11卷,经济学论文与信件:学术/(英)约翰·梅纳德·凯恩斯著;楚立峰译.—北京:商务印书馆,2018
ISBN 978-7-100-16575-4

Ⅰ.①凯…　Ⅱ.①约…②楚…　Ⅲ.①凯恩斯(Keynes, J.M.1883—1946)—文集　Ⅳ.①F091.348-53

中国版本图书馆 CIP 数据核字(2018)第 201963 号

权利保留,侵权必究。

凯恩斯文集
第 11 卷
经济学论文与信件:学术
楚立峰　译

商　务　印　书　馆　出　版
(北京王府井大街36号　邮政编码100710)
商　务　印　书　馆　发　行
北 京 冠 中 印 刷 厂 印 刷
ISBN 978-7-100-16575-4

2018年11月第1版　　开本787×960　1/16
2018年11月北京第1次印刷　印张 41¾
定价:168.00 元